KB160371

한국 근현대사를 읽는다

박찬승 편

景仁文化社

한국 근현대사를 읽는다

박찬승 편

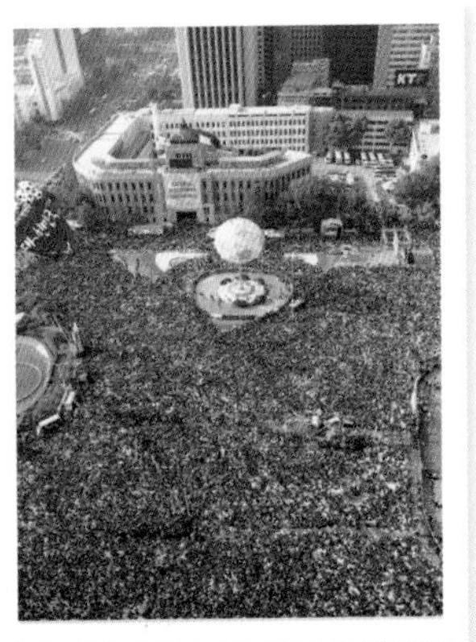

책을 내면서

옛 사람들은 역사란 오늘을 과거에 비추어보는 거울과 같은 것이라고 생각했다. 인간이 사는 세상은 다 비슷하다고 생각하여 과거의 역사 속에서 오늘의 지침을 얻을 수 있을 것이라 생각했기 때문이다. 옛 사람들은 또 현재는 과거의 연속선상에 있으며, 과거가 축적된 결과라고 생각했기 때문에 역사 읽기를 중요하게 생각했다.

이 책을 내는 2010년은 1910년 경술국치가 있은 지 100년이 되는 해이다. 지난 100년 동안의 한국의 역사는 그야말로 격동의 역사였다. 3 · 1운동, 6 · 10만세운동, 광주학생독립운동, 만주사변, 중일전쟁, 태평양전쟁, 해방과 분단, 한국전쟁, 4 · 19혁명, 5 · 16군사쿠데타, 광주민주화운동, 6월항쟁, 남북정상회담 등 수많은 사건이 이어졌다. 또 식민지배, 민족운동과 사회운동, 분단, 독재, 경제개발, 민주화, 세계화 등은 한국인의 삶의 모습을 100년 전과는 전혀 다르게 만들어 놓았다. 2010년 한국인은 이제 우리는 어느 지점에 서 있으며, 역사속에서 무엇을 배울 것인지 성찰해 볼 수 있는 계기를 맞고 있다.

이 책은 본래 대학에서의 '한국근현대사' 강의의 교재로서 기획되었다. 따라서 대학에서 근현대사를 가르치고 있는 연구자들로 집필진을 구성했다. 하지만 기획 과정에서 집필진은 일반인들도 함께 읽을 수 있는 책으로 만들자는 쪽으로 방향을 다소 수정하였다. 일반인들을 위한 한국근현대사 개설서도 그리 많지 않다고 생각했기 때문이다. 결국 이 책은 대학생, 교사, 역사에 관심이 많은 일반인들을 위한 책이라 할 수 있다.

필자들은 기본적으로 한국인, 특히 보통사람의 입장에서 바라보는 역사를 쓰고자 했다. 하지만 지나친 민족주의적 시각이나 과도한 계급적 관점은 피하기로 하였다. 필자들은 가능하면 보다 많은 사람들, 특히 외국인들도 공감할 수 있는 역사를 쓰고자 했다. 그리고 최신 연구성과들을 최대한 반영하여 서술하고자 하였다.

이 책은 모두 3부 21개 장으로 구성되어 있다. 3부는 근대 I -개항기, 근대 II-식민지시기, 그리고 현대 편으로 구성되었다. 각 부는 각각 7개의 장으로 구성되었다. 때문에 미처 다루지 못한 주제도 있었지만, 일단 중요한 주제들을 먼저 다룬다는 차원에서 목차를 구성했다. 중요한 주제들을 중심으로 목차를 구성하다 보니, 정치사 중심으로 된 경향도 있지만 근대 문명의 도입이나 식민지시기의 일상생활, 경제개발 이후의 사회변화 등을 넣음으로써 경제사, 사회사, 문화사까지도 포괄하기 위해 노력했다.

또한 이 책에서는 특히 대학에서의 강의에 도움을 주기 위해 몇 가지 새로운 시도를 하였다. 예를 들어 어려운 역사 용어나 주요 사건에 대한 '해설'을 상자 기사로 함께 실었으며, 학계에서 쟁점이 되고 있는 주제는 '쟁점'이라는 제목으로 역시 상자 기사에 반영했다. 그리고 각 장마다 그 장의 주제와 관련되는 주요 자료들을 3~5개 정도씩 선별해서 '읽기자료'라는 이름으로 실었다. 아울러 각 장의 끝부분에는 '참고문헌'을 제시했는데, 최신 연구 성과를 소개한다는 취지에서 주로 1990년대 이후에 국내에서 출간된 책들을 중심으로 참고문헌을 소개했다. 그리고 책 말미에는 한국근현대사와 관련된 중요 인물 92인을 추려 간단한 약력을 실었다. 이러한 부분들은 역사에 관심이 많은 일반 독자들에게도 도움이 될 것이라고 생각한다.

또한 이 책에서는 각 장별로 다양한 사진들을 모아 실었다. 각 장의 내용과 관련된 주요한 사진, 그리고 널리 알려지지 않은 사진들을 골라 실으려 노력했다. 또 독자의 이해를 돕기 위해 역사지도도 가급적 많이 넣으려 했다.

이 책의 집필에는 편자를 비롯하여, 최혜주 · 김민석 · 이동헌 · 이승일 · 양동숙 · 소현숙 · 김보영 · 김지형 · 김광운 등 주로 한양대학교에서 한국 근대사와 현대사 강의를 하고 있는 분들이 참여했다. 약 1년이 넘는 기간 동안 원고의 집필과 검토에 함께 참여해준 필자들에게 감사의 뜻을 표한다. 특히 교정 과정에서 노고가 많았던 이승일 · 김지형 · 김민석 씨에게 감사를 표한다. 각 장의 초고 집필은 필자들이 나누어 하였지만, 검토와 윤문과정을 거치면서 많은 수정이 있었기 때문에 각 장의 필자는 밝히지 않기로 하였다. 책의 내용에 미흡한 부분이나 잘못된 부분들이 있다면, 기획과 검토, 윤문을 주도한 편자에게 전적으로 책임이 있음을 밝혀둔다. 아울러 앞으로 미흡한 부분은 계속 수정할 것임을 약속한다. 끝으로 이 책의 출판을 허락해주신 경인문화사의 한정희 사장님과, 편집에 노고를 아끼지 않으신 편집부 여러분께 깊은 감사를 드린다.

2010. 2

편자 박 찬 승

한국
근현대사를
읽는다

차 례

제5장 대한제국과 독립협회

제6장 러일전쟁과 일본의 한국병합

제7장 국권회복운동과 근대문명의 수용

제2부 근대 II – 식민지시기

제8장 1910~20년대 일제의 식민지배정책

제14장 식민지의 일상

제3부 현대 – 해방 이후 시기

제15장 해방과 분단

제16장 한국전쟁

제17장 이승만정권과 4 · 19 혁명

第18장 박정희정권기 경제개발과 독재

第19장 1980년대 이후 민주화와 사회변화

第20장 현대 북한사회의 이해

第21장 남북관계와 통일운동

제1부

근대 I - 개항기

제1장 쇄국에서 개항으로

제2장 개화파와 갑신정변

제3장 동학농민전쟁

제4장 청일전쟁과 갑오개혁

제5장 대한제국과 독립협회

제6장 러일전쟁과 일본의 한국병합

제7장 국권회복운동과 근대 문명의 수용

제 1 장 쇄국에서 개항으로

서양 오랑캐가 침입하는데 洋夷侵犯
싸우지 않으면 화친하는 것이요 非戰則和
화친을 주장하는 것은 나라를 팔아먹는 것이다 主和賣國

우리들 만대 자손에게 경고하노라 戒我萬年子孫
병인년에 짓고 신미년에 세운다. 丙寅作辛未立

— 대원군이 세운 「척화비斥和碑」

〈연표〉

1840.	6.		제1차 중영(아편)전쟁[1842.8. 난징조약 체결]
1854.	3.	31	미·일 화친조약 조인
1856.	10.	23	제2차 중영(아편)전쟁[1858.6. 텐진조약/1860.10. 베이징협정]
1863.	12.	13	고종 즉위
1866.			병인양요
1868.			메이지 유신
1871.			신미양요
1873.	11.	4	고종, 친정 선포, 대원군 실각.
1876.	2.	3	조일수호조규 조인(강화도조약)
	4.	29	제1차 수신사 김기수 일행, 부산 떠남
1880.	5.	28	제2차 수신사 김홍집 일행, 서울 출발(8.28 귀국 보고)
1882.			조미수호통상조약(4.6), 조영수호조약(4.21), 조독수호통상조약(5.15)
	6.	10	임오군란
	8.	20	조청상민수륙무역장정 체결
1883.	6.	5	미국 파견 전권대신 민영목, 부대신 홍영식 임명
	10.	27	조영신조약체결(파크스 조약), 조독신조약(차페 조약)
1884.			조이수호통상조약(윤5.4), 조러수호통상조약(윤5.15)

1. 급변하는 세계정세와 동아시아

서구 열강의 동아시아 침략과 중화질서의 동요

전근대 동아시아는 오늘날 '중화질서中華秩序'·'조공체제朝貢體制' 등으로 불리는 중국 중심의 국제질서 아래, 극히 제한된 교역을 제외하고는 서구와의 교류나 접촉은 활발하지 못했다. 조선 또한 이른바 사대교린事大交鄰의 대외관계와 국제질서관을 일관되게 표명하면서, 전통적 쇄국정책인 해금책海禁策을 견지해왔다. 반면 유럽 상인들의 동방무역과 해외 식민지 획득 경쟁, 가톨릭교회의 포교운동을 배경으로, 15세기 말에서 16세기 초에 시작된 유럽 제국의 동방진출은 산업혁명 이후 더욱 적극적으로 전개되었다. 산업혁명과 그에 따른 자본주의의 성장은 축적된 잉여자본의 방출과 공업생산을 위한 값싼 원료의 조달 및 생산품 판매를 위한 시장을 요구했기 때문이다. 그리하여 19세기 중엽 이후 서구 열강은 동아시아로 적극 진출하였고, 동아시아의 전통 질서는 서구 자본주의 열강의 침략과 압력에 의해 동요하고 붕괴되어갔다.

이러한 중화질서의 붕괴를 알리는 첫 신호탄은 일명 '아편전쟁'으로 불리는 제1차 중영전쟁이었다. 1840년 중국측이 영국 상인의 아편 밀무역을 강력히 금지하자, 영국이 군사력을 동원하면서 발발한 이 전쟁은 영국측의 일방적인 승리로 끝났다. 그 결과

영국군의 오송포대 공격 장면
제1차 중영전쟁 당시 외국의 침입을 방어하기 위해 축조한 오송포대를 영국군이 공격하고 있다.

1842년 난징(南京)조약(및 1843년 추가조약)이 체결되었다. 주요 내용은 광저우(廣州)를 비롯한 5개 항구의 개방, 개항장에 영사주둔과 영사재판권의 인정, 최혜국대우 조항 등이다. 난징조약은 승전국 영국이 패배한 중국에게 일방적으로 강요한 것으로, 이후 서구 열강이 동아시아 국가들에게 강요한 '불평등조약'의 효시가 되었다.

이후 1856년 중국관헌이 중국인 상선 애로우호의 영국기를 끌어내린 사건을 계기로 제2차 중영전쟁이 일어났다. 이 과정에서 청은 영 · 프 · 러 · 미 4개국과 1858년 톈진

♣ 해설 | **화이론적 세계관과 전근대 동아시아의 국제질서**

전근대 동아시아 유교문화권에서는 화이론적 세계관에 입각하여, 이른바 중화체제 · 조공체제 · 사대교린체제 등으로 불리는 중국 중심의 국제질서를 형성해왔다. 화이론적 세계관에 따르면 세계는 문화수준과 지리적 원근에 따라 몇 개의 지역으로 구분되는데, 크게 천자의 교화가 미치는 지역인 '화華'와 미치지 않는 지역인 '이夷'로 나뉜다. 이러한 인식은 춘추전국시대부터 진한秦漢대에 형성되어 한대漢代에는 실제 외교정책에 영향을 미쳤으며, 명대明代 들어 명확히 확립되었다. 이후 이러한 세계관은 막강한 중국의 정치적 · 문화적 권위와 군사력에 뒷받침되어 유지되어왔다.

전근대 동아시아 국가들은 이러한 세계관에 따라 천자天子–제후諸侯–배신陪臣으로 이어지는 서열적이고 수직적인 불평등한 국제질서를 이루고 있었다. 이러한 질서하에 중국의 주변국들은 중화인 중국과 사대관계, 즉 조공관계를 맺었다. 그것은 "작은 나라가 큰 나라를 섬기고, 큰 나라는 작은 나라를 사랑해준다"는 '사대자소事大字小의 예禮'에 따라, 주변국은 정기적으로 중국에 조공하고 중국의 역법曆法을 받아 시행하며, 중국은 조공국의 국왕을 책봉冊封하고 조공에 답례하는 것으로 특징지을 수 있다.

그런데 조공관계가 양자간의 실질적이고 직접적인 지배를 의미하는 것은 아니었다. 중국은 주변국의 복종형식과 책봉을 통해 중화의 위신과 자존심을 확인하고 영향력을 행사하는 간접적인 지배형식을 취하였다. 이는 "조선은 비록 중국의 속국이지만, 그 정교금령政敎禁令은 자주"라는 조청관계에 대한 청의 언급에서 단적으로 확인할 수 있다. 그리고 중국으로부터 책봉을 받은 나라들 사이에는 중국과의 조공관계를 매개로 대등한 입장에서 사귄다는 의미의 교린관계를 형성해왔다.

조선의 유학자들 또한 이러한 세계관에 기초하여, 화華로서의 중국과 그 축소판으로서 소화小華인 조선, 유교적 예악禮樂을 원천적으로 결여하고 있는 이夷, 나아가 이조차도 되지 못하는 금수禽獸로서의 서양이 위계적 질서를 이루고 있는 세계를 상상했다. 그리하여 외교정책에서 중국과는 사대관계, 일본 및 여진족 등과는 교린관계를 유지해왔다.

한편 조선의 입장에서 이러한 중화질서에 참여한다는 것은 중국 중심의 강력하고 위계적인 세계질서에 편입됨으로써, 대외적인 안보와 대내적인 안정을 구가하는 현실정치적 의미도 지녔다. 즉 중화질서를 문명의 기준으로 삼아, 중국과의 동질화를 통해 주변국과 차별화를 시도함으로써, 자국의 위상을 높이려 하였다. 동시에 강대국인 중국과 연합하여 국가안보를 확보하고, '천자'의 권위에 기대어 정권의 정통성을 획득 · 강화하고자 했다.

페리제독 일행의 요코하마(横濱) 상륙(1854)
미국 동인도함대 사령관인 페리 제독이 일본의 개항을 요구하며 500여 명의 무장군인을 거느리고 요코하마에 상륙하는 장면.

(天津)조약을 체결하였고, 1860년에는 베이징이 영 · 프 연합군에 의해 점령되어 베이징 협정이 체결되었다. 이로써 중국과 서양 사이에는 서양 열강이 힘으로 강요한 불평등 조약체제가 확립되었다.

한편 도쿠가와 막부(德川幕府)가 지배하던 일본 또한 이 무렵 서양 열강의 위협에 직면하였다. 1630년대 말 서양과의 모든 관계를 단절하고, 나가사키(長崎)항에서 네덜란드에게만 유일하게 통상을 허용해 온 일본은 19세기 중엽 미국에 의해 개방되었다. 19세기 중엽 미국은 북미대륙의 동서 해안에 걸쳐 광대한 영토를 확보하자, 태평양을 오가는 자국 선박의 안전과 동아시아에 대한 러시아 세력의 침투를 억제하기 위해 일본을 개방시키는 데 앞장섰다.

미 해군제독 매듀 페리(Mathew C. Perry)는 일본 원정을 위해 치밀한 계획과 만반의 채비를 갖춘 뒤, 흑선 4척을 이끌고 1853년 7월 도쿄만에 도착했다. 그는 일본측에 개항을 요구하는 서신을 전달한 후, 답변을 받기 위해 다음해 1월에 올 것을 통고한 후 돌아갔다. 다음해 2월 페리는 약속대로 8척의 군함을 이끌고 일본으로 돌아왔다. 이때 서양의 군사력과 서양 과학기술의 실용적 가치, 나아가 아편전쟁에서 중국이 당한 패배와 굴욕을 잘 알고 있던 일본의 막부 지도자들은 개항을 결정했다. 그리하여 1854년 3

월 31일 미일화친조약이 체결되고, 도쿠가와 막부가 250여 년 동안 견지해온 쇄국정책은 종지부를 찍게 되었다.

개항 이후 청·일의 대응 : 양무운동과 메이지유신

서구 열강의 무력에 의해 개항을 강요당한 청과 일본은 자구책 모색에 부심했다. 우선 아편전쟁 참패 후 서양의 근대적 신무기와 과학기술의 우수성을 인정하게 된 중국에서는 서양의 과학 · 기술을 도입하여 자강을 도모하기 위한 개혁운동이 전개되었다. 함풍제咸豐帝 이후 실권을 장악한 공친왕恭親王과 태평천국의 난을 진압한 쩡궈탄(曾國藩), 리훙장(李鴻章), 쭤쭝탕(左宗棠) 등 한인 관료들은 중체서용론中體西用論에 입각하여 이른바 '양무운동洋務運動'을 전개했다. 군수산업에서 시작된 양무운동은 1870년대 이후 교육과 교통, 광공업 부문으로까지 확장되었다. 그러나 정치사회제도의 근본적 개혁 없이 서양의 산업과 기술만을 받아들이려 한 양무운동은 결국 실패로 끝나고, 청일전쟁 후 변법자강운동이 이를 대신하게 되었다.

반면 일본은 문명개화론에 입각하여 서구문명을 적극적으로 수용하는 방식으로 대내외적 위기에 대응했다. 막부정권을 무너뜨린 메이지 신정부는 대외적으로 개방정책을 채택하고, 대내적으로는 부국강병 · 문명개화를 국가의 사활적 문제로 인식했다. 이에 따라 정치 · 경제 · 군사 · 교육 등 거의 모든 방면에서 적극적으로 서양의 문물과 제도를 수용하기 시작했다. 1871년부터 1873년까지 이와쿠라(岩倉具視) 사절단을 유럽 각국으로 파견하여 서양의 문물과 제도를 시찰하고 연구하게 하였다. 또 서양인 교사와 기술자들을 초빙하여 근대적인 공장, 군사시설, 학교 등을 세우고, 서양과 맺은 불평등한 조약을 개정하기 위해 노력했다.

2. 대원군의 등장과 쇄국정책

대원군의 내정개혁

흥선대원군 이하응

안으로는 세도정치와 삼정문란, 이로 인한 민란의 확산 등 구체제의 문제점들이 한꺼번에 노출되고, 밖으로는 서세동점西勢東漸에 의한 외세의 침략위협에 직면한 19세기 중반, 흥선대원군이 역사의 전면에 등장한다. 1863년 철종이 후사 없이 죽자, 흥선대원군의 둘째 아들인 '명복命福'이 조선의 제26대 왕으로 즉위했다. 즉위 당시 고종의 나이는 12세에 불과하여 조대비趙大妃가 수렴청정을 하게 되었다. 하지만 조대비는 수렴청정의 명목 아래 대원군에게 국정을 위임하였고, 그 결과 대원군이 정권을 장악하게 되었다.

집권기간 동안 대원군은 국가 기강을 확립하고 흐트러진 민심을 수습하기 위해 과감한 개혁을 추진했다. 우선 권력체제의 근간인 중앙정치기구를 개혁했다. 그 동안 세도정치의 중심이었던 비변사備邊司의 기능을 약화시키고, 왕조 초기의 정치기구인 의정부와 육조, 삼군부를 부활시켰다. 나아가 당색을 불문하고 종친을 포함한 유능한 인재들을 과감하게 등용했다.

다음으로 대원군은 1865년 경복궁을 중건하는 대역사大役事에 착수하여 이 사업을 진두지휘했다. 조선 건국 직후 정궁正宮으로 기능해온 경복궁은 임진왜란 당시 화재로 소진된 이후 270여 년 동안 불에 탄 채로 남아있었다. 대원군은 이러한 경복궁의 중건을 통해 세도정치로 실추된 왕실의 권위를 회복하고자 했다. 그런데 당시 조선왕조의 재정 상태로는 경복궁 중건에 따르는 막대한 재원을 충당하기가 어려웠다. 이에 종친뿐 아니라 백성들을 대상으로 원납전願納錢을 염출하여 공사를 진행했다. 하지만 이듬해 일어난 대화재로 그간의 공사가 수포로 돌아가자, 재원 확보를 위해 원납전 뿐 아니라 일반 백성들에게 각종 세금을 부과했다. 또 당백전當百錢을 주조하고 청전淸錢을 수입하여 유통시켰는데, 이러한 악화의 남발과 유통은 물가를 앙등시키고 유통질서에 심각한 혼란을 초래하는 등의 부작용을 낳았다.

대원군의 개혁정책 중 가장 과감하고 획기적인 조치는 서원철폐였다. 조선 중기 이후 선현에 대한 제사와 학문 수양을 위해 전국 각지에 세워진 서원은 유교적 향촌질서 유지 등 긍정적인 기능을 발휘하였다. 하지만 후기로 내려오면서 지방양반·유생 등 특권적인 세력의 근거지가 되어, 전토田土와 노비를 점유하고 면세·면역의 특전을 향유하면서 많은 민폐를 야기했다. 나아가 서원의 남설은 면세지를 늘려 국가재정에도 막대한 폐해를 끼치고 있었다. 이에 대원군은 서원철폐를 단행하여 왕권의 권위를 높이는 한편 민폐를 줄이고 세수 증대를 꾀하였다. 대원군은 집권 직후 서원의 설립을 제한한 데 이어, 1865년 3월 자신의 권력기반이 확고해지자 당시 큰 영향력을 갖고 있던 만동묘萬東廟를 철폐하고, 마침내 1871년 3월 사액서원으로 존속시켜야 할 47개 처를 제외한 전국의 모든 서원을 철폐했다.

한편 대원군은 민란의 원인인 삼정三政의 폐단을 바로잡고 국가재정을 건실하게 하기 위해 부세제도의 개혁을 시도했다. 전정田政에서는 조세지 확보에 노력하여 상당한 성과를 거두었으며, 군정軍政에서는 전 주민에게 균일하게 세를 부과하는 호포제戶布制를 시행했다. 환정還政에서는 사창제社倉制를 도입하여 관리들의 간여를 금지하고 민간에게 운영을 맡기는 조치를 취하였다. 나아가 국가재정의 부족을 메우기 위한 다양한 개혁들이 시도되었다. 하지만 이러한 개혁들은 제도의 근본적인 개혁보다 운영상의 개선에 불과한 경우가 많았다. 특히 두 차례의 양요로 인해 군사비용이 증가하고 경복궁 중건사업으로 재정수요가 증대되자 개혁은 점차 그 내실을 잃어갔다. 그 밖에 대원군은 국방력 강화에도 심혈을 기울여 군사제도의 개혁과 신무기 제조 등을 통해 군비 확장에도 많은 노력을 기울였다.

병인양요·신미양요

대원군은 집권 기간 내내 일관되게 쇄국양이鎖國攘夷의 대외정책을 견지했고, 그러

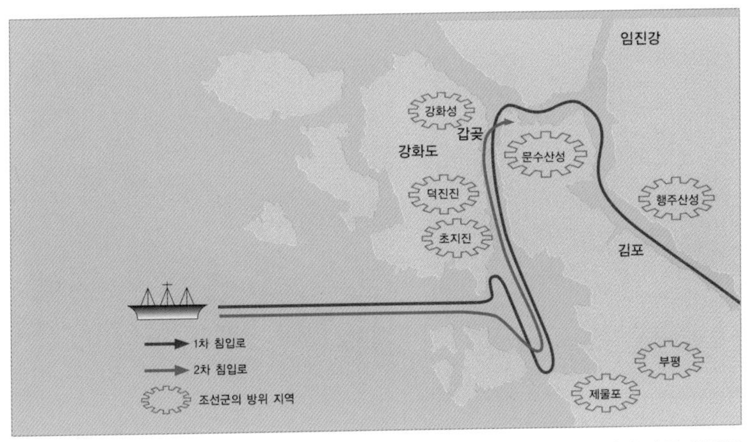

프랑스 함대의 강화 침입로

한 가운데 병인양요와 신미양요가 일어났다. 이 중 병인양요는 조선정부의 천주교 금압책과 프랑스 선교사 학살사건을 계기로, 프랑스의 식민지 팽창정책과 대아시아 로마 가톨릭교 포교정책이 결합하여 발생한 제국주의적인 침략전쟁이었다.

18세기 조선에 전파된 천주교는 신유사옥(1801), 기해사옥(1839)과 같은 대박해에도 불구하고 꾸준히 교세를 확장해왔다. 대원군 집권기에 천주교도는 2만 3천여 명에 이르렀고, 12명의 외국인 선교사들이 활발한 포교활동을 벌이고 있었다. 대원군 또한 집권 초 2년 동안 천주교에 대해 관용정책을 취하였으나, 1866년부터 대박해정책으로 급선회한 후 대대적으로 탄압했다. 1866년 정월 이른바 '병인사옥'으로 불리는 천주교 박해에서 베르누 주교를 비롯하여 프랑스인 신부 9명과 약 8천여명의 교도가 희생되었고, 이후 1872년까지 7년 동안 이러한 대박해가 지속되었다. 이러한 대박해는 당시 조선의 천주교 지도자들이 외세인 서양세력과 결탁하여 조선에 해를 입힐 것이라는 위기감과 깊은 관련이 있었다.

한편 병인사옥에서 화를 면한 리델 신부는 중국 천진으로 탈출하여 프랑스 극동함대 사령관 로즈제독에게 조선의 천주교 탄압 실정을 알리고 보복 원정을 촉구했다. 이에 로즈 제독은 북경 주재 프랑스 공사 벨로네와 협의하여 조선에 대한 무력침공을 결정, 1866년 8월과 10월 사이 두 차례에 걸쳐 조선을 침공했다. 1차 원정에서 강화해협을 중심으로 서울까지의 한강수로를 탐사하여 조선정복을 위한 예비적 정찰을 성공적

병인양요 강화유수부를 점령한 프랑스군의 모습. 이때 프랑스군이 외규장각에서 약탈해간 조선왕조의 의궤 등 각종 서적은 아직 반환되지 않았다.

광성보 전투에서 노획한 수자기帥字旗 앞에서 기념촬영을 하고 있는 미군 이 '수자기'는 이후 미국 애나폴리스 해군사관학교 박물관에 소장되어오다, 2007년 10월 10년간의 대여 형식으로 한국으로 돌아왔다.

으로 수행한 프랑스군은 9월 2차 원정길에서 올라 강화부를 침공했다. 프랑스군은 초기에 막강한 화력으로 강화부를 점령하였으나, 10월 1일 정족산성 전투에서 양헌수의 '기병작전奇兵作戰'에 참패한 후 강화도에서 철수했다. 이때 프랑스군은 강화읍 일대를 파괴하고, 강화도에 보관되어 있던 외규장각 서적을 비롯한 각종 문화재와 보화를 약탈해갔다. 이러한 프랑스의 침략을 물리친 대원군은 1868년 독일 상인 오페르트에 의해 자행된 남연군묘 도굴사건 이후 쇄국양이 정책을 더욱 강화했다.

한편 1866년 병인양요 직전 미국상선 제너럴셔먼호가 장마로 불어난 대동강을 거슬러 올라와 평양에서 통상을 요구하다 조선측의 화공에 격침되었다. 이에 미국은 아시아 함대 사령관 로저스가 이끄는 미 해군을 조선으로 파견했다. 이 사건을 계기로 함포외교를 통해 조선을 개항시키고자 했던 것이다. 1871년 4월 14일, 강화해협의 손돌목에서 첫 전투를 치룬 미국은 이후 초지진과 덕진진, 광성보를 차례로 함락시켰다. 그러나 광성보 전투에서 조선군은 어재연 이하 54명이 전사하면서도 결사적인 항전을 벌였다. 이처럼 조선군의 격렬한 저항과 더불어 대원군이 예상보다 강력하게 쇄국양이정책을 고집하자 미국은 조선과의 수교를 단념하고 철수했다. 이후 대원군은 전국 각지에 척화비를 세우면서 쇄국양이정책을 더욱 강화하였고, 조야에서 배외감정은 더욱 고조되었다.

♣쟁점 | 대원군에 대한 역사적 평가

대원군 집권기에 대한 학계의 평가는 크게 긍정과 부정, 그리고 양자를 절충한 입장으로 나눌 수 있다.

먼저 부정적으로 보는 입장에서는 대원군 집권기를 위기에 처한 구체제를 유지 · 고수하기 위한 왕권강화의 보수적이고 반동적인 시기로 규정한다. 이에 따르면 대원군은 안동김씨 세도 대신 전주이씨의 종친세력을 권력기반으로 삼아, 임술민란 등에서 분출했던 농민들의 요구를 강력히 통제하며 왕조 체제의 재편을 획책하였을 뿐이다. 또 서원철폐는 전부터 시행되어 오던 정책의 연장이고, 호포법은 농민봉기를 무마하기 위한 정략적 정책에 불과하다고 본다.

반면 긍정적인 입장에 따르면, 대원군은 당시의 대외적 위기와 국내의 부패정치에 과감히 대처하였으며, 유능한 인재의 고른 등용, 나아가 호포법 시행과 서원 철폐 등을 통해 사족들의 신분적 특권을 부정한 과감한 개혁가의 모습으로 그려진다.

한편 양자를 절충한 견해에 따르면, 세계사의 동향에 어두웠고 국왕의 전제권 강화를 통해 체제위기를 극복하려 한 점, 또 천주교도를 탄압하고 쇄국정책을 실시한 점 등은 시대착오적인 것으로 비판된다. 하지만 대내적으로 양반의 전횡을 누르고 대외적으로 구미열강의 침략정책을 타파한 점, 서원철폐 및 호포법을 단행한 국정개혁은 긍정적으로 평가된다.

이상을 종합하면 대원군 정권은 '보수적 개혁정권', 즉 당시의 위기적 상황을 구체제에 대한 근본적 변경이 아닌, 이의 개혁을 통해 유지 · 고수하려 한 것으로 평가할 수 있을 것이다.

3. 조일수호조규 체결과 개항

고종의 친정과 대외정책의 변화

조선이 병인양요 이후 대외적으로 쇄국양이정책을 강화해가던 1868년, 메이지 유신을 단행한 일본은 그해 12월 쓰시마 번을 통해 왕정복고를 조선의 동래부로 알려왔다. 그런데 이를 알리는 서계(書契; 외교문서)에 중국 황제만이 써 오던 '황皇', '칙勅' 등의 용어를 사용하고, 종래 일본측의 요구로 사용해온 인장을 자의적으로 변경하였다. 이러한 격식의 변화는 기존의 조일 교린관계를 일방적으로 변경한 것으로, 조선측은 이를 문제 삼아 서계 접수를 거부했다. 그러자 1873년 일본 내 일부 정치세력은 무력을 통해 조선 문제를 해결하자는 '정한론征韓論'을 제기하기도 했다. 하지만 내치가 더 중요하고, 아직 외국과 전쟁할 단계가 아니라는 '내치파內治派'의 반대로 정한론은 수그러들었다.

그런데 이 무렵 조선에서 집권세력이 교체되는 정치적 변동이 일어났다. 1873년 10월과 11월 최익현이 대원군을 비판하고 탄핵하는 상소를 올린 것을 계기로, 고종은 11월 4일 전격적으로 친정親政을 선포했다. 이로써 10여년에 걸친 대원군 집권은 막을 내렸다. 대원군의 권력은 공식적이고 제도적인 틀이 아닌 국왕의 생부라는 명분상의 지위에 근거하는 것이었기 때문에, 20세의 나이로 성장한 고종이 친정을 선포하자 그의 권력은 급격히 붕괴되었던 것이다. 이후 조선의 중앙정치는 왕비와 외척인 여흥 민씨 세력이 실권을 장악해갔다.

친정체제를 구축한 고종은 대원군 집권기와는 다른 새로운 정책을 추진했다. 고종은 친정 직후 조정 내 집권세력을 교체한 데 이어, 대원군 집권기에 신설된 각종 잡세들을 철폐하는 재정개혁과 친위병을 양성하여 군사권을 장악하기 위한 군제개혁을 단행했다. 그러나 이 시기 정책변화에서 무엇보다 주목할 것은 대외정책의 전환이었다. 당시 시급한 현안이었던 일본과의 외교관계를 개선하는 문제와 관련하여 고종은 그동안 대일외교를 담당해온 관리들을 일괄적으로 교체하여 대일관계의 새로운 돌파구를 찾기 시작했다.

이처럼 고종이 친정 직후 일본과의 관계개선을 도모할 수 있었던 것은 청에 파견했던 사신들과의 접견을 통해 주변 국제정세의 변화를 주목해왔기 때문이다. 게다가 1874년 2월 일본이 대만을 불법 점령하는 사태를 맞아 중국은 일본군의 조선침략 가능성을 경고하며, 이를 대비하기 위해 프랑스 및 미국과의 통상조약의 체결을 권고하고 있었다. 이러한 상황에서 고종은 서계 문제로 교착상태에 빠진 일본과의 관계개선을 시도했던 것이다.

조선정부는 신임 왜학훈도 현석운에게 일본과의 교섭을 지시하여, 1874년 9월 3일 현석운과 모리야마 시게루(森山茂) 사이에 국교재개 문제와 관련한 회담이 열렸다. 회담 후 10월 하순 도쿄로 돌아간 모리야마는 이 기회를 틈타 조선 문제를 적극 해결할 것을 건의했다. 이어 1875년 2월 부산에 다시 온 모리야마는 서계를 제출하고 조선 당국자들과의 교섭을 시작했다. 그런데 일본과의 관계개선에 대한 고종의 적극적인 의지에도 불구하고, 조정 대신들의 입장은 여전히 서계 접수를 거부하는 쪽이 다수였다. 결국 조선정부는 1875년 5월 일본이 보내온 서계를 접수하지 않기로 공식 결정했다.

조일수호조규 체결과 개항

조선정부의 입장을 확인한 일본 정부는 그들이 서구의 무력시위에 굴복하여 개항을 결정했던 경험을 조선에 적용하기로 했다. 일본정부는 1875년 5월 운요호를 비롯한 군함 3척을 동래 앞바다에 침공시킨 후 무력시위를 감행했다. 이어 8월에는 조선 영해를 침범하여 한강 하구까지 거슬러 올라왔고, 이에 대응하여 강화도 초지진에서 포격을 가하였다. 그러자 이를 빌미로 일본군은 초지진을 파괴하고 영종도에 상륙하여 약탈과 살상을 자행하고는 일본으로 돌아갔다.

이후 일본정부는 왜관의 거류민을 보호하고 운요호에 포격을 가한 책임을 묻는다는 명목으로 군함과 전권대표의 조선파견을 결정했다. 그리하여 특명전권변리대신으로 임명된 육군중장 쿠로다 키요타카(黑田淸隆)가 이끄는 8척의 군함이 1876년 1월 강화도에 상륙, 무력시위를 감행하면서 조선정부에 회담을 강요했다.

사태가 이렇게 전개되자 조선정부는 신헌과 윤자승을 전권대신과 부관으로 임명하

강화도에 침입한
일본군함 운요호(1875)
사진은 남아 있지 않고 일본인이 그린
상상도만 전하고 있다.

열무당閱武堂(1876)
이 열무당 뒷쪽에 있는 진무영 본부 건물에서 조일수교회담이 진행되었다. 당시 일본측은 이곳에 대포 4문을 배치하는 등 조약체결을 강요하는 무력시위를 벌였다.

여 강화도에서 일본과 교섭하도록 하였고, 강위와 오경석 등이 이에 참여했다. 그 결과 일본 측이 제시한 조약문안의 일부 내용을 수정하여 2월 3일 「조일수호조규朝日修好條規」가 체결되었다. 이어 7월에는 수호조규의 조항을 보완한 「수호조규부록修好條規附錄」(및 이에 부속하는 「왕복문서」)과 「통상장정通商章程」이 맺어져 이른바 '병자불평등조약체제'가 성립되었다. 이러한 일본과의 수교는 일본의 강압적인 요구에 말미암은 것이지만, 일본과의 수교를 권고한 중국의 영향도 크게 작용했다.

수호 조규의 제1조에는 '조선은 자주의 나라로 일본과 평등한 권리를 가진다'는 규정이 명시되어 있다. 이는 조선에 대한 청의 종주권을 부인하여 조선문제에 대한 청의 개입을 방지함으로써 조선에 대한 침략을 용이하게 하고자 한 일본의 의도가 반영된 것이었다. 제4조와 5조에서는 통상무역의 실질적 근거가 되는 개항장의 선정과 설치, 운영을 규정하였다. 이로써 일본은 향후 조선 땅에서 외국인 거류지, 즉 조계租界를 설치할 근거를 마련하고 부산 이외에 추가로 2개의 항구를 개항하도록 하였다. 그리고 제7조에서는 연안 측량권과 해도海圖작성권을 허용하였는데, 이로써 조선연안에서 일본 군함의 침략 활동이 수월해졌다. 이어 제10조에서는 치외법권을 인정하여 조선 영토에서 벌어지는 일본인의 활동과 범죄를 규제하거나 통제할 수 없게 되었다. 나아가 제9조에서는 임의무역, 즉 자유무역을 강제하고 「부록」과 「통상장정」에 일본화폐의 유통과 관세주권의 포기, 미곡의 수출 허용 등을 규정하였다. 이는 조선에 대한 일본의 경제적 침투를 획책한 것이었다.

이처럼 일본측의 일방적인 특권이 규정된 병자불평등조약체제는 개항 초기 조선의 주권을 제한하고 대등한 대외관계의 전개를 저해하는 외적요인이 되었으며, 일본의 독점적인 대 조선무역 등을 가능하게 하였다.

서구 열강과의 수교와 양절체제

일본과 수교 교섭이 진행되는 동안 이를 반대하는 척사파의 개항 반대운동이 거세게 일어났다. 이들은 오늘날의 일본은 서양과 같기에, 일본과의 수교는 곧 서양과의 통교를 의미한다는 왜양일체倭洋一體의 논리로 개항을 반대했다. 하지만 고종을 비롯한 집권층은 일본과 서양을 분리(倭洋分離)하여, 일본과의 수교는 도쿠가와 막부와의 구교舊交 부활이라는 척양대일개항론斥洋對日開港論으로 반대론을 봉쇄했다. 나아가 조약 체결 직후 일본측이 조선정부에 초대외교의 형식을 취하여 사신 파견을 요청하자, 수신修信과 일본의 상황을 파악하기 위해 그 해 4월 수신사 김기수를 일본으로 파견했다.

조선정부의 자강을 위한 근대화 정책은 1880년 제2차 수신사로 일본을 다녀온 김홍집의 귀국 복명復命 이후 본격화되었다. 1880년 12월 조선은 정부조직을 개편하여, 삼군부三軍府를 폐지하고 변화하는 정세에 대응하기 위해 국내외의 군국기무軍國機務를 총

일본에 파견된 수신사(1876)
제1차 수신사로 파견된
김기수 일행의
일본 요코하마 도착 모습.

괄하는 관청으로 통리기무아문統理機務衙門을 설치했다. 이듬해 1881년에는 군제를 개혁하여 종래의 5군영을 무위영武衛營과 장어영壯禦營의 2영으로 개편하고, 무위영 안에 신식 군대인 별기군別技軍을 창설하여 일본인 교관의 훈련을 받도록 했다. 나아가 일본의 근대 문물제도와 시설을 시찰·조사하기 위해 박정양·어윤중 등을 비롯한 60여명의 시찰단을 극비리에 일본으로 파견하고, 군기제조 학습을 위해 영선사領選使 김윤식의 인솔 아래 60여명의 유학생을 청으로 파견했다.

한편 1880년 이후 조선은 서구 제국주의 국가들과 수교를 맺고 본격적으로 문호를 개방하지 않을 수 없었다. 이미 청국은 일본의 독점적인 조선 침투를 견제하기 위해, 조선에게 미국이나 프랑스와의 수교를 권고하였고, 미국도 조·일수교가 맺어지자 일본을 통해 조선과의 수교를 시도하였다. 하지만 조선정부는 서양에 대한 쇄국정책에는 변함이 없다는 '여왜속호비양이화與倭續好匪洋伊和'의 척양적 개항론의 견지에서 서양과의 수교를 거부하고 있었다.

그러던 중 1880년 수신사 김홍집의 귀국 이후 미국과의 수교문제가 조선정부의 대외정책 차원에서 구체적으로 제기되었다. 청·러 관계의 악화와 일본의 유구琉球 강제 복속 등 급변하는 동아시아 정세에 관한 김홍집의 귀국 보고, 그리고 이때 전해진 황쭌셴(黃遵憲)의 『조선책략朝鮮策略』과 관련하여 일본의 독점적 침투를 저지하고 러시아의

♣해설 | 『조선책략』

『조선책략』은 주일본 청국공사 허위장(何如璋)의 권유에 의해 주일본 청국공사관 참찬관 황쭌셴이 1880년에 집필한 것으로, 원래 책명은 『사의조선책략私擬朝鮮策略』이다. 황쭌셴은 1880년 일본에 파견된 김홍집에게 이 책을 전달하였는데, 귀국 후 김홍집은 고종에게 복명과 동시에 이를 바쳤다.

그 핵심 내용은 조선의 가상 적국으로 러시아를 상정하고, 그 대책으로 친중국·결일본·연미국親中國結日本聯美國을 권유하는 것이었다. 즉 동양 3국이 러시아의 남하에 공동 대처해야 하고, 조선의 새로운 외교노선은 중국의 지휘를 받아야 하며, 새로운 일본관을 제시하면서 미국과의 조약 체결을 강조하고 있었다. 동시에 산업과 무역의 진흥을 꾀하고 기술을 습득해 부국강병책을 수행해야 한다는 주장을 펼쳤다. 이는 러시아의 침략을 경계해 미국과의 수호통상을 적극 추진하려는 리훙장을 비롯한 청국 정부의 의견이라고도 할 수 있다.

당시 조선의 새로운 외교노선을 제안하고 있는 이 소책자는 조선 정가에서 큰 돌풍을 일으켜, 이에 반대하는 유림세력의 맹렬한 반대운동이 일어났다. 그렇지만 『조선책략』은 고종과 조정 중신들에게 대체로 받아들여져, 이후 개화정책 수립과 서양 열강과의 수교통상을 통한 문호개방의 계기가 되었다.

↑ 보빙사 일행 앞줄 왼쪽이 민영익, 오른쪽이 홍영식.
뒷줄에 왼쪽에서 두번째가 통역관 로웰, 세번째가 서광범.

← 민영익 일행을 접견하는 미국 아서(Arthur) 대통령
뉴욕에서 발행되는 주간지『뉴스 페이퍼』(1883년 9월 29일)에 게재된 삽화.

남하정책을 견제하기 위해 미국과의 수교를 결정한 것이다.

그런데『조선책략』의 내용이 조야에 널리 알려지면서, 1881년「영남만인소嶺南萬人疏」를 비롯하여 전국적인 척사상소운동이 광범위하게 일어나, 조 · 미 양국의 수교 움직임은 잠시 지연되었다. 하지만 리훙장(李鴻章)의 주선으로 1881년 말부터 양국 수교교섭이 재개되어, 1882년 4월 6일 제물포에서 양국을 대표하여 신헌과 슈펠트(Robert W. Shufeldt) 사이에 조미수호통상조약이 체결되었다. 주요 내용은 '제3국이 체약국(조선 · 미국)을 부당하게 대한다면 서로 돕고 잘 조처한다'는 제1관의 거중조정居中調整 항목을 비롯하여, 아편무역 금지, 생필품 10%와 사치품 30%의 관세율 확정 등이었다. 이는 일본과 맺은 조약과 비교하면 불평등성이 완화된 측면이 있지만, 치외법권과 최혜국 대우를 규정하고 있는 점에서 역시 불평등한 조약이었다. 1883년 4월 조선주재 미국 초대공사로 푸트(Lucius H. Foote)가 내한하자, 이에 대한 답례와 양국간 친선을 위해 조선정부도 그 해 6월 민영익을 수반으로 한 보빙사報聘使 일행을 미국에 파견하였다.

미국과의 수교는 조선이 서구 열강의 다른 나라들과 연쇄적으로 수교를 맺는 계기로 작용했다. 조미조약 체결 후 2주일 만에 영국과 조영수호통상조약, 그해 5월 독일

♣해설 | 조청상민수륙무역장정

「조청상민수륙무역장정」(이하 장정)은 조 · 청 상인들의 통상에 대한 규정으로, 1882년 8월 20일 체결되었다. 이때 '조약(treaty)'이 아닌 '장정(regulation)'이란 용어가 사용된 것은 중국과 속방인 조선 사이에서는 대등한 국가들이 맺는 '조약'이 성립될 수 없다는 이유에서였다.

그리하여 청국 조정이 특별히 윤허하는 조규로서, 상하관계의 나라들이 맺는 의미로 '장정'이라는 용어가 사용되어 '공포' 되었다. 나아가 장정의 전문에 '조선이 중국의 오랜 속방'이었음을 천명하여 종속관계를 명문화했다.

또한 장정에서는 청에게 치외법권, 내지통상권, 연안어업권, 청군함의 연안항행권까지 허용하였다. 이는 이후 조선이 체결하는 조약, 특히 일본과 영국간의 조약 개정에 중대한 영향을 미쳐 불평등조약 체계 확립에 결정적 역할을 했다. 그리고 조선의 시장은 서울에서 벽촌에 이르기까지 외국상인에게 개방되었다.

이처럼 청은 전통적 조공관계에 가탁하여 조 · 청관계를 근대적 종속관계로 개편하려 하였다. 하지만 조선은 이러한 청의 의도를 간파하지 못한 채, 중국의 우산 아래 당시 가중되던 외압을 피하려 하였다.

과 조독수호통상조약을 체결했다. 이어 8월에는 임오군란을 계기로 청군이 조선에 주둔한 상황에서 청과 조청상민수륙무역장정朝淸商民水陸貿易章程을 체결했다. 이를 통해 청은 조선에 대한 종래의 형식적 종주권을 명문화하고 청국 상인의 특권을 보장받았다. 특히 내지통상권 및 파격적인 저율 관세를 강요한 조청간의 통상장정은 곧이어 열강의 조선정책에도 지대한 영향을 미쳤다. 영국은 임오군란을 계기로 통상조약 비준을 거부하며 보다 유리한 조건을 확보하려 하였고, 독일과 일본도 이에 동조하였다. 결국 1883년 10월 영국은 조선과 다시 조약을 체결하면서, 조청상민수륙무역장정의 선례를 따라 내지통상권 및 저율 관세를 강제 규정하였고, 이는 최혜국 대우 조항에 따라 다른 열강들에게 모두 적용되었다.

이와 같이 조선은 1880년대 서구 열강과의 수교 · 통상을 통해 근대적 조약체제인 만국공법질서에 참여하게 되었다. 하지만 청과는 조공체제, 즉 전통적 사대질서를 유지하고 있었다. 더욱이 청은 1882년 임오군란을 계기로 이러한 전통적 사대질서 하에서의 종주권을 이용하여, 조선에 대해 기존 사대질서의 종주관계宗主關係를 국제법 질서하의 실질적인 속국관계로 전환시키려 책동하였다. 이처럼 서구 열강과는 주권 평등의 근대적 국제관계를 맺고 있으면서, 동시에 청과는 전통적 종속관계를 유지하고 있는 조선의 현실을 유길준은 『서유견문』에서 '양절체제兩截體制'라고 명명했다.

이를 통해 유길준은 조선이 청에 조공을 하고 있지만, 이것이 근대 국제법 하에서

♣ 해설 | **만국공법萬國公法**

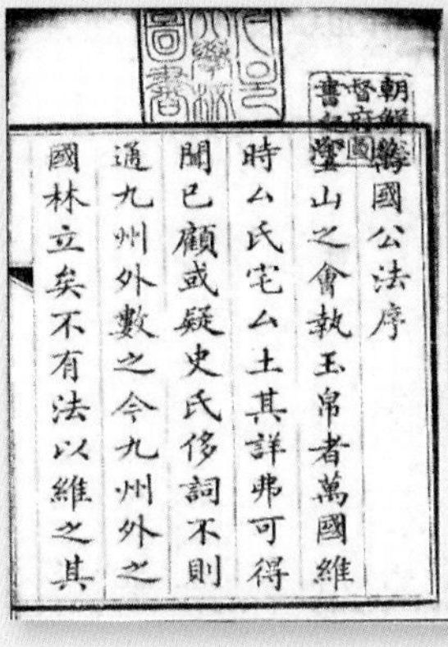
萬國公法序
塗山之會執玉帛者萬國維
時厶氏宅厶土其詳弗可得
聞已顧或疑史氏侈詞不則
通九州外數之今九州外之
國林立矣不有法以維之其

당시 '만국공법'이라는 용어는 오늘날의 국제법 또는 당시 유통되던 국제법 서적을 의미했다. 이때의 국제법이란 유럽에서 만들어진 것으로, 중세 봉건사회의 질서가 붕괴된 후 등장한 주권국가의 병렬적인 상호관계를 규율하는 것이었다.

반면 화이론적 세계관에 기초하여, 문화적 수준에 따라 서열적이고 수직적인, 불평등하고 위계적인 국가간 질서를 이루고 있던 동아시아에서는 '국제'라는 개념이나 국제법은 존재하지 않았다. 그러나 19세기 중엽 서구 열강에 의해 개항이 강제되면서, 동아시아는 만국공법체제인 근대 국제법체제로 편입되어 갔다. 조선 또한 1876년 개항과 더불어 만국공법체제로 편입되어 갔지만 국제법에 대한 집권층 및 지식인의 인식은 매우 피상적이었다.

조선에서 만국공법은 1880년대 초반 본격적으로 수용되기 시작하면서 조야로 확산되어갔고, 이후 정책차원에서 활용되었다. 여기에는『만국공법』·『조선책략』·『이언易言』·『공법회통公法會通』 등과 같은 서적들이 커다란 영향을 미쳤다. 특히 마틴이 번역한『만국공법』은 국제법의 초기 수용과 확산 과정에서 중요한 역할을 담당했다. 이 책은 중국에서 활동하던 미국인 선교사 마틴이 국제법 학자인 휘튼의 저서 *Elements of International Law*를 1864년에 한역漢譯하여 출판한 것이다. 조선에는 개항을 전후한 시기에 전래된 것으로 추정된다.

의 '속국'과는 다른 것임을 주장하였다. 다시말해 조청간의 전통적 관계가 만국공법상의 근대적 국제법 질서하에서의 상호 동등한 관계를 부정하는 것이 아님을 강조함으로써 청의 조선속국화정책을 비판하였던 것이다. 이는 당시 전통적 조공질서와 근대적 만국공법질서가 뒤섞인, 즉 이중적 국제관계에 놓인 조선의 현실을 예리하게 지적한 것이라 할 수 있다.

● 읽기자료

1. 조일수호조규

제1조 조선국은 자주국이며 일본국과 평등한 권리를 보유한다. 금후 양국이 화친의 성의를 표하고자 할진대 모름지기 피아 동등한 예의로 상대할지며 조금도 침월하거나 시기해서는 아니될 것이다. 우선 종전에 양국의 교제를 저해한 제 법규를 모두 없애고 관대하고 너그러운 법규를 힘써 설정함으로써 쌍방의 안녕을 기한다. …

제7조 조선국의 연해 · 도서 · 암초는 종전에 심검을 하지 않는 까닭에 지극히 위험하므로 일본국의 항해자가 자유로이 연안을 측량하는 것을 허가하여 그 위치 · 심천深淺을 명세히 하고 도지를 편제하여 양국 선객으로 하여금 위험을 피하고 평온하게 항해할 수 있도록 한다.

제9조 양국은 이미 통호하였는 바 양국의 인민은 각자의 뜻에 따라 무역을 할 수 있다. 양국의 관리는 추호도 이에 관계해서는 안 되며, 또 이를 제한하거나 금지할 수 없다. 만약 양국의 상인이 상거래 상 불미스러운 일을 자행한다면 양국 관원은 엄중히 해당 상민을 조사하여 변상하도록 해야 한다. 단 양국 정부는 이를 변상할 책임을 지지 않는다.

제10조 일본국 인민이 조선국의 지정된 항구에서 머무는 도중에 만약 죄과를 범하고 조선국 인민에게 관계한 사건은 모두 일본국 관원이 심의한다. 만약 조선국 인민이 죄과를 범하고 일본국 인민에 관계한 사건은 모두 조선국 관원이 조사 판결한다. 단 쌍방이 모두 각기 그 나라의 법률에 의거하여 재판하되 조금도 비호함이 없이 공명정대하게 재판하여야 한다.

2. 조미수호통상조약

제1조 미합중국 대통령과 조선 국왕 및 각기 정부의 공민과 신민 간에 영구한 평화와 우호가 있을 것을 기약하고 만일 일방 정부에 대하여 부당하게 또는 억압적으로 행동할 때에는 타방 정부는 그 사건의 통지를 받는 대로 원만한 타결을 가져오도록 주선을 다함으로써 그 우의를 표하여야 한다.

제2조 본 수호조약을 체결한 양 체결국은 각각 외교대표를 임명하여 타방의 수부에 주재시킬 수 있고 또 각각 대외 통상에 개방되어 있는 타방의 항구들에 영사들을 임명할 수 있되 이는 자국 편의에 의한다. 이 관리들은 상호 대등의 기초 위에서 동 등급의 해당 현지 당국과 관계를 가진다. 양국 정부의 외교 대표 및 영사는 최혜국 대표의 동등한 계급에게 허가되는 일체의 특권 권리 및 면제를 차별 없이 상호 향수할 것이고 …

제4조 조선 재류 미합중국 공민으로서 평화롭게 자기 일을 종사하는 자는 모두 그들 자신과 그들에게 속하는 모든 것에 대하여 조선 정부 지방 당국의 보호를 향유할 것이며 해당국은 종류 여하를 막론하고 일체의 능욕과 훼손으로부터 그들을 방위한다. … 조선 신민으로서 미합중국 공민에게 어떠한 범행을 한 자는 조선 당국이 조선 법률에 의거하여 처벌하고, 미합중국 공민으로서 그가 해안에 있어서나 상선에 있어서나 간에 조선 인민의 인신을 능욕하거나 괴롭게 하거나 가해하거나 혹은 그 재산을 훼손하거나 하는 자는 미합중국의 영사 또는 해 권능을 가진 기타 관리만이 미합중국 법률에 의거하여 체포하고 처벌한다.

조선 왕국 내에서 미합중국 공민과 국왕의 신민 사이에 분쟁이 발생하고 그것이 양국 관리에 의하여 심문되고 판결됨을 요하는 것일 때에는 이와 같은 사건은 피고국적의 해당 관리가 해당 법률에 의하여 심리할 것을 미합중국 및 조선국 양 정부 간에 약정한다.……

그러나 조선 국왕이 그 국왕의 법령과 재판 절차를 수정 및 개혁한 결과 그것들이 미합중국의 법령 및 재판 절차와 일치된다고 미합중국이 판단할 때에는 언제든지 조선에 있는 미합중국 공민에 대한 치외법권은 철폐될 것이며 그 후에는 미합중국 공민이 조선 국왕의 경내에 있을 대에는 현지 당국의 법권에 복종할 것을 양 체약국 간에 상호 합의 약정된다.

3. 조청상민수륙무역장정

제1조 중국의 북양대신은 조선의 개항장에 상무위원을 파견하고 조선 국왕도 톈진에 대원을, 그리고 중국의 개항장에 상무위원을 파견한다. 만일 이들 상무위원 중 문제가 발생하면 북양대신과 조선 국왕이 서로 상의하여 그를 철회한다.

제2조 중국 개항장에서 일어난 중국 상민의 재판은 중국 상무위원이 심단하고 재산에 관계되는 사건인 경우 조선인이 원고이고 중국인이 피고인이면 중국 상무위원이, 중국인이 원고이고 조선인이 피고이면 조선 관원이 그 피고를 체포하여 중국 상무위원에 인도하여 중국 상무위원과 회동하여 심단한다. 그리고 개항장에서 일어나는 모든 재산 관련 사건은 원고나 피고가 누구이건 간에 중국 지방관이 심단한다.

제3조 양국 상인들은 상대국 개항장에서 모든 관세를 납부해야 되지만 조선의 평안, 황해도와 산둥(山東), 펑톈(奉天)성의 연안 지방의 어민들은 자유로이 왕래하면서 어업을 할 수 있다.

● 참고문헌

성대경, 1984, 「대원군정권성격 연구」, 성균관대학교 박사학위 논문
한국역사연구회, 1993, 『1894년 농민전쟁연구 3』, 역사비평사
연갑수, 2001, 『대원군집권기 부국강병정책 연구』, 서울대출판부
김용구, 2001, 『세계관 충돌과 한말 외교사, 1866~1882』, 문학과 지성사
최문형, 2002, 『한국을 둘러싼 제국주의 열강의 각축』, 지식산업사
강상규, 2008, 『19세기 동아시아의 패러다임 변환과 한반도』, 논형
윤소영, 2013, 「조선의 못난 개항」, 역사의아침

제2장 개화파와 갑신정변

옛날에 속방屬邦이 되어 그 밑에서 감처甘處하는 것은, 비단 사세가 그렇게 하게 하였을 뿐 아니라 또 나라를 지키는 한 가지 방책이었다. 그런데 지금에 와서 종주국宗主國을 각별히 섬기고 옛 법규를 지키는 것은 비단 일에 무익할 뿐 아니라 도리어 반드시 나라를 망치고야 말게 된다.

그리고 옛날에는 정성을 다하여 상국上國을 섬기어 오직 그 비호를 바랄 뿐이었으나, 오늘에 와서는 감심甘心하여 밑에 있으면 도리어 남으로부터 욕을 받게 된다. 모름지기 스스로 떨쳐 일어나는 데 힘을 써, 독립을 기약하는 것만이 지금 우리나라의 급무인 것이다.

— 윤치호(『윤치호 일기』 1884년 1월 10일)

〈연표〉

1880.	5.	28	제2차 수신사 김홍집 일행, 서울 출발(8.28 귀국 보고)
	12.	20	삼군부 폐지하고 통리기무아문 설치
1881.	2.	26	경상도 유생 이만손, 천주교와 『조선책략』 배척하는 만인소 올림
	4.	10	조사시찰단의 일본파견, 부산 출발(8.30 귀국하여 일본국정시찰 보고)
	4.	23	별기군 창설
	9.	26	영선사 김윤식, 청으로 파견할 유학생 이끌고 서울 출발
1882.	6.	5	임오군란 발생(7.13 청군, 대원군 납치)
	8.	9	수신사 박영효, 부사 김만식, 종사관 서광범 등 일본으로 출발
	8.	20	조청상민수륙무역장정 체결
	11.	17	통리아문 설치(11.18 통리내무아문 설치)
1883.	6.	5	미국파견 전권대신에 민영익, 부대신에 홍영식 임명
	7.	15	박문국 신설(10.1 『한성순보』 창간호 발행)
1884.	10.	17	갑신정변 발발(10.19 청군에 의해 진압)
	10.	23	김옥균 · 박영효 등 일본 망명

1. 개화파의 형성

19세기 중엽 이후 조선은 국가 · 사회체제가 심각한 질곡에 빠진 상황에서, 이른바 '서양의 충격'으로 불리는 외세의 침략이라는 위기를 맞아 그 대응 방안을 모색해야 했다. 이에 대한 지배층의 대응은 크게 두 가지 차원에서 전개되었다. 하나는 종래의 화이론적 세계관에 입각하여 기존의 전통질서와 가치를 고수하며 완강하게 서구를 배척하는 흐름이고, 다른 하나는 서구의 현실적인 힘의 우위를 인정하여 그 문물을 수용하려는 흐름이었다.

전자는 이른바 위정척사운동으로서 대한제국기까지 이어지지만, 1880년대 이후 중앙정치에서 주류로 정착하지 못했다. 반면 후자는 이른바 '개화'운동으로, 서구문명을 부분적으로 수용하려 한 동도서기론東道西器論적 논리로 등장하여 차츰 그 수용의 폭과 깊이를 확장해갔다. 이 과정에서 다양한 정치세력들이 형성 · 분화되었고, 통칭 '개화파'로 불리는 이들에 의해 1880년 이후 본격적인 '개화'운동이 전개되었다.

♣해설 | **동도서기론과 문명개화론**

동도서기론은 중국의 중체서용中體西用이나 일본의 화혼양재和魂洋才와 그 궤를 같이하는 일종의 서구문화의 선별적 섭취론으로, 서구의 도전에 직면하여 동양의 유교적 윤리질서[東道]는 그대로 유지한 채 서구의 발달된 군기軍器 및 과학기술[西器]을 수용하여 부국강병을 이룩하고자 한 논리이다.

이는 동도에 강한 집착을 보인다는 점에서 일면 척사론과 보조를 같이하는 듯하나, 성리학에 바탕을 두고 그 밖의 이질적 문화를 배척하려는 척사론과는 첨예하게 대립 · 갈등하였다. 당시 동도서기론을 주장한 대표적인 인물로는 김윤식, 신기선, 어윤중, 김홍집 등을 들 수 있다.

반면 문명개화론은 전통적 화이론에 따라 '야만'으로 인식되어온 서구를 오히려 '문명'의 지표로 삼아, 문명으로 자임해왔던 중국과 조선을 '반半개화' 내지 '야만'으로 인식함으로써, 서구화 · 문명화를 통한 부국강병을 추구한 논리이다.

이로부터 문명개화론자들은 동도를 고수하면서 서구의 발전된 과학기술만을 받아들이려 한 동도서기론과 달리 서구의 법과 제도, 나아가 정신적 가치체계도 수용할 수 있다는 태도를 지녔다.

조선에서 이러한 문명개화론은 일본의 대표적 문명개화론자인 후쿠자와 유키치福澤諭吉와의 교류 속에 1880년대 초반 김옥균 · 박영효 · 서광범 · 윤치호 등에 의해 주창되었다.

이러한 '개화'운동을 뒷받침한 대표적인 논리는 동도서기론과 문명개화론文明開化論이었다. 이는 서양세력의 접근에 대한 대응을 염두에 둔 것으로, 서양의 발달된 문물을 수용하여 부국강병을 이룩하려는 사상적 모색이었다. 조선에서 이는 청과 일본을 통해 전래된 서양에 대한 새로운 지식의 영향을 받아 1880년대 이후 체계화되어갔다. 따라서 이러한 논리의 성립에서 외래적 요인은 결코 무시할 수 없다.

박규수 초기개화파 형성에 중요한 역할을 담당했다.

동시에 이러한 사상은 조선 사상계의 흐름인 실학사상, 특히 북학파의 사상적 영향 아래 제기된 1860 · 70년대의 적극적인 서학 · 서구문물 수용론, 해외통상 · 수교론의 연장선에서 성숙되어갔다. 이러한 이유에서 당시 이를 주장한 박규수와 중인 출신의 지식인이었던 오경석, 유홍기 등은 1880년대의 새로운 사조를 예비한 선구자이자 개화파의 비조鼻祖로 일컬어지고 있다.

이 중에서도 박규수는 실학파와 개화파를 연결해준 인물로 주목된다. 그는 전통적 화이론과 달리, 청과 중국을 구별하지 않고 발달된 청의 선진문물 수용을 주장한 북학파北學派의 거두 박지원의 손자였다. 조부의 북학론을 계승한 박규수는 1840년 무렵부터 서양의 접근에 대응하여 일찍이 개방적 대외관을 피력하였고, 1850년을 전후해서는 중국에서 전래된 『해국도지海國圖志』의 사상을 수용하여 서양을 알고 서양의 장기를 배워 서양의 침략을 막자는 해방론海防論을 주장하기에 이르렀다.

1861년 중국 사행을 계기로 박규수는 당시의 국제정세를 약육강식의 시대로 인식하고는 열강의 침입에 대한 위기의식 속에 서양과 자주적으로 외교해야 한다는 '외교론'을 정립했다. 하지만 이는 대원군 집권하의 강력한 '척화斥和' 분위기 속에서 공식적으로 추진되지는 못했다. 이후 1874년 일본과의 수교문제가 현안으로 등장하자 박규수는 마침내 공개적으로 이를 지지했다. 물론 당시 박규수의 이러한 통상 · 수교론은 받아들여지지 못했지만, 1876년 일본의 무력침공이 있은 후 정부 방침으로 수용되어 조일수호조규가 맺어질 수 있었다.

개화승 이동인 동래 범어사梵魚寺 승려로, 일찍이 유홍기를 만나 개화사상에 눈을 떴다. 메이지유신 이후 일본의 발전상에 관심을 가지고 밀항하여 처음 일본 시찰에 나섰으며, 김옥균 등에게 큰 영향을 미쳤다.

이처럼 19세기 중반 이후 박규수를 비롯한 선각적 인물들은 국내외 정세의 변화에 대응하여 새로운 대응방안을 모색해왔다. 이 과정에서 1860년대 후반 무렵 박규수 · 오경석 · 유홍기 등이 결집하였고, 이들의 영향과 지도하에 1870년대 초부터는 김홍집 · 김윤식 · 김옥균 · 박영교 · 박영효 · 홍영식 · 서광범 · 유길준 등 당시 혈기왕성한 청년들이 하나의 세력을 이루어갔다. 이 밖에 승려 이동인, 중인 변수, 군인 유혁로 등이 합세하며 1870년대 중반 이후 이른바 개화파라 불리는 세력이 형성되어간 것으로 보인다.

2. 초기 개화정책과 신사척사운동

초기 개화정책의 추진

1876년 일본과의 수교에도 불구하고 조선 정부 내 대다수 관료들은 개항을 사대교린의 입장에서 기존 외교관계의 재개로 받아들였다. 반면 고종은 일본의 막강한 군사력에 충격을 받고, 군비강화와 부국강병에 큰 관심을 기울였다. 그리하여 조약 체결 직후 수신사 김기수를 일본으로 파견하여 일본의 실상을 파악하고자 하였다. 하지만 김기수의 소극적이고 부정적인 태도로 이는 기대한 만큼의 성과를 거두지 못했다.

이후 일본과의 외교현안이 제기되고 또 1879년 청의 리훙장이 서양과의 수교를 권고하면서 정부정책은 일대 전기를 맞이한다. 1880년 제2차 수신사로 일본에 파견된 김홍집의 귀국 · 복명을 계기로, 고종과 개명관료들에 의해 군비軍備와 자강을 위한 본격적인 개화정책이 추진되었던 것이다.

1880년 12월 고종은 본격적인 개화 추진기구로서 통리기무아문統理機務衙門을 설치했다. 통리기무아문은 종래의 의정부 · 육조와 다른 별도의 기구로서, 대외문제의 효과적인 처리뿐 아니라 군국기무와 관련된 내정문제도 처리함으로써 조선후기의 비변사와 같이 국정의 최고기관으로 자리잡아갔다.

통리기무아문 출범 후 고종은 일본의 근대 문물제도와 시설을 시찰 · 조사하고, 개화정책 추진에 필요한 정보수집과 인재양성을 목적으로 대규모 시찰단을 일본으로 파견했다. 동래부 암행어사로 임명된 12명의 조사朝士를 비롯하여 60여 명의 조사시찰단은 척사세력의 반발을 의식하여 1881년 4월 부산에서 비밀리에 일본으로 출발했다.

대부분 중견 관료들로 구성된 이들 조사들은 약 4개월 동안 일본의 근대문물을 구체적으로 시찰하고 세세한 실무 자료까지 수집하는 등 적극적인 활동을 전개했다. 그

♣해설 | **'개화'의 유행**

조선에서 '개화'라는 용어는 1880년대부터 본격적으로 사용되기 시작했다. 이는 1870 · 80년대에 일본에서 유행한 '문명개화'라는 말에서 유래한 것으로 추정된다. 물론 이와 유사한 용어로 당시 중국에서 즐겨 사용되던 '자강'이라는 말도 자주 쓰였다.

이 '개화'라는 용어는 사용하는 주체들의 정치적 · 사상적 입장에 따라 혹은 사용되는 문맥에 따라 다양한 의미로 쓰였다. 하지만 대체로 서구와 통상하고 그 문물을 수용한다는 의미로 정착되어, 시간이 흐르면서 '개화'는 서구화 · 문명화의 의미를 가지게 되었다.

한편 1898년 9월 28일자 『황성신문』 기사에서는 개화를 '사람이 아직 알지 못하는 바를 개발하고 사람이 이루고자 하는 것을 이루게 한다'는 의미의 '개물성무開物成務'와 '백성을 교화하여 아름다운 풍속을 만든다'는 뜻의 '화민성속化民成俗'으로 정의하고 있다. 이는 동양 고전인 『주역周易』과 『예기禮記』에 나오는 구절로, 유학적 입장에서 '개화'를 '교화'의 의미로 이해한 것이다.

일본교관을 초빙하여 훈련을 시작한 별기군(1881)

리고 귀국 후에는 각 분야에서 개화관료로 활약하게 되었고, 이들의 영향으로 정부 내 개화관료의 비중도 점차 증가하게 되었다. 또 시찰단의 일원으로 조사들을 수행한 유길준, 윤치호 등을 일본에 잔류시켜 근대학문을 수학하도록 하였다.

이와 동시에 새로운 군기제조의 기술 습득을 위해 영선사 김윤식을 비롯하여 69명에 달하는 대규모 인원이 청으로 파견되었다. 1881년 9월 26일 조선을 출발하여 11월 17일 베이징에 도착한 영선사 일행은 1882년 1월 8일부터 톈진기기국 동국·남국에 배속되어, 화약·탄약 제조법, 기계조작법 등 근대적 군사지식뿐 아니라 자연과학·외국어 등을 학습했다.

그러나 신병 등의 이유로 19명의 유학생이 중도 귀국하고, 재정지원도 충분하지 못해 심도 깊은 학습이 진행되지는 못했다. 더욱이 조선에서 기기창 설립 계획이 수립되고 임오군란이 발발하자, 1년여 만에 전원 철수하여 무비자강武備自强이라는 소기의 목적은 달성하지 못했다. 하지만 이를 토대로 1883년 국내 최초의 근대병기공장인 기기창機器廠이 세워질 수 있었다.

한편 조선 정부는 1881년 4월 통리기무아문의 진언에 따라 신식 군대인 별기군別技軍을 창설했다. 근대식 소총으로 무장한 별기군은 일본군 육군 소위 호리모토 레이조(掘本禮造)에게 신식 군사훈련을 받았다. 그리고 구식 군대의 편제도 개혁하여, 종래의 훈련도감 · 어영청 · 금위영 · 총융청 · 수어청의 5군영제를 무위영 · 장어영의 2군영 체제로 축소 조정하였다.

신사척사운동

고종과 개명관료들이 추진한 개화정책은 1881년의 신사척사운동辛巳斥邪運動이라는 위로부터의 저항과 1882년 임오군란이라는 아래로부터의 도전에 직면하여 순조롭게 진행되지 못했다.

1880년 조선의 새로운 대외정책을 제안한 『조선책략』이 반입되자 강력한 위정척사 운동이 일어났다. 『조선책략』이 조정에서 회람되고 유생들에게 배포되자, 유생들만 아니라 관리들까지도 이에 반대하는 상소를 연이어 올렸다. 1880년 10월 유원식의 상소를 필두로, 1881년까지 정부의 개화정책을 통틀어 탄핵하는 상소가 요원의 불길처럼 번져갔다. 특히 1881년 2월 이황의 후손인 이만손을 소두疏頭로 한 영남유생들의 집단상소인 만인소萬人疏는 전국의 척사풍조를 크게 자극하며 신사척사상소운동을 선도했다.

이에 정부는 척사상소를 엄벌하는 한편, 회유책으로 그해 5월 척사윤음을 발표하여 이러한 저항을 무마하고자 하였다. 그렇지만 정부의 탄압과 척사윤음斥邪綸音의 기만성에 반발하여 상소운동은 더욱 파급되어 영남 · 충청 · 경기 · 호남 · 강원 등지로 확산되었다.

하지만 신사척사상소 파동은 1881년 8월 안기영 · 권정호 등의 국왕폐위 쿠데타 미수사건을 고비로 그 기세가 수그러들었다. 대원군 지지세력에 의해 척사에 무능한 고종을 폐하고 대원군의 서자 이재선을 왕으로 추대하려다 사전에 발각된 이 사건을 계기로, 정부는 대원군 측근세력과 위정척사운동을 철저히 탄압하며 사태를 진정시켰던 것이다.

당시 지식인들이 읽었던 개화서적들(좌로부터 『이언易言』·『해국도지海國圖志』) 『이언』은 중국이 부국강병을 위해 만국공법체제를 받아들여야 한다는 책이며, 『해국도지』는 세계 각국의 산업과 인구, 정치 등 다방면에 걸쳐 서술한 책이다.

동도서기론의 체계화와 확산

1880년대 초 고종과 개명관료들에 의해 추진된 개화정책은 사상적으로 동도서기론에 기대고 있었다. 개항 후 진취적인 개명관료를 비롯한 지배층 내부의 선진 지식인들에 의해 전개되던 동기서기론은 1881년 무렵부터 공식적으로 표명되기 시작했다. 신사척사운동이 맹렬히 전개되던 그해 7월 전 장령掌令 곽기락의 상소를 필두로 동도서기론의 입장에서 정부의 개화정책을 지지하는 상소들이 잇달았다. 특히 1882년 4월 조미조약 체결을 계기로 이러한 상소는 더욱 확산되어, 서양의 기술뿐 아니라 법과 제도까지 받아들이자는 주장으로까지 발전하였다. 상소를 올린 이들 또한 현지 관료를 비롯하여 전직 관료 · 재야유생 · 무과합격자 등 다양한 계층으로 확산되고 있었다.

동도서기론은 임오군란을 진압한 후, 1882년 8월 5일 김윤식이 대신 지어올린 고종의 교서를 통해 정부의 공식노선으로 선포되었다고 할 수 있다. 이 교서에서 고종은 "저들(서양)의 교敎는 사특하니 마땅히 음탕한 소리나 치장한 여자를 멀리하듯이 해야 하지만, 저들의 기器는 이로우니 진실로 이용후생을 할 수 있다면 농업 · 양잠 · 의약 · 병기 · 배 · 수레의 제도는 무엇을 꺼려서 피하겠는가. 그 교는 배척하되 그 기는 본받는 것이 진실로 병행하여 거스르지 않는 것이다”라고 하여, 동도서기론을 앞장서 추진하겠다는 의지를 분명히 밝혔다. 이후 동도서기론은 조야에 더욱 확산되어갔다.

3. 임오군란

임오군란의 발발

임오군란은 초기 개화시책에서 소외되어 생활의 위협을 받게 된 서울의 하급군인들과 빈민층이 일으킨 생존권 투쟁의 양상으로 일어났다.

1881년 별기군이 창설되고 군제개혁이 단행되자, 5군영 소속의 상당수 군인들이 실

임오군란 당시 도주하는 일본공사 일행(상상도)

직하고 2군영에 편입된 군인들 또한 별기군에 비해 열악한 처우를 받게 되었다. 게다가 구식군인들의 급료가 13개월이나 밀리면서 이들의 불만은 절정에 달했다. 이는 개항 후 다량의 미곡이 일본으로 유출되어 국가보유 미곡이 고갈된 것이 주된 원인이었으나, 구식 군인들은 그 원인을 민씨 척족의 부정부패로 인식하여 급료 담당 관리인 선혜청 당상 민겸호와 전 당상 김보현에게 깊은 원한을 갖게 되었다.

이처럼 구식 군인들의 불만이 고조되고 있던 1882년 6월 초, 전라도 세곡이 서울에 도착하자 정부는 밀린 급료 가운데 1개월분을 지급했다. 하지만 선혜청 도봉소都捧所 말단 관리의 착복으로, 급료로 지급된 쌀에는 겨와 모래가 섞여 있었고 양도 턱없이 모자랐다. 이로 인해 구식군인들과 말단 관리들 사이에 충돌이 일어났다. 그런데 이를 보고 받은 민겸호는 김춘영, 유복만 등 4명을 주동자로 체포하여 고문을 가하고는 이 중 2명을 처형하려 했다.

이에 구 훈련도감 군인들은 6월 9일 동별영에 집결하여 자신들의 직속상관인 무위대장 이경하에게 동료들의 구명을 호소했다. 하지만 실권이 없던 이경하는 민겸호를 통한 직접 해결을 유도했고, 이에 구식군인들은 민겸호의 집으로 몰려갔다. 그런데 이곳에서 도봉소 고직庫直을 만나 다투던 중 민겸호의 집이 파괴되었다.

상황이 이처럼 악화되자 구식군인들은 대원군을 찾아가 그 대책을 진정했고, 권력을 잃고 의기소침해 있던 대원군은 이를 이용하여 재집권의 기회로 삼고자 했다. 대원군의 묵인 하에 구식군인들의 행동은 더욱 대담해졌다. 동별영의 무기고를 습격하고, 포도청에 구금되어있던 김춘영 등을 탈옥시켰으며, 일본공사관마저 습격했다. 또 민씨 척족정권의 최고 권력자인 민비를 겨냥하여 창덕궁으로 몰려가 궐내를 수색했다. 이 과정에서 별기군 교관 호리모토를 비롯한 외무성 순사 등 일본인들과 영돈녕부사 이최응과 민겸호, 김보현 등이 살해당했고, 일본공사관원들은 공사관 건물을 자진 방화한 뒤 12일 일본으로 철수했다. 민비는 무예별감 홍재희의 도움으로 궁궐을 탈출, 충주로 피난하여 화를 모면할 수 있었다.

결국 고종은 사태 수습을 위해 대원군의 입궐을 청하여 "지금부터 대소 공무는 모두 대원군 앞에서 품결하라"는 명을 내렸다. 이로써 재차 권력을 장악한 대원군은 고종에게 자책교지를 반포하게 하여 구식군인들의 행동에 정당성을 부여하는 한편, 민비의 유고 상태를 기정사실화 하기 위해 민비의 국상國喪을 반포했다. 이어 통리기무아문과 별기군을 혁파하고 삼군부와 5군영을 복구시킴으로써 종전의 개화정책을 백지화시켰으며, 민씨 척족세력을 제거하고 자신의 세력을 확보하기 위한 인사조치를 단행했다.

외세 개입과 청의 대 조선정책의 변화

임오군란을 계기로 일본과 청은 각각 군대를 파견하여 자신들의 영향력을 극대화하기 위해 각축을 벌였다. 6월 15일 나가사키(長崎)에 도착한 하나부사 요시모토(花房義質) 공사의 보고를 통해 군란 소식을 알게 된 일본정부는 조선의 사죄와 배상을 요구하며 하나부사를 전권위원으로 하여 군함과 병력을 조선에 파견했다. 6월 29일 제물포에 도착한 하나부사는 7월 7일 고종을 알현한 자리에서 7개항(이후 1개 항이 추가됨)의 요구사항을 제출하고 3일 내로 회답할 것을 통고했다.

한편 6월 18일 주일공사 리수창(黎庶昌)의 통지를 통해 군란 소식을 접한 청 또한 재빠르게 군대를 파견했다. 7월 7일 남양만 마산포에 도착한 청군은 서울로 들어와 13일 대원군을 전격 납치하여 톈진으로 호송했다. 이로써 재집권 한 달여 만에 대원군 정권은 붕괴되었다. 이어서 청군은 궁궐 안팎과 사대문을 수비하던 조선 군인들을 몰아내고 서울 시내의 치안을 장악했다.

대원군 정권이 붕괴되자 교착 상태에 놓여 있던 조 · 일 교섭이 재개되어, 7월 17일 제물포조약이 체결되었다. 그 결과 조선은 막대한 손해배상금을 일본에게 지불하고, 공사관 호위의 명분으로 일본군의 서울 주둔을 허용하게 되었다. 동시에 2개조의 수호조규 속약이 체결되어, 부산 · 원산 · 인천 각 항의 간행이정間行里程이 확대되고 일본인 외교관과 그 수행원 및 가족의 조선 내지여행권이 인정되었다. 또 1년 후 양화진을 개시開市하기로 하여, 조선에 대한 일본의 경제적 침투는 더욱 확대되었다.

한편 임오군란을 계기로 청의 대조선정책은 커다란 변화를 맞이했다. 그것은 1882년 8월 20일 조 · 청 사이에 체결된 조청상민수륙무역장정이 상징적으로 보여준다. 이미 1881년부터 조선과 청국 사이에는 양국 간 관계문제 개정을 위한 논의가 진행되어

왔다. 당시 조선은 청에 대한 사대사행의 폐지를 요구하여, 양국 간 관계를 만국공법 질서로 전환시킴으로써 국가 간의 관계로 정립하고자 했다. 그러나 군란 이후 다시 열린 협상에서 조선측의 요구는 대부분 거절되고, 청국의 강압과 권유에 따라 오히려 종래의 형식적 종주권을 명문화하고 청국 상인의 특권을 보장하는 내용의 장정이 체결되었다. 이후 청은 1882년 11월 대규모 병력을 조선에 주둔시킨 상태에서 마젠창(馬建常)과 독일인 묄렌도르프(Paul George von Möllendorf)를 정치 · 외교 고문으로 파견하여 조선에 대한 압력과 내정간섭을 강화했다.

개화정책의 재개

임오군란이 진압된 후 개화정책이 다시 추진되었다. 이 무렵 정부 요직은 대부분 민씨 척족세력이 장악하고, 일부 개화파 세력이 이에 참여하는 형태였다. 이들 집권세력은 임오군란 이전의 정책방향을 기본적으로 유지하면서 개혁사업을 전개했는데, 이는 상당 부분 청국의 권고와 요구에 따라 진행되었다.

조선정부는 가장 먼저 관제 개혁에 착수하였다. 1882년 11월 통리아문과 통리내무아문을 설치한 뒤 12월에는 각각 통리교섭통상사무아문(외아문)과 통리군국사무아문(내아문)으로 그 명칭을 바꾸었다. 이로써 정부조직은 의정부 · 육조와 내아문 · 외아문의 이원적 체제로 편성 · 운영되었다.

외아문은 외교 · 통상문제를 담당하고, 내아문은 국정 전반의 주요 사안을 의결 · 집행하며 의정부를 능가하는 최고의 권력기구로 기능했다. 그리고 초기 내아문은 김병시 · 김윤식 · 어윤중 · 박정양 · 민종묵 등 친청파와 개화세력의 주도로 운영되다가, 1883년 8월 6사로 개편된 후에는 민태호 · 민영익 · 민응식 등 민씨척족과 윤태준 · 이조연 · 한규직 등 친민계親閔系 인사들이 대거 등용되어 그 운영권을 장악했다.

다음으로 조선정부는 군란 이후 흐트러진 군제를 바로잡기 위해 군제개편을 시도했다. 이 또한 청군의 주도하에 이루어져, 군병 1000명으로 이루어진 친군영親軍營을 창설하고 이를 각각 좌 · 우영으로 나누어 청국식으로 훈련시켰다. 이후 전 · 후영이 설치되면서 1884년 7월에 친군 4영체제로 편제되었으며, 8월 29일 기존의 구군영이 해체되면서 군제는 친군 4영으로 일원화되었다. 이처럼 중앙의 군제정비는 청의 영향아래 진행되었고, 군권은 친청적인 민씨 세력에 의해 장악되었다.

4. 갑신정변

개화당과 문명개화론의 대두

임오군란 이후 개화세력 내에서 이후 갑신정변을 주도하게 되는 김옥균 · 박영효 · 홍영식 · 서광범 등 급진파가 대두하기 시작했다. 이들은 스스로를 '개화당' 혹은 '독립당'이라 부르면서 당시 친청노선을 걷고 있던 집권세력 및 동도서기론자들을 '수구당' · '사대당'이라 하여 자신들과 차별화했다.

이들이 하나의 세력으로서 결집해 간 계기는 임오군란 문제를 협의하기 위해 1882년 8월 일본으로 파견된 수신사행이었던 것으로 보인다. 당시 파견된 수신사에는 정사 박영효, 부사 김만식, 종사 서광범과 고문으로 김옥균 · 민영익이 참가했으며, 이후 정변에 참여한 유혁로 · 박제경 · 변수 등이 수행했다. 이들은 약 4개월간 동경에 머물면서 군주의 문명화를 통한 개혁정책의 추진, 개혁세력의 정치적 기반 확대를 위한 정

김옥균

후쿠자와 유키치

김옥균은 1882년 2월 일본에 건너가 후쿠자와를 처음 만나, 그로부터 큰 영향을 받았다. 후쿠자와는 일본의 지도 하에 조선의 개화가 필요하다고 믿었으며, 갑신정변이 실패로 끝나자 1885년에는 조선을 '동방의 악우'라고 지칭하면서 '탈아론'을 제창하였다.

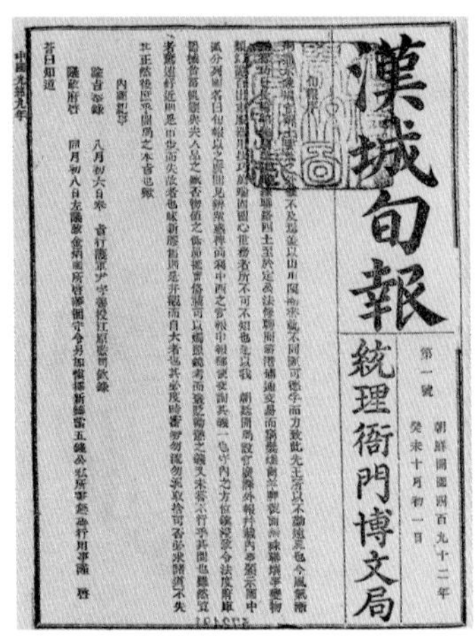
漢城旬報

統理衙門博文局

第一號

朝鮮開國四百九十二年

癸未十月初一日

『한성순보』 창간호(1883.10.1)

부 내의 부분적 개편, 그리고 이를 지원하고 선전하기 위한 신문 발간 사업 등을 구상하였다.

군란 이후 김옥균·박영효 등은 국왕을 사적으로 면접할 수 있는 별입시別入侍의 특권을 이용하여 신군 양성을 비롯하여 일본으로의 유학생 파견, 최초의 근대적 신문인 『한성순보』 발간, 우정국郵政局 창설, 서울의 근대적 도시행정 추진 등 자신들의 개혁구상을 추진해갔다. 하지만 자주적 근대화를 추진하던 개화당 인사들의 개화정책은 당시 집권세력인 친청파들의 경계와 방해로 번번이 좌절되었다.

특히 개화당은 청국식 군제개편에 맞서 고종의 지원 아래 일본식 신식군대 양성을 추진하면서 민씨 척족세력과 첨예하게 대립하였으며, 개화사업을 추진하는데 필요한 재정문제의 해법을 놓고 갈등해왔다. 민씨 척족세력은 묄렌도르프의 건의에 따라 악화인 당오전當五錢을 발행하여 재정문제를 해결하고자 한 반면, 김옥균은 일본으로부터의 차관 도입을 통해 이를 해결하려 했다. 하지만 김옥균의 대일 차관교섭은 임오군란 후 조선에 대해 소극적인 정책으로 전환한 일본 정부의 방침 때문에 결국 실패하였다.

개화당 세력의 활동은 문명개화론에 기초하고 있었다. 문명개화론은 서세동점의 현

♣쟁점 | 개화파 · 개화사상에 대한 논란

1956년 북한 학자 이나영의 갑신정변에 대한 연구에서 처음으로 '개화사상'이라는 말이 사용된 이후, 개항 이후의 근대적 지향과 노선은 일반적으로 '개화사상'이라는 개념으로 파악되어 왔다. 그리고 임오군란 이후 개화파를 크게 두 계열로 나누어 온건·개량·양무·시무 개화파와 급진·변법 개화파로 분류해 왔다.

하지만 개화사상을 협의적으로 이해하는 입장에서는 동도서기론을 개화사상과는 다른 사상으로 이해하고 있다. 이로부터 학계에서는 개화사상과 실학사상과의 연속 및 단절, 개화사상의 형성시기와 개화파의 분화 등을 이해하는 데서 커다란 편차와 혼란이 있어왔다.

한편 이러한 인식의 혼란이 '개화사상'이라는 개념의 모호함에서 상당 부분 비롯된다는 입장에서, 개화사상보다는 '문명개화론'과 '동도서기론'과 같이 보다 분명한 개념을 사용하자는 견해가 학계에서 제기되고 있다.

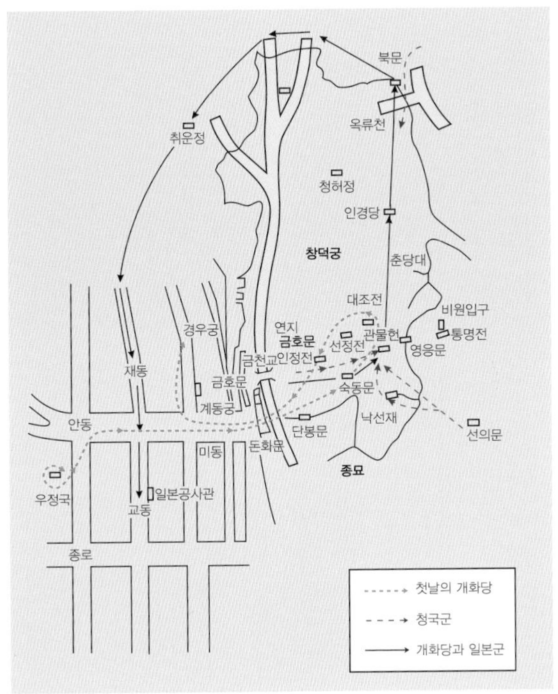

갑신정변도

실에서 서구를 수용 · 인정하려 하였다는 점에서는 동도서기론과 그 궤를 같이하지만, 문명관과 국제관계에 대한 이해, 근대화의 방향과 속도 등에서 동도서기론과는 상반된 인식을 보여주었다.

동도서기론자들이 청을 모델로 하여 점진적 · 개량적 근대화를 추구하면서 제한적이고 선별적으로 서양문명의 이기利器를 받아들이려 한 반면, 문명개화론자들은 일본을 모델로 삼아 급진적이고 전면적인 서구화를 지향하였다. 또 동도서기론자들이 조공사행의 폐지를 주장하면서도, 여전히 청과의 전통적인 종속관계를 유지하면서 청과의 협조를 통해 근대화를 추진한 반면, 문명개화론자들은 정치적 주권을 가진 대등한 국가들로 구성된 국제질서라는 근대적 만국공법질서를 수용하여 청으로부터의 완전한 독립을 추구했다.

이러한 차이에도 불구하고, 이들 두 세력은 개항 이후 줄곧 위정척사론에 맞서 상호 협력관계를 유지하며 개화정책을 추진해왔다. 그런데 임오군란 이후 조선에 대한

우정총국
개화파들이 갑신정변을 일으킨 장소이다. 현재 서울 안국동의 조계사 옆의 위치이다.

청의 정치적 간섭이 강화되자, 청에 대한 입장 차이로 상호 대립 · 갈등하게 되었다. 김옥균 · 박영효 · 서광범 등 문명개화론자들은 조선에 대한 청의 간섭이 강화되고 청군이 주둔하는 조건에서 나라의 자주적 근대화가 이룩될 수 없다는 입장에서 청으로부터의 독립을 당면한 정치적 목표로 설정했다. 반면 김윤식 · 어윤중 등 동도서기론자들은 청의 보호하에서 청의 양무운동을 모델로 점진적 근대화를 추진할 것을 주장했다.

갑신정변의 발발

일본으로부터의 차관도입 실패는 김옥균의 정치적 입지를 위축시켰다. 게다가 청국과 민씨 척족세력 등 당시 집권세력의 견제로 개화당 인사들은 정치적으로 소외되고 있었다. 이에 개화당 인사들은 획기적인 국면전환을 모색하게 된다.

그런데 마침 베트남 문제를 둘러싸고 청과 프랑스 사이에 전쟁이 발발하자 청은 조선 주둔군 중 절반인 1,500명을 철군시켰다. 또 청국이 프랑스에 연패하자 일본은 이들 개화당 인사들에게 지원을 약속하는 등 조선문제에 적극성을 띠게 되었다. 1884년 9월 12일 본국에서 서울로 돌아온 일본공사 다케조에 신이치로(竹添進一郎)는 이전과 달리 개화당에 호의적으로 접근했다. 이에 김옥균 등은 조선에 와 있던 일본군의 힘을 빌려 정변을 일으킬 계획을 세웠고, 다케조에도 이에 동의했다.

1884년 10월 17일 우정국에서 열린 개국축하연이 거의 끝나갈 무렵인 저녁 9시경 별궁 옆 초가의 방화로부터 정변은 시작되었다. "불이야" 하는 소리가 들리면서 우정국 연회장은 소란스러워졌다. 이때 제일 먼저 밖으로 나갔던 민영익이 칼을 맞아 되돌아오면서 연회장은 아수라장이 되었다. 연회장에 있던 김옥균은 박영효·서광범과 함께 일본 공사관에 들러 일본의 태도를 다시금 확인한 후 고종이 있는 창덕궁으로 향했다.

김옥균은 고종에게 우정국의 변란을 알리고 경우궁으로의 피난과 일본군의 호위를 제안했다. 이에 고종은 경우궁으로 거처를 옮겼고, 일본공사는 군대를 이끌고 와서 호위를 담당했다. 그리고 자정이 지나 고종을 알현하기 위해 경우궁으로 찾아온 전영사 한규직, 좌영사 이조연, 윤태준, 민영목, 조영하 등이 차례로 살해당했다. 이로써 개화당은 권력의 핵심 실세들, 즉 민씨 척족의 대표적인 인물들을 모두 처단했다.

정권을 잡은 정변 주도세력은 먼저 신정부 수립을 위해 대대적인 인사를 단행했는데, 이는 정변 다음날인 10월 18일 조보를 통해 전달되었다. 신정부의 각료로 영의정 이재원, 좌의정 홍영식, 전후영사 겸 좌포장 박영효, 좌우영사 및 우포장 서광범, 좌찬성 겸 우참찬 이재면, 이조판서 신기선, 예조판서 김윤식, 병조판서 이재완, 형조판서 윤웅렬, 공조판서 홍순형, 호조참판 김옥균, 병조참판 겸 정령관 서재필, 도승지 박영교 등이 임명되었다. 이러한 인사는 정변주도세력이 의정권 뿐 아니라 군사치안권·재정권을 장악하고, 대원군 계열의 종친 및 왕실의 외척과 연대를 도모하면서, 의정부 세력과 범개화세력을 동반세력으로 설정했음을 보여주고 있다. 당시 민씨 척족 중심의 권력구조에서 소외된 자들을 끌어들임으로써 민씨 척족에 반대하는 세력을 규합하고자 하였던 것이다.

한편 민비는 창덕궁으로 돌아갈 것을 여러 차례 요청하였다. 김옥균은 방어상의 문제를 들어 이를 묵살했지만, 고종의 거듭된 요구에 일본공사는 일방적으로 이를 결정하였다. 그리하여 고종은 18일 오후 5시경 창덕궁으로 거처를 옮기었다. 거처를 옮긴 개화당 세력은 청군에 대한 경계 태세에 돌입한 후 19일 오전 10시경 개혁구상을 담은 정령을 작성하여 반포했다. 그런데 이날 오후 2시 30분경 청군이 창덕궁을 공격해왔고, 일본 공사는 갑자기 태도를 바꾸어 일본군을 철병하려 했다. 이러한 상황에서 정변주도세력도 어쩔수 없이 철수를 결정하게 되었다.

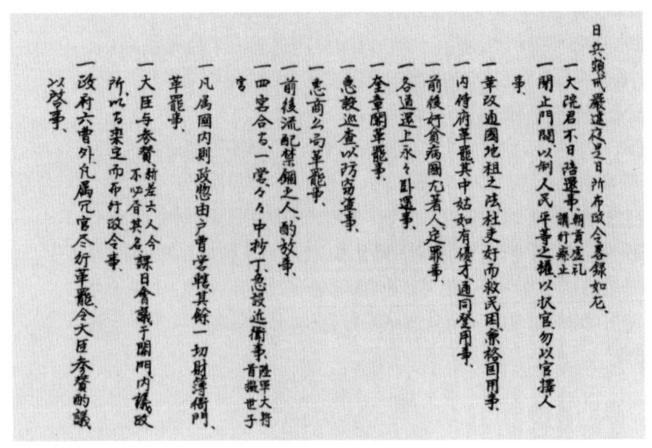
日兵頒式嚴遂夜是日所布政令略錄如左、
一 大院君不日陪還事、(朝貢虛禮議行廢止)
一 閉止門閥、以制人民平等之權、以人擇官、勿以官擇人事、
一 革改通國地租之法、杜吏奸而救民困、兼裕國用事、
一 內侍府革罷、其中如有優才、通同登用事、
一 前後奸貪病國尤著人定罪事、
一 各道還上永永臥還事、
一 奎章閣革罷事、
一 急設巡査、以防竊盜事、
一 惠商公局革罷事、
一 前後流配禁錮之人、酌放事、
一 四營合為一營、營中抄丁、急設近衛事、(陸軍大將首擬世子宮)
一 凡屬國內財政、總由戶曹管轄、其餘一切財簿衙門、革罷事、
一 大臣與參贊、(新差六人今不必書其名)課日會議于閤門內議政所、以為稟定而布行政令事、
一 政府六曹外、凡屬冗官、盡行革罷、令大臣參贊酌議以啓事、

갑신정변 때 제시된 14개조의 개혁 정령

이날 고종을 호위하고 창덕궁을 나간 홍영식, 박영교 등은 청군과 조선군에 의해 살해당했다. 김옥균 등은 다케조에를 따라 일본공사관으로 후퇴한 후, 다음날 일본 공사 일행과 함께 인천으로 도주했다. 이어 23일 김옥균 · 박영효 · 서광범 · 서재필 · 유혁로 · 변수 · 이규완 · 정난교 · 신응희 등 9명은 다케조에와 함께 일본 선박 천세환을 타고 일본으로 망명했다. 이로써 개화당의 갑신정변은 3일 만에 실패로 끝났다.

정령14개조와 개혁구상

갑신정변 주도세력의 개혁구상은 그들이 발표한 정령政令을 통해 살펴볼 수 있다. 서재필의 회고에 따르면 당시 약 80여개조의 정령이 공포되었다고 하나, 김옥균의 수기인 『갑신일록』에는 14개 조항만이 실려 있다. 이를 토대로 개화당의 개혁구상을 살펴보면 다음과 같다.

첫째, 대원군의 귀국과 청에 대한 조공폐지를 주장하여 청의 종주권을 부정하고 조선의 독립을 제창하였다. 나아가 이를 통해 대원군 계열과 반청 · 반민反閔 세력의 정치적 규합을 꾀하고 민중의 지지를 유도하였다.

둘째, 정치개혁으로는 우선 의정부와 육조 이외의 불필요한 관직은 모두 혁파하여, 정부조직을 의정부와 육조로 일원화하려 하였다. 이는 그 동안 의정부 · 육조와 내 ·

외아문으로 이원적 체제로 운영되어온 조직과 기구들을 정리하고자 한 것이었다. 나아가 국가권력의 운영에서 의정부의 대신과 참찬이 의정부를 장악하고, 의정소 회의를 통해 국가권력을 독점적으로 운영하는 방안을 구상했다. 이때 의정소 회의는 입법·사법·행정의 전권을 창출하는 회의체로서 정변주도세력이 비상대권을 부여받아 국가권력을 주도적으로 행사할 수 있는 의결기구의 성격을 지닌 것이었다.

다음으로 정변주도세력은 의정부 중심의 정치체제를 통해 왕권의 제한과 왕실의 정치개입을 차단하고자 하였다. 내시부와 규장각의 혁파는 이러한 견지에서 이해된다. 반면 독립국가의 상징적 존재로서 국왕의 위상은 높이려 하였다. 이는 왕권을 제한하고 왕을 상징적 존재로 한정하려 한 입헌군주제에서의 권력운영과 상통하며, 입헌군주제로 나아가기 위한 과도기적 단계의 구상이라 할 수 있다.

셋째, 경제개혁론으로는 재정확보에 중점을 두면서 조세체계의 전면적 개혁을 의도하였다. 모든 국가 재정을 호조로 일원화하고 다른 재정 관련 기관들을 혁파할 것을 주장하여, 왕실 재정을 국가 재정으로 흡수·관할하려 하였다. 이는 권력 운영 구상과도 맞물린 것으로 매우 획기적인 조치였다. 나아가 근대적 예산제도를 도입하려 하였으며, 장차 화폐개혁과 은행설립도 염두에 두고 있었다. 그 외 지조법地租法의 개혁과 환곡의 와환臥還을 주장하여 국가재정과 민생을 해결하려 했다. 또 혜상공국을 혁파하여 민간이 주도하는 근대적 상회사商會社체제를 통해 국가적 부를 축적하려 했다. 하지만 이러한 경제개혁조치들은 주로 국가경영의 측면에서 제기된 재정문제를 우선적으로 해결하는 데 중점을 두어, 민생을 위한 개혁 조치로는 미흡한 것이었다. 또 재정문제 해결에 필수적인 관세에 대한 언급이 없다는 점은 재정개혁 구상의 취약성을 보여준다고 할 수 있다.

넷째, 사회개혁론과 관련된 조항으로 문벌폐지와 인민평등권 주장이 주목된다. 문벌폐지 주장은 민씨 척족과 권력 실세들을 타파하려는 정치적 목적이 중심이었다. 신분제 폐지를 고려한 인민평등권 주장은 당시로서는 혁명적인 주장으로 높이 평가할 수 있다.

갑신정변의 영향

위안스카이(袁世凱) 1884년 조선주재 총리교섭통상사의總理交涉通商事宜가 되어 서울에 주재하면서 조선의 내정과 외교를 조정·간섭했다.

개화당은 정변을 통해 청으로부터의 '독립'과 위로부터의 근대화를 통해 근대적 국민국가를 형성하고자 하였으나, 정변의 실패는 오히려 그와 정반대의 결과를 초래했다.

대내적으로는 개화파의 입지를 크게 위축시키는 한편 친청세력과 민씨 척족이 자신들의 권력 기반을 공고히 하는 계기로 작용했다. 나아가 개화파에 대한 민심이반은 그동안 축적되어 온 개화에 대한 인식을 부정적인 것으로 만들었으며, 개화정책의 중단과 국가정책의 보수화로 이어졌다. 대외적으로는 청의 조선에 대한 종주권이 더욱 강화되었다. 정변 이후 청은 1885년 위안스카이(袁世凱)를 사실상 조선정부의 감독관으로 파견했다. 조선에 부임한 위안스카이는 병권을 장악했을 뿐만 아니라 '통상사무전권위원'이란 명목으로 조선에 대한 내정간섭을 보다 강화했다.

한편 일본은 조선에서 실추된 이미지를 만회하기 위해 강경책을 취하였다. 이노우에 가오루(井上馨)가 군대를 이끌고 서울에 들어와 조약체결을 요구하여 1884년 11월 24일 한성조약이 체결되었다. 그 결과 조선정부가 정변의 모든 책임을 지고 일본에 사과와 피해 보상 등의 의무를 지게 되었고, 일본은 이를 구실로 조선에 대한 침략을 한층 강화해갔다.

또 일본은 청과 톈진조약을 체결하여 조선을 둘러싼 청·일간의 외교적 문제를 해결했다. 이 조약에서는 청·일 양군의 조선에서의 동시 철병과 향후 청·일 양국이 조선에 파병할 때에는 사전에 서로 통보할 것 등을 규정하였다. 이는 이후 동학농민전쟁 당시 일본이 조선에 파병하는 구실로 작용하기도 했다.

● 읽기자료

1. 동도서기 정책 상소문 (1882년 12월 윤선학尹善學의 상소)

아! 서법西法이 나오게 되자 그 기계의 정밀함과 부국富國의 방법에 있어서는 비록 주周를 일으킨 여상呂尙이나 촉蜀을 다스린 제갈량이라 할지라도 그 사이에 간여하여 논의할 수 없게 되었습니다. 군신 · 부자 · 부부 · 장유 · 붕우의 윤리는 하늘로부터 얻어서 본성에 부여된 것으로, 온 천지에 영원히 변할 수 없는 이치로 위에 있어서 도道가 됩니다. 수레 · 배 · 군사 · 농업 · 기계는 백성에게 편하고 나라에 이로운 것으로 밖에 드러나 기器가 되는 것이니, 신이 변화시키고자 하는 것은 기이지 도가 아닙니다.

2. 1884년 1월 2일자 윤치호 일기

아침에 기무처로 일재장一齋丈(어윤중)을 찾아가 가친의 서간을 전하고 이어 나라의 일 여러 가지를 이야기하였다. 대화가 조선이 만이蠻夷냐, 아니냐 하는 데까지 미치게 되었다. 일재가 말하기를, "우리나라는 야만을 면한 지가 오래되었다"고 하였다.

내가 웃으면서 답하기를, "대저 야만과 개화의 구별은 인의仁義와 잔혹의 차이가 있기 때문이다. 대저 야만이라고 말하는 것은 서로 죽이고 잡아먹는 등 잔혹하고 불인不仁 하기 때문이다. 지금 우리나라는 법을 만들어 백성을 얽어매어 살육하고 도해荼害하고 있는데, 살인하는데 있어 몽둥이로 하는 것과 칼로 하는 것에 차이가 있는지 모르겠다"고 하였다. 일재가 웃으면서 말하기를, "어째서 말이 그렇게 어리석으냐"고 하였다.

3. 『갑신일록』의 개혁정강 14개조

1) 대원군의 조속한 귀국과 청국에 대한 조공허례를 폐지할 것.
2) 문벌을 폐지하고 인민평등권을 제정하고, 재능에 의해 인재를 등용할 것
3) 지조법 개정, 간악한 관리 근절, 궁민 구제, 국가재정을 충실히 할 것
4) 내시부를 폐지하고 그 중에 재능있는 자만을 등용할 것
5) 탐관오리를 색출하여 처벌할 것
6) 각 도의 환곡을 영구히 면제(인민에게 대여하였던 고리의 관유곡官有穀을 징수말 것)할 것
7) 규장각을 폐지할 것
8) 순사를 두어 도적을 방지할 것

9) 혜상공국을 폐지할 것
10) 그동안 유배, 금고된 자를 다시 조사하여 석방할 것
11) 4영을 합쳐 1영으로 하며, 영중에 장정을 선발하여 근위대를 조속히 설치하고, 육군 대장은 왕세자로 할 것,
12) 일체의 국가재정은 호조가 전담 관할케 하고, 그밖의 재무관청은 폐지할 것.
13) 대신과 참찬은 날짜를 정해 합문 내의 의정소에서 회의하고 정령을 의정 공표할 것.
14) 의정부 · 6조 외에 일체 불필요한 관청을 혁파하되, 대신 참찬으로 하여금 이를 심의 품계토록 할 것.

● 참고문헌

강재언 저 · 정창렬 역, 1881, 『한국의 개화사상』, 비봉출판사

이광린, 1997, 『개화당 연구』, 일조각

손형부, 1997, 『박규수의 개화사상연구』, 일조각

이완재, 1998, 『한국근대 초기개화사상의 연구』, 한양대학교 출판부

신용하, 2000, 『초기개화사상과 갑신정변 연구』, 지식산업사

김용구, 2004, 『임오군란과 갑신정변』, 도서출판 원

연세대학교 국학연구원 편, 2004, 『서구문화의 수용과 근대개혁』, 태학사

박은숙, 2005, 『갑신정변 연구』, 역사비평사

제3장 동학농민전쟁

이 두메는 날라와 더불어 / 꽃이 되자 하네 꽃이
피어 눈물로 고여 발등에서 갈라지는 / 녹두꽃이 되자 하네

이 산골은 날라와 더불어 / 새가 되자 하네 새가
아랫녘 웃녘에서 울어예는 / 파랑새가 되자 하네

이 들판은 날라와 더불어 / 불이 되자 하네 불이
타는 들녘 어둠을 사르는 / 들불이 되자 하네

되자 하네 되고자 하네 / 다시 한번 이 고을은 / 반란이 되자 하네
청송녹죽靑松綠竹 가슴으로 꽂히는 / 죽창이 되자 하네 죽창이

— 김남주金南柱, 「노래」(『진혼가』, 청사, 1984)

〈연표〉

1860.	4.	5	최제우, 동학 창시
1892.	10 · 11 · 12		제1차 공주 · 삼례집회 · 제2차 공주집회
1893.	1월	전후	제2차 삼례집회
	2.	11~14	복합상소
	3.		보은 · 금구집회
1894.	1.	10	고부봉기 발발(3월 13일경 완전 해산)
	3.	20	무장기포
	4.	27	전봉준 부대, 전주 입성
	5.	5·6	청군, 아산 도착 · 일본 육전대, 400여명 입경
	5.	8	전주화의
	6.	21	일본, 경복궁 점령
	7.	6	전봉준 · 김학진 회담
	9.	9~10	전봉준, 삼례에 대도소 설치 · 재봉기 본격화
	11.	9	우금치 전투에서 농민군 패배

1. 19세기 후반 조선사회의 위기

사회경제적 위기

19세기에 접어들어 조선은 국가 · 사회적으로 위기에 빠져들었다. 대다수 농민층이 경제적으로 몰락하는 하향 분해가 진행되는 한편, 부세체제의 문란과 자의적인 수탈로 인해 농민들의 처지는 피폐해져 갔다. 조선후기 농업 생산력과 상품화폐경제의 발달로 인해, 일부 지주와 부농은 토지소유를 확대하여 갔지만, 대다수 농민들의 토지소유는 갈수록 영세화 되거나, 전혀 토지를 갖지 못한 농민들이 늘어나고 있었다. 게다가 18세기 후반 확립된 세금징수제도인 삼정三政의 문란으로 농민들은 극심한 수탈에 시달렸다.

삼정은 지주제, 신분제, 군현제와 현물경제체제를 근간으로 하여, 거두어들일 세금의 총액을 각각의 군현에 정해주는 총액제로 운영되고 있었다. 이는 국가가 토지와 인민을 일일이 파악하지 않고, 토지와 세금부담자의 증감에 상관없이 조세를 공동부담하게 함으로써 세금 수취의 안정을 도모하려는 정책이었다. 이때 중앙정부는 수세업무를 군현의 수령과 향촌지배세력에게 전적으로 위임했고, 이는 농민들에 대한 무제한적이고 자의적인 수탈을 가능하게 했다. 더욱이 조세부담은 양반이나 부유층보다 일반 평민들에게 집중되었다. 부농이나 서민지주들은 신분상승 등의 방법으로 조세부담에서 면제되어, 이들의 몫까지 나머지 평민이나 하층민들이 짊어져야 했던 것이다. 1862년 임술민란 후 조정에서는 삼정의 폐단을 시정하기 위해 삼정이정청三政釐整廳을 설치하여 삼정개혁안을 마련했다. 그러나 이는 부분적인 개선책에 머물렀고, 그것마저도 곧 중단되어 큰 실효를 보지 못했다.

더욱이 개항 이후 자본주의 세계체제로 편입된 조선경제는 대외무역의 발전과 더불어 시장이 발달하고 산업구조가 변화하면서 반식민지적인 경제구조로 재편되어갔다. 일본과의 무역에서는 면직물과 같은 소비재 제품을 수입하고 곡물과 금, 쇠가죽 등 원자재를 수출하는 구조가 만들어졌다. 이 과정에서 쌀을 비롯한 곡물의 상품화 및 수출의 확대는 농업경제에 큰 변화를 가져왔다. 특히 1890년부터 쌀이 높은 가격으로 일본에 대량 수출되면서, 농촌사회에서는 상품화폐경제가 빠르게 자리 잡았고, 농민들도 대외무역의 영향 아래 놓이게 되었다. 미곡가격이 치솟자 지주들은 토지를 집적하여 경영을 확대하고 지대地代를 인상하는 등 지주경영을 강화한 반면 다수의 농민들은 토지를 잃고 소작농 또는 농업노동자가 되거나 농촌을 떠나게 되었다.

한편 왕실의 외척세력인 특정 가문이 권력을 독점하는 이른바 '세도정치'라는 기형적 정치형태는 국가기강의 해이와 매관·매직의 성행, 지방 수령들의 가렴주구와 부정부패를 더욱 조장했다. 나아가 지방관청에 의한 중간수탈이 강화되면서 오래전부터 만성적 위기에 시달리고 있던 국가재정은 더욱 악화되었다. 게다가 개항 이후 국가재정은 거의 파산상태에 이르렀다. 이는 민씨 척족세력을 비롯한 집권세력의 부정부패와 연이은 자연재해에 따른 경제적 위기, 왕실 경비의 급증과 개항 후 추진된 개화정책으로 재정수요가 폭발적으로 늘어났기 때문이다. 정부는 화폐를 발행하는 한편 더 많은 조세를 부과함으로써 부족한 국가재정을 채우려 했다. 하지만 이는 악화惡貨 유통에 따른 악성 인플레이션과 백성들에 대한 과중한 세금부담으로 이어졌다.

♣해설 | **삼정三政**

삼정은 18·19세기 조선에서 가장 중요한 재정 수입원이었던 전정田政·군정軍政·환정還政을 아울러 이르는 말이다. 조선왕조는 중세적 수취를 통해 일체의 재정을 마련하여 국가를 운영하고 있었는데, 조선 전기의 조용조租庸調체제로 상징되는 부세제도가 16세기 이래의 사회적·경제적 변동에 기인하여 크게 변화하였고, 그 결과 조선 후기의 부세제도는 18세기 중엽 이래 삼정체제로 확립되었다.

전정은 토지의 결수結數를 기준으로 하여 받는 전세로 임진왜란 이후 점차 증가하여 각종 부과세와 수수료가 첨가되었고, 군정은 원래 군적軍籍에 의하여 번상병을 차출하고 그에게 보保를 정급定給해 주는 병무 행정이었는데, 점차 군포軍布의 부과·징수를 행하는 수취 행정으로 변하여 각종 협잡이 뒤따랐다. 환정은 환곡還穀이라고도 하여 춘궁기에 농민에게 식량과 종자를 빌려 주었다가 추수 후에 회수하는 구빈救貧 행정이었는데, 점차 관청고리대로 변하여 삼정 가운데 가장 그 폐해가 심각하였다. 이러한 삼정의 문란은 19세기 초·중엽에 일어난 민란의 중요한 원인이 되었다.

농민항쟁의 고양

19세기 들어 사회경제적 위기가 심화되면서 농민들의 저항이 점차 조직화되기 시작했다. 가혹한 조세수탈을 피해 마을에서 유리流離 · 도망하거나, 탐학한 관리 및 지주들에 대한 규탄 또는 체제비판적 내용을 담은 와언訛言 · 괘서掛書사건이 잇달았다. 18세기 농민 저항이 주로 개인적 혹은 개별적인 형태에 머물렀다면, 19세기에는 소지所志를 작성하여 군현이나 감영에 민원을 호소하는 정소呈訴 운동과 같이 보다 적극적인 양상을 보여주고 있었다. 특히 파괴행위를 수반하며 이서배와 수령을 직접 징치懲治하고 읍폐민막邑弊民瘼을 바로잡고자 한 '민란'이 끊임없이 일어났다. 민란은 1862년 삼남지방의 70여개 군현에 동시다발적으로 폭발한[임술민란] 후 대원군 집권기에 다소 진정되어가다가 개항 이후 1880년대에 더욱 고양되어갔다.

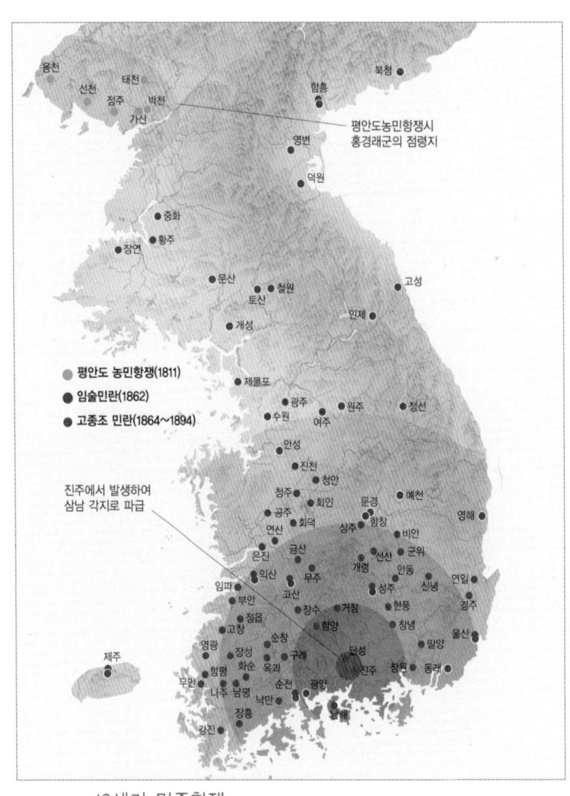

19세기 민중항쟁

19세기 후반에는 처음부터 무장봉기를 목적으로 하는 병란兵亂도 자주 일어났다. 1869년 광양란光陽亂과 1871년 이필제의 난을 비롯하여, 정감록류의 도참비기圖讖秘記사상에 근거하여 여러 변란이 일어났다. 또 명화적明火賊이 경향 각지에 출몰하여 부호의 집을 털거나 관아를 습격하는 등의 사건도 빈발했다. 1894년의 농민전쟁은 이와 같이 끊임없이 지속되어 온 여러 갈래의 농민 저항이 하나로 결집되어 폭발함으로써 분출된 것이었다.

서세동점의 파도

조선의 국가 · 사회적 위기는 '서세동점西勢東漸'이라는, 이른바 '서양의 충격'에 의해서도 심화되고 있었다. 19세기에 접어들면서 조선 연안에 이양선異樣船이 자주 출몰하는 가운데 천주교의 포교활동이 본격적으로 전개되었다. 그 결과 천주교 세력은 급속히 성장하여 신도 수는 1857년 1만 3천여 명, 1865년에는 2만 3천 명까지 불어났다.

게다가 1840~1842년의 '아편전쟁'에서 청국이 패배하고 1860년 영 · 불연합군에 의해 베이징이 함락되는 등, 일련의 사건은 중국에 대한 서구 열강의 침략을 보여주는 것으로서, 조선의 집권층 뿐 아니라 민중들에게도 대외적 위기의식을 고조시켰다. 이와 같은 19세기의 대내외적 위기를 배경으로, 민중종교로서 '동학東學'이 출현했다.

2. 동학의 창도와 확산

동학의 창도와 교단의 형성

최제우는 1824년 경주에서 몰락양반의 서자로 태어났다. 그는 어린 시절 어머니를 여의고 17세에 아버지마저 잃자, 20세부터 11년 동안 전국을 유랑하며 비참한 민중들의 생활을 체험했다. 이후 구도求道에 뜻을 두고 수련에 정진하던 중 1859년 경주의 용담정에서 본래 이름인 '제선濟宣'을 "어리석은 사람을 구제한다"라는 의미의 '제우濟愚'로 고치고, 이듬해 4월 도道를 깨우쳐 동학을 창시했다.

동학의 창시자 최제우

동학 창도 후 최제우는 1861년부터 본격적으로 포교

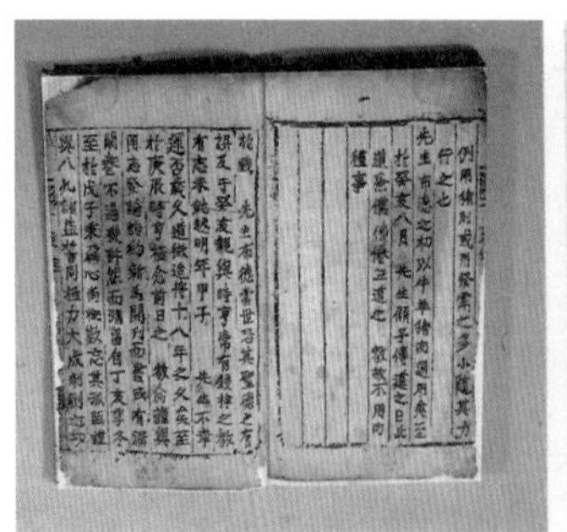

동학 경전인 『동경대전』과 『용담유사』

에 나섰다. 포교활동은 당시 널리 유행하던 콜레라와 같은 전염병을 치료하는 의료행위로부터 시작되었으며, '유무상자有無相資'라는 상호부조의 공동체 정신으로 사람들을 규합하여 견고한 종교교단을 형성해갔다. 이후 동학은 급속히 전파되어 1862년 말경에는 경주·영덕·영해·대구·청도·안동·단양·영양·고성·울산 등지에 접소接

♣ 해설 | **동학은 어떤 종교인가?**

동학의 신앙대상은 '천'·'천주'·'한울님'으로, 창도 당시 최제우의 중심사상은 '한울님을 내 마음 속에 모신다'는 시천주侍天主 사상을 바탕으로 하였다. 이때 한울님은 초월적·인격적인 상제上帝로서 인간 밖에 존재하는 외재적인 신일 뿐 아니라, 인간 내부에 자리 잡고 있는 내재적 신이기도 하다.

최제우는 모든 사람이 그가 제시한 수련방법, 즉 주문을 외우고 성·경·신誠敬信을 통해 수심정기守心正氣를 이룩함으로써 한울님과 자신이 하나로 된 상태, 일체화를 이룰 수 있다고 주장했다. 이는 '모든 인간은 한울님을 모시고 있으며, 따라서 모든 인간은 존엄하고 평등하다'는 사상이라 할 수 있다. 최제우의 이러한 사상은 최시형에 의해 '사람 섬기기를 한울님같이 한다'는 사인여천事人如天으로 발전하고, '인간뿐 아니라 모든 자연에 한울님이 내재한다'는 범천론적 사상으로 이어졌다. 나아가 손병희는 1905년 동학을 천도교天道敎로 개칭하면서, '사람이 곧 한울님'이라는 인내천人乃天을 동학의 종지로 내세웠다.

한편 '동학'이라는 이름이 서교西敎인 천주교에 대항하여 동쪽 나라인 조선에서 도를 일으킨다는 뜻에서 붙여진 것에서 엿볼 수 있듯이, 동학은 강렬한 자국=동국東國의식과 서양열강과 일본의 팽창을 경계하는 척왜양사상을 드러내고 있다. 이러한 점에서 동학은 민족주체적 성격을 보여주지만 소중화小中華 의식과 완전한 결별, 즉 '탈중화적' 인식에까지 이르지는 못했다.

또 최제우는 역사에는 시운時運이 있어 그것이 윤회한다고 파악하고는, 시운이 돌아 다시 개벽하는 후천개벽後天開闢이 이루어져 태평성세·국태민안國泰民安하는 '동귀일체同歸一體의 '후천' 시대가 올 것을 예언했다. 이러한 생각은 관념적이기는 하지만 현실사회에 대한 철저한 부정을 내포하고 있다는 점에서 획기적인 것이었다. 이러한 관념에서 동학은 정치적으로 '보국안민輔國安民'을 표방했다.

所를 설치하고 그곳의 책임자로 접주接主를 두는, 이른바 '접주제接主制'를 실시하기 시작했다. 그런데 이렇게 동학의 교세가 급속히 확산되자, 중앙정부는 동학을 불온시하여 1863년 최제우를 체포하였다. 그리고는 이듬해 3월 10일 최제우를 '좌도혹민左道惑民', 즉 "사교邪教로 백성들을 미혹한다"라는 죄목으로 대구에서 처형하였다.

동학 교세의 확장

최제우가 처형된 후 동학은 불법화되어 본격적으로 관의 탄압을 받게 되었다. 그렇지만 동학은 제2대 교주 최시형을 중심으로 관의 탄압을 피해 비밀리에 포교를 지속하면서 교세를 확장해갔다. 특히 최시형이 동학교단의 지도체제를 정비한 1870년대 중반 이후 동학은 비약적으로 발전했다. 1880년대 초에는 동학의 기본경전인 『동경대전』과 『용담유사』를 간행하고, 1880년대 중엽에는 직제職制로서 육임제六任制가 마련되는 등 동학은 종교 교단으로서의 내실과 조직을 갖추어 나갔다. 최시형이 보은에 거처를 마련한 1885년을 전후하여 충청도에서 동학 교세는 크게 증가하였고, 1890년대에 이르면 전라도에까지 급격히 확대되었다.

동학의 지도체제를 정비한 2대 교주 최시형
1898년 처형 전의 모습.

이와 같이 1880년대에 교세가 급격히 확산되어 종래의 접 아래 다수의 새 접이 늘어나자 이를 통솔하는 문제가 제기되었다. 이에 동학교문은 접과 접을 통괄하는 교단조직으로서 포包를 설치하였다. 포는 일종의 교구제와 같은 것으로, 대체로 여러 접주 중 덕망과 통솔력이 있는 접주가 대접주 또는 도접주都接主의 이름으로 포주包主를 겸하면서 예하의 여러 접주를 통솔하였다.

3. 교조신원운동과 척왜양운동

교조신원운동과 공주·삼례집회

동학 교세가 급격히 신장되자, 조정과 지방 수령들은 사학邪學을 금한다는 명분아래 동학교도의 재산을 수탈하거나 체포·구금하는 등 탄압을 강화하였다. 이에 동학교도들은 피신·도망하거나 돈을 주고 풀려나는 등 소극적인 방법으로 교문을 지켜나갔다. 하지만 1884년부터 동학교도들에 대한 박해는 한층 가혹해졌다. 특히 1892년 충청감사 조병식이 내린 동학금령은 더욱 혹독했다. 따라서 교단 지도부는 교조신원운동敎祖伸寃運動이라는 합법적인 청원운동을 통해 동학의 공인과 포교의 자유를 인정받고자 하였다.

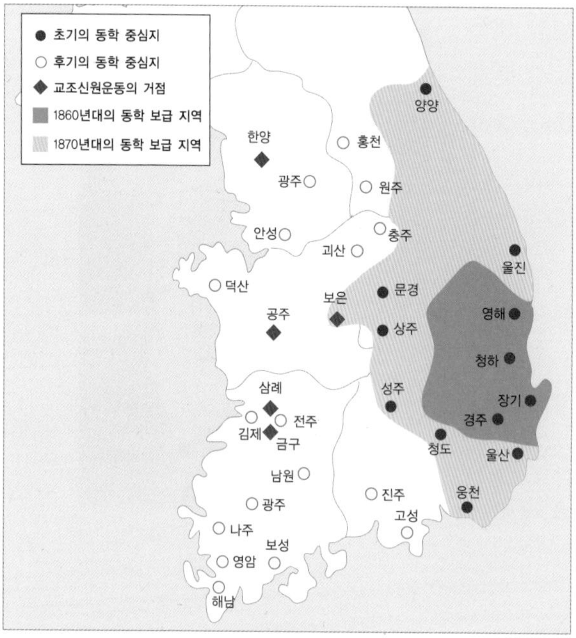

동학의 교세확장과 교조신원운동 거점

1892년 10월 서인주·서병학 등은 충청도 감영이 있는 공주에서 동학교도들을 모아 집회를 열고, 충청감사 조병식에게 「각도동학유생의송단자各道東學儒生議送單子」라는 청원서를 제출했다. 「의송」에서 이들은 동학이 이단이 아님을 밝히는 한편, 서학의 만연과 일본상인들의 부당행위를 우려하고, 옥에 갇힌 동학교도들의 석방과 교조 최제우의 신원을 조정에 계달啓達해 줄 것을 요구했다. 이에 조병식은 10월 22일 내린 답변서에서 '동학은 어디까지나 이단일 뿐이고, 이를 금하고 금하지 않는 것은 오직 조정의 처분에

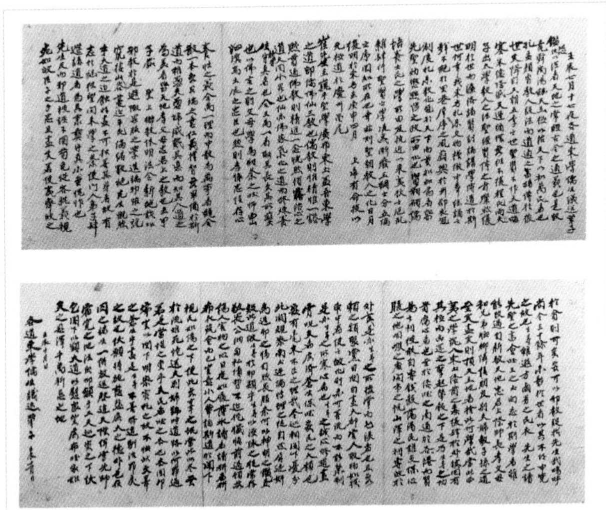

「각도동학유생의송단자」
1882년 10월, 동학교도들이
충청감사 조병식에게 제출하였다.

달린 것이다'라고 하여 공주집회의 요구사항을 모두 거절했다. 다만 24일 동학교도에 대한 부당한 탄압을 금지하는 지령문을 각 읍에 내려 보냈다. 이는 교조신원을 통한 동학 공인에까지 이르지는 못했지만, 그동안 지방관의 침학과 토색에 시달려온 동학 교단에게는 일정한 성과로 받아들여졌다.

이러한 성과에 고무된 교단 지도부는 11월 2일 전라감영이 소재한 전주 근교의 삼례에서도 집회를 열어, 충청도에서와 비슷한 내용의 「의송」을 전라감사 이경직에게 보냈다. 전라감사 또한 11일 각 읍에 동학도에 대한 관속배의 토색을 일체 금단하라는 지령을 내렸다. 이에 교단 지도부는 다음날 「통문通文」을 발하여 집회의 해산을 지시하였다. 그런데 지도부의 해산 명령에도 불구하고 상당수의 교도들이 해산하지 않았다. 교단 지도부는 19일 재차 통문을 내어 해산을 종용했지만 일부 동학도는 21일까지도 해산하지 않았다. 이는 동학교도들 사이에 교단 지도부와 노선을 달리하는 흐름이 태동하고 있음을 보여주는 것이라 할 수 있다.

복합상소와 '척왜양' 방문 게시

동학의 공인 및 교조신원이 지방관의 권한이 아니라는 충청 · 전라감사의 답변은 동학교도 사이에 중앙정부에 직접 호소해야 한다는 의론을 불러 일으켰다. 이에 교단 지도부는 중앙정부를 상대로 한 교조신원운동으로 방향을 돌려 복합상소伏閤上疏를 준비하였다. 그리하여 1893년 2월 11일부터 13일까지 40여 명의 동학교도가 경복궁 광화문 앞에 엎드려 동학의 공인과 교조 최제우의 신원을 호소했다. 하지만 이 광화문 복합상소는 정부의 강력한 탄압만을 불러와 실패하고 말았다.

한편 복합상소 직후인 2월 14일부터 3월 2일에 이르기까지, 외국인이 경영하는 학교와 선교사의 집, 외국 공 · 영사관 및 동 · 남대문 등 서울의 주요 장소에 왜양倭洋을 배척하는 익명의 괘서가 내걸려 서울에 한동안 긴장감이 고조되었다. 관련 사료의 부족으로 현재 이를 주도한 세력이 누구였는지 단정하기는 어렵지만 동학교도가 관련되었을 가능성이 높다. 게다가 복합상소가 열리던 시점을 전후하여 호남지방의 동학교도들이 전라감사에게 다시 소장을 제출했는데, 소장에는 일본의 침략에 대한 위기의식과 경계, 나아가 강력한 척왜양 의지가 드러나 있었다. 이러한 사실들은 이 무렵 동학 내부에 교조신원운동만이 아니라 '척왜양'이라는 정치적 구호를 내건 세력이 대두하고 있었음을 보여준다고 할 수 있다.

'척왜양 창의'와 보은·금구집회

복합상소 실패 후 충격과 위기의식 속에 대응책을 모색하던 교단 지도부는 1893년 3월 11일 충청도 보은 장내리에서 교조신원을 위한 집회를 열었다. 약 2만여 명의 교도가 참여하여 4월 3일경까지 지속된 이 '보은집회'에서 뒤에 볼 금구집회세력과 연결된 것으로 보이는 일부 동학도들은 '교조신원' 외에도 '척왜양'과 '보국안민'을 '창의倡義'의 이유로 내걸었다. 이에 선무사宣撫使 어윤중이 4월 1일 보은군수 이중익 등을 대동하고 찾아와 국왕의 윤음綸音을 읽고 퇴산을 명하였다. 게다가 조정에서 당시 유일한 신식 조선군이라 할 수 있는 경군京軍을 파견했다는 소문이 돌자, 일부 교도가 교조신원 이상의 주장을 내거는 등 급진화하는 경향에 대해 우려하고 있던 최시형·서병학·손병희 등 교단 지도부는 교도들에게 해산명령을 내리고 장내리를 빠져나갔다. 이로써 보은집회는 아무런 성과를 거두지 못한 채 해산되었다.

한편 보은집회가 열리던 시기 전라도 금구 원평에서도 대략 1만여 명으로 추정되는 동학교도들이 집회를 열고 있었다. 이 금구집회 세력은 '척왜양'과 '보국안민'을 본격적으로 내세웠다. 그런데 이 집회를 주도한 전봉준·손화중·서장옥·황하일 등 전라도 지역의 동학 지도자들은 교단 지도부보다 좀 더 정치지향적이었다. 이들은 보은집회의 교도들과 합세한 후 제물포로 북상하여 직접 '척왜양'을 실현하겠다는 계획을 세울 정도로 무력사용도 불사하는 강경노선을 보이고 있었다. 하지만 당시 독자적으로 실력행사를 감행할 정도로 충분히 조직화되지 못한 상황에서, 보은집회가 해산하자 금구집회 또한 해산할 수밖에 없었다. 이들은 훗날 동학 내에서 충청도를 중심으로 한 최시형의 '북접'과 구별되는 '남접'이라는 분파를 형성하여 농민전쟁을 주도해나간다.

4. 제1차 봉기와 집강소

고부봉기

동학농민전쟁은 전라도 고부에서 일어난 농민봉기를 발단으로 시작되었다. 고부봉기는 고부군수 조병갑의 탐학에 격분하여 1894년 1월 10일 새벽, 말목장터에 모인 오백 내지 천여 명의 고부농민들이 전봉준의 지도 아래 고부관아를 점령하면서 시작되었다. 이들은 맨 먼저 조병갑을 잡아 징치하려 했으나 이를 눈치챈 조병갑이 재빨리 도망쳐 실패하였다. 농민들은 무기고를 부수어 무기를 압수하는 동시에 옥을 열어 억울한 죄수를 석방하고 서리들을 끌어내 악정을 조사했다. 또 불법 약탈한 수세미水稅米를 농민들에게 반환하고, 민원民怨의 대상이 된 만석보萬石洑를 파괴했다. 이들은 17

1973년에 건립된 만석보 유지비遺址碑

일 읍내에서 말목장터로 이동해 진을 쳤다.

그런데 고부봉기는 봉기민들이 조병갑을 축출한 뒤에도 3월 초까지 약 두 달 간 해산하지 않았다는 점에서 여타의 민란과는 다른 양상을 보여주고 있다. 당시 전봉준 등 지도부는 동학조직을 이용하여 고부봉기를 농민전쟁으로 확대 발전시키려 하였던 것이다. 2월 중순 전봉준은 전라도 각 읍의 동학교도들에게 격문을 보내 전라도 차원의

♣해설 | 조병갑의 탐학

1892년 4월 고부군수로 부임해온 조병갑의 탐학은 고부봉기가 일어난 일차적 원인이었다. 조병갑은 삼정을 이용한 수탈 뿐 아니라, 다양한 명목으로 탐학비행貪虐非行을 저질렀다. 농민에게 면세免稅를 약속하고 황무지 개간을 허가해주고는 추수기에 강제로 세를 징수했고, 부유한 농민들에게 불효不孝 등 여러 가지 죄명을 씌워 2만여 냥을 빼앗았다. 또 대동미를 쌀 대신 돈으로 거두고 그것으로 질이 나쁜 쌀을 사서 중앙에 상납하고 차액을 착복했으며, 묵은 땅을 개간하여 면세가 되어야 할 땅에서 도조賭租와 시초柴草를 거두었으며, 태인현감을 지낸 아버지의 공덕비를 세우기 위해 1,000여 냥을 거두었다.

특히 고부군민들의 반발을 불러일으킨 탐학행위는 만석보萬石洑의 개수에 따른 것이었다. 그는 만석보가 파손되지 않았는데도, 농민들을 강제로 동원하여 구보舊洑 밑에 신보新洑를 쌓게 하고, 추수기에 수세水稅를 거둬들여 700여 섬을 착복하였다.

조병갑은 1893년 11월 30일 익산군수로 전임 발령을 받았다. 그러나 고부는 토지가 비옥하고 물산이 풍부한 땅이었다. 조병갑은 고부군수 유임운동을 벌여, 1894년 1월 9일 당시 전라감사 김문현의 강력한 요청과 정부의 특별 고려에 의해 다시 고부군수로 잉임(仍任, 그대로 계속해서 일하게 임명한다는 뜻)되었으며, 다음날 고부봉기가 일어났다.

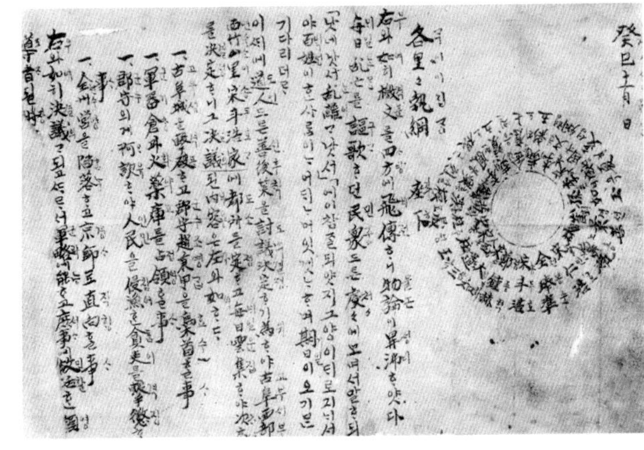

일명 사발통문
1968년 12월 전라북도 정읍군 고부면 송준섭의 집 마루 밑에서 족보와 함께 발견된 자료. 이 자료에는 고부 동학교도들이 고부성의 점령, 조병갑의 처형, 무기고의 점령, 탐관오리의 처단, 그리고 전주성을 함락하고 서울로 올라갈 것 등을 결의 한 것으로 적혀있다. 그 시점은 1893년 11월 이후부터 이듬해 봄 사이로 보인다.

봉기로 확산시키려 하였다. 하지만 인근 고을의 호응이나 연계가 이루어지지 않아 이는 실현되지 못했다.

게다가 2월 25일 백산白山으로 진을 옮긴 후, 전봉준은 고부 봉기농민들에게 '함열咸悅의 조창漕倉으로 가서 전운영轉運營을 격파하고 전운사轉運使 조필영을 징치할 것'을 촉구하였다. 하지만 이들은 "민요民擾가 월경越境을 하면 반란의 칭을 받는다"는 이유로 이에 응하지 않고 해산하고자 했다. 당시 상당수 농민들은 일반적인 민란의 양상을 벗어난 '반란'에는 동의하지 않았던 것이다. 이는 전국적인 차원의 농민전쟁을 일으킬만한 충분한 준비와 협의가 미처 이루어지지 못한 상황에서 고부봉기가 발발했음을 보여준다. 결국 고부군수로 부임한 박원명이 온건 무마책으로 농민들을 회유하자 3월 3일 무렵 고부농민들은 해산하고 말았다.

무장기포와 전주화의

고부 봉기가 해산되자 전봉준은 손화중이 대접주로 있는 무장茂長으로 잠행하여, 전라도의 동학지도자들과 본격적으로 농민전쟁을 준비하였다. 3월 16일부터 무장에 농민군이 집결하기 시작하여, 3월 20일 이곳에서 전봉준·손화중·김개남 세 사람의 명의로 포고문을 발표하면서 농민전쟁은 시작되었다. 농민군은 3월 23일 고부를 점령한 후, 25일에는 백산으로 진영을 옮겨 각지에서 모여든 농민군을 확대 개편하였다. 이곳에서 농민군 지도부는 '호남창의대장소湖南倡義大將所'를 설치한 후, '4대명의'와 '4개약속', '농민군 12개조 기율'을 발표했다. 전봉준을 총대장으로 하는 농민군은 무장기포茂長起包 당시의 4천여 명에서 8천여 명으로 늘어나 3월 25일 전주성을 향해 출발했다.

3월 28일 태인현을 점령하고 4월 1일 금구현 원평까지 진출하여 전주감영의 동향을 살피던 농민군은 감영군이 금구로 온다는 정보를 접하고는 태인으로 옮긴 후 다시 부안을 지나 고부로 향했다. 4월 7일 새벽 농민군은 뒤쫓아 온 감영군을 황토현에서 격파한 후 곧장 전주성을 향하지 않고 정주(4.7)→흥덕 · 고창(4.8) →무장(4.9)→영광(4.12)→함평(4.16) 등 전라도 서남부지역을 차례로 점령했다. 이는 농민군 토벌을 위해 파견되어 전주에 도착해있던 경군과의 정면대결을 피하기 위한 것으로 추정된다. 남하 과정에서 농민군은 더욱 확대되었고, 4월 23일 장성 황룡촌 전투에서 홍계훈洪啓薰이 이끄는 경군을 대파한 후, 27일에는 손쉽게 전주성을 점령했다.

농민군이 전주성을 점령한 다음날 경군은 전주 남쪽의 완산完山에 진을 치고 농민군

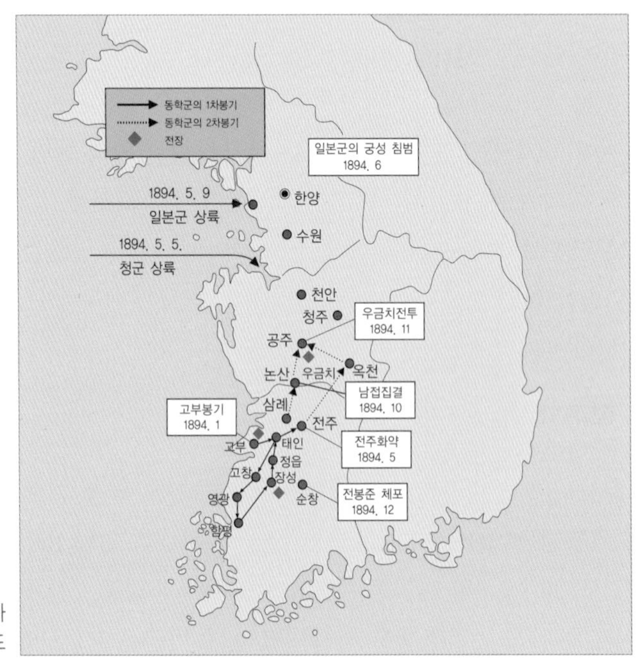

제1 · 2차 동학농민전쟁도

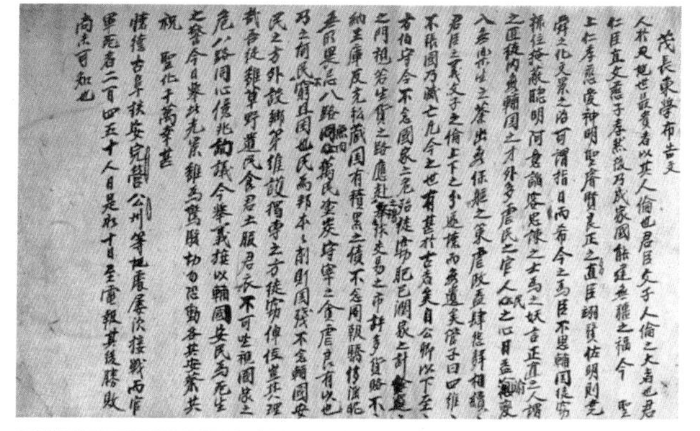

茂長東學布告文

무장포고문
무장의 당산에서 봉기한 농민군은
전국에 통문을 보내어 봉기한 뜻을 알렸다.

무장 당산마을(현 고창군 공음면 구수마을)의
동학농민혁명기념탑

을 공격하기 시작했다. 이후 경군과 공방전을 벌이던 농민군은 5월 8일 홍계훈으로부터 농민군이 제시한 폐정개혁요구를 국왕에게 보고하여 실시하겠다는 약속을 받고 자진 해산하였다. 정부측과 농민군 사이에 이른바 '전주화의全州和議'가 이루어진 것이다. 정부로서는 일본군이 출동한다는 정보를 입수한 상황에서, 조속히 농민군을 해산시킴으로써 청 · 일 양국의 충돌을 막아 주권 침해의 위험을 방지해야 할 필요가 있었다. 농민군도 몇 차례 경군과의 전투에서 패배하여 내부동요가 일어나고 있었고, 청 · 일의 군사개입이라는 국가적 위기상황을 맞아, 정부측이 폐정개혁안을 수락하자 '화의'를 받아들이게 되었다. 이러한 이유에서 양측이 신속하게 화의를 이룰 수 있었던 것으로 여겨진다.

집강소 설치와 폐정개혁 활동

전주화의 후 농민군은 전주성에서 철수했다. 하지만 무장을 풀지 않고 각기 자신들의 근거지로 돌아가 세력을 유지하면서 이후의 사태 전개를 주시하고 있었다. 그리고 5월 18~19일 순변사巡邊使 이원회와 초토사招討使 홍계훈이 서울로 돌아가면서 전라도에는 농민군을 해산시킬만한 군사력이 없는 것과 다름 없었다. 이러한 상황에서 정부가 폐정개혁을 실시하지 않자, 5월 중순 이후 일부 지역의 농민군은 스스로의 힘으로 폐정을 개혁하려 하였다. 5월 하순에는 농민군이 각 고을의 통치에 직접 나서면서, 대도소大都所 · 도소都所 등의 이름으로도 불렸던 농민 자치기구가 등장했다. 이는 기존의 행정기구와 병립하고 있었는데, 도소측의 지배력이 우세한 상태였다. 이 시기 도소의 폐정개혁은 주로 억울한 일을 해결하는 것이 중심이었다.

도소의 설치와 활동은 농민군의 힘을 비약적으로 증강시키고 종래의 신분제 질서를 붕괴시켜갔다. 새로 부임한 전라감사 김학진은 농민군과의 타협국면을 유지하려는 자세를 가졌고, 또 농민군이 주도하는 현실질서를 인정할 수밖에 없었다. 6월 중순 이후 도소는 더욱 전면화되어 나주를 제외한 전라도의 거의 모든 군현에 설치되었다. 도소의 기능은 점차 억울한 일을 해결하는 일보다 군마軍馬와 공전公錢, 공곡公穀을 관리하는 지방행정으로서의 성격이 강화되어 갔다.

한편 6월 21일 일본군의 경복궁 점령이라는 국가적 위기 앞에서, 김학진의 제안으로 7월 6일 전주에서 전봉준과 김학진 사이에 회담이 열렸다. 두 사람은 관민상화官民相和의 원칙하에 '집강소'를 공식적으로 설치하기로 합의하였다. 이로써 한 고을에 한 명의 접주(=집강)를 뽑아 수령의 일을 대신 맡아 보는 집강소執綱所가 전라도 지방 각 고을에 설치되었다. 농민군 세력은 더욱 강화되었으며 폐정개혁사업 또한 더욱 본격화되었다. 물론 집강소 설치와 폐정개혁 활동이 모든 고을에서 순조롭게 진행된 것은 아니었다. 나주 · 운봉 · 순창의 경우 집강소 설치를 거부하는 수성군守城軍과 농민군 사이에 전투가 벌어지기도 했고, 경상도 예천과 같이 동학농민군을 토벌하기 위한 보수 집강소가 설치된 경우도 있었다.

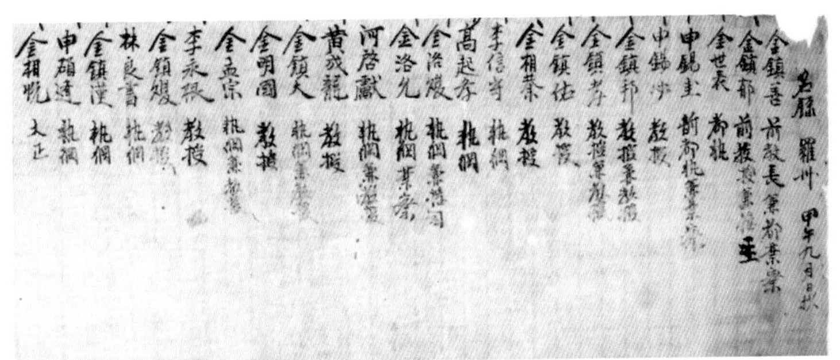

나주명록
1894년 9월에 작성된 것으로 나주지방 동학 조직의 직책을 적은 것으로 보인다.

5. 제2차 봉기

무르익는 재봉기

농민군이 전주성에서 물러나와 폐정개혁에 힘쓰고 있을 때 정국은 급변하고 있었다. 6월 21일 일본군의 경복궁 점령은 외국군대의 기습에 의한 전례 없는 변란이었다. 그 결과 국내 정치지형은 송두리째 바뀌어 개화파 정권이 들어서고 일련의 급격한 개혁조치가 시행되었다. 6월 23일에는 청일전쟁이 발발하여 양측은 8월 17일 평양에서 일대 회전을 벌였다. 이 전투에서 승리한 일본은 조선에 대한 내정간섭을 강화하면서 보호국화 정책을 추진함과 동시에 이에 반대해 나설 농민군에 대한 진압을 서둘렀다.

전주화의 후 각지에 할거하며 독자적으로 활동하던 동학농민군의 하부조직에서는 이러한 정국변화를 주시하면서 무장을 강화하는 등 일본군과의 일전을 준비하고 있었다. 또 6월 말 이후 흥선대원군은 전봉준 등 농민군 지도부에게 수차례 밀사를 보내 농민군의 봉기를 촉구했다. 하지만 이미 6월 중순경, 추수 후 재봉기의 뜻을 밝혔던 전봉준은 이러한 대원군의 뜻을 따르지 않고 폐정개혁에 힘쓰면서 일본의 동향 및 개화파 정권의 움직임을 지켜보고 있었다. 이러한 와중에 8월 25일 김개남은 남원에서 대규모 대회를 열고 기포를 결의하였다. 전봉준과 손화중은 준비부족을 이유로 이를 만류했지만 소용이 없었다. 게다가 8월 말 즈음 북접 농민군은 지방 양반과 유생들이 조직한 민보군民堡軍 및 일본군에 맞서 전투를 시작하고 있었다.

제2차 봉기

전봉준은 9월 초 대원군이 보낸 밀사와 긴밀히 접촉하면서 청일전쟁과 중앙정국의 추이, 그리고 일본군의 침략의도와 농민군 진압계획에 대한 정확한 정보를 제공받을 수 있었다. 이 과정에서 재봉기를 결심한 전봉준은 9월 10일경 삼례에 대도소大都所를 설치하고 격문을 발하였다. 봉기준비를 본격화한 것이다. 재봉기에서는 폐정개혁을 내세웠던 1차 봉기와 달리, 항일의병의 기치를 전면에 내세웠다. 나아가 개화파 세력이 일본과 결탁하였다는 이유로 처음으로 반개화파反開化派 노선을 천명했다. 일본의 침략의도가 점차 노골화되자 전봉준을 비롯한 농민군의 주된 관심은 폐정개혁에서 반외세, 즉 '척왜'로 집중되었던 것이다.

삼례에 대도소를 설치하고 약 1개월간의 준비를 거친 후, 전봉준이 이끄는 4천여 명의 농민군은 10월 초 삼례를 출발하여 12일 은진을 거쳐 논산에 도착했다. 이미 관군과 일본군의 무력진압이 본격적으로 시작된 뒤였다. 전봉준은 논산에 10여 일 머물면서 수만 명의 농민군을 확보한 후 공주를 공격했다. 24일의 첫 전투를 시작으로 11월 10일까지 약 20여 일에 걸쳐, 서울로 통하는 길목이자 정치 · 군사전략상 중요한 위치에 있는 공주를 둘러싸고 양측의 치열한 공방전이 벌어졌다. 결국 11월 8~10일 사이에 농민군은 우금치를 중심으로 사망자가 산처럼 쌓이는 전투를 40~50차례 펼쳤으나, 무기와 화력의 절대적 열세를 극복하지 못하고 패배하였다. 이 우금치 전투를 고비로 농민군은 퇴각의 길을 걷게 되었다. 이후 관군과 일본군에 쫓기던 농민군은 논산, 원평, 태인 등 각지에서 끈질기게 항전하였으나 다시 패하였다.

결국 농민군을 해산하고 순창에 피신해 있던 전봉준은 12월 2일 체포되어 7일 일본군에 인도되었고, 나주를 거쳐 서울로 압송된 후 다음해 3월 30일 손화중 · 최경

압송당하는 전봉준
기존에는 이 사진이 전북 지역을 배경으로 하여, 서울로 압송당하는 전봉준을 촬영한 것으로 알려졌다. 하지만 일본 마이니치 신문 1895년 3월 2일자 신문보도에서는 서울의 일본영사관에서 재판을 받기 위해 1895년 2월 28일 법부아문으로 압송되던 장면이라고 설명하고 있다.

선 · 김덕명과 함께 처형당했다. 이를 전후하여 그 밖에 다른 농민군 지도자들도 대부분 체포되어 처형되었다.

6. 동학농민전쟁의 성격과 의의

농민전쟁의 주체

농민전쟁 참가층은 크게 지도부와 주력군, 보조계층으로 나눌 수 있고, 이 중 지도부와 주력군을 농민전쟁의 주체라 할 수 있다. 농민전쟁의 지도부는 동학의 접주층과 '충의지사忠義之士'로 지칭되던 지식층이었다. 이들은 대체로 하층양반 · 서얼층으로서 유학적 소양을 지니고 현실에 불만을 품은 변혁지향적 지식인들로, 경제적으로는 전봉준과 같이 '빈한한 선비'도 있었지만 중소지주나 부농층에 해당하는 요호부민층도 많았다. 또 평민으로서 요호부민층에 해당하는 이들도 있었다.

♣해설 | **요호부민**

요호부민饒戶富民은 조선 후기 새롭게 등장한 사회 세력으로, 요호 · 부민 · 요민 · 요호부민 등으로 불리던 농민층이다. 이들은 일정량의 토지와 농우農牛를 소유하면서 고용노동을 이용하기도 했던 중농층 이상의 부농이었다. 신분상으로는 대체로 신분상승을 원하는 평민층 또는 천민층이었다.

이들 지도부 중 '하층양반-요호부민층'은 18세기 이후 향촌사회에서 재지사족在地士族의 향촌지배에 도전하는 신흥세력으로 대두하여, 수령과 결부되면서 사족지배를 점차 무너뜨리고 향권을 장악해나가고 있었다. 그러나 19세기 중엽 이후에는 중앙권력과 수령들에 의해 수탈의 표적이 되면서 점차 저항세력으로 등장했다. 또 '빈한한 선비'로서 농민전쟁의 지도부에 참여한 이들은 19세기 이후 현실에 강한 불만을 품고 변란을 도모하거나 여러 '민요'의 지도자가 되기도 했으며, 1894년 농민전쟁에서는 농민과 다름없는 사회경제적 처지에서 그들을 대변하고 지도함으로써 현실을 개혁하려 했다. 그리고 '평민-요호부민층'은 앞서 '하층양반-요호부민층'과 유사한 사회경제적 처지에서 중앙권력과 수령층의 수탈로부터 벗어나려 했다.

한편 농민군의 주력을 이룬 계층은 사회적으로는 평민 · 천민층, 경제적으로는 영세농민 · 농촌노동자 · 영세상인 · 영세수공업자층에 해당하는 이들이었다. 이들은 1차 봉기 이후 폭발적으로 농민군에 참여하여 농민군의 하급지도자와 농민군 대중을 이루면서 농민전쟁의 양상을 대단히 급진적인 방향으로 이끌어갔다. 특히 집강소시기 적극적인 신분해방운동과 양반 · 부호 응징운동을 펼쳐나갔다.

무명동학농민군위령탑 사발통문이 작성되었던 정읍시 고부면 신중리 대뫼마을 녹두회관 앞에 1994년 세워졌다.

농민군의 지향

1894년 농민전쟁 당시 농민군은 격문과 상소문, 폐정개혁안 등을 통해 정치 · 경제 · 사회적 차원에서 많은 요구조건을 제시했다. 특히 1차 봉기 때 관리들에게 제출한 농민군의 폐정개혁안은 농민군의 요구와 지향을 보여주는 기초적인 자료이다. 그렇지만 농민군의 지향과 요구는 전쟁이 진행되는 과정에서 그들이 처한 주객관적 상황을 반영하여 변화 · 발전해갔다. 특히 농민군이 실제 행동을 통해 보여준 요구와 지향은 문자로 기록된 것보다 훨씬 다양한 양상을 보여준다. 따라서 폐정개혁안은 농민군이 당시 시급히 해결해야 할 1차적 과제를 제기한 것으로, 이를 농민군의 최종 목표로 단정할 수는 없다.

경제적인 측면에서 농민군은 무엇보다 먼저 삼정을 비롯한 징세운영을 바로잡을 것을 요구했다. 그것은 대체로 집권층과 지방관의 제도적 혹은 제도외적인 가렴주구의 중지와 부분적으로 중세적 수취체제의 개혁을 요구하는 것이었다. 그러나 중세적 수취체제의 여러 폐단에 대한 시정을 요구할 뿐, 조선왕조 조세체제의 전면적 개혁에 대한 요구로까지 나아가지는 못했다.

상업문제에서는 각종 무명잡세 혁파, 보부상 배척, 지방관아에서 쓰는 물자는 시가에 준하여 조달해 줄 것, 외국상인의 내륙에서의 상권 팽창을 억제해 줄 것 등을 요구했다. 이는 지배층의 수탈과 외국상인에 의한 상권침해로부터 중소 · 영세상인의 상권을 지키면서 상업자본의 축적을 도모하는 상인들의 입장을 반영한 것이라 할 수 있다.

한편 토지문제에 대한 당시 농민군의 지향은 분명히 드러나지는 않는다. 아직 농민군이 중앙권력을 장악하지 못한 상황에서, 게다가 농민군 지도부에 요호부민층이 포함되어 있었던 점을 생각하면, 당시 농민군이 토지문제에 대해 일치된 견해를 갖거나 이를 전면적으로 제기하기는 어려웠을 것이다. 하지만 농민군 점령지역에서 관아에 보관되어 있던 양안量案을 불태우거나, 부민富民의 전답문서를 빼앗고자 하는 등의 사례를 통해 볼 때, 농민군은 대체로 '경자유전耕者有田'의 농민적 토지소유를 지향하고 있었다고 생각된다.

사회적 측면에서 농민군은 집강소시기 상층 지도부의 통제를 넘어서서 사회혁명적

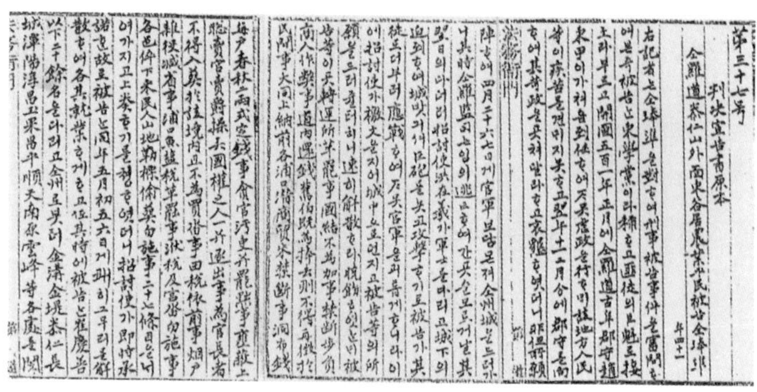

第三十七號 判決宣告書原本

전봉준 판결선고서
여기에 농민군이 27개조항에 달하는 폐정개혁안을 제시한 것으로 나타나있다.

인 성격으로 발전시켜갔다. 그것은 중세적인 신분제의 폐지와 농민적 자치의 실현으로 요약된다. 신분제 폐지운동은 집강소시기 횡포한 양반 · 유림에 대한 응징과 천민 신분계층의 격렬한 신분해방운동으로 나타났다. 농민적 자치는 양반지배층의 향약 · 유회儒會 등 기존의 지배기구들을 부정하고, 집강소를 설치하여 이를 통해 폐정개혁 활동을 전개한 것으로 표출되었다.

정치적 측면에서 1차 봉기 당시 농민군은 민씨정권의 축출과 대원군의 섭정 복귀를 목표로 했다. 농민군은 자신들의 독자적인 권력구상을 갖지 않은 채, 대원군의 섭정복귀와 그에 의한 개혁정치에 기대를 걸었던 것이다. 그러나 2차 봉기 단계에서는 "몇 사람의 명사名士에게 협합協合해서 합의법에 의해 정치를 담당하게 할 생각이었다"는 전봉준의 진술에서 엿볼 수 있듯이, 대원군 개인에 대한 의지보다 비상개혁추진기구의 설치를 구상하고 있었던 것으로 생각된다.

한편 1차 봉기 당시 농민군은 외세문제에 대해 대단히 신중하게 대응했다. 그러나 8월 중순 평양전투에서 승리한 일본이 조선에 대한 보호국화정책을 추진하자, 농민군은 이에 저항하여 반일을 전면에 내세웠다. 따라서 2차 봉기는 일본의 제국주의 침략에 대항한 반침략전쟁의 성격을 띠게 되었다.

1894년 동학농민전쟁은 '의거'에서 '사회혁명'으로, 나아가 '반외세 · 반침략전쟁'으로 발전해간 반체제 반외세 운동이라 할 수 있다. 즉 동학농민전쟁은 조선후기 이래 군현을 중심으로 전개되어온 농민항쟁의 흐름을 전국적인 규모에서 종합하여, 중세체제의 모순을 척결하고 제국주의 침략에 대항하려 한 운동으로 자리매김 할 수 있다.

♣쟁점 | 1894년의 농민전쟁에 대한 보수적 해석

1894년에 삼남 일대를 중심으로 일어났던 농민봉기를 지칭하는 용어로는 '동학난', '농민반란', '동학농민봉기', '갑오(1894년) 농민전쟁', '동학농민전쟁', '동학혁명' 등 아주 다양하다. 그 만큼 이 운동의 지향과 성격에 대한 평가와 규정은 매우 다양하고 그 편차 또한 크지만, 학계에서는 대체로 이를 적극적으로 평가해왔다.

그런데 일각에서는 이 운동을 '기존체제를 부정한 급진적인 혁명이었다기보다 유교적 근왕주의勤王主義에 입각하여 서민의 경제생활을 안정시키고자 했던 복고적 개혁'을 지향한 것으로 평가하기도 한다. 기존 평가가 오지영의 『동학사東學史』에 실린 「폐정개혁안」 12개조를 주된 근거로 하여 급진적이고 혁명적인 성격을 부각하고 있지만, 이 사료는 1차 사료로 인정할 수 없는 '역사소설'에 불과하다는 것이다. 오히려 1차 사료인 「사대명의」와「전봉준 판결선고서」의 폐정개혁안에는 신분제 철폐, 부채탕감, 경지 분배와 같은 기존의 사회체제를 부정하는 혁명적인 내용이 포함되지 않았고, 전봉준을 비롯한 농민봉기의 지도자들이 유교적 언설을 사용했다는 점을 주된 근거로 들고 있다.

그러나 이러한 해석은 무엇보다도 운동의 전체적인 맥락과 진행과정을 고려하지 않고, 부분적인 몇몇 사료를 취사 · 선택하여 전면적으로 확대해석한 것이라 할 수 있다. 사료에서 보이는 '유교적 언설'이나 농민군 지도자들이 유학적 소양을 가졌다는 이유에서 농민전쟁을 '보수적' · '근왕주의'로 규정하는 것은 단편적이고 기계적인 해석이다. 특히 농민전쟁의 진행과정에서 농민군의 실제 행위에서 나타나고 있는 지향, 그리고 농민군의 요구사항이 가지고 있는 역사적 맥락 등을 간과하고 있다. 게다가 지나치게 전봉준에 집중하여 전체 운동의 성격을 규정하려 한 문제점을 갖고 있다.

● 읽기자료

1. 27개조 폐정개혁안

① 전운소轉運所는 혁파할 것.
② 국결國結은 늘리지 말 것.
③ 보부상인의 작폐를 금지할 것.
④ 도내의 환곡전還穀錢은 전임 관찰사가 이미 징수했기 때문에 민간에게서 다시 징수하지 말 것.
⑤ 대동미大同米를 상납하기 전에는 각 항구에서 잠상潛商의 무역미를 금단할 것.
⑥ 동포전洞布錢은 매호 봄 가을 2냥씩으로 할 것.
⑦ 탐관오리는 전부 파면할 것.
⑧ 상총上聰(임금의 총명)을 가려 매관매직을 하고 국권을 조롱하는 자는 전부 쫓아낼 것.
⑨ 관장官長된 자는 해당 경내에 묘를 쓰는 것은 불가능하며 또한 밭은 매입하지 말 것.
⑩ 전세田稅는 전과 같게 할 것.
⑪ 호戶마다 과하는 잡역은 줄일 것.
⑫ 항구의 어염세魚鹽稅는 혁파할 것.
⑬ 보세洑稅 및 궁방宮房의 수세는 하지 말 것.
⑭ 각 급 수령은 귀환 때 일반 백성의 산지에 강제로 내지는 멋대로 매장하지 말 것.
⑮ 균전어사均田御史는 혁파할 것.
⑯ 각 읍 시정의 각 물건은 조금만 수세하도록 하고, 도고都賈는 혁파할 것.
⑰ 수확이 없는 토지에서 징수하거나 전답을 제 것으로 삼고 황무지를 개간하는 등의 일을 하지 말 것.
⑱ 국태공國太公에게 국정을 맡기는 것은 민심이 원하는 바임.
⑲ 진휼고賑恤庫는 혁파할 것.
⑳ 전보국電報局은 민간 최대의 폐이기 때문에 혁파할 것.
㉑ 각 읍 각 창고의 물품은 시가에 의해 취급할 것.
㉒ 각 읍 서리의 직책을 정할 때에는 채전債錢을 써서는 안 되며 사람에 맞춰서 각각의 직책에 임명할 것.

㉓ 각 읍 포리逋吏는 천 냥을 써버린 경우는 사형으로 하고 그 일족으로부터 징수할 것.
㉔ 관장官長을 사이에 두고 오래된 사채私債를 강제로 징수하는 것은 금지할 것.
㉕ 동학교도로서 죄 없이 살육되거나 투옥된 자는 모두 신원伸寃할 것.
㉖ 경 · 영 · 병저리의 요미料米는 구례에 의해 삭감할 것.
㉗ 각국 상인은 각 항구에서 거래하고 도성에 들어와 시장을 열어서는 안 되며, 각기 정해진 곳을 나와 임의로 행상을 하게 하지 말 것.

* 1894년 5월 4일, 전봉준이 초토사 홍계훈에게 보낸 27개조 폐정개혁안을 복원한 것이다. 14개조는 「전봉준판결선고서」에 수록되어 있고, 나머지 13개조는 1차 봉기 당시 농민군이 제시한 여러 폐정개혁안을 종합하여 재구성한 것이다.(정창렬, 1991, 「갑오농민전쟁연구 – 전봉준의 사상과 행동을 중심으로」, 연세대학교 대학원 사학과 박사논문)

2. 무장 포고문

세상에서 사람이 가장 귀하다고 하는 것은 인륜이 있기 때문이다. 군신과 부자의 윤리는 인륜 중에서 가장 큰 것이다. 임금이 어질고 신하가 곧으며, 아버지가 자식을 사랑하고 아들이 부모에게 효도한 이후에야 비로소 집과 나라에 무강無疆이 미칠 수 있는 것이다. 지금 우리 임금은 인효자애仁孝慈愛 하시고 신명성예神明聖叡 하신지라, 현량정직賢良正直의 정직한 신하가 있어서 그 총명을 돕는다면 요순堯舜의 덕화와 문경文景의 정치를 가히 바랄 수 있을 것이다.

그러나 오늘날의 신하된 자는 보국報國은 생각하지 않고 한갓 녹祿과 위位만 도둑질하며, 임금의 총명을 가리고 아부와 아첨만을 일삼을 따름이다. 충간忠諫하는 선비의 말을 요언妖言이라 하고, 정직한 사람을 비도匪徒라 한다. …… 학정은 날로 더해가고 원성은 그치지 아니하니, 군신의 의리와 부자의 윤리와 상하의 구분이 마침내 모두 무너지고 말았도다.

관자管子가 가로되, 사유四維가 행하여지지 아니하면 국가는 멸망한다 했는데, 오늘의 형세는 옛날의 그것보다 더욱 심하도다. …… 수재守宰의 탐학에 백성이 어찌 곤궁하지 않겠는가. 백성은 나라의 근본이니, 근본이 쇠잔하면 나라는 반드시 없어지는 것이다. 보국안민輔國安民의 방책은 생각하지 아니하고, 밖으로 향제鄉第를 설치하여 오직 제 몸 하나 온전할 방책만을 도모하고, 오직 녹과 위만을 도둑질하는 것을 어찌 옳은 일이라 하겠는가.

우리는 비록 초야의 유민遺民일지라도 임금의 땅에서 먹고 임금의 땅에서 나는 옷을 입고 사는 자들인지라, 어찌 국가의 위망危亡을 앉아서 보기만 할 수 있겠는가. 팔로八路가 마음을 합하고 수많은 백성들이 뜻을 모아 이제 의로운 깃발을 들어 보국안민하기로 사생死生의 맹세를 하노니, 오늘의 광경은 비록 놀랄 만한 일이기는 하나 경동驚動하지 말고 각자 그 업을 편안하게 하여 승평일월昇平日月을 함께 빌며 임금의 덕화를 함께 입게 된다면 참으로 다행이겠노라.

3. 4대 명의

① 사람을 죽이지 않고 물건을 파괴하지 않는다

② 충과 효를 모두 온전히 하며 세상을 구하고 백성을 편안케 한다.

③ 일본 오랑캐를 몰아내어 없애고 왕의 정치를 깨끗이 한다.

④ 군대를 몰아 서울로 들어가 권세가와 귀족을 모두 없앤다.

4. 4개 약속

① 적을 대할 때는 언제나 칼날에 피를 묻히지 않고 이기는 것을 가장 큰 공으로 삼는다.

② 비록 부득이 싸우더라도 절대로 인명을 상하지 않는 것을 귀하게 여긴다.

③ 행군할 때에는 언제나 절대로 남의 물건을 해쳐서는 안된다

④ 효제충신한 사람이 사는 마을이 있으면, 그 주위 10리 안에는 주둔하지 않는다.

● 참고문헌

한국역사연구회, 1991~1997, 『1894년 농민전쟁연구』 1~5, 역사비평사

신용하, 1996, 『동학과 갑오농민전쟁연구』, 일조각

유영익, 1998, 『갑오농민봉기와 갑오경장』, 일조각

배항섭, 2004, 『조선후기 민중운동과 동학농민전쟁의 발발』, 경인문화사

이영호, 2004, 『동학과 농민전쟁』, 혜안

장영민, 2004, 『동학의 정치사회운동』, 경인문화사

조경달 지음 · 박맹수 옮김, 2008, 『이단의 민중반란』, 역사비평사

박찬승, 2008, 『근대이행기 민중운동의 사회사』, 경인문화사

정창렬저작집 간행위원회, 2014, 「갑오농민전쟁」, 도서출판선인

제4장 청일전쟁과 갑오개혁

요사스러운 저 왜놈들이 들어와 개화를 읊조리고
조정의 간신들과 부동하여 대궐을 범하고 난동을 일으키는 데도
사직을 보호할 사람이 없으니 어찌 통탄할 일이 아니랴.

무릇 사방의 오랑캐들과 국교를 맺은 이래로
도시와 항구의 중요 이권은 거의 다 저들이 약탈하는 바로 되고
거기에 백 가지 폐단이 들고 일어나
삼천리 강산의 수많은 백성이 뿔뿔이 흩어지고 원성이 잇따르니
이보다 더 큰 원한이 없도다.

—「활빈당 선언서」(『한성신보』, 1900.10.8)

〈연표〉

1894.	6.	21	일본군, 경복궁 점령 · 민씨정권 축출
	6.	23	일본군함, 풍도 앞바다에서 청 군함 격침(청일전쟁 시작)
	6.	25	군국기무처 설치(갑오개혁 시작)
	7.	20	조일잠정합동조관 체결
	8.	16	일본군, 평양전투에서 승리
	11.	21	군국기무처를 폐지하고 중추원 신설, 제2차 김홍집내각 수립
1895.	3.	23	시모노세키 강화조약 체결
	3.	29	삼국간섭
	8.	20	명성황후 시해(을미사변)
	11.	15	단발령 단행
1896.	2.	11	아관파천

1. 청일전쟁의 발발

청일전쟁의 배경

청일전쟁의 직접적 계기가 된 것은 동학농민군의 봉기였다. 1894년 1월 전라도 고부에서 일어난 농민봉기는 3월에 이르러 대규모 농민전쟁으로 발전했다. 조선정부는 홍계훈을 양호초토사兩湖招討使로 임명하여 농민군을 진압하도록 했다. 그러나 장성에서 정부군을 격파한 농민군이 4월말 전주를 점령하자 조선정부는 농민군을 진압하기 위해 4월 30일 청에 원병을 요청했다. 파병요청을 받은 청국의 리훙장(李鴻章)은 5월 3일 톈진조약에 의거하여 일본에 파병사실을 통고하는 한편 직예제독 예즈차오(葉志超)와 딩루창(丁汝昌) 휘하의 군사 2,800명을 아산으로 급파했다.

한편 일본정부는 청이 파병할 움직임을 보이자 톈진조약에 따라 출병을 청국에 통고했다. 인천에 상륙한 오토리 게이스케(大鳥圭介) 공사와 일본군은 바로 한성으로 들어왔다. 그러나 5월 8일 전주화의가 성립함으로써, 청 · 일 양국군이 조선에 주둔할 이유는 사라졌다. 더구나 5월 12일 오토리 공사와 위안스카이는 양국군을 철수시키고, 농민전쟁이 종식된 뒤에 완전히 철수한다는 데 합의했다.

그러나 국내의 정치적 혼란을 청국과의 전쟁으로 해결하고자 한 일본정부는 청국과의 개전구실을 만들기 위해 청국에 조선의 내정을 공동으로 개혁하자는 제안을 하게 된다. 조선에서 정치적 우위에 서 있던 청국이 일본의 제안을 받아들일 가능성은 거의 없었다. 일본은 이 점을 고려하여 청국이 일본의 제안을 거절한다면 단독으로 조선의 내정개혁을 추진하기로 결정했다. 예상대로 청국은 일본의 제안을 거절했다.

이 사이 리훙장의 조정의뢰에 따라 러시아와 미국이 일본군의 철수를 요구했지만, 일본정부는 영국과 조약개정을 교섭하여, 1894년 6월 14일 새로운 영일통상항해조약을 체결함으로써 영국의 간접적 지원을 확보하고 개전을 서둘렀다. 조약개정의 성공은 열강의 간섭을 배제시키고 또 청국과의 개전 명분도 찾을 수 있게 해준 결정적인

일본군이 경복궁을 점령하는 모습
멀리 보이는 문은 광화문이며,
그 앞에는 조선군이
일본군의 진입을 막고 있다.

사건이었다.

오토리 공사는 조선정부에 내정개혁안을 전달했다. 아울러 무쓰 무네미츠(陸奧宗光) 외무대신에게 조선정부가 이에 응하지 않을 경우 군대를 동원하여 왕궁을 점거하는 것이 좋겠다는 의견을 전달했다. 6월 14일 조선정부가 일본의 내정개혁안을 거절하자 6월 21일 경복궁을 점령하는 만행을 저질렀다. 일본측은 민씨정권을 붕괴시키고 대원군과 김홍집 등을 앞세운 친일정권을 수립했다.

청일전쟁의 경과

경복궁 점령사건은 청일전쟁의 신호탄이 되었다. 일본군은 한성주둔 조선군대의 무장을 해제시킨 다음 아산 근처에 집결한 청군을 향해 공격했다. 두 나라의 본격적인 전투는 6월 23일 일본 해군이 풍도豊島 앞바다에서 청국 함대를 공격함으로써 개시되었다. 한성에 주둔 중이던 일본군은 남진을 개시하여 6월 27일 성환에서 청군을 물리쳤다. 6월 28일 아산 일대는 일본군의 점령 아래 놓이게 되었다.

메이지 천황은 7월 1일 대청 선전포고에 관한 조칙을 내렸다. 조칙의 내용은 조선 속국론을 주장하는 청의 부당성을 지적하고, 독립국 조선의 권리와 의의를 존중해 온

풍도해전에서 일본해군의 공격에 의해
침몰하는 청국의 고승호
이 배에는 1100여명의 청국군 장교와
병사가 타고 있었다.

일본의 정당성을 강조하는 것이었다. 또 개전의 불가피성을 주장하면서 전쟁은 만국공법에 따라 치러질 것임을 선언했다. 한편 무쓰 외무대신은 조선정부가 일본과 동맹을 맺도록 압력을 가할 것을 오토리 공사에게 지시했다. 그리하여 7월 20일에는 잠정합동조관이 체결되었다. 잠정합동조관의 핵심내용은 경성-부산과 경성-인천 간의 철도 및 전신 가설, 목포 개항이었다. 그러나 철도부설과 목포 개항문제는 개화파 정권이 재정문제를 들어 그 시행을 미루고 있었다. 오토리 공사는 조선정부에 이를 강요하면 반발을 살 우려가 있다고 생각하고, 조선의 내정개혁 문제도 역시 반발을 우려하여 지나친 간섭을 삼가고 있었다. 7월 26일에는 대조선 양국맹약을 맺고 식량, 군수물자 수송의 노동력을 현지에서 조달하여 전쟁터가 된 조선 민중은 큰 피해를 입게 되었다.

그리고 일본육군은 8월 16일 평양에 집결한 14,000명의 청국군을 격파하고, 18일 해군은 황해전투에서 청국함대를 격침시켜 제해권을 장악했다. 이렇게 평양과 황해에서 승리를 거둔 일본군은 이어서 중국본토에 대한 공격을 준비했다. 9월 하순 조선에 주둔했던 일본군이 남만주로 진격하고, 랴오둥 반도의 기지를 공격하게 되자 청국은 전쟁을 마무리 짓기 위한 강화회담을 추진했다. 청국은 리훙장을 전권대표로 1895년 2월 24일부터 시모노세키(下關)에서 이토 히로부미와 강화회담을 시작했다. 3월 5일 휴전조약이 성립하였고, 23일에는 청일강화조약이 조인되었다. 강화조약의 주요 내용은

① 조선의 독립, ② 랴오둥 반도와 타이완(臺灣), 펑후(澎湖)열도의 할양, ③ 배상금 2억 량의 지불, ④ 사스(沙市), 충칭(重慶), 쑤저우(蘇州), 항저우(杭州)의 개시 · 개항, ⑤ 양쯔강(揚子江) 항행권의 부여 등이었다.

평양전투 후 의주로를 따라 패주하는 청군을 뒤쫓아 북상하는 일본군 노변에 앉거나 서서 이들 모습을 바라보는 주민들의 처량한 모습이 인상적이다.(르 몽드 일뤼스트레 1894년)

이로써 중국이 전통적으로 조선에 대해 행사해 왔던 종주권은 폐지되었다. 그리고 일본은 조선에 대한 우월한 정치 · 군사 · 경제적 지배권을 확고하게 장악했다. 그러나 시모노세키 조약이 체결된 지 6일 뒤에 러시아 · 독일 · 프랑스 3국에 의한 3국 간섭(3.29)이 일어났다. 이들 3국은 일본의 랴오둥 반도 점령에 반발하여 강화조약 직후 일본에게 랴오둥 반도를 청에 반환할 것을 요구했다. 일본은 군사력의 열세를 감안하여 이를 수용할 수밖에 없었고, 9월 22일 청과 랴오둥 환부조약을 체결했다. 3국 간섭을 계기로 일본은 장래의 러일전쟁을 대비한 군비 확장에 착수했다.

청일전쟁의 역사적 의미

청일전쟁은 조선의 지배를 둘러싸고 청 · 일 두 나라가 벌인 전쟁이었다. 그 결과 동아시아의 전통적인 중국 중심의 지배질서에 종지부를 찍고 신흥 일본이 동아시아의 패자로 등장했다. 청일전쟁의 의미는 다음과 같다. 첫째, 조선은 청으로부터의 전통적인 종속관계에서 벗어남과 동시에 일본의 침략대상으로 바뀌었다. 둘째, 일본은 동아시아의 국제질서를 일본중심으로 재편시켰다. 그러나 조선에 대한 보호권을 확립하고 이를 국제사회로부터 승인받으려는 목표는 3국 간섭으로 실패했다. 셋째, 일본은 청과 통상항해조약을 체결함으로써 열강과 같이 청에 대한 우위를 확보했다. 넷째, 일본은 아시아에서 유일하게 식민지(타이완)를 소유한 국가가 되었다. 다섯째, 막대한 전비

청일전쟁 후 중국에서 이권다툼에 열을 올리는 열강들에 대한 풍자 영국의 빅토리아 여왕과 교주(膠州, KIAO-TCHÉOU)에 칼을 꽂은 독일의 빌헬름 2세가 서로 노려보고 있다. 그 옆에 여순항을 집어삼킨 러시아의 니콜라이 2세와 프랑스와 일본 등이 중국이라는 파이를 노려보고 있고, 뒤에서는 중국이 놀란 표정을 짓고 있다. (르 프티 주르날, 1898.1.16)

사용과 배상금 획득은 일본 자본주의 발달과 대규모 군비확장을 가져왔다. 여섯째, 제국주의 열강간의 영토분할 경쟁을 촉발시켰다.

2. 갑오개혁

1차 갑오개혁

일본정부는 1894년 5월 조선에 대한 내정개혁을 공동으로 수행할 것을 청에 제의한 바 있다. 그것은 일본군의 조선 주둔과 청에 대한 전쟁 도발의 구실을 찾기 위해서였다. 청이 이를 거절하자 일본정부는 조선정부에 내정개혁안을 전달했다. 일본군의 철수를 선결 문제로 내세워 이의 심의를 거부했다. 대신 독자적으로 개혁을 실시코자 교정청校正廳을 설치했다. 그러나 당상堂上들의 불참으로 그 기능은 정지되었다. 일본은 이것을 빌미로 무력으로 조선정부를 위협하기 위해 6월 18일 조선과 청의 종속관계 파기선언을 조선정부에 요구하는 최후 통첩을 발송했다.

제1차 갑오개혁을 주도한 유길준

일본의 내정개혁 강요와 조선의 자주적 개혁 주장이 맞선 가운데, 21일 일본군의 경복궁 점령으로 민씨 정권이 무너지고 대원군을 앞세운 제1차 김홍집金弘集 내각이 수립되었다. 25일 개혁을 추진할 기관으로 군국기무처軍國機務處가 신설되었다. 군국기무처는 입법권을 갖고 있는 초정부적인 기관으로서 의정부에 소속되었다. 당시 개혁안을 입안한 핵심 인물은 유길준이었다. 총 41회의 회의가 열려 210건의 의안이 통과되었다. 1차 갑오개혁에서는 첫째, 정치행정기구를 궁내부-의정부-8아문衙門 체제로 재정비했다. 또한 일본식 근대 관료제를 도입하고, 과거제도와 대간臺諫제도를 폐지했다. 둘째, 사회부문 개혁으로 개국기년 사용과 죄인 연좌법 폐지, 공사노비 혁파, 양자養子제도 개선, 조혼 금지, 과부의 재혼 허가 등을 시행했다. 셋째, 경제부문 개혁으로 왕실재정과 국가재정을 분리하여 국가재정을 탁지아문度支衙門으로 일원화시키고, 신식화폐장정新式貨幣章程을 의결하여 은본위제를 채택했다. 지세의 금납화와 도량형의 통일을 시행했으나, 양전量田계획은 시도되지 않았다.

♣해설 | **군국기무처**

1894년 6월 25일 국정 전반에 걸쳐 개혁을 수행하기 위해 신설된 군국기무처는 그 해 9월까지 약 3개월 동안 개혁법령을 토의 · 공포하는 입법기구로서 갑오개혁을 주도했다.

갑오개혁기 군국기무처는 총재 1명, 부총재 1명, 그리고 16명 내지 20명 미만의 회의원과 2~3명의 서기관으로 구성되었으며, 의사결정방식에서 다수결의 원칙을 취하여, 회의원 간의 이견을 조정하고 신속한 결정을 통해 개혁을 주도했다.

구성원은 총재 김홍집을 비롯하여 유길준 등 개혁관료층이 중심을 이루었으며, 대원군파가 이에 가세하고 있었다. 갑오개혁을 주도한 개혁관료들은 9월 군국기무처의 위상을 높여 의정부의 예하 기구가 아닌 의정부와 대치하는 독립된 입법기구, 즉 의회로 승격시키려 하였다. 이는 행정부와 의사부를 나누는 근대적 양권분립을 시도한 것이었는데, 고종의 반대로 실현되지 못했다.

이노우에 가오루 일본 공사가 부임하고 일본의 대한정책이 적극 개입정책으로 바뀌면서 10월 이후 군국기무처는 유명무실해졌고, 11월 21일 제2차 김홍집 내각이 성립되면서 결국 폐지되었다.

2차 갑오개혁

일본정부는 일본군이 황해해전에서 승리를 거둔 후 갑오개혁과 관련한 국내외로부터의 비판을 의식하여 오토리 게이스케 공사를 경질하고 이노우에 가오루(井上馨)를 주한 공사로 임명했다. 이노우에는 일본정부의 요직을 두루 거친 인물로 이토 히로부미나 야마가타 아리토모(山縣有朋)와 같이 조슈(長州)번 출신이었다. 이노우에는 1894년 9월 30일 고종을 알현한 뒤 조선내정에 적극적으로 간섭하기 시작했다. 그의 조선정책은 궁중을 비정치화하고, 일본인 고문관의 감독과 차관공여를 통해 조선을 경제적으로 종속시키는 것을 주된 목적으로 했다.

이노우에는 자신의 정략을 성공시키기 위해서는 친일정부를 수립하는 것이 필요하다고 판단했다. 이에 대원군이 동학군 및 청군을 접촉한 사실을 들어 정계에서 은퇴시킨 뒤 10월 국왕을 알현하여 20개조의 '내정개혁 강령'을 제시했다. 11월 군국기무처를 폐지시키고, 박영효朴泳孝를 비롯하여 갑신정변 뒤 일본에 망명했던 인물들을 발탁했다. 이 김홍집 · 박영효 내각이 이듬해 5월까지 추진한 개혁을 제2차 갑오개혁이라고 한다. 조선정부는 이노우에의 건의를 받아들여 정치의 기본강령으로 홍범 14조(1894.12)를 발표했다. 청과의 절연, 국왕의 친정, 왕비와 종친의 정치 간여배제 등을 주요 내용으로 하는 홍범 14조는 조선국왕이 자주독립을 선언한 최초의 성명이었다.

2차 갑오개혁 중에서 특징적인 것을 살펴보면, 정치적인 면에서는 군국기무처를 폐

일본 공사 오토리 게이스케(大鳥圭介)가 고종을 알현하는 모습

지하고 일본식 궁내부 제도와 내각 제도를 도입한 점, 그리고 중앙정부의 개혁과 아울러 지방제도, 군사제도, 사법제도, 교육제도와 기관 정비에 주력했다는 점이다. 특히 교육개혁안 가운데 적극적으로 일본 유학정책을 시도한 것은 주목할 만하다. 그러나 2차 개혁안은 차관도입이 실현되지 않아 실시가 연기되었다. 개혁의 최대 특징은 일본이 조선을 보호하기 쉽게 일원적 통치체제를 만들어내려 한 점에 있다. 개혁의 방법도 일본의 정치 · 군사적 압력과 일본의 차관을 기반으로 하면서 일본의 개혁을 모방하여 수행한 외세의존적인 것이었다.

김홍집

고종은 대원군이 물러난 뒤에도 내각에 의해 여전히 군주권을 침해당하고 있었다. 결국 김홍집 · 박영효 내각은 붕괴하고 내부대신 박영효를 핵심으로, 박정양朴定陽을 총리로 하는 새 내각이 출범했다. 그러나 가장 큰 문제는 고종과 박영효의 관계였다. 고종은 김홍집을 입궐케 하여 특진관으로 임명하고, 안경수安駉壽를 경무사로 임명했다. 고종이 안경수에게 박영효를 왕비시해 음모를 씌워 체포하라고 지시하자, 박영효는 일본으로 망명하였고, 제3차 김홍집 내각이 새로 출범하게 되었다.

♣ 해설 | **내정개혁 강령**

이노우에 가오루는 조선에 부임하기 전부터 도쿄에서 친일정부를 만들기 위한 복안을 다듬고 있었으며, 부임하자마자 내정개혁 강령을 제출했다. 주요 내용은 다음과 같다. 제1~5조와 제12~15조는 궁정 · 정부의 분리에 의한 정치의 근대화, 제6~7조와 제9조는 재정, 제8조는 군대, 제10조는 형법, 제11조가 경찰의 근대화에 관한 것이다. 제17조는 군국기무처의 권한 축소, 제18조는 고문관 채용. 제19조는 유학생의 일본파견에 관한 사항이다. 이 강령은 이노우에 가오루 자신이 직접 간섭하여 성립시킨 김홍집 · 박영효 연립정권을 일본에 종속시켜 내정개혁을 추진케 함으로써 일본의 대한정책에의 침투를 도모하려 한 것이었다.

을미개혁과 갑오개혁의 의의

을미개혁은 박영효가 망명한 이후 다시 김홍집이 내각수반이 되어 1895년 7월 5일부터 이듬해 2월 11일 아관파천이 단행될 때까지 추진한 개혁을 말한다. 고종과 민비는 정계에서 축출되었던 민씨 척족들을 사면시킴으로써 왕권을 강화하기 위한 내각을 만들었다. 제3차 김홍집 내각은 친일개화파보다는 정동파가 더 우세한 내각이었다. 새 내각은 먼저 일본의 내정간섭을 종식시키고 독립을 선양하는 일에 착수했다. 이러한 상황에서 미우라 고로(三浦吾樓)가 신임공사로 내한하고 이노우에는 7월 29일 일본으로 귀국하게 된다.

후술하듯이 일본은 조선에서 세력만회를 위해 명성황후 시해사건을 저지른다. 이 사건이 발생하자 김홍집을 수반으로 하는 친일내각이 다시 수립되었다. 김홍집 내각은 이 시기에 연호 제정, 태양력의 채택, 소학교령의 발포 등 총 140여 건의 개혁안을 심의·의결했다. 그러나 아관파천으로 김홍집을 비롯한 내각 요인들이 살해당하는 상황이 벌어지고, 김홍집 내각이 붕괴됨에 따라 2년 가까이 지속된 갑오개혁은 끝을 맺었다.

갑오개혁은 갑신정변의 개혁방침을 이어가면서 동학농민전쟁에서의 농민군의 요구를 부분적으로 수용하여 국정전반에 걸쳐 근대적 개혁을 하려 한 것이었다. 그러나 정치적 기반이나 재정적 기반이 약한 가운데 이루어진 위로부터의 개혁은 민중의 지지를 얻지 못한 채 부분적인 개혁으로 끝나고 말았다.

갑오개혁의 내용 가운데 관제개혁, 재정개혁, 사회개혁, 교육진흥과 식산흥업을 통한 부국강병은 평가할 만한 것이지만, 졸속적인 지방제도 개혁과 단발령 등은 반발을 초래했다. 또 갑오개혁의 주체인 개화파정권은 일본군에 의지한 정권이라는 한계점을 갖는다. 군국기무처를 중심으로 이루어진 6월말부터 3개월간의 개혁은 비교적 자율적으로 이루어졌다고 평가된다. 그러나 이노우에 부임 후, 개혁의 자율성은 크게 손상되고 일본인 고문관과 차관공여를 통한 내정간섭이 노골화되었다. 또 아관파천으로 상당수 개혁 주체들이 살해되거나 망명하였다. 이로써 이후의 근대적 개혁을 추진할 동력은 크게 약화되었다.

3. 명성황후 시해사건과 아관파천

명성황후 시해사건

1895년 3월 하순, 러 · 프 · 독의 삼국 간섭은 조선의 조야에도 영향을 미쳤다. 1894년 일본군의 경복궁 점령을 계기로 정권을 장악하고 있던 개화파 정권은 입헌군주제를 지향하여 왕실을 정치권력에서 배제하고 있었는데, 삼국간섭을 계기로 왕실 및 반일세력의 움직임이 강화되었던 것이다.

박영효를 몰아낸 민씨 세력은 러시아의 힘을 빌려 일본을 몰아내려 했고, 그 때문에 3차 김홍집 내각의 발족 초기에 일본의 영향력은 상당히 퇴색되었다. 이노우에는 이를 막지 못하고 귀국해버렸다. 이노우에 후임으로 새로 부임한 미우라 고로는 외교경험이 전혀 없는 예비역 육군중장 출신이었다.

미우라의 부임은 박영효 망명을 계기로 일본의 대조선 정책이 크게 바뀐 것을 의미했다. 일본은 조선에서의 세력만회를 위해 '인아거일'(引俄拒日 : 러시아를 끌어들여 일본세력을 배격함) 정책을 취하던 명성황후를 제거하고자 했다. 그리하여 미우라 공사는 오카모토 류노스케(岡本柳之助), 아다치 겐죠(安達謙藏), 스기무라 후카시(杉村濬)와 모의하여 왕비를 시해하고(8.20) 대원군을 추대하는 쿠데타를 감행했다.

사건 직후 각국 공사는 고종을 알현하거나 일본공사관을 방문하여 사건의 전말을 추궁했다. 이에 일본정부는 미우라 공사와 관련자를 소환했다. 그리고 후임 공사에 고무라 주타로(小村壽太郎)를 임명하고, 이노우에 가오루를 왕

을미사변의 현장인 건청궁의 곤녕합坤寧閤

실위문사로 급파하여 사태수습에 나섰다. 하지만 이 사건으로 일본의 입장은 결정적으로 약화되었다. 그럼에도 일본은 조선에 대한 실질적인 보호국화 정책을 단념하지 않았다.

한편 김홍집 내각은 시해사건 직후 국호를 '대조선국'으로, 군주를 '대군주'로 개칭하고, 음력을 양력으로 개정하는 조치를 취했다. 또 시해사건에 관련된 훈련대를 해산시키고 한성에 친위대, 지방에 진위대를 신설했다. 그러나 민심은 쉽게 가라앉지 않았다. 시해사건에 일본이 개입한 사실이 드러나자 일본에 대한 내외의 비난이 고조됨과 동시에 조선 조야에서 반일운동이 고조되었다.

을미의병과 아관파천

위정척사 계열의 유생들은 왕비의 폐위조칙이 발표되자, '일본의 침략세력을 토벌하여 국모의 원소를 갚자'는 구호 아래 의병운동을 일으켰다. 서울에서는 창의고시문이 나붙고, 제천에서는 유인석을 중심으로 그의 문인들이 향음례鄕飮禮를 하는 중에 공론을 모았다. 보은에서는 문석봉을 중심으로 의병전쟁에 돌입했다. 이러한 움직임 가운데 김홍집 내각은 단발령을 무리하게 강행함으로써 민심을 수습하기는커녕 오히려 반일·반정부 기치를 내세운 을미의병을 촉발시키고 말았다. 의병들은 친일 관리뿐 아니라 관군과 일본군을 공격하기도 했다. 유인석을 비롯한 지도부의 유생들은 이항로 계열의 척사이념을 바탕으로 했다. 이와같이 유생과 일반 민중의 반일 의병투쟁이 각지에서 일어나면서 정국은 파국으로 치닫고 있었다.

명성황후 시해로 인한 열강의 비난에도 불구하고 조선에서 일본의 입지는 여전했다. 이러한 일본의 조선 장악기도에 가장 민감한 반응을 보인 것은 러시아였다. 러시아는 1891년 이래 시베리아 횡단철도를 건설 중이었기 때문에, 이 철도의 순조로운 완공을 위해 동북아의 안정을 필요로 했다.

한편 의병진압을 위해 중앙군대가 지방으로 파견되어 서울의 경비가 소홀해진 틈을 타, 1896년 2월 11일 새벽 고종은 경복궁을 빠져나와 러시아 공사관으로 거처를 옮겼다. 일본의 간섭과 개화파 정권에 의해 왕권이 침해되고, 명성황후 시해사건 이후

러시아 공사관

신변의 위협마저 느낀 고종은 구미외교관 베베르 · 스페에르 · 알렌의 협조와 이범진 · 이완용 등 정동구락부 세력의 도움을 받아 아관파천俄館播遷을 단행했다. 그리고 이는 국내외 정세의 커다란 변화를 불러왔다.

♣해설 | **정동구락부**

정동구락부貞洞俱樂部는 갑오개혁기 주한 외교관과 조선 고관들의 사교 · 친목 단체로 설립되었다. 주요 회원은 미국공사 실, 프랑스영사 플랑시를 비롯해 조선정부의 고문으로 초빙된 리젠드르 · 다이, 미국인 선교사 언더우드와 아펜젤러 등 주한 외교관 · 선교사들과 민영환 · 박정양 · 윤치호 · 이상재 · 이완용 등 친미 · 친러 성향의 인사들이었다. 정동은 당시 각국 공사관과 선교사들의 주택, 외국인이 경영하는 호텔 · 음식점 · 상점 등이 모여 있어, 중앙 정계의 사교 및 외교의 중심지였다. 따라서 정계 인사들의 출입과 교류가 잦았으며, 이 과정에서 자연스럽게 모임이 형성되었다. '정동파' 혹은 '구미파' · '친미파' · '영어파' 등으로 불린 이들은 삼국간섭 이후 일본의 내정간섭에 대항하여 친미 · 친러 외교활동을 전개하였다.

● 읽기자료

1. 시모노세키 조약

제1조 청국은 조선국이 완전무결한 독립 자주국임을 확인한다. 따라서 위의 자주독립을 훼손할 청국에 대한 조선국의 공헌 · 전례 등은 앞으로 완전히 폐지한다.

제2조 청국은 아래에 기록한 토지의 주권 및 해당 지방에 대한 성루, 병기제조소와 관유물을 영원히 일본국에 할양한다.

1. 아래의 경계 내에 있는 펑톈(奉天)성 남부의 땅
2. 대만 전체 및 그 부속 제 도서.

제4조 청국은 군비배상금으로서 고평은庫平銀 2억 냥을 일본국에 지불할 것을 약속한다.

제6조 청일 양국 간의 모든 조약은 교전으로 소멸하였기 때문에 청국은 본 조약 비준 교환 때 속히 전권위원을 임명하여 일본국 전권위원과 통상항해조약 및 육로교통무역에 관한 조약을 체결할 것을 약속한다. 그리고 현재 청국과 구주 각국과의 사이에 존재하는 제 조약 장정을 해당 청일 양국 간 제 조약의 기초로 삼는다. 또한 본 조약 비준 교환일로부터 해당 제 조약의 실시에 이르기까지 청국은 일본국 정부 · 관리 · 상업 · 항해 · 육로 · 교통 · 무역 · 공업 · 선박 및 신민에 대하여 모두 최혜국대우를 한다.

2. 홍범14조

1. 청국에 의존하는 관념을 끊고 자주독립의 기초를 확실히 건설한다.
2. 왕실전범을 제정함으로써 대위大位 계승과 종척의 명분과 의리를 명백히 한다.
3. 대원군은 정전正殿에 나와서 정사를 보고, 국정은 각 대신과 친히 논의하여 재결하며, 후빈 종척后嬪宗戚이 간여하는 것을 허용하지 않는다.
4. 왕실사무와 국정사무는 반드시 분리하여 서로 혼합되는 것을 금한다.
5. 의정부와 각 아문의 직무권한을 명백하게 제정한다.
6. 인민의 조세는 모두 법령이 정한 율에 따르며, 망령되이 명목을 더하여 함부로 징수하는 것을 금한다.
7. 조세의 부과징수와 경비의 지출은 모두 탁지아문에서 관할한다.
8. 왕실비용을 솔선하여 절감하고 이로써 각 아문 및 지방관의 모범을 삼는다.
9. 왕실비 및 각 관부官府 비용은 연간예산을 작성하여 재정기초를 확립한다.

10. 지방관제를 시급히 개정하여 이로써 지방관리의 직권을 한정한다.
11. 나라 안의 총명한 자제를 널리 외국에 파견하여 학술과 기예를 전습하게 한다.
12. 장관將官을 교육하고 징병법을 실시하여 군제의 기초를 확립한다.
13. 민법과 형법을 엄명하게 제정하여 함부로 감금 또는 징벌하는 것을 금하며 이로써 인민의 생명과 재산을 보전한다.
14. 인물을 쓰는 데 문벌에 구애되지 말고, 선비를 구하는 데 조야에 골고루 미치게 하여 이로써 널리 인재를 등용한다.

3. 조일잠정합동조관

1. 이번 일본정부는 조선정부에서의 내정개혁을 희망하고 조선정부도 역시 그것이 급무라는 것을 깨닫고 그 권고에 따라 힘써 시행할 것인 바 각 구절은 순서에 따라 시행할 것을 보증한다.
1. 내정개혁 절목 중 경성 · 부산 및 경성 · 인천 간에 철도를 부설하는 일은 조선정부에서 그 재정이 아직 윤택하지 못함을 염려하여 일본정부 혹은 일본의 어떤 회사와 계약을 체결, 시기를 보아 기공할 것을 원하고 있지만 현재 우여곡절이 있어서 그 일의 추진이 어렵다. 그러므로 좋은 방법을 생각해내서 가능한 한 빨리 계약을 체결하여 공사가 추진되도록 함이 긴요하다.
1. 이미 일본정부가 경성 · 부산 및 경성 · 인천 간에 가설한 군용전신선은 적절한 시기를 참작, 조관을 체결하여 그 존치를 도모하여야 한다.
1. 장래 양국의 교제를 친밀히 하고 또한 무역을 장려하기 위하여 조선정부는 전라도 연안에 하나의 통상항을 개설해야 한다.
1. 금년 7월 23일 왕궁 근처에서 일어났던 양국 군대간의 우연한 충돌사건은 피차간에 이를 추궁하지 말아야 한다.
1. 일본정부는 본시 조선을 도와서 그 독립과 자주의 업을 성취케 하는 것을 희망하므로 앞으로 조선국의 독립과 자주를 공고히 하는 데 마땅히 해야 할 일은 양국 정부에서 위원을 파견 회동케 하여 논의 결정케 한다.
1. 이상 개진한 잠정조관에 서명 날인을 거친 후 적절한 시기를 봐서 대궐호위를 맡고 있는 일본군인을 모두 철수시킨다.

이상 잠정합동조관 중 영원히 준수할 것은 후일 다시 조약으로 체결하여 준행해야 한다. 이를 위해 양국의 대신이 서명 날인하여 증빙을 분명히 해둔다.

4. 격문檄文을 팔도열읍八道列邑에 고함

아! 우리 팔도 동포들은, 차마 망해가는 이 나라를 내버려두시렵니까. 제 할아비 제 아비가 5백 년 유민遺民이 아닌바 아니거늘, 내 나라 내 집을 위해 어찌 한 두 사람의 의사義士도 없단 말입니까. 참혹하고 슬프구료, 운이라 할까 명이라 할까.

거룩한 우리 조정은 개국한 처음부터 선왕先王의 법을 준수해서, 온 천하가 다 소중화小中華라 일컬으니와, 민속은 당우唐虞 삼대三代에 견줄만하고, 유술儒術은 정자程子 · 주자朱子 여러 어진 이를 스승 삼았기로, 비록 무식한 사람이라도 모두 예의를 숭상하여, 임금이 위급하게 되면 반드시 쫓아가 구원할 생각을 가졌던 것이외다. 그래서 옛날 임진왜란에는 창의倡義한 선비가 한이 없었고, 병자호란에는 순절殉節한 신하가 많았으며, 저 중국은 왜놈의 천지가 되었지만 우리나라만은 깨끗하였으니, 바다 밖의 조그마한 지역이지만 족히 싸인 음陰속에 한 가닥 양陽의 구실을 하였던 것이외다.

아! 원통하외다. 뉘 알았으랴, 외국과 통상通商한다는 꾀가, 실로 망국의 근본이 될 것을.

문을 열고 구적을 받아들인 소위 세신世臣이란 것들은 달갑게 왜적의 앞잡이 노릇을 하는데, 목숨을 바쳐 인仁을 이루려는 이 선비들은 남의 노예가 되는 수치를 면하자는 것이었습니다. ……

마침내 갑오년 6월 20일에 밤에 이르러, 우리 조선 삼천리 강토가 없어진 셈입니다. ……, 옛날 고구려가 하구려下句麗로 된 것도 오히려 수치라 이르는데, 하물며 지금 당당한 한 나라로서 소일본小日本이 된다면 얼마나 서러운 일이겠습니까.

아! 저 왜놈들의 소위 신의信義나 법리는 말할 것조차 없거니와, 오직 저 국적國賊 놈들의 정종頂鐘 모발毛髮이 뉘를 힙 입어 살아왔습니까.

원통함을 어찌하리. 국모國母의 원수를 생각하면 이미 이를 갈았는데, 참혹한 일이 더욱 심하여 임금께서 또 머리를 깎으시는 지경에 이르렀으니 의관衣冠을 찢긴 나머지 또 이런 망극한 화를 만났으매, 천지가 번복되어 우리 고유의 이성을 보전할 길이 없습니다. 우리 부모에게 받은 몸을 금수로 만드니 무슨 일이며, 우리 부모에게 받은 머리털을 풀 베듯이 베어 버리니 이 무슨 변고입니까. 요순堯舜 · 우탕禹湯 제왕의 전통이 오늘에 이르러 끊어졌고, 공맹孔孟 · 정주程朱 성현의 명맥을 다시 이어갈 사람이 없으니, 장안長安의 부로父老들은 한관漢官의 모습을 몹시 그리워하고, 신정新亭의 호걸들은 초수楚囚의 눈물만 떨어뜨립니다. 군신君臣 · 부자父子가 마땅히 성을 나서 한번 싸워 볼 생각이 있는데, 천지 귀신은 어찌 밝은 데로 향하는 이치가 없으리오. 관중管仲 같은 사람 아니 나오면 우리는 정녕 오랑캐가 될 것이니, 요치淖齒를 베이는데 누가 과연 우단右袒을 할 것인가.

무릇 우리 각도 충의의 인사들은 모두가 임금의 배양培養을 받은 몸이니 환난을 회피하기란 죽음보다 더 괴로우며 멸망을 앉아서 기다릴진대 싸워 보는 것만 같지 못합니다. …… 나는 들어 보지 못했소. 오랑캐로 변한 놈이 어떻게 세상에 설 수 있겠습니까. 공公으로 보나 사私로 보나 살아날 가망이 만무하니 화가 되건 복이 되건 죽을 사死자 하나로 지표를 삼을 따름입니다. ……

이에 감히 먼저 의병을 일으키고서 마침내 이 뜻을 세상에 포고하노니, 위로 공경公卿에서 아래로 서민에까지 어느 누가 애통하고 절박한 뜻이 없겠습니까. 이야말로 위급 존망의 계절이라, 각기 짚자리에 잠자고 창을 베개하며, 또한 끓는 물 속이나 불 속이라도 뛰어 들어 온 누리가 안정되게 하여, 일월이 다시 밝아지면 어찌 한 나라에 대한 공로만이겠습니까. 실로 만세에 말이 전해질 것입니다.

이와 같이 글월을 보내어 타일렀는데도 혹시 영을 어기는 사람이 있다면, 바로 곧 역적의 무리와 같이 보아 단연히 군사를 시켜 먼저 토벌할 것이니, 각기 가슴 속에 새기고 배꼽 씹는 뉘우침이 없게 하여, 부디 성의를 다하여 함께 대의를 펴기 바랍니다.

을미 12월 아무날 충청도 제천의병장 유인석堤川義兵將 柳麟錫은 삼가 격서를 보냄.

● 참고문헌

이태진, 2000,『고종시대의 재조명』, 태학사

이민원, 2002,『명성황후 시해와 아관파천』, 국학자료원

서영희, 2003,『대한제국 정치사 연구』, 서울대 출판부

왕현종, 2003,『한국 근대국가의 형성과 갑오개혁』, 역사비평사

장영숙, 2010,『고종의 정치사상과 정치개혁론』, 선인

김영수, 2012,『미쩰의 시기: 을미사변과 아관파천』, 경인문화사

하라다 게이이치 지음, 최석완 옮김, 2012,『청일·러일전쟁』, 어문학사

국사편찬위원회, 2013,『한국사 40: 청일전쟁과 갑오개혁』, 탐구당

국사편찬위원회, 2013,『한국사 44: 갑오개혁 이후의 사회·경제적 변동』, 탐구당

하라 아키라 지음, 김연옥 옮김, 2015,『청일·러일전쟁 어떻게 볼 것인가』, 살림

제 5 장 대한제국과 독립협회

조정의 신하를 탄핵하고 정치적 명령의 논의에 참여하는 것은
인민의 당연한 권한이 아니라고 말했습니다.
이러한 그들의 말은 임금의 귀를 현혹시키고 대신들을 격동시켜 일어나게 하기에 충분했습니다. ……

땔나무군 같이 천한 사람에게도 묻고, 미치광이에게서 쓸 만한 말을 가려내는 것은
임금의 훌륭한 일입니다.
백성들이 오직 말을 하지 않으면 몰라도, 말을 하면 반드시 살펴야 하는 것입니다. ……

열 사람이 모인데도 적절하고 훌륭한 말이 있고, 한 고을의 모임에도 또한 공론公論이 있는 것입니다.
사람은 누구나 하늘이 부여한 슬기가 우러나오는 구멍이 대개 갖추어져 있으며,
이치가 온전하여 스스로 말할 권리를 갖추었습니다.

— 1898년 10월 25일, 독립협회가 올린 상소문 중에서

〈연표〉

1895.	3.	29	삼국간섭
1896.	2.	11	아관파천
	5.	14	베베르-고무라 각서 조인
	6.	9	로바노프-야마가타 의정서 체결
	7.	2	독립협회 창립
1897.	2.	20	고종, 경운궁으로 환궁
	8.	17	'광무' 연호 사용
	10.	13	대한제국 선포
1898.	3.	10	종로에서 최초의 만민공동회 개최
	4.	25	로젠-니시 협정 조인
	10.	29	관민공동회, 「헌의 6조」 채택
	11.	5	보수파 정부 수립과 만민공동회 시작
	12.	23	만민공동회 해산
1899.	8.	17	「대한국국제」 반포
	9.	18	인천-노량진 간 경인철도 완공

1. 대한제국의 수립

아관파천 이후 국내외 정세의 변동

아관파천은 청일전쟁 승리 후 한국의 보호국화를 추진하던 일본을 크게 위축시키고 갑오개화파 정권을 붕괴시켰다. 고종은 러시아 공사관에 도착한 즉시 조희연 · 권형진 · 이두황 등 을미사변 관계자들을 참수하라는 조칙을 내리고, 김홍집 · 어윤중 · 김윤식 · 유길준 · 장박 · 정병하 · 이재면 등 김홍집 내각의 대신들을 면관免官했다. 이어 박정양 · 이완용 · 이범진 등 정동파 인사를 중심으로 새로운 내각을 구성한 후, 의병해산의 권유, 적체된 각종 세금의 탕감 등을 통해 민심을 수습하고자 했다.

한편 아관파천으로 러시아는 조선에서 유리한 위치를 점하게 되었지만, 조선에 대한 적극적인 내정간섭이나 영향력 행사는 최대한 자제했다. 이는 조선에 대한 적극적

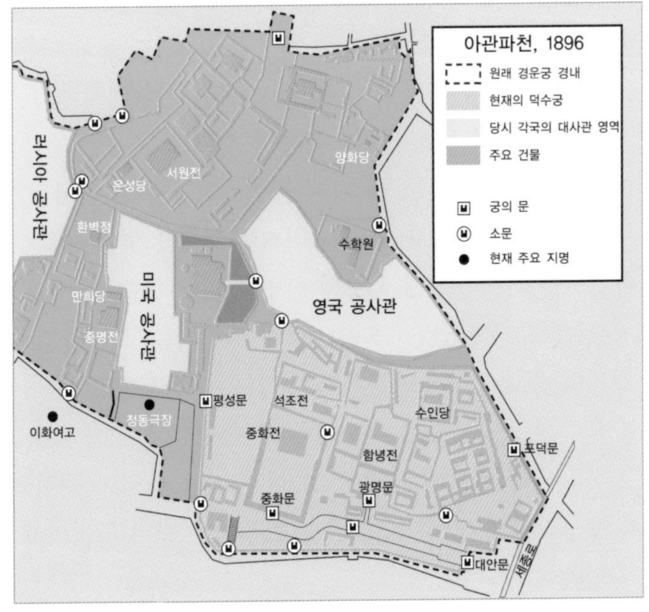

아관파천 당시 경운궁

민영환 러시아 니콜라이 황제 대관식에 참여하기 위해 대례복 차림을 하고 있다.

인 개입이 초래할 일본과의 전면적인 충돌과 다른 서구 열강들의 견제를 우려했기 때문이었다. 러시아는 일본과의 전면적인 충돌보다, 관계개선을 통한 한반도에서의 점진적인 세력 확대를 추구했다. 일본 또한 고종이 러시아 공사관에 체류하고 있는 상황에서 러시아와의 타협을 모색하지 않을 수 없었다. 이러한 배경 아래 러·일 간에 조선 문제와 관련한 협정이 조선정부를 배제한 채 이루어졌다. 1896년 5월 14일 베베르-고무라 각서에 이어 6월 9일 로바노프-야마가타 의정서가 체결된 것이다. 이들 협정은 한반도에서 러시아의 정치적 우위를 인정한 가운데, 조선을 양국의 세력범위로 설정함으로써 조선을 공동보호령과 같은 위치로 삼았다.

아관파천 후 러·일간의 세력균형으로 고종은 상대적이지만 외세의 압력으로부터 자유로워졌다. 게다가 일본의 군사력을 배경으로 군주권을 제약해 온 국내 정치세력이 살해되거나 망명한 상황에서, 고종은 근왕세력에 의지하여 국내의 여러 정치세력을 조정하면서 정국 주도권을 회복해갔다. 고종은 1896년 9월 내각을 폐지하고 의정부를 복설하면서, 국왕이 의정부 회의에 친림親臨하며, 회의에서 부결된 의안이라도 그에 개의치 않고 칙령으로 반포할 수 있도록 규정하였다. 이는 국왕의 뜻이라도 내각회의를 거쳐야 했던 이전의 내각체제에 비해 군주권의 우위를 확고히 한 것이었다.

한편 고종은 1896년 5월 26일 거행되는 러시아 황제 니콜라이 2세의 대관식에 민영환을 특사로 파견하여 러시아측에 국왕의 신변보호, 친위대 양성, 군사 및 재정고문의 파견, 차관제공 등을 요청하였다. 하지만 당시 러시아는 조선에 대해 만주 방어를 위한 완충지대 정도의 중요성밖에 인정하지 않았다. 따라서 일본측과 맺은 협정을 의식하여 조선측의 요구에 소극적으로 대응하였다. 민영환은 그해 10월 21일 겨우 13명의 러시아 군사교관과 함께 서울에 도착했다. 이후 이들 러시아 군사교관에 의해 800여 명의 친위대가 양성되었고, 그해 12월 말경에는 이들 친위대에 의해 궁궐 경비임무가 수행될 정도가 되었다.

황제 즉위와 대한제국 선포

고종이 러시아 공사관에 체류하면서 신변보호를 받는 것은 그 자체가 국체를 손상시키는 일이었을 뿐 아니라 외세의 간섭을 유발할 소지가 많았다. 따라서 아관파천 이후 고종의 환궁을 요구하는 각계각층의 여론은 높아갔다. 환궁 후 신변불안 때문에 이를 미루어오던 고종은 러시아 군사교관의 훈련에 의해 궁궐을 경비할 만한 병력이 갖추어지자, 1897년 2월 20일 경운궁(慶運宮, 오늘날 덕수궁)으로 거처를 옮겼다. 러시아공사관으로 피신한 지 약 1년여 만이었다.

환궁 후 고종은 갑오개혁 이후 여러 신식 법제가 뿌리내리지 못하고 구법제와 혼동된 상태로 있는 현실을 교정하기 위해 3월 16일 교전소校典所를 설치했다. 이를 통해 통치체제를 정비하고 국가의 면모를 일신하여 향후 정국을 국왕 중심 구도로 재편하고자 한 것이다. 교전소에는 원로대신들과 정동구락부 세력, 외국인 고문관 등이 참여했다. 그런데 당시 교전소 위원으로 임명된 서재필이 교전소를 주도하게 되면서, 제도와 법률을 대대적으로 개혁하고 군주권을 제한하려 하였다. 이에 교전소 내부에서 이를 반대하는 의원들과 갈등이 일어나고 고종도 이를 외면하게 되면서, 결국 4월말 회의를 끝으로 교전소 활동은 흐지부지되었다.

한편 이 무렵 근왕세력들에 의해 황제 즉위, 즉 칭제稱帝에 대한 논의가 본격화되었다. 5월부터 전직 관료·유생 등에 의해 고종의 황제 즉위를 요청하는 상소가 10월까지

러시아 교관으로부터 훈련을 받고 있는 한국군

환구단圜丘壇(1897)
현재 소공동의 조선호텔 자리에
건축중인 환구단의 모습.

고종과 대신들(1897)
왼쪽으로부터 이정노 · 심상한 · 김윤식 ·
김성근 · 이용원 · 김병익 · 민종묵 ·
서정순 · 이주영 · 김영전.

이어졌다. 명분은 대체로 황제의 존호를 사용하여 자주독립을 대내외에 분명히 하자는 것이었다. 하지만 이에 대한 반대도 없지 않았는데, 최익현 · 유인석 등 보수 유생들은 서구의 의례를 따라 존호를 바꿀 수 없고, 소중화小中華의 나라에서 망령되이 스스로를 높이는 것이라는 이유에서 고종의 황제 즉위를 비판하였다. 윤치호도 황제 즉위를 내실이 없고 재정만 낭비하는 것으로 비판하고, 국정의 개선과 효율적 운영이 보다 시급하다는 입장이었다. 『독립신문』 또한 이와 비슷한 논조의 논설을 게재했다.

그럼에도 칭제를 요구하는 여론이 비등해지자 고종은 은밀히 각국 공사관에 측근을 보내 그들의 의사를 떠보는 한편, 그해 8월에는 연호를 '광무光武'로 확정하여 반포하였다. 그리고 황제 즉위식을 거행할 환구단 축조공사를 시작하면서 9월부터는 칭제논의를

경운궁 대안문을 들어서는 어가행렬

적극적으로 주도해갔다. 10월 초 황제 즉위를 요청하는 정부백관의 상소가 이어지자 10월 3일 고종은 마침내 황제 즉위건에 재가한 후, 12일 황제 즉위식을 거행하였다. 이어서 다음날 조칙을 내려 국호를 '조선'에서 '대한'으로 바꾸어 대한제국의 성립을 선포했다.

♣해설 | **칭제 건원과 환구단**

전통시대 중국 중심의 동아시아 국제질서에서 황제는 중국의 군주만이 사용하는 칭호였다. 성리학적 명분론에 따라 조선은 자신을 황제국보다 한 등급 낮은 제후국諸侯國으로 칭하며, 중국과 사대관계事大關係를 맺고 있었다. 조선은 정기적으로 중국에 사절을 보내어 조공을 하고, 독자적 연호가 아닌 중국의 연호를 썼으며, 달력도 중국에서 받아왔다. 따라서 환구단圜丘壇:圓丘壇을 세우고 하늘에 제사를 지내던 원구제圓丘祭도 '천자의 제천의례'라 하여, 1464년 이후로는 거행하지 않았다.

물론 이러한 사대관계는 형식적이고 의례적인 것으로, 조선의 내치와 외교는 자주적으로 행사되고 있었다. 또 개항 이후 조선은 만국공법을 수용하면서, 기존의 전통적 중화질서에서 벗어나 정치적 주권을 가진 대등한 국가들 사이의 국제질서에 '독립국'의 일원으로 참여하고자 하였다. 반면 임오군란을 계기로 청은 조선에 대한 내정간섭을 강화하며, 기존의 사대질서를 만국공법 체제하의 속국관계로 전환시키려 하였다. 따라서 임오군란 이후 조선은 청의 속박으로부터 벗어나기 위해 분투해야 했으며, 이는 청일전쟁에서 청이 패배함으로써 현실화될 수 있었다.

1897년 고종이 환구단을 세우고, 칭제건원(稱帝建元 : 황제라 칭하고 연호를 세움)하여 대한제국을 선포한 것은 무엇보다 조선이 더 이상 중국의 제후국이 아니라 대등한 천자의 나라임을 과시함으로써, 만국공법의 수평적 국제질서에 대등한 주권국가의 일원으로 참여하겠다는 의지를 대내외에 천명한 것이라 할 수 있다.

2. 독립협회의 창립과 활동

『독립신문』 발간과 독립협회 창립

갑신정변의 실패로 미국에서 망명생활을 하고 있던 서재필은 갑오개화파 정부의 거듭된 귀국 요청 및 박영효와의 만남을 통해 귀국을 결심했다. 1895년 12월 25일(양력) 미국시민 자격으로 조선에 돌아온 그는 정부 내 개혁관료들의 지원 속에 1896년 1월 19일

독닙신문

VOL. I. THE INDEPENDENT. NO. 1

SEOUL, KOREA, TUESDAY, APRIL 7th, 1896.

Contents

EDITORIAL.
LOCAL ITEMS.
OFFICIAL GAZETTE.
LATEST TELEGRAMS.
DIGEST OF DOMESTIC AND FOREIGN NEWS.
COMMUNICATIONS.
EXCHANGES.

The Independent.

독립신문

♣ 해설 | 독립신문

1896년 4월 7일 창간된 『독립신문』은 1899년 12월 4일 폐간되기까지 약 3년 8개월 동안 발간되었다. 처음에는 순한글 3면과 영문판 1면, 총 4면으로 주 3회(화, 목, 토) 발행하다가, 1897년 1월 5일자부터는 한글판과 영문판을 각각 분리하여 발행하였으며, 이후 한글판은 1898년 7월 1일부터 일간으로 발행하였다.

『독립신문』은 한국 최초의 민간신문으로서, 처음으로 한글 전용과 띄어쓰기를 시도하였다. 그리고 자주·독립사상과 근대적 민권의식으로 국민들을 교육·계몽시키는데 주력하여 일정한 성과를 가져왔다. 그 연장선에서 『독립신문』은 1898년을 전후하여 정부의 보수적 정책을 강하게 비판하고, 독립협회와 만민공동회가 전개한 민권확장과 정치개혁을 위한 정치적 활동을 옹호하고 대변하였다.

영은문迎恩門과 독립문　영은문은 중국 명나라 사신을 맞이하는 모화관 앞에 세웠던 문으로, 현재 독립문이 있는 곳의 바로 앞에 있었는데, 1895년 2월 김홍집 내각에 의해 사대외교의 상징물이라 하여 철거되었다.

경 유길준과 신문을 발간할 것을 합의 · 결정했다. 일본의 격렬한 반대로 신문발간 계획은 한 때 좌절될 위기에 처하기도 하였다. 하지만 아관파천으로 일본의 영향력이 약화되면서, 4월 7일 박정양 내각의 지원 속에 『독립신문』을 창간할 수 있었다.

『독립신문』을 창간한 지 두 달이 지난 6월 초, 서재필은 영은문迎恩門이 있던 자리에 독립문을 세우고 독립공원을 조성할 것을 주변에 제안하였다. 그리고 20일경에는 이 문제에 대해 고종의 재가를 받았다. 취지는 모화관慕華館 앞 영은문이 있던 자리에 독립문을 건립하여 조선의 자주와 독립을 대내외에 과시하자는 것이었다. 이후 7월 2일 독립문 건립을 추진하기 위해 정동구락부 세력과 함께 외부外部 건물에서 독립협회 창립총회가 개최되었다. 총회에서는 '독립협회 규칙'을 제정하고, 고문 서재필, 회장(회계장 겸임) 안경수, 위원장 이완용을 비롯하여 8명의 위원과 10명의 간사원을 선출했다. 대부분의 임원은 현직 관료이면서 서재필 · 이완용 · 이상재 · 이채연 등 정동구락부 세력이 주축을 이루었다.

창립총회에서 통과된 '독립협회 규칙'에 따르면, 협회는 매주 토요일 오후 2시에 정기회의를 개최하고, 필요에 따라 임시회의를 열며, 모든 안건은 위원들의 다수결에 따라 결정하도록 했다. 또 독립문 보조금을 납부하면 누구나 회원이 될 수 있도록 하여 문호를 개방했다. 하지만 창립 당시 독립협회는 개혁 성향의 현직관료들이 참여한 정치적 성격의 관변단체였다. 이후 독립협회는 『독립신문』 등을 통해 협회의 창립목적을 선전하는 등 본격적으로 독립문 · 독립공원 건설을 위한 보조금 모금활동에 나섰으며, 1896년 말에는 2,000여 명의 회원을 거느린 대규모 사회단체로 급성장했다.

토론회 개최와 계몽단체로의 변화

1897년 8월 이후, 독립협회는 기존의 관변단체 성격의 사교모임에서 계몽단체로 변모해간다. 1896년 4월 1일 민영환의 수행원으로서 러시아로 출국한 윤치호는 1897년 귀국 후 그해 7월 25일 독립협회에 처음 참여했다. 이때 그는 협회가 다양한 정파들이 뒤섞인 혼합물이라는 문제의식을 가지게 되었다. 이에 윤치호는 서재필에게 독립협회를 강의실, 독서실, 박물관을 갖춘 계몽단체로 변모시킬 것을 제안하였다. 이러한 문제의식의 연장선에서 독립협회는 8월 8일과 15일의 통상회에서 매주 일요일 오후 3시 독립관에서 토론회를 열기로 결정하였다. 또 29일 개최된 두 번째 총회에서는 회칙을 개정하고, 회장 안경수, 부회장 이완용, 서기 윤치호 · 이상재, 회계 권재형 · 이근영, 사적(司籍, Librarian) 이채연 · 이계필 · 이종하 등을 선출했다.

1897년 8월 29일 "조선에 급선무는 인민의 교육"이라는 주제로 첫 번째 토론회가 열린 이후, 토론회는 1898년 12월 3일까지 총 34회 개최되었다. 초기에는 사회 · 문화적 문제, 즉 신교육진흥 · 산업진흥 · 미신타파 · 위생 · 치안 · 노비제도 등과 같은 계몽적 주제들이 주로 다루어졌으나, 1898년 이후부터는 외교, 국가재정, 의회설립, 민권, 열강의 이권침탈 반대, 수구파 비판 등 정치 · 사회적 현안문제들이 주로 토론되었다. 토론회는 매우 성공적이었다. 토론회가 열릴 때마다 독립협회 회원뿐 아니라 수백 명의 방청인들이

서재필

윤치호

독립협회 평남지회 회원들
가운데가 안창호이다.

참석하여 대성황을 이루었다. 또 토론과정에서 회원들의 정치의식과 조직에 대한 귀속감, 연대의식이 고양되었을 뿐 아니라, 방청인을 포함한 민중의 계몽과 정치적 각성도 촉진되었다.

반러운동과 열강의 세력균형

러시아 재무대신 비테에 의해 시도된 만주 진출이 청과의 교섭과정에서 실패하고 조선이 러시아의 압력으로부터 벗어나려 하자, 1897년 9월경 러시아의 대한반도 정책은 기존의 소극적이고 미온적인 정책에서 적극진출정책으로 전환했다. 9월 2일 러시아는 주한 러시아 공사를 온건한 베베르에서 적극적인 간섭정책을 주장해온 강경파 스페예르로 교체하였다. 부임 다음날 스페예르는 지난 7월 25일 조선으로 증파한 13명의 자국 군사교관의 임용을 종용했다. 10월에는 정부에 압력을 가해 탁지부 고문 영국인 브라운을 해임하고 러시아에서 파견한 알렉세예프를 임명하고, 한러은행을 창설하여 대한제국의 재정을 장악하고자 했다. 나아가 조병식 등 친러적 인물들을 요직에 기용하여 정부를 통제하는 등 러시아는 대한제국의 재정권 · 군사권 · 인사권에 깊이 간섭했다. 또 다음해 1월에는 절영도(지금의 부산 영도)에 석탄고石炭庫 기지의 조차를 강력히 요구하는 등 침략정책을 강화했다.

♣해설 | **만민공동회**

만민공동회萬民共同會는 1898년 열강의 이권 침탈에 대항하여 자주 독립의 수호와 자유 민권의 신장을 위해 조직·개최된 일종의 민중 집회, 민중 대회이다.

서울의 시민, 소상인, 일부 지식인층이 주도하였으며, 독립협회와 일정한 연계 아래 전개되었다. 하지만 독립협회와 직접 관련 없이 민중들 스스로 전개되는 경우도 많았다.

만민공동회는 상설 기구는 아니었으므로 상임 간부가 따로 없었다. 따라서 만민공동회는 개최될 때 다루어지는 안건마다 그를 담당하는 총대위원이나 대표위원을 직접 뽑아 회의 결의사항을 집행하였다.

한편 1897년 하반기부터 러시아와 대립각을 세워가던 독립협회는 1898년 정부가 절영도 조차를 승인하려 하자, 반러운동을 전개하며 본격적인 정치운동을 전개했다. 독립협회는 1898년 2월 21일 자주독립과 내정개혁을 요구하는 이른바 '구국운동선언상소'를 고종에게 제출하였다. 이어 3월 10일에는 종로에서 1만여 명의 시민이 참석한 가운데 최초의 만민공동회를 개최하여, 러시아의 침략정책을 규탄하고 러시아의 군사교관과 재정고문의 철수를 요구했다. 12일에는 서울 남촌南村에 거주하는 평민들이 자발적으로 만민공동회를 개최하여 러시아를 비롯한 외국의 간섭을 배제할 것을 주장했다. 결국 러시아는 절영도 조차 요구를 철회하고 재정고문 및 군사교관을 철수시켰으며, 뒤이어 한러은행도 철폐하였다.

이처럼 러시아가 한반도에서 한발 물러선 것은 독립협회가 전개한 반러운동도 하나의 계기가 되었지만, 그 근저에는 러시아의 일차적 진출 목표를 한반도에서 만주로 제한한 사정과 관련되어 있었다. 1897년 11월 14일 독일이 중국 교주만膠州灣을 점령하자, 그해 12월 11일 러시아는 뤼순과 다롄을 점령하고 다음 해 3월 28일 이를 조차했다. 이는 곧 다른 열강들의 강력한 반발을 초래하였다. 그것은 러시아가 한국과 만주를 동시에 침략하는 것으로 받아들여졌기 때문이다. 그리하여 영국은 제물포 항에 자국의 함대를 입항시키고, 일본도 대한해협(쓰시마해협)에 해군을 배치하는 등 러시아를 견제하려 하였다. 이에 러시아는 영국과 일본이 동맹으로 발전하는 것을 막기 위해 한반도에서 일본에 상당한 양보를 하지 않을 수 없다고 판단하여, 1898년 4월 25일 일본과 로젠-니시 협정을 체결했다. 협상과정에서 일본은 이른바 '만한교환론滿韓交換論'을 제기하기도 했으나, 결국 양국은 한국의 주권 및 완전한 독립을 확인하고, 한국에서 일본의 상공업 분야에서의 우위만을 인정했다. 이로써 러·일간의 세력균형이 이루어져 대한제국은 특정 외세의 독점적 지배에서 벗어나게 되었다. 물론 이러한 세력균형은 '잠정적'인 것으로서 러일전쟁에 의해 최종적으로 파국을 맞이하게 된다.

정치개혁운동의 본격적 전개

독립협회는 1898년 2월 27일 간부진을 개편하고 사법위원, 경찰위원을 신설하여 회원을 체계적으로 관리하고자 하는 등 협회를 재정비했다. 그리고 회장 이완용이 독립협회의 활발한 정치활동을 못마땅하게 여겨 3월 전라북도 관찰사로 부임하자 부회장 윤치호가 이후 협회를 주도하게 되었다. 또 고위직 관료들이 협회에서 퇴진하면서 독립협회는 말단 실무관료를 중심으로 임원진이 정비되었다. 그리고 언론인 · 교사들이 협회에 새로 진출하는 등 이 무렵 독립협회는 본격적인 정치개혁운동 추진에 걸맞게 개편되었다.

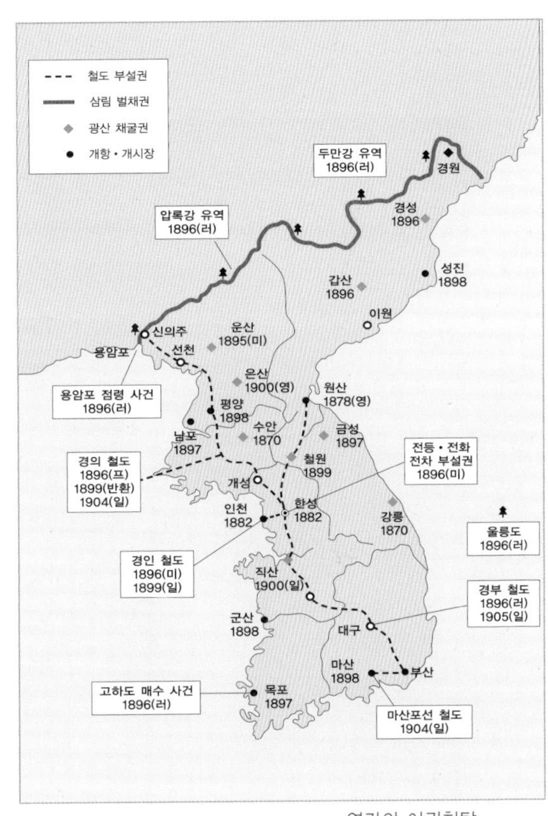

열강의 이권침탈

조직개편 후 독립협회는 반러운동의 성공에 힘입어 본격적으로 정치개혁운동을 전개해 나갔다. 그것은 열강의 이권침탈 반대, 정부 정책 및 관인들에 대한 감시와 비판, 나아가 정책변경과 관인의 진퇴進退를 강제하기 위한 상소, 집회 및 대중시위 등의 형태로 전개되었다. 특히 1898년 10월부터는 의회개설문제를 두고 고종 및 보수세력과 첨예하게 대립하였다. 의회개설 문제는 3월 만민공동회 이후 조야의 주요 정치현안으로 부각되기 시작했고, 고종은 7월 유명무실한 정부 자문기관인 중추원을 활성화함으로써 독립협회의 의회설립운동을 저지하려 했다. 하지만 독립협회의 반정부운동이 격화되는 10월 이후, 독립협회 · 만민공동회는 개혁정부 수립과 의회개설을 위한 정치투쟁을 본격적으로 전개하였다.

3. 독립협회 · 만민공동회의 의회개설운동

독립협회·만민공동회의 의회개설운동

1898년 9월 초 발생한 김홍륙 독다사건을 계기로 법부대신 겸 중추원 의장 신기선 등 보수파는 노륙법과 연좌법을 부활시키려 하였다. 이에 반대하여 독립협회는 10월 1일부터 중추원과 고등재판소 앞에서 철야농성을 전개하고, 7일부터는 7명의 보수파 대신의 해임을 요구하며 황국중앙총상회皇國中央摠商會와 함께 경운궁 인화문仁化門 앞에서 철야농성을 전개하였다. 그 결과 12일 7대신이 모두 해임되고 박정양을 의정서리議定署理로 하는 개명내각이 수립되자, 독립협회는 15일 정부 대신들과 회담을 갖고 잡세 혁파 및 중추원 관제개정을 통한 의회설립을 협의했다.

♣해설 | **김홍륙 독다사건**

김홍륙 독다사건金鴻陸毒茶事件은 1898년 9월 11일, 고종을 시해할 목적으로 김홍륙이 공홍식孔洪植을 시켜 경운궁에서 고종과 태자가 마시는 커피에 독약을 넣은 사건이다.

김홍륙은 러시아의 세력을 믿고 권력을 남용하다 1898년 8월 러시아와의 교섭에서 사리私利를 취하였다는 죄목으로 전라남도 흑산도로 유배되었다. 이에 앙심을 품고 전선사주사典膳司主事 공홍식을 시켜 고종과 태자가 마시는 커피에 아편을 넣게 하였는데, 고종은 냄새가 이상하여 이를 마시지 않았고, 태자는 마시다 토하고 쓰러졌다. 이 사건으로 김홍륙 · 공홍식 · 김종화는 사형되었다.

이처럼 독립협회와 박정양 개혁정부 사이에 의회설립 협상이 순조롭게 진행되자, 16일에는 고종과 보수파의 사주를 받고 황국협회皇國協會가 박정양의 사임을 요구하는 시위를 전개하였다. 또 17일과 21일 고종은 보수파 관료 조병식과 윤용선을 다시 중용하고, 20일에는 언론 · 집회의 자유를 제한하는 조칙을 내렸다. 이에 독립협회는 철야시위로 맞서면서, 24일 스스로 마련한 중추원 관제 개정안을 정부에 올렸다. 그리고 28일에는 독립협회 주도로 1만여명 이상이 참가한 관민공동회官民共同會를 개최하여, 다음날 29일 관 · 민 합동의 「헌의 6조」를 채택하였다. 결국 고종은 관민공동회의 요구를 거의 수용한 「조칙 5조」와 함께 「헌의 6조」를 31일자로 반포하였고, 정부는 독립협회가 제안한 것과 거의 유사한 중추원 관제를 11월 2일 반포하였다.

개정된 중추원 관제에 따르면, 중추원은 법률과 칙령의 제정 및 개폐改廢에 관계되는 사항을 의결할 뿐 아니라, 의정부에서 시행하는 주요 국가정책에 대한 동의 및 건의, 나아가 인민의 헌의사항도 심사 · 의정하도록 했다. 또 중추원과 의정부의 의견이 상치될 경우 양측이 합동회의를 개최하여 가결한 후에 실시하도록 했으며, 중추원 의관의 반수는 인민협회에서 투표로 선출하도록 했다. 이로써 중추원은 실질적인 의회(상원)의 권능을 가지게 되었다.

독립협회·만민공동회의 해산

11월 4일 박정양이 독립협회에 중추원 의관 절반을 선정해 알려줄 것을 요청하자, 독립협회는 5일 독립관에서 이들을 투표로 선정하기로 하였다. 하지만 이를 방해하기 위해 조병식 등 보수파는 4일 밤 익명서 사건匿名書事件을 날조하여, 고종에게 독립협회가 왕정을 폐지하고 공화정을 실시하려 한다고 모함하였다. 이에 고종은 즉시 각종 협

독립협회 사건으로 구속된 인물들
맨 왼쪽의 인물이 이승만이다.
그는 이후 6년간 옥고를 치렀다.

회의 혁파를 명하고 '헌의 6조'에 서명한 대신들을 해임하는 한편, 이상재 · 정교 등 독립협회 간부 17명을 4일 밤부터 5일 새벽 사이에 구속 수감하였다. 이로써 박정양을 수반으로 한 개혁파 정부는 24일 만에 붕괴되고 조병식을 중심으로 한 수구파 정부가 수립되었다.

고종과 보수파 관료들의 기습적인 탄압에 맞서, 11월 5일 오전 경무청 앞에서 수천 명의 시민이 운집하여 만민공동회를 개최하며 시위를 벌였다. 이렇게 시작된 독립협회와 만민공동회의 철야시위투쟁은 23일까지 만 19일 동안 하루도 쉬지 않고 전개되었다. 이 과정에서 고종과 보수파의 후원 아래 황국협회 보부상들의 습격이 있기도 했지만 만민공동회는 서울시민들과 함께 이를 물리쳤다. 이어 구속된 17인의 석방과 독립협회의 복설을 쟁취했을 뿐 아니라, 26일에는 「헌의 6조」의 실시를 약속하는 고종의 칙유勅諭를 받아냈다. 그런데 고종은 11월 29일 중추원 의관 50명을 선정하면서, 중추원을 황제와 정부의 자문기관으로 개편하려 했다. 또 12월 2일 행정부를 재조직하면서 심상훈 · 민영기 · 박제순 · 이윤용 등 보수파를 다시 중용했다. 이에 12월 6일 오후 종로에서 국정개혁의 철저한 실시를 요구하는 만민공동회가 재개되었다.

이러한 와중에 12월 15일 고종의 명에 따라 중추원이 개원되었다. 다음날 열린 중추원 회의에서는 11명의 대신후보를 선출하여 정부에 천거하기로 하고, 박정양 · 윤치호 · 민영환 · 서재필 · 박영효 등 11명을 투표로 선출하였다. 이때 대역죄인의 죄명으로 일본에 망명해 있던 박영효가 선출되어 논란이 되었다. 급진파는 그를 소환하여 재판한 후 죄가 없으면 임용할 것을 주장하였다. 그런데 이는 고종뿐 아니라 윤치호 등 독립협회 내의 온건파, 나아가 일반 민중들의 반발을 불러왔다.

이렇게 정국이 혼란을 거듭하던 중에, 고종은 일본 · 러시아 · 영국 · 미국 등 열강의 묵인 · 동조 아래 독립협회와 만민공동회를 무력 탄압하였다. 12월 23일 고종은 군대와 보부상을 동원하여 18일째 지속되고 있던 만민공동회를 강제 해산시켰다. 25일에는 독립협회와 만민공동회를 불법화하는 조칙을 발포하고, 만민공동회와 독립협회 지도자들을 본격적으로 체포 · 구금하였다. 이로써 만민공동회와 독립협회는 마침내 해산되어, 입헌군주제의 근대국민국가를 건설하고자 했던 독립협회의 정치개혁운동은 좌절되고 말았다.

4. 황제권 강화와 광무개혁

황제중심의 권력구조 확립과 「대한국국제」 반포

만민공동회와 독립협회 해산 후, 고종은 일단 이에 공로가 큰 보수파 대신들과 측근세력을 중심으로 정부를 구성했다. 1899년 1월 4일 칙임관을 제외하고는 누구도 상소를 올리지 못하도록 했고, 1월 15일에는 독립협회 지회를 모두 금지시켰다. 또 5월 22일 중추원 관제를 개정하여 중추원을 아무런 권한도 행사하지 못하는 유명무실한 기관으로 만들었다. 나아가 1899년 8월 17일 「대한국국제」를 반포하여 황제 중심의 권력구조를 제도적으로 확립하였다.

「대한국국제」는 대한제국이 황제가 '무한군권無限君權'을 향유하는 자주독립국임을 밝히고, 그 정치는 '오백년을 이어온 만세불변의 전제정치'라 하여 황제의 신성불가침을 명백히 하였다. 나아가 육해군 통솔과 편제, 법률의 제정 · 공포 · 집행 · 사면권, 행정 각부의 관할 및 관리의 임면, 조약의 체결과 강화 등 입법 · 사법 · 행정의 모든 권력이 황제에게 있음을 선언했다. 이처럼 고종은 전제군주 체제를 제도적으로 확립하여 갑오 · 을미년간의 정치변동과 독립협회 및 만민공동회의 민권운동으로 위기에 직면했던 전제왕권을 회복 · 강화하고, 나아가 이를 통해 대외적으로 자주독립을 확보하려 하였다.

한편 만민공동회와 독립협회가 해산되자 일본에 망명한 반정부 인사들을 제외하고 국내에서 황제권에 도전할만한 정치세력은 거의 사라졌다. 이러한 상황에서 고종은 열강에 대해 대

> ♣ 해설 | 「대한국국제」
>
> 「대한국국제大韓國國制」는 근대국가의 헌법에 해당하는 대한제국의 국가기본법이라 할 수 있지만, 황제의 대권만 규정하고 국민의 권리에 대한 규정은 없다는 점에서 근대적 헌법과는 구별된다고 할 수 있다.
>
> 여기서 '국제國制'의 '제制'는 조선시기 왕의 명령인 '교敎'와 달리, 중국의 천자나 일본의 천황이 전용專用하던 용어로서 황제의 명령, 즉 황제의 법을 가리킨다. 따라서 「대한국국제」는 황제가 친히 정한 국가의 기본법이라는 의미이다.

고종과 순종이 각각 대원수복과 원수복을 착용하고 있다

외적으로 '세력균형 정책'을 취하여 독립을 유지하는 한편, 국내에서 정국운영의 주도권을 확보해갔다. 1896년 9월 24일 의정부 복설에 이어, 1898년 6월 10일「의정부차대규칙議政府次對規則」을 반포하여 황제가 각부 사무에 대해 구체적으로 간여할 수 있는 직할체제를 마련했다. 이로써 정부 업무에 대한 황제의 실질적인 장악이 가능해지고, 의정부는 각부 대신들의 연합체일 뿐 국정 전체를 통합하는 행정부로서의 위상은 상실하게 되었다.

고종은 국내의 여러 정치세력들을 조종하고 상호 견제시키면서, 최고권력자로서 정국을 주도하며 전제적 권력을 행사했다. 이 과정에서 이용익 · 김영준 · 주석면 등 측근세력들이 권력의 핵심으로 부상했다. 이들은 서자나 중인 등 하위계층 출신으로 황제의 총애를 바탕으로 정권의 전면에 진출하여, 오직 황제의 총애와 권력의 향배를 둘러싼 내부경쟁에 몰두하는 정치행태를 보였다. 그 결과 의정부는 지극히 형식적이고 무의미해졌으며, 실제 정책집행결정은 황제와 몇몇 측근 정치세력에 의해 이루어졌다. 그 결과 정책결정 및 집행과정은 전문성이나 지속성을 확보하기 어려웠고, 대한제국의 권력기반은 더욱 축소되어갔다.

궁내부 확대와 원수부 설치

전제군주권을 실현하기 위한 권력기관으로서 궁내부宮內府가 의정부를 대신하여 국정운영의 중심기구로 등장했다. 궁내부는 원래 갑오개혁 당시 개화파 정권에 의해 왕실을 국정에서 분리하여 군주권을 제한하기 위해 설치된 기구였다. 하지만 국정 주도권을 확실하게 장악하려는 고종의 의지에 따라 대한제국기에는 의정부를 능가할 정도의 권한과 업무 영역을 갖게 되었다. 궁내부 산하에 경위원 · 통신사 · 철도원 · 서북철도국 · 광학국 · 박문원 · 평식원 등 황실 업무와는 관계없는 기구들이 대거 설립되었고, 각 궁 소관의 궁장토, 각종 잡세와 이권 등의 재원이 궁내부로 속속 이관되어 내장사內藏司에서 이를 독자적으로 운영하게 되었다. 내장사는 1899년 8월 내장원內藏院으로 개편된 후, 종래 탁지부나 농상공부에서 관장하던 많은 재원까지 관장하면서 방대한 기구로 확대되었다. 고종은 이렇게 비대해진 궁내부를 자신의 최측근인 내장원경 이용익을 통해 장악 · 통제하였다.

한편 고종은 1898년 6월 대원수가 되어 친히 육 · 해군을 통솔할 것을 천명하고, 무관학교 창설, 육군 증설, 해군제 도입 등 군비강화 작업을 시작하였다. 또 중앙군대로서 서울의 방비와 국왕의 호위를 담당하는 친위대와 시위대, 호위대가 새로 개편되거나 창설되었다. 지방 및 변방의 수비를 맡았던 진위대와 지방대도 증설 · 개편되어, 1900년 진위대로 통합되었다. 그리고 1899년 6월 황제 직속기관으로 이들 각 부대의 지휘 · 감독권을 갖는 원수부元帥府를 황궁 안에 설치하고, 1903년 3월에는 징병제 실시를 위한 조칙을 발표하여 상비군 창설을 계획하기도 했다. 이러한 군비강화 정책은 국토방위라는 측면보다 국내 치안유지에 초점이 맞추어져 있었다. 그리하여 활빈당 · 영학당英學黨을 비롯한 농민항쟁의 진압에 주력하였다.

광무개혁의 추진

아관파천 이후부터 러일전쟁이 발발하기까지, 이른바 '광무개혁'으로 불리는 일련의 개혁사업 및 산업진흥책이 추진되었다. 그것은 고종과 그 친위세력이 중심이 되어, 황실의 위상을 높이고 황실재정의 확충을 바탕으로 전개된 근대화 정책으로, 농상공부와 같은 정부 내 기구가 아닌 황실 소속의 궁내부와 내장원을 중심으로 전개되었다. 이를 뒷받침 하는 이념으로는 '옛 법을 본으로 삼고 신식을 참고한다'는 '구본신참舊本新參'이 제시되었다. 하지만 실제로는 정체政體 및 주권主權과 관련하여 군주권을 강화한 것을 제외하면, 갑오개혁기의 새로운 제도를 전면 부정하고 옛 제도로 복귀한 예는 많지 않았다.

광무정권은 외국 상인·자본의 침투로부터 상권침탈을 저지한다는 명분으로, 갑오개혁기 폐지되었던 특권을 부활하여 특권상인을 보호·육성하면서 각종 산업에 대한 수세를 강화했다. 또 전·현직 관료와 황제측근세력을 중심으로 잠업·연초업 등의 분야에서 근대적 기업을 설립하고 선진기술을 도입하고자 하였다. 화폐금융제도와 관련해서도 백동화의 남발과 엽전·백동화·일본화폐 사이의 환율차에 따른 화폐제도의 불안정 등의 문제를 개혁하기 위해 본위화 주조와 중앙은행 설립을 추진했다. 하지만 이에 필요한 막대한 자금을 구하지 못해 결국 실행되지는 못했다. 이 밖에 도량형 제도를 실시하고, 우편·정보망 시설을 확충하는 등의 다양한 근대화 정책이 추진되었다.

열강의 광산채굴권, 철도부설권 침탈에 대응해서는 국내철도와 광산의 자체개발이 추진되었다. 1898년 유망한 전국 43개소의 광산을 모두 궁내부로 이속시키고, 궁내부 소속의 광무국을 중심으로 근대적 기계의 도입 및 외국인 기술자의 고빙雇聘을 통해 근대적 경영에 착수했다. 또 1900년 궁내부에 철도원을 신설하고 경의·경원철도의 부설을 추진하기도 했다. 그리고 산업육성을 담당할 전문인력을 양성하기 위해 광무학교와 상공학교와 같은 각종 기술·실업학교를 설립하고, 당장 진행되고 있는 양전量田과 우편, 전신 등의 업무를 보조할 인력을 양성하기 위한 노력을 기울였다.

한편 이 시기 중요한 개혁사업으로 양전지계사업量田地契事業이 시행되었다. 양전지계사업은 지세제도를 개혁하기 위한 기초 작업인 동시에 당시 재정 수입의 대부분을 차지하는 지세를 증대시킴으로써 재정의 어려움을 타개하고 개혁사업에 필요한 자금을 마련한다는 의미를 가지고 있었다. 1898년 7월 양지아문을 설치

♣해설 | **광무양전사업**

양전量田은 조선시대에 토지를 측량하고 토지소유자와 조세부담자를 조사하던 것이었다. 그런데 조선 후기 숙종조 경자양전 이래 거의 180여 년 동안 전국적인 양전사업이 진행되지 않다가 광무년간에 전국적으로 실시되었다.

광무양전 사업에서는 종래의 양전사업처럼 농지의 비척이나 가옥의 규모를 조사하는 것에만 그치지 않고, 지질과 산림·천택, 수풀과 해변, 도로에 이르기까지 광범위하게 조사하여, 전국 토지 일체에 대한 조사를 목표로 하였다. 나아가 전국 토지의 정확한 규모와 소재를 파악하는 한편 소유권을 확인해주기 위해 지계地契를 발행하는 사업을 함께 전개했다.

하고 1899년 6월에는 충청남도 아산을 시작으로 전국적으로 양전을 확대해갔다. 이어 모든 토지의 소유권을 확정하여 지계를 발급하기 위해, 1901년 지계아문을 설치하고 1902년 3월 양지아문과 통합하면서 양전과 동시에 지계를 발급하기 시작했다. 하지만 러일전쟁이 발발하면서 전국의 3분의 2에 해당하는 218개 군에서만 양전이 이루어진 채 중단되고 말았다.

이상의 개혁사업을 뒷받침할 국가재정은 항상 부족했다. 왜냐하면 정부에 속했던 각종 재원이 황제의 독자적인 재원이 되거나 황실로 이전되어 축소되었을 뿐 아니라, 외획外劃의 성행에 따라 조세미납이 증가하였기 때문이다. 게다가 황실과 군사비 부문에 재정지출이 집중되어, 지방행정비 · 교육비 등 다른 부문의 사업에는 어려움이 가중되었다. 반면 상당한 정도의 여유자금을 축적하고 있던 황실재정은 고종과 이용익의 의도에 따라 사용되었다. 상당부분은 향사비享祀費 · 연회비 · 궁궐신축비 등 왕실의 사치로 낭비되었고, 그 밖에 한성전기회사 운영, 서울-개성간 철도 부설, 재정난에 시달리는

♣쟁점 | **대한제국 · 광무개혁에 대한 평가**

지금까지 일반적으로 대한제국은 부정적으로 평가되어왔다. 그런데 최근 일각에서 대한제국을 새롭게 조명하고 재평가하려는 주장이 제기되었다. 이로부터 대한제국의 성격, 여러 개혁조치와 재정운영, 고종의 정치이념과 리더쉽 등에 대한 논쟁이 진행되고 있다.

대한제국과 광무개혁을 적극적 · 긍정적으로 평가하는 입장에서는 조선에 대해 '타율적이고 정체된' 이미지를 입증하려 했던 일본 식민주의 사관의 영향으로 인해, 고종과 대한제국이 제대로 된 평가를 받지 못하였음을 지적한다. 실제 대한제국기에는 고종의 주도하에 여러 근대화 정책이 계획 · 추진되었으며, 이는 당시에도 상당한 성과를 거두고 있었을 뿐 아니라 외세의 방해와 침략이 없었다면 더 많은 성과를 이루어 근대적 발전을 이루었을 가능성이 충분했다는 것이다.

반면 소극적 · 부정적으로 평가하는 입장에서는 대한제국기에 행해진 개혁들이 왕권문제를 제외하면 대부분 갑오개혁을 계승한 것에 불과하며, 그마저도 황실의 주도하에 내장원 중심으로 진행되면서 국가재정이 부실해지는 등 많은 문제점을 낳았다고 비판한다. 나아가 농민층의 요구를 외면하여 이들의 저항을 불러 일으켰을 뿐 아니라, 민권신장과 군주권 제한을 지향하던 독립협회 운동을 탄압하는 등 보수적이고 시대착오적인 성격을 보이고 있었다고 평가한다.

대한제국에 대한 평가는 당시 대한제국이 정치, 경제, 사회, 문화의 모든 측면에서 얼마나 개혁지향적인 성격을 지니고 있었는지(설사 위로부터의 개혁이라 할지라도), 그리고 그러한 개혁이 얼마나 성과를 거두었는지를 중심으로 이루어질 수밖에 없다. 그런데 적극적 · 긍정적 평가론자들도 아직까지는 대한제국의 개혁지향성과 개혁의 성과를 충분히 보여주지 못하고 있는 상황이라 할 수 있다.

정부에 대한 대출, 궁내부 산하 기구들의 개혁사업 등에 사용되었을 것으로 추정된다.

이렇게 대한제국기 황실의 주도하에 추진된 각종 근대화정책은 근대적 화폐금융제도와 교통운수의 미비, 재정궁핍으로 인한 금융지원의 결여, 나아가 불평등조약과 이에 근거한 열강의 압력 및 방해로 큰 성과를 거두지 못했다. 그리고 1904년 러일전쟁이 발발하자 이러한 개혁사업은 결국 중단되어 좌절되고 말았다.

● 읽기자료

1. 대한국국제

제1조 대한국은 세계만국의 공인되온 바 자주독립하온 제국帝國이니라.

제2조 대한제국의 정치는 이전으로 보면 500년 전래하시고 이후로 보면 만세에 걸쳐 불변하오실 전제정치專制政治이니라.

제3조 대한국 대황제께옵서는 무한하온 군권君權을 향유하옵시나니 공법公法에 말한 바 자립정체이니라.

제4조 대한국 신민臣民이 대황제의 향유하옵신 군권을 침손할 행위가 있으면 그 이미 행한 것과 아직 행하지 않은 것을 물론하고 신민의 도리를 잃은 자로 인정할지라.

제5조 대한국 대황제께옵서는 국내 육해군을 통솔하옵셔 편제를 정하옵시고 계엄 · 해엄을 명하시나니라.

제6조 대한국 대황제께옵서는 법률을 제정하옵셔 그 반포와 집행을 명하옵시고 만국의 공공公共한 법률을 효방效倣하사 국내법률도 개정하옵시고 대사大赦 · 특사 · 감형 · 복권을 명하옵시나니 공법에 말한 바 자정율례自定律例이니라.

제7조 대한국 대황제께옵서는 행정 각 부부府部의 관제와 봉급을 제정 혹은 개정하옵시고 행정상 필요한 각항 칙령을 발하옵시나니 공법에 말한 바 자치행리自治行理이니라.

제8조 대한국 대황제께옵서는 문무관의 출척黜陟 · 임면을 행하옵시고 작위 · 훈장 및 기타 영전榮典의 수여 혹은 체탈遞奪을 하옵시나니 공법에 말한 바 자선신공自選臣工이니라.

제9조 대한국 대황제께옵서는 각 유약국有約國에 사신을 파송, 주찰駐紮케 하옵시고 선전宣戰 · 강화 및 제반 조약을 체결하옵시나니 공법에 말한 바 자견사신自遣使臣이니라.

2. 헌의육조

1. 외국인에게 의부依附 아니하고, 관민官民이 동심합력하여 전제황권專制皇權을 견고케 할 것.
2. 광산, 철도, 석탄, 삼림, 차관, 차병借兵과 모든 정부와 외국인과의 조약의 일은 만약 각부대신各部大臣과 중추원 의장이 합동하여 서명 날인하지 않으면 시행하지 못할 것.

3. 전국의 재정財政은 어떠한 조세를 막론하고 모두 탁지부로 하여금 관장케 하되, 다른 부부府部와 사회사私會社는 간섭할 수 없게 하고, 예산과 결산은 인민에게 공포할 것.
4. 이제부터 시작하여 모든 중대 죄범은 공개재판을 시행하고, 피고가 끝까지 설명하여 마침내 자복한 후에 시행할 것.
5. 칙임관은 대황폐하大皇陛下께서 정부에 자순諮詢하여 그 과반수에 따라 임명할 것.
6. 장정章程을 실천할 것.

3. 『독립신문』 창간호 〈논설〉 (1896년 4월 7일 금요일, 제1권 제1호)

우리가 독립신문을 오늘 처음으로 출판하는데, 조선에 있는 내외국 인민에게 우리 주의를 미리 말하여 아시게 하노라. 우리는 첫째 편벽되지 아니한 고로, 무슨 당에도 상관이 없고, 상하귀천을 달리 대접하지 않고 모두 조선 사람으로만 알고, 조선만 위하며 공평하게 인민에게 말할 터인데, 우리가 서울 백성만 위할게 아니라, 조선 전국인민을 위하여 무슨 일이든지 대언하여 주려고 함.

정부에서 하시는 일을 백성에게 전할 터이요, 백성의 정세를 정부에 전할 터이니, 만일 백성이 정부 일을 자세히 알고, 정부에서 백성의 일을 자세히 알면, 피차에 유익한 일이 많이 있을 터이요, 불평하는 마음과 의심하는 생각이 없어질 터이옴.

우리가 이 신문 출판하기는 취리取利하려는 것이 아닌 고로, 값을 헐하도록 하였고, 모두 언문으로 쓰기는 남녀 상하귀천이 모두 보게 함이요, 또 구절을 띄어 쓰는 것은 알아보기 쉽도록 함이다. 우리는 바른대로만 신문을 만들 것이므로, 정부 관원이라도 잘못하는 이가 있으면 우리가 말할 터이요, 탐관오리들을 알면 세상에 그 사람의 행적을 펼 터이요, 사사 백성이라도 무법한 일을 하는 사람은 우리가 찾아 신문에 설명할 터이옴. ……

● 참고문헌

주진오, 1995, 「19세기 후반 개화 개혁론의 구조와 전개 -독립협회를 중심으로-」, 연세대학교 사학과 박사논문

최문형, 2001, 『한국을 둘러싼 제국주의 열강의 각축』, 지식산업사

서영희, 2003, 『대한제국 정치사 연구』, 서울대학교출판부

교수신문 기획 · 엮음, 2005, 『고종황제 역사 청문회』, 푸른역사
신용하, 2006, 『(신판) 독립협회』 상 · 하, 일조각
한림대학교한국학연구소 기획, 2006, 『대한제국은 근대국가인가』, 푸른역사
현광호, 2007, 『대한제국과 러시아 그리고 일본』, 선인
국립고궁박물관, 2011, 「대한제국」, 민속원

제6장 러일 전쟁과 일본의 한국병합

사나이 뜻을 품고 나라 밖에 나왔다가 男兒有志出洋外
큰일을 못 이루니 몸 두기 어려워라 事不入謀難處身
바라건대 동포들아 죽기를 맹세하고 望須同胞誓流血
세상에 의리없는 귀신은 되지 말지어다 莫作世間無義神

— 안중근 의사가 의병을 이끌 때 읊은 시

〈연표〉

1902.	1.	30	제1차 영일동맹 조인
1903.	4.	21	일본정부, 대러교섭 결정
	12.	30	일본 각료회의, 러일전쟁 개전시 대청 · 대한 정책을 결정
1904.	2.	8	일본군, 러시아함대 습격(러일전쟁 시작)
	2.	23	한일의정서 조인
	5.	31	일본 내각, 대한방침 및 대한시설강령 결정
	8.	22	제1차 한일협약 조인
1905.	4.	8	일본 각료회의에서 일본의 보호권 확립방침을 결정
	5.	27	일본함대, 러시아의 발틱함대를 격파
	7.	29	태프트-가쓰라 각서 성립
	8.	12	제2차 영일동맹 조인
	11.	17	을사조약 조인
1907.	7.	6	헤이그특사, 만국평화회의에서 을사조약의 부당함을 호소
	7.	24	정미7조약 조인
	8.	1	대한제국 군대해산식 거행
1909	6.	14	이토 통감 사임, 소네를 통감에 임명
	10.	26	안중근, 이토 히로부미 사살
1910.	5.	30	데라우치를 통감에 임명
	8.	22	한국병합에 관한 조약 조인

1. 러일전쟁의 배경과 경과

의화단 사건과 러·일의 대립

청일전쟁에서 중국의 패배는 동아시아 국제 정세를 크게 바꾸어 놓았다. 러시아는 일본이 청일전쟁의 결과로 얻은 랴오둥 반도가 일본의 수중에 들어가는 것에 위기를 느껴, 프랑스, 독일과 함께 간섭하여 반환을 요구했다. 한편 열강의 동아시아 침략은 1898년 이후 중국에서 조차지 획득 경쟁으로 나타났다. 3국 간섭의 주동자인 러시아는 랴오둥 반도를 반환시키고 만주를 손에 넣으려는 본격적인 작업에 착수하여, 1896년 동청철도 부설권을 획득하고 1898년에는 랴오둥 반도의 뤼순과 다롄일대를 조차했다. 조차지는 각국이 중국 내륙으로 진출하기 위한 군사기지였고, 철도는 내륙으로의 세력 신장을 위한 수단이었다.

청일전쟁 후 열강의 중국침략은 중국 내에서 배외운동을 불러 일으켰다. 산둥성(山東省)을 중심으로 의화단이 기독교 보급과 외국 세력 침투를 배격하는 슬로건을 내걸었다. 중국분할에 반대하는 의화단의 폭동은 만주로 확대되었다. 영국을 비롯한 열강은

♣해설 | **의화단**

의화단은 백련교 계통의 미륵불을 믿는 집단으로 권비(拳匪)라고도 부른다. 산둥반도에서 외국인 배척운동을 전개했다. 그들은 기독교 보급, 외국세력의 침투에 대해 서교배척(西敎排斥:기독교를 배척한다), 부청멸양(扶淸滅洋:청을 도와 서양을 배격한다)을 슬로건으로 내걸고 봉기하여 외국인과 기독교인들을 무차별 살해했다.

의화단의 봉기가 1900년에 베이징, 톈진으로 확대되는 가운데 열강 대표단은 회의를 개최하고 중국정부에 선교사 살해사건 등에 대한 조사를 강하게 요구했다. 일본은 처음에는 의화단 문제에 소극적이었지만 자국민을 보호한다는 구실로 출병방침을 결정했다. 일본군의 총수는 2만 2,000명에 달했으며, 현지에서 열강 협조노선을 택하여 8개국(독일 · 오스트리아 · 미국 · 프랑스 · 영국 · 이탈리아 · 러시아 · 일본) 연합군의 일원으로 베이징에 입성했다. 중국정부는 의화단과의 관계 설정을 놓고 분열되었으며, 결국 의화단이 연합군에 의해 진압된 가운데 1901년 9월 베이징 의정서를 조인하고 중국정부는 열강에 4억 5,000만 냥의 배상금을 지불했다.

연합군을 편성하여 1900년 의화단과 전쟁을 선포하고 전투를 개시하였다. 그리고 이듬해 베이징 의정서가 조인되면서 이 전쟁은 끝이났다. 일본은 이 전쟁을 통해 군사력의 우수성을 인정받고 열강에 '극동의 헌병'임을 보여 주었다.

일본에 이어 다수의 군대를 파견한 러시아는 동청철도를 보호한다는 구실로 대군을 파견하여 만주를 점령했다. 러시아는 의화단 사건이 진압된 후에도 만주에서 철병하지 않아 일본과의 대립을 깊게 했다. 이는 결과적으로 러일전쟁이 일어나는 배경이 되었다.

영일동맹의 교섭경과

러시아는 의화단 사건 이후 만주에 계속 주둔하는 한편 한국에 대한 야심을 확대해 갔다. 반면 일본은 러시아의 만주 침략에 대한 대책으로 만한교환론과 영일동맹론을 구상하고 있었다. 전자는 일본이 한국에서 우월권을 확보하고, 그 대가로 러시아에게 만주 경영의 자유를 인정한다는 것으로, 이토 히로부미(伊藤博文), 이노우에 가오루(井上馨)가 주장했다. 후자는 러시아 세력을 만주에서 구축하기 위해 일본과 이해를 같이 하는 영국과 협력해야 한다는 것으로, 야마가타 아리토모(山縣有朋), 가쓰라 타로(桂太郎) 수상 등이 주장했다.

일본에서는 영일동맹론자인 가쓰라의 주도로 일본을 이용하여 러시아를 막으려는 영국을 활용하는 방침을 세웠다. 하지만 영국이 신흥국 일본과 동맹을 맺으려 할지는 의문이었다. 영일동맹의 구체적 구상은 독일에서 나왔다. 독일은 영·일을 제휴시켜 러시아를 견제하게 함으로써, 러시아 세력을 유럽에서 동아시아로 돌려 숙적 프랑스를 고립시키려 했다. 가쓰라 내각이 성립하자 친영파의 주도로 대영 동맹교섭이 시작되었다. 그러나 이토 히로부미와 이노우에

영·일 동맹 기념 엽서(1905)
영국 소녀는 천황을 상징하는 국화꽃을 들고,
일본 소녀는 영국 국화인 장미꽃을 들고 손을 잡고 있다.

가오루는 만한滿韓 문제 해결이 우선 필요하다고 생각하여 러시아 측과 교섭에 들어갔다. 한편 일본정부는 원로회의를 개최하여 영국과 동맹을 맺을 것을 결정했다. 영국은 1902년 1월 30일 일본과 제1차 영일동맹을 맺고 한국을 일본의 특수 이익지역으로 인정했다. 중요한 것은 이 동맹으로 조선에서 일본의 지위가 결정적으로 강화되었다는 점이다. 이로써 한국이 러시아에 귀속될 가능성은 사실상 배제되었다.

러·일 개전의 경과

영일동맹의 성립은 일본의 대러 태도를 강경하게 만들었다. 또한 러시아 정부 내부에 상당한 영향을 주었다. 신중론자인 재무상 비테(S. Vitte), 육군상 크로포트킨(Alexei N. Kuropatkin), 외상 람스돌프(Vladimir N. Lamsdorff)는 러시아의 남만주 경영이 영일동맹과 충돌할 위험성이 있다고 주장했다. 그들은 일본의 경계심을 완화하기 위해 1902년 4월 청과 만주철병조약을 체결했다. 그러나 러시아에서 강경파가 세력을 얻었기 때문에 이듬해로 예정된 제2차 철병조약은 실행되지 않았다. 러시아군은 계속 펑톈성(奉天省)의 남부와 지린성(吉林省)을 차지하였다. 또한 러시아는 한국에 대한 침략도 적극 시도하여 1903년 5월 용암포에 포대를 건설하고 7월에는 이를 조차했다.

러일전쟁 때 제물포에 상륙하는 일본군

러일전쟁 풍자화
동북아 지도가 그려진 링 위에 '유럽 챔피언'이란 띠를 두른 러시아인이 만주 땅 위에 서 있고, 한반도와 일본 열도를 딛고 왜소한 일본인이 '아시아 챔피언'이라는 옷을 입은 채 러시아인을 쳐다보고 있다. 링 밖에는 독일, 영국, 미국 등 열강이 관전하고 있으며, 청나라 대표는 휘장 밖에서 이를 엿보고 있다.
(르 프티 라리지앙 1904.4.3)

러시아의 한국에 대한 군사적 점령은 일본정부 당국자에게 커다란 위협을 주었다. 1903년 4월 대러 방침을 의논한 회의에서 러시아가 만주에서 철병하지 않는 것을 항의하고, 만주 문제를 기회로 한국 문제를 해결하기로 결정했다. 그러나 이에 대한 러시아의 대응은 매우 냉담했다. 일본에서는 민간인이 선도하여 개전론을 주장하는 조직이 만들어지기 시작했다. 이어 1904년 1월에는 전비를 외채로 충당한다는 전망이 세워지자 개전을 결정했다. 2월 8일 일본은 인천항과 랴오둥 반도의 뤼순항에 정박 중이던 러시아 군함을 기습 격파하였다. 그리고 이틀 후 정식 선전포고로 러일전쟁이 시작되었다. 전황은 일본에게 유리하게 전개되어, 일본군은 1904년 9월 선양(瀋陽), 이듬해 1월 뤼순을 공략하였고 3월에는 펑톈회전(奉天會戰)에서 승리했다. 그러나 러시아 측이 전력을 회복하면서 일본군은 더 이상 전쟁을 수행하기 어려워 전쟁 종결을 생각하고 강화를 추진하게 되었다.

강화 기회를 노리던 일본은 1905년 5월 동해해전의 승리를 계기로 루스벨트(Theodore Roosevelt) 대통령에게 조정 알선을 의뢰했다. 러시아 측이 이를 수락하여 강화회의는 8월 미국의 포츠머스(Portsmouth)에서 개최되었다. 일본은 사할린 북부 절반을 러시아에 반환하고 배상금을 요구하지 않는다는 양보를 하여 강화가 성립되었다. 강화조약의 주요 내용은 러시아가 일본이 한국에서 정치 · 군사 · 경제적으로 우월한 것을 인정하고, 뤼순 · 다롄 조차권을 일본에게 양도한다는 것이었다.

일본은 이 조약으로 러시아의 랴오둥 반도 조차권을 계승하여 오랜 숙원이던 대륙 침략의 확고한 기반을 획득했다. 열강들이 관여하여 체결한 조약이라는 점에서 사실상 일본의 한국 보호권이 국제적으로 승인되었다.

2. 한국 보호국화와 열강의 동향

한일의정서 강요

1904년에 접어들어 러일개전이 촉박해지자 한국정부는 전시 국외 중립을 선언하여 위기를 타개하고자 했다. 그러나 일본은 2월 6일 러시아와의 국교단절을 선언하고, 8일 밤부터 연합함대가 뤼순에 정박 중인 러시아함대를 기습하여 전쟁을 도발했다. 일본은 러일전쟁을 기화로 한국을 러시아와의 전쟁에 끌어들이는 데 성공하고 한반도 점령이라는 오랫동안의 침략목표를 먼저 달성했다.

일본은 이러한 무력점령을 바탕으로 정치적 지배기반 구축에 착수하여, 2월 23일 외부대신 이지용李址鎔과 하야시 곤스케(林權助) 공사 사이에 한일의정서를 체결했다. 이를 통해 조선정부를 일본의 통제 아래 두고 내정간섭의 권리를 확보했다. 일본은 표면적으로는 동아시아 평화와 조선의 독립 보전 등을 내세웠으나 그들의 주된 관심은 정치 · 군사적 침략의 확고한 발판을 마련하는 데 있었다. 의정서의 내용은 ① 한국정부는 시정 개선에 관한 일본의 충고를 받아들인다. ② 일본정부는 한국 황실의 안전을 도모한다. ③ 일본은 한국의 독립과 영토보전을 도모한다. ④ 대한제국의 황실안녕과 영토보전에 위험이 있을 경우 일본정부는 필요한 조치를 취한다. 또한 일본정부는 전략상 필

친절한 제국주의여! 미국 민주당계 일간지『브루클린 이글(Brooklyn Eagle)』(1904. 2. 17)지에 실린 러일전쟁 풍자화. 한국을 발판으로 삼아 만주로 진군하는 일본군을 풍자하고 있다.

요한 지점을 사용할 수 있다. ⑤ 대한제국 정부와 일본 정부는 상호 승인을 거치지 않고 제3국과 협약을 체결할 수 없다.

일본이 의정서를 통해 가장 중요하게 여긴 것은 제5조에서 한국정부가 다른 나라와 조약을 맺을 수 있는 권리를 박탈한 것이다. 이로써 일본은 불법적인 한반도 점령을 합법화하는 한편 정치·군사적 간섭과 지배를 위한 일정한 근거를 갖게 되었다. 한국의 '보호국화'는 한일의정서에 의해 제1보를 내디뎠고, 1907년 정미7조약으로 일본이 한국의 내정권까지 장악했을 때 실질적으로 완성되었다고 할 수 있다.

제1차 한일협약

일본은 러일전쟁이 만주로 확대되는 가운데 전황이 유리하게 전개되자 제1차 한일협약을 다시 강요했다. 일본인 재정고문을 초빙하고, 일본정부가 추천하는 외국인 외교고문의 고용을 요구했다. 1904년 8월 22일 외부대신 서리 윤치호尹致昊와 특명전권공사 하야시 곤스케가 서명 조인했으나, 이것은 비준서 교환을 수반하지 않은 협정이었다. 이를 통해 일본은 한국의 예속화를 한 걸음 더 진전시켰다.

한국정부는 이 협약으로 일본정부가 추천하는 재정고문과 외교고문을 고용해야만 했다. 일본은 외교권의 실질적 장악뿐만 아니라, 재정 장악을 통한 한국 내정의 식민지적 편성을 꾀하기 시작했다. 대장성 주세국장 메카다 다네타로(目賀田種太郞)가 재정고문에 임명되고 외교고문으로 미국인 스티븐스(Durham W. Stevens)가 임명되었다. 고문의 역할은 단순한 자문 역에 그치지 않았다. 고용 계약을 통해 한국정부의 재정과 외교에 관한 업무 일체를 실질적으로 관장할 수 있는 권한이 주어졌다. 더욱이 고문 채용은 다른 부서에도 자진 초빙 형식으로 두도록 하여, 이른바 일본의 고문정치가 한국 내정의 대부분을 지배했다.

태프트·가쓰라 비밀협약, 제2차 영일동맹

일본은 1905년 4월 8일 각의에서 한국에 대한 보호권을 확립하기로 결정했다. 그러나 이를 위해서는 관계 열강의 양해가 필요했다. 미국은 의화단 사건 이후 러시아의 만주 점령에 대한 발발로 일본에 호의적인 생각을 갖고 있었다. 그리하여 일본이 러시아에 대한 견제 역할을 해 줄 것이라 기대하여 일본의 한국 지배를 용인하려 했다. 그러나 일본이 태평양 지역의 미국 이익을 위협하는 것은 바라지 않았다. 미국 육군장관 태프트(William H. Taft)는 일본이 타이완을 발판으로 남하하여 필리핀을 지배하지 않을까 우려했다. 한편 일본 수상 가쓰라는 미국이 일본의 한국 지배를 인정한다면 일본은 미국의 필리핀 지배를 인정한다는 의사를 표명했다. 양자의 의견일치로 7월 29일 가쓰라와 태프트 사이에 비밀협약이 맺어졌다.

미국의 루스벨트 대통령은 중국의 문호개방을 위해 러 · 일 두 나라의 세력 균형을 중시했기 때문에, 일본의 한국에 대한 지배권 요구와 랴오둥반도 조차권 요구 그리고 남만주 세력권 요구에 대해 찬성하는 입장이었다. 이로써 일본은 미국에게 실질적으로 한국에 대한 보호권 확립을 위한 조약 체결을 보장 받았다.

일본은 동맹국 영국에 대해서도 한국의 보호국화를 확실히 보장받기 위해, 제1차 영일동맹을 개정하여 일부 항목을 변경시키려고 했다. 제2차 영일동맹은 1905년 8월 12일 체결되었는데, 일본은 제3조에서 한국에 대한 '지도 감리 및 보호의 조치를 취하는 권리'의 승인을 얻었다. 영국이 일본의 한국보호권을 인정한 것이다.

영국과 미국이 일본을 후원하는 모습을 풍자한 그림

을사조약

일본은 관계 열강의 양해로, 국제적 여건이 보호조약 체결에 문제가 없다는 인식을 갖게 되었다. 1905년 10월 27일 각의를 열어 조선에 대한 보호권 확립의 실행 계획을 결정했다. 일본정부는 조약 체결 시기를 11월 초순으로 잡고 서울에 파견할 최고 책임자로 추밀원 의장 이토 히로부미를 선정했다. 만약 조선 측의 강한 반발이 있을 경우 무력을 사용해서라도 체결을 강행하되, 불가피한 경우에는 일방적인 선언 방식으로라도 관철시킬 방침이었다.

보호권 설정의 총책임을 맡은 이토 히로부미는 고종에게 일본 천황의 친서를 전달하고 보호조약 초안을 제시하여 이의 수락을 요구했다. 고종은 일단 승낙을 거부했다. 그러자 이토는 대신들을 소집하여 호명해 가며 즉석에서 가부를 묻는 방식으로 동의를 강요했다. 반대의 뜻을 표했던 참정대신 한규설韓圭卨이 감금당한 가운데, 탁지부 대신 민영기閔泳綺와 법부대신 이하영李夏榮도 반대의 뜻을 밝혔다. 그러나 이미 일본에 매수당한 학부대신 이완용李完用을 비롯하여 외부대신 박제순朴齊純, 내부대신 이지용, 군부대신 이근택李根澤, 농상공부대신 권중현權重顯은 동의했다. 이에 이토는 8명의 대신 가운데 5명이 찬성했으므로 보호조약이 통과되었다고 일방적으로 선포했다. 을사조약은 무력적인 강제와 협박으로, 국가 최고 주권자의 승인 · 서명 · 국새날인을 받지 않고 체결된 불법조약이다.

을사조약 후 남산에 설치된 통감부 전경(1905)

이후 일본은 한국의 외교권을 찬탈하고, 통감부를 설치하였다. 12월 20일에는 통감부 및 이사청 관제가 제정되었다. 이에 따르면, 통감은 천황에게 직속하고 내각 총리대신을 거쳐 상주 재가를 받고, 일본의 대표자로 조선의 외교관계를 통할한다고 되어 있다. 또한 조선주차 군사령관에 대한 명령권을 갖고 통감부령을 발하여 위반자를 처벌하는 권리도 갖도록 했다. 이와 같이 통감의 권한은 외교뿐만 아니라 내정에도 미쳤으며, 실권은 이토 히로부미가 장악했다.

3. 통감정치

통감정치와 헤이그 특사사건

통감부는 이토 히로부미의 부임에 앞서, 먼저 한성에 있던 하세가와 요시미치(長谷川好道) 주차군사령관을 임시 통감으로 하여 1906년 2월 1일 문을 열었다. 총무부 · 농상공부 · 경무부를 비롯한 3부 16과의 중앙부서와 24개 지방 이사청理事廳으로 업무를 개시했다. 이어 3월 2일 이토가 부임해 오면서 본격적으로 가동되었다.

이토는 통감정치의 목표로 시정개선을 내걸고 경찰력의 강화, 도로개선, 농사개량 등을 강조했다. 이토가 제일 먼저 착수한 것은 조선정부가 일본 흥업은행으로부터 1천만 엔의 차관을 받도록 하는 일이었다. 그는 이 차관을 통치비용으로 사용하여 높은 이자를 조선정부에 부담시켰다. 그리고 이완용파와 일진회를 기둥으로 1907년 5월 22일 이완용 내각을 새로 조직했다. 이어서 의정부를 내각으로 고치고 내각이 국정의 책임을 지도록 했다. 이것은 황제 권한의 축소를 목적으로 한 것이다. 이토는 친일정권을 만들어 반일운동에 대응한 새로운 체제를 만들었다. 그리고 조선 정계의 재편성을 배경으로 조선 병합을 준비했다.

고종은 을사조약이 부당하게 강제적으로 체결되었음을 외국에 알리려고 노력했다.

1906년 3월 2일, 초대 통감으로 서울에 도착한 이토 히로부미

그 일환으로 1907년 6월 만국평화회의가 열리고 있는 네덜란드의 헤이그(Hague)에 이상설李相卨, 이준李儁, 이위종李瑋鐘을 파견했다. 이들의 목적은 회의에서 정식 발언을 통해 을사조약의 부도덕성을 호소하고, 그 무효를 각국으로부터 승인받는 데 있었다. 그러나 포츠머스조약으로 일본의 조선 지배를 인정한 러시아와 미국 · 영국은 조선 황제가

1907년 6월 24일, 헤이그에 도착한 세 명의 특사. 왼쪽부터 이준 · 이상설 · 이위종.

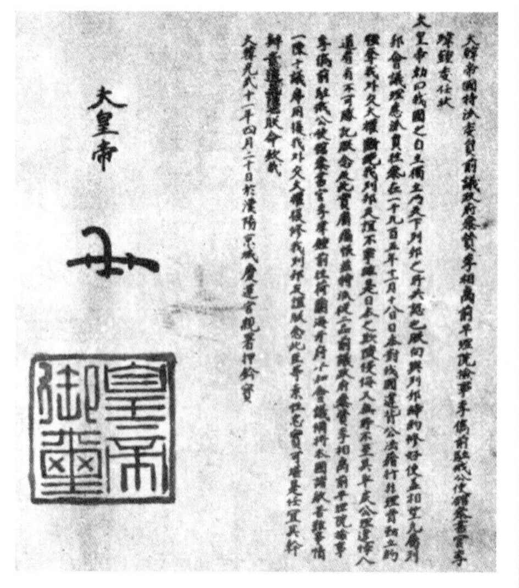

大皇帝

皇帝御璽

고종의 옥새가 찍힌 1907년 4월 20일자의 특사 위임장

파견한 대표와의 면담을 거절했다. 이상설 등은 결국 목적을 실현하지 못했다.

헤이그 특사사건의 경과는 이토에게 전해졌다. 일본은 이 기회에 황제 폐위를 단행하기 위해 고종을 몰아붙였다. 이토는 본국 정부에 보낸 전보에서, 한국이 특사를 파견한 것은 조약을 위반한 것이기 때문에 일본은 한국에 선전포고할 권리가 있다고 주장했다. 일본정부는 이 기회에 한국의 내정 전권을 장악하기로 결정했다.

정미7조약과 군대해산

일본정부가 강경 방침을 전달하기 위해 외무대신 하야시 다다스(林董)를 한국에 직접 파견한 가운데, 이토는 고종을 퇴위시키고 조약개정을 강요하여 보호권을 강화하려고 했다. 고종은 왕실과 국가의 대사를 황태자에게 대리시킨다는 조칙을 발표하여 사태를 수습하려 했다. 그러나 이튿날 황태자 이척李坧이 황제에 즉위하게 되었다. 고종이 퇴위하자 민중은 강력하게 저항하여 일본인 경관과 충돌하고 일진회 기관지를 발행하던 국민신문사를 습격했다. 이토는 이 기회를 포착하여 이완용 등에게 전문 7조로 된 새로운 한일협약을 내밀었다. 정미7조약을 강요한 것이다.

1907년 8월 1일, 한국군대 해산령에 분노한 시위연대 1대대와 2연대 1대대 병력이 봉기하여, 부대가 있던 서소문 사이에 포진하여 일본군과 일대 접전을 벌였다. 이 봉기는 이후 전국으로 퍼져나간 의병운동의 뿌리가 되었다.
(르 프티 주르날 1907.8.4)

일본은 시정개선에 관한 통감의 지도권이라는 명목으로 한국의 내정에 대한 간여를 공식화했다. 또한 일본인을 직접 한국 관리로 임명할 수 있는 권리를 확보하여 직접 행정 실무까지 장악할 수 있는 기틀을 마련했다. 중요한 것은 이토와 이완용 사이에 교환된 이면각서에 있다. 여기에는 본문에 언급되지 않은 대한제국 군대의 해산과 조선정부의 각부 차관에 일본인 관리를 임명한다는 차관정치 구상, 그리고 경찰권과 사법권의 이양이라는 중요한 사항들이 포함되어 있었다. 이토는 반일운동의 정점에 선 고종을 퇴위시키면 반일운동은 소멸하고 외국의 간섭이나 영향의 위험도 없어질 것으로 생각했다. 정미7조약은 실질적인 병합의 달성이라고 할 수 있다. 그리고 7월 27일에는 언론탄압을 위한 신문지법을 공포하고, 7월 29일에는 집회결사를 금지하는 보안법을 발표했다.

이토는 협약 각서에 기재된 방침대로 1907년 8월 1일 대한제국 군대의 해산을 강요했다. 완전 식민지화를 목표로 하는 통감정치 과정에서 한국군의 해체는 병합을 단행하기에 앞서 반드시 해결해 두어야 할 과제였다. 한성의 시위대로부터 시작하여 일부 지방의 진위대까지, 한 달 여에 걸쳐 진행된 군대 해산과정에는 일본이 우려했던 대로 격렬한 저항이 뒤따랐다. 그러나 최신병기로 무장한 일본군에 의해 대한제국 군대는 결국 해체당하고 말았다.

4. 의병운동과 병합조약 강요

반일의병운동과 이토 통감의 사임

정미7조약 체결과 군대해산은 이토의 생각과 달리 반일저항운동을 고양시키는 단서가 됐다. 의병투쟁은 군대해산에 따라 활성화되었다. 이토는 처음에는 의병투쟁에 대해 매우 낙관적인 생각을 갖고 있었다. 그러나 군대해산 이후 하루에도 여러 차례 전투를 치를 정도로 의병투쟁은 치열했다. 그 가운데서도 호남의병의 강력한 저항은 병합을 서두르려는 일제의 발목을 붙잡았다. 이토는 군대증강 등의 조치로 의병전쟁을 진압했고 동시에 사임을 생각하기 시작했다.

이토 히로부미의 한국통치 정책에 대해서는 일본 국내에서도 비판의 목소리가 높아지고 이윽고 사임을 요구하게 되었다. 한국 내에서 이완용파와 일진회파가 대립하고, 의병전쟁이 고양되는 것도 이토의 한국통치 의욕을 꺾었다. 이토는 1909년 6월 14일 통감을 사임하고 추밀원 의장으로 옮겼다. 사임의 최대 이유는 3년 반에 걸친 보호정치가 소기의 목적을 달성하지 못하였고, 의병전쟁이 격화됨과 동시에 일본 내에서 비판이 고조되었기 때문이었다.

이토 사임 후 일본은 빠른 걸음으로 병합을 진행시켜 나갔다. 1909년 7월, 일제는 한국의 사법권과 감옥 사무를 탈취하고 군부를 폐지했다. 나아가 내각 회의에서 극비로 「한국병합에 관한 방침」과 「대한 시설 대강」을 통과시키고 천황의 재가를 받았다.

일진회의 합방청원운동

이토가 통감을 사임한 후 조선 정계는 이완용파와 일진회의 대립이 첨예화하는 한편, 대한협회와 서북학회가 일진회와 제휴하여 내각 타도운동을 시작하여 혼미를 더해 갔다. 반일적 성향을 유지해온 대한협회와 서북학회가 친일단체 일진회와 제휴를 모색한 주된 이유는 이완용 내각을 타도하고 정권을 잡기 위해서였다.

그런데 10월 26일 이토가 하얼빈역에서 안중근 의사에게 사살당한 사건이 일어났

♣해설 | **일진회**

송병준은 일본에 망명중이던 1904년 4월 주한일본군의 군사통역으로 귀국하여 8월 18일 유신회를 조직했다. 유신회는 8월 22일에 일진회로 개명하고 회장은 윤시병, 부회장은 유학주가 맡고, 평의원 · 사무원 · 사찰원을 두었다. 일진회의 강령은 조선 군대를 해산시키고 내각을 교체하고 국가의 재정을 축소시켜 일제의 조선지배권을 강화시키려는 목적을 나타냈다.

일진회는 러일전쟁에 회원들을 동원하여 경의선 철도부설, 군수품 · 군량미 조달, 정보수집 등을 했으며, 을사조약이 체결되기 직전인 11월 6일 '한국은 일본의 보호를 받아야 한다'는 일진회 선언서를 발표했다. 12월에는 이용구가 회장으로 선출되었다. 이즈음에 손병희는 이용구가 일제에 완전히 투항하는 노선을 취하자 동학교단 조직을 천도교로 개편시켰다. 그리고 자기 계열의 동학간부를 일진회에서 탈퇴시키고, 1906년 9월 17일 투항자들에게 출교 처분을 내려 일진회와의 관계를 단절했다.

일진회는 1909년 12월 4일 '일진회합방성명서'를 발표했다. 1910년 일제가 '집회결사금지령'을 내림으로써 한일합병에 커다란 공을 세웠던 일진회마저도 그해 9월 12일 10여 개 단체와 함께 강제 해산되었다.

우찌다와 이용구 통감 이토의 자문관으로 내한하여, 일진회 고문으로 한일병합을 주도한 우찌다(內田良平)와 다케다(武田範之), 오른쪽은 일진회 회장 이용구

다. 이를 계기로 상황이 급변하고, 12월 3파 제휴가 이완용과 대한협회 고문 오가키 다케오(大垣丈夫)의 방해로 무산되자 일진회는 돌연 합방청원운동을 시작했다. 12월 4일 일진회는 한국황제, 이완용 총리대신, 나아가 통감에게 합방상소문과 합방청원서를 제출했다. 일진회의 합방청원운동은 전적으로 송병준宋秉畯 · 이용구李容九의 정치적 야심에서 나온 것이었다. 일진회의 합방 청원운동에 대해서는 반대운동이 거세게 일어났다. 전날까지 일진회와 제휴를 모색했던 대한협회를 비롯한 여러 단체가 반대운동을 전개하면서 일진회는

♣ 해설 | **안중근, 이토 히로부미를 쏘다**

안중근이 뤼순으로 압송될 때 하얼빈 일본 총 영사관 앞에서 찍은 사진으로, 발목과 몸이 쇠사슬에 묶여 있다.

1907년 한일신협약이 체결되자 북간도로 망명한 안중근은 블라디보스토크에서 항일 의병을 조직하여 일본군과 전투를 치렀다. 이후 노브키에프스크 · 하바로프스크 등지에서 국민회 · 일심회一心會 · 동의회同義會 등 반일조직을 결정하고, 1909년 3월 2일 노브키에프스크 가리可里에서 김기룡 · 엄인섭 · 황병길 등 12명과 단지회斷指會(일명 단지동맹)라는 비밀결사를 조직하였다. 이때 안중근 · 엄인섭은 이토 히로부미(伊藤博文)를, 김태훈은 이완용을 암살하기로 맹세하였다.

그런데 마침 그해 10월 26일, 이토가 러시아의 대장대신大藏大臣 코코프체프(Kokovsev, V.N.)와의 회담을 위해 특별 열차를 타고 하얼빈에 도착하였다. 코코프체프와의 열차 회담을 마치고 이토가 차에서 내려 환영 군중 쪽으로 발길을 옮기는 순간 안중근은 뛰어나오며 이토에게 권총을 발사하여 3발을 명중시켰다.

이후 안중근은 1910년 2월 14일의 공판에서 사형을 언도받고, 3월 26일 오전 10시 뤼순 감옥에서 순국하였다. 죽음을 며칠 앞두고 그는 아우에게 "내가 죽거든 시체는 우리나라가 독립하기 전에는 반장返葬하지 말라. …… 대한 독립의 소리가 천국에 들려오면 나는 마땅히 춤을 추며 만세를 부를 것이다"라는 유언을 남겼다.

고립되었다. 그렇지만 일진회의 제의와 관계없이 일본의 한국병합 방침은 이미 확정되어 있었다.

병합조약 강요

일본정부는 1910년 6월 3일 각의에서 '병합 후의 조선에 대한 시정방침'을 결정했다. 이 방침에는 일본의 조선통치권을 헌법에 의한 규정이 아니라 천황의 대권에 의한다고 되어 있다. 조선은 천황 대권에 근거하여 식민지 통치를 위임받은 총독이 독자적으로 법률에 상당하는 명령을 내리는 것이 가능한 지역으로 되었다.

1910년 5월 30일 조선 통감이 소네 아라스케(曾禰荒助)에서 육군대신 데라우치 마사다케(寺內正毅)로 교체되었다. 데라우치는 육군대장이면서 육군대신을 겸임하며 3대 통감이 되었다(10월 1일 초대총독으로 취임). 소네와 데라우치는 모두 조슈(長州) 군벌 계통의 인물들이었다. 러일전쟁 이후 한국은 조슈군벌의 전리품과 같은 처지가 되어 있었다. 병합 실행을 책임지게 된 데라우치는 병합준비위원회를 설치하여 병합에 동반되는 조치를 검토했다. 7월 8일의 각의에서는 병합준비위원회의 결론과 함께 병합조약안 · 조칙안 · 선언문 등을 승인했다. 신임 데라우치 총독은 8월 16일 총리대신 이완용을 통감관저로 불러 병합을 위한 담판을 개시하고, 이완용에게 한국병합은 '강제적 병합'과는 다른 '합의적 조약'임을 강조했다.

8월 22일 반대 의견을 개진한 이용직李容稙이 빠진 채 형식적인 어전회의를 거쳐 이

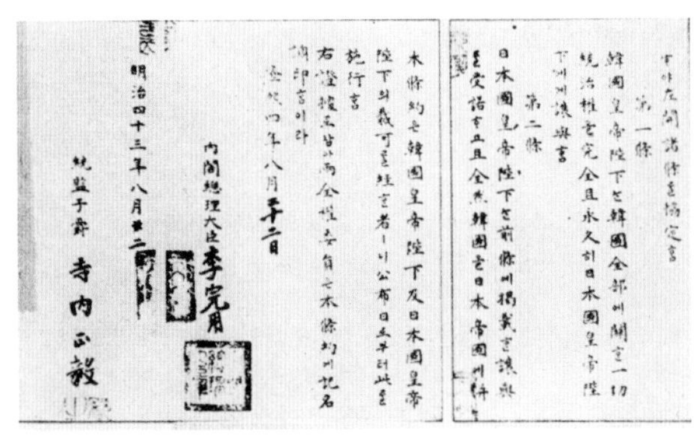

한 · 일병합조약 조인서 원본
1910년 8월 22일, 총리대신 이완용과 데라우치 통감이 서명하였다.

완용과 데라우치 사이에 '한국병합에 관한 조약'이 조인되었다. 대한제국의 주권과 영토와 국민을 완전히 일본에 넘겨주는 대가로 얻은 것은, 대한제국의 황실과 일부 친일파에게 주어진 작위와 은사금이 전부였다. 일제는 8월 29일 '조선총독부 설치에 관한 칙령'과 9월 30일 '조선총독부 관제'를 발표하여 조선총독부를 설치했다.

♣해설 | 조슈번(長州藩)

조슈번은 스오노쿠니(周防國)와 나가토노쿠니(長門國)를 영토로 한 에도시대의 번으로 지금의 야마구치현(山口縣)이다. 에도 막부 말기에는 사쓰마번(薩摩藩: 현재의 가고시마현)과 함께 막부타도의 중심이 되었고, 메이지유신 이후에는 많은 정치가를 배출하여 조슈 파벌을 형성했다. 이 파벌에 속하는 대표적 인물은 요시다 쇼인(吉田松陰, 정한론자), 기토 다카요시(木戸孝允, 정한론자), 가쓰라 타로(桂太郎, 내각총리), 야마가타 아리토모(내각총리), 이노우에 가오루(강화도조약 전권부사, 조선공사, 명성황후 시해 배후조정자), 미우라 고로(조선공사), 이토 히로부미(초대 통감), 소네 아라스케(2대 통감), 데라우치 마사다케(초대 총독), 하세가와 요시미치(長谷川好道, 2대 총독) 등이다. 이 계보를 보면 일본이 조선을 보호국으로 만들고 식민지화하는데 조슈번 출신 인물들의 역할이 매우 컸음을 알 수 있다.

● 읽기자료

1. 한일의정서

제1조 한일 양 제국은 영원히 변함없는 친교를 유지하고 동양평화를 확립하기 위하여 대한제국정부는 대일본제국정부를 확신하고 시정개선에 관한 충고를 들을 것.

제2조 대일본제국정부는 대한제국 황실을 확실한 친의로써 안전 강령케 할 것.

제3조 대일본제국정부는 대한제국의 독립과 영토보전을 확실히 확증할 것.

제4조 제3국 침해 혹은 내란으로 대한제국 황실의 안녕과 영토 보전이 위험에 처했을 경우 대일본제국정부는 곧 그때에 임하여 필요한 조치를 취할 것이며, 대한제국정부는 대일본제국정부의 행동이 용이하도록 충분한 편의를 부여할 것.

대일본국정부는 전항의 목적을 달성하기 위하여 군략상 필요한 지점을 수시로 사용할 수 있을 것.

제5조 대한제국정부와 대일본제국정부는 상호 승인 없이는 본 협정의 취지에 반하는 협약을 제3국과의 사이에 체결하지 않을 것.

제6조 본 협약에 관련된 미비한 세목은 대일본제국 대표자와 대한제국 외부대신이 그때에 임하여 정할 것.

2. 을사조약

일본국정부와 한국정부는 양 제국을 결합하는 이해 공통의 주의를 공고히 하고자 한국의 부강의 실을 인정할 수 있을 때까지 이 목적을 위하여 아래의 조관을 약정함.

제1조 일본국정부는 동경의 외무성을 경유하여 금후에 한국이 외국에 대한 관계 및 사무를 감리, 지휘할 것이요, 일본국의 외교대표자 및 영사는 외국에서의 한국의 신민 및 이익을 보호할 것임.

제2조 일본국정부는 한국과 타국 간에 현존하는 조약의 실행을 완수하는 임무를 담당하고 한국정부는 금후 일본국정부의 중개를 거치지 않고서는 국제적 성질을 가진 어떤 조약이나 약속을 맺지 않을 것을 서로 약속함.

제3조 일본국정부는 그 대표자로 한국 황제폐하의 궐하에 1명의 통감을 두되 통감은 오로지 외교에 관한 사항을 관리하기 위하여 경성에 주재하고 친히 한국 황제폐하를 내알할 권리를 가짐. 일본국정부는 또한 한국의 각 개항장 및 기타 일본국정부가 필요하다고 인

정하는 지역에 이사관理事官을 설치할 권리를 갖되, 이사관은 통감의 지휘 아래 종래 재한국 일본영사에게 속했던 모든 직권을 집행하고 아울러 본 협약의 조관을 완전히 실행하기 위하여 필요로 하는 모든 사무를 맡아 처리할 것임.

제4조 일본국과 한국 사이에 현존하는 조약 및 약속은 본 협약에 저촉하지 않는 한 모두 효력이 계속됨.

제5조 일본국정부는 한국 황실의 안녕과 존엄을 유지할 것을 보증함.

3. 일진회 합방 성명서

(전략)

갑오년에 일본이 일청전쟁을 일으켜 수억의 전비를 쓰고 수만의 전사戰士를 잃으면서, 청국의 굴레를 벗어나 우리 한국의 독립을 확고히 얻었거늘, 정치를 탁하고 어지럽게 하고 우의友誼를 배격하여 이 만세 기초를 잘 지키지 못함도 우리 한인이 스스로 취한 것이오, 마침내 러일전쟁의 인과를 매개로 일본의 손해가 갑오의 10배나 생기는 것도 돌아보지 않고 러시아인의 호구에 한 덩이 고기가 되는 것을 면하게 하고 동양 전국全局의 평화를 유지하였거늘, 이 선린주의를 즐거이 따르지 못하고 조진모초(朝秦暮楚:아침에는 진나라에, 저녁에는 초나라에 붙었다 함)의 폐해가 생기므로 외교권을 다른 나라에 양여하고 보호조약을 성립시키는 데 이른 것도 우리 한국인이 스스로 취한 바요, 한일관계가 이미 친밀한 이래로 감정을 융해하며 공예를 배워 문명모범을 자꾸 진보시켜 나가야 할 것이거늘, 도리어 헤이그 문제를 일으켜 일대 정변을 환기하고 7조약을 계속 성립하게 함도 우리 한인이 스스로 취한 바요.

이토 히로부미가 인민을 편안히 하며 동궁을 보도輔導하여 우리 한국에 노력을 다한 것을 가히 잊기 어렵거늘, 의외의 하얼빈 변사를 일으켜 일본 전국의 여론이 비등하여 대한對韓정책에 근본적 해결을 주창함이 어떠한 위험을 불러 일으킬는지 알 수 없음도 우리 한국인이 스스로 취함이니 우리 한국은 스스로 전제정치라. 인민의 권리를 속박하여 감히 자유롭지 못했던 민족인즉 그 스스로 취한 책임을 질 자가 있거니와 과거를 미루어 장래를 생각할지면 안위와 존망이 결코 민족이 책임져야 할 앞길이라.

우리 황제폐하의 대일본 황제폐하의 마음을 움직이는 일단一團 정성으로 애소하여 우리 황실의 만세존숭萬世尊崇하는 기초를 공고히 하며 우리 인민을 일등 대우하는 복리를 향유하여 정부와 사회를 더욱 발전시킬 것을 주창하여 하나의 큰 정치 기관을 성립할지면, 우리 한국의 보호, 열등에 있는 수치에서 벗어나 동등정치에 있는 권리를 획득하는 것이니, 이는 법률상 정합방政合邦이라 일컫는 한 문제이다.

오호라 이를 다행히 성립하여 두 날개가 같이 날며 두 바퀴가 같이 구르는 정치 범위 아래 살고자 원하되 삶을 얻지 못하고, 죽으려 하되 죽음을 얻지 못하는 우리 2천만 국민은 노예된 모멸侮蔑에서 벗어나며 희생된 곤고困苦를 면하고 동등한 오열伍列에 한 번 새로이 회생回甦하여 여지餘地에 확립하고 전보를 시진試進하여 실력을 양성하면 전도의 쾌락을 향유하고 훗날의 활약을 가히 얻을 수 있음은 명확한 바이다.

오호라 오늘 이 만사일생萬死一生의 길을 간청해 구함은 단군 4천년 역사와 태조 5백년 넓은 터의 종묘사직을 영구히 안치하여 신성神聖 민복民福을 안도安堵코자 하는 한 조각 공심公心에서 나옴이오 만약 그 시기를 이용코자 할지면 천신이 반드시 보답할 것이니 우리 2천만 국민에게 맹세하여 고하는 이 뜻을 알리노라.

4. 안중근의 동양평화론

뭉치면 성공하고 헤치면 패망하는 것은 만고에 떳떳이 정해져 있는 이치이다. 지금의 세계는 동서반구東西半球로 나뉘어져 있고, 인종도 각각 달라 서로 경쟁하기를 다반사로 하고 있다.

이기利器 연구를 농업이나 상업보다 더욱 힘써, 전기포, 비행선, 침수정을 새로 발명하니, 이것은 모두 사람을 상하게 만들고 물건을 해치는 기계이다.

청년들을 훈련시켜 전쟁터로 몰아넣어 수많은 귀중한 생령들을 소나 돼지를 잡아 희생에 바치듯 내버려, 피는 냇물을 이루고 시체는 땅을 덮기를 하루도 그치지 않고 있다.…

아! 천번 만번 의외로 전쟁에 이겨 개선한 후에는 가장 가깝고 가장 친하며 어질고 약한, 같은 인종인 한국을 억압하여 조약을 맺고, 만주 · 장춘 이남의 땅을 빌린다고 빙자하여 점령하였기 때문에 세상 사람들에게 의심을 사게 되어 일본의 위대한 성명과 정대正大한 공훈이 하루아침에 바뀌어 만행을 일삼는 러시아보다 더 심하게 되었다.

아! 용과 호랑이의 위세를 가지고 어찌 뱀과 고양이의 행동을 한단 말인가? 이같이 만나기 어려운 좋은 기회를 다시 찾은들 어떻게 얻을 수 있겠나. 애석하고 통탄할 일이다.

'동양평화'와 '한국독립'이라고 하는 어구는 이미 천하만국 사람의 이목에 일깨워 금석처럼 믿게 되었고, 한 · 청 두 나라 사람들에게는 간과 뇌에 도장이 찍힌 것이다. 이와 같은 문자文字 사상은 비록 천신天神의 능력으로써도 갑자기 소멸시킬 수 없는 것이어늘 하물며 한두 사람의 꾀로써 어찌 말살할 수 있겠는가? 오늘날 서양 세력이 동양으로 점차 밀려오는 환난을 동양 인종이 일치단결해서 극력으로 방어해야 하는 것이 제일 상책임은 어린아이일지라도 익히 하는 일인데, 무슨 까닭으로 일본은 이러한 순리의 형세를 돌아보지 않고 같은 인종인 이웃나라를 약탈하고 우의를 끊어, 스스로 도요새가 조개를 쪼으려다 부리를 물리는 형세를 만들어 둘 다 잡히게 어부를 기다리는 듯 하는가.

한 · 청 두 나라 사람들의 소망은 끊어지고 말았다.

만약 정략을 고치지 않고 핍박이 날로 심해진다면 부득이 이족異族에게 욕을 당하지 않겠다는 의론이 한 · 청 두 나라 사람들의 폐부에 용솟음쳐서 상하가 일체로 스스로 백인의 앞잡이가 될 것이 불보듯 환한 형세이다.

그렇게 되면 동양의 몇 억 황인종 중의 허다한 뜻있는 사람과 비분강개하는 남아가 어찌 수수방관하고 동양 전체가 까맣게 타죽는 참상을 앉아서 기다릴 것이며 또 그것이 옳겠는가?

그렇기 때문에 동양평화를 위한 의로운 싸움을 하얼빈에서 개전하고 담판하는 자리를 여순항구에 정했으며 이어 동양평화 문제에 관한 의로운 싸움을 제기하는 바이니 여러분의 깊은 살핌을 바라는 것이다.

– 경술庚戌 2월 대한국인 안중근, 여순 옥중에서 쓰다

● 참고문헌

이태진 편저, 2003, 『한국병합의 불법성 연구』, 서울대 출판부

강창석, 2004, 『조선통감부연구』 Ⅱ, 국학자료원

최문형, 2004, 『러일전쟁과 일본의 한국병합』, 지식산업사

김종준, 2010, 『일진회의 문명화론과 친일활동』, 신구문화사

미야지마 히로시, 와다 하루키, 조경달, 이성시 (최덕수 역), 2011, 『일본 한국 병합을 말하다 : 일본의 진보 역사학자들이 말하는 한국 강제 병합의 의미』, 열린책들

운노 후쿠쥬 (연정은 역), 2012, 『일본의 양심이 본 한국병합』, 새길아카데미

하라다 게이이치 지음, 최석완 옮김, 2012, 『청일 · 러일전쟁』, 어문학사

박종효, 2014, 『한반도 분단론의 기원과 러 · 일전쟁: 1904~1905』, 선인

하라 아키라 지음, 김연옥 옮김, 2015, 『청일 · 러일전쟁 어떻게 볼 것인가』, 살림

김원수, 2016, 『헤이그 만국평화회의의 특사외교와 국제관계』, 선인

이태진, 2016, 『일본의 한국병합 강제 연구』, 지식산업사

제 7 장

국권회복운동과 근대 문명의 수용

독립하세 독립하세 우리 나라 독립하세
우리 청춘 소년들아 우리 나라 독립하세
슬프고 분하다 우리 대한 나라 어이하여 이 지경 노예자취 이 지경
슬프고 분하다 우리 대한 나라 어이하여 이 지경 비굴자감卑屈自甘 이 지경
슬프고 분하다 우리 대한 나라 어이하여 이 지경 청아淸俄 믿다 이 지경
슬프고 분하다 우리 대한 나라 어이하여 이 지경 세사전매世事全昧 이 지경
슬프고 분하다 슬프고 분하다 우리 대한 나라

— 「독립가」(현채, 1907,『유년필독幼年必讀』)

〈연표〉

1904.	2.	러일전쟁 개전
	7.	『대한매일신보』 창간
1905.	12.	손병희, 동학을 천도교로 개칭
1906.	4.	대한자강회 창립
	6.	최익현, 의병 기병
1907.	1.	국채보상운동 발기
	4.	신민회 발기
	8.	군대 해산, 해산 군인 의병 합류
1908.	1.	13도 의병, 서울탈환작전
1909.	1.	나철, 단군교(대종교) 창도
	9~10.	일본군, '남한대토벌작전'으로 의병 탄압

1. 자강운동

자강운동의 대두

러일전쟁에서 승리한 일본은 조선에 을사조약을 강요해 조선을 보호국화했다. 식민지화의 위기가 고조되는 가운데, 다양한 국권회복운동이 전개되었다. 한말 보호국치하에서의 국권회복운동은 무장투쟁 노선과 실력양성운동 노선을 각각 택한 의병전쟁과 자강自强운동의 흐름으로 나타났다. 이중 자강운동은 '교육과 실업을 진흥시킴으로써 경제적 문화적 실력을 양성하고, 나아가 부국강병을 달성하여 장차 국권회복의 토대를 마련하려는 운동'이었다. 한말의 자강운동론을 한마디로 요약하면 '선실력양성 후독립론'이었다.

자강론자들이 실력양성을 위해 가장 강조한 것은 교육과 실업의 진흥이었다. 교육의 진흥을 위해 자강론자들은 의무교육의 실시, 실업교육의 강조, 상무교육의 실시, 국가사상의 고취 등을 주장했다. 실업진흥을 위해서는 농법개량, 종자개량, 기계사용 등 농업의 혁신과 상공업진흥을 위한 제도개선, 실업교육, 과학·기술 연구, 회사설립 등을 강조했다. 궁극적으로 실업진흥은 구래의 지주·상인층의 자본을 근대적 상공업

♣해설 | **사회진화론의 수용**

사회진화론은 다윈의 생물진화론에 기초한 사회이론으로, 대표적 사회진화론자는 영국의 허버트 스펜서이다. 사회진화론자들은 인간사회의 생활을 생존경쟁으로 생각했고, '적자생존'을 통해 인간사회가 유지된다고 주장했다. 이 이론은 자유방임적 자본주의와 정치적 보수주의를 지지하고 계급불평등과 제국주의의 식민지배를 합리화하는 이론으로 이용되었다.

1880년대 유길준에 의해 처음 소개된 사회진화론은 1890년대 후반에 이르러 『독립신문』과 『황성신문』에 의해 적극적으로 수용되었다. 1900년대 중반에는 철저하게 사회진화론에 입각한 량치차오(梁啓超)의 『음빙실문집飮氷室文集』이 유교지식인들에게 널리 읽히면서, 사회진화론은 지식인 사이에서 대중화되었다. 사회진화론은 이 시기에 크게 늘어난 일본 유학생을 통해서도 널리 보급되었다. 이러한 과정을 통해 지식인들의 지배적인 담론으로 자리잡은 사회진화론은 자강운동론의 주요한 사상적 기반을 형성했다.

자본으로 전환시키는 자본주의화를 지향했다.

자강론자들이 제시한 자강운동의 또 하나의 주요 과제는 잘못된 습성과 폐습의 타파였다. 고루함, 수구성, 모험심과 진취성의 결여, 당파성, 나태성, 의뢰성, 애국사상의 결핍 등이 잘못된 습성으로 지적되었고, 반상班常차별의 계급제도, 조혼 등의 혼인제도가 대표적인 폐습으로 거론되었다. 자강론자들이 지적한 잘못된 습성은 이 시기 일본인들이 주장한 한국민족 열등성론과 유사한 내용이었다. 이러한 사실은 사회진화론과 함께 식민주의자들의 식민주의 이론이 당시 조선의 지식인들에게 그대로 내면화된 모습이라고 할 수 있다.

이 시기 자강운동론의 사상적 배경은 당시 지식인들 사이에서 광범위하게 유행한 사회진화론과 1890년대 이후 확산되어 가던 개화자강론이었다. '사회진화론'의 영향으로 적자생존을 사회진화의 철칙으로 수용했던 지식인들은 조선이 경쟁에서 살아남기 위해서는 스스로의 실력을 갖추는 것, 즉 자강운동이 유일한 해결책이라고 생각했다.

독립협회 이래 조선 사회 내부에서 성장해온 '개화자강론' 역시 자강운동론의 형성에 큰 영향을 미쳤다. 독립협회는 자강만이 독립을 지킬 수 있는 길이며, 그 자강은 개화를 통해 이루어질 수 있다고 역설했다. 독립협회 이후 개화자강 의식을 북돋운 것은 『황성신문』이었다. 황성신문은 '동서고금의 참작절충'이라는 이념에 입각해 개화를 통한 자강을 주장하고, 교육과 산업의 진흥을 자강의 방법으로 제시했다. 황성신문 계열의 개화자강론은 개명 유교지식인들의 형성에 결정적인 영향을 미쳤다. 장지연, 박은식, 류근 등이 황성신문 계열의 대표적 인물이다. 개명 유교지식인들과 함께 해외유학생 출신들은 사회진화론의 수용과 자강운동의 형성 및 전개에 커다란 역할을 했다. 유길준, 서재필, 윤치호, 안창호 등이 여기에 해당한다. 특히 일본 유학생들의 활동이 두드러졌는데, 이들은 학회와 유학생단체를 조직해 자강운동론을 개진하고 실행했다. 이러한 사상적 배경 속에서 조선의 '보호국화'라는 정치적 위기 상황이 결부되면서 자강운동은 국권회복운동의 강력한 흐름으로 대두했다.

대한자강회와 대한협회

러일전쟁 이후 조선에 대한 일본의 정치적 · 경제적 침략이 노골화되자, 조선인들은 각종 정치 · 사회단체를 조직해 저항했다. 1904년 7월 일본의 황무지 개간 점유권 요구에 조선인들은 '보안회'를 결성해 일본의 요구를 철회시켰다. 일본이 조선인의 저항을 무마하기 위해 일부 독립협회 출신자들과 친일세력을 후원해 1904년 8월에 '일진회'를 조직하자, 독립협회 출신자들과 반일적인 보부상들이 제휴해 같은 해 12월에 '공진회'를 결성했다. 일진회와 대립했던 공진회는 정부의 해산명령으로 이듬해 1월에 해산되었다. 일부 공진회 인사들과 개신유학자들이 입헌군주제 실시를 목표로 1905년에 '헌정연구회'를 창립했으나, 헌정연구회는 을사조약 이후 제대로 활동할 수 없었다.

을사조약 후 통감정치가 실시되면서 전국적 규모의 자강운동 단체들이 등장했다. 대표적인 단체는 대한자강회와 신민회였다. 대한자강회는 윤효정 등 헌정연구회 계열 인사들과 장지연, 류근 등 황성신문 계열 인사들이 참여해 1906년 4월에 결성되었다. 대한자강회는 조선이 '자강지술自强之術'을 강구하지 않아 보호국으로 전락했다고 인식하고, 국권회복을 위해 교육진작과 식산흥업을 주장하며 교육운동, 실업진흥운동, 대중계몽운동 등을 전개했다. 대한자강회는 기관지 『대한자강회월보』를 간행하고, 국내외 33개의 지회와 1,500명 이상의 회원을 확보하고 국권회복을 위한 실력양성운동을 전개했다. 대한자강회는 1907년 고종 양위 반대 시위를 주도해 강제 해산되었다.

대한협회는 1907년 구 대한자강회 회원들과 권동진, 오세창 등 천도교 일파가 연합한 형태로 구성되었다. 대한협회는 기관지 『대한협회회보』를 발간하고, 전국에 60개 이상의 지회와 수천 명의 회원을 확보했다. 그러나 대한협회는 1908년 이후 점차 친일화되어 일진회와 제휴하려는 움직임까지 보였다. 대한협회는 1910년 조선 병합 후 해체되었다.

신민회

신민회 시절의 안창호

신민회는 1907년 안창호의 제안으로 양기탁 · 이동휘 · 전덕기 · 이동녕 · 이갑 · 유동열 · 안창호 등 7인을 창간위원으로 하여 조직된 비밀결사였다. 신민회의 주요 참여세력은 양기탁 · 신채호 · 장도빈 등 대한매일신보 계열, 전덕기 · 이준 · 이동녕 등 상동청년학원 세력, 이동휘 · 이갑 · 유동열 등 전직 무관 출신, 이승훈 · 안태국 등 실업가 집단, 안창호 · 이강 등 공립협회 집단 등이었다.

신민회의 궁극적 목적은 국권을 회복하여 공화제에 기초한 자유독립국을 수립하는 것이었다. 신민회는 실력양성을 위해 백성들을 새롭게 만들어야 한다는 신민新民, 신민은 자기 스스로의 힘으로 해야 하다는 자신自新을 내세웠다. 신민회는 국권회복을 위해 교육운동 · 계몽운동 · 식산흥업 · 독립군기지 건설운동을 전개했다. 이 가운데 학교설립 등 교육운동이 가장 활발했다. 신민회 인사들에 의해 설립된 대표적인 학교는 평양의 대성학교였다. 대성학교는 교육의 목표를 민족운동의 간부양성과 국민교육의 사범양성에 두고, 지식개발

대성학교
안창호가 세운
대성학교의 교사와 학생(1907년).

뿐만 아니라 애국주의와 건전한 인격의 양성을 강조했다. 국민계몽을 위해서는 계몽강연활동과 서적 · 잡지발간, 청년운동 등을 활발히 전개했다. 신민회는 『대한매일신보』를 기관지로 활용하고, 출판사업을 위해 태극서관을 설립했다. 신민회의 청년활동은 수양단체를 내세운 청년학우회를 통해 이루어졌다. 일제의 경제침략에 대응해 경제계몽운동, 한국상인의 상권보호운동, 민족산업 진흥을 위한 회사 설립 등을 도모했다.

신민회는 실력양성운동을 전개하는 한편, 국외에 독립군기지 건설을 구상했다. 이 구상에 따라 1910년 이동녕 · 이회영 등은 평텐성 유하현으로 이주하여 신한민촌을 건설하고 신흥강습소(신흥무관학교)를 창설했다. 신민회의 독립군기지 창건계획은 부분적인 성공에 그치고 말았지만, 이후 만주지역에서의 무장투쟁의 기초가 되었다.

비밀결사였기 때문에 신민회의 정확한 회원 규모는 확인할 수는 없으나, 대체로 800여 명으로 추정된다. 일제는 1911년 데라우치 총독 암살 음모를 조작하여 서북지역 기독교인과 신민회 관계자를 구속해 105인을 재판에 회부했다. 이른바 '105인사건'으로 알려진 이 사건으로 결정적 타격은 입은 신민회는 1911년 9월 사실상 해산되었다.

2. 의병전쟁

의병전쟁의 재발

1904년 러일전쟁이 발발하면서 의병들이 다시 봉기했다. 1905년 11월 을사조약 후 의병전쟁은 더욱 확대되었다. 의병전쟁의 주요 지역은 강원 · 경기 · 충청 · 경북 · 전라도 등 산간지역으로, 을미의병에 비해 전투지역은 더욱 넓어졌다.

이 시기 의병전쟁을 주도한 인물들은 대체로 양반 유생들이었다. 1905년 8월 원주의 원용팔, 단양의 정운경이 봉기를 시작했고, 황해도 · 평안도 지역의 이진룡 · 조맹

선 · 전덕원, 강원도의 박장호 등이 뒤를 이었다. 이들은 유인석 문하의 유생들로서 을미의병에도 참여했다. 을사조약 이후 영천의 정용기, 홍주의 민종식, 태인의 최익현, 담양의 고광순 등이 새롭게 의병전쟁에 합류했다. 을미의병에 비해 이 시기 대규모 의병부대의 경우에는 전직관료들이 참여하는 사례가 많았다.

이 시기 의병전쟁에서는 을미의병에 비해 농민층의 참여가 늘어났다. 1904~1905년 초기단계에서부터 농민층을 주축으로 한 '농민의병'이 다수 출현했다. 그 대표적인 사례가 신돌석 의병부대다. 영남지역을 중심으로 활약한 신돌석은 평민출신 의병장으로 '태백산 호랑이'라고 불리며 산악지대를 기반으로 유격전을 펼쳤다.

을사의병의 목표는 국권의 회복으로서, 을미의병이 척사론적 입장이나 성리학적 명분론을 기반으로 했던 것에 비해 한층 강화된 국가의식을 보여주었다. 또한 을사의병은 을미의병의 한계로 지적되는 지역성, 학통성, 혈연성 등의 한계를 어느 정도 극복했다. 평민의병장의 출현이나 농민층의 참여 증가 등 의병 참여 신분층도 확대되었다. 의병전쟁이 확대되면서 의병부대는 더욱 정예화하고 유격전을 수행하기에 유리한 소규모 부대로 점차 재편되었다. 이러한 양상은 1907년 정미의병 단계에서 더욱 두드러졌다.

의병전쟁의 확대

1907년 고종이 강제퇴위하고 정미7조약 체결과 함께 군대해산이 결정되었다. 8월 1일 서울 시위대에 해산명령이 내려지자, 이에 저항하여 시위대 1연대 1대대장 육군참령 박승환은 자결했고 시위대 병사들은 시가전을 전개했다. 시위대의 해산에 이어 지방진위대의 해산이 시작되었다. 시위대의 항거소식은 지방 진위대에도 전해져, 강원도 원주진위대의 궐기를 시작으로 강화진위대 등의 봉기가 이어졌다. 군대해산에 저항한 군인들은 의병부대에 합류했다.

해산 군인들이 의병에 합류하면서 의병전쟁은 새로운 단계로 나아갔다. 1907년까지 의병들의 활동지역은 한반도 전역으로 확산되었고, 간도 · 연해주지역에서도 의병활동이 전개되었다. 1907년 8월초 강원 · 충북 · 경북 등지의 의병이 먼저 봉기했다. 1907

강화도 진위대 장교들
1907년 강제해산된 강화진위대의 장교들.

년 8월 중부 지역을 휩쓴 의병전쟁은 12월경에 이르러 전라남북도와 경상남도 일대로 확산되었고, 점차 북상하여 이듬해 3 · 4월 경에는 평안북도와 함경도 일대에까지 미쳤다. 1907년 가을에서 이듬해 봄까지 의병전쟁은 최고조에 달했다.

의병부대의 규모와 활동지역이 늘어나면서 의병부대 간의 연계와 통합의 필요성이 높아졌다. 1907년 11월경 이은찬 · 이구채 · 이인영 · 허위 등은 13도 창의대진소를 결성하고, 각도 의병장들에게 격문을 띄워 경기도 양주로 집결할 것을 호소했다. 또한 서울 주재 각국 영사관에 통문을 보내 의병을 국제법상의 전쟁단체로 인정해 줄 것을 요구하고, 해외 동포들에게 보내는 격문을 통해 의병전쟁의 정당성과 서울 진격을 선언했다. 13도 창의부대는 서울을 향해 진격했고, 1908년 정월 허위의 선봉대 300명이 동대문 밖 30리 지점까지 진격했으나, 일본군의 공격으로 후퇴했다. 서울탈환작전 실패 후 각 부대는 각자의 근거지로 돌아가 독자적인 활동을 전개했다.

1907년 이후 의병전쟁의 중심지는 전남 · 강원 · 전북 · 황해 · 충남 · 충북 · 경북 · 경남 등지였다. 1908년에는 강원도 의병이 가장 강력했고, 1909년에는 전남 의병이 가장 강성했다. 의병전쟁이 장기전에 돌입하자, 1909년 7월 한국을 병합하기로 결정한 일제는 의병전쟁을 종식시키기 위해 대대적인 진압작전을 전개했다. 일제는 1909년 9월부터 10월까지 '남한폭도대토벌작전'이라는 이름으로 호남 의병들을 철저하게 진압했다. '남한폭도대토벌작전'은 전남 전체를 육로와 해상으로 완전 포위하여 동쪽과 북쪽에서 서남쪽으로 '그물질하듯 빗질하듯' 좁혀 들어가 의병을 섬멸하는 작전이었다. 약 2개월에 걸친 이 작전에서 100여 명의 의병장과 4천여 명의 의병들이 체포되거나 피살되었다. 이어 강원도와 황해도 지역의 의병이 진압되면서 의병전쟁은 사실상 막을 내렸다. 의병들의 저항이 무력화되자 일제는 1910년 8월 조선을 강제 병합했다.

1907년 이후의 의병은 을사의병에 비해 창의이념, 참여세력, 규모와 전술 등 여러 면에서 보다 진전된 내용을 보였다. 창의이념에서는 국권회복의식이 크게 강조되었

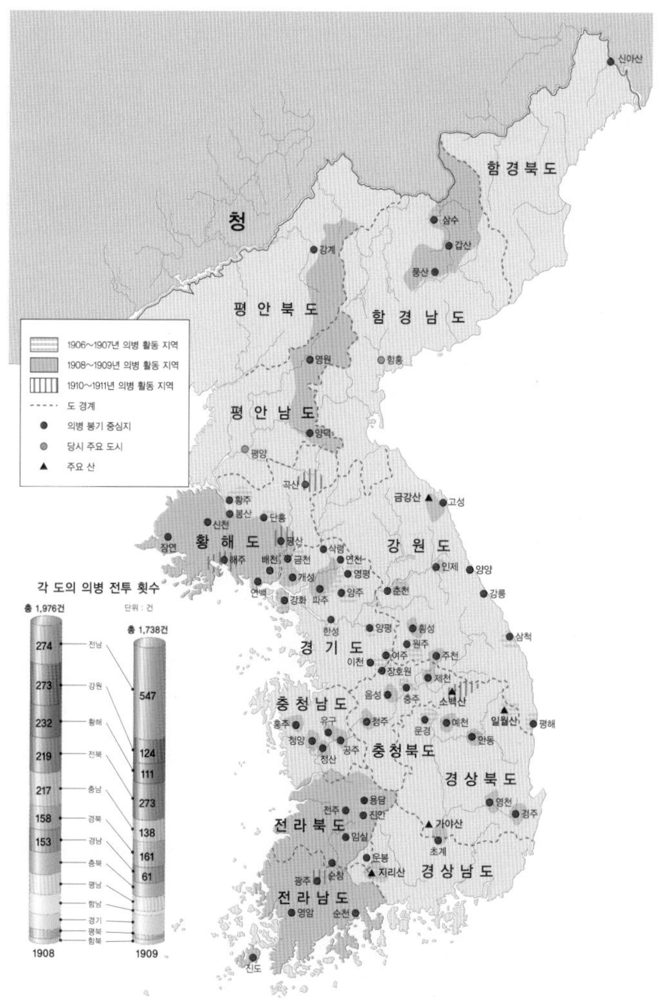

의병봉기 중심지와
연차별 의병활동지역

일본군의 '남한폭도대토벌작전'에 끝까지 항거하다 체포된 호남의병장들(1909)

다. 그러나 의병전쟁이 당시 국권회복운동의 큰 흐름을 형성하고는 있었으나, 새로운 시대를 여는 정치이념을 제시하지는 못했다. 의병전쟁이 진행될수록 참여세력이 넓어져 해산군인을 비롯한 빈농과 행상 등 평민출신 의병장들이 증가했다. 홍범도 · 안규홍 · 차도선 · 김수민 등이 그들이다. 해산군인들의 합류로 무기와 전술, 군기, 군사훈련 등 전투능력도 향상되었다. 후기로 갈수록 의병부대는 소부대로 되어 효과적인 유격전술을 구사할 수 있었다.

1910년 이후 의병들은 황해 · 경기 · 강원 · 함경도의 산악지대를 중심으로 명맥을 이어갔으나, 1915년 즈음에 국내 의병세력은 거의 소멸했다. 국내에 근거지를 상실한 의병 세력은 연해주나 간도로 망명해 무장투쟁을 이어나갔다.

3. 근대문명의 수용

학회설립과 교육운동

자강운동이 활발히 전개되면서 1906년 이후 다양한 학회들이 설립되었다. 1904년 교육계몽학회인 국민교육회가 창립되었으나 활발한 활동을 보여주진 못했다. 1906년 10월 평안도·황해도 출신 인사들은 서우학회西友學會를, 함경도 출신 인사들은 한북흥학회漢北興學會를 설립했고, 두 학회는 1908년 서북학회로 통합했다. 1908년에는 호남학회, 관동학회, 교남학회 등이 조직되었다. 유학생들도 태극학회나 낙동친목회 등 학회

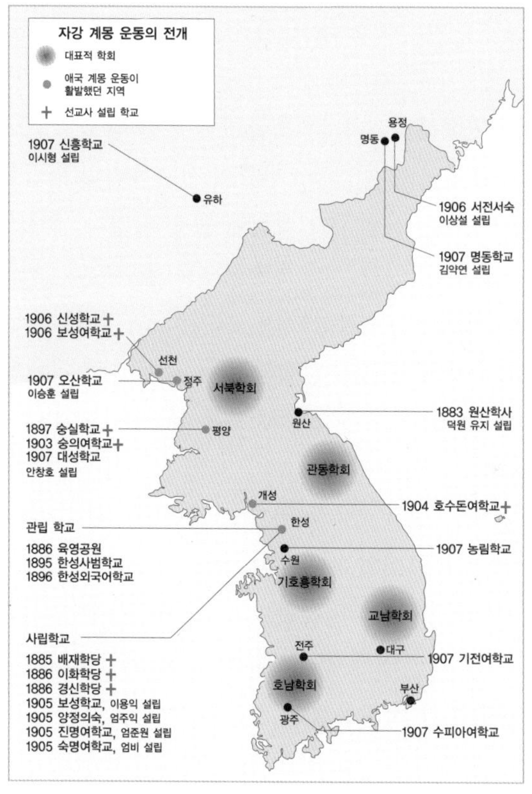

자강계몽운동의 전개

숙명여학교 학생들과 교복(1907)
숙명여학교는 한국에서 최초로 양복을 교복으로 입었다.

나 유학생단체를 결성했다. 지역별로 조직된 학회와 유학생단체는 기관지를 발행하고, 학교 설립과 계몽운동을 주도했다. 일제는 1908년 '학회령'를 공포하여 학회의 활동에 제약을 가했다.

국권회복을 위해 근대학문의 수용과 보급이 주요한 과제로 제시되면서 수많은 사립학교가 설립되었다. 1880년대 서양선교사들이 선교목적의 사립학교를 설립한 이래, 1890년 후반 조선인들에 의한 사립학교 설립이 줄을 이었다. 을사조약 이후 자강운동이 본격적으로 전개되면서 사립학교가 폭발적으로 늘어났다. 이 시기에 오산학교·대성학교·휘문의숙·양정의숙·진성학교·보창학교·양산학교·서북협성학교 등이 개인, 자강단체 또는 학회 주도로 설립되었다. 총독부의 기록에 따르면 1908년 전국의 학교 수는 서울시내 100여 교를 포함해 모두 5,000여 개에 달했으며 학생 수는 20만에 이르렀다고 한다.

이들 학교는 대체로 초등보통교육을 목표로 하였다. 여성교육이 강조되면서 기독교 교단이나 민간에 의해 사립여학교가 다수 설립되었다. 학교 설립이 증가하면서 국민사범학교, 서우사범야학교, 서북협성학교 등 교사양성을 위한 사범교육이 실시되었다. 지역적으로는 평안도 지역에서 사립학교 설립이 가장 활발했다. 이 시기 학교 설립운동은 국권회복을 위한 자강운동의 일환이었기 때문에, 교육 내용은 민족의식의 고취와 국권회복에 강조점을 두었다. 또한 실력양성을 위한 근대학문의 소개도 집중적으로 이루어졌다. 학교가 늘어나면서 개인 및 자강단체, 학회를 중심으로 각종 교과서가 편찬되었다.

크게 늘어난 사립학교에서 민족교육을 통해 국권회복의식을 고양시키자, 일제는 사립학교를 규제하기 위해 1908년 '사립학교령'을 공포하여 사립학교의 설립과 교과서 사용, 교사 자격에 제한을 가하고, 사립학교에 거액의 기본금 확보를 요구했다. 그 결과 많은 수의 사립학교가 폐교하거나 공립으로 전환할 수밖에 없었다.

언론·출판운동

한국에서 근대적 언론매체의 효시는 1884년 10월 정부에서 발행한 『한성순보』였다. 갑신정변으로 발행이 일시 중지된 『한성순보』는 1886년 『한성주보』로 복간되었다. 1896년 창간된 『독립신문』은 최초의 민간지이자 순한글 신문이었다. 독립신문 창간 이후 민간신문이 급속히 성장했다. 『제국신문』, 『황성신문』, 『대한매일신보』 등이

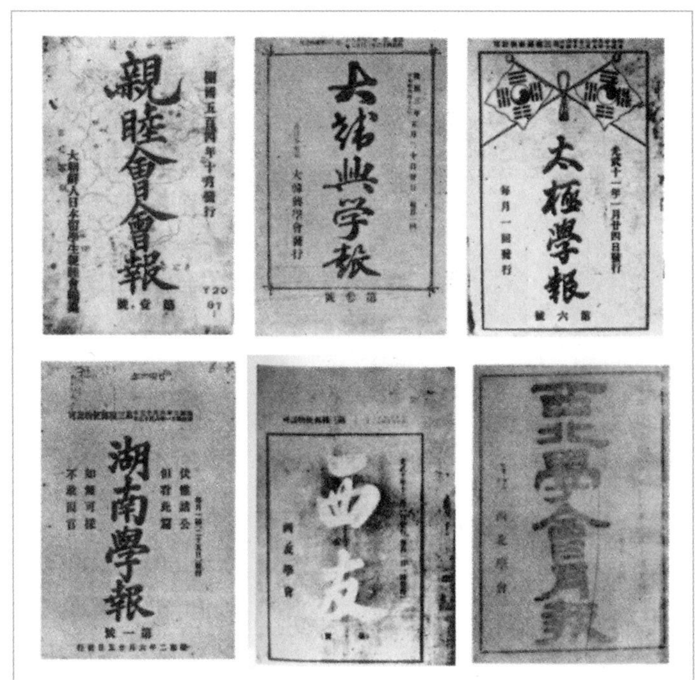

각종 학회지
친목회회보, 대한흥학보, 태극학보, 호남학보, 서우, 서북학회월보.

대표적인 민간신문이었다. 한국이 일본의 보호국으로 전락하자, 이들 신문은 자강론의 입장에서 국권회복을 위한 국민계몽에 힘썼다. 을사조약의 부당성을 지적하며 『황성신문』이 「시일야방성대곡」이라는 논설을 게재한 것은 잘 알려진 사실이다. 이 신문들의 계몽운동 노선은 자강론에 기초하여 '선실력양성 후독립론'에 기울어져 있었지만, 『대한매일신보』 계열의 인사들은 '선독립'을 주장하며 일제에 대한 비타협적 태도를 견지했다. 미주와 노령 등 해외 한인사회에서도 각종 신문이 발간되어 한인 계몽과 국권회복운동에 기여했다.

이 시기에는 단체 · 학회의 기관지를 비롯한 다양한 잡지가 발간되었다. 『대한자강월보』, 『대한협회월보』, 『서우』, 『호남학보』, 『서북학회월보』, 『기호흥학회월보』, 『태극학보』 등 단체와 학회의 기관지는 교육과 식산흥업 등 국민계몽을 주된 목적으로 했다. 또한 근대학문을 소개하는 서적이나 애국심을 고취하는 역사책 · 위인전 등 국민계몽을 목적으로 한 각종 출판물도 쏟아져 나왔다. 도일유학생들도 유학생 단체를 조직하여 『친목회회보』, 『대한흥학보』, 『태극학보』 등의 잡지를 펴냈다.

활발한 언론 · 출판운동에 대해, 일제는 1907년 '신문지법'을 제정하고 이듬해에는

1904년 7월 18일 창간된 『대한매일신보』 창간 당시의 편집국과 기자들.

대한매일신보사 사장 어니스트 베델 베델은 1904년 한국에 들어와 『대한매일신보』의 사장을 역임했으며, 일본측의 항의로 영국영사관에서 한국내 소요선동 혐의로 재판을 받았다. 그는 연이은 재판, 상해에서의 옥고 등으로 건강이 악화되어 1909년 사망했다.

이를 개정하여 규제를 강화했다. 1909년에는 '출판법'이 제정되어 출판에 대한 사전검열이 시작되었다.

식산흥업운동과 국채보상운동

자강론자들은 식산흥업을 위해 실업교육, 근대적 회사설립, 경제연구단체 및 실업장려단체 조직 등을 도모했다. 대한협회는 본회와 지회에 실업부를 설치하고 식산흥업을 장려했으며, 서북학회는 농림학교, 농사시범장 등을 설립해 실업장려운동을 전개했다. 신민회는 상무동사商務同事, 평양자기회사 등 공장과 회사를 직접 설립해 민족자본을 일으키려 하였다. 이 밖에도 경제연구회, 제국실업회 등의 단체가 식산흥업운동을 전개했다.

국채보상운동은 1907년 1월 대구의 김광제 · 서상돈 등이 일본의 차관을 국민들의 모금으로 보상하자는 취지에서 국채보상기성회를 조직하면서 시작되었다. 1904년 제1차 한일협약 체결로 일본인 재정고문이 취임한 이후 일본으로부터의 차관도입은 지속적으로 늘어나, 대한제국의 대일 차관은 1907년 초에 원금만 1,300만원에 이르렀다. 만성적인 재정적자에 시달리는 대한제국으로서는 상환하기 힘든 거액의 외채였다. 서상돈 등은 2천만 동포가 석달간 금연하여 그 대금으로 국채를 보상할 것을 제의했다.

이 제의가 신문을 통해 알려지면서 국채보상운동은 전국으로 확대되었다. 2월에 이

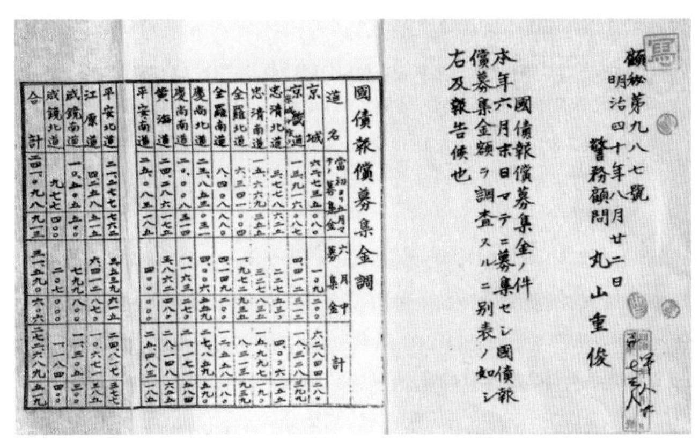

顧秘第九八七號
明治四十年八月廿二日
警務顧問 丸山重俊

本年六月末日マテニ募集セシ國債報償募集金ノ件
國債報償募集金額ヲ調査スルニ別表ノ如シ
右及報告候也

國債報償募集金調

道名	當初ヨリ五月マデノ募集金		六月中募集金		計	
京城	六六七三五	〇八〇	一〇九	二〇〇	六六八四四	二八〇
京畿道	一三九一六	〇八七	四四一二	三一二	一八三二八	三九九
忠清北道	一三七七八	六二五	二二七	五三〇	四〇〇六	一五五
忠清南道	一五六六九	三五五	三二七	八三五	一五九九七	一九〇
全羅北道	六三四一	〇〇四	一九七二	九三五	八三一三	九三九
全羅南道	八四〇八	八八〇	四一四九	二〇〇	一二五五八	〇八〇
慶尚北道	二三八五三	〇三一	四〇〇六	五五九	二七八五九	五九〇
慶尚南道	二〇〇〇八	三一四	一一六三	二七〇	二一一七一	五八四
黃海道	二四二八六	一七五	三八六二	四八〇	二八一四八	六五五
平安南道	二五〇八五	一八五	四〇〇	〇〇〇	二五四八五	一八五
平安北道	二一二七七	七六二	三五三九	六一五	二四八一七	三七七
江原道	四三五八	五一五	六四一二	八七〇	一〇六七一	三八五
咸鏡南道	一〇五〇五	五〇〇	七九九	八〇〇	一一三〇五	三〇〇
咸鏡北道	九七七	四〇〇	二〇七	〇〇〇	一一八四	四〇〇
合計	二四一〇九八	九一三	三一五九〇	六〇六	二七二六八九	五一九

국채 보상 모집금 조사
1907년 8월, 일제가 조사 · 보고한 국채 보상금의 모집 금액표이다.

운동을 총괄하는 기구로 국채보상기성회가 설립되고 뒤이어 전국에 국채보상단체가 설립되었다. 국채보상운동이 확산되면서, 모금방법은 금연뿐만 아니라 담배판매금지, 의연 등으로까지 확대되었다. 고종과 전 · 현직 관료들 또한 금연을 선언하고 이 운동에 동참했고, 해외 한인들의 참여도 이어졌다. 국채보상운동이 활발히 전개되자, 수금을 통괄하는 기구로 국채보상지원총합소와 국채보상연합회의소가 조직되었다. 두 단체는 수합 금액의 총관과 보상운동 지도로 각각 역할분담을 하였으나, 통합기구는 구성되지 못했다.

국채보상운동이 전 계층적 호응을 받아 성공적으로 진행되자, 일제는 1907년 말부터 갖가지 명목으로 보상운동을 방해했다. 일제는 운동을 주도한 『대한매일신보』 발행인 베델의 추방공작을 진행하고, 양기탁을 국채보상금 횡령혐의로 구속하기도 했다. 일제의 탄압으로 국채보상운동은 1907년 말부터 위축되었다. 이후 국채보상운동 지도부는 1909년 국채보상처리회를 조직해 모금액을 교육사업에 투자하기로 결의했으나, 병합으로 이 계획은 무산되었고, 최종 모금액 약 15만원도 경무총감부로 귀속되고 말았다.

1899년 11월 12일에 열린 경인선 개통식 장면
1899년 9월 18일 노량진과 제물포 사이에 최초로 경인 철도가 개통되었다.

근대 문물과 과학기술의 도입

1905년 5월 26일 서울 남대문 밖에서 열린 경부선 개통식 단상 중앙에서 내빈으로 참석한 일본 왕족인 히로야스 왕자가 축사를 하고 있다. 원 안은 히로야스 왕자.

개항 이후 서양의 근대문물과 과학기술은 부국강병을 위한 주요 수단으로 인식되었다. 갑오개혁 이후 정부 주도로 서양문물의 도입과 과학기술의 수용이 본격화되었다. 갑오개혁 후 기예학교 · 경성의학교 · 상공학교 · 광무학교 등 기술 · 의학 전문학교들이 개설되었고, 위생국 · 전신국 · 철도국 · 광산국 · 기기국 등 관련 정부기관도 신설되었다. 학교교육을 통한 초보적인 과학교육과 함께 교재를 비롯한 각종 출판물과 신문 · 잡지를 통해 근대과학 지식이 점차 확산되었다.

정부는 개항 이후 교통 · 전신 · 전기 등 근대적 사회간접자본 구축에 힘을 쏟았다. 철도의 확충은 일제의 조선침략과 밀접한 관련하에 진행되었다. 1899년 일본에 의해 경인선이 개통된 이래, 1905년 경부선, 1906년 경의선이 개통되었다. 1914년에는 호남

한성전기주식회사 전차매표소

선과 경원선이 개통돼 한반도를 X자 형태로 연결하는 철도망이 완성되었다. 해상 운송수단으로 기선도 도입되었다.

1884년 2월 부산과 일본 나가사키를 잇는 전신이 처음 설치되었다. 이듬해 청에 의해 서울-인천, 서울-의주 간 전신이 개통되었다. 1886년 조선정부는 서울과 부산을 잇는 전신 가설에 착수해 1888년 완공했다. 1891년에는 서울-원산 간 전신이 개통되었다. 전신업무는 1885년 청이 한성에 설치한 화전국華電局과 서울-부산 간 전신개통 이후 설치된 조선정부의 전무사電務司가 분담했으나, 1887년 조선전보총국이 개국하면서 조선정부가 전담했다. 정부는 전신요원 양성을 위해 1896년 전무학당을 신설하고 1900년 '전무학도규칙'을 제정해 매년 25명의 학생을 선발했다. 여러 한계에도 불구하고, 1905년 일본이 전보사의 업무를 강제적으로 통신원으로 이관하기 전까지 전신분야는 조선정부가 자주적으로 구축하고 운영한 대표적인 분야였다.

1887년 경복궁에 처음으로 전등이 설치되었다. 1898년에는 고종의 출자로 한성전기회사가 설립되었다. 한성전기회사는 전차사업에 착수해 1899년 서대문-홍릉 간의 전차노선을 완공했다. 이후 종로에서 용산을 잇는 용산선과 남대문에서 서대문 밖에 이르는 노선이 가설되었다. 한성전기회사는 1900년 종로의 전차정거장 주변에 가로등을 설치하는 한편, 민간을 대상으로 전등사업을 시작했다. 이후 한성전기주식회사는 미국인 소유로 넘어가 한미전기회사로 바뀌었다가, 1909년 일본기업에 매각되었다.

서양의 근대적 의료기술이 수용되면서 관련 교육기관과 병원시설이 확충되었다. 개항 이후 설립된 최초의 서양식 병원은 일본인들을 위해 부산에 세워진 제생의원濟生醫院이었다. 서양식 근대의학 교육을 받고 조선에서 의료활동을 펼친 최초의 서양의사는

한말 한미전기회사의 동대문 전경
오늘날 동대문 시장터에 있었다.

알렌이었다. 그의 건의로 조선 최초의 왕립 서양식 병원인 광혜원(후에 제중원으로 개칭)이 탄생했다. 제중원은 1904년 세브란스병원으로 이어졌다. 이 외에도 의료선교를 목적으로 한 병원이 각지에 설립되었다.

지석영이 종두법을 배워 실행하는 등 서양 의학을 수용하는 조선인들도 늘어났다. 조선정부도 갑오개혁 이후 전염병 · 검역 등 위생에 관한 각종 규칙의 제정, 위생국 신설 등 근대적인 의료 · 위생사업을 실시했다. 또한 근대적 의학교육을 위해 1899년 의학교관제를 제정하고 신입생을 선발해, 1902년 첫 졸업생이 배출되었다. 의학교는 관립병원 광제원이 1907년 3월 대한의원에 통합되면서 폐지되었다.

4. 근대 민족주의의 태동

한말 '민족주의'의 등장

한국에서 근대민족주의의 등장과 수용은 1900년대 이후로 보인다. 그 이전 독립협회 단계에서 '동포'라는 용어가 조선인들의 동질성을 확인하는 용어로 사용되었다. '민족'이란 용어는 1906년 무렵부터 『황성신문』, 『대한매일신보』 등의 언론을 통해 쓰이기 시작했다. 국권상실의 위기 속에서 새로운 근대민족국가의 주체로서 '민족'의 형성을 기도한 것이었다. 이 과정에서 제시된 민족주의는 민족이 '하나의 근대국가를 세우는 주의'로서보다는 '외세의 침략을 막아내고 독립을 유지하는 주의'의 성격이 더 강했다. 따라서 민족주의는 국권회복의 강력한 무기로 등장하여 널

신채호

박은식

지석영

리 보급되었다.

조선의 지식인들은 문화적 측면에서 한국민족의 결집을 꾀했다. 즉 언어 · 역사 · 종교적 측면에서 민족의 동질성을 확인하고 고유성을 보존하고자 했다. 주시경의 한글연구, 신채호의 역사연구, 나철의 대종교 창건이 그 대표적인 예이다. 이들 지식인들은 민족의 고유성을 보존한 국어 · 국문 · 국사 · 국교 등을 '국수國粹', '국혼國魂'이라고 불렀으며, 국수 · 국혼의 보존이 국권을 회복하는 무기가 될 수 있을 것이라고 생각했다. 이런 이유로 한국민족주의는 문화민족주의의 성격을 강하게 띠기 시작했다.

또한 한말의 민족주의는 적자생존, 우승열패의 사회진화론과도 밀접한 관련을 가졌다. 이러한 생각은 국권회복을 위한 실력양성론으로 나타났다. 이런 점에서 한말의 민족주의는 '자강론적 민족주의'였다.

한국어·한국사 연구

이 시기 국어 · 국문에 대한 연구도 활발히 전개되었다. 당시의 국어 · 국문연구는 민족의 보존을 위해 민족의 언어 · 문자를 발전시켜야 한다는 강력한 어문민족주의적 인식을 바탕으로 하고 있었다. 또한 국권회복의 과제를 쉬운 우리 글을 통해 알려야 한다는 계몽운동의 일환이기도 했다. 이런 이유에서 언문일치는 가장 시급한 문제였다. 갑오개혁에서 공문서 사용을 국한문 혼용으로 한다는 것이 결정된 이후, 국한문 및 국문 교과서와 신문이 보급되면서 점차 국문 상용으로 언문일치가 이루어졌다.

한글의 체계와 맞춤법에 대한 관심도 증대했다. 1907년 국문연구소가 개설되고, 이듬해 국어연구학회가 설립되었다. 연구자로는 지석영 · 이봉운 · 주시경 · 이능화 · 유길준 등의 연구가 두드러졌다. 이중 가장 대표적인 인물은 주시경이었다. 주시경은 『대한국어문법』, 『국어문전음학』, 『국어문법』, 『말의 소리』 등의 저서를 통해 국어음운연구와 문법체계에 수준 높은 독창적인 이론을 전개했다. 특히 그는 어문민족주의에 입각해 민족의 독립유지와 발전을 위해서는 국어와 국문을 갈고 닦아야 한다고 주장하고,

국문연구와 보급에 힘썼다.

갑오개혁 이후 관립 및 민간학교가 늘어나면서 주요 과목의 하나로 역사교육이 진행되었다. 국권 상실의 위기 속에서 애국심을 고취하기 위해 국사개설류, 외국사, 영웅전기 등이 널리 보급되었다. 역사연구에서는 외세의 침략에 저항하는 사상체계로 민족주의를 내세우며 국수와 국혼 등 민족정신을 강조하는 민족주의 사학이 등장했다. 신채호와 박은식이 대표적 인물이다.

『이태리건국삼걸전』, 『성웅이순신』, 『을지문덕』 등 영웅 전기를 통해 민족의식 고취에 힘쓰던 신채호는 1908년 『대한매일신보』에 「독사신론讀史新論」을 연재하며 역사연구를 본격화했다. 「독사신론」은 민족을 역사의 주체로 설정해 한국 민족주의 역사학의 효시로 평가받고 있다. 신채호는 단군을 한국사 서술의 출발점으로 설정하고, 한국고대사의 흐름을 부여와 고구려, 발해 등 부여족을 중심으로 파악했다. 박은식 사학의 핵심은 '혼'이다. 그는 국가를 구성하는 두 요소를 '혼'과 '백'으로 보고, 국가를 유지하기 위해서는 국교 · 국학 · 국어 · 국사와 같은 '혼'이 '백'보다 중요하다고 생각했다. 그에게 역사를 쓰는 목적은 바로 민족의 정신, 곧 '혼'을 보존하는 것이었다.

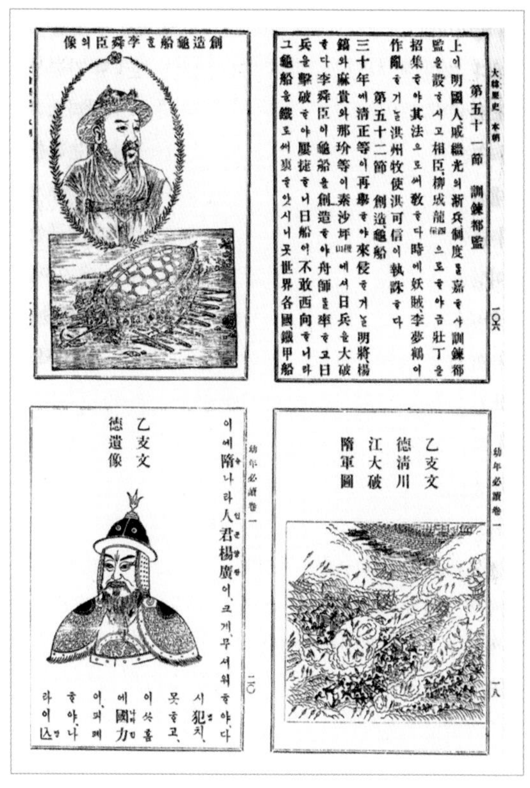
創造龜船ᄒᆞᆫ李舜臣의像

大韓歷史 本朝

第五十一節 訓鍊都監

上이明國人戚繼光의新兵制度를嘉ᄒᆞ사訓鍊都監을設ᄒᆞ시고相臣柳成龍으로ᄒᆞ야금壯丁을招集ᄒᆞ야其法으로써敎ᄒᆞ다時에妖賊李夢鶴이作亂ᄒᆞ거ᄂᆞᆯ洪州牧使洪可信이執誅ᄒᆞ다

第五十二節 創造龜船

三十年에淸正等이再擧ᄒᆞ야來侵ᄒᆞ거ᄂᆞᆯ明將楊鎬와麻貴와那玠等이素沙坪에서日兵을大破ᄒᆞ다李舜臣이龜船을創造ᄒᆞ야舟師를率ᄒᆞ고日兵을擊破ᄒᆞ야屢捷ᄒᆞ니日船이不敢西向ᄒᆞ니라그龜船을鐵로써裹ᄒᆞ얏시니곳世界各國鐵甲船

一〇六

乙支文德遺像

이에隋나라人君楊廣이크게무서워ᄒᆞ야다시犯치못ᄒᆞ고이ᄊᆞ홈에國力이ᄭᅥ메ᄒᆞ야나라이亾

幼年必讀卷一 二〇

乙支文德淸川江大破隋軍圖

幼年必讀卷一 一八

1900년대 교과서에 실린 이순신과 을지문덕

민족종교의 탄생

민족종교는 이 시기 민족주의의 또 다른 상징이었다. 1909년 나철 · 오기호 등은 국조 단군을 구심점으로 하는 단군교를 창건했다. 이들은 1910년 단군교를 대종교로 개

칭했다. 대종교는 한국의 민족종교로 정립되었지만, 항일투쟁을 위한 강력한 결사조직이기도 했다. 나철 등은 조선이 병합되면서 국내 활동이 어려워지자 1914년 대종교의 총본사를 만주로 이전해 포교활동과 항일투쟁을 계속했다. 국내의 남도본사南道本司는 1915년 조선총독부에 의해 불법화되었으며, 나철은 이에 항의하여 자결했다.

동학은 1905년 천도교로 개칭되었다. 1905년 천도교 탄생을 선언한 손병희는 이듬해 『천도교대헌天道敎大憲』을 공포하여 동학을 근대적 체제를 갖춘 종교로 정비했다. 또한 정교분리를 내세워 천도교 세력 내의 일진회원들을 제거하고 민족운동에 동참했다. 손병희는 인재양성을 위해 보성학교 등을 운영하며 동덕여학교를 설립하는 등 교육운동을 펼치고, 1906년 『만세보』를 창간하여 계몽운동에 적극 참여했다. 이런 노력에 힘입어 천도교는 근대적 교단조직 및 민족종교로 변모하는 데 성공할 수 있었다.

● 읽기자료

1. 대한자강회 취지서 (『대한자강회월보』 1호, 1906.7.31)

무릇 우리 나라의 독립은 오직 자강의 여하에 있을 따름이다. 아한我韓이 종전에 자강지술自強之術을 강구하지 않아 인민이 스스로 우매함에 묶여 있고 국력이 쇠퇴하여 마침내 금일의 간극에 다달아 결국 외인外人의 보호를 당하게 되었으니, 이는 모두 자강지도自强之道에 뜻을 다하지 않았던 까닭이다. …… 지금 아한我韓은 3천리 강토가 흠이 없고 2천만 동포가 자재自在하니 참으로 자강하기에 분려하여 단체를 모두 합치면 부강富强의 앞길을 바랄 수 있고 국권의 회복을 이룰 수 있을 것이다. …… 자강의 방법을 생각해 보면 다름 아니라 교육을 진작함과 식산흥업殖産興業에 있다. 무릇 교육이 일어나지 못하면 민지民智가 열리지 못하고 산업이 늘지 못하면 국부가 증가하지 못한다. 그러한즉 민지를 개발하고 국력을 기르는 길은 무엇보다도 교육과 산업의 발달에 있지 않겠는가. 이는 교육과 산업의 발달이 곧 단 하나의 자강지술임을 알려주는 것이다. …… 안으로 조국의 정신을 양성하며 밖으로 문명의 학술을 흡수함이 곧 금일 시국의 급무일새, 이것이 자강회의 발기하는 소이이다.

2. 포고팔도사민布告八道士民 (최익현, 1905)

아! 가슴 아프도다! 오늘날 국사를 차마 어찌 말하리오! 옛적에 나라가 멸망함에 단지 종사宗社가 무너질 뿐이더니 오늘날의 망국에는 인종人種도 아울러 멸망하노라. 옛적엔 타국을 멸滅함에 무력에 의했으나 오늘날에는 계약契約에 의한다. 무력에 의하면 그래도 승패만 있지만 계약에 의하면 스스로 복망覆亡의 길에 들어선다. 아! 지난 10월 21일의 변고變故와 같은 일이 혹시 전세계 고금古今에 있은 적이 있는가! …… 이로써 우리 4천년 역사의 강토와 삼천리의 인민들로 하여금 그들의 속민이 되게 하니 세계에서 말하는 보호국에 그치는 것이 아니다. …… 과연 우리 인종으로 하여금 우리의 땅에 남기려 하는 것인가, 이에 우리 백성들을 묻어 다 없애버리지 않으면 반드시 광막한 불모의 땅에 내쫓아 백성을 옮길 것이니 ……노예, 신첩臣妾이 되어 생명을 구하더라도 얻기가 어렵다는 말은 공연한 소리가 아님을 알 수 있을 것이다. ……

오늘의 문제를 해결하려면 오직 각각의 기력을 불러일으키고 각각의 심지를 갈아서 애국을 애신愛身보다 더 앞세우게 하고, 노예됨을 싫어함이 죽음을 싫어하는 것보다 더 심히

하며 만인의 마음을 한 사람의 마음같이 할 수 있으면 죽음 가운데서 살길을 거의 구하리로다. …… 시급히 해야 할 일을 다음에 열거하노라.

1. 금번 신조약을 마음대로 허락한 제순齊純, 지용址鎔, 근택根澤, 완용完用, 중현重顯 이 오적五賊은 우리 국가의 죄인일 뿐 아니라 실로 천지 조정의 원수이며, 전국 만민의 원수라, …… 이들 오적 죽일 것을 맹세하여 우리 조정 인민의 대원수를 제거하라.

1. 먼저 번 결세結稅를 납부치 말고 면포, 기물器物과 저놈들의 물건을 사용하지 말자는 유가儒家들의 통고문을 보니 참으로 확실한 논리라. 대개 결세는 나라의 경비를 공급하는 것인데 지금 대개가 일인日人의 금고에 들어가니 …… 오적이 제거된 뒤에 궁내부에 납부함이 옳도다. 철도는 저들이 사람과 나라를 멸하게 하는 한 수단이라, 매일 기차를 타는 자가 이렇게 많으니 우리 백성의 어리석음이 어찌 이다지도 심한가. …… 기타 면포, 기물이 저들의 재산을 축적시키는 데에 그 수를 알 수 없을 정도로 많으니, 슬프구나 옛날 저들과 통상하지 않을 때에는 우리 백성이 생존하지 못했는가? 생각하지 못함이 심하구나. 원컨대 우리 모든 관리와 백성은 일심으로 맹세하여 군기軍器와 총포 이외에는 일체 사용하지 말라. 저들의 물건이 기계器械의 이利는 있으나 우리나라 사람이 제조한 것이 아니면 사지도 말고 사용하지도 말라.

3. 신채호의 「독사신론」(『대한매일신보』, 1908)

국가의 역사는 민족 소장성쇠消長盛衰의 상태를 서술한 것이라. 민족을 버리면 역사가 무無할지며, 역사를 버리면 민족의 그 국가에 대한 관념이 크지 못할 것이니, 오호라, 역사가의 책임이 그 역시 무겁도다. ……

국가가 이미 민족정신으로 구성된 유기체인즉 단순한 혈족으로 전래한 국가는 말할 것도 없고 혼잡한 여러 종족으로 결집된 국가일지라도, 반드시 그 중에 항상 주동력主動力되는 특별종족이 있어야, 비로소 그 국가가 국가될지니, ……

곧 고대의 불완전한 역사라도 이를 자세히 궁구하면, 동국東國에 주족主族되는 단군 후예의 발달한 실적實跡이 소소昭昭하거늘, 무슨 연구로 우리의 선민先民을 속임이 이에 이르렀느뇨. 금일에 민족주의로 전국全國의 완고한 꿈을 불러 깨우치고, 국가관념으로 청년의 새 두뇌를 양성하여, 우존열망優存劣亡의 십자가두十字街頭에 아울러 나아가 한가닥 아직도 남아있는 국맥國脈을 보유코자 한다면, 역사를 버리고는 다른 길이 없다 할지나, 이러한 역사를 가지고 역사라 할진대 역사가 없음만 같지 못하도다.

역사의 붓을 잡은 자는 반드시 그 나라의 주인되는 한 종족을 먼저 드러내어, 이로써 주제를 삼은 후에 그 정치는 어떻게 장이張弛하였으며, 그 실업實業 어떻게 창락漲落하였으며, 그 무공武功은 어떻게 진퇴進退하였으며, 그 습속은 어떻게 변이變移하였으며, 그 외래의 각 종족을 어떻게 흡입吸入하였으며, 그 타방이국他方異國을 어떻게 교섭함을 서술하여야, 이에 비로소 역사라 말할지니, 만일 그렇지 아니하면 이는 무정신無精神의 역사라. 무정신의 역사는 무정신의 민족을 낳고 무정신의 국가를 만들 것이니, 어찌 두렵지 아니하리오. ……

● 참고문헌

홍영기, 2004, 『대한제국기 호남의병 연구』, 일조각

박윤재, 2005, 『근대 의학의 기원』, 혜안

박노자, 2005, 『우승열패의 신화』, 한겨레신문사

김형목, 2005, 『대한제국기 야학운동』, 경인문화사

앙드레 슈미트 지음, 정여울 옮김, 2007, 『제국 그 사이의 한국 1985-1919』, 휴머니스트

박찬승, 2010, 『민족 · 민족주의』, 소화

김종준, 2010, 『일진회의 문명화론과 친일활동』, 신구문화사

이경미, 2012, 『제복의 탄생-대한제국 서구식 문관대례복의 성립과 변천』, 민속원

제2부

근대II-식민지 시기

제 8 장

1910~20년대 일제의 식민지배정책

조선통치의 근본방침은 내선일체화이고,
궁극의 목표는 조선의 시코쿠, 큐슈화이다.
이에 이르기까지 통치자의 구상은 일시동인이고,
채택해야 할 통치정책의 기조는 이들(조선인-인용자)을
일본본국의 일본국민과 같은 형태로 만드는 것,
즉 반도 민중의 일본 동화에 힘쓰는 것에 두어졌다.

— 일본대장성, 1947,『일본인의 해외활동에 관한 역사적 조사-조선편』

〈연표〉

1910.	8.	한국병합에 관한 조약 체결(8.22)
	8.	한국병합에 관한 조약 선포(8.29)
	12.	조선회사령 공포
1911.	1.	신민회 사건(105인사건)
	8.	조선교육령 제정
1912.	3.	조선태형령 제정
	3.	조선민사령 및 조선형사령 제정
	8.	토지조사령 공포
1919.	3.	3·1 운동 발발
	8.	사이토 마코토 총독 부임, 헌병경찰제 폐지
1920.	12.	제1차 산미증식계획 수립
1922.	2.	조선교육령 개정
1925.	5.	치안유지법의 조선 시행

1. 1910년대 식민지배 체제의 정비와 무단통치

조선총독부의 설치와 총독정치

제국주의 일본(이하 '일제'라 통칭)은 1910년 8월 22일에 대한제국의 황제와 일부 관료를 무력으로 위협하여 대한제국의 통치권을 일본 정부에게 이양하는 것을 내용으로 하는 이른바 '한국병합에 관한 조약'을 체결하였다. 이 조약에 의해서 일제는 한국의 주권을 완전히 강탈할 수 있게 되었고, 국제적으로도 한국을 일본영토로 편입하였음을 선포하였다.

일제는 한국을 식민지로 만들었으나 일본 본국의 국가기관(일본내각, 제국의회, 재판소 등)을 동원하여 직접 통치하지 아니하고 조선총독부라는 별도의 기구를 설치하여 통치하였다. 식민지 지배기구로서 조선총독부를 설치한 것은 특별한 의미가 있었다. 일제가 조선을 식민지가 아니라 일개의 지방으로서 편입하고자 했다면 일본헌법과 법률의 조선시행을 명시하는 것이 일반적인 것이라고 말할 수 있다. 그러나 일본헌법과 법률을 직접 조선에 시행하게 되면 법적으로는 조선인과 일본인을 동등하게 취급하게 되기 때문에 그와 같은 조치는 취할 수가 없었다. 따라서 조선이 일본의 영토라고 주장하면서도 일본인이 향유하는 일본헌법 및 법률상의 권리와 의무를 배제하는 방식으로 조선을 통치할 것을 계획하였다.

경복궁 내에 새로 건설한 조선총독부 청사 (1926년 1월 준공)

이와 같은 계획에 따라서 조선총독부가 설치되었으며 조선총독부를 통할하는 총독은 매우 막강한 권한을 보유하게 되었다. 총독은 일본 정부가 파견한 행정관이었으나 행정권뿐만 아니라 입법권과 사법권도 통할하고 조선에 주둔하는 일본군에 대한 통솔권까지 행사하는 절대권력자였다. 적어도 조선 내에서는 총독의 권력을 견제할 수 있는 제도적 장치는 없었으며, 총독은 일본천황에게만 책임을 질뿐이었다. 원래, 근대 일본은 입법권 · 사법권 · 행정권이 형식상으로 분립되어 있었으나 식민지 조선에서는 이 같은 3권 분립의 원칙이 전혀 지켜지지 않았던 것이다.

그리고 총독의 자격은 조선 주둔 일본군의 지휘를 위해, 육 · 해군 대장 출신의 무관으로 제한되었다. 무관출신의 총독은 군대조직과 헌병경찰제도를 기반으로 조선을 강압적으로 통치하는 무단통치 행태를 보였다. 이는 초대 총독이었던 데라우치 마사다케(寺內正毅)가 "조선인은 우리 법규에 복종하든지 아니면 죽음을 각오하든지 그 어느 것을 택하지 않으면 안 된다"라고 말한 데에서 단적으로 드러난다. 특히, 1910년대에 실시된 헌병경찰제도는 전 세계에서도 그 유례를 찾아보기 어려운 제도로서, 군인 신분인 헌병으로 하여금 일반 경찰행정까지 담당하도록 하고, 경찰

초대 총독 데라우치 마사타케(1910~1916)

♣해설 | **조선총독부 중추원**

조선총독부 중추원은 1910년 한국병합 직후인 10월 1일「조선총독부중추원관제」에 의해 설치되었다. 원래 중추원은 대한제국 시기부터 있던 기구였는데 일제가 중추원을 폐지하지 않고 식민지 통치기구의 하나로 설치한 이유는 한국병합 과정에서 적극 협력한 친일 관료들에게 정치적으로 시혜를 베풀기 위해서였다. 중추원은 조선총독의 자문기구로서 의장 1명, 부의장 1명은 고문 15명, 찬의 20명, 부찬의 35명의 적극적 친일분자로 구성하였으나 실제로는 권한이 거의 없는 유명무실한 기구에 불과하였다.

1919년 3 · 1운동이 발생하자 사이토 총독은 분할통치 · 문화정책의 일환으로 중추원을 식민지통치의 선전 · 홍보 기구로서 활용하기 위해 고문을 5명으로, 찬의 · 부찬의를 참의參議 65명으로, 서기관 · 통역관을 전임 각 1명으로, 부의장 · 고문 · 참의 임기를 3년으로 하는 등 관제를 개정했다. 1920년대부터는 식민통치에 관하여 필요한 사항을 중추원에 자문하여 조선의 통치에 활용하기도 하였다. 다른 한편으로 1910년대 중반부터 중추원은 구관제도조사 및 조선사편찬 등의 업무를 수행하여 식민통치를 위한 기초자료를 만드는 데에 중요한 역할을 하기도 했다.

고위직을 헌병 장교들이 겸하게 하는 제도였다. 일본 본국의 경우에는 헌병과 보통경찰을 분리하여 운용하였으나, 조선의 경우에는 무력 통치를 위해 헌병이 일반 경찰업무까지도 수행하고 있었다. 헌병경찰은 의병의 토벌, 독립운동가의 색출과 검거, 첩보수집 등은 물론, 범죄즉결처분권, 민사쟁송조정권 등의 권한도 지녔고 일본어의 보급, 농사개량, 징세, 산림 및 위생감독 등의 행정업무에도 광범위하게 관여하였다. 일제는 일부 사항에 관해서는 헌병경찰에게 사법재판을 거치지 않고 조선인에게 벌금, 태형, 구류 등의 사법적 처벌도 가할 수 있도록 하였다. 1910년대 조선총독부의 통치행태는 그야말로 무단적 행태를 보였다.

식민지 조선인의 법적 지위와 차별의 제도화

일제는 조선인에게 일본인으로의 동화를 강요하면서도 일본 헌법과 법률에서 규정한 중요한 권리와 의무에 관한 사항은 조선인들에게 시행하지 않는 모순적 행태를 보였다. 「조선민사령」(1912)과 「조선형사령」(1912)을 제정하여 조선인에게도 일본의 민법과 형법 등 일본 법령을 일부 적용하였음에도 불구하고 중요한 입법사항은 조선총

♣해설 | 식민지 시기 조선인과 일본인 법적 구별

식민지 조선인과 일본인은 어떻게 구별할 수 있었을까. 조선인과 일본인 사이에서 태어난 자식은 일본인이었을까 조선인이었을까. 일제는 조선을 식민지로 강제로 편입한 이후에 조선인을 일본신민이라고 천명하였다. 이때의 일본신민은 일본국적을 보유하였다는 것을 의미하였으며 외국에서 조선인은 일본국적민으로의 처우를 받았다.

그러나 일본제국 내에서는 일본인과 식민지인들은 법적으로 차이가 있었다. 즉, 일본인은 일본호적 보유자, 조선인은 조선호적 보유자, 대만인은 대만호적 보유자로 규정하고 다른 호적을 보유하지 못하도록 하였다. 따라서 식민지 시기 조선인과 일본인을 구별하는 법적인 기준은 어느 지역의 호적을 보유하고 있는가이다. 일제는 조선인은 일반적으로 일본호적을 취득할 수 없도록 하였고 일본인도 조선이나 대만의 호적을 취득할 수 없도록 하는 전적轉籍 금지 정책을 일관되게 추진하였다.

다만, 1920년대부터 조선인 여성이 일본인 남성과 결혼하게 되면 조선인 여성은 일본인 남편의 호적에 편입되어 법적으로 일본인이 될 수 있었고, 일본인 여자가 조선인 남자와 결혼하여 조선인 남편의 호적에 등재되면 법적으로 조선인으로 취급받았다. 또한 조선인과 일본인의 사이에서 자식이 태어나는 경우에는 父의 호적에 따라서 결정된다. 즉 父가 조선인인 경우에는 조선호적에 편입되어 조선인으로 규정되고, 父가 일본인인 경우에는 일본호적에 편입되어 일본인으로 규정되었다.

독이 별도로 제정하도록 하거나 입법 자체를 하지 않음으로써 일부 사항에 관해서 조선인들은 법적으로 무권리 상태에 놓이게 되었다. 예컨대, 중의원선거법, 호적법, 국적법, 병역법 등은 조선인과 조선지역에 적용하지 않았다.

특히, 조선을 강제로 병합한 직후에 일제는 조선인에게 일본국적을 부여하였음에도 불구하고 일본 국적법을 시행하지 않았다. 이는 조선인이 일본국적을 버리고 외국국적을 취득할 수 있는 수단을 원천적으로 없앤 것이었음을 의미한다. 일본인은 국적법에 따라서 일정한 요건을 갖추면 일본 국적을 포기하고 외국 국적을 취득할 수 있었으나 조선인은 이 같은 행위가 원천적으로 불가능하였다. 그렇다고 해서 일본인도 아니었다. 당시 조선인, 대만인, 일본인은 모두 일본 국적을 보유하였으나 일본의 국내법상에서는 별개의 존재였다. 즉 조선인은 조선호적을 취득한 자, 일본인은 일본호적을 취득한 자로 규정되었으며 조선인은 일본호적을 취득할 수 없도록 하였다. 그 반대의 경우도 엄격히 금지되었다.

일제는 조선인에게 '일시동인一視同仁'을 표방하였으면서도 법적인 측면에서는 차별관계를 유지하였던 것이다. 일제는 조선에 거주하는 조선인과 일본인에게는 참정권을 허용하지 않았으며 근대적 기본권이라고 할 수 있는 언론, 출판, 집회, 결사의 자유도 크게 제한하였다. 또한 조선인이 법적으로 일본인으로 전환될 수 있던 호적의 자유로운 이전을 엄격히 제한함으로써 민족적 차별정책을 그대로 유지하였다. 일제는 조선인에 대한 법적 차별을 근본적으로는 개선하지 아니하면서 동화라는 명목으로 일본적인 소양과 문화, 정신을 배울 것만을 강요하였던 것이다.

2. 1920년대의 '문화통치'

조선총독부의 무단적 통치행태는 일본 내부의 변화와 조선인들의 적극적인 저항에 의하여 개편되었다. 일본 본국에서는 하라 다카시(原敬)가 수상이 되면서 내지연장주의

3대 · 6대 총독 사이토
(1919~1927, 1929~1931)

를 강화하고자 종전의 무단적 통치에 변화를 시도하였다. 이 같은 상황에서 1919년 3 · 1운동이 전국적으로 발생하자 일제는 통치정책의 전환을 모색하게 되었다. 무단통치로 표현되던 강압적인 통치방식에서 벗어나 외형상으로는 부드러운 이른바 '문화통치'로 지배방식을 전환하였던 것이다.

우선, 1919년에 조선총독부 관제를 개정하여 조선총독이 가지고 있던 군사권을 해제하고 총독의 임용자격 제한도 철폐하여 문관출신도 총독으로 임용될 수 있도록 하였다. 이에 따라서 총독은 조선군 사령관에게 병력사용을 청구할 수 있도록 하였고, 조선 주둔 일본군에 대한 통솔권한은 군사령관이 행사하도록 바꾸었다. 그러나 문관 출신도 총독에 임용될 수 있도록 관제를 개정한 것은 사실상 유명무실하였다. 왜냐하면 새 총독으로 부임한 사이토 마코토는 해군대장 출신이었고 그 이후의 역대 총독은 모두 육군 대장이었기 때문이다.

일제는 헌병경찰제도가 조선인을 감시 · 통제하는데 효과적인 수단이 되지 못할 뿐만 아니라 조선인의 광범위한 저항을 불러일으킨 점을 고려하여 보통경찰제도로 전환했다. 그리고 각 지방의 경찰권을 도지사에게 이양하는 등 관련 제도를 개편하였으며, 조선인과 일본인이 모두 순사로 임용될 수 있도록 하는 등 회유정책을 실시하였다. 그

일제시기 도민 자치기관이었던 경북도 평의회의 회의 모습
갓을 쓰고 흰옷 입은 조선인들과 양복을 입고 짧은 수염을 기른 일본인들이 선명하게 구분된다. 일본인들은 조선인 유지들을 평의회에 참여시켰지만 그 역할은 들러리에 불과했다.

리고 일반관리 및 교원들의 금테 제복과 대검 착용제를 폐지함으로써 겉으로는 유화적인 통치를 행하였다. 그러나 다른 한편으로는 보통경찰이 헌병경찰이 수행한 역할 이상의 업무를 수행할 수 있도록 인원을 확충하였다. 즉 1918년에 경찰비가 800만원에서 1920년에는 2,394만원으로 약 3배 증가하였으며, 경찰 관서의 수도 1919년의 736개소에서 1920년 2,746개소로 급증하였고, 경찰관의 수도 1919년 6,387명(헌병경찰 제외)에서 1920년에는 20,134명으로 3.6배 증가하였다.

일제는 조선총독부관제 뿐만 아니라 지방제도도 개편함으로써 지방민들의 불만을 줄이고 지방 지배에 활용하려고 하였다. 일제는 3·1운동이 일어난 중요한 원인이 조선인들에게 정치 참여의 기회를 전혀 주지 않았던 것에도 있다고 파악하고 1920년에 지방제도를 개정하여 부협의회, 면협의회, 도평의회 등을 설치하고 그 회원을 임명 또는 선거로 선출하도록 하면서 지방자치제의 시행을 표방하였다.

그러나 선거는 모든 지역에서 실시된 것이 아니라 12부府와 24면(지정면)으로 제한된 것이었다. 부는 일본인의 집단거주지였던 대도시지역으로서 종전에는 전원 일본인 유력자로 임명하던 것을 선출제로 바꾸었다. 그리고 24개 지정면의 경우에는 선출제로 하였으나, 나머지 일반 농촌지역이었던 2,520여개의 보통면에서는 임명제를 실시하여 협의회원을 충원하였다. 그리고 도 평의회 회원의 경우에는 회원의 2/3를 부·면협의 회원이 뽑은 후보자 중에서 도지사가 임명하고 나머지 1/3도 역시 도지사가 임명하도록 하는 것에 불과했다.

협의회원을 선거제로 뽑은 경우도 의원의 선거자격을 25세 이상의 남자로서 같은 지역에서 1년 이상 거주한 자, 부세나 면의 부과금 5원 이상 납부한 자로 제한하여 일본인과 조선인 지주 및 자산가와 부유한 상인만이 선거권을 가질 수 있었다. 1920년 당시 부·면의 유자격자가 일본인이 7,650명, 조선인이 6,346명이었던 것에서 극히 소수의 조선인 만이 참여할 수 있었음을 알 수 있다. 또 이러한 협의회는 도지사, 부윤, 군수, 면장이 의장을 맡았으므로 관료적인 색채가 짙었다.

이처럼 형식에 불과한 자문기관이나마 설치한 이유는 이를 통해 조선인이 정치에 참여할 수 있는 것처럼 선전하고 이 같은 제도가 앞으로 조선의 자치 허용을 위한 전단계인 것처럼 환상을 불러일으키려는 것이었다. 결국 지방제도 개편은 일제의 식민통치에 협력할 수 있는 제도적 기반을 마련하여 조선인 유식불평분자의 일부를 회유하고 친일화를 꾀하여 민족분열을 가속화하기 위한 것이었다. 문화정치란 무단통치의 거칠고 노골적인 통치방식 대신 세련되고 교묘한 방식으로 바꾼 것으로 조선인을 분열시키기 위한 술책에 불과했다는 것을 알 수 있다.

더 나아가 일제는 1910년대에는 일진회까지 해산시킬 만큼 무시했던 친일단체를 다시 적극적으로 육성하여 식민통치에 활용하고자 하였다. 일제는 한국병합 과정에서도 일본 유학생, 관료, 개화한 조선인의 일부를 협박 매수하여 친일파로 만들고 이들을 적절히 이용한 바가 있다. 3 · 1운동 이후 사이토 총독은 친일세력을 광범위하게 육성하여 식민통치에 적극적으로 활용하기 위하여 교풍회, 국민협회, 대동동지회 등을 조직했다. 그리고 대지주계급과 예속자본가들의 친일단체로 대정친목회, 유민회 등을 만들었으며, 유생들의 친일단체로 대동사문회, 유도진흥회가 생겼고, 농민운동을 약화시키기 위해 조선소작인상조회를 만들기도 하였다. 일제는 한국병합 당시 일부 왕족과 정치인에 한정되었던 친일세력을 지주계급, 지식인층으로 크게 확대해 식민통치의 기반을 확고히 하려고 하였다.

3. 조선총독부의 경제정책

1910년대 경제정책의 수립과 토지조사사업

일제의 지배정책 수립에서 가장 중요한 것이 통치비용을 어떻게 조달할 것인가 하는 문제였다. 일제는 통치비용을 조선 내부에서 해결하기 위하여 조선총독부특별회계제도를 운용하였다. 조선통치의 비용을 조달하는 조선총독부의 세입은 조세수입, 전매수입, 관업 · 관유재산 수입, 일본국고금 등으로 구성되어 있었다. 조세는 각종 명목의 세금을 징수하는 것이고 전매 및 관업 · 관유재산 수입은 조선총독부가 수익활동을

토지조사사업
토지조사사업을 위한 측량용 기구를 지게에 싣고 출발하는 한국인 옆에, 일본인 기술자들이 서서 사진을 찍고 있는 모습.

통해서 자금을 조달하는 것이다. 일본국고보조금은 조선 내부에서 조달하지 못한 경비를 일본정부가 보충해주는 금액이다.

조선총독부는 식민지 초기부터 독립재정을 추진하였으나 조선에 대한 각종 통치비용이 증가하여 일본국고보조금을 받을 수밖에 없었다. 조세의 구성 중에서 비율 순으로 보면, 1920년을 기준으로 하여, 지세(32.6%), 관세(28.0%), 연초세(18.0%), 주세(10.8%)의 순으로 나타났다. 1910년대에는 세입구성에서 지세가 차지하는 비율이 매우 높았다.

일제가 조선을 통치하면서 착수한 주요한 경제정책은 토지조사사업이었다. 토지조

♣해설 | **조선토지조사사업과 종중재산 분쟁**

조선토지조사사업은 근대적 측량기술을 동원하여 토지의 경계와 면적 등을 정확히 측정하고 해당 토지의 소유권자를 확정하는 사업이었다. 이 사업에 의하여 토지의 고유번호인 지번地番이 부여되고 지적도가 제작되었으며 토지대장과 등기부까지 만들어졌다. 이 같은 공증장부에 의하여 토지의 지형, 지목地目, 면적, 지번, 소유자 등이 확정되었다. 조선부동산등기령은 토지조사사업에 의해서 확인된 소유권자를 국가가 공증하고 제3자에 대하여 대항권을 설정할 수 있도록 관련 제도를 정비한 것이었다.

조선토지조사사업과 조선부동산등기령을 계기로 사적 토지의 소유에 관한 제도는 정비되었으나 종중재산과 같은 조선의 특유한 소유관계는 어떻게 할 것인가 하는 문제가 남아 있었다. 예컨대, 종중재산의 소유자를 누구로 표기(등기)하고 종중재산의 매매는 누구에 의해서 수행될 수 있는가 등에 관한 사항이 미비하였다. 조선시대에는 종중재산의 소유주체를 개인이 아니라 종중으로 파악하여 개인이 함부로 전부 또는 일부를 처분하지 못하였으나, 조선총독부는 종중재산을 개인이 단독으로 등기하거나 종중재산의 지분을 쪼갤 수 있는 공유 형식으로 등기하도록 하여 종중재산의 처분을 둘러싸고 많은 분쟁이 발생하였다.

사사업은 1910년부터 1918년까지 시행되었는데 토지의 면적과 형태, 위치, 경계를 조사하고 해당 토지의 소유권자를 확인하고 토지의 가격을 조사하는 것이었다. 토지조사사업의 결과로서 전국의 모든 토지의 토지대장, 지적도, 등기부가 작성되었다. 토지소유에 대하여 국가가 공증하는 제도가 확립되자 토지도 하나의 상품으로서 거래될 수 있는 제도적 기반이 마련되었으며 특히 일본인들의 토지소유도 안정적으로 보장받을 수 있게 되었다.

이 사업을 통하여 일제는 토지소유권자를 근대적 법률로써 공증하고 공증 자료(토지대장, 등기부)를 토대로 하여 지세부과의 기준으로 삼으려고 하였다. 토지조사사업의 시행 과정에서 일제는 종전의 공적 장부에 등록되지 않았던 많은 토지를 새롭게 찾아내었으며, 이는 과세원課稅源의 증가를 의미하였다. 그 결과 과세지는 10년 사이에 52%나 증가하고 지세수입도 1911년에 624만원에서 1919년에는 1,115만원으로 2배 가량 증가되었던 것이다. 조선총독부는 토지거래의 활성화와 그에 따른 통치비용 확보를 위하여 지세제도와 토지제도를 우선적으로 정비한 것이다.

한편, 조선총독부는 토지소유자의 권리를 확인 증빙하는데 주력하였으나 기업활동에 대해서는 매우 소극적인 자세를 취하였다. 식민지 초기 조선총독부의 기업정책을 가장 잘 보여주는 것이 1910년에 제정된 「조선회사령」이다. 조선회사령은 일본의 상법에서 보장하는 회사의 자유설립주의와 정면으로 배치되는 것이었다. 일본 상법은 회사 설립 후의 사업경영에서 공공의 질서, 선량한 풍속에 위반되지 않는 한 공권력이 개입하는 일이 없었음에도 불구하고, 조선회사령은 지점의 설치, 사업목적 및 명칭이나 자본금의 액수, 사원의 교체 등에서 모두 총독의 허가를 받도록 하였다. 뿐만 아니라 경영도 감독할 수 있고 언제라도 회사의 해산명령, 지점의 폐쇄명령 등을 발할 수 있도록 규정하였다.

조선총독부가 조선회사령을 제정한 것은 일본 자본이 조선의 값싼 노동력을 노리고 조선으로 과도하게 진출하는 것을 막고, 아울러 조선인 자본가가 성장하는 것을 막기 위한 이중의 목적에서였다. 조선회사령은 조선에서의 일본인과 조선인 자본가의 기업활동을 크게 제한하였다. 1차 세계대전을 통해 일본 자본이 어느 정도 축적되어 여유가 생기자 조선총독부는 조선회사령을 다소 완화하여 일본 자본의 조선 진출의 숨통을 트기 시작했다. 하지만 1911년 152개였던 조선의 회사 수는 1919년에 이르러서도 369개로 늘어난 데 불과하였다.

1920년대 산미증식계획의 수립과 시행

1910년대에 토지관련 제도를 정비한 일제는 1920년대에 산미증식계획이라는 농업정책을 추진하였다. 이 계획은 1918년에 일본 본국의 쌀값이 폭등하여 이른바 '쌀소동'이 일어나자 일본의 식량 및 미가문제를 해결하기 위하여 입안된 것이었다. 당시 일본에서는 매년 약 70만명의 인구가 늘어나 식량이 크게 부족하였고, 이를 외국으로부터의 쌀 수입을 통해 해결할 수밖에 없었다. 이에 일본정부는 특히 조선에서 쌀 생산을 크게 늘려 이를 일본으로 이입하는 것이 상책이라 보고, 조선에서의 쌀 증산을 위한 산미증식계획을 수립하였던 것이다.

산미증식계획은 모두 3차 계획으로 구성되었다. 제1차 계획은 1920년에서 1934년까지 수립되었으나 1926년에 중단되었고, 제2차 계획은 1926년부터 1938년까지로 수립하였으나 또 다시 1934년에 중단되었다. 제3차 계획은 1937년 중일전쟁 발발로 인한 식량확보를 위하여 1940년에 다시 10년 계획으로 추진되었고, 일제 패망 직전인 1944년에는 단기 1개년 계획으로 추진되어 사실상 일제 말기까지 조선 쌀의 생산량을 늘려 일본으로 이출하는 사업이 진행되었다.

군산항 전경이 인쇄된 사진엽서
당시 군산은 조선의 미곡을 일본으로 수출하는 최대 거점이었다. 호남평야에서 생산한 쌀이 대거 군산을 통해 빠져나갔다.

〈표 1〉 시기별 미곡 생산량 및 이출량

	연평균 생산량	연평균 이출량	이출 비율
1915~1919	1,312만석	220만석	16.7
1920~1924	1,456	357	24.5
1925~1929	1,624	481	29.6
1930~1934	2,015	788	39.1
1935~1939	2,129	982	46.1

〈표 2〉 시기별 1인당 미곡소비량의 변화추세

	국내소비량	인구평균	1인당 쌀 소비량
1920~1924	1,099 만석	1,766 만명	0.62 석
1925~1929	1,143	1,915	0.60
1930~1934	1,224	2,060	0.59
1935~1939	1,147	2,234	0.51

산미증식계획은 토지개량사업과 농사개량사업의 두 방향으로 전개되었다. 토지개량사업은 관개개선, 지목전환, 개간 간척 등 생산기반을 확충하는 것이었다. 이 중에서 일제가 많은 자본을 투하하여 주력했던 것은 관개개선을 위한 수리조합사업이었다. 농사개량사업은 일본식 개량농법을 보급하는 것이었다. 개량농법 보급은 토지개량을 전제로 품종개량과 비료사용의 증가를 통해 단위 면적당 수확량을 증대시키려는 것이었다.

〈표 1〉에서 보는 바와 같이 이 사업에 의하여 일본으로의 쌀의 이출은 절대적인 액수뿐만 아니라, 조선에서의 생산량 가운데 차지하는 비율에서도 지속적으로 증가하였다. 〈표 2〉에서 보는 것처럼 조선에서의 인구도 점차 증가하고 있었기 때문에 조선에서의 1인당 쌀 소비량은 지속적으로 감소할 수밖에 없었다. 그리고 조선에서의 식량의 부족분은 만주산 좁쌀의 수입을 통하여 보충되었다.

산미증식계획 수행과정에서 추진했던 우량품종 보급과 화학비료의 사용증가는 농

동양척식주식회사 경성지점
동척은 1908년 12월 일제에 의해 식민지 경제수탈의 본거지로 설립되었다. 사진 속 건물은 1910년 이후 건립된 것으로 을지로 2가 현 외환은행 본점 자리에 있었다.

민들에게 비용 부담을 안겨주었다. 또 수리조합의 결성은 농민들로 하여금 조합비의 납부를 의무화하였는데, 이 또한 농민들에게는 커다란 부담이 되어 수리조합반대투쟁이 거세게 일어나기도 하였다.

산미증식계획은 대규모의 안정적인 시장과 쌀값의 지속적인 인상이라는 호경기를 맞이한 일본인과 조선인 지주층의 성장을 가져왔다. 특히 동양척식주식회사를 비롯하여 일본인 농업회사들은 축적된 자본을 계속하여 토지에 투자하여 대규모 농장들을 건설하였고, 조선인 지주들 가운데에서도 전에 볼 수 없었던 만석군 지주들이 등장하였다. 일본인과 조선인 지주들은 고율 소작료와 고리대를 통해 농민들을 수탈하면서, 이를 통해 대지주로 성장하고 있었던 것이다. 농민들은 소작료를 낮추려는 운동을 전개하였지만, 지주들은 잦은 소작권 이동을 통해 농민들을 압박하였다. 그리고 총독부 경찰은 소작인들의 농민운동을 탄압하여 지주들의 고율 소작료 수탈을 뒷받침하였다. 총독부가 지주들을 적극 보호하고 농민들을 탄압한 것은 고율소작료를 통해 일본으로 실어갈 쌀이 쉽게 시장으로 나올 수 있었기 때문이었다.

산미증식계획을 통해 토지는 점차 지주층의 손에 집적되어 들어갔고, 농민들은 점차 땅을 잃고 몰락했다. 또 고리대 · 공과금 등을 감당하지 못하는 농민들은 갈수록 몰락하여 봄이면 식량이 떨어지는 춘궁농가는 날이 갈수록 늘어났다. 결국 몰락한 농민들은 산 속으로 들어가 화전민이 되거나, 만주로 농업이민을 떠나거나 일본으로 건너가 노동자가 되는 길을 찾을 수밖에 없었다.

4. 조선총독부의 사회 · 문화 정책

교육 정책

식민지 교육은 일제 식민지 통치의 근본을 이루고 있던 동화정책을 실현하기 위한 좋은 수단이었다. 조선총독부는 1911년에 「조선교육령」과 「사립학교규칙」을 제정하여 민족교육을 약화시키고 식민지 통치의 정당화를 위한 이데올로기 주입과 식민지 통치에 필요한 인간의 양성을 꾀하였다. 이를 위하여 천황제 이데올로기를 중심으로 한 일본어, 일본역사, 일본지리 과목과 초보적인 실업교육이 강조되었다. 보통학교와 고등보통학교는 모두 4년제로 되어 있었다. 사립학교규칙은 반일적 성향을 가진 조선인 경영의 사립학교를 폐쇄시키는 데 활용하는 한편, 공립학교 등 식민지 교육기관을 확충하여 조선인에 대해서는 식민지 통치에 필요한 최소한의 지식과 기술만을 교육하려는 의도에서 나온 것이었다. 더 나아가 1918년에 「서당규칙」을 제정하여 서당의 개설은 도지사의 인가를 받도록 하고 교과서도 총독부에서 편찬한 것으로 가르치도록 하는 등 통제를 강화하였다. 그리하여 한말 애국계몽기에 융성했던 사립학교 교육과 전통적인 민족교육기관인 서당교육은 쇠퇴하게 되었다. 그 결과 1908년 2천여 개였던

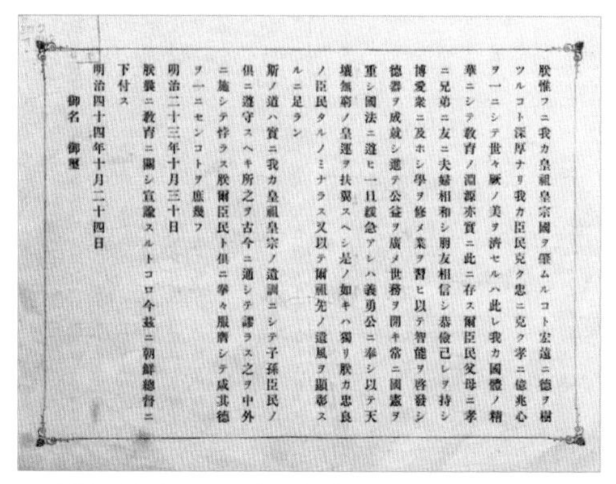

朕惟フニ我カ皇祖皇宗國ヲ肇ムルコト宏遠ニ德ヲ樹
ツルコト深厚ナリ我カ臣民克ク忠ニ克ク孝ニ億兆心
ヲ一ニシテ世々厥ノ美ヲ濟セルハ此レ我カ國體ノ精
華ニシテ教育ノ淵源亦實ニ此ニ存ス爾臣民父母ニ孝
ニ兄弟ニ友ニ夫婦相和シ朋友相信シ恭儉己レヲ持シ
博愛衆ニ及ホシ學ヲ修メ業ヲ習ヒ以テ智能ヲ啓發シ
德器ヲ成就シ進テ公益ヲ廣メ世務ヲ開キ常ニ國憲ヲ
重シ國法ニ遵ヒ一旦緩急アレハ義勇公ニ奉シ以テ天
壤無窮ノ皇運ヲ扶翼スヘシ是ノ如キハ獨リ朕カ忠良
ノ臣民タルノミナラス又以テ爾祖先ノ遺風ヲ顯彰ス
ルニ足ラン
斯ノ道ハ實ニ我カ皇祖皇宗ノ遺訓ニシテ子孫臣民ノ
俱ニ遵守スヘキ所之ヲ古今ニ通シテ謬ラス之ヲ中外
ニ施シテ悖ラス朕爾臣民ト俱ニ拳々服膺シテ咸其德
ヲ一ニセンコトヲ庶幾フ
明治二十三年十月三十日
朕曩ニ教育ニ關シ宣諭スルトコロ今茲ニ朝鮮總督ニ
下付ス
明治四十四年十月二十四日
御名 御璽

천황중심의 국가주의 교육의 핵심인 교육칙어(1911)

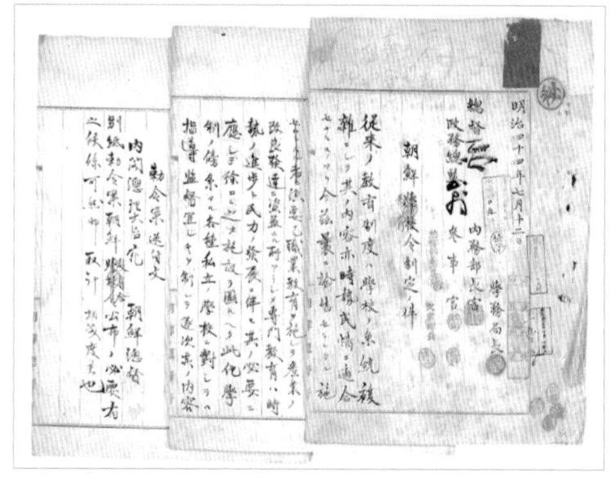

1911년 7월 12일에 발표된 제1차 조선교육령 초안본

사립학교가 1919년에는 740여개로 급격히 줄어들게 되었다.

한편, 조선총독부는 1922년 2월에 조선교육령을 개정한 이른바 제2차 조선교육령을 발표했다. 제2차 교육령에서는 3개면에 보통학교 1개교를 세운다는 원칙을 내세워 교육의 기회를 확대하는 것처럼 보였으나 이 정도로는 조선인들의 교육열을 충족시킬 수 없었다. 또 총독부는 조선인들이 운영하던 사립학교와 서당을 철저히 통제함으로써 민족주의에 입각한 교육을 근본적으로 차단하고자 했다. 또한 학교에서의 조선어, 조선의 역사 및 지리시간을 대폭 줄이고 그 대신에 일본어와 일본의 역사 및 지리 시간을 늘렸다.

조선인들에 대해 실업교육을 강조하여 가능한 한 전문교육의 기회를 박탈했다. 제2차 교육령에서는 보통학교의 수업연한을 6년으로 연장하고, 고등보통학교는 5년으로 여자고등보통학교는 4년으로 연장했다. 또한 사범학교를 설치하게 하고, 대학에 대한 규정을 두어 조선에서도 대학이 설치될 수 있게 하였다. 민립대학기성운동은 이 규정에 근거한 것이었다.

일제의 교육정책은 식민지 통치에 저항 없이 순응하는 조선인을 만들겠다는 동화의지를 그대로 담고 있는 것이었으며, 구체적으로는 수준이 낮은 교육을 통하여 2등 국민으로 동화시키겠다는 것이었다. 교육령은 다소 개정되었지만, 일본어교육과 실업교

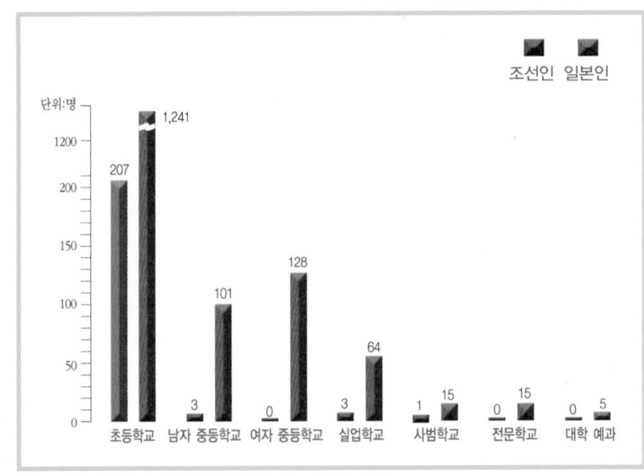

인구 1만 명당 취학 학생수(1925)

육을 중심으로 충량한 제국신민을 양성한다는 식민지 우민화 교육정책의 기본 방침에는 변화가 없었다.

언론·출판·집회·학술 정책

일제는 조선에 근대적 문물제도를 도입한다는 선전에도 불구하고 실제로는 보안법, 신문지법, 출판법 등을 강화 반포하여 언론, 출판, 집회, 결사 등 근대적 기본권을 부정하였다. 이를 근거로 하여 일제는 병합과 함께 민족적인 학회와 단체는 물론 일진회와 같은 친일단체까지도 해산시켰다. 또한 민족적인 색채를 띤 대한매일신보 등 조선인의 모든 신문과 출판물을 강제로 폐간하고 대신에 경성일보, 매일신보 등 총독부의

문화정치를 표방하면서 발행을 인가한 『조선일보』와 『동아일보』

식민지시기에 출판된 잡지들

기관지 역할을 하는 소수의 신문과 출판물만을 발행하여 총독부의 정책을 미화하는데 활용하였다. 개인의 인권과 언론의 자유라는 측면에서 1910년대는 암흑의 시대였다고도 할 수 있다.

1920년대 문화통치기에는 1910년대에 원천적으로 금지되고 있던 언론, 집회, 출판의 자유를 일부 허용했다. 여기에서의 허용이란 식민지 통치질서와 공안을 방해하지 않는 한도 내를 의미하는 것이었다. 이 때 발간된 대표적인 신문, 잡지는 동아일보, 조선일보, 시대일보, 개벽, 조선지광, 신생활 등이었으며, 이들 신문 · 잡지는 「신문지법」에 의해 수없이 압수와 정간조치를 당하였다. 또 「출판법」에 의해 출판되는 단행본과 잡지들은 엄격한 사전 원고검열제도 하에서 수없이 삭제 조치를 당하여 제대로 출판할 수가 없었다. 또 일부 언론인은 '필화사건'으로 인하여 인신이 구속되는 경우도 있었다. 한편 청년단체, 농민노동단체, 종교단체 등이 우후죽순격으로 창립되어 1922년에는 약 7,000여개의 사회단체가 등장하였다. 하지만 이들 단체의 집회에는 경찰관이 항상 임석하여 감시하였으며, 집회 자체가 허용되지 않는 경우도 많았다. 또 1925년에는 사회주의운동을 탄압하기 위해 일본에서 제정한 「치안유지법」을 조선에

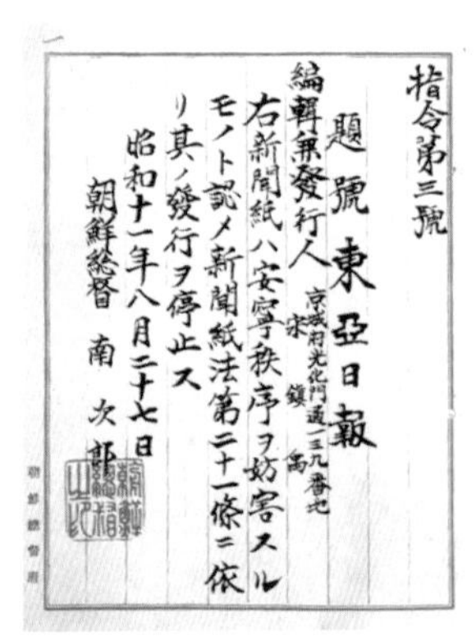
指令第三號
題號 東亞日報
編輯兼發行人 京城府光化門通一三九番地 宋鎭禹
右新聞紙ハ安寧秩序ヲ妨害スルモノト認メ新聞紙法第二十一條ニ依リ其ノ發行ヲ停止ス
昭和十一年八月二十七日
朝鮮總督 南 次郎

『동아일보』 정간명령서 1936년 손기정 선수의 '일장기 말소사건'으로 『동아일보』는 약 10개월 간 정간조치를 당했다.

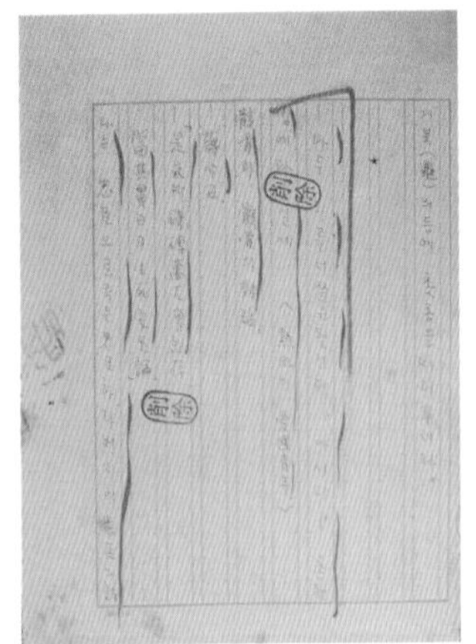

식민지 당국에 의해 검열 · 삭제된 오장환의 원고 일부 모든 단행본과 잡지는 사전에 원고검열을 받게 되어 있었다.

까지 확대 적용하였다.

이와 함께 일제는 식민지 통치를 정당화하고 식민통치에 이용할 목적으로 조선의 문화와 역사를 적극적으로 조사하고 연구하였다. 조선총독부는 조선사편수회를 설치하여 조선사를 편찬하기 위한 자료를 광범위하게 수집하였다. 일제는 3 · 1운동에서 나타난 조선인들의 강고한 민족정신에 놀라 이를 말살하기 위하여 조선사편수회, 청구학회와 경성제국대학을 중심으로 조선사를 왜곡하는 작업에 착수하였다. 그 결과 이른바 식민사관을 만들어냈으며, 그 대표적인 논리는 '타율성론', '정체성론', '반도적 성격론', '당파성론' 등이었다. 1920년대 중반부터 일인 어용학자들은 식민사관에 입각하여 조선사를 왜곡하는 작업을 본격화하였으며 『조선사강좌』 『조선사』 등을 편찬하였다. 어용학자들은 식민사학을 조선인들의 열등의식, 패배감, 좌절감 등을 조장하는 데 적극 활용하였다.

● 읽기자료

1. 사이토 총독이 구상한 친일파 육성대책

①조선인 관리를 재조사하고 검토해서 양부를 가려내어 상벌을 분명히 하고 관기를 숙정해서 일본에 절대 충성을 다하는 자로써 관리를 굳힌다.

②조선인 한 사람 한 사람을 분명히 가려내기 위해 몸과 마음을 걸고 일을 해낼 핵심적 친일인물을 골라 귀족, 양반, 부호, 실업가, 교육가, 종교가 등에 침투시켜서 얼마간의 편의와 원조를 주어 친일단체를 만들게 한다.

③각종 종교단체도 중앙집권화해서 그 최고지도자에 친일파를 앉히고 일본인 고문을 붙여 어용화한다.

④조선문제 해결의 사활은 친일 인물을 많이 얻는데 있으므로 친일 민간인에게 편의와 원조를 주고 수재교육의 이름 아래 많은 친일 지식인을 긴 안목으로 키운다.

⑤양반, 유생 가운데 직업이 없는 자에게 생활방도를 주는 대가로 이들을 온갖 선전과 민정 염탐에 이용한다.

⑥조선인 부호에게는 노동쟁의, 소작쟁의를 통해서 노동자, 농민과의 대립을 인식시키기도 하고, 또 일본자본을 도입시켜 그것과의 연결을 통해서 매판화시켜 일본쪽에 끌어들인다.

⑦농민을 통제하고 조종하기 위해 전국 각지에 유지가 이끄는 친일단체인 교풍회, 진흥회 등을 두게 하고 이에 국유림의 일부를 불하해주는 한편 입회권을 주어 회유, 이용한다.

2. 〈정치에 관한 범죄 처벌의 건〉 (제령 7호)

제1조 정치 변혁을 목적으로 하여 다수 공동하여 안녕 질서를 방해하거나 방해하려 한 자는 10년 이하의 징역 또는 금고에 처한다. 단 형법 제2편 제2장의 규정에 해당할 때는 본령을 적용한다. 전항의 행위를 하게 할 목적을 갖고 선동한 자의 벌 또는 전항과 같다.

제2조 전조의 죄를 범한 자로 발각 전에 자수할 때는 그 형을 감해 가볍게 하거나 면제한다.

제3조 본령은 제국 밖에서 제1조의 죄를 범한 제국신민에게도 적용한다.

3. 〈사립학교규칙〉 (1911)의 주요내용

1. 사립학교는 총독의 허가를 받지 않으면 설립할 수 없다.

2. 학교장 및 교원은 총독의 허가를 받은 자가 아니면 채용할 수 없다.

3. 수업연한, 교과목, 교과과정 및 매주 교수시수, 학생의 정원, 학년, 학기, 휴업일, 입학자의 자격 등 학제에 규정해야 할 사항은 인가를 받을 것을 요한다.

4. 교과서는 조선총독부가 편찬한 것 또는 조선총독의 검정을 거친 것을 써야 하고, 만일 이들 도서가 없을 때에 한하여 총독 인가를 받아 그 외의 도서를 교과서로 채용할 수 있다.

5. 일정한 사항에 해당하는 자는 사립학교를 설립할 수 없고 또 학교장, 교원이 되는 것을 허가하지 않으며, 만일 학교의 설립 후 설립자가 일정한 사항에 해당될 때는 설립 인가를 취소하고 학교장, 교원이 해당될 경우에는 설립자에 대해 그 해고를 명할 수 있다.

6. 학교의 설비, 수업, 그 외의 사항으로서 부적당하다고 인정되는 때에는 그 변경을 명할 수 있다

7. 법령의 규정에 위반할 때, 안녕질서를 문란하거나 또는 풍속을 파괴하고 어지럽힐 우려가 있을 때, ⑥의 명령에 위반하여 그를 실행하지 않을 경우에는 제재로서 조선총독은 사립학교의 폐쇄를 명할 수 있다.

● 참고문헌

박찬승, 1992, 『한국근대정치사상사연구』, 역사비평사

최석영, 1997, 『일제의 동화이데올로기의 창출』, 서경문화사

김운태, 1998, 『일본 제국주의의 한국통치』, 박영사

김동명, 2006, 『지배와 저항, 그리고 협력』, 경인문화사

서민교, 2009, 『1910년대 일제의 무단통치』, 한국독립운동사연구소

박수현, 이용창, 허종, 2009, 『일제의 친일파 육성과 반민족세력』, 한국독립운동사연구소

이명화, 2009, 『1920년대 일제의 민족분열통치』, 한국독립운동사연구소

역사교육연대회의, 2009, 『뉴라이트 위험한 교과서, 바로읽기』, 서해문집

김윤정, 2011, 『조선총독부 중추원 연구』, 경인문화사

전병무, 2012, 『조선총독부 조선인 사법관』, 역사공간

한국사연구회편, 2015, 『새로운 한국사길잡이(하)』, 지식산업사

김정인, 이준식, 이송순, 2015, 『한국근대사 2』, 푸른역사

제 9 장 1930년대 이후 일제의 식민지배정책

성스러운 날 천황의 깃발 아래 / 피 불태우며 남으로 북으로
죽음은 가벼우나 명예는 높아 / 벗은 알리라 이 뜨거운 눈물을
오랑캐 무리 미국과 영국은 / 저들이 지은 죄 많기에
그 힘을 믿는 것 같아라
그렇기에 진정 그렇기에 / 1억의 나라 모두 일어서서
무쇠 부수는 싸움의 횃불
승리 거두어 잔치하는 날에 내 목숨을 희생물로 삼으리

—김용제의 시 「어동정御東征」에서

〈연표〉

1929.	10.	세계대공황
1931.	9.	만주사변 도발
1932.	10.	농촌진흥운동(1932~1940)
1935.	9.	신사참배 강요
1936.	12.	조선사상범보호관찰령 공포
1937.	7.	중일전쟁 도발
1938.	2.	육군특별지원령 공포
	5.	국가총동원법 제정
1939.	10.	국민징용령 실시
1940.	2.	창씨개명 실시
1941.	2.	조선사상범예방구금령 제정
1942.	10.	조선어학회 사건
1944.	4.	조선인의 징병실시
	8.	여자정신대근무령 공포

1. 세계대공황과 파쇼적 지배체제

일제는 1930년대에 접어들면서 식민지 지배정책을 크게 수정하였다. 일제가 지배정책을 전환한 배경에는 세계 대공황의 발생이 있었다. 대공황은 1929년 10월 뉴욕 증권시장의 주가폭락을 계기로 전 세계로 확산되었는데 미국, 영국, 프랑스 등 선진 자본주의 국가뿐만 아니라 일본경제에도 큰 충격을 주었다. 세계대공황으로 인하여 1929년부터 1931년 사이에 일본의 공장 총생산액은 33%, 수출입 총액은 45%가 줄었으며, 1929년에 일본노동자가 300만 명이나 실직하고 실질임금도 10% 정도 감소되는 등 국가적 위기상황으로까지 전개되었다.

일제는 이 같은 위기를 주변국의 침략을 통하여 타개하려고 하였다. 1931년 만주를 점령하여 괴뢰 '만주국'을 건설했고 1937년에는 중일전쟁을 일으켰으며 1941년에는 미국의 하와이까지 공습함으로써 침략전선을 크게 확대하였다. 일본과 중국의 전쟁이 본격화되면서 전쟁물자의 안정적 생산과 공급을 위하여 조선의 전략적 중요성이 크게 부각되었다. 일제는 침략전쟁의 후방기지로서 식민지 조선을 효과적으로 활용할 필요가 있었으며 이에 따라서 일본기업이 안정적으로 조선에 진출할 수 있도록 제도적으로 뒷받침하는 정책을 추진하였다.

이와 함께 후방기지를 사회적으로 안정화시키기 위하여 종래의 식민지 지배정책이

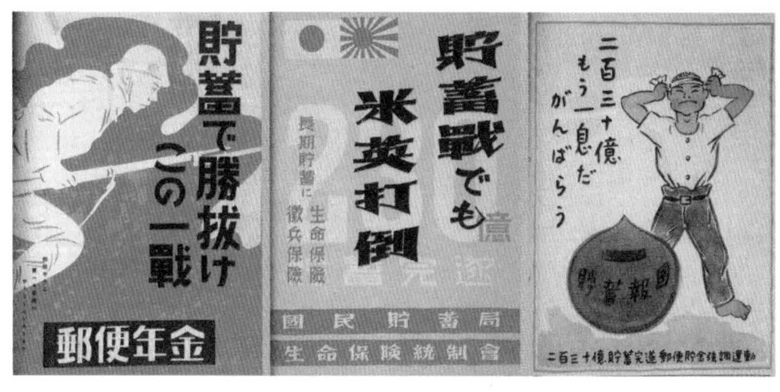

저축전쟁을 강조하는 포스터

었던 문화통치를 포기하고 좀 더 강력한 파쇼적 통치체제를 구축하였다. 우선, 일제는 식민지 조선에서 독립운동이 활성화되는 것을 막기 위하여 군대와 경찰기구를 증강하였고 「조선사상범보호관찰령」(1936), 「조선사상범예방구금령」(1941), 「치안유지법」 등의 형사법령을 제정하거나 개정하여 민족운동과 사회운동을 철저히 봉쇄하려 하였다. 조선사상범보호관찰령에서는 대부분 항일운동 관련자인 치안유지법 위반자 가운데 전향하지 않는 사람을 사상범으로 규정하여 감시하였다. 일제는 경성, 함흥, 평양, 신의주, 대구, 광주 등 전국 주요도시에 7개 보호관찰소를 설치하여 사상범을 보호관찰대상으로 삼아 국체의 본의를 몸에 익힐 것을 강요했다. 사상범이 반일사상을 버리지 아니하고 철저한 황국신민으로 전향하지 않으면 형기가 끝나도 보호관찰소에 구금하고 계속 감시하였다. 또한 조선사상범예방구금령에서는 치안유지법을 위반하여 형에 처해진 자가 그 집행을 마치고 석방된 이후에도 필요한 경우 그를 계속하여 구금하거나 일정하게 제재할 수 있도록 하는 등 반인권적 탄압을 서슴지 않았다.

1930~35년 사이에 사상범으로 검거된 인사는 약 2만 명에 달하였으며, 1930년 한해에 2,300여 건의 각종 집회가 금지되거나 제한, 해산되었다. 그리고 항일 사상범이 대부분인 치안유지법 위반자를 대상으로 재범을 막기 위하여 전향을 조직적으로 강요했다. 더 나아가 일제는 만주지역에 민생단과 협화회 등의 관제조직을 만들어 이 지역의 항일운동세력과 조선민중, 또는 조선인과 중국인을 이간하는 작업을 하기도 하였다.

한편, 일제는 1930년 12월에 지방제도의 개정, 개량적인 농민 · 노동자단체에 대한 지원과 조종, 농촌진흥회, 향약, 청년단, 자작농조합, 식산계와 같은 관제 농민단체의 정책적 육성 등을 통하여 문화정치시기 이래로 추진해온 민족해방운동 세력의 분열을 더욱 강화시켰다. 이를 통하여 일제는 개량화되거나 친일화된 민족해방운동가들을 자신의 세력으로 포섭하여 파쇼적 식민지 지배의 안전판으로 삼았으며, 이로써 파쇼적 통치를 강화하였다.

2. 1930년대 공업화정책과 농촌진흥운동

군수공업화정책

1931년 만주사변의 발발로 일본의 중국침략이 본격화되면서 전쟁물자의 효율적 생산과 안전한 수송을 위하여 조선의 공업화 필요성이 강력히 제기되었다. 이에 따라서 1931년에 총독으로 부임한 우가키 가즈시게(宇垣一成, 1931.6~1936.8)는 농업정책 위주로 추진된 종전의 경제정책을 전환하여 공업화를 추진하였다.

일제는 농공병진의 슬로건을 내세우면서 일본 본토는 정공업精工業 지대, 조선은 조공업粗工業 지대, 만주는 농업과 원료지대로 만들어 일본과 조선·만주를 연결하는 블

♣쟁점 | **식민지 근대화론**

식민지 근대화론은 일제 강점기에 조선 경제가 고도성장을 했으며, 그 과정에서 조선인의 경제생활도 빠르게 향상되었다는 주장이다. 최근 뉴라이트운동 계열에서 학술적인 연구뿐만 아니라 대안교과서까지 제작하는 등 그 주장을 확산하기 위하여 적극적으로 노력하고 있다. 이들의 주장을 살펴보면, 조선이 일본의 식민지였던 기간은 제1~2차 세계대전기, 세계 대공황기 등이었는데, 이 시기는 세계적으로 경제성장이 더딘 시기였다. 식민지 근대화론자들은 바로 이런 세계경제의 침체기에 조선경제가 일본과 더불어 괄목할만한 성장율을 보였다고 주장하며, 그 근거로서 1911~1940년 간의 1인당 GDP 증가율을 약 2.4%로 추정하고 있다(세계 평균 0.91%). 그리고 조선에서는 민족별 소득격차가 확대되기는 했지만, 파이의 크기가 급속히 커졌기 때문에 조선인도 그 성장의 혜택을 받아 소득이 증대되고 생활수준도 향상됐다고 주장한다.

과연 일제 강점기에 조선경제가 그렇게 빨리 성장했을까. 또 그 같은 경제성장이 조선인의 소득 증대와 생활수준의 향상으로 이어졌을까. 식민지 근대화론자들은 식민지 경제에서 나타난 민족별 양극화 현상에는 별 관심이 없이 조선지역의 총 산업생산량과 산업구성의 비율 변화만을 지나치게 강조한다. 조선지역의 경제적 성장은 주로 조선에 진출했던 일본 거대기업과 소수의 일본인들에 의한 것이었다. 일제는 1930년대 중화학공업과 관련된 일본자본의 조선 진출을 집중 지원하였으며 조선인 기업들은 제도적 지원을 제대로 받지 못하였다. 또한 조선인들의 경제적 수준이 나아졌다고 보기에도 관련 근거가 약하다. GDP와 관련해서는 조선지역의 1인당 GDP 뿐만 아니라 민족별 1인당 GDP의 수치가 산출되어야 정확한 비교가 가능하지만 식민지 근대화론자들은 이 같은 수치를 제시하지 못하고 있다. 또 식민지조선에서는 일본인과 조선인의 소득 격차, 조선인 내부에서의 대지주와 소작농민, 자본가와 노동자 사이의 소득격차가 크게 벌어지고 있었기 때문에 1인당 평균 GDP는 사실상 큰 의미가 없었다고도 할 수 있다. 1930년대에 절대다수의 농민들이 채무농민, 절량 농민 등 궁민으로 전락하고 있었던 현실을 식민지근대화론은 외면하고 있는 것이다.

록경제를 구축하려고 하였다. 일제는 조선을 만주와 중국본토 침략을 위한 후방보급기지로서 활용하고 더 나아가 일제가 자급자족할 수 있는 경제권역으로 만들고자 조선에서의 공업발달을 추진했다.

1930년대에 조선에 진출한 일본의 기업은 경공업뿐만 아니라 중화학공업에 종사하는 기업이 많았다. 일본질소, 미쓰이(三井), 미쓰비시(三菱), 노구치(野口), 이토추(伊藤忠), 닛산(日産) 등 일본 거대기업들이 제지, 화학, 방직, 양조, 제분, 기계, 금속공업, 전기, 광업 부분에 본격적으로 진출하였다. 이들은 일본정부의 지원은 물론 조선총독부의 보호와 장려 아래 조선의 거의 모든 주요산업을 장악했다.

일본의 거대기업이 조선에 진출하면서 조선의 산업구조도 크게 변화하였다. 즉 공업생산의 구성에서 중화학공업의 비중이 높아졌던 것이다. 경공업과 중화학공업의 비중을 살펴보면, 1931년에 65.8%(경공업)와 18.3%(중화학공업)로 경공업의 압도적 우위에서 1939년에는 44.2%와 43.6%로 비슷해졌으며 1942년에는 경공업이 38.7%, 중화학공업이 46.9%로 역전되는 등 1939년을 경계로 중화학공업의 비율이 더 높아졌다. 특히 농산액에 대한 공산액의 비율도 1931년에 39.1%에서 이후 증가하여 1936년에는 59.6%로 절반을 넘었고 1940년에는 80.1% 1941년에는 89.7%로 근접한 수준으로 좁혀졌다.

그러나 이 시기 조선에서의 공업화는 조선인들의 경제수준을 향상시키는 방향으로 진행된 것이 아니라 중화학공업, 특히 중일전쟁 이후에는 군수공업을 중심으로 하여 일본 독점자본의 이윤을 최대한 실현시켜주는 방향으로 진행되었다. 일제는 이를 위

일본 노구치 재벌이 운영했던
흥남 조선질소비료공장 건설 광경

하여 수력자원 등 사회간접자본의 개발을 본격화하여 공업화의 기반을 마련하고 여러 정책을 통하여 일본 독점자본의 조선 진출을 적극 유도하였다. 그리고 일본 독점자본에게 공업자금을 지원하기 위해 임시자금조정법 등을 제정하여 저금리와 보조금을 지원했으며 이들 독점자본에 값싼 원료를 제공하기 위하여 각종 정책을 실시하였다.

이에 따라 조선지역의 공업생산액은 증가되었고 공업구성이 고도화되는 등 공업화가 빠르게 진행되었으나, 일본 대자본이 세운 공장들과 조선 내 중소 자본이 세운 공장들 사이의 연계성은 그리 높지 않았다. 또 1930년대 조선인 회사의 수도 절대적으로는 늘어났지만, 조선 내 회사의 전체 자본 가운데 차지하는 비중은 더욱 줄어갔다. 조선인 자본은 일본 대자본은 물론 이주 일본인 자본가들에 비해서도 자본의 규모, 금융지원, 기술, 원료의 확보 등의 면에서 모두 불리했다.

농촌진흥운동

1930년에 일본 본토에서 농업의 대풍작으로 쌀값이 폭락하자 일제는 일본 농민의 보호를 위하여 1934년에 조선에서 추진했던 산미증식계획을 중단하고 조선 쌀의 일본 내 이입을 금지시키는 등 조선에 대한 농업 정책을 변경하였다. 일본 농민을 보호하기 위하여 조선 쌀의 이입을 금지시키자 일본 경제구조에 종속되어 있던 조선의 농가경제는 심각한 피해를 입게 되었다. 1926년 현미 1석당 33원이던 쌀값이 1930년에는 24원, 1931년에는 약 15원으로까지 폭락하였다.

1920년대 산미증식계획의 추진으로 인하여 조선의 농업구조가 쌀 중심의 미곡단작구조가 심화된 상태에서 쌀값의 폭락은 중소지주와 조선인 농민의 몰락을 가속화하였다. 쌀값 폭락에 따라서 조선의 농업경제가 극도로 악화되자 농촌에서는 소작쟁의가 증가하고 공산주의 사상의 영향을 받은 혁명적 농민조합운동이 고양되었다.

일제는 이를 물리적으로 탄압하는 한편 식량자급과 부채정리 등을 통해 조선농민들을 회유하기 위하여 '농촌진흥운동'을 추진했다. 이 운동은 1932년 7월부터 1940년 12월까지 추진되었는데 소비지출을 억제하는 대신에 노동력을 최대로 끌어내어 농가의 절대빈곤을 해소하고 농업생산력을 증대한다는 계획을 갖고 있었다. 조선총독부

1920년대 전남 무안 금융조합 총회장면 일제가 관제 기관으로 각 지방에 세운 금융조합은 자금대부 등으로 농민들의 소작쟁의와 결속을 막는 구실을 했다.

는 농촌진흥위원회를 조직하는 한편 각 읍면별로 30~40호 단위의 갱생지도 촌락을 1개씩 선정하여 개별 농가를 대상으로 "식량충실, 금전경제의 수지균형, 부채근절"의 갱생 3대 목표를 설정하였다.

이와 함께 조선총독부는 지주제의 모순을 완화하고 농민들의 조직적 저항운동을 무력화하기 위하여 지주제에 대해 일정한 통제를 가하고, 안정적인 소농체제 구축을 목표로 하는 자작농지설정사업(1932)을 추진했다. 이 사업은 조선총독부와 금융조합 등이 농민에게 자작농지 구입자금을 대부해 줌으로써 자작농을 육성하고 농촌사회를 재편성하는 것이었다. 그러나 계속되는 땅값 상승, 조세공과 부담의 증가, 구입자금 미비 등으로 자작농 육성 계획은 성과를 거두지 못하였다.

1933년에는 「조선소작조정령」을, 1934년에는 「조선농지령」 등을 제정하였는데 이 법령들은 지주의 고율소작료 수탈을 어느 정도 통제하고 소작료 감면 청구권을 법제화하는 등 소작농 보호정책을 표방했다. 또한, 집단적이고 조직적인 소작쟁의를 저지하기 위하여 마름의 중간수탈 단속과 소작기간을 3년 이상으로 규정하여 소작농의 경제적 안정을 도모하였다. 그러나 이들 시책도 고율 소작료 등 지주의 반봉건적 농민수탈을 제한한 것은 아니었기 때문에 소작농의 처지는 개선되지 못했다.

결과적으로 일제의 다양한 농촌갱생대책은 새로운 농촌문제를 낳았다. 금융조합은 부채정리, 자작농지설정 등을 명분으로 농민들에게 자금을 대부했는데, 이것이 오히려 일제 금융자본이 지주 및 농민을 장악하고 농촌사회를 재편성하는 계기가 되었던 것이다. 또한 일부 친일 대지주와 일본인 지주는 일제의 금융지원에 힘입어 몰락하는 자작농 자소작 농민, 중소지주의 토지를 매입하는 한편, 농민에 대한 통제와 간섭을 강화함으로써 지주경영의 발전을 도모하였다. 반면에 소작농, 자작농, 자 · 소작농민, 중소지주들은 농산물 가격의 폭락으로 더욱 열악한 처지로 전락했으며 소작농과 농업노동자가 증가하고, 화전민으로의 전락, 농민의 이주현상을 유발하였다. 예컨대, 1928년 44.9%의 소작농가의 비중이 1936년에는 51.8%로 늘었으며 결과적으로 많은 농민들이 농업노동자나 화전민이 되었으며 만주와 일본 등지로 이주하는 계기가 되었다.

3. 황민화정책

황국신민화 정책

1937년 중일전쟁을 도발한 이후 일제는 「국가총동원법」을 제정하여 조선인을 전쟁에 효과적으로 동원하고 물적 자원을 수탈하기 위하여 철저한 일본인화 정책을 추진하였다. 일제의 민족말살정책은 조선인의 정체성을 부정하고 조선인을 황국신민으로 새롭게 개조하여 이들을 침략전쟁에 동원하기 위한 수단이었다. 조선인을 황국신민으로 양성한다는 황국신민화 정책은 내선일체론으로 나

서울 남산의 '조선신궁'

타났다. 내선일체론은 조선인과 일본인은 불가분의 일체이며, 조선인은 일본인과 함께 아시아 제 민족을 해방해야 할 주체이지 결코 해방되어야 할 객체가 아니라는 것이다. 이것은 민족차별을 관념적으로 은폐시켜 조선인을 전쟁에 동원하기 위해 만들어낸 통치이데올로기에 불과하며 조선인의 존재를 부인하는 민족말살정책의 근간을 이루는 이론이었다.

이러한 황민화정책은 1936년 미나미 지로(南次郎) 총독이 취임하면서 본격적으로 실시되었는데 조선총독부는 부여신궁을 건설하는 한편, 1면 1신사의 원칙을 세워 산간벽지에까지 신사를 짓고 각 가정에는 신붕을 설치하여 조선인에게 신사참배를 강요했다. 또한 1938년 제3차 조선교육령, 1941년 제4차 조선교육령 등을 통하여 조선인의 의식, 언어, 역사를 말살하는 교육을 실시했다. 제3차 조선교육령은 육군특별지원병제도의 창설을 앞두고 군부의 요구사항을 수용한 것으로 조선교육령의 목적 가운데 하나가 조선인을 병력자원화하는 기초작업에 있었다. 우선 보통학교를 소학교로, 고등보통학교는 중학교로, 여자고등보통학교는 고등여학교로 학교의 명칭을 고쳐서 조선인의 학교와 일본인의 학교 명칭을 동일하게 하였다. 그리고 교과목, 교과과정, 교수과목 등은 조선어 이외의 것은 일본과 동일하게 하였고 조선어 교과를 종래 필수과목에서 선택과목으로 전락시키는 동시에 수업시수를 감축하였다. 이에 따라 공립학교에서는 대부분 조선어를 가르치지 않게 되었다. 제3차 교육령은 표면상으로는 조선의 교육제도를 일본과 동일하게 만드는 것으로 보이지만 그 이면에서는 조선인을 황국신민으로 육성하기 위하여 민족의식을 완전히 말살하는 것을 목적으로 하고 있었다. 제4차 조선교육령에서는 종래 소학교의 명칭을 국민학교로 바꾸었다. 또한 「황국신민의 서사」를 만들어 각급 학교 학생들에게 외우도록 강요하였으며 나아가 학교를 군대의 보조기관으로 전락시켜 전체주의 군사주의 국가

예산농림학교에 설치된 신사

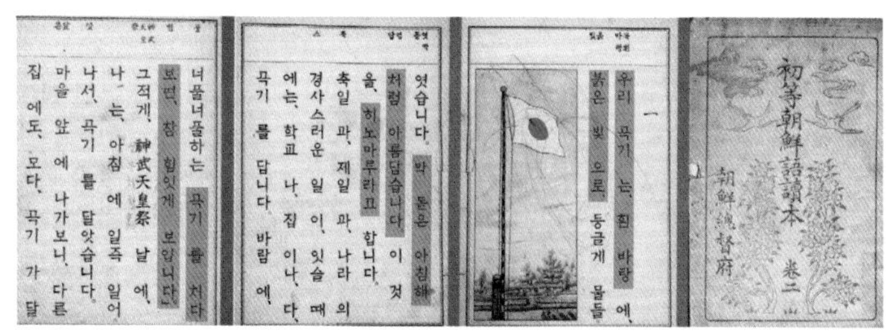

초등 조선어독본 제2권(1940)
우리 국기는 태극기가 아니라
일장기로 바뀌었다.
'곡기'는 국기國旗의
일본식 발음이다.

주의적 교육을 실시하였다. 그리고 학교에서는 교수 용어만이아니라 일상용어까지도 모두 일본어만을 사용하도록 하였다.

일제는 조선어뿐만 아니라 조선사를 말살하기 위해서 민족주의적 성향의 조선인에게 이를 연구하지 못하도록 하고 관학자들을 동원하여 식민주의 사학을 연구 보급하였다. 아울러 1943년에는 조선어 연구단체인 조선어학회까지도 강제 해산하고 관계자들을 투옥하여 한글을 연구 보급하는 학자에 대해서도 탄압을 가했다.

♣ 해설 | **창씨개명**

조선총독부는 1939년에 조선민사령 제11조를 개정함으로써 일본민법상의 핵심 제도인 '氏 제도'를 조선인에게도 도입하였다. 일본민법에서는 '家(호적)'를 주요한 실체로 취급하여 '家'에 편입되는 범위와 그 절차를 구체적으로 정하고 해당 '家'에도 칭호(氏)를 부여하는 독특한 친족제도를 운용하였다. 그리고 일본인의 명칭(씨명)은 그 개인이 소속된 '家'의 칭호(氏)와 이름으로 구성되었다. 따라서 일본인의 '氏'는 고정불변의 것이 아니라 개인이 소속된 '家'가 변경되면 자연스레 '氏'도 변경된다. 마치 여성이 결혼하면 남편의 호적('家')에 편입되어 그 남편의 '氏'를 쓰는 것과 같다.

그러나 조선인에게는 '家'의 칭호라는 관념 자체가 없었으며 조선인의 명칭은 부계혈족의 지표인 '姓'과 이름으로 구성되었기 때문에 어떠한 경우라도 '姓'을 변경할 수 없었다.

조선총독부는 황민화 정책의 일환으로서 조선인의 관습에는 없던 '氏' 제도를 도입했다. 다만, 조선인의 전통적 '姓'을 완전히 부정하면 커다란 저항에 직면할 것을 우려하여 '姓'은 형식상으로 남겨 두면서도 조선인에게 빠짐없이 '家'의 칭호(氏)를 창설하도록 법령(조선민사령, 조선호적령 등)으로 강요하였다. 또한 씨를 창설하는 과정에서 조선총독부는 일본식 씨명으로 고칠 것을 행정적으로 지도하는 등 조선인으로서의 정체성을 없애는 작업을 강력히 추진했다. 그러나 조선인이 일본식 씨명으로 바꾼다고 하여도 조선인이라는 법적 지위는 변하지 않았다.

최근까지도 일본정부의 일부 관료가 창씨개명을 조선인에게 강요하지 않았다고 하는 주장하지만 그것은 명백한 사실 왜곡이다. 창씨제도 자체와 일본식으로 창씨개명하는 것은 개념상으로 다르나 조선총독부는 황민화 정책의 일환으로 일본식 씨명으로 바꿀 것을 행정적으로 강요한 것은 사실이다(읽기자료 2 참조).

1939년에는 조선민사령을 개정하여 창씨개명을 강요했다. 창씨개명은 조선의 관습에는 없던 일본식 창씨제도를 조선인에게도 법으로 강요하는 것이었으며, 더 나아가 일본식의 씨명으로 변경하도록 한 극단적인 민족말살정책이었다. 조선인들의 반발에도 불구하고 총독부는 강력한 행정단속을 통하여 시행된 지 6개월 만에 전체의 75%가 창씨개명하게 되었다.

민족말살 정책의 일환으로 언론 · 집회 · 결사에 대한 탄압도 강화되었다. 조선중앙일보가 1937년에, 동아일보와 조선일보가 1940년에 차례로 강제 폐간되었다. 동시에 모든 집회와 결사를 허가제로 바꾸어 국내의 조직적인 민족운동은 원천 봉쇄되었다.

4. 전시동원 : 인적 · 물적 자원의 수탈

인적·물적 자원의 수탈

일제는 만주침략에 이어 1937년에는 중일전쟁을, 1941년에는 태평양전쟁을 일으켜 침략전쟁을 확대하였다. 그러나 일제는 전쟁물자 조달에 어려움을 겪으면서 조선의 모든 인적 · 물적 자원을 끌어내어 침략전쟁에 동원하는 데에 갖은 노력을 다했다. 우선, 일제는 지원병제, 징병제, 징용제 등과 같은 제도의 정비를 통하여 식민지 조선의 인적 자원과 노동력을 수탈했다. 1938년 「육군특별지원병령」과 1943년 「해군특별지원병령」을 제정하여 1938 ~1943년까지 23,700여명의 조선 청년들을 '지원'이라는 명목으로 동원하였고 1943년에는 학도지원병제를 실시하여 4,500여명의 학생들을 전쟁터로 끌고 갔다. 그리고 1944년에는 징병제를 실시하여 1945년 패전까지 약 21만 명의 조선인을 징집하였다.

1939년에는 「국민징용령」, 1940년 「조선직업소개령」과 「국민근로보국협력령」, 1944년에는 긴급학도근로동원방책요강과 학도동원비상조치요강 및 「여자정신대근무령」

등을 제정하여 노동력을 강제로 징발하였다. 징발 초기에는 조선인의 반항을 염려하여 모집방식을 취했으나 노동력 부족현상이 심화되자 강제적인 연행으로 바뀌었다. 1939년 이후에 일제에 의해 자행된 조선인의 강제동원은 국내 동원 480만 명, 일본 본토로의 동원 152만 명, 군대요원 동원 20~30만 명에 이르렀다. 강제로 징발된 조선인은 광산, 발전소, 철도, 도로, 군수공장, 비행장 등에서 노동자로 고용되어 살인적인 노동과 학대에 시달렸다. 더 나아가 이들은 기밀방지를 이유로 공사종료 후에 집단 학살되기도 했는데 대표적인 사례가 평양 미림비행장, 천도열도, 오키나와의 학살사건이다. 일제의 강제동원에 따라 식민지 조선에서 노동자와 농촌노동력이 부족해지자 이를 메우기 위하여 부녀자, 아동, 학생들을 생산현장에 동원하기도 하였다.

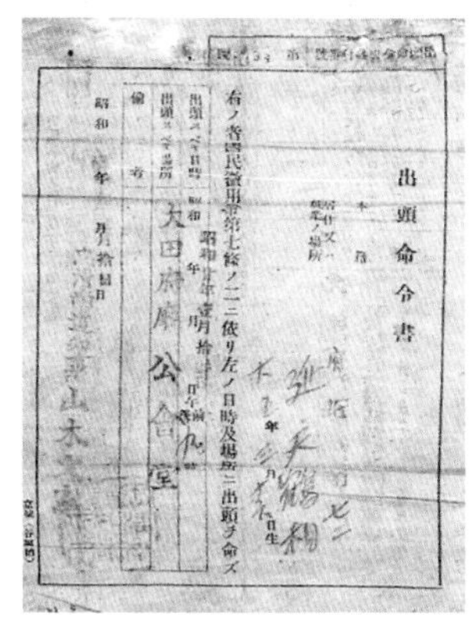

出頭命令書

右ノ者國民徵用令第七條ノ二ニ依リ左ノ日時及場所ニ出頭ヲ命ズ

出頭スベキ日時 昭和 年 月 日

出頭スベキ場所

備考

昭和 年 月 日

징용 출두명령서

육군소년병 모집 포스터

한편, 일세는 중일전쟁 이후 일본의 국내 쌀 수요 증대와 전쟁수행에 필요한 군량미를 확보하기 위해 1940년에 신조선미곡증식계획을 수립하여 쌀 증산계획을 다시 추진했다. 뿐만 아니라 농촌진흥운동 당시 결성되었던 농촌조직들을 국민총력 조선연맹의 말단기구인 부락연맹과 연결시키면서 더욱 조직적으로 농민에 대한 직접 통제를 시도했다. 그러나 미곡증산이 계획대로 진행되지 않자 일제는 1939년부터 「조선미곡배급조정령」등을 공포하여 미곡의 매상과 배급을 관제의 조선미곡시장주식회사가 독점하도록 하고 식량의 국가통제와 공출, 배급제를 실질적으로 시행했다. 1940년 임시미곡배급규칙의 제정, 1942년 조선양곡주식회사의 설립, 1943년「조선식량관리령」의 공포를 통하여 주요 식량의 국가적 관리통제를 엄격히 하고 전시 수탈을 강화했다.

특히 1942년부터는 강제공출을 시작하여 반출량을 정하여 일본으로의 미곡반출을 강제했다. 그리고 조선의 식량부족은 만주로부터 잡곡을 수입하여 충당하는 한편, 나머지 부족분도 조선 내의 수요를 줄여서 수급의 균형을 도모하는 방법으로 해결했다. 그러나 조선의 미곡 생산량은 조선내의 기본적인 소비량에도 못 미치는 실정이어서

일본 큐슈탄광 벽에 새겨진
한국인 징용자의 낙서

일본 홋카이도로 끌려간 조선 토목노동자들의 참혹한 모습

조선인들은 기아에 시달렸다. 일제는 공출미곡을 매상하는데 있어서도 그 대금을 모두 지불하지 않고 일정액의 공제저축 강제저금을 강요했다. 일제는 식량 이외 군수작물과 축산물, 누에, 면화 등의 섬유자원에 대해서도 수탈을 강화했다.

또한 전쟁수행에 필요한 군수물자를 안정적으로 확보하기 위해 공업부분에도 통제를 대폭 강화했다. 1937년에 「중요산업통제법」을 조선에 시행하고, 1942년에는 기업정비령을 실시하여 군수공장을 지원하여 조선의 공업을 군사적으로 재편하고 군수물자를 안정적으로 확보할 수 있는 기반을 마련했다. 그리고 1937년에 「임시자금조정법」을 제정하고, 1939년에는 조선식산은행을 통하여 산업자금공급에 대한 조정 등을 통해 군수공업에 대해 적극적으로 지원했다.

일제는 조선인의 미래와는 상관없는 침략전쟁에 수백만 명을 동원했으며, 그 결과 수많은 조선인들이 사망했다. 또한 침략전쟁 동원에 소극적인 조선인들을 강제로 연행하는 등의 반인권적인 행동도 서슴지 않았다.

친일지식인의 동원

중일전쟁의 발발과 함께 일제는 전시동원과 전쟁협력을 위한 관제단체들을 만들었다. 거국일치, 견인지구, 진충보국, 내선일체의 4대 표제를 내걸고 시작된 1938년의 국

♣해설 I 일본군 위안부와 일본정부의 책임

일본군 위안부는 제2차 세계대전 동안 일본군인의 성적 욕구를 해소하기 위하여, 강제적으로 또는 기만에 의해 동원되어 성적인 행위를 강요받은 여성을 말한다. 군 위안부의 대부분은 일본인과 조선인이었으나 중국, 대만, 필리핀, 베트남, 인도네시아, 네덜란드 등 일본이 점령한 지역출신의 여성도 있었다. 과거 일본정부는 군 위안부의 강제연행과 인권 침해 사실을 인정하지 않았다. 또한 위안부 피해자들에 대한 법적인 배상도 이미 종결된 사안이라며 거부하였다. 일본의 최고 재판소는 1990년대 제기된 위안부 피해자, 징용자 소송에서 "한국이 식민지 조선을 대표하여 최종적으로 청구권을 소멸시켰으므로 더 이상 청구권은 없다"며 패소 결정을 내렸다.

그러나 1991년 8월14일 피해자인 고 김학순 할머니의 증언으로 촉발된 위안부 문제가 국제적 관심사로 떠오르자, 1993년에 일본 관방장관인 고노 요헤이(河野洋平)는 "모집, 이송, 관리 등에 있어 감언과 강압에 의하는 등 전반적으로 본인의 의사에 반하여 동원이 행해졌다" 며 강제성을 인정했다. 그리고 상처를 입은 모든 사람들에게 사과와 반성의 뜻과 역사연구, 역사교육을 통해 같은 잘못을 되풀이하지 않겠다고 밝혔다. 일본정부는 고노담화를 통해 위안부 동원 과정에서 일본군이 개입하였으며 그 과정에서 강제성이 있었음을 인정한 것이다.

고노 담화는 일본의 패전 50주년에 즈음해 1995년 8월 15일 각의 결정에 따라 무라야마 총리가 빌표한 무라야마 총리담화로 이어졌다. 일본정부는 전후 최초로 '식민지 지배'와 '침략'이라는 두가지 과오를 정부 차원에서 공식 인정하고 '통절한 반성과 진심어린 사죄'를 표명했다. 이러한 취지에 따라 무라야마 내각은 일본군 위안부 피해자를 지원하기 위해 일본 국민의 모금을 토대로 1995년 7월 '여성을 위한 아시아 평화국민기금을 설립했다. 기금은 한국 피해자에게 '쓰구나이킨(償い金, 속죄금, 당시 언론은 위로금으로 해석)' 명목으로 200만엔, 의료복지사업으로 300만엔등 1인당 500만엔 규모의 지원을 추진했다. 하지만 일본정부의 배상책임을 명확히 하지 않은채 사업을 시행하여, 정부에 등록된 피해자 238명 중 61명만 기금 지원을 수용하는 등 다수의 피해자가 수령을 거부했다.

한편, 2007년 미국 하원 국제관계위원회는 태평양 전쟁 이전과 전쟁 중에 수십만의 아시아계 여성들을 강제적으로 성노예로 만든 책임이 일본군에 있음을 분명히 하는 결의안을 채택했다. 결의안은 일본 정부가 위안부 여성들의 고통에 대해 분명한 방식으로 공식 사죄해야 하며 민간 기금 설립 등으로 사태를 오도하기 보다는 위안부 여성들에게 적절하고 공식적인 배상을 일본 정부가 직접 제공해야 함을 촉구했다

2011년 8월 한국 헌법재판소는 일본군 위안부 피해자의 청구권을 둘러싼 분쟁 해결을 위해 '한국정부가 노력하지 않는 것' 은 위헌이라는 결정을 내렸다. 이후 노다 요시히코 당시 총리와 이명박 대통령 사이에 위안부 문제를 해결하기 위한 논의가 이뤄졌다. 2012년 일본 외무성 차관인 사사에 겐이치로(佐佐江賢一郎)는 일본 총리의 직접 사과(편지), 주한 일본대사가 피해자를 만나서 의견을 청취하고 사과, 일본 정부 예산을 통한 피해자 보상 등을 내용을 하는 방안을 제시하였다. 그러나 일본이 '도의적 책임을 전제로 한 인도적 조치'라고 표현하는 등 여전히 위안부 문제에 대한 법적 책임을 인정하지 않아 최종 합의에 이르지 못했다.

한편, 박근혜 정부와 아베 신조 일본 정부는 2015년 12월 28일에 일본군 위안부 피해자 문제를 해결할 것에 합의하고 '최종적 · 불가역적 해결'을 선언하였다. 한국에서는 '굴욕 협상'이라는 비판이 있는 실정이다. 일본의 우익세력들은 위안부의 강제성은 없었으며 단순한 매춘부로서 인권침해도 없었다고 주장하면서 오히려 고노 담화의 수정을 요구하고 있다.

민정신총동원조선연맹과 1940년 이를 확대 개편한 국민총력조선연맹이 그것이다. 이들 단체는 전 조선인을 지역별 · 직능별 · 분야별로 묶어 전쟁동원을 용이하게 하기 위한 것이었다.

일제는 더 나아가 황민화 정책과 전쟁동원을 효과적으로 추진하기 위해 친일지식인들을 활용했다. 조선총독부는 일방적인 조치보다는 조선인에게 영향력 있는 지식인, 언론인, 종교인 등을 동원하는 것이 효과적이라고 판단했다. 이에 따라 조선문인회, 조선언론보국회, 애국금차회, 임전보국단 등 수많은 친일단체가 만들어졌다. 당시 많은 지식인들이 능동적 혹은 피동적으로 이들 단체에 참여하였다. 또 일제는 지식인들을 동원하여 순회강연을 하고 잡지나 신문에 글을 써서 청년들에게 지원병이나 징용에 참여할 것을 권하도록 하였다. 당시 친일지식인들은 조선인들이 보다 철저한 일본인으로서의 의식을 갖고 전쟁에 협력함으로써만 명실상부한 일본 국민으로서의 지위를 얻을 수 있다고 선전했다. 한편 일제는 치안유지법이나 조선사상범보호관찰령 등의 법령을 동원하여 반일적인 지식인들을 협박 · 감금 · 감시하고, 전향을 강요하였다. 이 같은 조치 아래에서 수많은 전향자가 생겨났다.

♣ 쟁점 | 야스쿠니 신사

야스쿠니 신사의
가미카제 특공대 동상

야스쿠니 신사는 메이지유신 직후인 1869년에 건립된 민간시설이다. 매년 일본의 우익 정치인들이 야스쿠니 신사를 공식적으로 참배하고 있어 한국과 중국이 강하게 비판하고 있는 상황이다.

일반적으로 일본의 신사는 종교시설의 하나로서 신사에 찾아가 추도하거나 기원하는 것은 개인의 자유에 속하는 일이다. 그러나 야스쿠니 신사는 민간시설이기는 하지만 일반적인 신사와는 다르게 일본 천황과 국가를 위하여 사망한 영령들을 위해 조성한 종교시설이다. 특히, 근대시기 일본이 주변국을 침략하는 과정에서 사망한 자의 영령과 제2차 세계대전의 A급 전범 등 주변국의 침략을 주도했던 자들의 영령이 있는 곳이다.

따라서 일본정치인들이 야스쿠니 신사를 참배하는 것은 주변국을 침략하여 막대한 피해를 입혔던 군국주의를 옹호하고 과거 자신들의 잘못을 인정하지 않으려 하기 때문이라고 볼 수 있다. 야스쿠니 신사에는 가미카제 특공대의 동상이 있으며, 유슈칸(전시관)에는 인간어뢰의 실물 등 각종 전쟁 무기의 실물과 모형들이 전시되어 있어 과거 침략전쟁에 대한 반성의 빛은 찾아보기 어렵다. 그리고 이 신사에는 한국인도 2만여 명이나 합사되어 있어 한국인 유족들은 그 명단을 삭제해줄 것을 요구하고 있으나, 야스쿠니 신사측은 이를 받아들이지 않고 있다.

● 읽기자료

1. 〈황국신민의 서사〉

● 초등학교 아동용

① 저희들은 대일본제국의 신민입니다

② 저희들은 마음을 합해 천황 폐하께 충의를 다하겠습니다

③ 저희들은 인고단련忍苦鍛鍊하여 훌륭하고 강한 국민이 되겠습니다

● 중등학교 이상의 학생과 일반용

① 우리들은 황국신민이며 충성으로써 군국에 보답하자

② 우리 황국신민은 서로 신애 협력하여 단결을 굳게 하자

③ 우리 황국신민은 인고단련의 힘을 양성하여 황도皇道를 선양하자

2. 창씨개명을 하지 않는 조선인에 대한 압박 사례

① 창씨하지 않는 자의 자제에 대해서는 각급 학교에의 입학, 전학을 거부한다.

② 창씨하지 않는 아동에 대해서 일본인 교사는 이유없이 질책, 구타하여 아동으로 하여금 부모에게 호소하게 하여 창씨시킨다

③ 창씨하지 않는 자는 공사를 불문하고 총독부 관계의 기관에 일체 채용하지 아니한다. 또 현직자도 점차 파면 조치한다.

④ 창씨를 하지 않은 자에 대해서는 행정기관에서 처리하는 모든 사무의 취급을 하지 않는다

⑤ 창씨하지 않는 자는 비국민 또는 무뢰한 조선인이라 단정하여 경찰수첩에 기입해서 사찰, 미행 등을 철저히 함과 동시에 또는 우선적으로 노무징용의 대상으로 삼을 것이며, 식량 기타 물자의 배급대상에서 제외한다.

⑥ 조선어학회 탄압시 검속자에 대해, 창씨하지 않는 자는 조선독립을 기도한 불령선인不逞鮮人이라 하여 고문을 가하고 억지로 청원서에 날인케 하여 창씨를 출원하도록 한다.

⑦ 창씨를 하지 않는 자의 이름이 쓰인 화물은 철도국와 운송점에서 취급하지 않는다.

⑧ 학교에서는 교사에게, 면에서는 동장 이장에게 창씨의 책임을 지우고 그 성적에 의해 지도능력과 행정능력을 평가하여 출세와 승진에 영향을 준다.

3. 내선일체 강화를 위한 시설계획

① 조선통치의 정신을 천명할 것
② 국체관념의 명징을 꾀할 것
③ 내선의 역사적 관계를 천명할 것
④ 국민정신총동원 운동의 철저를 기할 것
⑤ 교육의 보급과 쇄신을 꾀할 것
⑥ 청소년의 훈육 및 지도를 통제할 것
⑦ 근로보국대의 확충강화를 꾀할 것
⑧ 일상생활의 내선일체화를 꾀할 것
⑨ 일본인(내지인)의 증가를 도모하고 그 정착을 장려할 방노를 강구 할 것
⑩ 일본인과 조선인의 통혼을 장려할 적당한 조치를 강구할 것
⑪ 불교, 유교, 기독교 기타 유사종료로 하여금 일본정신에 합치하도록 노력하게 할 것
⑫ 지원병 제도 실시의 보급을 철저하게 할 것

4. 국가총동원법

제1조 국가총동원이란 전시에 국방목적을 달성하기 위해 국가의 전력을 유효하게 발휘하도록 인적 및 물적 자원을 운용하는 것을 말한다.

제2조 정부는 전시에 국가총동원상 필요할 때는 칙령이 정하는 바에 따라 제국신민을 징용하여 총동원 업무에 종사하게 할 수 있다. 단 병역법의 적용을 방해하지 않는다

(중략)

제7조 정부는 전시에 국가총동원상 필요할 때는 칙령이 정하는 바에 따라 노동쟁의의 예방 또는 해결에 관하여 필요한 명령을 내리거나 작업소의 폐쇄, 작업 또는 노무의 중지, 기타의 노동쟁의에 관한 행위의 제한 또는 금지를 행할 수 있다.

제8조 정부는 전시에 국가총동원상 필요할 때는 칙령이 정하는 바에 따라 물자의 생산 수리 배급 양도 기타의 처분, 사용소비 소지 및 이동에 관하여 필요한 명령을 내릴 수 있다.

(중략)

제20조 정부는 전시에 국가총동원상 필요할 때는 칙령이 정하는 바에 따라 신문지, 기타의 출판물의 게재에 대하여 제한 또는 금지를 행할 수 있다.

5. 현영섭의 「문화인의 감격과 기쁨, 역사창조의 날」

…전 반도인은 황국신민이며 일본국민이며 일본인이다. 다시 일본 민족의 일원이다. 고이소 총독은 최초 조선인을 함께 대화大和민족이라고 성명하였다. 현 단계에 있어서 우리 반도 동포는 선배인 내지內地 동포에 지지 않게 국체본의에 투철하고 신민의 직분을 지켜 황국을 수호하여 황도皇道를 세계에 앙양하고 천업天業을 익찬하여 받들기 위하여 각별한 노력을 해야 한다. 그 때문에 대어심大御心을 받들고 황군의 일원이 되어 충성용무의 정신을 직접 전장에서 발휘하지 아니하면 안 된다. 다행히 이 길은 육군지원병제도에 의하여 열렸다. 이번에 징병제도 실시에 의하여 완전히 개척되었다.

● 참고문헌

김민영, 1995, 『일제의 조선인 노동력 수탈 연구』, 한울

최유리, 1997, 『일제말기 식민지 지배정책연구』, 국학자료원

宮田節子, 이형랑역, 1997, 『조선민중과 황민화정책』, 일조각

김운태, 1998, 『일본 제국주의의 한국통치』, 박영사

미네시기 겐타로 2000, 『천황의 군대와 성노예』, 당대

한일민족문제학회, 2005, 『강제연행 강제노동 길라잡이』, 선인

허수열, 2005, 『개발없는 개발』, 은행나무

미즈노 나오키, 2008, 『창씨개명』, 산처럼

김영희, 2009, 『1930년대 일제의 민족분열통치 강화』, 한국독립운동사연구소

김승태, 2009, 『중일전쟁 이후 전시체제와 수탈』, 한국독립운동사연구소

이윤갑, 2013, 『조선총독부의 소작정책 연구』, 지식산업사

정연태, 2014, 『식민권력과 한국농업』, 서울대 출판문화원

이타가키 류타 등, 2016, 『'위안부' 문제와 식민지 지배 책임』, 삶이보이는창

제10장 3·1운동과 대한민국 임시정부

오등吾等은 자玆에 아我 조선의 독립국임과
조선인의 자주민自主民임을 선언하노라.
차此로써 세계만방에 고하여 인류평등의 대의大義를
극명克明하며 차로써 자손만대子孫萬代에 고誥하여
민족자존의 정권을 영유永有케 하노라.
반만년 역사의 권위를 의하여 차를 선언함이며
2천만 민중의 성충誠忠을 합하여 차를 포명佈明함이며
민족의 항구여일恒久如一한 자유 발전을 위하여
차를 주장함이며 인류적 양심의 발로發露에 기인한
세계 개조의 대기운大機運에 순응 병진하기 위하여
차를 제기함이니 시천是天의 명명明命이며
시대의 대세이며 전 인류 공존동생권共存同生權의
정당한 발동이라, 천하하물天下何物이든지
차此를 저지 억제치 못할지니라. —「기미독립선언서」 중에서

〈연표〉

1917.			신규식 등, 대동단결선언
1919.	2.	8	동경유학생 2.8독립선언
	3.	1	3·1운동 발발
	3.	3	고종 인산
	3.	5	남대문 부근에서 학생 시위
	3.	22	서울에서 노동자와 학생들 시위
	4.	10	상해의 독립운동가들, 임시의정원 구성
	4.	13	대한민국임시정부 수립 선포
	9.	11	임시정부, 헌법 제정
1921.	11.		워싱턴에서 태평양회의
1922.	1.		모스크바에서 극동인민대표대회
1923.	1.		상해에서 국민대표대회 개최

1. 3 · 1운동의 국제적 배경과 추진과정

3 · 1운동은 기본적으로 한국민족이 일제의 조선병합, 즉 식민지화에 대한 원천적인 거부와, 일제의 식민지 조선지배정책에 대해 전면적인 저항의 의사를 표시한 운동이었다. 따라서 3 · 1운동의 기본적인 동인을 찾는다면 우선적으로 한국민족의 일제의 식민지배에 대한 거부의사를 들어야 할 것이다. 그러면 왜 한국민족은 하필 일제가 조선을 식민지화한 지 거의 10년이 다 되어가는 1919년이라는 시점에 전 민족적인 봉기를 감행하였을까. 이는 당시 국제정세의 변동과 밀접한 관련을 갖고 있었다.

국제적 배경

1910년대는 '혁명의 시대'였다. 우선 한국과 가까운 중국에서 1911년 신해혁명이 일어나 청조가 무너지고 중화민국이 출범하였다. 또 1917년에는 러시아에서 레닌이 주도하는 볼셰비키 혁명이 일어났고, 1918년에는 독일 제정이 무너지고 바이마르공화국이 출범하였다. 그리고 그런 가운데 1914년 발발한 1차 세계대전이 1918년 말 종식되면서 세계정세의 대개편이 예고되고 있었다. 당시의 표현으로 하면, '세계 개조'가 예고되고 있었던 것이다.

한국의 독립운동가들은 이와 같은 세계정세의 변화를 예의 주시하면서 독립운동의 새로운 방향을 모색하고 있었다. 신규식, 박은식 등 옛 신민회 동지들로서 국외에서 독립운동을 전개하고 있던 이들은 1917년 '대동단결선언'을 발표하였는데, 그 가운데에서 대한제국은 망국과 함께 이미 주권을 국민에게 넘겼다는 것을 분명히 하였다. 이는 이제 새로이 세워질 나라는 '제국'이 아닌 '민국'이 되어야 한다는 것을 선언한 것이었다. 즉 당시 일부 독립운동가들이 여전히 미련을 갖고 있던 복벽운동, 즉 대한제국의 복구운동에 반대하고 공화주의에 기초한 민주공화국을 세워야 한다는 뜻을 분명히 한 것이다. 이는 한말 자강운동가들이 입헌군주국을 모색하던 수준에서 한 걸음 더 나아간 것이다. 이와 같은 공화주의 선언에는 1911년 신해혁명이 큰 영향을 미친 것으로 보인다.

한편 제1차 세계대전이 발발하자 국내의 천도교 세력 안에서는 일본이 참전한 연합국의 패배를 희망하면서 독립운동을 전개하려는 움직임이 일부 있었다. 하지만 천도교 교주인 손병희는 아직은 신중히 행동해야 한다면서 이를 저지시켰다.

그런가하면 1918년의 러시아 혁명은 사회주의 사상과 계급혁명이론을 전 세계로 파급시키면서 식민지, 반식민지의 피압박민족에도 큰 영향을 주었다. 1918년 6월 러시아의 하바로프스크에서 이동휘를 중심으로 결성된 한인사회당은 러시아 혁명의 발발에 영향을 받은 것이었다. 또 국내외의 일부 학생들도 러시아 혁명에 영향을 받아 계급해방과 민족해방의 상관관계에 대해 고민하기 시작하였다.

그런 가운데 1918년 1월 세계대전의 종전이 가까워지는 가운데 미국의 윌슨 대통령이 새로운 전후질서의 원칙으로서 이른바 '14개조'를 표방하였는데, 그 가운데에는 비밀외교의 폐지, 공해의 자유, 민족자결주의, 무병합 무배상 등의 원칙, 그리고 국제 평화를 유지할 기구로서의 국제연맹의 결성 등이 포함되어 있었다. 이 가운데 '민족자결주의'는 식민지, 반식민지의 민족들을 크게 고무시켰다. 하지만 영국 · 프랑스 · 일본 등 승전국들은 윌슨의 14개조 원칙에 반대하고 나섰다. 그들은 결국 1919년 파리강화회의에서 민족자결주의는 패전국 독일의 영토였던 발칸반도와 동유럽 지역에만 적용하고, 독일의 식민지는 위임통치방식으로 승전국들이 다시 지배하는 쪽으로 결론을 이끌어 가게 된다. 하지만 1918년 말에서 1919년 초까지는 아직 이와 같은 결론이 나기 전이었기 때문에 많은 약소민족들은 민족자결주의에 희망을 걸고 있었고, 그 가운데 한국 민족이 가장 먼저 이를 이용한 대규모 봉기를 감행하여 세계를 놀라게 하였으니 그것이 바로 3 · 1운동이었다.

3·1운동의 추진 과정

3 · 1운동은 먼저 국외에서 움직임이 시작되었다. 1918년 11월 미국 대통령 특사 크레인이 중국의 상해를 방문하였다. 이때 여운형은 그를 만나 한국의 독립운동지원을

2 · 8독립선언운동의 주역인 동경유학생들(1919)

부탁하였다. 이에 크레인은 파리강화회의에 조선대표를 파견할 것을 권유하고, 국내외에서 한국인들이 독립을 바라는 의사표시를 하는 것이 조선대표에게 도움이 될 것이라고 언급하였다. 여운형 · 장덕수 · 조동호 · 선우혁 등은 이와 같은 말을 듣고 본격적으로 독립운동을 추진하기로 결정했다. 그리고 그들은 운동을 위한 조직으로서 신한청년당을 급히 만들었다. 한편 여운형은 1919년 1월 천진에 있던 김규식을 상해로 초빙하여 파리강화회의에 대표로 가도록 권유하였다. 또 장덕수는 일본으로 건너가 유학생들과 접촉하여 2 · 8독립선언을 준비하도록 하였다. 이에 따라 1919년 2월 8일 동경 조선기독교청년회관에서 2백여 학생들이 모여 독립선언식을 가졌다. 또한 선우혁은 1919년 2월 조선에 들어와 선천 · 평양 등지에 가서 기독교계의 이승훈 · 양전백 · 길선주 등과 접촉하고 국내에서 독립운동을 일으켜줄 것을 당부하였다. 여운형은 또 직접 러시아령 니콜리스크에 가서 전러시아조선인대회에 참석하고, 이어 블라디보스토크에 가서 김규식의 파리행 등에 관한 소식을 전하였다.

한편 국내에서도 독자적으로 준비가 진행되고 있었다. 움직임은 천도교계에서 먼저 시작되었다. 천도교의 지도자인 손병희 · 권동진 · 오세창 · 최린 등은 1918년 말부터 수차 회합을 갖고 1차 대전 종전에 따른 독립운동 혹은 자치운동에 관해 논의했으며, 1919년 1월 중순경 만세시위운동의 형태로 독립운동을 전개하기로 합의하였다. 천도교 지도자들이 이와 같이 합의를 하게 된 데에는 일본 유학생 송계백이 도쿄유학생

손병희

들의 2 · 8독립선언 준비소식을 현상윤 · 최린 등에게 전한 것이 계기가 되었다. 천도교계는 만세시위운동을 결정하면서 동시에 대중화, 일원화, 비폭력운동의 원칙을 지키기로 결정하였다. 한편 천도교계는 김윤식, 한규설 등 구한국 고위직을 지낸 인사들에게도 동참을 요구하였으나 이들은 이를 거절하였다.

기독교계에서도 운동을 준비하고 있었다. 평양의 기독교계는 선우혁을 통해 상해의 소식을 듣고 1919년 2월 초 교회와 기독교계 학생들을 동원하는 독자적인 만세시위 운동을 전개하기로 결정하였다. 하지만 천도교측이 2월 7일경 평양에 사람을 보내와 이승훈이 서울에 와서 천도교계 지도자들을 만나 운동을 일원화하는 문제에 관해 의논하였다.

도쿄에서의 2 · 8독립선언 소식에 자극을 받은 학생들도 따로 운동을 준비하고 있었다. 김원벽, 강기덕 등 전문학교 학생들이 중심이 된 학생층은 3월 5일 시위를 갖기로 계획하였다.

2월 24일 천도교와 기독교계는 마침내 연합에 합의하였고, 학생들에게도 함께 운동을 전개할 것을 요구하였으며, 불교계도 끌어들였다. 유림들과의 연합은 끝내 성사되지 못하였다. 다만 곽종석 등 유림은 뒤에 파리강화회의에 참가한 각국 대표들에게 한국의 독립을 요구하는 파리장서를 따로 보냈다.

운동의 지도부는 운동을 1) 독립선언, 2) 일본 · 파리 · 미국 등을 대상으로 한 독립청원, 3) 만세시위의 세 가지 방향으로 전개하기로 합의하였다. 물론 이 가운데 가장 중요한 것은 독립선언이었다. 운동의 지도부는 독립선언에 서명할 33인을 선정하는 한편 독립선언문의 작성은 최남선에게 맡겼다. 선언문의 인쇄는 천도교측에서 맡았으며, 인쇄가 완료된 선언문은 전국 주요 도시의 기독교와 천도교 조직에게 전달되었다. 마침내 준비가 어느 정도 완료되자 2월 28일 손병희의 집에서 최종 모임이 있었다. 학생들에게는 3월 1일 탑골공원으로 모이도록 했으나, 이날 밤 모임에서 서명자들은 태화관에서 독립선언식을 갖기로 계획을 변경하였다. 그것은 탑골공원에서의 독립선언식이 자칫하면 흥분한 대중들에 의해 폭동으로 비화되지 않을까 염려한 때문이었다.

2. 독립선언과 만세시위운동의 전개

국내의 만세시위

국내에서의 만세시위운동은 크게 3단계로 나누어 볼 수 있다. 제1단계는 발발 단계였다. 3월 1일 오후 2시 서울 종로 태화관에서는 민족대표로 서명한 33인 가운데 29인이 참석하여 독립선언식을 가졌다. 같은 시각 탑골공원에 모인 학생들은 따로 독립선언식을 가졌다. 선언식을 마친 뒤 29인의 대표는 바로 경찰에 연행되어 갔고, 학생들은 서울 시가지에서 만세시위를 전개하기 시작하였다. '민족대표'로 서명한 이들은 모두 종교인들로서 독립선언식을 갖는 데 그쳤고, 대중들을 시위 현장에서 지도하는 데까지는 나아가지 못했다. 하지만 그들이 독립만세 시위운동을 촉발하는 큰 역할을 하였다고 볼 수 있다.

서울 외에도 평양 · 진남포 · 안주 · 의주 · 선천 · 원산 등 주요 도시에서 동시에 독립선언과 만세시위가 전개되었다. 이들 지방도시의 시위주모자들은 기독교 · 천도교의 조직을 통해 서울과 사전에 연락을 주고받았고, 선언문도 이미 전달받은 상태였다. 3월 상순 만세시위는 특히 북부지방, 부청 군청의 소재지, 교통이 편리한 지역에서 주로 발

宣言書

公約三章

朝鮮建國四千二百五十二年三月一日 朝鮮民族代表

민족대표 33인이 서명한 『독립선언서』

1919년 3월 1일 미국영사관 앞을 행진하는 만세운동의 행렬

생하였다. 또 서울의 학생들은 3월 5일 서울역 앞에서 독자적인 시위를 전개하였다.

제2단계는 만세시위운동이 전국으로 확산되는 단계였다. 3월 중순 청년 · 학생 · 교사 등 지식인, 도시노동자 및 상인층에 의해 만세시위 운동은 전국의 소도시로 확산되었다. 이 단계에는 중남부지방, 면 단위 이하의 농촌 지역, 심지어 산간벽촌에 이르기까지 독립만세의 함성이 메아리쳤다. 운동의 공간적 확산과 더불어 참가계층의 폭도 넓어졌다. 학생, 교사, 하층 종교지도자, 학교 졸업자(청년) 뿐만 아니라 노동자, 소부르주아, 하급 관공리, 양반 유생 등 민족 구성원 다수가 이 운동에 참여하였다. 투쟁양상도 달라져 계급 계층간, 종교단체간 연대투쟁이 활발하게 진행되었으며, 시위 자체의 조직화, 지속화 현상이 두드러졌다. 또 지역에 따라서 각종 비밀결사, 결사대가 조직되어 시위를 준비하고 이끌어갔다. 그런 가운데 소규모 지역단위의 고립 분산성을 극복하여 생활권을 중심으로 지역별 연대투쟁을 모색하는 경우도 나타났다.

제3단계는 민중의 적극 진출 단계였다. 3월 하순부터 4월 상순까지 다수의 민중이 시위에 적극 참여하면서 시위는 폭력성을 강하게 띠기 시작하였다. 3월 상순에는 총 183회의 시위 가운데 22%가 '폭력성'을 띠었지만, 4월 상순에는 총 292회의 시위 가운데 47%가 폭력성을 띠는 양상을 보였다. 물론 이때의 이른바 '폭력성'이란 일본 경찰의 가혹한 탄압에 대한 정당방위의 성격을 지닌 경우가 많았고, 처음부터 공세적인 폭력성을 지닌 시위는 그리 많지 않았다. 한편 3월 22일 서울에서는 노동자와 청년학생들에 의해 준비된 '노동자대회'가 열려 많은 노동자들이 참여하여 시위를 전개하였다.

휘하라"고 지시하였다. 일제 당국은 무력 진압 방침을 세운 것이다. 당시 조선에 주둔하던 일본군은 2개 사단, 2만3천여 명에 달했으나, 이 병력으로는 치안이 어렵다고 판단하여 4월 들어 본토에서 헌병과 보병부대를 증파하여 무력 진압을 전개하였다.

3월 중순 이후 시간이 흐를수록 시위 도중 군경의 발포로 인한 사망자가 크게 늘어났고, 4월 15일 수원 제암리에서는 30명의 주민이 일제의 보복만행으로 살해되는 제암리 학살사건이 일어났다.

일제의 가혹한 탄압으로 조선 사람들이 얼마나 희생되었는지는 일제측 자료도 각각 달라 정확히 알 수 없다. 일제측 자료에 의하면 1919년 3월 이후 1년간 피살자는 350명 내지 630명, 부상자는 800명 내지 1,900명이었던 것으로 기록되어 있다. 또 체포된 이들도 모두 9,525명이었던 것으로 기록하고 있다. 그러나 실제 피해는 이보다 컸던 것으로 보인다.

〈표〉 3 · 1운동 입감자의 계급 · 계층별 구성(3.1~5.31)

직업	농민	노동자	지식인, 청년, 학생				상공업자				무직자	합계
			교사 학생	종교인	기타 공무 자유 업자	계	상업 종사자	기타 자영 업자	공업 종사자	계		
입감자수 (백분비)	4,969 (58.4)	328 (3.9)	1,226 (14.4)	267 (3.1)	283 (3.3)	1,776 (20.8)	718 (8.4)	173 (2.0)	283 (3.3)	1,174 (13.8)	264 (3.1)	8,511 (100)

3.1운동의 역사적 의의

3 · 1운동은 20세기 한국 역사에서 가장 큰 역사적 의미를 지닌 사건이었다. 모든 한국인이 하나의 목표를 갖고 대동단결하여 직접 행동에 참여한 일은 3 · 1운동 외에는 없었기 때문이다. 3 · 1운동을 통해 한국인들은 신분 · 계급 · 지역을 넘어서서 하나가 될 수 있었다. 즉 한국인은 이 운동을 통하여 명실상부하게 근대 민족으로 거듭날 수

있었던 것이다.

또 3 · 1운동은 독립운동의 역사에서도 가장 큰 봉우리였다. 이 운동은 한민족의 주체적 독립 쟁취에 강한 자신감을 부여하였고, 이후 해방의 그날까지 독립운동이 지속될 수 있게 하는 원동력이 되었다. 또 이 운동은 세계인들에게 한민족의 자주독립 의지와 역량을 알리는 절호의 기회가 되었다. 이 운동으로써 2차 대전 이후 한국의 독립은 자명한 사실이 될 수 있었다. 또 이 운동은 대외적으로는 항일운동이요, 대내적으로는 공화주의 운동으로서의 의미도 가졌다. 이 운동 과정에서 공화주의가 확고한 대세가 되었고, 그러한 기반 위에서 대한민국임시정부가 탄생할 수 있었다. 또 이 운동은 무장독립운동을 유발시켰다. 국경 일대에서 독립군이 조직되어 1919년 가을부터 활발한 운동을 전개할 수 있었던 것은 3 · 1운동의 결과라 할 것이다. 이 운동은 또 이후 대중운동을 고양하여 노동자와 농민층이 민족운동의 전면에 나서게 하였다. 이는 민족운동의 주체가 크게 확대된 것을 의미하였다. 이 운동은 또 일제의 무단통치를 종식시키고 문화정치로 전환하게 하였다. 이로써 국내에서의 민족운동의 활동 공간은 다소 넓어질 수 있었던 것이다. 이 운동은 또 국제적으로는 중국의 5 · 4운동에 영향을 주었으며, 인도 · 베트남 · 필리핀 등 아시아 각국 민중의 반제민족운동에도 자극을 주었다.

4. 대한민국 임시정부의 수립과 활동

각처의 임시정부 태동과 통합

3 · 1운동이 전개되는 동안 국내외 각지에서는 임시정부 수립 움직임이 시작되었다. 이는 파리강화회의 등에 한국의 독립을 요구하면서 독립만세운동뿐만 아니라 임시정부 수립으로써도 한국인들의 독립의 의지를 과시하기 위한 것이었으며, 또 이후의 독립운동을 진두지휘할 사령탑을 만들기 위한 것이기도 했다.

가장 먼저 등장한 임시정부는 러시아령에서 만들어진 대한국민의회였다. 러시아령 시베리아의 동포사회 단체였던 한족회 중앙총회가 1919년 대한국민의회로 개칭한 것으로 블라디보스토크의 한인 사회를 주요 기반으로 하고 있었다. 대한국민의회는 3월 21일 각료 명단을 발표하고 정부수립을 선포하였다. 대통령에 손병희, 부통령에 박영효, 국무총리에 이승만, 내무총장에 안창호, 군무총장에 이동휘 등이 지명되었다. 대한국민의회의 주도자는 이동휘(1918.6 한인사회당 조직), 문창범, 원세훈 등이었다.

국내에서는 1919년 4월 10일 '조선민국 임시정부'안이 담긴 전단이 뿌려졌다. 이에는 정통령 손병희, 부통령 이승만 등의 명단이 담겨 있었다. 천도교 계통에서 나온 전단으로 보인다. 또 4월 17일에는 평안도 철산 등지에 뿌려진 전단에 '신한민국 정부안'이 담겨 있었다. 이에는 집정관 이동휘, 국무총리 이승만 등의 명단이 실려 있었다. 하지만 이들 조선민국과 신한민국 정부안은 현실 속에서는 추진되지 못하여 전단 속의 정부에 그쳤다.

한편 1919년 3월 하순 상해의 프랑스 조계에 현순 등이 독립임시사무소를 설치하였으며, 4월 10일 1천여 명의 한인들이 모여 임시의정원을 구성하였다(의장 이동녕). 임시의정원은 국호를 대한민국으로 결정하였고, 국무총리에 이승만, 기타 6부 총장, 차장을 선출하여 국무원을 구성하였다. 정체와 국체는 민주공화제로 하였다. 임시정부가 본격 가동된 것은 7월 안창호가 미국에서 상해로 와 내무총장에 취임하면서부터였다.

국내에서 임시정부 수립 문제를 구체적으로 추진한 세력은 국민대회파였다. 3월 중순 한남수 · 홍면희(홍진) · 이규갑 · 김사국 등은 국민대회를 조직하여 임시정부를 수립하기로 합의하였다. 4월 8일 홍면희는 상해로 연락 차 출발하였고, 4월 23일 서울 서린동 봉춘관에서 13도 대표 24인이 모여 국민대회를 개최키로 하였다. 하지만 당일 대회

임시의정원 제6회 개원 기념(1919.9)
앞줄 중앙이 안창호, 오른쪽 손정도, 둘째 줄 맨 오른쪽이 김구.

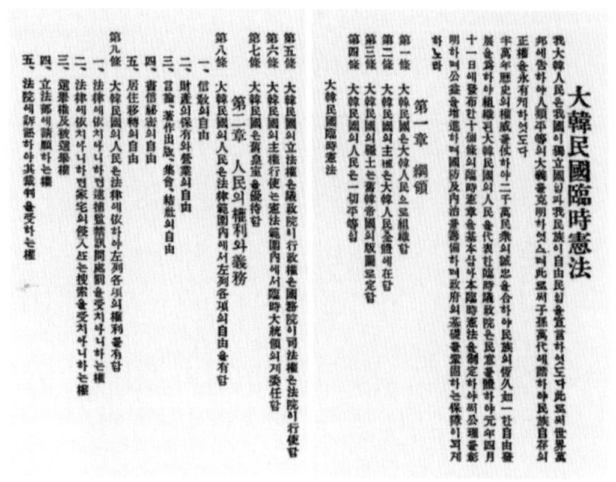

大韓民國臨時憲法

我大韓人民은我國이獨立國임과我民族이自由民임을宣言하엿도다此로써世界萬邦에告하야人類平等의大義를克明하엿스며此로써子孫萬代에誥하야民族自存의正權을永有케하엿도다
半萬年歷史의權威를仗하야二千萬民衆의誠忠을合하야民族의恒久如一한自由發展을爲하야組織된大韓民國의人民을代表한臨時議政院은民意를體하야元年四月十一日에發布한十個條의臨時憲章을基本삼아本臨時憲法을制定하야써公理를彰明하며公益을增進하며國防及內治를籌備하며政府의基礎를鞏固하는保障이되게하노라

第一章 綱領

第一條 大韓民國은大韓人民으로組織함
第二條 大韓民國의主權은大韓人民全體에在함
第三條 大韓民國의疆土는舊韓帝國의版圖로定함
第四條 大韓民國의人民은一切平等함

大韓民國臨時憲法

第五條 大韓民國의立法權은議政院이行政權은國務院이司法權은法院이行使함
第六條 大韓民國의主權行使는憲法範圍內에서臨時大統領에게委任함
第七條 大韓民國은舊皇室을優待함

第二章 人民의權利와義務

第八條 大韓民國의人民은法律範圍內에서左列各項의自由를有함
一、信敎의自由
二、財產의保有와營業의自由
三、言論、著作出版、集會、結社의自由
四、書信秘密의自由
五、居住移轉의自由
第九條 大韓民國의人民은法律에依하야左列各項의權利를有함
一、法律에依치아니하면逮捕監禁訊問處罰을受치아니하는權
二、法律에依치아니하면家宅의侵入또는搜索을受치아니하는權
三、選擧權及被選擧權
四、立法部에請願하는權
五、法院에訴訟하야其裁判을受하는權

대한민국 임시헌법 임시의정원이 임시헌장을 개정, 임시헌법을 제정한다고 밝히고 있다.

는 열리지 못하였고, 학생과 노동자들이 시내에서 기를 흔들고 전단을 뿌리며 시위하는 데에 그쳤다. 이 전단에 나오는 정부안이 바로 '한성정부'안이었다. 각원 명단에는 집정관총재 이승만, 국무총리총재 이동휘, 기타 9부 총장의 명단이 있었다. 워싱턴에 임시사무소 설치한다는 내용이 언급되어 있었다. 이승만은 이 소식을 듣고 5월 워싱턴에 집정관총재사무소를 설치하였다. 안창호는 6월 미국에서 상해에 도착하여 국무총리대리 겸 내무총장으로 취임하여 임시정부를 이끌어갔다.

상해 임정의 우선적인 과제는 각처의 임정을 통합하는 일이었다. 7월 11일 상해 임정은 임시의정원 및 러시아령 국민의회를 합병하여 의회를 조직할 것과 임시정부의 위치를 상해로 할 것을 결의하였다. 노령 대한국민의회의 실력자 이동휘는 국민의회를 설득하여 해산을 결의하였다. 이로써 대한국민의회와 상해의정원과 통합이 성사될 수 있었다.

양파의 합의 내용은 상해 정부와 노령 정부를 해산하고 국내의 한성정부안을 계승하며, 정부의 위치는 상해에 둔다는 것이었다. 또 한성정부의 집정관총재 제도(명칭은 대통령으로 개칭)와 그 인선을 채용하고, 정부의 명칭은 '대한민국 임시정부'로 하기로 하였다.

임시정부는 9월 11일 '민주공화제'의 헌법을 제정하였다. 헌법은 삼권분립을 표방하였으며, 정부형태는 대통령중심제와 내각책임제를 절충한 것으로 하였다. 행정부는 대통령제로 운영되고, 국무총리 아래에 내무 · 외무 · 재무 · 군무 · 법무 · 학무 · 교통 · 노동 등 8개 부를 두었다. 임시의정원은 출신지역별로 선임된 의원으로 구성하였다. 임시의정원은 행정부보다 우위에 있었다. 대통령 이승만은 워싱턴에서 업무를 계속하였고, 국무총리 이동휘는 9월 18일 상해에 도착하였으며, 11월 3일 내각 취임식이 있었다.

임정의 초기 활동(1919~1924)

1919년 파리강화회의에 파견된 대한민국임시정부 대표단과 임원 김규식(전열 우측) 대표가 강화회의에 독립청원서를 제출하였다.

임시정부는 국내에서 일종의 지방자치제에 해당하는 연통제를 실시하고자 했다. 이에 따라 서울에는 총판, 각 도에는 독판을 두었다. 또 교통국을 설치하여 국내와의 연락업무와 독립운동 자금 모금을 맡도록 하였다. 교통국은 압록강 북쪽 안동의 이륭양행에 교통부 안동지부를 설치하여 국내와 연락을 하도록 하였다. 한편 임정은 산하에 거류민단을 두었는데, 거류민단은 상해, 천진, 만주(서로군정서, 북로군정서가 대신), 미주(대한인국민회가 대신) 등지에 설치되었다.

임정이 초기에 가장 역점을 둔 것은 외교활동이었다. 1919년 파리강화회의에 대표를 파견하였고, 각처에 외교위원부를 설치하였다. 필라델피아에는 한국통신부(서재필), 파리에는 파리위원부(김규식), 워싱턴에는 구미위원부(이승만)를 설치하였다. 1921년 11월에 워싱턴에서 연합국의 군축문제를 다루는 태평양회의가 열리자, 이승만 등이 한국 문제도 다루어줄 것을 요구하는 청원서를 제출하였으나 묵살되었다. 이와 같이 구미 자본주의국가들이 한국 문제에 대해 무관심한 태도를 보이자, 1922년 모스크바의 극동인민대표대회에 김규식 등 한국의 독립운동가들이 대거 참석하였다.

임정의 침체와 극복노력

임정은 초기에 비교적 활발한 활동을 펼쳤으나, 이내 침체기에 들어갔다. 그것은 외교운동이 이렇다할 성과를 거두지 못하였고, 국내로 연결되는 연통제와 교통국이 일본 경찰에 의해 발각되어 무너져 국내로부터의 자금 조달이 어렵게 되었기 때문이다.

또한 당시 임정에는 여러 정파가 모여 있는 상황이었는데, 이들 정파를 통합적으로 이끌 수 있는 리더십이 제대로 확립되지 못하여 어려움이 컸다. 당시 임정 안팎에는 미국파(이승만 · 임병직), 기호파(이동녕 · 이시영 · 신익희 · 윤기섭 · 조소앙), 서북파(안창호 · 선우혁 · 차이석 · 김구 · 이광수 · 안공근), 북경파(박용만 · 신숙 · 신채호), 고려공산당 상해파(이동휘 · 윤해 · 한형권 · 김립), 고려공산당 이르쿠츠크파(문창범 · 원세훈 · 여운형 · 김만겸 · 박헌영), 의열단(김원봉) 등이 있었다.

여러 정파가 서로 견제하는 가운데, 국무총리 이동휘는 1921년 초 임정 개혁을 둘러싸고 이승만과 충돌한 뒤, 국무총리직을 사임하였다. 그런가 하면, 1920년 9월 북경의 신채호 · 박용만 · 신숙 등이 북경군사통일촉성회를 구성하고, 1921년 4월에는 북경에서 군사통일주비회를 개최하여, 이승만의 위임통치 건의 사실을 들어 임정 및 의정원의 해산을 요구하였다. 이 단체는 아울러 새로운 독립운동 지도기관을 세우기 위한 '국민대표회의' 소집을 요구하였다. 1920년 12월에 상해에 온 이승만은 얼마 머무르지 않고 이듬해 6월 미국으로 되돌아갔다.

국민대표대회와 임정의 개편

1922년 5월 국민대표대회주비회가 구성되었다. 이는 북경파와 이르쿠츠크파가 주도하였으며, 여운형과 안창호도 회의 개최에 동의하였다. 서북파는 분열하여 김구와 이시영은 이에 반대하면서 한국노병회를 조직하였다.

1923년 1월 지역대표와 단체대표로 인정된 130여 명이 모여 국민대표대회를 상해에서 개최하였다. 의장에 김동삼, 부의장에 윤해와 안창호가 선출되었다. 이 회의는 독립운동사상 최대 규모의 회의로 4개월 정도 계속되었다. 그러나 회의 참석자들은 창조파와 개조파로 나뉘었다. 창조파는 임시정부를 해산하고 신정부를 세우자고 주장하였고, 개조파는 임정을 개혁하여 쓰자고 주장하였다. 창조파의 입장에 선 것은 북경파, 이르쿠츠크파 고려공산당이었으며, 개조파의 입장에 선 것은 안창호파, 상해파 고려공산당이었다. 양파는 팽팽히 맞서다 1923년 5월 의장 김동삼이 만주로 돌아가고, 개조파가 대회에서 탈퇴함으로써 결렬되었다. 창조파 80여 명만 남아 6월 2일 새 정부를 만들기로 결의하고 해산하였다. 창조파는 8월 말 새 정부를 두기로 한 러시아의 블라디보스토크로 갔으나, 1924년 2월 러시아정부는 국외 퇴거를 요구하여 결국 새 정부의 수립은 무위로 돌아갔다.

1924년 9월 임정의 임시의정원은 대통령 이승만이 임지를 떠나 미주에 너무 오래 머무르고 있으므로 국무총리 이동녕에게 대통령직을 대리하도록 명했다. 이에 이승만은 크게 반발하였고, 임시정부에 내고 있던 하와이 동포들의 독립자금을 임정에 내는 대신 이승만의 구미위원부에 내도록 하였다. 임시의정원은 그해 12월 국무총리직을 물러난 이동녕 대신 박은식을 국무총리 겸 대통령대리로 추대하였다. 이에 이승만은 임시의정원의 이러한 조치를 인정할 수 없다고 반발하였다. 임시의정원은 1925년 3월 결국 이승만을 탄핵, 파면하고, 박은식을 대통령으로 선출하였다. 박은식은 이후 대통령제를 국무령제로 바꾸고, 그해 8월 사임하였다(11월 서거). 이후 임정은 이상룡·양기탁·최칭식·홍진 등을 국무령으로 추대하였으나 내각 구성에 실패하였다. 1926년 12월 말에는 김구가 국무령에 취임하였으며, 1927년 2월 당 우위로 개헌을 하였다. 또 주석을 윤번제로 하는 식으로 위원제를 바꾸었다. 1927년에는 이동녕 내각이 성립하였으며, 안창호는 1929년 만주에서 상하이로 돌아와 이동녕·김구 등과 제휴하여 1930년 1월 한국독립당을 창당하여 임정을 뒷받침하였다. 임정은 1931년 한독당의 창당이념인 삼균주의(정치·경제·교육의 균등)를 정부 이념으로 채택하게 된다.

이승만　　이동녕

김 구

● 읽기자료

1. 2 · 8독립선언서 (1919.2)

조선청년독립단朝鮮青年獨立團은 우리 2천만 민족을 대표하여 정의와 자유의 승리를 득한 세계의 만국 앞에 독립을 기성期成하기를 선언하노라.

4천 3백 년의 장구한 역사를 지니는 우리 민족은 실로 세계 최고 민족의 하나로, 비록 때때로 중국의 정삭(正朔 : 연호)을 받들어 사용하기는 하였으나 이는 양국 왕실의 형식적이며 외교적인 관계에 불과하였으며, 조선은 항상 우리 민족의 조선이었고 한 번도 통일된 국가 전체를 잃고 이민족의 지배를 받은 일이 없다. (중략)

우리 민족은 일본의 군국주의적 야심의 사기와 폭력 아래 우리 민족의 의사에 반하는 운명을 당하였으니 정의로 세계를 개조하는 이때에 당연히 이의 광정匡正을 세계에 요구할 권리가 있으며, 또 오늘날 세계 개조의 주역이 되고 있는 미국과 영국은 보호와 합병을 지난 날 자기들이 솔선하여 승인한 잘못이 있는 까닭으로, 이때에 지난날의 잘못을 속죄贖罪할 의무가 있다고 단언하는 바이다.

또 합병 이래의 일본의 조선 통치 정책을 보건대, 합병 시의 선언에 밝혔던 우리 민족의 행복과 이익을 무시하고 정복자가 피정복자에게 대하는 고대의 비인도적 정책을 습용襲用하여 우리 민족에게는 참정권과 집회 · 결사의 자유, 언론 · 출판의 자유 등을 불허하며 심지어 신교의 자유, 기업의 자유까지도 작지 않이 구속하며 행정 · 사법 · 경찰 등 여러 기관이 다투어 조선 민족의 사적인 권한까지도 침해하였다. (중략)

우리 민족은 결코 이와 같은 무단武斷 · 전제專制 · 부정 · 불평등한 정치 아래에서 생존과 발전을 향수하기가 불가능하다. 그뿐더러 원래 인구가 과잉한 조선에 무한으로 이민을 장려하고 보조하여 수 천 년 토착한 우리 민족은 해외에 유리함을 면치 못하게 되고, 정부의 제 기관까지 일본인을 사용하여 일변 조선인으로 직업을 잃게 하며, 한편으로는 조선인의 부富를 일본으로 유출케 하고 상공업에 있어서도 일본인에게는 특수한 편익을 주어 우리 민족으로 하여금 산업적 발흥의 기회를 잃게 하고 있다.

이와 같이 어느 방면으로 보아도 우리 민족과 일본과의 이해는 서로 배치背馳되며 항상 그 해를 보는 자는 우리 민족이니, 우리 민족이 우리 민족의 생존할 권리를 위하여 독립을 주장하노라.

최후로 동양 평화의 견리見利로 보건대, 그 위협자이던 러시아는 이미 군국주의적 야심을 포기하고 자유를 기초로 한 신 국가의 건설에 종사하는 중이며, 중화민국도 역시 그러하며, 겸하여 차차로 국제 연맹이 실현되면 다시는 군국주의적 침략을 감행할 강국이 없을 것이다. 그러할진대 일본이 조선을 합병한 최대 이유가 소멸하였을 뿐더러, 이에 따라 조선 민족이 무수한 반란을 일으킨다면 일본에게 합병당한 조선은 오히려 반대로 동양의 평화를 교란케 하는 환란의 근원이 될 것이다. 우리 민족은 정당한 방법으로 우리 민족의 자유를 추구할 것이나 만일 이로써 성공치 못한다면 우리 민족은 생존의 권리를 위하여 온갖 자유행동을 취하여 최후의 한 사람까지 자유를 위하는 열혈을 땅에 흘릴 것이니 어찌 동양 평화의 화원禍源이 아니리요.

우리 민족에게는 한 명의 병사도 없다. 우리 민족은 병력으로써 일본에 저항할 실력이 없다. 그러나 일본이 만일 우리 민족의 정당한 요구에 불응할진대 우리 민족은 일본에 대하여 영원히 혈전을 선언하노라.

2. 대한국민의회의 선언서 (1919)

대한국민의회大韓國民議會는 우리 2천만 동포를 대표하여 천하만국에 독립을 선언하노니, 오호라, 천하에 어찌 강권이 있어 홀로 공리公理가 없다 하리요. (중략)

소위 제국주의 침략 정책은 그에 따라 결국에 필히 영구적으로 소멸되고, 정의 · 인도의 자유주의로 인하여 날로 더욱 창명彰明하는 시세時勢를 맞으리니, 환언하건대 오늘날 세계는 즉 윌슨 씨가 제창한바 민족자결주의의 시대이다. 그런고로 양洋의 동서와 인종의 차별을 물론하고 이민족異民族의 강포를 입어 병탄倂呑된 민족은 다만 자치 능력과 독립의 자결이 있으면 그 기반에서 벗어나 자주 · 자결하는 것은 곧 천하의 공리이며, 병탄한 강국도 그 인민의 감정에 따라 독립을 도로 환부하고 자유와 행복을 함께 누리는 것도 역시 천하의 공리인 것이다. (중략)

이에 본 의회는 우리 민족의 생존과 발달상 자유의 계책을 위하며, 정의 · 인도를 유지할 계책을 위하고, 세계 평화를 보전할 계책을 위하여 이로부터 탈리脫離하여 독립을 선포하고 아래와 같이 결의하노라.

결 의 문

1. 본 의회는 세계 민족자결주의에 기인基因하여 조국 광복의 목적을 달성할 것을 기하고 한국 민족의 정당한 자유 독립을 주장할 것.

2. 본 의회는 일본이 강점 수단으로써 한국을 합병한 것은 황제의 비준批准이 없었을 뿐

만 아니라 전체 한국 민족의 의사가 아닌즉 합병의 늑약勒約을 폐지시킬 것.

3. 본 의회는 만국 평화 회의에 위원을 특파하여 일본인이 사휼詐譎과 강박으로 우리 국가를 파괴한 것을 공고控告하고, 우리 한국의 원통한 사정을 없애 주고 국제 연맹에 가입케 하여 우리의 독립을 공고히 할 것.

4. 본 의회는 장차 독립의 이유를 밝혀 그 하고자 하는 바를 세계 열국에게 명백히 공포하고 각국의 영사와 공사에게 위탁하여 각기 그 정부에 이 이유를 전달하게 할 것.

5. 본 의회는 만약 이상의 목적을 달성하지 못하게 될 때에는 한국 민족은 인도의 평등을 획득하지 못하고 고로 일본에 대하여 혈전을 선포하며, 이로 인하여 발생하는 참화에 대해서는 그 책임을 지지 않을 것.

블라디보스토크 대한국민의회大韓國民議會

3. 대한민국임시헌장 (1919.4)

제1조. 대한민국은 민주공화제로 한다.

제2조. 대한민국은 임시정부가 임시의정원의 결의에 의하여 이를 통치한다.

제3조. 대한민국의 인민은 남녀 귀천과 빈부의 계급이 없고, 일체 평등하다.

제4조. 대한민국의 인민은 신교信敎, 언론, 저작, 출판, 결사, 집회, 신서信書, 주소이전, 신체 및 소유의 자유를 향유한다.

제5조. 대한민국의 인민으로서 공민의 자격이 있는 자는 선거권과 피선거권을 지닌다.

제6조. 대한민국의 인민은 교육 납세 및 병역의 의무를 가진다.

제7조. 대한민국은 신神의 의사에 의하여 건국의 정신을 세계에 발휘하고 나아가 인류의 문화와 평화에 공헌하기 위해 국제연맹에 가입한다.

제8조. 대한민국은 구황실을 우대한다.

제9조. 생명형生命刑 신체형身體刑 및 공창제公娼制를 전폐한다.

제10조. 임시정부는 국토회복 후 만 1개년 내에 국회를 소집한다.

4. 대한민국임시헌법 (1919.9) 강령

제1조. 대한민국은 대한인민으로 조직한다.

제2조. 대한민국의 주권은 대한인민 전체에 있다.

제3조. 대한민국의 강토는 구 대한제국의 판도로 한다.

제4조. 대한민국의 인민은 일체 평등하다.

제5조. 대한민국의 입법권은 의정원이, 행정권은 국무원이, 사법권은 법원이 행사한다.

제6조. 대한민국의 주권 행사는 헌법 범위 내에서 임시대통령에 전재全在한다.

제7조. 대한민국은 구황제를 우대한다.

참고문헌

한국역사연구회, 1989, 『3·1민족해방운동연구』, 청년사

김소진, 1999, 『한국독립선언서연구』, 국학자료원

신용하, 2001, 『일제강점기 한국민족사』(상), 서울대학교출판부

윤병석, 2004, 『증보 3·1운동사』, 국학자료원

김희곤, 2004, 『대한민국임시정부연구』, 지식산업사

윤대원, 2006, 『상해시기 대한민국임시정부 연구』, 서울대학교출판부

박환, 2007, 『경기지역 3·1독립운동사』, 선인

유영익외, 2009, 『이승만과 대한민국임시정부』, 연세대학교출판부

이정은, 2009, 『3·1독립운동의 지방시위에 관한 연구』, 국학자료원

동북아역사재단, 2010, 『3·1운동과 1919년의 세계사적 의의』, 동북아역사재단

고정휴 외, 2010, 『대한민국 임시정부의 현대사적 성찰』, 나남

김희곤, 2015, 『임시정부 시기의 대한민국 연구』, 지식산업사

한시준, 2016, 『대한민국 임시정부의 지도자들』, 역사공간

제 11 장 1920년대 민족해방운동

빼앗긴 들에도 봄은 오는가?
나는 온 몸에 해살을 밧고
푸른 한울 푸른 들이 맛부튼 곳으로
가름아가튼 논길을 따라 꿈속을 가듯 거러만 간다.

입술을 다문 한울아 들아
내맘에는 내 혼자 온것 갓지를 안쿠나
네가 끌엇느냐 누가 부르더냐 답답워라 말을 해다오.
(중략)

나는 온 몸에 풋내를 띄고
푸른 웃슴 푸른 설움이 어우러진 사이로
다리를 절며 하로를 것는다. 아마도 봄신령이 접혓나보다.
그러나 지금은 들을 빼앗겨 봄조차 빼앗기겟네.

— 이상화, 「빼앗긴 들에도 봄은 오는가」, 『개벽』 1926.6

〈연표〉

1917.		한인사회당 조직
1920.	6.	봉오동 전투
	10.	청산리전투
	10~12.	경신참변(간도참변)
1921.	1.	서울청년회 조직
	6.	자유시사변
1923.		봄 조선물산장려운동, 민립대학기성운동
1924.	11.	화요회 조직
1925.	4.	조선공산당(제1차) 조직
1927.	2.	신간회
1928.	12.	코민테른 '12월테제'
1931.	5.	신간회 해소

1. 국내의 민족주의 운동 - '문화운동'

1920년대 초반 '문화운동' 이론의 대두

1920년대 초반 일제의 새로운 식민지 지배정책인 '문화정치'의 공간에서 전개된 이른바 '문화운동'이란 청년회운동, 교육진흥운동, 물산장려운동 등 문화적 실력양성운동을 총칭한다. '문화운동'이란 용어는 보통명사로서는 본래 학술 · 문학 · 종교 · 언론운동 등을 가리키는 것이지만, 1920년대 초반의 '문화운동'이란 무력을 통한 독립운동, 혹은 민중시위를 통한 독립운동이 아닌 '문화적인 실력양성'을 통한 독립의 도모라는 의미에서 쓰인 용어였다.

1920년대 초반의 '문화운동'은 신문화건설론, 실력양성론, 정신개조론, 민족개조론 등을 이론적 기초로 삼고 있었다. '신문화건설론'은 세계개조의 시대적 기운에 부응하여 조선에서도 신문화건설이 필요하다는 것으로, 그 내용은 사회적 측면에서의 봉건적 잔재의 청산, 경제적 측면에서의 낙후된 생산력의 증진 등을 통한 근대 자본주의적 문명의 수립을 뜻하는 것이었다. 그리고 구체적 방법으로서 제시된 것은 교육과 실업의 발달, 그리고 구습舊習의 개량 등이었다. '실력양성론'은 1920년 하반기 미하원의원단의 방한, 1921년 말 태평양회의에서의 외교운동의 좌절 등이 계기가 되어 등장한 것이었다. 실력양성론은 세계는 아직 생존경쟁의 원칙 위에서 움직이고 있다면서, 당분간 독립은 절망적이므로 교육과 산업의 진흥 등 실력양성에 주력해야 한다는 주장이었다. 즉 '선실력양성 후독립론'이라 할 수 있는 것이었다. '정신개조론'은 신문화를 건설하기 위해서는 먼저 사회를 구성하는 개개인의 능력발전과 인격향상이 선결과제이며, 그러한 개인을 만들어내기 위해서는 개인개조, 특히 '내적인 정신 개조'가 필요하다고 주장하는 것이었다. 이러한 정신개조론은 '민족성개조론'으로 발전하게 되는데, 그것은 이 정신개조론에 한말 이래 일본인들의 한국민족열등성론, 한국인 신지식층의 구관습개혁론, 그리고 1920년경에 소개된 민족심리학 이론이 결합되어 나타난 것이었다.

‘문화운동’의 전개

‘문화운동’은 크게 청년회운동, 신교육운동, 물산장려운동으로 나누어 볼 수 있다.

1919년 말부터 1920년말경까지 신문화건설운동의 중심적 역할을 한 청년회운동은 지 · 덕 · 체의 함양 등 인격수양과 풍속개량, 실업장려, 공공사업 지원 등을 그 설립목적으로 하면서 강연회, 토론회, 야학강습회, 운동회 등을 주요 사업으로 설정하였다. 이 운동은 1920년 말 조선청년회연합회 결성으로 절정에 달하였는데, 이 연합회도 구습의 개혁, 인격수양, 지식의 교환, 산업의 진흥, 세계문화에의 공헌 등을 내세우면서 비정치성非政治性을 강조하였다. 그리고 연합회는 구체적인 사업 시행보다는 수양修養에 목적을 둔 수양단체임을 천명하였다.

신교육운동은 초기에는 신문화건설, 뒤에는 실력양성을 위한 신지식 습득을 표방하고 전개되었다. 3 · 1운동 이후 교육열이 일어나 각 학교에서는 입학 지원자가 크게 늘어났고, 이를 뒷받침하기 위해 각종 학교 설립운동이 전개되었으나 학교 설립 요건이 강화되어 있었기 때문에 한말 자강운동기와 같은 광범한 학교 설립 운동으로는 발전하지 못했다. 민립대학기성운동도 지주 등 부호의 성금과 민중들의 거족적인 참여

조선민립대학기성회 창립총회 기념사진(1923.3.30)

를 기대하면서 시작되었으나, 곧 열기가 식으면서 실패로 돌아가고 말았다. 그런 가운데 학교에 입학하지 못한 이들을 위해 서당개량書堂改良, 주야학강습회晝夜學講習會 설치 운동이 전개되었다.

1920년대 전반 대표적인 실력양성운동은 물산장려운동이었다. 이 운동은 민족자본의 위기가 심화된 1922년 말 시작되어 1923년 초 절정에 이르렀다. 민족자본가들과 부르주아 민족주의자들은 1921년 위기에 처한 민족자본을 구하기 위해 조선인산업대회를 조직하여 총독부측에 '조선인 중심'의 산업정책을 취해줄 것을 건의하였으나 받아들여지지 않았다. 그런 가운데 1923년 4월 일본과 한국 사이의 무역에서 면직업과 주류를 제외한 모든 상품의 관세가 면제될 시기가 눈앞에 다가오자, 위기의식이 심화된 민족자본가들은 자구책으로서 조선물산장려운동을 시작하였다.

물산장려운동은 생산증식과 소비장려라는 두 측면에서 전개되었다. 이 운동은 한때 상당한 기세를 올려 특히 토산품 애용이라는 측면에서는 상당한 성과를 거두었다. 그러나 당시 조선인 자본은 늘어난 수요를 뒷받침해줄 수 있는 생산력을 갖추지 못했고, 새로운 회사나 공장의 설립도 별로 이루어지지 않았다. 이에 따라 토산품 애용 운동은 상인들에게 이용당하여 상품의 가격만 올려놓은 채 그 열기가 식어버리고 말았다. 물산장려운동이 실패로 돌아간 이후 민족자본 상층은 위기를 타개하기 위해 총독부측에 보조금 교부 등 보다 적극적인 보호와 장려를 다시 요구하게 된다.

한편 총독부는 '문화운동'이 '독립을 궁극 목적으로 하는 실력양성운동'이라 파악하였지만, 한국인들이 이처럼 문화적 방법에 의한 운동으로 노선을 전환하게 된 것은 크게 환영하였다. 즉 일제는 문화운동이 온건노선의 운동으로서 대두한 데 대해 크게 안도하였으며, 이 문화운동을 체제내적인 운동, 더 나아가서는 동화주의同化主義를 지향하는 친일어용적인 운동으로 유도하고자 하였다. 일제의 그러한 의도는 상당한 성과를 거두어 청년회운동, 물산장려운동, 민립대학운동, 그리고 민족개조론 등은 모두 스스로 비정치성을 표방하였다.

2. 사회주의의 수용과 조선공산당

사회주의 사상의 수용과 사회주의 세력의 등장

이동휘

한국인으로서 사회주의 사상을 처음 수용한 것은 러시아지역의 민족주의자들이었다. 1917년 러시아에서 사회주의 혁명이 일어난 다음해에 러시아지역의 한인 민족주의자들과 러시아 귀화 한인들은 한인사회당을 조직하였다. 이동휘 등 한인사회당 간부들은 1919년 상하이에서 임시정부가 조직되고 이동휘가 국무총리로 지명되자 상하이로 이동하여 활동을 개시하였다. 이동휘와 김립, 김만겸 등은 1920년 5월경 한인공산당을 조직하였다. 한편 러시아의 이르쿠츠크에서는 소련에 귀화한 한인들이 중심이 되어 1920년 1월 이르쿠츠크 현 위원회 산하에 고려부라는 또 다른 조직을 결성했다. 이후 이들 두 세력은 각각 상해파와 이르쿠츠크파로 불리었다. 한인 공산주의 운동의 주도권을 둘러싼 이들의 경쟁은 결국 1921년 5월 상해와 이르쿠츠크에서 각각 고려공산당 창립대회를 가짐으로써 두 개의 고려공산당의 출현으로 귀결되었다.

한국 사회주의 사상의 또 다른 발원지는 일본이었다. 사회주의 사상을 흡수한 유학생들은 먼저 일본에서 사회주의 단체를 결성했다. 일본에서 유학생들이 조직한 사회주의 단체로는 조선고학생동우회(1920.1), 북성회(1923.1), 일월회(1925.1) 등이 있었다.

조선에서는 1921년에 접어들면서 지식인, 청년, 학생, 노동자들을 중심으로 사회주의 사상을 연구하는 사상단체 또는 청년회가 등장하였다. 서울청년회(1921.1), 무산자동지회(1922.1), 신사상연구회(1923.7), 화요회(1924.11), 북풍회(1924.11) 등이 그 대표적인 단체들이었다. 이외에도 전국 각지에 사상단체가 조직되었으며, 총독부의 통계에 의하면 1926년 9월 현재 전국에 338개의 사상단체가 있었다고 한다.

전조선노농총동맹
창립총회(1924.4)

사상단체의 활동가들은 토론회, 강연회, 좌담회, 독서회, 강습회, 야학, 민중강좌, 프로문고 등을 통해 사회주의사상을 연구하고 선전하였다. 사회주의와 관련된 글들이 잡지에 실리기 시작하였으며, 『신생활』 『신천지』 『개벽』 『조선지광』 등이 그 대표적인 잡지들이었다. 신문에도 예를 들어 동아일보에 「마르크스사상의 개요」(37회), 「마르크스의 유물사관」(18회), 「니콜라이 레닌은 어떤 사람인가」(61회) 등이 실리기도 했다. 그밖에도 일본 사회주의자 가와카미 하지메(河上肇), 야마카와 히토시(山川均), 사노 마나부(佐野學) 등의 글이 실렸다.

사회주의 활동가들은 또 부르주아 민족주의운동을 공격하였다. 사회주의자들은 물산장려운동을 중산계급의 이기적 운동이라고 비판하였다. 그리고 그들은 청년, 노동, 농민, 여성, 형평, 소년운동 등 각종 대중운동을 조직하고 그 활동을 지원하였다. 이에 따라 각종 노농운동, 청년운동 단체가 조직되었다. 조선노동공제회(1920.2), 조선노동연맹회(1922.10), 조선노농총동맹(1924.4), 서울청년회(1921.1), 무산자청년회(1922.10), 신흥청년동맹(1924.2), 조선청년총동맹(1924.2) 등이 그것이다. 1923년 3월 조선청년회연합회에서 탈퇴한 서울청년회의 사회주의자들이 주도하여 소집한 조선청년당대회는 계급해방의 기치를 올렸으며, 이는 전국의 청년회 운동이 사회주의 쪽으로 방향을 전환하는 계기를 만들었고, 그 결과 조선청년총동맹이 결성되었다. 조선노농총동맹의 경우 그 산하에 200여 개의 하부 조직과 4만 5천명의 회원을 거느렸다. 이처럼 짧은 기간에 수많은 사회주의 계열의 대중운동 단체들이 결성됨으로써, 대중에 대한 영향력도 급속히 확산되었다. 그러나 초기 사회주의운동은 지식청년 중심으로 전개되었으며, 파벌적인 경향이 강하여 통일적인 운동이 되지 못했다.

조선공산당의 창당

조선공산당과 고려공산청년회가 사용했던 인장

♣해설 | **치안유지법**

일제는 1925년 5월 치안유지법의 조선 내 실시를 공포하였다. 치안유지법 제1조는 "국체를 변혁 또는 사유재산제도를 부인할 목적으로 결사를 조직한다든가 또는 사정을 알고 이에 가입하는 자는 10년 이하의 징역, 또는 금고에 처함"으로 되어 있었다. 이후 사회주의운동가들은 대부분 치안유지법 위반의 사상범으로 투옥되었다.

한편 코민테른은 국외의 상해파와 이르쿠츠크파 조직을 해체할 것을 명령하고 국내에 공산당을 조직하기 위해 1922년 12월 블라디보스토크에 코민테른 산하 꼬르뷰로(고려국)을 설치하였다. 꼬르뷰로는 김재봉, 김찬, 신철 등의 공작원을 파견하여 1923년 6월경 조선공산당의 준비기관으로서 꼬르뷰로 국내부 청년회를 조직하였다. 이는 주로 화요회계와 북풍회계로 구성되었다. 이 조직의 주도하에 사상단체들이 통폐합되었으며, 조선노농총동맹과 조선청년총동맹 등 대중단체들이 전국적인 규모로 통일되었다.

한편 서울청년회계는 별도로 전위당 결성을 추진하였다. 서울계는 서울청년회를 비롯한 국내 기반을 갖고 있었고 국외의 상해파와 연결되어 있었다. 화요회계는 해외유학 출신이 다수이고, 서울청년회계는 국내 출신이 다수였다. 전자는 좀 더 국제노선에 충실하였고, 후자는 좀 더 토착적이라는 차이가 있었다.

조선공산당(이하 조공) 창당대회는 1925년 4월 17일 오후 중국음식점 아서원에서 20여 명이 참가한 가운데 비밀리에 열렸다. 이 대회에서는 책임비서 김재봉을 비롯, 김찬 · 조동호 · 김약수 · 정운해 · 주종건 · 유진희 등 7명으로 중앙집행위원회를 구성하였다. 제1차 조공에는 화요회계를 중심으로 북풍회와 그 외 일부 그룹이 참가하였다. 조공은 당 중앙을 먼저 조직한 뒤 지방당과 야체이카(세포)를 조직하였다. 이와 같이 조공은 화요회, 북풍회 중심으로 창당되었고, 창당과정에서 서울 청년회계는 철저히 소외되었다.

김재봉

조공은 코민테른에 국내정세를 보고하고 조공과 고려공청의 창립 인준을 받기 위해 조동호를 정식 대표로, 조봉암을 부대표로 하여 모스크바에 파견하였다. 코민테른은 조공을 코민테른 지부로서 내락하고, 여타의 그룹들을 공산단체로 인정하면서 통일된 당을 만들 것을 촉구하였다. 코민테른은 1926년 4~5월경 조공을 정식지부로 인정하였다.

권오설

1차 조공은 수차례의 집행위를 열어 기관지 발행문제, 만주총국 설립문제, 고려공청 지원문제, 노농총동맹의 분립문제 등을 논의하였다. 고려공청은 조선청년총동맹에 들어가 27개의 군 동맹과 9개의 도 연맹을 조직하였다. 그리고 모스크바 공산대학에 21명을 파견하였다. 하지만 제1차 조공은 1925년 11월 신의주 고려공청회원의 부주의한 폭행사건으로 조직이 드러나 220명이 검거되었다. 이 가운데 치안유지법과 정치범처벌령, 출판법 위반 등으로 101명이 재판에 회부되어 83명이 유죄판결을 받고 2명은 옥중에서 사망하였다.

김재봉 등 1차 당 간부들은 검거되기 전에 후계당 조직을 준비하였다. 이에 따라 1925년 12월말부터 1926년 1월초 사이 책임비서 강달영과 이준태, 이봉수, 김철수, 홍남표, 권오설 등을 중앙집행위원으로 하는 제2차 조공이 구성되었다. 2차당은 146명의 당원과 119명의 후보당원을 확보하였다. 2차 조공은 해외에도 조직을 만들었다.

2차 조공은 순종이 서거하자 장례일인 6월 10일을 기해 3 · 1운동과 같은 만세운동을 재현하고자 하였다. 6 · 10만세운동 투쟁 지도특별위원회는 상해로 피신한 김찬 · 김단야 · 조봉암 등의 1차 당 지도부의 지도를 받고, 권동진 등 비타협적 민족주의자들의 지원을 받으며 여러 종의 삐라를 만들고 전국적 규모의 대중시위를 준비하였다. 하지만 6 · 10만세운동은 그 준비단계에서 발각되어 2차 조공은 결정적인 타격을 받았다. 책임비서 강달영이 체포되고, 총 100여 명의 관련자가 체포되었다. 이리하여 1,2차 조공을 주도한 화요회계 간부들은 거의 대부분 검거되거나 해외로 망명하였다.

2차 조공이 궤멸된 뒤, 1926년 9월경 제2차 조공의 중앙위원이었던 김철수를 중심으로 제3차 조공이 결성되었다. 그리고 2차 조공의 화요회계가 대부분 검거되었기 때문에 조직 확대가 필요하였다. 이에 김철수 · 고광수 등은 서울계를 끌어들이고자 했다. 이에 따라 서울계 구파의 반대에도 불구하고 서울계 신파는 개인적으로 조공에 참여하였다. 이후 서울계 구파도 개별적으로 입당하였다. 이로써 조공은 형식적이나마 통일된 당의 모습을 갖추었다. 하지만 완전한 통일은 아니었다. 이영을 비롯한 서울계 구파는 1927년 12월 요리점 춘경원에서 따로 조선공산당을 조직하였다. 이는 이른바 '춘경원 공산당'이라 불린나. 그러나 이 조직은 코민테른의 승인을 얻지 못한 가운데 1928년 4~6월 간부들이 검거되고 말았다.

한편 1926년 여름 안광천 등 일본유학생 출신의 일월회가 대거 귀국하여 제3차 당에 가세하였다. 1926년 12월 제2차 당대회가 열렸으며, 안광천을 책임비서로 한 새 중앙간부진을 선출하였다. 3차 당은 일제의 주시를 피하고 당내 기밀을 유지하기 위해 간부진을 자주 교체하였다. 책임비서직은 김철수-안광천-김준연-김세연 등으로 바뀌었다. 3차 당의 간부진은 대체로 일월회를 중심으로 만주 고려공청파와 서울계 신파가 합세한 형태를 취하였다. 이 그룹을 훗날 세간에서는 이른바 'ML파'라고 불렀으며, 따라서 3차당은 엠엘당이라고 불리기도 한다.

하지만 3차 조공 역시 1928년 초 검거선풍에 의해 30여명의 주요 간부가 검거되면

순종인산 당시
서울 태평로를 메운 시민들
(1926.6.10)

서 무너졌다. 이에 따라 1928년 2월 후계당으로서 4차 조공이 조직되었다. 3월에는 책임비서 차금봉을 비롯하여 안광천, 양명, 한명찬 등이 간부로 선출되었다. 4차 당은 일본부를 일본총국으로 개칭하였고, 만주총국과 북경지부의 간부진도 재정비하였다. 한편 신간회 32개 지회에서 당원들이 활동하고 있었다. 신간회의 자매단체인 근우회 내에도 조원숙을 책임자로 하는 야체이카가 조직되었다. 일본총국에서는 『청년조선』, 만주총국에서는 『혁명』, 『불꽃』 등을 간행하였다. 하지만 4차 당도 조직 후 5개월이 채 안 되어 대규모 검거선풍을 만났다. 1928년 7~10월 170명이 검거되어 4차 조공은 사실상 해체상태에 들어갔다.

조선공산당의 해체

4차 당의 검거와 함께 내려진 코민테른의 「12월 테제」(1928.12)에 의해 기존의 조선공산당은 사실상 해체되었다. 「12월 테제」는 조선의 경제적, 사회적 현상을 분석한 뒤 조선혁명은 부르주아 민주주의 혁명단계라고 규정하고, 토지혁명의 필요성을 특히 강조하였다. 그리고 지식인 중심, 당파 중심의 당을 청산하고, 노동자와 농민을 기반으로 한 당의 건설을 강조하였다. 또 민족적 단체 속에 들어가서 정력적으로 혁명적 계몽활동을 하여 민족개량주의자를 고립시키고, 그 단체에 속해 있는 근로대중으로 하여금 민족개량주의의 지도로부터 떨어져 나오도록 해야 한다고 지시하였다. 즉 위로부터의 통일전선에서 아래로부터의 통일전선으로 전략을 바꿀 것을 지시한 것이다.

12월 테제의 내용은 코민테른 6차 대회에 출석했던 김단야 · 김규열 · 양명 · 한해 등을 통해 조선의 공산주의자들에게 전해졌다. 이후 이에 따라 신간회 내부에서 공산주의자들과 민족주의자들 간의 간극이 더 벌어졌고, 1930년대에 들어서서 신간회 해소론이 제기되어 신간회는 해소된다. 그리고 조선공산당은 다시 지식인 중심의 당이 아닌 노동계급에 기반을 둔 당으로서 재건되어야 했기 때문에 사회주의자들은 그 기반을 획득하기 위해 혁명적 노동운동과 농민운동에 뛰어들었다.

3. 신간회의 창립과 활동

신간회 결성의 배경

이상재

위에서 본 것처럼 1920년대 중반 들어 국내의 항일운동 진영은 민족주의계열과 사회주의계열로 뚜렷이 분화하였다. 그런 가운데 일부 민족주의자들은 '자치론'을 들고 나왔다. 자치론이란 주권은 일본이 그대로 갖는 것을 인정하고, 우선은 조선에 조선의회를 구성하여 내정에 대한 일정한 자치권을 얻자는 주장이었다. 당시 조선총독부는 은밀하게 자치운동을 부추겨 민족운동 진영을 분열시키고자 하였다. 이와 같이 일부 타협적 민족주의자들이

♣해설 | **자치운동과 참정권운동**

3·1운동 직후 국내에서는 독립운동 대신 자치운동 또는 참정권운동으로 방향을 전환하자는 주장을 하는 이들이 나타났다. 자치운동론이란 주권은 여전히 일본이 갖고, 내정만 독립하게 해달라고 하거나 혹은 조선에 '자치의회'를 설립하게 해달라는 운동을 하자는 주장이었다. 또 참정권운동론이란 일본을 그대로 인정하면서 일본의 의회에 조선 대표를 파견할 수 있게 해달라는 운동을 하자는 주장이다. 자치운동론은 천도교 신파(최린)와 동아일보계열의 인사들(송진우, 이광수)에 의해 주장되었다. 참정권운동론은 국민협회의 민원식 등에 의해 주장되었다. 또 일본에서도 3·1운동 이후 조선지배 문제를 놓고 참정권 부여론, 자치제 실시론, 식민지 방기론 등이 일어났다.

당시 일본정부의 기본적인 입장은 언젠가 조선의 민도가 향상되는 날이 오면 참정권을 부여하겠다는 것이었다. 1920년대 일부 일본 정치인들은 의회에 참정권 부여 건의안을 제출하기도 하였다. 일본인들 가운데 요시노 사쿠조 등 여명회 회원들과 교토제대 교수 스에히로 시게오 등은 자치제 실시를 주장하였다. 식민지 방기론은 조선을 독립시키자는 주장으로 언론인 이시바시 탄잔이 주장하였다.

조선총독부의 사이토 총독은 소에지마 미치마사, 아베 미쓰이에 등의 자치제 실시 건의를 받아들여 이를 긍정적으로 검토하였고, 1929년 본국 정부에 조선의 자치제 실시에 관한 문서를 작성하여 제출하였다. 하지만 일본정부는 이를 거부하였고, 다만 조선의 지방자치의회의 권한을 다소 강화시켜주는 선에서 조선인들의 정치 참여 욕구를 무마하도록 총독부에 지시하였다. 조선인들 사이의 자치운동은 1920년대 총독부의 자치제 실시 검토라는 움직임과 일정한 연결이 있었다. 하지만 안재홍 등 자치운동 반대론자들은 일본정부가 자치제 실시를 받아들일 리 만무하다면서, 자치운동을 펴는 것은 민족운동의 전선을 교란시키는 역할을 할 뿐이라고 비판하였다.

자치운동을 전개하자, 비타협적 민족주의자들은 독립운동이 아닌 자치운동에는 찬성할 수 없다면서 격렬히 반대하였다. 자치론 진영에는 천도교 신파(최린), 동아일보(송진우 · 이광수) 등이 있었고, 반자치론 진영에는 천도교 구파(권동진 · 오세창), 조선일보(안재홍) 등이 있었으며, 사회주의자들도 자치론에 격렬히 반대했다.

한편 사회주의자들도 비타협적 민족주의자들과 제휴할 필요를 느끼고 있었다. 이에 서울청년회쪽과 물산장려회 계열의 민족주의자들이 먼저 조선민흥회를 결성하였다. 그리고 일본유학생 출신으로 구성된 사회주의 사상단체 정우회가 1926년 11월 '정우회 선언'을 발표하였다. 이들은 사회주의 운동이 경제투쟁에서 정치투쟁으로 전환해야 한다는 것, 사회주의세력과 민족주의 세력이 제휴해야 한다는 것 등을 주장하였다. 이에 비타협적 민족주의자들도 호응하여 양측의 협동전선 결성이 모색되기 시작하였다.

당시 비타협적 민족주의자들와 사회주의자들의 '민족협동전선' 결성 움직임에는 중국의 국공합작, 국제공산당(코민테른)의 조선에서의 민족통일전선 우선론, 재중국 민족운동가들의 민족유일당 운동으로부터 영향을 받고 있었다.

신간회 결성과 활동

정우회 선언 이후 사회주의자들과 비타협적 민족주의자들은 협동전선 결성을 모색하여 마침내 1927년 2월 신간회를 창립하였다. 회장에는 이상재, 부회장에는 홍명희가 선출되었다. 창립대회에서 신간회는 1) 정치적, 경제적 각성을 촉구함, 2) 단결을 공고히 함, 3) 기회주의를 일체 부인함 등 3조의 강령을 채택했다. 여기서 '기회주의'는 자치론을 가리키는 것이었다.

신간회는 전국 각지에 지회를 설치하였으며, 만주와 일본에도 지회를 설치하였다. 1928년 141개 지회가 있었으며, 회원은 4만 명에 달하였다. 신간회는 강연단을 만들어 전국 각지를 순회하면서 민족의식을 고취하고, 한국인 본위의 교육 실시, 착취 기관 철폐 등을 주장하면서 일제의 식민지 통치정책을 비판하였다. 신간회는 1929년 1월부터 시작된 원산노동자 총파업의 지원, 같은 해 함경남도 갑산지방의 화전민 방축사건에 대한 진상 규명과 항의 등과 같은 활동을 전개하였다. 하지만 경찰은 신간회 각 지

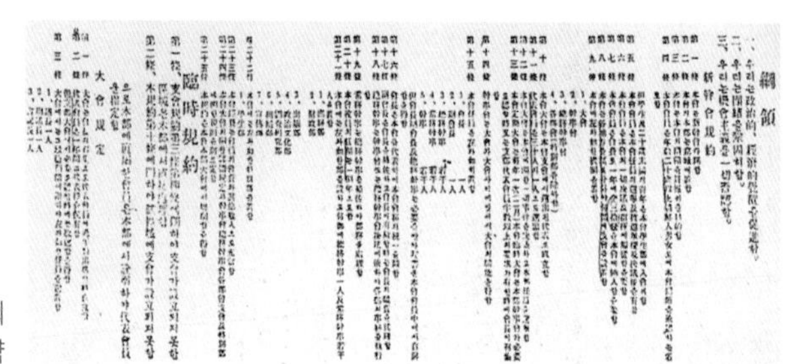

신간회의
강령과 규약

中外日報

號外

新幹會員中心으로
廿餘青年大檢擧
鍾路署徹夜活動

青年學館全生徒
今朝에 萬歲高唱

中東校室內에서
多數檄文을 發見

梨花生을
繼續檢擧

신간회 관계 호외
(1930.1.7)

회 대표가 참석하는 전체대회를 금지하는 등 신간회 활동을 크게 제약하여 신간회는 많은 어려움을 겪었다.

1929년에 광주학생독립운동이 일어나자 신간회는 현지에 조사단을 파견하고, 진상 보고를 위한 민중대회를 서울에서 열어 전국적인 항일운동으로 확산시키고자 하였다. 그러나 경찰은 사전에 이를 탐지하여 신간회 중앙집행위원장인 허헌 등 간부들을 검거하였다.

민중대회 사건으로 허헌이 물러난 뒤 신간회 내부에서는 노선 갈등이 시작되었다. 김병로가 이끄는 새 집행부는 온건한 방향으로 신간회 운동의 방향을 전환하고자 했다. 일부에서는 자치론을 받아들이는 듯한 태도를 보이기도 하였다. 신간회의 이와 같은 변화는 사회주의자들의 반발을 불러 일으켰다. 때마침 코민테른은 1928년 '12월 테제'를 통하여 한국의 사회주의자들에게 민족주의자와의 협동전선을 포기하고 독자적인 운동을 전개할 것을 촉구하고 있었다. 이에 영향을 받은 일부 사회주의자들은 신간회 해소를 주장하기 시작하였다. 신간회 해소론은 이와 같은 코민테른의 지시 외에도 신간회 결성 이후 운동의 역량이 신간회에 집중되어 노동·농민운동 등이 침체된 데

신간회 목포지회 설립대회
사진의 뒷 배경은 목포청년회관 건물.

에도 이유가 있었다. 하지만 안재홍 등 민족주의자들은 신간회 해소에 대해 강력하게 반대하였고, 사회주의자들도 반대하는 이들이 많았다. 결국 1931년 5월 해소문제를 논의하기 위한 신간회 전체대회가 열렸다. 그동안 전체대회를 허가하지 않던 경찰은 이 대회는 허가하였다. 이 대회에서 해소안이 표결에 부쳐진 결과, 찬성 43, 반대 3, 기권 30으로 해소안은 가결되었다. 기권이 많았던 것은 사회주의자들 가운데 상당수가 판단을 유보하고 있었음을 말해준다.

신간회는 민족주의 세력과 사회주의 세력의 민족 협동 전선으로서 민족주의 세력과 사회주의 세력의 역량을 하나로 결집시키는 역할을 하였다는 점에서 큰 의의를 지닌다. 하지만 신간회 결성 이후 모든 운동 역량이 신간회에 집중되어 청년운동, 노농운동의 동력이 약화되는 모습을 보인 것도 사실이었다. 또 신간회는 총독부 경찰의 방해로 전체대회조차 열지 못하는 등 활동에 큰 제약을 받고 있었다. 때문에 사회주의자들은 코민테른의 「12월 테제」가 나온 이후 민족협동전선의 실효성에 대해 갈등을 겪지 않을 수 없었다. 하지만 민족협동전선으로 결성된 신간회를 일제의 탄압이 아니라 신간회원들 스스로가 해소해버린 것은 전술상 오류였다고 하지 않을 수 없다.

안재홍

4. 만주지역의 무장투쟁

봉오동전투와 청산리전투

3·1운동 이후 만주지역의 민족운동가들은 본격적인 무장투쟁을 준비하였다. 압록강 이북 서간도지역의 부민단은 1919년 1월 자치기관으로서 한족회를 발족시켰으며, 한족회는 서로군정서라는 군정부로 개편되었다(독판 이상룡, 사령관 이청천). 두만강 이북의 북간도지역에서는 자치단체인 간민회가 대한국민회로 이름을 고치고 본부를 연길현에 두었으며, 국민회군이라는 독립군 부대를 편성하였다(총사령 안무). 또 북간도의 왕청현 지역에서는 대종교 세력이 북로군정서라는 부대를 편성하였다(사령관 김좌진). 그밖에도 서북간도에서는 50여 개의 무장부대들이 조직되었다.

독립군 부대들은 1920년부터 국내 진공작전을 개시했다. 1920년 독립군들이 함남·함북·평북에 침입하여 전개한 전투는 1,700여 건에 이르렀다. 1921년 602건, 1922년 397건, 1923년 454건 등이었다. 이에 일제는 국경 3도에 군사 및 경찰 경비력을 대폭 강화하였다.

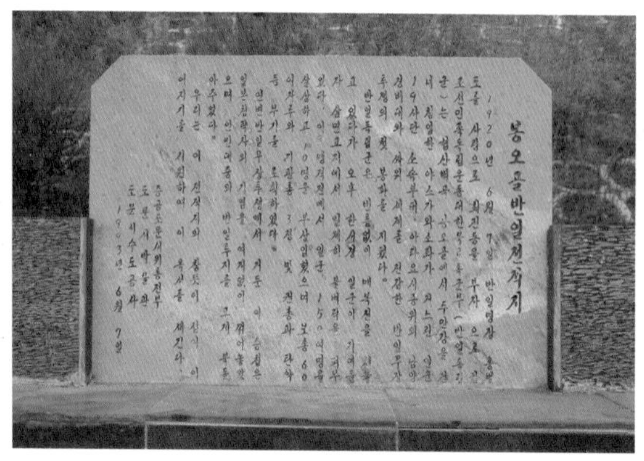

봉오동 전투 기념비

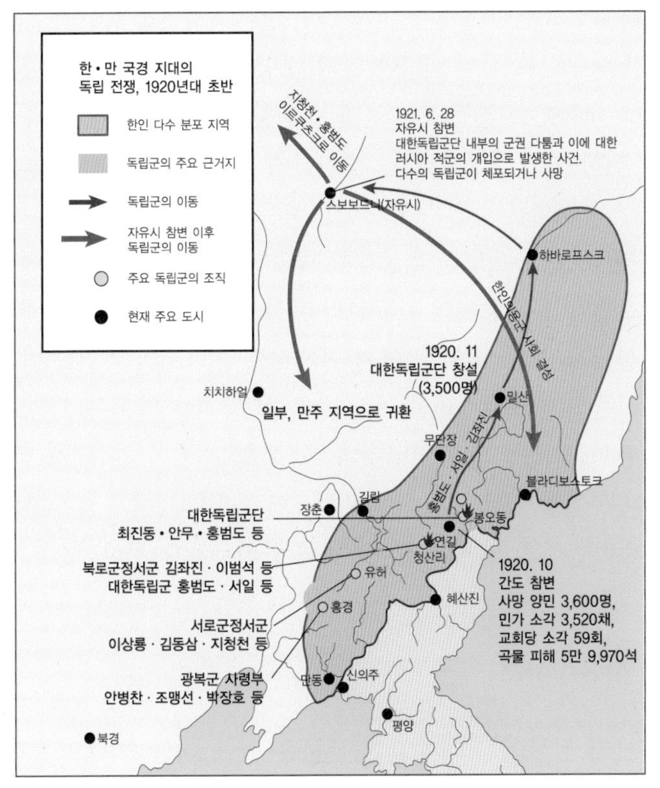

1920년대 초반
독립전쟁 지도

독립군 부대들은 국경을 넘어 기습적으로 일제의 통치시설에 타격을 가한 뒤 다시 국경을 넘어가는 전술을 구사하였다. 1920년 6월 일본군은 북간도의 독립군을 추격하기 위해 250명의 추격대를 편성하여 훈춘 인근의 봉오동으로 진격해왔다. 정보를 입수한 홍범도의 대한독립군과 최진동의 군무도독부, 안무의 국민회군, 이흥수의 대한신민단 등은 일본군을 봉오동 골짜기로 유인하여 대파하였다. 『독립신문』은 이 전투에서 일본군 157명이 사살된 반면, 독립군측은 4명의 전사자만을 냈다고 보도하였다.

봉오동 전투 이후 일제는 독립군에 대한 근본적인 대책이 필요하다고 생각하고 만주의 군벌 장쭤린에게 독립군 진압을 위한 협조를 요청하였다. 하지만 장쭤린은 이에 소극적이었다. 이에 일제는 독자적으로 독립군을 진압하기로 하고, 1920년 8월 소위 '간도지방불령선인초토계획'을 세우고 '훈춘사건'을 조작했다. 훈춘사건이란 일제가 중국 마적을 매수하여 1920년 10월 훈춘의 민가와 일본영사관을 습격하도록 한 사건이다. 일제는 훈춘사건을 구실로 삼아 약 2만 명의 대병력을 서 · 북간도로 침입시켰다.

이에 독립군 부대들은 일본군과의 정면 승부를 피하고 백두산 서쪽 산록으로 이동하여 당분간 은신하기로 결정하였다. 그리하여 1920년 10월 북로군정서 · 대한독립군 · 대한신민단 · 국민회군 등의 독립군단은 백두산록으로 향하는 길목인 화룡현 2도구와 3도구에 집결하였다. 독립군의 동태를 파악한 일본군은 2,3도구에 추격부대를 파견하였다. 10월 21일 3도구 방면의 김좌진의 북로군정서는 일본군을 백운평 골짜기 깊숙이 유인하여 섬멸하였다. 이어 2도구 방면에서도 홍범도의 지휘를 받은 독립군 연합부대가 일본군을 물리치고 대승리를 거두었다. 이 승리는 일본군의 무모한 작전, 독립군의 지리를 이용한 전술에 의한 것이었다. 또 독립군이 러시아에서 철수하던 체코군으로부터 사들인 총기들도 큰 도움이 되었다. 청산리전투 이후 대부분의 독립군은 북쪽으로 이동하여 북만주의 밀산에 집결하였다가 이듬해 러시아령으로 이동하였다.

경신참변과 자유시사변

봉오동과 청산리 전투에서 대패한 일본군은 이에 대한 보복으로 북간도에서 '경신참변'이라는 한인 대학살을 자행했다. 일본군은 한인촌락을 습격하여 한인을 살해하고, 부녀자를 강간하였으며, 가옥 · 학교 · 교회 등에 방화하였다. 피해 상황을 정확히 알기는 어렵지만, 1920년 10월과 11월 2개월 동안 북간도의 8개 현에서 3,600여 명이 피살되었으며, 3,200여 채의 가옥과 41채의 학교, 16채의 교회가 불에 탄 것으로 알려져 있다.

한편 독립군은 북만주의 밀산을 거쳐 러시아령으로 이동하여 1921년 초 이만에 도착하였다. 여기서 김좌진의 북로군정서 등 일부 부대는 러시아의 지원을 기대하기 어렵다고 판단하고 북만주로 되돌아왔다. 그러나 홍범도 · 이청천 · 안무 · 최진동이 이끄는 독립군 부대는 북으로 이동하여 그해 3월 러시아의 자유시(알렉시에프스크)에 도착했다. 또 그동안 연해주지역에서 러시아의 적군 편과 함께 활동해 온 최고려가 지휘하는 자유대대와 사할린의용대 등 유격대들도 자유시에 집결하였다. 자유시에 모여든 한인 병력은 총 4천여 명에 달하였다.

그런데 이곳에 집결한 한인 부대를 러시아인 총사령관의 지휘 하에 고려혁명군으로 통합하는 과정에서 자유대대와 사할린의용대 간에 주도권을 둘러싸고 갈등이 빚어졌다. 개편과정에서 주도권을 장악한 자유대대측은 각 부대를 통합 · 재편하려 하였고, 사할린의용대와 독립군 일부 부대는 이에 반발했다. 고려혁명군측은 이들 부대의 무장 해제를 결정했다. 하지만 사할린의용대 등은 이에 따르지 않았다.

1921년 6월 28일 러시아 혁명군과 자유대대측은 사할린의용대와 일부 독립군부대 주둔지를 포위하고 공격을 가하였다. 이로 인해 많은 사상자가 발생하였고, 사할린의용대 등은 사방으로 흩어졌다. 이것이 '자유시참변'이라 불리는 사건이다. 자유시 참변의 피해 상황은 기록에 따라 다르지만, 100여 명이 사망하고, 8백여 명이 포로가 된 것으로 알려지고 있다. 나머지는 자유시를 탈출하여 북만주로 되돌아왔다

독립군단의 정비와 3부의 성립

경신참변과 자유시참변으로 큰 타격을 입은 만주의 독립운동 세력은 흩어진 진영을 정비하기 위해 노력하였다. 그 결과 1922년 8월 북만주지역에서는 대한독립군단이, 남만주지역에서는 대한통의부가 각각 성립하였다.

하지만 1924년 초 일부 세력이 통의부를 이탈하여 참의부를 조직하였다. 참의부는 서간도 지역을 근거지로 하면서 주로 무장투쟁에 중점을 두었다(중심지 집안). 한편 대한통의부는 이후 남만지역의 세력 결집을 계속하여 1924년 11월 정의부로 확대 개편되었다. 정의부는 군사기구이자 자치기구의 성격을 지니고 있었으며, 하얼빈 이남의 만주 중앙 지역을 근거로 하고 있었다. 한편 북간도와 그 이북지역에서도 대한독립군단과 북로군정서가 통합하여 1925년 신민부를 창립했다. 신민부도 역시 군사기구이자 자치기구의 성격을 띠면서 만주의 동부 지역을 근거로 하고 있었다.

1920년대 중반 만주지역에 이와 같이 군정부의 성격을 띤 3부가 성립된 이후, 1920년대 말에는 이를 다시 통합하려는 움직임이 있었다. 하지만 통합의 방법을 둘러싸고 의견이 서로 달라 1929년 북만주의 혁신의회와 남만주의 국민부로 재편되는 데 그

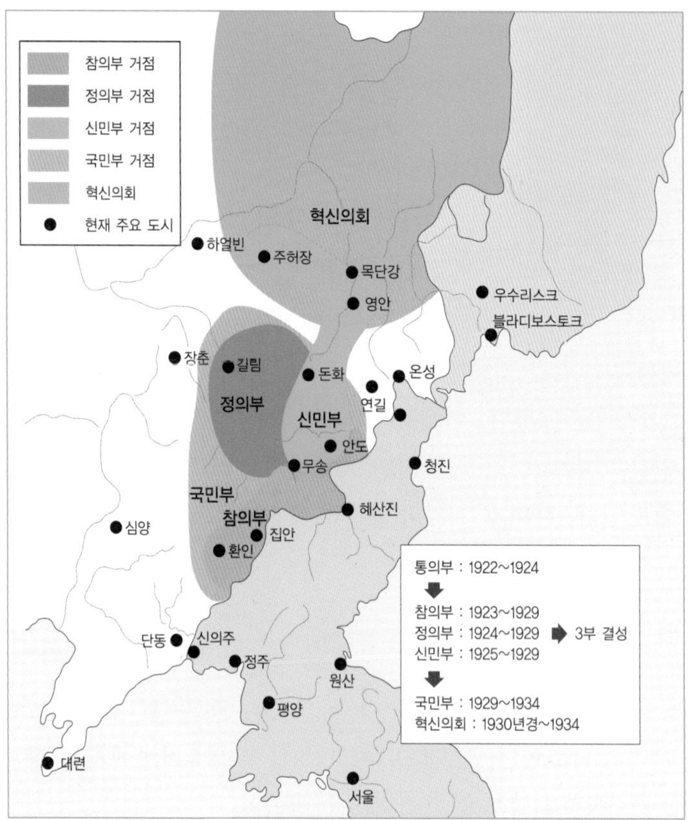

1920년대 중반 독립군의 세력권

치고 말았다. 두 군정부는 그 휘하에 정당과 무장부대를 거느리고 있었다. 혁신의회측은 한국독립당과 한국독립군, 국민부측은 조선혁명당과 조선혁명군을 거느리고 있었다.

● 읽기자료

1. 이광수의 〈민족개조론〉 일부 (『개벽』 23호, 1922.5)

강화회의나 국제연맹이나 태평양회의는 조선인의 생활 개선에는 아무 관계가 없는 것이외다. 설사 조선인의 생활의 행복이 정치적 독립에 달렸다 하더라도 그 정치적 독립을 국제연맹이나 태평양회의가 소포로 부송附送할 것이 아니외다. 정치적 독립은 일종 법률상 수속이니 이는 독립의 실력이 있고, 시세가 있는 때에 일종의 국제상의 수속으로 승인되는 것이지 운동으로만 될 것이 아니외다. (중략) 근본적으로 할 일은 정경대도政經大道를 취한 민족개조요, 실력양성이외다. 조선인이 각 개인으로, 또 일 민족으로 문명한 생활을 경영할만한 실력을 가지게 된 후에 비로소 그네의 명운命運을 그네의 의사대로 결정할 자격과 능력이 생길 것이니, (중략) 그러므로 조선인의 명운 개선에서는 결코 민족개조를 제한 외에 아무 지름길도 없는 것이외다. 다시 말하면 유일한 지름길이 곧 민족개조이외다. 부질없이 다른 요행의 지름길을 찾다가는 한갓 세월만 허비하고 힘만 더 소비할 뿐이외다. 언제까지나 우리는 이 유치하고 못 생긴 요행을 바라는 생각을 버리지 아니할 것인가.

2. 동아일보 사설 〈민족적 경륜〉 일부 (1924.1.3)

우리는 무슨 방법으로나 조선 내에서 전 민족적인 정치운동을 하도록 신생면新生面을 타개할 필요가 있다. 우리는 조선 내에서 허하는 범위 내에서 일대 정치적 결사를 조직하여야 한다는 것이 우리의 주장이다. 그러면 그 이유는 어디에 있는가. 우리는 두 가지를 들려고 한다. (1)우리 당면의 민족적 권리와 이익을 옹호하기 위하여, (2) 조선인을 정치적으로 훈련하고 단결하여 민족의 정치적 중심세력을 만들어서 장래 구원한 정치운동의 기초를 만들기 위하여. 그러면 그 정치적 결사의 최고 또는 최후의 목적이 무엇인가. 다만 이렇게 대답할 수 있다. 그 정치적 결사가 생장하기를 기다려 그 결사 자신으로 하여금 모든 문제를 스스로 결정케 할 것이라고.

3. 조선공산당 1차당의 17개항의 슬로건 (1925)

1) 일본제국주의 통치의 완전한 타도, 조선의 완전한 독립

2) 8시간 노동제, 노임증가 및 최저임금제 제정, 실업자 구제, 사회보험 실시

3)부녀의 정치적, 경제적, 사회적 일체의 권리 평등, 노동 부녀의 산전 산후의 휴식과

임금 지불

4) 국가 경비에 의한 의무교육 및 직업교육 실시

5) 일체의 잡세 폐지, 단일누진소득세의 실시

6) 언론, 집회, 결사의 자유, 식민지적 노예교육 박멸

7) 민족개량주의와 사회투기주의자의 기만을 폭로하자

8) 제국주의의 약탈전쟁을 반제국주의의 혁명전쟁으로

9) 중국노농혁명의 지지, 소비에트 연방의 옹호

10) 타도 일본제국주의, 타도 일체 봉건세력, 조선민족해방 만세, 국제공산당 만세

11) 조선은 조선인의 조선이다.

12) 횡포한 총독부 정치의 굴레에서 벗어나자

13) 보통교육을 의무교육으로 하고, 보통학교 용어를 조선어로, 보통학교장을 조선인으로, 중학이상의 학생 집회를 자유로, 대학은 조선인 중심으로

14) 동양척식회사를 철폐하라. 일본이민제를 철폐하라. 군 농회를 철폐하라.

15) 일본물화를 배척하라. 조선인 관리는 일체 퇴직하라. 일본인 공장의 직공은 총파업하라.

16) 일본인 지주에 소작료를 지불하지 말라. 일본인 교원에게서 배우지 말라. 일본인 상인과 관계를 단절하라.

17) 재옥혁명수在獄革命囚를 석방하라. 군대와 헌병을 철거하라.

4. 〈조선공산당 선언〉의 당면한 정치적 요구 (『불꽃』 7호, 1926.7)

1) 민주공화국을 건설하되, 국가의 최고급 일체 권력은 국민으로부터 조직한, 직접, 비밀, 보통 및 평등의 선거로 성립한 입법부에 있을 것.

2) 직접, 비밀, 보통 및 평등의 선거로 광대한 지방자치를 건설할 것

3) 전 국민의 무장을 실시하고, 국민경찰을 조직할 것

4) 일본의 군대, 헌병 및 경찰을 조선에서 철폐할 것

5) 인민의 신체 혹 가택을 침범하지 못할 것

6) 무제한의 양심, 언론, 출판, 집회, 결사 및 동맹파업의 자유를 가질 것

7) 문벌을 타파하고, 전 인민이 절대평등의 권리를 가질 것

8) 여자를 모든 압박에서 해탈할 것

9) 공사 각 기관에서 조선어를 국어로 할 것

10) 학교의 자유를 보장하고, 무료 의무 및 보통 및 직업교육을 남녀 16세까지 실시할 것. 빈민 학령 자녀의 의식과 교육용품을 국가의 경비로 공급할 것

11) 각종 간접세를 폐지하고, 소득세 및 상속세를 누진율로 할 것

12) 소비에트 사회주의 연방공화국과 우의적 연맹을 체결할 것.

● 참고문헌

박환, 1991, 『만주 한인 민족운동사 연구』, 일조각

박찬승, 1992, 『한국근대정치사상사연구』, 역사비평사

이균영, 1993, 『신간회연구』, 역사비평사

신주백, 1999, 『만주지역 한인의 민족운동사(1920~1945)』, 아세아문화사

이현주, 2003, 『한국사회주의세력의 형성(1919~1923)』, 일조각

임경석, 2003, 『한국사회주의의 기원』, 역사비평사

전명혁, 2006, 『1920년대 한국사회주의운동 연구』, 선인

서중석, 2006, 『신흥무관학교와 망명자들』, 역사비평사

김희곤, 2006, 『조선공산당 초대 책임비서 김재봉』, 경인문화사

이지원, 2007, 『한국근대 문화사상과 연구』, 혜안

민세안재홍선생기념사업회, 2012, 『안재홍과 신간회의 민족운동』, 선인

제12장 1930년대 이후의 민족해방운동

겨울날 찬 눈보라가 유리창에 우는 아픈 그 시절,
기계 소리에 말려 흩어지는 우리들의 참새 너희들의 콧노래와
언 눈길을 걷는 발자욱 소리와 더불어 가슴 속으로 스며드는
청년과 너의 따뜻한 귓속 다정한 웃음으로
우리들의 청춘은 참말로 꽃다왔고,
언 밤이 주림보다도 쓰리게 가난한 청춘을 울리는 날,
어머니가 되어 우리를 따뜻한 품속에서 안아주던 것은
오직 하나 거리에서 만나, 거리에서 헤어지며,
골목 뒤에서 중얼대고 일터에서 충성되던
꺼질 줄 모르는 청춘의 정열 그것이었다.
비할 데 없는 괴로움 가운데서도
얼마나 큰 즐거움이 우리의 머리 위에 빛났더냐?

— 임화, 1929, 「네거리 순이」

〈연표〉

1930.	5.	간도 5.30 봉기
1931.	9.	만주사변 발발
1932.	10.	한국대일전선통일동맹 결성
1935.	7.	민족혁명당 조직
1936.	5.	재만한인조국광복회 조직
1937.	7.	중일전쟁 발발
	12.	조선민족전선연맹 결성
1938.	10.	조선의용대 창설
1940.	9.	한국광복군 창설
1941.	1.	조선독립동맹 결성
1942.	7.	조선의용군 발족
1944.	8.	건국동맹 조직

1. 조선공산당 재건운동

1920년대말~1930년대 세계정세

1920년대 말~30년대 초 세계를 휩쓴 경제공황으로 서구 자본주의 국가와 식민지 대중의 생활조건이 악화되면서 민중들의 불만은 고조되었다. 그 결과는 인도 대중의 시민불복종운동과 반영反英봉기, 중국 농민들의 중국공산당 혁명정권인 소비에트와 홍군으로의 편입, 인도차이나 · 버마 · 아랍 · 라틴 아메리카 등지의 반제민족운동의 성장 등으로 나타났다. 뿐만 아니라 자본주의 열강 간 식민지 재분할 경쟁이 고조되면서 열강의 이해관계를 조절하던 베르사이유 체제도 붕괴되었다. 배외애국주의와 전쟁준비를 외교정책의 기본 요소로 채택한 열강은 다가올 전쟁 대비를 위하여, 생존권과 사회개혁을 요구하는 대중들을 압박했다.

일본은 특히 세계 경제공황의 타격을 크게 받았는데, 이 상황을 만주 사변(1931)이라는 대외침략으로 해결하려 했다. 미국과 영국은 일본의 만주침략에 당황했지만 소련 견제를 이유로 적극 제지하지는 않았다. 다만 국제연맹이 일본의 만주철수를 결의하는 정도였다. 하지만 일본은 이에 반발, 국제연맹을 탈퇴(1933)해 버렸다. 한편 소련은 일본의 만주 점령을 큰 위협으로 여기고 중국의 국공합작 성사를 위해 노력했고, 국제연맹에도 가입하여 파시즘, 군국주의 세력에 대항했지만, 결국 1937년 일본은 특히 일

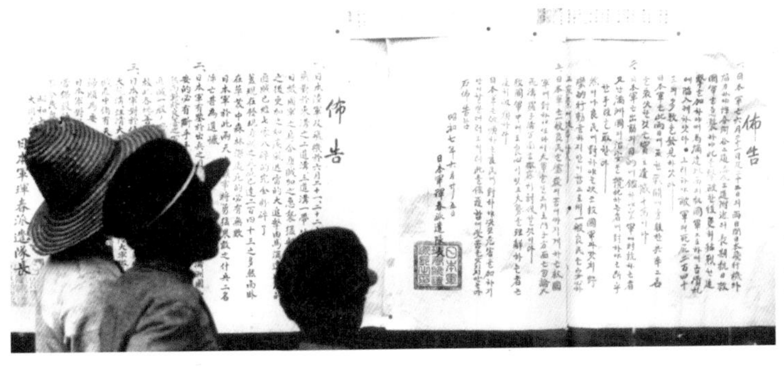

훈춘주둔 일본군의 포고문
그 내용은 비행기를 동원하여 이도구, 삼도구 부근에서 독립군을 급습하여 243명을 죽였으며, 앞으로 일본군에 대항하는 자에게는 단호하게 대처하겠다는 것이다.

본 육군은 소련의 지원 하에 중국 혁명이 공산주의 혁명으로 전화될 가능성에 대해 깊은 위기의식을 가졌다. 또한 중국 혁명이 반일적 성격을 띤 것을 우려해 중국 혁명이 성공하기 전에 중국을 침략한다는 구상을 구체화시키게 된다. 마침내 만주사변, 화북분리공작 등 여러 사태 끝에 군부 주도 하에 1937년 중국에 대한 전면전, 중일전쟁(1937)을 도발했고, 중국정부는 수도를 남경에서 무한, 그리고 중경으로 계속 이동해야 했다. 중일전쟁 발발 후 소련은 남경정부와 중소불가침조약을 체결하고 군수물자를 국민당 정부에 제공했다. 일본군과 소련군의 만몽 국경지대에서의 무력충돌은 끊이지 않았으며 그 와중에 유럽에서 제2차 세계대전이 발발하자 일본과 소련은 일소불가침조약(1941)을 체결했다. 하지만 양국 간 전면전의 가능성은 높았고 실제 소만 국경지대에서 무력 충돌이 증대했다. 일본의 중국침략은 동아시아의 국제관계를 긴장시켰고, 중국 대중의 항일의식 고조는 조선과 중국 대중의 항일 연대운동의 기초가 되었다.

중일전쟁 후 영국과 미국은 일본의 세력이 확대되고 일본이 독일과 가까워지자 위기의식을 느껴, 일본을 견제하기 시작했다. 일본은 이후 프랑스 비시정부에 압력을 가해 프랑스령 인도차이나에 비행기지를 건설, 군대를 진주시켜 동남아시아 장악을 준비했다. 그리고 1941년 말 일제는 하와이 진주만을 기습 공격하여 마침내 미일전쟁, 즉 태평양 전쟁을 시작했다.

조선공산당재건운동과 혁명적 농민조합, 노동조합운동

조선에서는 3 · 1운동 이후 공산주의 운동이 시작되었다. 공산주의 사상은 초창기 지식인들을 중심으로 수용되었으며, 결국 그들이 중심이 되어 1925년 조선공산당을 결성했다. 하지만 일제 경찰의 집요한 추적으로 1차 조선공산당은 창립 반년 만에 붕괴되었고, 이후 3차례에 걸쳐 후속 조직이 만들어졌으나 경찰의 추적으로 간부들이 검거됨으로써 조직은 모두 붕괴되고 말았다. 또한 이 시기 조선공산당은 지식인 중심의 당이었고, 대중적 기반은 취약했다. 조선공산당은 대중적 기반의 확충보다는 민족주의자들과의 협동전선에 주력하여 신간회를 결성했고, 신간회 조직을 장악해 활동 범위를 넓혀보고자 했으나 연이은 조선공산당 간부의 검거와 일제의 신간회 활동에 대

咸南端川에 檢擧風
各地에서 靑年廿名檢擧
事件은 赤色農組再建의 嫌疑?
範圍는 漸次擴大되는듯

自動車取締規則
來四月一日부터 實施
四歲未滿의 小兒만 無賃乘車
使用許可는 知事에 申請

明川赤農事件中心
再次大檢擧開始
靑年과 警官파의 衝突에 發端
警察緊張 十數名檢擧

赤農 檢擧網脫出
山中隱身코 再建
本據地는 아직도 未判

百萬金갓다왓다

단천과 명천의 혁명적 농민조합운동을 보도한 신문기사

한 엄격한 통제로 뜻을 이루지 못했다. 그런 가운데 중국에서의 국공합작은 붕괴되고, 1920년대 말~1930년대 초 코민테른과 그 산하 기구들은 유럽의 사회민주주의자, 식민지의 민족주의자를 비판하고 공산주의자에게 사회민주주의자, 민족주의자들과의 연대 대신, 노동자 · 농민 등 대중과의 연대를 강조하기 시작했다.

이러한 노선 전환의 연장선상에서 코민테른은 1928년 '12월 테제'를 발표, 기존의 지식인 중심의 조선공산당 조직을 해체하고 노동자 · 농민에 기초한 당 재건을 지시했다. 이에 따라 조선의 공산주의자들은 새로운 형태의 조선공산당을 건설하기 위한 조공재건운동을 시작했다. 1929~31년의 초기 당재건운동은 각 분파가 중심이 되어 전국 범위의 '당재건준비위원회'를 결성하는 형태로 추진되었다. 서울상해파는 만주에서 '조선공산당재건준비위원회(1929)'를 조직, 기관지 '볼셰비키'를 간행했다. ML파도 만주에서 '조선공산당재조직중앙간부회(1929)'를 결성, 기관지 '계급투쟁'을 발행했다. 화요파도 서울에서 '조선공산당조직준비위원회(1929)'를 결성했는데 모스크바공산대학 졸업생도 대거 참여했다. 그러나 1932년경부터 당재건운동의 노선에 변화가 일어났다. 즉 지역 단위의 공산주의자그룹을 만들어 미래에 이를 기반으로 전국적 조선공산당을 재조직하는 방식으로 재건운동 방식이 바뀐 것이다. 이에 따라 서울 상해파는 분파로 비난받던 '당재건준비위원회'를 해체하고 '좌익노동조합 전국평의회준비위원

朝鮮日報

號外

赤色勞組와 行動隊

城大反帝部

학생 중심의 조선공산당 반제국주의 동맹(1931, 조선일보) 관련자 검거 기사

회'를 조직했다. ML파 역시 공산당과 공산청년회를 먼저 결성하려던 방식에서 벗어나 혁명적 노농조합운동 중심의 조직건설 방식을 채택했다. 코민테른도 지역 단위의 공산주의자그룹 건설을 기대하며 모스크바공산대학 출신자들을 대거 국내로 파견했다. 하지만 1930년대 중반을 넘어서면서 일제의 중일전쟁 발발과 전시체제 돌입으로 당재건운동은 가혹한 탄압을 받았다. 이후 당재건운동은 국내 대중운동의 침체와 세계정세의 변화, 그에 따른 코민테른 제7차 대회 이후 노선변화 등에 큰 영향을 받으면서 진행되었다.

코민테른 제7차 대회는 반파쇼인민전선 노선을 채택하고 식민지에서 반제부르조아민족주의자와 사회주의자들의 연합전선을 실행하기로 결정했다. 부르조아민족주의자에 대한 달라진 평가를 기초로 코민테른은 연합전선을 지원하기 위해 박창순과 이순을 각각 경북 왜관과 함북 청진에 파견했다. 이러한 노선 전환은 조선공산당재건운동의 다양한 조직건설과 운동방향으로 표현되었다. 조국광복회는 혁명적 노동조합을 해소하고 광범위한 항일대중조직을 결성했다. 하지만 원산이나 청진 지역의 공산주의자 그룹, 그리고 권영태와 미야케 경성제대 교수를 중심으로 한 '경성공산주의자그룹(1934)', '이재유그룹(1936)', 박헌영, 이관술 등의 '경성콤그룹(1939~41)'은 혁명적 노조운동과 항일대중조직의 병행 · 발전을 도모했다. 한편 권영태는 경성공산주의자그룹을 조직한 후 곧바로 체포되었다.

이재유 중심의 '경성트로이카(1933)'는 서울에서 활동한 조직인데 안광천 계열의 조선공산당재건동맹 사건 여파로 1934년 2월까지 이재유를 비롯한 경성트로이카 조직원 100여 명이 대거 검거되는 상황을 맞이했다. 경찰서 유치장에서 탈출한 이재유가 조직한 '경성재건그룹'과 그 후속조직 '조선공산당재건경성준비그룹'은 이후 1934년 10월부터 1935년 1월에 걸친 대 검거에도 불구하고 조직 강화와 지하 활동을 계속했다. 하지만 1936년 12월 이재유를 비롯한 관계자가 대부분 검거되어 붕괴되었다. 이재유그룹의 활동은 검거인원이 무려 500명에 달했다. 조직범위에서 뿐만 아니라 대중조직 활동에서도 이재유그룹의 활동은 이전에 비해 진전된 모습을 보인 당재건운동이었다.

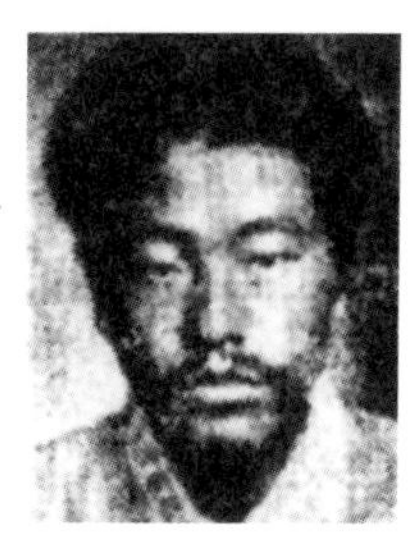
이재유

1930년대 중반 이후 전개된 당재건운동은 과거 분파투쟁의 잔재를 점차 극복하는 방향에서 전개되었다. 전시체제로 각 지역 당재건운동들이 거의 와해되었지만 1939년 모스크바에서 귀국한 김단야 · 이관술 · 박헌영 · 김삼룡 · 이현상 등은 '경성콤그룹'을 결성했다. 경성콤그룹은 과거 투쟁 경험이 풍부한 공산주의자들과 진보적 지식인, 학생, 노동자들은 물론 각 분파 활동가들을 망라한 1930년대 국내 공산주의 운동을 대표한 조직이었다. 경성콤그룹은 12월 테제 후 전개된 초기 당재건운동의 무원칙한 분파활동을 비판했고, 1933년 이후 당재건운동을 주도한 이재유그룹과 권영태그룹도 같은 맥락에서 비판했다. 경성콤그룹은 1940년 12월부터 세 차례에 걸쳐 검거될 때까지 전국의 당재건운동과 혁명적 노농운동의 경험을 가진 여러 운동가와 정치세력들을 결집하며 항일투쟁을 준비했다. 이 그룹은 일제의 탄압과 회유, 전향에도 굽히지 않고 가장 끝까지 비타협적으로 활동하였기 때문에 해방 후 이들이 중심이 되어 조선공산당을 재건할 수 있었다.

전시체제 하에서도 지역단위 공산주의자그룹운동은 계속 발전했다. 중일전쟁 발발

♣해설 | **경성트로이카**

이재유(1905~44), 이현상(1906~53), 김삼룡(1910?~1950) 중심의 경성트로이카(1933)는 마차를 이끌려면 세 마리 말이 서로 보조를 맞춰야 하듯이 조직은 상부의 일방적 지시를 하달하는 방식이 아니라 토론과 합의의 운영원리를 따라야한다고 강조했다. 분파투쟁과 즉각적인 당 건설방식을 비판하며 생산현장에서 대중 활동의 강화를 통해 조선공산당 재건의 인적, 물적 토대를 마련하고자 했다. 또한 국제적 지도기관에서 파견된 활동가들의 배타적 권위 주장과 이로 인한 대립 갈등의 가능성에 대한 위험성도 지적했다. 그래서 코민테른이나 박헌영 라인에 복속되기를 거부했는데 이 때문에 코민테른은 경성트로이카를 분파주의, 대중추수주의라고 비판하기도 했다. 경성트로이카는 1934년 지도부 검거로 와해되었는데 이재유는 두 번이나 탈출에 성공해 2기 트로이카 '경성재건그룹'과 3기 트로이카 '경성준비그룹'을 재건했다. 하지만 이는 1936년 겨울 이재유가 검거됨으로써 무너졌고, 그 후 트로이카 멤버였던 이관술, 이현상, 김삼룡 중심의 경성콤그룹(1939)으로 계승되었다.

후 약 1년 반 동안 1건당 10인 이상의 검거자를 낸 공산주의자그룹 사건은 21건이나 되었고 관련 검거자만도 1,355명이나 되었다. 태평양전쟁 시기에도 공산당재건운동은 진행되었다. 서울의 '공산주의자협의회(1944)', 함경도의 '자유와 독립그룹(1943)', 함남 장진군 일대의 '임충석그룹', 경남 부산 및 거제도의 '윤일그룹' 등이 대표적이다. 지리산에서는 징용, 징병 기피자 등의 항일유격대 '보광당'이 활동했다. 여운형 · 조동호 등은 일제 패망을 예견하고 '건국동맹(1944년)'을 결성하고, 그 산하에 군사위원회를 설치했으며(1945), 화북조선독립동맹의 조선의용군과 연계를 모색하기도 했다. 건국동맹은 8 · 15 해방 후 조선건국준비위원회 결성을 위한 모태가 되었다.

2. 만주항일무장투쟁과 유격대 창설

간도 5·30 봉기

만주는 북만주, 동만주, 남만주로 구분되는데 동만주는 두만강 대안지역으로 흔히 간도(북간도)라 불린다. 간도는 전체 인구의 약 80%를 조선인이 차지할 정도로 조선인이 많았다. 그 만큼 항일운동도 활발하여 일제 강점 이래 민족주의 무장투쟁 세력의 본거지가 되었다. 남만주의 '국민부', 북만주의 '혁신의회'는 1930년대 초 만주의 민족주의 세력을 대표했다. 하지만 1930년대 들어 만주에서 민족주의 세력은 점차 퇴조하였고, 공산주의 세력이 동만주를 중심으로 급성장했다.

재만 조선인 공산주의자들은 조선공산당 및 그 산하단체에 소속되었으나 1930년대 코민테른의 일국일당주의 원칙으로 조선공산당 조직을 해체하고 중국공산당 만주성위원회 산하로 들어갔다. 간도 5 · 30봉기는 1930년 5월 29일부터 31일까지 간도 일대에서 발생한 대규모 폭동으로, 당시 중국공산당의 좌편향 노선에 따라 만주성위원회 연변당부의 지도에 의해 일어난 것이었다. 시위는 주로 용정촌, 두도구, 이도구, 남양

間島五卅暴動事件
三十四名明日公判
第一回檢擧護送된幹部級
未決에서呻吟하기三個星霜
關係者中二名獄死
被檢者千餘名
護送者六百餘
暴動委員會組織
總指揮者는金哲
第一着發電所襲擊
暗黑市街에서暴動
◇電信電話切斷鐵橋破壞
事件發生當日의經過

간도 5·30사건 관련자들의 재판을 보도하고 있는 『동아일보』 기사 (1932년 4월 22일자).

평 등 연변지역에서 집중적으로 전개되었다. 5·30봉기는 주로 선전물 살포, 일본 영사관 습격, 조선인 민회와 조선총독부 보조학교, 소수의 지주가에 대한 방화 및 동양척식회사 출장소에 대한 폭탄 투척, 발전소 파괴, 전선 절단 및 철교와 교량 파괴 등으로 전개되었다. 또 지주와 고리대금업자의 식량을 몰수하고, 고리대 계약서와 소작증서를 불태우기도 했다. 투쟁 구호는 한인 공산주의자는 일제와 모든 친일세력을 타도하고 조선혁명을 원조하라는 내용과, 국민당 군벌정부의 타도, 농공소비에트의 건설, 중국공산당 옹호 등 중국혁명을 지지하는 내용이었다.

이 사건으로 일제의 간도영사관 경찰에 체포된 39명 가운데 35명이 치안유지법 위반, 방화, 폭발물 취체규칙 위반 등의 죄명으로 서울로 이송되어 공판에 회부되었으며, 김근은 사형을 언도받고 처형되었다. 5·30봉기 실패 후에도 조선인 공산주의자들의 봉기는 계속되었다. 이 투쟁은 그해 12월까지 계속되었다. 일제 경찰은 2천여 명을 체포하여 경성으로 이송했으며, 그 가운데 4백여 명을 투옥했다. 예심을 거쳐 272명이 재판에 회부되었으며, 12명이 옥사하였고, 22명이 사형을 언도받았다. 1936년 7월 20~21일 서대문형무소에서 이들에 대한 사형이 집행되었다.

적색유격대와 동북인민혁명군

만주사변 후 재만 조선인에게 한만국경은 더 이상 보호벽이 아니었다. 재만 조선 민족주의 세력 중 남만주에 있던 국민부는 '조선혁명군'을 조직, 항일 무장조직 통일에

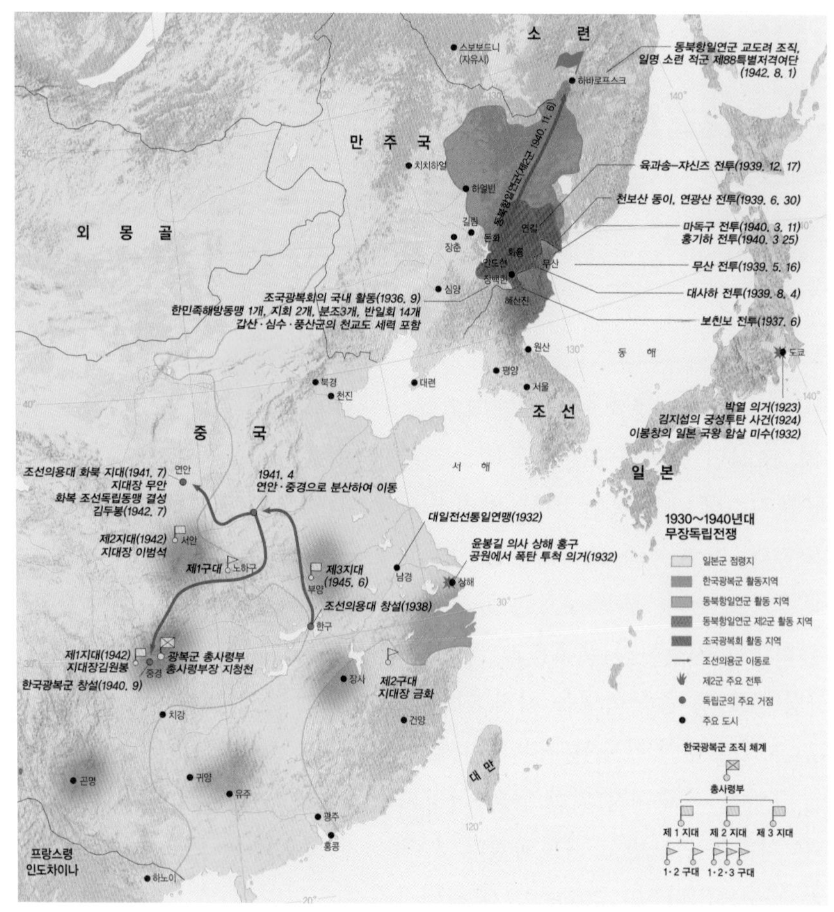

1930-40년대 무장독립투쟁 지도

노력했으며 중국인 부대와 연합작전에 들어갔다. 그러나 관동군(만주 주둔 일본군)의 공격으로 조선혁명군 일부는 중국공산당의 동북항일연군 제1로군(1936)에 참여하고, 또 다른 일부는 산해관 이남으로 이동, 항일투쟁을 지속했다. 한편 북만주의 혁신의회는 유림, 대종교, 의병 집단을 흡수하여 '한국독립군'을 산하에 두었다. 만주사변 후 한중연합군을 조직하고 일본군과 만주군에 맞서 항전했지만 일제의 대규모 공격으로 크게 세력이 약화되자 흩어져 일부가 관내 중국으로 남하하거나 혹은 투항했다.

한편 재만 조선 농민들은 5·30봉기 이래 점차 무장을 갖추었다. 중국공산당은 간도

봉기 실패 후 간도 중공 동만특위에서 무장봉기 기관을 폐기하고 현과 구에 군사위원회를 설치, 적위대와 유격대를 그 통제 하에 두는 방식으로 개혁을 단행했다. 그 결과 간도 4현에도 현 유격대가 설립되었으며, '중국노농홍군 제32군 동만유격대(1933)'라 불렸다. 조선인이 대부분이었는데 동만의 반일민족해방운동의 주력군으로 부상했다. 남만주에서도 적색유격대가 창설되었고 만주사변 후 조중민족연합부대인 '중국노농홍군 제32군 남만유격대(1933)'가 창설되었다. 만주 각처에 7개 적색유격대가 설립되었는데 그 중 6개가 주로 조선인들에 의해 건설되었다.

만주 각지에 유격 근거지가 창설되고 특히 동만주 지방에 집중된 후 그곳에 작은 규모의 소비에트가 수립되었다. 토지개혁 등 여러 활동을 했지만 각계각층의 반일 세력 결집에 한계가 있었고 동만주에서는 민족적 갈등도 드러났다. 그래서 중공당 중앙위원회는 당 만주성위원회에게 소비에트를 폐지하고, 인민혁명정권 수립과 반일통전을 강화할 것을 촉구했다. 이 방침에 따라 각 지역 홍군유격대는 점차 '동북인민혁명군'으로 소비에트는 '인민혁명정부'로 개편되었다. 남만주홍군유격대가 동북인민혁명군 제1군(1933)으로 먼저 개편되었다. 하지만 동만주에 집중된 인민혁명정부는 3차에 걸친 일제의 집요한 토벌로 점차 위축되었다. 나아가 내부적으로 유격대, 당, 대중단체 등 여러 혁명단체 내의 상호불신과 반민생단 투쟁으로 인한 운동가들에 대한 숙청 분위

♣해설 | **반민생단 사건**

'민생단'은 1932년 연변에서 조직된 친일 한인들의 단체였다. 민생단은 본래 1931년 9월 만주사변 발발 직후 서울의 갑자구락부 이사 조병상과, 매일신문사 부사장 박석윤이 용정에 와서 일본군의 만주 출병이 간도 거주 조선인들의 권익을 확보할 수 있게 해줄 좋은 기회라고 선동하면서 시작된 단체였다. 이들은 민생단의 취지로서 간도 거주 조선인의 생활안정과 산업진흥을 표방하면서, 간도총영사관에 설립 허가를 요청하였고, 총영사관은 허가서를 내주었다. 그리하여 1932년 2월 민생단은 정식으로 창립을 보게 되었다. 여기에는 친일계 조선인뿐만 아니라 간도 조선인의 자치를 추진해오던 민족주의계열의 조선인들도 일부 참여하였다. 그런데 민생단은 그해 7월 갑자기 스스로 해단 선언을 하였다. 그리고 1932년 9월 중국공산당 동만특위는 당 조직과 유격대 안에 민생단의 밀정이 잠입했다고 하여 한인들을 대상으로 조사를 개시하였다. 동만특위는 이를 '반민생단 투쟁'이라 불렀으며, 이 조사는 3년 4개월간 진행되었다. 이 과정에서 한인 431명이 밀정 혐의를 받고 억울하게 학살되었으며, 수천 명이 의심을 받고 박해를 받았다.

기로 유격투쟁은 크게 위축되었다.

반민생단 활동의 오류를 바로잡고, 또 침체에 빠진 유격활동 상황을 타개하기 위해 동만특위는 당 유격대 지도자 회의를 개최했다(1935). 기존의 혁명근거지를 폐기하고 인민혁명군 유격대를 몇 개의 부대로 나누어 광범한 지역에 진출시켜 한편으로는 각종 반일부대를 규합하고 다른 한편으로는 남만과 북만의 인민혁명군을 연계하여 기동성 있는 반일 유격항쟁을 전개하기로 회의에서 결정했다. 또한 이 회의에서는 조선인들의 독자적 반제해방운동 요구도 인정되었다. 재만 조선인들의 반제민족해방운동에 새로운 출로가 열리게 된 것이다. 동북인민혁명군으로의 개편 후 항일무장투쟁은 남만주와 북만주에서도 전개되었다.

3. 한만 국경지역 항일무장투쟁

반제 민족통일전선

국제공산주의 운동의 중심 조직인 코민테른은 제7차 대회(1935)에서 반파시즘과 반제국주의운동에 적극 참여하고 이를 위한 통일전선 실천을 위하여 노력한다고 선언했다. 유럽 각국 공산주의자들은 이전부터 사회개량주의자들과 연합하여 파시스트와 대항한 경험이 있어서 공산주의자들 주도하에 반파쇼 대중을 결집한 인민전선을 결성할 수 있었다. 1930년대 후반 조선의 민족해방운동도 다시 민족주의자들과의 통일전선을 결성하는 방향으로 노선을 전환했다. 이는 1930년대 전반기 운동의 좌편향적인 오류로부터 벗어나는 것을 의미했다. 한편 코민테른 제7차 대회 이후 코민테른은 세계 공산주의 운동의 집중화가 각국 공산당의 독자성을 위축시켰다고 평가하고 각국 공산당이 이제 보다 큰 권한을 갖고 자국의 해방운동을 추진할 것을 권고했다.

조국광복회

일본군의 토벌로 재만 조중 항일무장투쟁은 위축되었지만, 만주의 중국공산당 유격대는 '동북인민혁명군'을 '동북항일연군'으로 개편하고 흩어진 반일부대를 규합했다. 동북항일연군은 제1 · 2 · 3로군으로 편성되었는데(그 아래에 11軍을 둠), 조선인은 제1로군에 가장 많았다. 한편 만주에서는 코민테른 제7차 대회에 참석하고 돌아온 위증민(당시 동북항일연군 제2군 정치위원)과 조선인 유격대 지도자들의 회담이 있었다. 코민테른의 새로운 방침, 즉 항일민족통일전선의 결성 방침을 전달하기 위한 것이었다. 이 방침을 수용한 조선인 유격대 지도자들은 우선 부대를 국내침공이 쉬운 한만국경으로 이동시켰다. 한만국경지대에 도착한 부대는 만주 4개성과 함경도에서 군사 활동을 전개할 백두산 근거지를 창설했다. 또한 제1로군 제2군 병력 가운데 절반을 차지하던 한인들을 기반으로 '재만한인조국광복회(1936)'를 창설했다. 민족통일전신을 지향하고 있던 조국광복회의 주요 간부는 오성륜 · 이상준 · 엄수명 등이었으며, 조국광복회는 "전 민족의 계급 · 성별 · 지위 · 당파 · 연령 · 종교 등의 차별을 불문하고 백의민족은 반드시 일치단결 궐기하여 원수인 왜놈들과 싸워 조국을 광복시키자"고 선언했다.

조국광복회 창건 후 동북항일연군은 오랜 항일투쟁의 거점인 장백현 일대에 새로운 혁명근거지를 설치하고 이곳을 중심으로 전국적인 조직 활동을 전개했다. 또한 국

제2방면군 대원들 둘째줄 중앙이 군장 김일성.

東亞日報 號外

咸南普天堡를襲擊

郵便所、面所에衝火

昨夜

百餘名이突然來襲

普校、消防署에도放火

보천보 전투를 보도한 『동아일보』 호외

내로 대원을 파견하여, 박달 · 박금철 등 국내 공산주의자들과 연계를 맺고 조국광복회의 국내 조직인 '한인민족해방동맹(1937)'을 결성했다. 1937년에는 김일성이 이끄는 동북항일연군 산하 소부대가 국경을 넘어 보천보를 습격하는 사건이 있어 일제에 큰 충격을 주었지만, 그 결과 소위 '혜산사건'이라 불리는 탄압으로 739명이 피검되면서 조국광복회의 국내 조직은 사실상 궤멸되었다.

중일전쟁 발발 후 소련과의 긴장이 높아지면서 한만 국경지방 한인이 많았던 제1로군 항일유격대는 1938년 일제의 대토벌로 큰 타격을 입었으며, 제2 · 3로군의 사정도 마찬가지였다. 따라서 이들의 역량을 보존하여 후일을 도모할 필요성이 제기되었다. 이때부터 유격대는 소규모 부대로 분산, 재조직되어 소규모 군사활동을 전개하면서 점차 북상하여 중소 국경을 넘어 1942년에는 대부분 소련 영내로 들어갔다. 이들은 블라디보스토크와 하바로프스크 근처에 야영을 설치했으며, 1942년 7월에는 동북항일연군교도려로 재편되었다. 교도려는 이후 일본 패망 시까지 소련군 정치군사학교에서 간부 교육을 받게 된다.

4. 중국 관내 민족해방운동

민족혁명당과 조선의용대

산해관 이남의 중국(이하 관내 중국) 역시 일제 강점 이래 민족해방운동의 주요 근거지였다. 이 지역은 국내나 만주보다 안전하였지만 조선인 대중에 기초하지는 못했다. 따라서 중국정부의 지원에 크게 의존할 수밖에 없었다. 1920년대 관내 중국은 무장투쟁의 거점이기보다는 주로 외교운동(상해임시정부), 의열투쟁(의열단)의 거점이었다. 그러나 일제의 만주 점령 후 무장투쟁을 하던 민족주의 세력이 대거 관내로 이동해 오고, 대일전선도 화북지방으로 이동하면서 관내 중국은 점차 항일무장투쟁의 거점으로

좌 : 윤봉길, 우 : 이봉창
1932년 1월 애국단원 이봉창이 도쿄에서 천황에게 폭탄을 던졌으나 실패하였다. 중국 국민당 기관지가 이를 보도하면서 '불행히 맞지 않았다'고 쓴 것을 문제 삼아 일본은 상해를 점령하였다(상해사변). 이를 축하하기 위한 행사가 1932년 4월 상해 홍구공원에서 열리자 애국단원 윤봉길은 단상에 폭탄을 던져 일본군 시라카와 요시노리 대장을 죽였다.

변화해갔다.

상해에서 있었던 윤봉길에 의한 의열투쟁(1932)을 계기로 조선인들의 항일투쟁에 대한 중국인들의 지원이 본격화되었다. 1920년대 의열투쟁으로 명성이 높았던 '의열단'은 무장투쟁쪽으로 노선을 선환하여 국민당 정부의 원조를 받아 남경에 '조선혁명간부학교(1932)'를 설립하여 대원들을 훈련시켰다. 한편 이청천은 만주에서 민족주의계 군인을 이끌고 1933년 남하하여 김구와 연합했다. 관내 중국에서 항일무장투쟁의 역량이 커지자 이들의 통일 문제가 과제로 떠올랐고, 국민당 정부도 단일 창구를 통해 조선인을 지원하고 싶어 하자 한국독립당, 신한독립당, 조선혁명당, 의열단, 기타 2개 단체 대표들이 모여 '한국대일전선통일동맹'(1932, 이하 통일동맹)을 결성했다. 하지만 통일동맹은

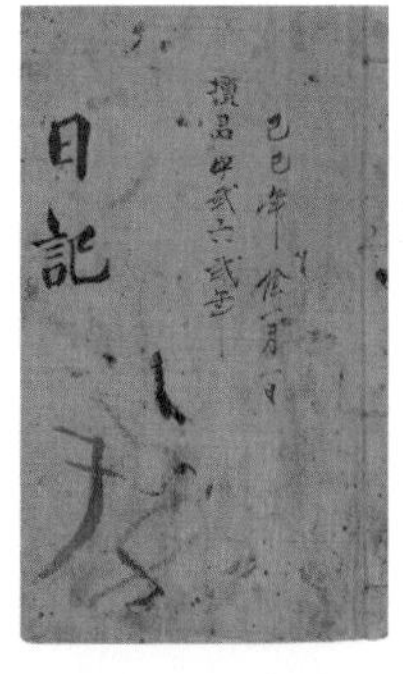

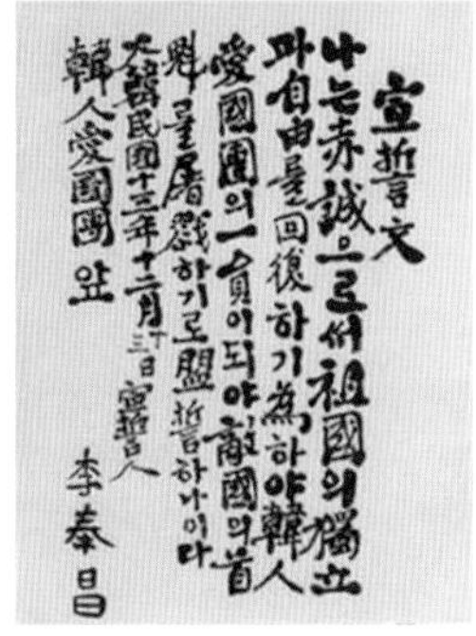

宣誓文
나는赤誠으로써祖國의獨立과自由를回復하기爲하야韓人愛國團의一員이되야敵國의首魁를屠戮하기로盟誓하나이다
大韓民國十三年十二月十三日
宣誓人 李奉昌
韓人愛國團앞

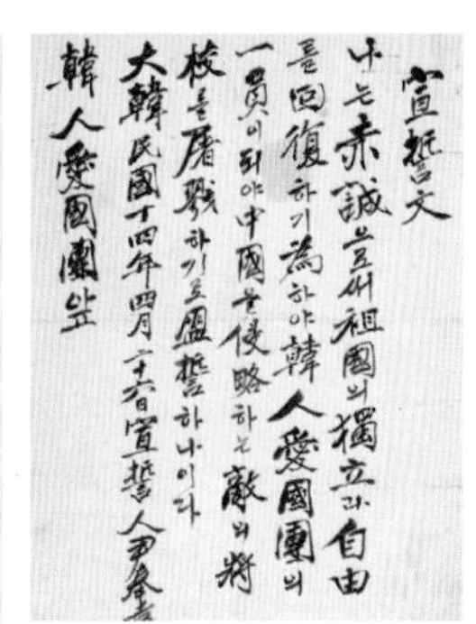

宣誓文
나는赤誠으로써祖國의獨立과自由를回復하기爲하야韓人愛國團의一員이되야中國을侵略하는敵의將校를屠戮하기로盟誓하나이다
大韓民國十四年四月二十六日 宣誓人 尹奉吉
韓人愛國團앞

좌상 : 윤봉길이 1929년 1월 초부터 일년간 쓴 일기
우상 : 1931년 한인애국단 입단시 쓴 이력서와 유서 (두 아들과 김구에게 보내는 글 등 4편의 친필 글 포함).

하 : 이봉창(1931.12.13.)과 윤봉길(1932.4.26.)의 한인애국단 입단 선서문

조선의용대 창설 기념사진(1938.10) 맨 앞줄 왼쪽부터 이익성, 두 사람 건너 박효삼, 다시 두 사람 건너 최창익, 한 사람 건너 윤세주, 이집중, 김원봉, 그리고 맨 끝이 김위, 둘째줄 왼쪽 첫 번째가 문정일, 한 사람 건너 장평산, 둘째줄 오른쪽에서 세 번째가 이소민, 왼쪽부터 차례로 가리킴표 ① 김창만 ② 고봉기 ③ 박무 ④ 김학철 ⑤ 이상조 ⑥ 이원대

각 단체 협의체에 불과해 통일동맹을 해소하고 하나의 당으로 통합하자는 의견이 고조되었다. 결국 통일동맹 소속 각 정당은 자진 해체 후 단일정당인 '민족혁명당'으로 통합되었다(1935). 하지만 김구 등 임시정부 고수파는 한국국민당을 결성하여 이에 맞섰다.

한국독립당 중앙집행위원 기념 1940.5.16.

민족혁명당은 이후 중국의

임시수도 무한이 일본군에 의해 공격받자(1938) 좌익 군소정당과 연합하여 '조선민족전선연맹'을 결성하고 '조선의용대'(1938)를 창설했다. 조선의용대는 관내 중국에서 조직된 최초의 조선인 군부대였다. 조선의용대는 김원봉을 총대장으로 제1, 2 지대를 두었다. 각각 중국 국민당 군대에 배속되었다. 하지만 이청천 등 민족주의계 일부가 구 의열단계의 독단적 활동에 불만을 갖고 맞서다 당에서 이탈했다(1937). ML파 공산주의자 최창익 등 일부 공산주의자들도 민족혁명당이 프롤레타리아 헤게모니를 인정하지 않는다고 비판하며 탈당한 후 중국공산당 지역으로 가버렸다(1938). 게다가 당권을 장악했던 구 의열단계 간부들은 북상항일에 원칙적으로 동의했으면서도 자금원인 중국국민당의 눈치를 보며 북상하려 하지 않자 조선의용대 내 급진 청년들의 불만이 고조되었다. 조선의용대 내 급진 청년들은 마침내 중국국민당과 조선의용대 간부들 몰래 일본군과 전투가 치열히 전개되던 화북지방으로 이동해 버렸다(1941). 조선의용대가 화북 공산당 지역으로 이동하자 민족혁명당은 국민당 지구 내 한 정파 세력으로 축소되었다.

조선의용대통신

朝鮮義勇隊通訊

조선의용대 기관지,
조선의용대통신 제3호 (1939.2.5.)

조선의용대 김원봉

조선독립동맹과 조선의용군

중국공산당 통치구역인 태항산에서는 '화북조선인청년연합회(1941.1, 이하 화청련)'가 중국공산당의 대장정에 참가한 조선인들과 새로 국민당 지구에서 넘어온 조선의용대원들에 의해 창립되었다. 이 단체는 조선의용대 각 지대가 속속 공산당 지역으로 이동해 오자 이름을 '조선독립동맹'으로 바꾸었고, 조선의용대도 '조선의용군'으로 개칭했다(1942).

조선의용군은 그 후 비록 소규모 전투였지만 직접 전투에 참여했다. 조선독립동맹 소속 조선인 일부는 중국공산당의 항일군정대학에서 정치군사교육을 받으며 일제 패망 후를 대비했다. 소련의 대일전 개시(1945.8.9) 후 조선의용군은 마오쩌둥의 지시로 만주로 진격했다. 그러나 일제의 조기 항복으로 조선의용군은 대일전에 본격적으로 참전하지는 못했다. 조선독립동맹과 조선의용군은 해방 후 주로 북한으로 귀국했으며, 조선독립동맹 세력은 북조선신민당을 결성했다.

임시정부와 한국광복군

민족혁명당 창당으로 위기에 처했던 대한민국 임시정부는 이청천 등 보수 민족주의자들이 민족혁명당에서 나오자 이를 계기로 다시 활기를 띠었다. 김구는 이들과 연합하여 '한국광복진선(1937)'을 결성, 민족혁명당과 경쟁했다. 대한민국 임시정부는 일찍부터 무장부대 건립을 도모해오다 1940년 유랑을 끝내고 중경에 안착하여 그해 광복군을 창건했다. 광복군은 12명으로 구성된 사령부로 출발하여 이후 사령부 요원들이 중국 각지에 흩어져 광복군 병사모집 운동을 전개하여 1년간 3백여 명을 모았다. 처음에 광복군을 지원하지 않았던 중국국민당 정부는 공산당 지구로 북상하지 않은 조선의용대 잔류 병력을 광복군과 합치도록 민족혁명당에 요구하여 이 병력은 광복군 제1지대로 편입되었다(1942). 광복군은 조선의용대가 편입되고 또 일본군 진영에서 탈출한 조선인 학병들이 참가하면서 수가 크게 늘어 1945년 4월 현재 564명이 되었다. 중국 국민당 정부는 광복군에 대한 군사원조를 개시하면서 광복군의 작전권과 인사권

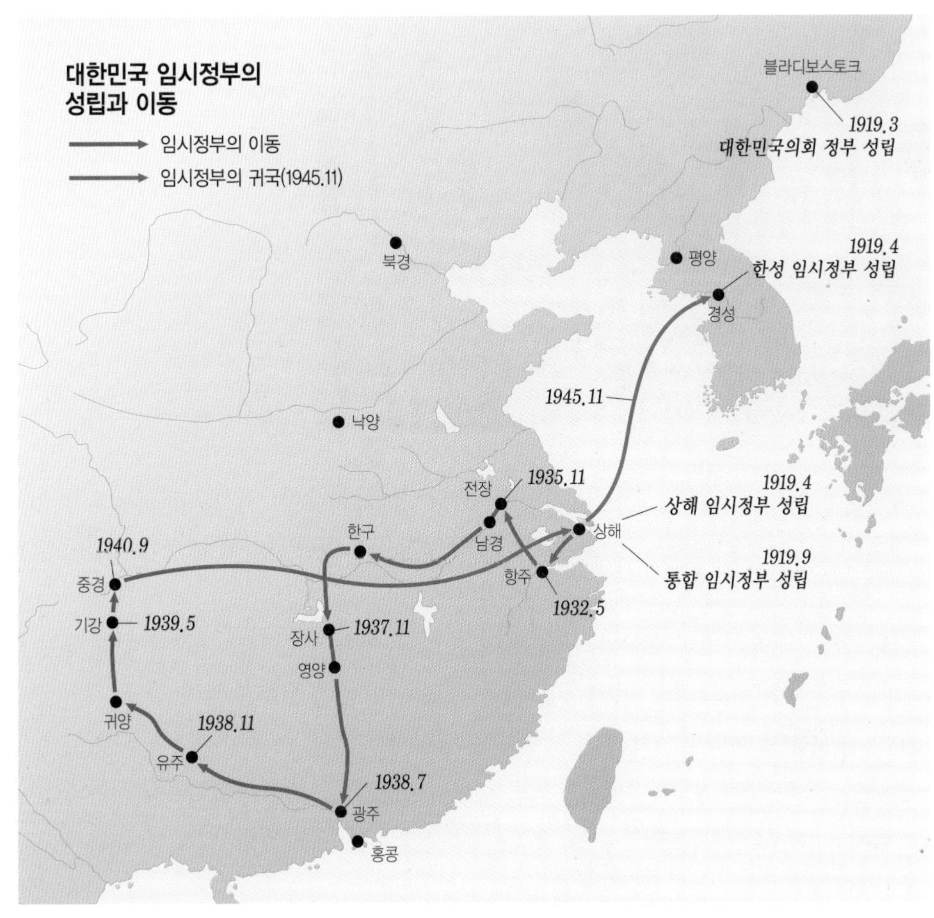

대한민국 임시정부 이동로

나아가 정훈의 권한까지 장악했다. 임정은 오랜 기간 중국 정부에게 통수권을 돌려달라고 교섭한 결과 1945년 4월 비로소 이를 돌려받을 수 있었다. 한편 광복군 10여 명은 1943년 버마전선에 파견되어 일본군 포로 심문, 정보수집 등의 활동으로 8·15까지 영국군을 도왔다. 서안에 주둔한 광복군 제2지대는 미군의 지원 하에 1945년 봄부터 국내 침투공작 훈련을 받았다. 그러나 일제의 조기 항복으로 작전을 개시하지는 못했다.

한편 임시정부는 1940년 국무위원제를 주석제로 개편하여 김구 주석을 중심으로 한

한국광복군총사령부 창설기념
1940.9.17. 중경

단일지도체제를 만들었다. 1941년 중국 국민당 정부는 임정 지원의 조건으로 독립운동 세력의 통합 즉 민족혁명당 세력과의 통합을 요구하였다. 이 해 태평양전쟁이 발발하자 김원봉은 결국 임정 참여를 선언하였다.

김원봉 등 민족혁명당세력의 임정 참여는 일단 이들이 임시의정원에 참여하는 형식으로 이루어졌다. 그리고 이어서 조직을 확대하여 신설된 부주석에 김규식이, 군무부장에 김원봉이 취임함으로써 임시정부는 명실상부한 좌우 통합정부가 되었다.

임정은 또 1941년 삼균주의를 기초로 한「건국강령」을 발표하였다. 삼균주의는 정치 · 경제 · 교육에서의 기회균등을 강조하는 것으로서, 조소앙에 의해 만들어진 이념

STATEMENT

대한민국임시정부
외무부장 조소앙 성명서
(1944.6.10. 중경), 중 · 미 · 영 · 소 등 동맹국들에게 조선과의 합작을 촉구하기 위해 발표한 성명서. 중문과 영문 1부씩 작성

이었다. 건국강령은 정치적으로는 의회주의에 바탕을 둔 민주공화국, 경제적으로는 대기업의 국영화, 토지의 국유화, 자영농 위주의 토지개혁 실시 등의 내용을 담고 있었다.

● 읽기자료

1. 조선의 혁명적 노동조합운동의 임무에 관한 테제, 9월테제 (1930.9.18)

〈조선의 혁명적 노동조합운동의 임무〉

(전략) 일본제국주의는 민족개량주의적 부르조아지에게 자치를 약속함으로써 그들을 매수하고 그들의 도움을 얻어 새로운 혁명의 방파제를 쌓으려 하고 있다. 조선에서의 혁명물결의 고조, 중국 및 인도에서의 혁명, 그리고 소비에트연방의 사회주의 건설 성과로 인해 겁에 질린 민족개량주의적 부르조아지와 그들 단체, 『조선일보』, 『동아일보』 및 천도교의 일부는 장개석과 중국의 반혁명을 모방할 만한 선례로 생각하고 있다. 그들은 일본제국주의와의 협력을 요구하고 반소비에트 사주를 행하고 있다. '신간회'도 역시 마찬가지로 민족개량주의적 단체이다. 그들은 학생스트라이크 및 노동자시위운동에 대한 그들의 사보타지 정책으로 그것을 증명하고 있다. 노동자스트라이크, 도시중간층의 활동성의 증대 및 농민운동의 발전은 일본제국주의와 조선의 민족개량주의적 부르조아지의 책모나 혁명운동에 대한 그들의 협조 및 그들의 공동투쟁이 증대하고 있는 대중투쟁의 발전을 저지할 수 없었다는 사실을 보여주고 있다. (중략) 한편 조선 노동자 운동의 큰 약점과 결함도 폭로되었다. 노동조합운동의 주요 약점은 조선 프롤레타리아트가 아무런 독자의 혁명적 노동조합 조직을 갖지 않았다고 하는데 있다. 조선노동총동맹은 약 4만 7천 명의 조합원으로 구성되어 있지만 소부르조아적 민족개량주의적 지도자를 지도부로부터 추방하는데 성공했던 곳은 몇몇의 지방조직에 불과하다. 총동맹은 노동자의 착취강화를 통한 자본축적의 합리화와 싸우지 않았으며 실업 이익을 대표하지 않았으며 프롤레타리아트의 경제투쟁을 조직한다든가 정치투쟁들은 더더욱 프롤레타리아계급투쟁의 정신으로 그 조합원을 교육하고 스트라이크 투쟁을 지도하는 것 등에는 생각조차 미치지 않았다. 총동맹은 선거제도의 원칙으로 만들어지지 않았다. (중략) 이러한 사태는 조선의 노동조직운동에 있어서 노동조합 인터내셔널 지지자가 직접 당면하고 있는 임무를 다음과 같이 규정한다. 노동조합 인터내셔널 지지자의 가장 중요한 임무는 총동맹의 내부에서 좌익을 결집시켜 조직하는 것이다. 우선 첫째로 프롤레타리아트의 최대의 중심지를 목표로 세력을 배치해야한다. (중략) 좌익은 적당한 준비활동 후에 공장위원회를 설립해야 한다. 그러나 이 공장위원회는 통상 당해 공장의 전 노동자에 의해 선출되지 않으면 안된다. (중략) 이와 동시에 중요한 것은 공장위원회 자치회, 그리고 노동조합의 승인을 위해 또한 앞으로의 활동이 어떠한 속박에도 경찰의 통제에 대항하여 견실하게 투쟁하는 것이다. (중략) 좌익

은 하부조직에 뿌리를 내리면서 동시에 계급투쟁에 적극적으로 참가함으로써 조직 노동자뿐만 아니라 미조직노동자도 획득하는 것을 자기의 임무로 해야 한다. (중략)

2. 조선민족전선연맹 창립선언 (1938.4)

우리 3개 단체는 조선민족의 자유와 해방을 위해 투쟁한다. 과거에는 각각의 독립활동으로 실질적인 협력을 해오지 못해 신임을 얻지 못한 것은 어쩔 수 없는 시대적인 조류였다. 하지만 최근 몇 년간 전력을 다해 왔다. 특히 노구교사건이 발생한 후 중국 4억 5천만 민족은 전면적으로 항일전쟁을 펼쳐 왔다. 우리도 민족전선통일의 목적을 이루기 위하여 부단히 우리의 모든 혁명단체들과 연합하여야 한다. 3개월간의 준비과정을 거쳐 지금의 현 단계에 이르렀으며 치밀한 맹약盟约의 강령 정책 하에 "조선민족전선연맹"을 결성하였다. 우리의 태도와 결심은 아래와 같다.

(1) 조선민족의 유일한 출구는 전민족의 역량을 단결하여 일본제국주의를 타도하고 조선민족의 자유 독립을 달성하는 것이다. 조선혁명은 즉 민속혁명이며 우리의 전선은 즉 계급전선이 아닌 민족전선이다. 프랑스 스페인의 "국민전선"과는 엄밀히 구별돼야 한다. 이렇게 우리는 우리의 민족전선 내부의 대립과 분화 현상을 결연하게 반대해야 한다. (중략)

(2) 우리 혁명의 목적은 전 조선민족의 자유와 평등의 실현이며, 자유와 평등이 실현되면 전민족의 혁명역량이 단결되어 일본제국주의를 무찌를 수 있다. 조선민족의 독립을 이루면 전 민족은 편안하고 행복한 정치기구와 경제 제도도 건립할 수 있다. 바꿔 말하면, 조선민족은 민족생존의 자주권을 보장받을 수 있고 민족의 유구한 번영과 발전 전략으로 세계의 평화를 보장받을 수 있다. 국제적으로 민족의 자주독립을 요구할 수 있고, 정치적으로도 전민족의 평등한 권리를 얻게 되며, 경제적으로도 대중 생활의 안정과 발전도 요구할 수 있다. 이것은 우리 민족 공동의 요구사항이며 일치단결된 기초 이론을 반영하고 있다.(중략)

(3) 조선민족은 특수한 정세 속에 놓여있기 때문에 조선혁명 역시 특수성을 가질 수밖에 없다. 조선 문제는 세계문제의 일환으로서 국제적 공통성을 지니고 있다. 이러한 점은 부인할 수 없는 점이다. 중국민족 역시 우리와 동일한 목적을 달성하기 위해 투쟁하고 있다. 즉 중국민족의 자주독립 완성, 민권주의 정치실현, 민생주의의 평등경제 등은 중한 양국 민족혁명의 공동 목표이고, 이는 핍박 받아온 모든 민족의 혁명 기초이다. 따라서 억압받아온 모든 민족의 연합전선 형성은 절대적으로 필요하고 또한 필연적인 것이다. 특히 우리는 반드시 중국민족과 실질적으로 연합하여 일본제국주의를 타도하고 진정한 동아시

아의 평화를 실현해야 한다. 이는 세계평화와 인류의 행복 증진을 실현하기 위한 노력의 일환이다. (하략)

3. 임시정부의 건국강령 (1941)

제1장 총칙

1) 우리나라는 우리 민족이 반만년내로 공통한 말과 글과 국토와 주권과 경제와 문화를 가지고 공통한 민족정의를 길러온 우리끼리로서 형성하고 단결한 고정적 집단의 최고 조직임
2) 우리나라의 건국강령은 삼균제도三均制度의 역사적 근거를 두었으니 "선민先民이 명명한 바 수미균평위首尾均平位하면 흥방보태평興邦保泰平하리라"하였다. 이는 사회 각층 각 계급의 지력과 권력과 부력의 향유를 균평하게 하며 국가를 진흥하며 태평을 보유하라 함이니, 홍익인간과 이화세계理化世界 하자는 우리 민족이 지킬 바 최고공리임.
3) 우리나라의 토지제도는 국유에 유범遺範을 두었으니, 선현의 통론痛論한 바 "준성조지공분수지법遵聖祖至公分授之法하여 혁후인사유겸병지폐革後人私有兼併之弊"라 하였다. 이는 문란한 사유제도를 국유로 환원하라는 토지혁명의 역사적 선언이다. 우리 민족은 고규故規와 신법新法을 참호參互하여 토지제도를 국유로 확정할 것임 ……
6) 임시정부는 13년(1931) 4월 대외선언을 발표하고 삼균제도의 건국원칙을 천명하였으니 이른바 보통선거제도를 실시하여 정권을 균均하고 국유제도를 채용하여 이권을 균均하고 공비교육共費教育으로써 학권學權을 균均하며 국내외에 대하여 민족자결의 권리를 보장하여서 민족과 민족 국가와 국가와의 불평등을 혁제革除할지니, 이로써 국내에 실현하면 특권계급이 곧 소망消亡하고 소수민족의 침릉侵凌을 면하고 정치와 경제와 교육의 권리를 고르게 하여 상하가 없게 하고 동족이나 이족異族에 대하여 또한 이러하게 한다 하였다. 이는 삼균제도의 제1차 선언이니 이 제도를 발양광대發揚光大할 것임.
7) 임시정부는 이상에 근거하여 혁명적 삼균제도로써 복국復國과 건국을 통하여 일관한 최고공리인 정치 · 경제 · 교육의 균등과 독립 · 민주 · 균치均治의 3종 방식을 동시에 실시할 것임 ……

● 참고문헌

박용옥, 1996, 『한국여성항일운동사연구』, 지식산업사
김영범, 1997, 『한국 근대민족운동과 의열단』, 창작과비평사
역사학연구소, 1997, 『한국공산주의운동사연구』, 아세아문화사
염인호, 2003, 『조선의용군의 독립운동』, 나남출판
상해대한민국임시정부 옛청사 관리처, 2005, 『중국항일전쟁과 한국독립운동』, 시대의창
신주백, 2005, 『1920-30년대 중국지역 민족운동사』, 도서출판선인
신주백, 2005, 『1930년대 국내 민족운동사』, 도서출판선인
윤대원, 2006, 『상해시기 대한민국임시정부 연구』, 서울대출판부
김경일, 2007, 『이재유 나의 시대 나의 혁명-1930년대 서울의 혁명운동』, 푸른역사
김명섭, 2008, 『한국 아나키스트들의 독립운동-일본에서의 투쟁』, 이학사
주동욱, 2013, 『항일독립운동의 요람, 신흥무관학교』, 삼인
박찬승, 2014, 『한국독립운동사-해방과 건국을 향한 투쟁』, 역사비평사
김효순, 2014, 『간도 특설대-1930년대 만주, 조선인으로 구성된 친일토벌부대』, 서해문집
김정인 외, 2016, 『한국근대사 2-식민지 근대와 민족 해방 운동』, 푸른역사

제13장 대중운동의 성장

피 끓는 용감한 학생제군이여! 일어나라! 자유를 획득할 기회는 왔다.
우리들의 활동할 때도, 또한 모든 결함과 불평불만을 배제하고
혁명을 일으키는 것도 이때다. 학생 청년 교원 제군이여!
우리는 공장, 농촌, 어장, 광산, 학교로 몰려가서
우리들의 슬로건을 철저히 관철할 것을 기약하자!

— 광주학생운동 당시의 격문 중에서

〈연표〉

1923. 4.	진주에서 형평사 창립
1923.8~1924.8.	암태도 소작쟁의
1924. 4.	조선노농총동맹, 조선청년총동맹 결성
1927. 5.	근우회 결성
9.	조선농민총동맹, 조선노동총동맹 결성
1929. 1~4	원산총파업
11.	광주학생운동
1933. 1.	이재유, 경성콤그룹 결성, 혁명적 노동조합운동 전개
1934.4~1937.9.	함북 명천에서 혁명적 농민조합운동 전개
1935. 4.	형평사가 대동사로 전환, 이후 친일단체로 전락

1. 노동운동

노동자계급의 형성과 노동조건

한말 부두노동자로 출발한 임금노동자는 식민지시기 들어 정미 · 화학 · 방직, 광산 · 수공업 · 토목건축 및 각종 서비스산업 부문 등에서 점차 형성되어 갔다. 이들 노동자 중에서 압도적 비중을 차지한 것은 토목건축과 항만 부문의 노동자였다. 공장노동자는 10%에 못 미치는 미미한 비중을 차지하였으나, 1930년대 이후 일본 독점자본의 진출로 군수산업 부문이 확대되면서 그 비중이 증가하였다. 한편, 경공업 부문을 중심으로 많은 여성과 유년노동자가 고용되어 있었다.

공장법과 같은 최소한의 법률적 보호도 없던 식민지 상황에서 노동자들은 열악한 노동조건과 긴 노동시간, 극도의 저임금, 비인격적 대우 등으로 고통을 받았다. 조선인 노동자의 임금은 일본인 노동자의 절반 이하였으며, 특히 여성노동자와 유년노동자는 일본인 남성 노동자의 4분의 1에도 못 미치는 아주 적은 임금을 받았다. 노동시간도 매우 길어 전체 노동자의 절반 정도가 12시간 이상 노동하였고, 특히 유년 노동자가 많았던 방직공업의 경우는 전체 노동자의 87%가 12시간 이상의 노동을 하였다.

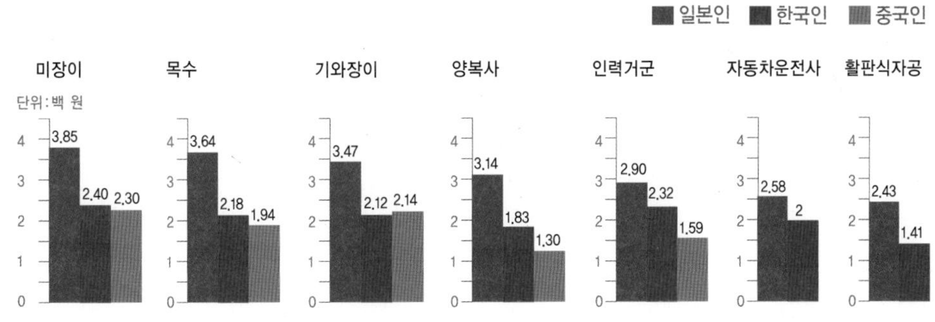

직업별 노동자 임금 대조

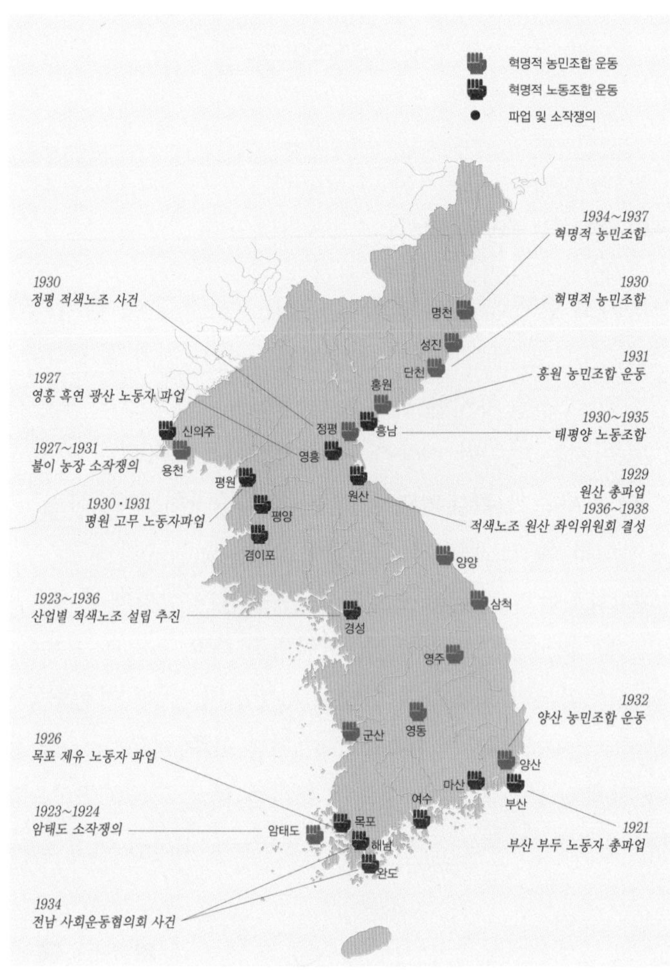

1920~30년대 노동운동과 농민운동

이는 당시 일본인 성년노동자(50인 이상 공장)의 평균 노동시간이 8.5시간이었던 것과 대조된다. 또한 휴식시간이 거의 없었고, 휴일도 적어서 공장 노동자의 23.3%와 광산노동자의 8.3%는 1년 내내 휴일이 하루도 없이 일하였다. 자본가들은 벌금제, 불량품 배상제도, 강제저축 등의 제도들을 통하여 노동자들을 통제하고 실질임금을 삭감하였으며, 작업장에서의 구타와 모욕, 인격적 모멸 등도 빈번히 자행되었다.

노동단체의 결성과 노동파업

3 · 1운동 이후 전국 각지에서 노동단체들이 광범하게 조직되었다. 이는 3 · 1운동을 계기로 한 노동자들의 각성과 러시아 혁명을 배경으로 한 진보적 지식인들의 노동운동에 대한 관심의 고양과 참여에 따른 것이었다. 30여 개에 불과했던 전국의 노동조합 수는 1928년 500개에 육박할 정도로 비약적으로 증대하였다. 초기에는 지역 내의 여러 직종들을 망라한 지역별 노동조합이 조직되었으나 시간이 지남에 따라 직업별 노동조합으로 발전하였고, 1927년에는 노동운동을 지도할 전국 조직으로 조선노동총동맹이 결성되었다. 1920년대 중반 이후 노동운동은 사회주의자들에 의해 주도되었다.

1920년대 초 50여 건에 지나지 않던 파업건수는 1928년에는 120건, 1931년에는 200여건으로 크게 증가하였다. 파업은 주로 양복 등 수공업적 노동자와 운반이나 일용 토목 · 건축 등 비공장 노동자들에 의해 주도되었는데, 노동자들의 요구조건은 대개 임금인하 반대 및 임금 인상, 노동시간 단축, 대우개선, 모욕 언사 및 구타 금지, 단체계약권의 확립 등이었다.

♣ 해설 | **원산총파업**

1929년 원산총파업은 식민지시기에 일어난 대표적인 총파업이다. 이 파업은 영국인이 경영하는 석유회사 라이징 선(Rising Sun)의 일본인 감독 고타마(兒玉)가 조선인 노동자를 구타한 사건에서 발단하였다. 노동자들은 고타마의 파면과 처우개선을 요구하며 파업을 일으켰다. 회사 측은 최저임금 · 상병위자료傷病慰藉料 · 해고수당에 대한 노동자들의 요구를 거부하였고, 당시 원산 노동운동의 구심이었던 원산노동연합회가 이에 대응하여 파업을 지휘하고 나서면서 이 파업은 전체 원산지역 노동조합들을 망라하는 총파업으로 발전하였다. 자본가단체인 원산상업회의소는 원산노동연합회 소속 노동자들을 해고하는 한편 함남노동회라는 어용노동단체를 만드는 등 원산노동연합회의 파괴를 획책하였고, 경찰은 노동자들을 구속하고 군대와 소방대까지 동원하여 시가지 경계에 나섰다. 전국 각지에서 파업노동자들에 대한 격려와 후원이 쇄도하는 가운데 노동자들의 파업은 장장 4개월에 걸쳐서 지속되었으나, 결국 노동자들의 생활고와 거듭된 간부진에 대한 검거로 결국 파업은 노동자 측의 패배로 끝났다. 원산총파업은 패배로 귀결되었음에도 불구하고 노동자들이 보여준 단합과 투쟁정신은 1930년대 노동운동의 밑거름이 되었다.

혁명적 노동조합운동

1929년의 대공황에 따른 경제적 파탄으로 노동자들의 생활고가 심각해지자 전국에서 노동쟁의가 급증하였다. 그러나 대륙침략을 본격화한 일제가 노동운동을 가혹하게 탄압하였기 때문에 점차 합법 영역에서의 운동은 개량주의로 흐르거나 활동 자체가 불가능하게 되었다. 사회주의자들은 고양되어가던 대중운동과 코민테른의 각종 지시에 힘입어 개량주의를 배격하고 직접 노동자 속으로 들어가 비합법적 방식으로 아래로부터 노동조합을 결성하여, 이를 토대로 조선공산당을 재건하고자 하였다. 혁명적 노동조합운동이라 불린 이 운동은 대도시 공장지대와 일제의 병참기지화 정책에 따라 새로 발달한 공업도시를 중심으로 전개되었다. 각 공장이나 작업장에 3~5명으로 공장반이나 직장그룹(세포)을 조직하고 이를 공장별 노조분회로 조직하고 그 위에 공장위원회, 지역 산업별 노동조합, 나아가 전국적 산업별 노동조합을 결성하며, 이를 공산당 재건운동의 토대로 삼겠다는 것이었다. 날로 심해지는 일제의 탄압으로 인해 비합법운동을 한다는 것은 생명을 내건다는 것을 의미하던 어려운 상황에서도 혁명적 노동조합운동은 치열하게 전개되어, 1931년에서 35년까지 5년 동안에만 혁명적 노동조합운동 관련사건은 70건에 이르렀고 1,759명이 연루되었다.

을밀대 위의 여성 노동자
1931년 5월 16일, 평양 평원 고무공장 노동자 49명은 회사측의 일방적 임금 인하 조치에 반발하여 파업에 들어갔다. 그러나 이들은 일제 경찰에게 해산당하고 공장 밖으로 쫓겨났다. 그러자 노동자 강주룡은 이 사실을 널리 알리기 위해 12미터 높이의 을밀대에 올라가 '고공 농성'에 들어갔다.

전시노동통제와 노동자의 저항

중일전쟁 이후 일제는 조선인에게 파시즘적 노동관인 '황국근로관'을 주입시키며 전시자원부족의 문제를 노동력 동원을 통해 해결하고자 하였다. '황국노동관'은 노동의 대가로서 임금을 받는 자본주의적 노동의 개념을 부정하고 개인의 노동을 봉사를 전제로 하는 '근로'로 인식시키고자 한 전시체제하의 파시즘적 노동관이다. 일제는 민간기업 노동자의 전업轉業을 통해, 그리고 근로보국대와 관 알선, 궁극적으로 징용에 이르는 강제동원을 통해 조선의 노동력을 양적으로 총동원하고, 이들을 군수산업 부문에 배치하였다. 노동자 보호법이 전무한 가운데 노동 강화를 통한 생산력 증강이 강조되면서 노동자들은 조기출근, 잔업, 휴일출근 등에 시달려야 했다. 이에 노동자들은 현장이탈, 도주, 동원기피, 태업, 기계 파괴 등의 방식으로 일제와 자본가에 저항해 나갔다. 1940년대 노동자의 월 평균 이동률은 공장 약 7%, 광산 11%로서, 이를 한 해로 단순 환산할 경우 일 년 간 노동자의 대부분이 노동현장을 이탈했던 셈이다. 이러한 노동자의 저항에 대하여 일제는 가혹한 통제로 대응하였는데, 흥남 모토미야(本宮) 공장의 경우, 1941년 이 지구의 노동자는 약 4,500명이었는데, 여기에 헌병 1개 소대와 모토미야 경찰서와 자위대 약 200명이 배치되어 일상적으로 삼엄한 경계를 펼쳤을 정도였다.

2. 농민운동

농민의 계급분화와 빈궁화

1910년대의 토지조사사업, 1920년대의 산미증식계획의 실시 결과 조선에 식민지 지주제가 형성·발전되었다. 일제는 이 제도를 매개로 농업을 개발하고 농민을 수탈하고 농촌을 통제하는 정책을 펼쳐 나갔다. 농민의 토지상실과 소작인화, 소작료의 고율화와 소작권의 잦은 이동, 마름에 대한 부담의 과중, 만성적인 저곡가정책 등 지주적 농정의 강화는 농가수지를 악화시켜 농촌사회의 심각한 분해를 야기하였다. 농민들은 일제와 지주의 이중적 수탈에 의하여 지속적으로 몰락해갔다. 1920년 현재 전체 농가호수에 대한 자작, 자작 겸 소작, 소작농의 비율은 각각 19.5%, 37.4%, 39.8%였으나, 1940년에 이르면 그 비율은 각각 18.1%, 23.3%, 53.1%로 변화하였다. 자작 지주와 자작농 상층으로 구성되는 부농은 전체 농가호수의 2~5%, 자작농 중상층으로 구성되는 중농은 약 10% 내외, 그리고 자작 1.5정보 미만층과 2정보 미만의 자작 겸 소작 및 소작농으로 구성되는 빈농은 약 70~80%에 달하였으며, 빈농의 증가 현상은 식민지 시기의 전 기간에 거쳐 꾸준히 지속되었다. 농민들은 농사를 짓고도 항상적인 적자에 허덕이며 절대빈곤의 늪에서 벗어날 수 없는 상황에 놓이게 되었다. 이를 견디다 못한 농민들 중 상당수는 농촌을 떠나 도시로 흘러들어가 토막민이 되거나 산으로 들어가 화전민이 되어 갔다.

농민단체의 결성과 소작쟁의

岩泰事件으로
小作幹部의 質問
경찰서당에게무장경관
파송에대하야강경질문

암태도 사건이 실린 『동아일보』 기사(1924.4.6)

3·1운동 이후 소작인단체들이 조직되기 시작했다. 초기의 소작인 단체들은 대체로 농사개량, 소작관계 개선, 소작인과 지주의 공존공영, 생활개선 등을 표방하는 지주와 소작인들의 상조단체에 불과했다. 그러나 1924년 조선노농총동맹이 결성되고 사회주의 사상의 영향이 확대되면서, 소작인조합은 농민들의 이익을 위해 투쟁하는 조직으로 그 성격이 점차 변모되어 갔다.

지주들은 소작권의 박탈이라는 무

♣ 해설 | **암태도 소작쟁의**

1923~24년 전라남도 무안군 암태도의 소작인들이 벌인 소작쟁의로, 1920년대에 일어난 대표적인 소작쟁의이다. 전라남북도 일대에 많은 토지를 소유한 대지주 문재철文在喆은 암태도의 소작인들에게 5할이 넘는 고율의 소작료를 징수하고 있었다. 소작농들은 1923년 8월 서태석徐部晳의 주도로 암태소작회를 조직한 후, 소작료를 4할로 인하할 것을 요구하고, 추수거부 · 소작료불납투쟁으로 맞섰다. 경찰이 지주를 옹호하며 소작농들을 위협하자, 소작농들은 순찰대를 조직하여 대응하는 한편, 전국의 언론 · 사회단체에 지지를 호소하고 목포까지 가서 시위 · 단식투쟁을 하면서 약 1년간에 걸쳐 소작쟁의를 이어나갔다. 결국 문재철이 소작료 인하에 합의하여 소작인들은 승리를 쟁취함으로써 암태도소작쟁의는 이후 전국적으로 농민운동이 활성화 하는데 큰 영향을 미쳤다.

기를 활용하여 소작농민에게 고율의 소작료를 강요하고 수리조합비 등 농업개발비용을 부담시키고자 하였다. 이에 맞서 농민들은 소작쟁의를 일으켰는데, 초기에 자연발생적으로 일어나던 소작쟁의는 소작인조합 · 농민조합의 지도하에 더욱 조직적이고 격렬하게 전개되기 시작하였다. 특히 1930년대 초반 농업공황을 계기로 소작쟁의는 격증하는 추세를 보였는데, 총독부 경찰 집계에 따르면 1925년 현재 소작쟁의 관련사건은 11건(참가인원 2,646명)에 불과하였으나, 1930년에 이르러 92건(참가인원 1만 37명)으로 크게 증가했다.

혁명적 농민조합운동

1930년대 들어 조선총독부는 농촌진흥운동을 개시하고, 개량적인 농촌계몽운동을 이에 편입시키는 한편, 체제부정적인 농민운동에 대해서는 전면적인 탄압을 가하였다. 이같이 더 이상 공개적이고 합법적인 농민운동이 불가능해진 상황에서 사회주의자들은 혁명적 농민조합운동이라는 새로운 운동 방식을 택하였다. 이 운동은 경제투쟁에의 매몰, 소작빈농층의 요구를 적극적으로 수용하지 못하는 소상품생산자적 지향 등 이전의 농민운동의 한계를 극복하면서, 아래로부터의 농민조합을 결성하고 조선공산당 재건의 기반을 마련한다는 방침 아래 전개되었다.

토지혁명과 노농소비에트의 건설, 빈농 우위의 원칙 등 혁명적 슬로건을 내건 혁명적 농민조합운동은 1930년대 전반 급속히 파급되었는데, 이 운동에 연루되어 검거된 농민만도 1만 5천 내지 2만 명에 달하였다. 함북 명천농민조합(1934~37)의 경우 세 차례에 걸친 검거사건으로 인해 검사국에 수리된 인원만도 천여 명에 달할 정도로 투쟁이 격렬했다. 혁명적 농민조합운동은 농민운동 내부에 노동자계급 중심사상, 즉 빈농우위 원칙에 기초한 혁명주의를 관철시켰으며, 많은 활동가들을 배출하여 해방 후 인민위원회 조직의 밑거름이 되었다.

전시농촌통제와 공출거부

중일전쟁 이후 일제는 군수식량 확보를 위해 식량증산정책을 실시하였으나, 전쟁의 장기화와 전황 악화로 식량생산을 위한 조건은 점점 더 열악해졌다. 전쟁터와 군수공장으로 다수의 인원을 동원함으로써 비롯된 농업노동력의 부족, 비료생산의 감소와 공급부족, 노동력 부족으로 인한 휴경지의 증가 등으로 식량증산정책은 소기의 성과를 거둘 수 없었다. 일제는 농업노동력 부족에 대응하여 공동작업반을 설치하고 부인 및 학생 · 아동까지 농사일에 강제 동원하였고, '황국농민도皇國農民道'의 주입을 통해 농민들의 생산의욕을 고취하고자 하였다. 그러나 일제의 강제와 독려에도 불구하고 노동력부족과 생산의욕 감소로 인한 전반적인 경지면적의 축소로 쌀의 생산량은 오히려 감소하였다.

식량 증산에 실패한 일제는 1943년 후반기부터는 식량의 증산보다는 내핍과 강제적 동원 및 수탈에 의존하게 되었다. 미곡 및 각종 농산물과 가마니 등 농산가공품에 대한 공출 할당량은 너무 무거워서 농민들은 노동력 재생산을 위한 취침 및 식사, 휴식시간마저도 확보할 수 없는 고된 노동으로 내몰리게 되었고, 쌀밥은커녕 콩깻묵, 산야초山野草 등으로 끼니를 연명해야 했다. 과도한 공출과 부족한 생필품 배급으로 농민의 생활은 파탄지경에 이르렀다. 가혹하게 몰아치는 식량공출에 대항하여 대다수의 농민들은 모든 방법을 다하여 공출에 저항하였고, 일제는 경찰과 관공리를 동원하여 가택수색까지 하며 이를 적발하고자 하였다. 식량 공출문제로 인한 일제와의 대립 속에서 농민들 내부에는 반관反官 · 염전厭戰사상이 만연해 갔다.

3. 청년 · 학생운동

청년단체와 학생회의 결성

근대적 교육기관의 확산으로 청년 · 학생층이 증가하고, 이들이 3 · 1운동과 민족주의운동, 사회주의운동의 영향 아래에서 사상적으로 자각하면서 조직적인 청년 · 학생운동이 성장하기 시작하였다. 1919년 이후 각지에서 청년단체와 학생조직이 급속히 증가하였다. 청년단체의 경우, 초기에는 지방유지나 명망가들에 의해 결성되어 주로 수양 · 계몽 활동에 주력하였으나, 곧 사회주의의 영향을 받은 혁신청년들이 등장, 이들이 청년회를 장악하면서 청년회 운동의 주도권은 이들에게 넘어갔다. 1924년 결성된 조선청년총동맹은 혁신청년회들의 결집에 의한 것이었다. 하지만 1920년대 청년회의 활동은 청년대중의 현실적인 운동보다는 청년들의 의식화 내지 계몽의 차원에 한정됨으로써 사상단체의 틀을 벗어나지 못하였다.

한편, 각 학교의 독서회 등을 기반으로 조직되기 시작한 학생조직은 1920년대 중반 계몽운동을 중심으로 한 조선학생회와, 사회주의의 영향력하에 조직된 조선학생과학연구회가 양립하였다. 학생단체들은 광주학생운동을 비롯한 학생운동에 직 · 간접적으로 간여하였지만, 전체 학생운동을 조직적으로 지도해나갈 수 있는 역량을 갖추지는 못하였다. 이러한 한계 때문에 광주학생운동 당시 전국 학생들의 시위나 맹휴도 고립분산적 차원에서 전개될 수밖에 없었다.

동맹휴교와 광주학생운동

동맹휴교는 학생들의 일상적인 투쟁 형태로, 일정한 요구조건을 내걸고 이를 관철시키기 위하여 등교거부 · 수업거부 · 농성 등을 행하는 것이다. 주로 교육환경의 미흡함과 민족 차별적인 일본인 교사들의 언사를 문제 삼아 일어났던 동맹휴교는 1920년대 중반 이후 사회주의 독서회 · 비밀결사 등의 가담으로 그 양상이 크게 변화하였다. 이전의 비조직적이고 즉흥적이던 모습에서 벗어나 보다 조직적인 모습을 보였고, 학내문제에 국한되지 않고 조선어 사용, 식민지교육 반대까지도 시야에 넣어 포괄적으로 문제를 제기하였다.

1929년 광주학생운동은 이러한 1920년대 동맹휴교의 축적된 경험에 기초하여 전개된 대표적인 학생운동이다. 이 운동은 1929년 10월 나주역 앞에서 조선인 학생과 일본인 학생 간에 일어난 충돌로 인해 발생하였다. 11월 3일 광주에서 조선인 · 일본인 학생들 간의 충돌이 있은 뒤, 장재성은 광주 학생들의 시위를 반일운동으로 이끌었고, 조선청년총동맹측은 이를 전국적인 학생 시위로 확대시켜 나갔다. 광주 학생들의 시위에 호응하여 전국 각지에서 학생들은 일본제국주의 타도, 민족해방만세와 같은 슬로건을 내걸고 가두시위를 전개하거나 동맹휴학을 단행하였다. 이 운동에 참여한 학교는 간도지역까지 포함하여 320개 교에 달했으며, 참여 학생 수는 5만 4천여 명에 달하였다. 조선인 학생 10명 중 1명은 이에 참여했던 셈이다.

1930년대에는 노농계급에 기초한 민족해방운동이 강조되면서 청년학생운동도 크게 변화하였다. 조선청년총동맹은 해소되어 노동조합의 청년부로 재편되었고, 학생운동은 사상학습을 통해 자질을 갖춘 운동가를 배출하여 노농운동에 투신시키기 위한 소수 정예의 비밀결사의 조직에 주력하였다. 그러나 이러한 방향전환은 청년 · 학생운동의 독자성을 상실케 함으로써 청년 · 학생운동은 이후 침체의 길을 걷게 되었다.

전시동원과 학생들의 저항

중일전쟁 이후 일제는 전쟁수행을 위해 극단적이고 폭력적인 인적 · 물적 수탈을 자행하였다. 1943년 시행된 학도지원병제와 1944년 시행된 징병제로 말미암아 청년학생층은 군사동원의 주된 피해자가 되었다. 뿐만 아니라 학생들에 대한 인력동원도 극심해져서 전쟁이 막바지에 다다른 1945년 4월부터는 중등학교 이상 학교의 경우, 아예 수업을 폐지하고 학생들을 모두 비행장 건설 등에 강제 동원하였다.

일부 학생들은 황민화교육의 영향하에 체제 순응적인 태도를 취하였지만, 전쟁이 막바지에 다다를수록 일본이 패전하고 민족해방의 시기가 도래할 것이라는 인식이 광범하게 유포되면서 청년 · 학생층의 저항도 증가하였다. 1930년대 초반 이후 감소해가던 '학생사상범죄'사건은 1940년 무렵부터 다시 증가하였고, 학도지원병제에 반대하여 학교를 결석 혹은 퇴학하거나, 징병을 거부하여 도주하는 청년 · 학생들의 수도 급격히 증가하였다. 나아가 적극적으로 반일투쟁에 나서는 학생들도 늘어나 일본의 패전을 예견하고 이를 민족해방의 결정적 시기라고 인식하면서 비밀결사를 조직하고 산속에 들어가 소규모 무장부대를 만들거나, 군용열차 폭파나 친일파 고관 및 일본인에 대한 암살을 계획하거나, 혹은 국외운동에 합류하기 위하여 집단적으로 국경을 넘어가기도 하였다. 해방 직전 청년 · 학생층의 이러한 저항 경험은 해방 후 민족국가 건설을 위한 운동으로 이어지게 된다.

4. 여성운동

여학교 설립운동과 신여성의 출현

한말 이래 여자도 사람이며, 나라가 부강해지기 위해서는 여성에게도 교육이 필요하다는 인식이 광범하게 유포되면서 여성교육이 점차 보급되어 갔다. 특히 1900년대 구국운동의 일환으로 활발히 전개된 여학교 설립 운동으로 전국에 상당수의 여학교가 설립되어, 여학생들이 배출되었다. 학교에서 신교육을 받은 이들 여성들은 '신여성'이라 불리면서 사회적인 관

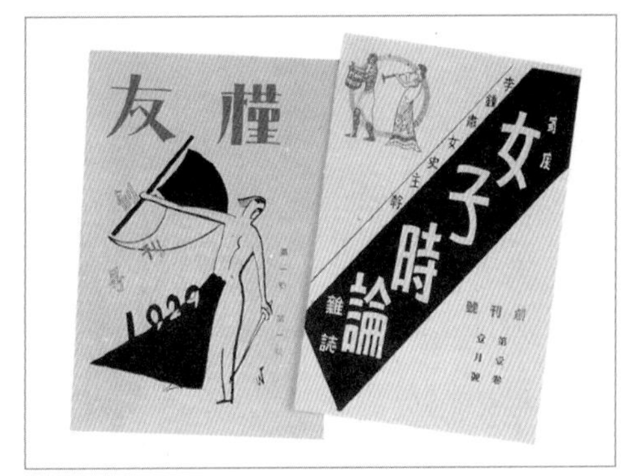

여성들의 민족의식 고취와 권익보호를 위해 창간된 『여자시론』과 『근우』(1920)

심을 모았다. 여성해방에 대한 본격적인 주장은 이들 신여성에 의해서 제기되었다. 미국 · 일본 · 중국 등지에서 유학하거나 신식교육을 통하여 서구의 여성해방론을 수용한 신여성들은 조선 여성들에게 가해졌던 봉건적인 굴레와 억압, 구습에 대해서 맹렬히 비판하였다. 이들은 남성우월주의와 가부장적인 성도덕체계를 부정하고, 여성의 경제권 · 교육권, 나아가 자유연애 · 결혼을 옹호하였다. 신여성들의 여성해방론은 3 · 1운동 이후 언론 출판의 자유가 다소 보장되었던 1920년대의 시대적 흐름과 맞물려 점차 확산되었다. 〈여자시론〉, 〈신가정〉, 〈신여자〉, 〈여자계〉, 〈신여성〉 등 여성잡지의 발간과 여성단체들의 조직은 이 시기 여성해방론의 전파에 커다란 역할을 하였다.

여성단체의 결성과 근우회

3 · 1운동 이후 신여성들을 중심으로 여성운동을 목적으로 한 여성단체들이 결성되기 시작하였다. 1920년대 초반 여성운동단체는 사상에 따라 민족주의단체와 사회주의단체로 양분되었다. 기독교를 중심으로 한 민족주의 여성운동은 1922년에 조직된 조선여자기독교청년연합회(YWCA)를 중심으로 활동하였고 교육 · 계몽을 통한 여성지위 향상을 목표로 하였다. 이에 비해 사회주의 사상에 영향을 받은 여성들은 계급투쟁을 통한 노동여성의 해방을 기치로 내걸고 여성노동운동을 지원하였는데, 이들은 1924년 조선여성동우회를 결성하였다.

근우회의 창립총회 장면

사상에 따라 분립되어 있던 여성운동계는 민족주의자와 사회주의자의 협동전선론이 고조되던 1927년 근우회의 결성으로 서로 결

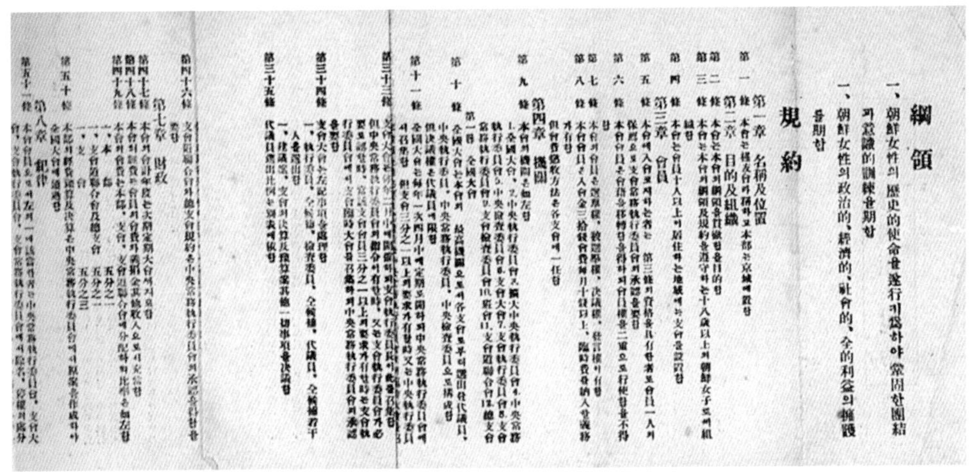

綱領

一、朝鮮女性의 歷史的使命을遂行키爲하야 鞏固한團結과意識的訓練을期함

一、朝鮮女性의 政治的、經濟的、社會的、全的利益의擁護를期함

規約

第一章 名稱及位置

第一條 本會는槿友會라稱하고本部는京城에置함

第二章 目的及組織

第二條 本會는本會의綱領을貫徹함을目的함

第三條 本會는本會의綱領及規約을遵守하는十八歲以上의朝鮮女子로써組織함

第四條 本會는會員十人以上이居住하는地域에는支會를設置함

第三章 會員

第五條 本會에入會코저하는者는 第三條의資格을具有한者로會員一人의保證으로支會常務執行委員會의承認을要함

第六條 本會會員은會籍을移轉함을得하되會員權을二重으로行使함을不得함

第七條 本會會員은選擧權、被選擧權、決議權、發言權이有함

第八條 本會會員은入會金三拾錢會費每月十錢以上、臨時費를納入할義務가有함

但會費徵收方法은各支會에一任함

第四章 機關

第九條 本會의機關은如左함

第七章 財政

第八章 紀律

근우회의 강령과 규약(1927)

합하게 되었다. 근우회는 우리나라 최초의 전국적 여성조직으로 이 단체를 통해 여성운동은 한 단계 도약하였다. 1930년까지 모두 64개의 지회가 조직되었고, 회원은 1931년 당시 6천여 명에 달했다. 근우회는 교육의 성적차별 철폐, 여성에 대한 사회적 · 법률적 · 정치적 차별 철폐, 조혼폐지 및 결혼 · 이혼의 자유, 인신매매 및 공창폐지, 여성노동자에 대한 임금차별 철폐 및 탁아소 설치 등의 내용을 골자로 하는 행동강령을 제시하고, 지방순회강연, 토론회, 부인강좌, 야학 등을 개최하면서 활발히 활동하였다. 그러나 간부진의 검속, 운동노선에 관한 민족 · 사회주의자 사이의 갈등 등의 문제로 활동이 위축되면서 결성된 지 4년 만에 해소론이 제기되어, 결국 흐지부지 사라지고 말았다. 근우회 해산 이후 1930년대에는 여성운동은 노농운동의 부문운동으로 흡수되어 버리거나 일제에 협력적인 여성운동으로 전락하고 말았다.

5. 형평운동

백정에 대한 신분차별

백정은 조선시대에 가장 천대받은 계층이었다. 전통적으로 도살과 고기 판매, 가죽 다듬기, 고리 제품을 만들어 파는 일에 종사하여 온 백정들에 대한 사회적 차별은 생활 전반에 걸친 것이었다. 백정들은 일반 사람들의 거주 지역 밖에 집단 거주하도록 강제되었으며, 호적에도 등재되지 못하였다. 더욱이 공공장소에서 일반인들과 함께 어울릴 수 없었고, 그들과 함께 술을 마시거나 담배를 피울 수도 없었다. 또한 백정은 기와집에서 살 수 없었으며, 상투를 틀거나 두루마기를 입을 수도 없는 등 옷차림이나 두발 등에서도 차별을 당하였다. 1894년 갑오개혁으로 백정들은 법적으로는 해방되었으나 사회적인 편견과 차별은 여전히 남아 있었다. 일제는 백정을 호적에 등재하면서 본적란에 '도한屠漢'이란 붉은 글씨를 기입함으로써 이들에 대한 차별정책을 유지하였다. 백정의 자녀는 공립학교에 입학할 수 없었으며, 사립학교에 들어가더라도 신분이 밝혀지면 퇴학당하기 일쑤였고, 학교를 졸업한 후에도 공직에 들어가지 못함은 물론, 일반회사에 취직하기도 어려웠다.

조선형평사의 결성과 형평운동

백정들에 대한 차별적 관행에 저항하여 1923년 4월 진주에서 처음으로 형평사衡平社가 조직되었다. 백정들의 열렬한 성원과 진보적인 지식인, 사회운동가들의 적극적인 지지에 힘입어 형평운동은 전국적으로 확산되었고, 형평사 조직은 중부 이남지역을 중심으로 급속히 확대되었다. 창립 초기 활동방향과 내용을 둘러싼 견해차이로 온건한 진주파와 개혁적인 서울파가 서로 대립하기도 하였으나, 이를 극복하는 가운데 운동은 더욱 활성화되었다. 형평사의 활동은 백정에 대한 편견 및 차별 철폐와 인권

신장에 역점을 두면서, 사원社員 교육을 위하여 야학, 강습소 등의 교육기관을 설치하고 취학을 권장하였으며, 사원 계몽과 지식 함양을 위하여 공개강좌를 열고, 잡지나 신문의 구독을 권장하기도 하였다. 또한 전통 산업의 경제적 권익을 보호하고 신장시켜주기 위하여 도부 임금 인상, 고기 값 자율 책정, 건피장 공동관리, 가죽의 공동 구매 등을 추진하였으며, 산업별 조합 결성이나 회사 설립 등을 모색하기도 하였다.

형평사 제6회 정기대회 포스터

형평운동은 사회적으로 지속되어 온 백정 차별을 없애는 데에 크게 기여하였다. 형평운동이 시작된 지 10년이 지난 1930년대 초 백정 차별은 적어도 제도적인 면에서는 많이 사라지게 되었다. 관청의 호적이나 학적부에 기록되었던 백정신분 표시는 공식적으로 철폐되었고, 백정 자녀들의 학교 입학도 허용되었다.

반형평운동과 형평운동의 변질

백정들이 인권평등을 내걸고 형평운동에 나서자 이에 불만을 품고 반대하는 움직임도 동시에 일어났다. 이른바 반형평사건의 대부분을 차지하는 것은 평민과 백정 사이의 충돌로, 그 원인은 평민층의 뿌리 깊은 신분의식에 있었다. 반형평사건에 가담한 평민들은 형평운동을 양반이 되려고 하는 '양반운동'이라 간주하고 백정들의 형평운동으로 인하여 자신의 사회적인 지위가 한 단계 내려갈 것이라 생각하며 분개하였다. 반형평사건은 봉건적 사상관습이 많이 남아 있던 삼남지역에서 빈번하게 발생하였다. 반형평운동 참여자들은 형평사나 사원들 소유의 건물이나 시설물을 파괴하고, 사원들에게 집단으로 폭력을 가하였으며, 고기불매운동 등 여러 방법으로 형평사원들의 경제활동을 봉쇄하려고 하였다. 수백 명 이상의 일반인들이 동원되어 형평사원과 대치, 난투극으로 발전한 경우도 있었다. 반형평사건에 대하여 형평사원들은 동맹파업과 사건 조사위원 및 결사대 파견 등으로 맞섰으나, 일제는 방관 내지 묵시적으로 반형평운동에 동조하는 태도를 취하였다. 일제는 형평운동을 사회주의 색채가 있는 운동으로 간주하고 감시 탄압하였다. 결국 1931년 해소론 논쟁과 1933년 전위동맹 사건을 겪으면서 형평사의 활동은 급격히 퇴조하였고, 1935년 형평사가 대동사로 전환, 사실상 형평운동은 막을 내렸다. 대동사는 경제적 이익만을 추구하는 이익단체에 지나지 않았으며, 일제말기에는 비행기를 헌납하는 등 일제의 부역 단체로 전락하고 말았다.

● 읽기자료

1. 「조선방직의 3천여 아가씨를 찾아, [돈벌이 좋다]고 그 누가 하더뇨, 수입은 적고 과도한 노동에, 어엽뿐 얼골이 창백해갈 뿐」(『조선중앙일보』 1936년 7월 2일, 3일)

(상략) 우렁차게 돌아가는 기계와 날카롭게 휘둘으는 감독자의 눈살 밑에서 백도에 가까운 열도에 먼지가 섞인 공기를 호흡하며 침침한 공장 속에서 뼈가 아프고 살이 닳도록 일하는 여공들은 대개가 16,7세의 아릿다운 처녀들과 10세 전후에 젊은 여인들인데 그 대다수가 각지 농촌에서 모집되어 온 사람으로 그중 특히 경북 등지의 사람들이 많다는 것이며 정든 고토와 부모형제를 떼치고 천리타향의 외로운 신세로 '부산방직 돈버리 좋다'는 소문을 듣고 와 있는 그들의 수입은 과연 얼마나 되는가? 그러나 놀라지 말지어다. 처음 들어온 여공들은 하로에 15,6전이 최고로, 6,7년을 이 속에서 늙고 시달린 숙련공이래야 최고 3,40전이라 하니 이 얼마나 근소한 수입인가. 그러면 15,6전의 일급으로 어떻게 살어가겠느냐는 의문을 누구든지 가질 수 있을 것이다. 그 적은 수입으로 호구만은 하야 갈 수 있는 방법이 있으니 그것은 곧 사내기숙사라는 것이 있어 그 구조를 보면 6,7조식이나 되어 보이는 적은 방들이 즐비하게 연하야 있어 한간에 평균 십수명식을 수용하고 문간에는 수위가 교대로 번을 서 있으며 사감의 날카로운 시선은 부절히 그들의 행동을 살피고 있어 극히 자유를 제한한다는 것이다. 그리고 먹는 음식 역시 한 공기(보통공기만한)남짓이 드는 양철그릇에 보리와 값싼 쌀로 지은 밥(증기로 쪄서)과 김치쪽이 그들의 정식이라 한다. 그나마 아침은 너무나 일으고 점심은 먹을 시간이 모자라며 저녁은 왼 종일 시달려 기진하야서 옳게들 먹지 못하고 그적은 양의 밥도 남긴다고 한다. 그리고 한 달 식비는 4원 20전이라고 하니 (중략) 그들의 정경을 능히 짐작할 수 있는 것이다. 그리고 쉬는 시간일지라도 일요일 외에는 외출을 불허하며 일요일이라도 상당한 연조와 신용이 있는 여공이 아니고는 사정의 여하를 불구하고 절대 불허라 한다. 노동시간이 이렇게도 지루하고 먹는 음식물이 이 모양이니 그들의 영양과 건강은 보지 아니 하야도 가히 짐작되거니와 (중략) 얼굴빛은 마치 중병이나 앓고 난 사람처럼 창백한 빛이 가로질리여 있으며 신체는 쇠약하야저서 요지음 같이 더운 철에는 간간이 졸도하는 직공도 비일비재이라 한다.(중략) 게다가 공장 내의 독특한 규정이 엄중이 제정되여 있어 조곰이라도 위반되는 일이 있으면 연약하고 쇠작한 그들의 몸에는 때로 잔인한 매질까지 가하는 일이 없지 않다고 하니 이 얼마나 애처러운 정경이랴.(하략)

2. 진주노동자대회(소작인대회)의 결의사항 (조선총독부 경무국, 1922, 『조선치안상황』 89~90쪽)

1. 종래의 지정소작료指定小作料[정조定租]를 폐지할 것.

2. 소작료는 생산의 절반분배折半分配 할 것.

3. 지세 및 부가세는 지주부담으로 하며 고藁[짚]는 그 전부를 소작인의 소득으로 할 것.

4. 소작료의 운반은 지주의 소재지 1리 거리 내에서는 소작인 부담으로 하고 1리 이상부터는 지주 부담으로 할 것.

5. 지주 및 마름舍音 등에 물품 증여의 습관은 전폐할 것.

6. 지주에 대한 무상노역을 전폐할 것.

7. 물세를 전폐할 것.

8. 소작료 취득에는 두개斗槩[평미레]를 사용할 것.

9. 본 결의사항에 위반하는 자는 상호보조를 하지 아니하며 단교할 것.

10. 본 결의실행 및 조사를 위하여 공제회 지회 내에 조사위원 20명을 두어 각 면을 순회케 하고 소작인 대 지주 간에 입회하여 실행케 할 것.

11. 지주로서 본 결의사항을 반대하거나 무과실의 소작인으로부터 소작지를 빼앗는 자와는 단교 배척할 것.

12. 본 결의는 금년도 추수기부터 실시할 것.

3. 광주학생운동 당시의 격문 (경북 영주 공립보통학교에서 살포. 광주학생독립운동동지회, 1974, 『光州學生獨立運動史』 179~180쪽)

경애하는 전조선 피압박 계급 제군이여! 일본 제국주의의 무법한 정치와 횡포한 조선총독정치는 어디까지나 전 조선 민족의 피를 착취하는 데 한 순간도 쉬지 않고 있다. 보라! 그들의 군벌, 동척東拓, 불이不二, 각 은행 등은 금융을 통하여 우리 2천 3백만 민족의 생명 재산을 탈취해 가고 있지 않는가! 우리 3 · 1운동 당시 수만의 동포를 학살한 것을 비롯하여 불과 같이 일어난 노동자의 파업, 농민의 폭동, 학생의 맹휴, 사회단체의 집회 등을 얼마나 유린하고 우리의 전위를 검거 학살해가고 있는가를! 용감한 학생 청년 제군이여! 그 밖에도 최근 광주학생사건을 중심으로 하여 전국적 300여 교 10만의 학생들이 벌써 2개월에 걸쳐 자유를 부르짖는 만세소리는 전조선 피압박계급을 위해 또는 세계평화를 위해 정당한 부르짖음임에도 불구하고 그들은 수천의 어린 학우들을 검거하고 또 야만적 혹형을 가하고 있지 않는가! 피끓는 용감한 학생제군이여! 일어나라! 자유를 획득할 기회는 왔다. 우리들의 활동할 때도, 또한 모든 결함과 불평불만을 배제하고 혁명을 일으키는 것도 이때다. 학생 청년 교원 제군이여! 우리는 공장, 농촌, 어장, 광산, 학교로 몰려가서 우리들의 슬로건을 철저히 관철할 것을 기약하자!

4. 「입장학술강습회의 부락민학생차별사건(1)」 (조선일보 1924.8.15)

입장면 학술 강습회 보통민 학생들은 동 강습회 교원 ○○○를 늘 배척하여 오든 바, 그 선생 배척운동으로 동맹휴학을 하려고 그 이유서에 공교스럽게 ○○○선생에게는 절대로 교수를 받을 수 없으며, 또한 천한 백정 학생과 한 자리에서 공부할 수도 없으므로 우리는 동맹 휴학한다는 것을 써서 학교에 제출하고 이에 동맹 휴학을 하였다. 학교 당국자의 하나인 조상진은 (중략) 그 후 부락민 학생 전부를 일 학급 방에다 가두어 놓고 그 강습소 교원 ○○○을 명하여 수직하게 한 후 보통민 학생들만을 교실에 모아놓고 (중략) 그 강습회 교장인 송명한씨가 (중략) 백정에게 무슨 동등 권리가 있는가. 지금 세상이 이렇게 되니까 한 자리에 앉아 공부한다는 말을 하였나. (중략) 이에 형평사 간부들은 이미 이 소문을 듣고 서로 위문하려고 모였던 사원들과 함께 결의문을 만들어 가지고 실행위원을 선정하여 곧 행하기로 하였다. (중략) 그 사건이 생기던 날 그곳 경찰 주재소의 알선으로 부락민 학생들은 여전히 학교로 갔더니 보통 학생들은 그런 천한 백정의 자식과 한 자리에서 공부할 수 없다고 걸상을 들고 따로 앉는 등 (중략) 이에 선생에게 호소를 하였더니 선생의 대답이 너희들이 공부하러 오지 아니하고 동등 대우 받으러 왔느냐, 그렇거든 너희들끼리 따로 가서 공부하라고 하였다 한다.(하략)

● 참고문헌

김경일, 1992『일제하 노동운동사』, 창작과비평사

지수걸, 1993『일제하 농민조합운동연구-1930년대 혁명적 농민조합운동-』, 역사비평사

김중섭, 2001『형평운동』 지식산업사, 2001

전경옥 · 유숙란 · 이명실 · 신희선, 2004『한국여성근현대사 ①: 한국여성정치사회사』, 숙명여대 아시아여성연구소

이기영 지음, 이상경 책임편집, 2005『고향 : 이기영 장편소설』,문학과지성사

이상의, 2006『일제하 조선의 노동정책 연구』, 혜안

김경일, 2007『이재유 나의 시대 나의 혁명- 1930년대 서울의 혁명운동』,푸른역사

김재영, 2007 『일제 강점기 형평운동의 지역적 전개』, 전남대 박사학위논문
이송순, 2008 『일제하 전시 농업정책과 농촌 경제』, 선인
정병욱, 2013 『식민지 불온열전: 미친 생각이 뱃속에서 나온다』, 역사비평사
김성민, 2013 『1929년 광주학생운동』, 역사공간
이기훈, 2014 『청년아 청년아 우리 청년아: 근대, 청년을 호명하다』, 돌베개

제14장 식민지의 일상

말깨나 하는 놈 재판소에 가고
일깨나 하는 놈 공동산共同山 가고
아이깨나 노을 년 갈보질 가고
목도깨나 멜 놈은 일본 가고

볏섬이나 나는 전토는 신작로 되고요
말마디나 하는 친구는 감옥소로 가고요
담뱃대나 떠는 노인은 공동묘지 가고요
인물이나 좋은 계집은 유곽으로 가고요

쓸만한 전답은 신작로 되고
얼골 고흔 딸년은 신마찌 가고
살림깨나 살 년은 공장에 간다

— 각지 아리랑

〈연표〉

1913.	11.	의사규칙, 치과의사규칙, 의생규칙 공포
1914.	1.	호남선 철로 개통
1919.	7.	콜레라 대유행
1920.	3.	김일엽, 최초의 여성잡지 『신여자』를 발간
1922.	10.	부산생활개선회 조직
1924.	4.	YMCA에서 농구, 야구경기 개최
1925.	7.	장티푸스 창궐
1926.	9.	나운규, 영화 아리랑 제작
	11.	경성방송국 개국
1934.	8~9.	나혜석, 「이혼고백장」『삼천리』에 발표
1935.	10.	최초의 우리말 발성영화 "춘향전" 상영
1936.	5.	도화동 주민, 분뇨 수거 태만 항의

1. 식민지의 사람들

인구변화

일제 시기 인구는 1943~44년의 기간을 제외하고는 꾸준히 증가하였다. 1910년 대략 1,740만 명에 불과하던 인구는 1945년에는 2,530만 명이 되었다. 이러한 인구증가는 출생률 증가보다는 의학의 발달과 우두 접종, 위생의 개선에 따른 사망률 감소에 의한 것이다. 출생률에 주요한 변수가 되는 평균 초혼연령은 1925~40년 사이 16.6~17.8세였으며, 절대다수의 여성이 15~19세 사이에 혼인했다. 그러나 점차적으로 조혼의 경향은 감소하여 경성지역의 경우 15~19세 조선인 여성의 미혼율은 1925년 52.0%였던 것이 1935년에는 72.2%로 증가했다. 같은 기간 농촌도 26.0%에서 35.3%로 늘어났다. 도시의 초혼연령이 증가한 것은 도시로 이출한 미혼집단의 경우 일정한 경제적 능력이 생긴 뒤에야 혼인할 수 있던 상황과도 관계된다. 여성들은 혼인한 뒤 약 6명의 아이를 출산했으나, 출산한 아동의 적어도 약 1/4은 돌이 되기 전에 사망했다.

한편, 자연 증가에 의한 인구 증가의 효과를 거의 상쇄할 정도로 엄청난 인구가 해외로 유출되었다. 총 327만 명에 이르는 인구가 정치적이거나 경제적인 이유로 일본, 만주, 중국 본토, 러시아 등의 지역으로 이주하였다. 대부분의 해외이주자들이 향한 곳은 만주와 일본이었다. 전시동원체제로 접어든 1930년대 후반부터는 일제에 의해 강제 동원된 노동자 · 군속 · 군인 · '군위안부'가 해외 유출 인구의 대다수를 차지하였다. 최소 2백만 명 이상이 이 시기에 일본 및 일본의 점령지로 강제 동원되었던 것으로 추산된다. 불과 5~6년 동안 전체 인구의 10%에 가까운 대규모의 인구가 해외로 유출됨으로써 1944년에는 일제 강점기에 처음으로 전년보다 인구가 줄어드는 현상마저 나타났다.

직업별 인구구성의 변화

여성의 새로운 직업
가이드 걸, 버스 걸, 티켓 걸
(『여성』 1938년 3월호의 삽화)

일제 말기까지도 조선사회는 농림업이 70%를 넘는 농업사회였다. 그러나 1920년대 후반 이래 화학, 방직 등의 업종을 비롯, 공업 부문이 성장하면서 직업구조가 조금씩 변화해갔다. 1917년 84%에 달하던 농업인구는 1942년 68%로 감소하였다. 농업인구의 70~80%는 빈농으로 가난한 소작농이나 일용노동자였다. 광공업 인구의 비중은 1917년 2%에서 1942년 6%로 증가하였다. 이 분야 인구의 대다수는 영세한 가내공장이나 비교적 규모가 큰 공장, 광산 등에 고용되어 있던 노동자들이다. 상업 및 교통업 종사자는 1917년 5%에서 1942년 8%로 증가하였는데, 가사사용인, 상점의 점원, 음식점의 하인이나 하녀, 인력거꾼이나 지게꾼, 마차꾼 등이 큰 비중을 차지하였다. 공무자유업은 총독부 관공리, 금융조합 등 공공기관 근무자, 경찰, 교사 등 비교적 상층에 속하는 직종으로 조선인은 소수에 불과하여 많을 때도 3%에 불과하였다.

♣해설 | **'직업여성'의 등장**

여성노동에 대한 사회적 수요가 증가하면서 의사, 교원, 기자 등 전문직에서부터 예술가, 사무직, 서비스직, 노무직 등에 이르기까지 이른바 '직업여성'이 다양하게 나타났다. 교육받은 여성들이 활동한 주요 무대는 교육, 의료, 언론 등 전문직이었고, 빈곤층의 여성들은 공장 노동자가 되어 제사 · 방직 · 정미 · 고무공업 같은 근대적 공장이나 영세한 공장에서 일하였다. 1920년대부터 밀려들어 온 새로운 도시문화의 형성은 여성으로 하여금 새로운 직업군을 형성하도록 했다. 극장에서 표를 팔던 티켓걸, 차장인 버스걸, 엘리베이터걸, 바걸 뿐만 아니라 운전수나 비행사를 직업으로 가진 이들도 생겨났다. 그 밖에도 공사장의 잡업에 종사하는 인부, 전통사회에서 계속 이어진 직종으로 행랑어멈, 안잠자기, 침모, 식모, 유모 등도 존재하였다. 특히 식모로 대표되는 가사사용인은 많은 여성이 진출한 직종 중의 하나였다.

재조선 일본인

1915년 30만 명 정도였던 재조일본인 인구는 1930년 52만, 1940년 70만 명 정도로 증가하여, 총 인구의 2~3%를 차지하였다. 인구의 대다수를 점한 조선인들이 대부분 농촌에 거주하였던 데 비해, 재조일본인은 대부분 도시에 거주하였다. 재조 일본인 중 농업종사자의 비중은 1942년 현재 3%에 불과하였던 데 비해, 광공업인구는 20% 이상을 차지하였고, 상업 및 교통과 공무자유업의 비중은 매우 높아, 1942년 상업 및 교통업은 25%, 공무자유업은 39%를 차지하였다. 광공업 및 상업에 종사했던 조선인이 대부분 노동자나 점원, 심부름꾼이었던 반면, 일본인은 사업주의 비율이 높았다. 공무자유업 종사자의 경우 많을 때도 3%에 불과했던 조선인에 비해 재조일본인은 최대 42%에 달하였다. 조선에 와 있던 일본인 10명 가운데 4명은 공무자유업에 종사했던 셈이다. 이는 일본의 식민지 지배방식이 조선인을 통한 간접 지배 방식이기 보다는 일본인들에 의한 직접 지배의 방식이었다는 점을 웅변해준다. 1937년 현재 도시인구의 18%인 일본인이 도시 조세액의 58%를 부담하고, 80%의 조선인은 겨우 40%를 부담할 정도로 조선인과 일본인 간의 경제력 차이는 컸다.

2. 신여성의 출현과 가정생활의 변화

신여성의 출현

전통과 근대의 문화가 서로 충돌하며 갈등이 고조되었던 식민지 하 조선에서 '여성'은 그 변화와 갈등의 정점에 있었다. 교육받은 여성의 증가와 자본주의화에 따른 직업여성의 등장으로 가정 내에만 머무르던 여성들은 점차 규문閨門 밖에 나서게 되었다. 단발머리와 뾰족구두, 통치마로 상징되는 새로운 스타일의 여성들은 '신여성'이라 불리며 전통적인 삶의 방식을 그대로 유지했던 '구여성'과 대비되어 세인들의 관심을 끌었다. 신여성의 새로움은 단순히 외모에만 국한된 것은 아니었다. 신식교육을 통해 새로운 사상과 이념을 수용하고 여성으로서의 자아를 자각하였던 신여성들은 그동안 여성에게 가해졌던 봉건적 굴레와 억압, 구습으로부터 탈피할 것을 주장하며, '구여성'과는 전혀 다른 새로운 여성상을 제시하였고, 스스로의 삶에서 자신의 이상을 실현하고자 하였다. 그러나 여전히 봉건적인 관습에 사로잡혀 있던 당시 사회에서 이러한 신여성들의 모습은 용인되기 힘든 것이었고 그만큼 반발도 컸다. 신여성들의 주장과 행동은 어설프고 무자각한 것으로 치부되며 사회적으로 매도되곤 했다.

신여성에 대한 사회의 시선을 잘 보여주고 있는 나혜석의 만평(『신여자』 2, 1920.4)
"저것이 무엇인고"라는 제목 아래, 신여성을 가리키며 두 양반이 말한다. "저것이 무엇인고? 시속양금이라던가? 앗따, 그 계집애, 건방지다. 저것을 누가 데려가나?" 어느 청년은 이렇게 큰 걱정을 한다. "고것 참 이쁘다. 장가나 안 들었더라면…. 맵시가 동속양뜨는 구나. 쳐다나 보아야 인사나 좀 해보지."

♣ 해설 | '신여성'의 의미

'신여성'의 의미는 사회의 변화에 따라 매우 다양하게 변해왔다. 억압적이고 부당한 가부장적 질서를 부수고, 근대사회를 이끌어 갈 새로운 주체라는 긍정적인 의미로 인식되었던 신여성은 1930년대에는 가족에 헌신하는 '구여성'에 대비되어 사치와 허영에 들떠 육아와 가사노동을 게을리하는 부정적인 존재로서 비난받기도 하였다. 신여성과 대비되는 '신남성'이란 용어가 없었다는 점에서, 신여성에 관한 담론은 가부장적 기준 하에서 여성을 신·구로 분리해 재배열하고, 신여성을 다시금 가부장제로 편입시키려는 남성적 시선을 반영한 것이라 할 수 있다. 현모양처 이데올로기가 일상에 침투하게 된 1930년대에 들어서면, 신여성은 선구자라기보다는 가사의 합리화를 수행하는 사람으로서 가부장제 내로 흡수되고, 선구자로서의 의미도 퇴색되었다. 그 자리를 대신하며 등장한 '모던 걸'은 교육을 받은 여성이라기보다는 다방, 영화, 레코드 등 서구 대중문화를 받아들이는 계층을 의미했고, 유행과 사치와 허영에 들뜬 존재일 뿐 의식의 선구자라는 의미는 사라지고 말았다.

『조선일보』에 실린 만평(1930.7.19)
당시 경성의 인텔리 신여성인 전문학교 여학생들이 백화점에 열광하는 세태를 풍자한 것이다.

자유연애·자유결혼과 성해방

서구의 신사상이 도래하면서 결혼관에도 변화가 생겼다. 부모가 정해 준 대로 결혼하는 '강제결혼'은 낡은 것으로 비난되었고, '자유연애 · 자유결혼'이 주창되었다. 복종과 인내만을 강요당하며 감정은 철저히 억누르도록 강요당해온 여성들에게 감성의 해방을 의미하는 자유연애 · 결혼의 실천은 더욱 매혹적인 것이었다. 하지만, 조혼으로 인해 이룰 수 없는 사랑에 번민하다 결국 현해탄에 몸을 던지고 만 윤심덕과 김우진의 경우에서 보이듯 구여성과 조혼한 지식인 남성의 현실적인 처지 때문에 기혼남과 연애에 빠진 상당수의 신여성은 정식 결혼을 하지 못한 채 비극적인 결말을 맺거나 '제2부인'이라는 어설픈 미사여구로 자신의 모습을 미화하지 않을 수 없는 곤경에 처하기도 하였다.

자유연애 사상이 널리 퍼지면서 정조관에도 변화가 생겼다. 김일엽, 나혜석 등은 여성의 인격과 개성을 무시한 '정조 이데올로기'를 봉건적인 성도덕으로 맹렬히 공격하였고, 허정숙 등 일부 여성사회주의자들은 남녀 사이에 동지애가 결핍되면 대상을 바꿀 수 있다는 콜론타이식 연애를 직접 실천하기도 했다. 축첩과 성매매가 공공연한 사회에서 남성들에게 자유연애는 일종의 유희일 수 있었던 반면, 여성들에게 자유연애와 성해방은 자신의 인생을 걸어 가부장적 억압에 도전하고 근대적 자아를 확립하기 위한 절실한 몸짓이었다.

변화하는 가정생활

1920년대 신여성의 등장과 사회개조론의 광범한 확산 속에서 '가족'은 신 · 구 충돌의 주요 무대가 되었다. 지금까지 당연시 되어 오던 대가족제도는 식구간의 의뢰성과 그로 인한 자립정신의 결핍, 개성 발전의 억압, 가정 위주 사상으로 인한 사회와 국가에 대한 관념 약화, 고부갈등을 비롯한 가정풍파를 일으키는 원인으로 지적되며 비판되었다. 그리고 이렇게 문제 많은 대가족제도를 대체하여 남편과 아내, 그 자녀만을 포함하는 소가족제도가 바람직한 가족상으로 등장하였다. 시부모와 남편에 대한 무조건적인 복종으로부터 벗어나 가정 내의 어머니, 아내라는 여성적 역할을 통해 남편과 동등한 관계를 이루어야 한다는 내용의 '현모양처'상은 이러한 근대적 가정에 어울리는 새로운 역할모델로서 교육받은 신여성층을 중심으로 적극적으로 수용되어 갔다. 그러나 부부 중심의 소가정론에 대한 반발도 적지 않았다. 가장 저항이 컸던 부분은 시부모를 모시지 않는 문제였는데, 대가족제도에 대한 무수한 비판에도 불구하고 여전히 시부모를 모셔야 한다고 생각하는 남성들이 많았고, 여성들 중에도 동조자가 적지 않았다. '구가정'을 거부하는 신여성은 자주 조롱과 비하의 대상이 되었고, 일부 지식인 남성들은 구식여성을 부인으로 두고 부모 중심의 구식가정을 유지하면서, 실제 삶에서는 신여성과 애정 중심적 신식가정을 꾸리는 전통과 근대의 이중적 가정생활이 나타나기도 했다.

3. 의식주의 변화와 생활개선운동

양장의 도입과 색복착용

대한제국기 일진회 회원들이 단발을 하고 양복을 입었기 때문에 당시만 해도 양복 착용에 대한 일반인들의 인식은 좋지 않았고 외세를 상징하는 것으로 인식되었다. 그러나 일제강점 이후 보다 많은 엘리트들이 양복을 입게 됨에 따라 일반인들의 양복에 대한 편견은 약화되어갔다. 1920년대 이후 남성들의 경우 엘리트층은 양복을 입고, 민중들은 한복을 입었던 반면, 여성들의 경우에는 소수 고관가족이나 유학생 혹은 유니폼을 입는 직업여성들이 양복을 입었을 뿐 대부분은 한복을 입었고, 신여성들도 양복이 아닌 개량한복을 입었다.

일제는 백의白衣는 비경제적이며 노동복으로 적합하지 않다는 이유로 금지하고 색의色衣를 장려하였다. 백의를 입은 사람은 면사무소 등 관공서 출입을 금지시키거나 인부 채용을 하지 않거나, 벌금을 부과하였으며, 심지어 장날 시장에서 백의를 입는 사람에게 먹물을 뿌리는 경우도 있었다. 이러한 통제에 의해 색의 착용이 늘어나기는 하였으나, 1934년에도 백의를 입는 사람은 60%에 이를 만큼 여전히 백의는 광범하게 착용되고 있었다. 일제말기에는 전시의복 통제의 일환으로 국민복을 제정하여 남성들에게 착용시키는 한편, 여성들에게는 간단복과 일본식 노동복인 '몸빼'를 권장하였다. 그러나 국민복 및 근로복을 보급하려는 일제의 노력에도 불구하고 한복은 보편적인 일상복으로서의 위치를 잃지 않았다.

식생활개선운동과 음식문화의 변화

식민지 시대를 거치면서 식생활에도 변화가 일어났다. 위생학과 영양학의 보급으로 전통적 식생활의 문제점이 지적되고 이의 개선이 지식인들에 의해 요구되었다. 개선논의는 조선인들의 과식습관과 남은 음식을 물려먹는 습관, 외상차림의 번거로움, 식사의 간소화 등 주로 식사 방식에 집중되었다. 그러나 당시 농촌의 경우 인구의 45%가 하루에 두 끼, 31%가 한 끼밖에 먹을 수 없었던 열악한 상황이었음을 고려해 본다면, 이러한 식생활 개선안은 다분히 중류층 이상의 논의였다고 할 수 있다.

도시를 중심으로 일식, 양식, 중식 등 외래적인 요소가 식생활에 직접적으로 영향을 미치며 보급되고 있었다. 우동, 소반, 탕, 튀김, 단무지, 생선회와 같은 일본음식은 인기가 있어 밥상에까지 오르는 경우도 생겨났다. 커피와 양과자와 같은 서양음식은 다방을 드나들며 서구문물을 향유했던 신식 계층에 의해 소비되었고, 만두 · 호떡과 같은 중국음식은 일반인과 노동자들에 의해 간식으로 소비되었다. 조선왕조의 몰락과 더불어 궁중음식은 상업화의 길을 걷게 되면서, 이제 돈만 있으면 언제든지 궁중음식도 즐길 수 있는 시대가 되었다. 설렁탕과 같은 토속음식의 대중화, 국수 · 탄산음료 · 왜간장 등 가공식품의 상품화, 조미료의 사용 등도 이 시기 변화된 음식문화의 특징으로 꼽을 수 있다.

주택개량운동과 주거문화의 변화

한말 이래 일본인과 서양인의 유입에 따라 일본식 · 서양식 주택들이 나타나기 시작하였다. 조선식 전통가옥은 환기와 채광이 불완전하며, 온돌이 위생에 해롭고 경제적이지도 못하며, 좌식생활은 불편하고 나태한 생활의 원인이 된다며 비판되었다.

토막민의 비참한 생활
토막민은 도시 빈민으로서 움막을 짓고 살면서 품팔이와 공장노동 등을 했다. 서울 지역에만 1930년대 후반에 만여 명의 토막민이 살고 있었다.

1920년대 후반부터는 문화주택이 등장하였는데, 문화주택이란 전통 한옥에 일본 · 서구식 주택을 절충한 것으로 식당 · 욕실 · 화장실 등을 내부에 갖춘 점이 특징이다. 문화주택은 경제력이 있는 조선인 상류층과 일본인들에 의해 채택되었지만, 온돌방을 일식의 다다미방으로 바꾼 것에 대한 거부감 등으로 오래 가지 못하고 사라지고 말았다. 중류층은 개량한옥을 선호했는데 이는 기본적으로 한옥의 형태를 취하면서도 간소하게 지어진 기와집이었다. 사랑과 문간방이 없어지고 창이 커지고 대청마루에 유리문을 달았으며 니스와 페인트를 칠했다. 개량한옥은 소규모 주택사업자들이 이른바 집장사 집을 짓기 시작한 1930년대 들어서 본격적으로 보급되었다.

1930년대 이후 도시의 인구급증으로 심각한 주택난이 초래되자, 일제는 일본식에 한국식 온돌을 가미한 간략한 평면형태의 주택인 영단주택을 보급하였다. 도시화의 진전으로 나타난 부산물은 토막土幕이다. 토막은 땅을 파고 자리조각이나 짚 · 거적때기로 지붕과 출입구를 만든 집이었다. 토막 중 조금 나은 것은 온돌을 놓은 것도 있으나, 그냥 맨 흙바닥에 자리를 까는 경우가 대부분이었다.

생활개선운동과 전시동원

1920년대 초부터 각지에서 생활개선회 등이 조직되면서 색복 착용, 단발, 시간 엄수, 허례 폐지, 식사 개선, 의복 개량, 부엌 개량 등 일상생활 전반에 걸친 쇄신이 모색되었다. 생활개선운동은 총독부와 조선인 모두에 의해 주창되었다. 총독부는 조선인들의 의식주와 풍속, 습관을 변화시켜 근면과 절약을 생활 속에서 실천하고, 이를 통해 생산력을 증가시키고 식민지 지배체제에 동조하는 식민지인을 만들어내고자 하였다면, 조선인들은 뒤처져 있는 조선 민족의 생활 태도 · 방식을 개선함으로써 식민지인의 열등한 지위에서 벗어나 문명국가의 국민과 동일한 선상에 선다는 목표를 가졌다.

1920년대 생활개선의 요구는 1930년대 이후 식민 당국에 의해 강제적 시행과 동원으로 변화하기 시작하였고 자율적이었던 민간의 운동도 이에 편입되어 갔다. 전시체제기에 들어서면 생활개선운동은 전시협력운동으로 그 성격이 변모하였다. 일제는 '비상시국민생활개선안'을 마련하고 조선인들의 일상을 효율적인 전시동원을 위해 재편하고자 하였다. 생활수준의 향상이라는 생활개선의 목표는 국가의 전쟁수행을 위한 것으로 재조정되었고, 위생 · 합리성 · 효율성이라는 잣대는 극단적인 내핍을 강조하는 전시동원기의 생활개선안을 대중들에게 설득시키기 위한 도구로 활용되었다. 그러나 전시생활개선운동은 극단적인 내핍생활에 내몰린 조선인들에게 결코 동의를 얻어낼 수 없는 매우 기만적인 것이었다.

4. 도시의 발전과 식민지적 구획

식민도시의 발전

행정 소재지를 중심으로 발전해온 전통적인 도시와 달리 개항 이후 도시는 개항장과 철도역 소재지를 중심으로 발전해갔다. 1910년 당시 경성과 부산 두 곳에 불과하던 인구 5만 이상의 도시는 1925년에는 5개로 늘어났고, 인구 1만~5만의 도시는 12개에서 26개가 되었다. 도시 인구도 꾸준히 증가하여, 1915년 50만 명 정도로 추산되었던 도시인구는 1940년 2백 81만 명으로 증가하였다. 1910년대 3% 미만이던 도시인구의 비율은 1940년에는 11.6%로 늘어났다. 시기적으로 볼 때, 1920년대의 도시화는 산업화로 인한 흡인 요인보다는 주로 농촌의 빈곤으로 인한 해체라는 요인에 의해 진행된 것으로 이농민들이 인근 도시로 이주하는 형태가 많았다. 그러나 1930년대 후반부터는 전시체제하의 공업화의 효과가 나타나기 시작하여 공업도시로 원거리 이동하는 인구가 증가했다.

이러한 도시화의 과정에서 신흥도시들이 급격히 성장해갔다. 조치원 · 대전 · 김천 · 이리 · 신의주 등은 철도건설에 의하여 물산 집산기능을 갖게 되면서 발달한 도시였다. 부산 · 인천 · 군산 · 목포 · 마산 · 청진 등은 쌀 · 면화 · 해산물의 반출과 공산품의 반입을 수행하는 항만도시로서 건설되었다. 그 외에도 흥남과 진남포 등은 공업도시로, 성진과 나진 등은 군사도시로 성장하였다. 이들 도시는 일제 지배의 진전에 따라 식민지 교통 · 유통망의 중심으로 자리 잡았다. 전통적인 도시들은 주변의 중심으로서 제한된 기능만을 담당하면서 일제의 요구와 필요에 따라 성장 · 발전해 갔는데, 공주 · 안동 · 경주 등은 인구가 정체하거나 감소하였고, 경성 · 평양 · 대구 등은 행정 및 경제수탈의 중심지로 발전해나갔다.

이중도시

식민지 시대 도시의 모습에서 눈에 띄는 점은 '이중도시'의 양상이다. 조선인과 일본인은 서로 다른 지역에 격리되어 살았다. 도시인구의 20% 정도를 차지하였던 일본인들은 땅값이 싼 곳을 선택, 계획적으로 주택지를 개발하여 자신들만의 거주공간을 만들어갔다. 이들은 정거장 · 관청 · 은행 · 회사 · 학교 · 시장, 그밖에 근대적인 기능을 수행하는 중요한 기관들을 자기들이 거주하는 곳에서 가깝고 편리한 곳에 세우고, 상하수도 시설, 도로포장 · 교통 · 통신 · 전기 · 가스 시설과 보건 위생시설도 일본인 중심으로 만들어 나가면서, 낙후된 조선인 거주지와는 상당히 다른 근대적 외관의 일본인 거리를 만들어갔다.

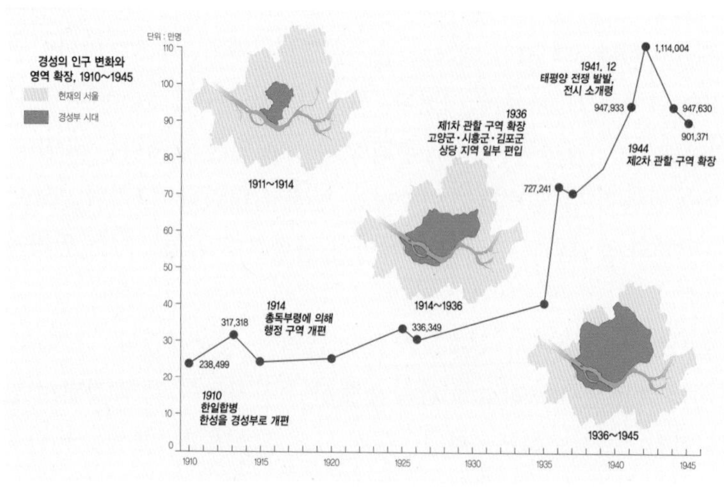

일제하 경성의 인구변화와 영역확장

1920년대 분주한 혼마치(현 충무로)
왼쪽은 경성우편국 건물이다.

1920년대의 한산한 종로2가
종로2가 YMCA 앞의 모습으로
가로등도 보이지 않는다.

경성의 경우 조선인들이 북촌과 마포 등을 중심으로 한 전통적인 거주 지역에서 살았던 반면, 일본인들은 본정(현 충무로)·명치정(현 명동) 등의 남촌과 용산 등에 거주하였다. 남촌의 중심 상가가 자리잡은 본정(혼마치, 本町)은 경성에서 가장 아름답고 화려하며 깨끗하게 치장되었다. 이미 1910년 이전에 가로등이 설치되었으며, 1920년경에는 도로가 포장되었다. 엘리베이터까지 갖춘 빌딩과 가로등에 의한 화려한 야경으로 진고개 일대는 일본 본토의 도시 이상으로 화려하였다. 이에 반해 북촌의 중심지였던 종로는 1920년대에도 가로등이 없어 어두웠고, 청계천을 준설한 흙이 종로거리를 덮어 한여름 악취가 풍기고 먼지가 날려도 그대로 방치되었다. 점차 일본인들이 북부로 진출하면서 개발이 많이 이루어졌지만, 남북촌간의 격차는 좁혀지지 않았다. 야만적이며 불결한 조선인 지역과 문명하고 청결한 일본인 지역이라는 이러한 이중적 구조는 근대적 · 서구적 외피를 통해 자신의 압도적인 힘을 과시하고 문명에 의한 지배의 정당성을 선전하고자 한 일제의 의도적인 정치적 기획의 산물이었다.

도시생활과 도시문제

산업화와 도시화는 일상생활 구석구석을 변화시켰다. 신작로, 전차와 자동차로 대표되는 도시생활의 저변에서부터 전등과 신문, 담배, 고무신과 같은 일상적 소비에 이르기까지 도시의 모습은 자본주의적 사회의 그것으로 변해 갔다. 도시에서 소비생활의 상품화는 이미 상당한 정도로 진척되었는데, 일간지의 가정란에는 백분, 비누, 감기약, 메리야스, 우유 등 새로운 상품에 대한 정보가 홍수를 이루고 있다. 한정된 월급으로 늘어만 가는 소비재상품을 구입해야 했던 도시 소시민들에게 도시생활은 늘 쪼들리고 궁핍한 것이었다.

한편, 도시의 발달은 세궁민과 실업자를 양산했다. 1933년 경성 · 평양 · 부산 · 대구 · 인천을 포함하는 5대 도시의 세궁민 총수는 11만 6천여 명에 달하였는데, 이는 이들 도시 총 인구수의 13%에 달하는 높은 수치였다. 또한 1920년대 이후 도시로의 이농인구가 급증하면서 실업자 문제도 대두하기 시작하였는데, 1931년 경성의 실업률을 보면, 조선인이 24.2%, 일본인이 16%에 달하여 실업률이 대단히 높았음을 알 수 있다. 대부분의 통계지표는 조선인의 실업률이 재조일본인 및 일본 본국 실업률의 두 배가 넘는 수치를 기록하고 있음을 보여준다.

위생문제, 오물처리, 상하수도 설비, 교통 문제 등 각종 도시 인프라와 관련된 문제들도 대두하였다. 기본적인 인프라의 부족도 문제였지만, 일제 행정당국의 민족차별적이고 권위적인 대민행정은 갈등을 증폭시켰다. 이로 인해 조선인이 집중된 거주지를 중심으로 집단적인 주민운동이 자주 발생하였다. 경성의 경우 조선인들은 쓰레기와 분뇨 등 오물처리를 태만시하는 당국에 항의하였고, 일본인 거주지를 중심으로 설비되어 있는 수도를 확장하여 조선인 거주지에도 수도를 부설하도록 요구하였다. 또한 도로의 개수 및 포장과 전차, 버스의 시간 연장 등에 대한 요구도 많았다.

5. 의료와 위생

병원의 설립과 저열한 의료수준

한말 도입된 서구식 의료제도는 1910년 이후 보다 본격적으로 정착되어갔다. 조선총독부의원과 도 자혜의원(도립병원) 등 일제에 의해 설립된 관공립병원들과 민간인들에 의한 사립병원들이 전국 각지에 설립되었다. 1933년 현재 관립병원이 4개소, 도립병원 32개소, 기타 공립병원이 10개소, 일본인이 설립한 사립병원이 48개소, 조선인이 설립한 사립병원이 10개소, 외국인이 설립한 사립병원이 25개소로 전국에 총 128개소의 병원이 존재했다.

그러나 서양의료의 혜택은 대부분 일본인이나 조선인들 중에서도 소수의 특권층에게만 돌아갔다. 1933년 당시에도 의사 1인당 인구수는 11,322명 수준으로 여전히 의사는 극히 희박한 상태였다. 또한 대부분의 조선인들은 높은 의료비를 부담할 만한 경제적 형편이 되지 못했다. 또 조선인에게 의료혜택을 베풀기 위해 설립되었다고 일제에 의해 선전되었던 총독부의원이나 도립병원은 의사와 간호사를 비롯한 병원 직원 대부분이 일본인이었기 때문에 일본어를 모르는 조선인 환자는 이용하기 어려웠다. 도립병원의 이용실태를 보면, 일본인 진료율이 1910년 7.14%에서 1942년 55.28%까지 높아졌던 반면, 조선인의 진료율은 1910년 0.32%, 수치가 최고였던 1942년에도 2.12%에 불과했다. 더욱이 일본인 외래환자의 수가 꾸준히 증가해 갔던 데 비해 조선인 외래 환자의 수는 오히려 감소하였던 데서도 확인할 수 있듯이 도립병원은 조선인 중심의 병원이라기보다는 일본인을 위한 병원이었다 해도 과언이 아니다.

〈표〉 도립병원 환자수의 추이

연도	조선인			일본인			합계		
	입원자	외래자	계	입원자	외래자	계	입원자	외래자	계
1911년	4,482	182,475	186,956	4,111	49,651	53,762	8,594	232,167	240,761
1915년	3,520	127,177	130,697	5,455	79,906	85,361	8,995	207,408	216,403
1920년	3,474	167,811	171,285	7,851	96,850	104,701	11,351	265,456	276,807
1925년	4,886	121,451	156,337	7,967	107,458	115,434	12,913	229,584	242,497
1930년	7,271	127,304	234,575	8,786	155,008	163,794	16,128	283,462	299,590

양의와 한의

도시에서 서구식 의료가 점차 자리를 잡아가는 동안에도, 농촌에서는 전통적인 한방의료가 여전히 널리 시행되고 있었다. 조선인 대부분이 농촌에 거주하였던 점을 감안할 때 조선인들의 주된 의료형태는 전통적인 한의에 의해서 이루어지고 있었다. 도시의 일본인과 조선인 지배층은 서양의학을 이용하고 농촌의 조선인은 한의학을 이용하는 이원적 구조가 나타난 것이다. 그러나 적극적으로 서양의학을 채택하고 한의학을 무시하는 정책을 폈던 일제는 서구의료인력 중심으로 의료체제를 개편하고자 시도하면서 한의사를 의생으로 격하시키고 한방교육의 길을 막아 이들을 도태시키고자 하였다. 그 결과 한의의 수는 계속 줄어들게 되었다. 의사의 배출이 점차 늘어나긴 했지만 이들 대부분이 도시에 분포하였음을 고려할 때, 한의학을 무시한 일제의 정책은 조선인들의 실질적 의료수혜율을 낮추는 결과를 초래하였다.

식민지 위생경찰

위생경찰은 오스트리아와 독일로부터 기원한 의사경찰의 일본식 표현으로, 일본은 의사경찰 개념을 받아들여 이를 제도화하고, 식민지 조선에도 도입하였다. 의사경찰은

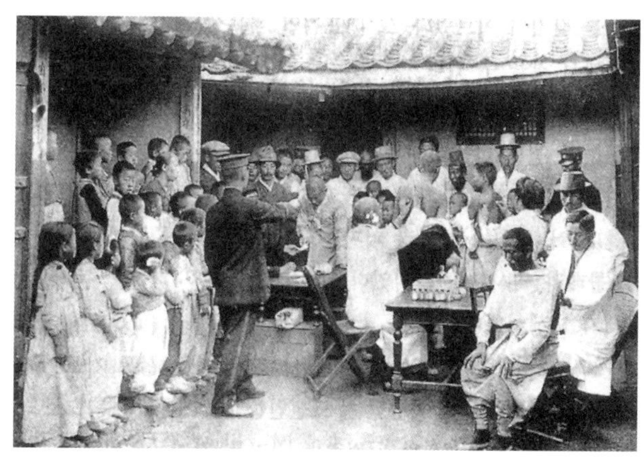

식민지 시기의 예방접종
순사가 지키고 서 있다. 조선총독부는 강압적인 방법을 사용하지 않으면 전염병을 퇴치할 수 없다고 판단해 강제적으로 예방접종을 시켰다.

국가가 가부장적인 이념에 따라 신민의 건강을 돌봐야 하며 이러한 돌봄은 경찰활동을 통해서 실현될 수 있다고 보는 국가중심적, 경찰중심적 위생체제였다. 위생경찰은 보건 · 의료 · 방역 · 가축방역에 관한 일체 사무를 담당하였다.

19세기 말 세균학의 발전으로 전염병이 실재하는 세균에 의해 전파된다는 사실이 알려지면서 전염병 예방을 위한 각종 방역활동이 강조되었고, 이 가운데 위생경찰의 역할은 더욱 크게 부각되었다. 그러나 경찰 중심의 위생행정은 단속 일변도의 미봉적인 보건의료만을 제공할 뿐이었다. 더욱이 식민지 조선에서의 위생경찰은 일본보다 억압적인 성격을 띠었다. 일반적인 위생사무는 내무성 위생국에서 담당하고 경찰은 위생사무의 집행과 관련된 일만 담당했던 일본과 달리, 식민지 조선에서는 모

♣ 해설 | **죽음의 수용소, 피병원避病院**

콜레라, 이질, 장티푸스 등 전염병의 예방과 단속 과정은 경찰 위주의 위생행정이 얼마나 억압적인 것이었는가를 잘 보여준다. 경찰은 전염병 환자가 발견되면 그들을 총독부의원 또는 순화원에 강제로 수용하였는데, 방역을 완벽하게 한다는 이유로 의학적으로 판단하기 어려운 경우에도 모두 전염병 환자로 간주하여 피병원으로 격리 · 수용하곤 하였다. 당시 전염병 환자들을 격리 수용하는 피병원의 상황은 매우 열악했기 때문에 이러한 경찰의 조치는 많은 문제를 발생시켰다. 피병원은 전염병 환자에 대해 강제격리 이외에 별다른 의학적 대책을 펼치지 않았던 것이다. 따라서 조선인들은 그곳을 인격이 없는 죽음의 대피소 정도로 간주했고, 환자를 은닉하고 신고하지 않으려 하였다. 더욱이 전염병 환자로 사망하는 경우, 화장을 하도록 〈전염병예방령〉에 규정하였기 때문에 화장을 꺼리는 조선인들은 피병원에 들어가는 것을 매우 기피하였고 다양한 방식으로 경찰의 단속활동에 저항하였다.

든 위생사무를 경찰이 담당함으로써 경찰의 권한은 막강하였고 위생행정은 보다 억압적인 방식으로 이루어졌다.

6. 여가와 유흥

영화의 도입

서구문물의 본격적인 유입으로 도시를 중심으로 새로운 여가문화가 정착해갔는데 그 중 영화는 전통적인 연희나 오락수단을 대신하면서 대중들의 관심과 사랑을 받았다. 1900년대부터 서울과 인천 등 대도시를 중심으로 극장이 등장하였는데, 1910년대에는 경성에만 7~8개의 극장이 세워졌다. 그 가운데 광무대 · 장안사 · 연흥사 · 단성사 등은 조선인을 위한 극장으로 새로운 관람문화를 주도하였다. 1920~30년대에는 무성영화 전성시대로 무려 50여 편의 작품이 나왔는데, '장한몽'과 같은 신파영화가 유행하였다.

1935년에는 최초의 발성영화 '춘향전'이 개봉되어 인기를 끌기도 하였다. 1938년의 기록에 따르면, 연극과 영화를 보러 다니는 관객이 경성 시내에서만 하루 저녁에 1만 명 가량이나 되었고, 그 후에도 관객 수는 계속 증가하여 1942년에는 연인원 2천만 명에 이르렀다고 한다.

♣해설 | **무성영화 전성시대를 연 '아리랑'**

1926년 발표된 나운규의 '아리랑'은 우리나라 최초의 대형 흥행작이자 문제작으로, 한국 무성영화의 전성시대를 열었다고도 할 수 있다. 이전의 한국 영화가 거의 고대 전설이나 문예작품을 토대로 만들어졌던 데 비해,'아리랑'은 지주 · 마름 · 소작인 · 일제의 하수인 · 지식인 그리고 가난과 성적 희롱에 희생당하는 여성 등 철저히 조선의 현실에 기초한 인물들을 등장시켰다는 점에서 획기적이었다. 대중들의 반응은 매우 뜨거워서 1926년 상반기에만 110만 명의 관객이 들었다. 엄청난 흥행실적을 거둠으로써 이후에 영화가 대표적인 대중문화로 자리잡는 계기를 마련하였다.

단성사 1907년에 세워진 우리나라에서 가장 오래된 극장이다. 350석의 관람석을 2층으로 나누어 남녀 관객의 좌석을 구분했다.

반도영화배급사가 '아리랑'과 '사랑을 찾아서'를 일본에서 상영한다는 사실을 알리는 광고 아리랑은 나운규가 원작 · 각색 · 감독 · 주연을 맡았다.

공창과 유곽

한말 일본인 거류지를 중심으로 도입된 공창제는 식민지화와 더불어 전국적으로 제도화되었고 성매매라는 퇴폐적인 유흥문화를 식민지 조선에 이식시켰다. 공창제公娼制는 매춘여성을 소유하고 매춘시키는 것을 업으로 하는 유녀옥遊女屋의 영업을 유곽이라는 영업지에 한해서 국가가 공인하는 제도로 일본에서는 16세기부터 확립되어 있었다. 조선시대까지 우리나라에도 기생 또는 기녀라는 것이 있었지만, 매춘은 본업인 예藝와 기技에 따르는 부수적인 것이었고, 국가가 공인하고 그 영업에 따라 세금을 걷는 등 관리를 하는 공인된 성매매 제도는 없었다고 할 수 있다. 일제는 성병 확산의 방지라는 구실을 내세웠으나 적지 않게 징수되는 세금과 치안 상의 기능을 위해 이 제도를 활용하였다.

공창제도의 실시는 단속을 피하여 영업하는 사창私娼을 만연케 하였고, 이에 따라 성매매 시장은 확대되어 갔다. 생활고에 시달렸던 많은 여성들이 유곽으로 내몰렸다. 이들의 80%는 17~24세의 젊은 여성이었고, 때로는 인신매매나 사기 · 협박 등 강제적

1920년대 평양의 기생양성소 앞에서 손님을 기다리는 인력거가 보인다. 큰 요리집이 성행하자 난봉꾼들은 인력거를 이용해 요리집을 드나들었으며, 기생도 단골 인력거꾼을 두고 이용했다.

서울의 신마치新町유곽(현 중구 묵정동)

으로 성매매 시장에 편입된 이들도 많았다. 남성들은 여성을 성적인 대상물로 인식하는 가부장적 사고 하에서 유곽의 이용을 하나의 유희로서 받아들였다. 1935년 목포의 경우, 유곽을 이용한 유객의 숫자를 보면, 조선인이 3,848명에 일본인이 6,876명이고 거기서 쓴 돈은 조선인이 37,083원이고 일본인이 69,628원이었다. 물론 일본인의 지출이 두 배 가까이 많았지만 1인당 지출 비용은 조선인이 9.6원, 일본인은 10.1원 정도로 거의 차이가 없었다. 당시 조선인과 일본인의 부의 차이를 염두에 둘 때 유객 및 유흥비의 지출이 상대적으로 과도한 수준이었음을 짐작할 수 있다.

● 읽기자료

1. 한○봉, 「딱한 일 큰일 날 문제, 신구 가정생활의 장점과 단점」 『별건곤』 제24호, 1929.12

내가 첫 번 장가를 가기는 열여섯살, 중학교 2년급에 단이든 해 느진 봄이엇섯다. (중략) 첫날밤에는 색시가 무서워서 손도 대녀보지 못하고 그 이튼날 밤도 그러하엿고 3일만에 신부를 데리고 집으로 와서 그날밤에 바로 서울로 와버렷다. 녀름방학에 내려갓슬 때에는 꽤 대담하여젓다. 나하고 나희 동갑이고 얼골이 인형갓치 곱게 생긴 나의 안해라는 그 색시가 나에게는 퍽 경이驚異의 존재엿섯다. (중략) 정이 들엇다. 방학날이 다 되고 서울로 올나오게 된 때에 나는 떨어지기가 실혀서 갓치 데리고 오고 십헛다. 그렁저렁 한 3년 동안 1년에 세 번식 서로 맛나면서 꽤 재미스럽게 지낫다. 그러나 가정생활이라고 일홈지을만한 생활은 맛보아 보지 못하엿다. 중중시하重重侍下에 잇고 더구나 외지의 학창學窓에 잇서 방학 때에만 집에를 돌아가는 학생의 몸으로 가정생활이 잇슬 택이 업섯다. 그저 우리 두 사람은 우리 조부모나 부모에 대하여 짝을 지어 가지고 사이조케 잘 노는 고흔 새의 한 쌍에 지나지 못하엿다. (중략)

내가 구가정舊家庭의 결혼생활를 구지어 맛보앗다고 하면 그것은 이러한 것이엇섯다. 제일第一 경제적으로 책임이 업시 윗사람이 사는 집에 한데 뒤석겨 따로 우리의 방 한 개를 정하여 가지고 밥을 가티 지어 먹고 농속에 들은 옷감 혹은 윗사람이 끈어 오는 옷감으로(나는 대개 학생복으로) 옷을 지어 입으면서 예속적으로 독립한 가정적 기능을 지어보지 못하고 살아왓슬 따름이엇섯다. 둘재로는 나의 안해라는 그 여인의 시집사리라는 것을 관망하는 것이엇섯다. 그는 남편이라는 나와의 관계보담도 시부모 더욱히 시어머니에게 속한 사람이엇섯다. 모든 행동과 생활이 시어머니의 명령과 시어머니의 눈치와 시어머니의 비위에 맛도록 하는 것이 유일한 목표이엇섯다. (중략)

전문학교에 입학하엿다. (중략) 제일 먼저 눈에 띄이는 것은 젊은 이성異性 즉 여학생이엇다.(중략) 그러다가 우연히 어느 여학생(현재의 나의 안해)과 연애를 하게 되엿다. 연애를 하엿스닛가 무엇보담도 결혼을 하여야할 터인데 그것이 큰 문제엇섯다. (중략) 안해더러 밤에 조용히 말을 하니까 울면서 "어데가 무슨 짓을 하든지 — 장가는 열 번 백 번을 다시 들더래도 이혼만은 말어달나"고 애걸복걸하엿다. (중략) 맹렬하게 이혼운동을 하엿다. 그러나 영영 성공을 하지 못하엿다. (중략) 덥허노코 H와 동거를 하엿다. 이리하여 나는 법률상 또는 남이 보기에는 첩을 어더 살고 잇는 세음이다. 소위 전 안해라는 사람은 친가에 가서 잇기는 하나 호적대장에 뚜렷하게 나의 안해로 잇고 또 나와 사이에 생긴 자식들을 길우고 잇고 (그는 그것 두개를 빼앗기지 안이하고 자기 손으로 길우는 것 그러고 그것들이 자란 뒤에 일산을 의지하여 노래老來의 자미를 볼 것을 유일한 낙으로 알고 산다고 한다) 한편으로 여긔서 나는 H와 가정을 일우고 잇스니 처첩을 어든 것이 안이고 무엇이냐? (중략) 현재 내가 절실히 늣기고 잇는 것 한 가지가 잇다. 그것은 장래에 대한 불안이다. 구가정의 여자는 아모러한 일이 잇더래도 자진하야 이혼을 하기는 고사하고 이편에서 등을 밀어내여도 나가지를 안이 한다. 딱한 일이요, 큰 문제다. 또 신가정은 그와 아주 반대로 장래의 불안정이다. 걸핏하면 조고만한 이유로라도 한편에서 달은 한편을 바리고 나가바린다. 결혼의 근거가 박약하면 박약할 수록 박약한 조건이 이혼의 조건이 된다. 딱한 일이요 큰 문제다.

2. 박달성, 「신년개량新年改良의 제일착第一着으로 조선의 의식주를 거擧하노라」 『개벽』 제7호 (1921.1)

우리는 영원히 백의인白衣人으로 지낼 것인가? (중략) 조선의 의복은 편한 듯하나 불편하며 미美한 듯하나 불미不美하다. 개량이 업서서는 아니되겟다. 개량치 아니하면 우리의 생활에 큰 불행을 초래할 것이다. 위선 우리 의복은 그 색色이 백白함에서 큰 불편이 생기며 딸아서 불이익이 생긴다. 아니 우리의 신체는 영원히 그 백의라는 대에 큰 구속을 밧는다. (중략) 백의는 서방님 옷에서 지나지 못하며 샌님 옷에서 지나지 못한다. 백의는 일시의 미美에 지나지 못하며 1일一日의 쾌快에서 지나지 못한다. 환착換着하는 그 날 그 때 뿐 산듯하고 말숙하고 하얀 것이 과연 그럴듯하다. 압뒤를 돌아보며 모양을 빼 부릴만하다. 그러나 수 일이 못되어서 그만 누陋를 감感하게 되며 염증이 생기게 된다. 그만 벗어버리지 아니할 수 업게 된다. (중략)

아- 과연 백의의 구속은 못 밧겟도다. 밥 먹을 때까지도 주의만 안하면 그만 얼룽얼룽하야지며 잠잘 때까지도 주의만 안하면 그만 쭈글쭈글 하야진다. 아-백의의 구속은 과연 못 밧겟도다. 산에 가아 마음대로 안지를 못하며 뜰에 가아 마음대로 뛰지를 못한다. 걸핏하면 툭 터지고 자칫하면 쭉 찌져진다. 아-우리 옷의 백白함이어 모든 방면에 불편이요 불이익뿐이로다. (중략) 우리는 우리의 몸에 편리를 위하야 우리의 생활을 향상시키기 위하야 모든 경제방면을 보아서라도 급속히 흑의인黑衣人이 되지 아니하여서는 안 되겟다. (중략) 아-형제들아 우리는 백의를 벗고 흑의를 환착하라. 우리의 경제의 향상을 위하야서도 속히 흑의인이 되자-의복은 신체에 편하고 체면에 이로우면 그만이거늘? 무엇이 끄리워 그 색이야 변치 못할가? (하략)

3. 「극장만담劇場漫談」『별건곤』 1927.3

(상략) 물론 아조 풍속이라던지 정조情調가 다른 서양영화나 조선 영화나, 우리들의게 감격을 주고 안주는 것은 동일 할 것이나 서양영화에 나타나는 그들의 환경과 생활 방도가 다르기 때문에 우리들의 감정과는 유리된 탓으로 그러한 영화를 볼 때에는 객관적 관념으로 다라나는 것도 불가피의 사실일 것이다. 일반 판들은 자기들의 생활을 반영한 영화를 욕구한다. (중략) 그런 까닭에 부화한 미국영화가튼 것은 이제는 일반 판의 호기심을 껄기 어려울 것이다 (중략) 여기에 잇서서 『아리랑』이 이차 상연을 하엿스되 관객이 배전의 열광을 한 것도 그러한 이유가 된 것이다. 다만 애석한 것은 요정에 몃 만금식 내 던지는 부호는 잇서도 장래 유망한 사계斯界에 투자하는 사람이 업서서 재질잇는 사람들이(배우들) 류리하여 다니는 참상을 보게 하는지- 정말 하자는 말은 아니하고 잔소리만 기다라케 썻다. 독자는 용서하라.

근일에는 극장을 가보면 관객의 번천을 볼 수 잇다. 그것은 장내가 소란치 안은 것이다. 그리고 유년 관객이 적어진 것이니 그것은 입장료가 고가이고 예전과 다른 정도 놉흔 영화를 해득하기에 어려운 까닭이라 할 지 가정에서 감독이 심한 까닭인지는 모르나 비판력이 모자라는 그들의게는 다행한 일이라 할 수 잇다. 그리고 한 가지 특별히 변한 것은 희소하던 부인석에 남자석 이상으로 매일 만원인 것이다. 노부인, 여염집 부녀, 기생 그리고 여학생들인데 진기한 일은 그 중에서 성에 갓 눈 뜬 여학생이 반수 이상을 참례한 것이다. 그 뿐 아니라 경악할 일은 『키쓰』 하는 장면-그 순간에는 반다시 질식할 듯한 외마듸 소래가 부인석에서 의례히 돌발한다. 그런데 부인석 중에도 머리 트러 언진 졂은 여인들 모혀 안즌 곳에서. - 이 말은 거짓말인가 거짓말이 안인 것은 극장 출입 자진 이의게 무러보면 알 것이다. 엇젯든 세상은 변하엿다. (중략)

『변사』-변사 제군에 하나 제안한다. 다른 게 아니라 그 『하얏다』『하얏섯다』가 글 쓰는 데는 모르겟지만 말로 하는 때에 듯는 사람으로서는 엇덜지? 처음 극장가는 노인은 대분개할 것이다. 그 조調를 곳치고 『하엿습니다』『하엿섯습니다』 하면 어른의게나 어린이의게나 퍽 다정하게 들릴 것이다. 더구나 인정극에리오, 그리고 변사계에 한 가지 유행이 잇스니 『마음자리』라는 말이다. 『마음자리』라는 말은 무슨 뜻일가? 마음의 돗자리라는 말인지, 마음이 깔고 자는 자리인지 엇잿던 해석할 수 업는 말이다. 그리고 한참 긴장한 장면에 가서 농담醜談을 탁 텃드리는 변사가 잇다. 그 변사는 원래, 희극에는 더-우는 조로하는 이인데 청승마진 것은 조흐나 너무 그 음성이 청승마저서 너무 천하게 들닌다. 그리고 한 가지 우수운 일이 잇스니, 엇던 변사는 한참 자기도취로 『자연의 의지와 우주의 이성이

아 -슯흐다!』 하니 그것이 무슨 의미일가? 그러한 고상한 문자를 안 써도 능히 할 수 잇는데 얼토당토 안은 문자를 쓰는 것이 도리여 자기 폭로에 지내지안을 줄 안다. 그리고 장면이 벌서 지낫는데 지난 장면을 가지고 떠들고 섯스니, 그것도 자기 취미지만 관자觀者는 그러한 변사를 원치 안을 것이다. 특히 이 점에 생각 좀 하여 주엇스면 고맙겟다.

『전화』 -극장에 온 손님의게 전화가 올 때, 그것을 전달하는 사람이 소래를 버럭 질러서 그 사람의 일홈을 부를 때 당자는 (더구나 여자) 퍽 불쾌할 것이다. 여긔에는 완전치는 못하나마 조선 극장에서 하는 방식이 조흘 것이다 『스쿠린』 엽 기둥을 뚤코서 유리등을 끼여 놋코 그 유리에 부를 사람의 일홈을 써 놋코 전등으로 신호하는 방식이다.

● 참고문헌

김진송, 1999 『현대성의 형성-서울에 딴스홀을 허하라』, 현실문화연구
이상경, 2000 『인간으로 살고 싶다-영원한 신여성 나혜석』, 한길사
서울시정개발연구원 · 서울시립대 서울학연구소 편, 2001 『서울 20세기 생활 · 문화변천사』, 서울시정개발연구원
여성사연구모임 길밖세상 지음, 2001 『20세기 여성사건사』, 여성신문사
노형석, 2004 『한국근대사의 풍경』, 생각의 나무
신동원, 2004 『호열자, 조선을 습격하다』, 역사비평사
전경옥 · 변신원 · 박진석 · 김은정, 2004 『한국여성근현대사 ①: 한국여성문화사』, 숙명여자대학교 아시아여성연구소
박윤재, 2005 『한국근대의학의 기원』, 혜안
공제욱 · 정근식 편, 2006 『식민지의 일상, 지배와 균열』, 문화과학사
이상록 · 알프뤼트케 외, 2006 『일상사로 보는 한국근현대사』, 책과함께
다테노 아키라 편저, 오정환 · 이정환 옮김, 2006 『그때 그 일본인들』, 한길사
김혜경, 2006 『식민지하 근대가족의 형성과 젠더』, 창비
김영미, 2009 『동원과 저항, 해방 전후 서울의 주민사회사』, 푸른역사
김수진, 2009 『신여성, 근대의 과잉』, 소명출판
서지영, 2013 『경성의 모던걸 : 소비 노동 젠더로 본 식민지 근대』, 여이연
이화진, 2016 『소리의 정치 : 식민지 조선의 극장과 제국의 관객』, 현실문화
염복규, 2016 『서울의 기원, 경성의 탄생』, 이데아

제3부

현대 - 해방 이후 시기

제15장 해방과 분단

"죽음의 쇠사슬이 풀리고 자유의 종소리 울리던 날,
3천만 누구의 가슴에나
새로운 감격이 부딪쳐올 것입니다."

— 밀양 무안초등학교에서 열린 광복절 1주년 축사 중

"미국은 조선을 식민지화하거나 착취하거나
항구한 군사근거지화 하려는 의도는 전혀 없습니다.
우리의 유일한 관심은 자유로 발전된
조선민족 총의에 의한 조선정부 하에
통일 독립한 국가를 재건하려는 데 있습니다."

— 하지 사령관의 광복절 1주년 기념식 축사 중

〈연표〉

1945.	8.	해방
	9.	미 군정 수립
	12.	모스크바 3상회의
1946.	3.	제1차 미소공동위원회 개막
	7.	좌우합작위원회 구성
	10.	대구10 · 1사건
	11.	남조선노동당 결성
	12.	남조선과도입법의원 개원
1947.	5.	제2차 미소공동위원회 개막
1948.	4.	남북협상 전개
	4.	제주4 · 3사건
	5.	5 · 10 총선거
	8.	대한민국 정부 수립
	9.	북한(조선민주주의인민공화국) 정부 수립

1. 8·15 해방과 38선 획정

해방과 건국사업

마침내 해방이 찾아왔다. 1945년 8월 15일 정오, 일본 천황의 항복연설은 우리 민족에게 광복을 알리는 선언이었다. 일제 강점 36년의 식민지 통치가 끝장난 것이다. 8·15해방은 제2차 세계대전에서 제국주의 일본이 패망함에 따라 그 식민지였던 한반도가 일제의 손아귀에서 놓여난 것을 의미한다. 동시에 패전국의 식민지였던 이 땅은 미국과 소련 등 전시 연합국진영의 관리 하에 넘어가게 되었다.

해방의 감격
해방 직후 서대문형무소에서 출감한 항일독립투사들과 서울 시민들이 감격의 만세를 외치고 있다.(위) 아래는 광복의 기쁨에 겨워 거리를 가득 메운 광경.

한국의 독립문제는 이미 2차 대전 중에 연합국들 사이에서 여러 차례 논의되었다. 1943년 말 연합국은 카이로회담에서 한국을 '적당한 시기(in due course)'에 독립시키기로 합의하였다. 이때 루스벨트 미 대통령은 수십 년간의 신탁통치를 거론하였다. 이미 같은 해 3월 루스벨트가 이든 영국 외상에게 신탁통치를 제안한 적이 있었으므로 새로운 얘기는 아니었다. 1945년 2월 얄타회담에서도 루스벨트는 20~30년간의 신탁통치를 언급했는데, 이에 대해 스탈린은 짧으면 짧을수록 좋을 것이라고 답변하였다. 이와 같이 종전 상황에서 연합국 진영은 코리아에 대한 신탁통치를 잠정적으로 합의한 상태였다. 종전 직전 열린 포츠담회담에서도 카이로선언을 재확인하였다. 미국은 한반도에 연합국의 힘이 오랫동안 공존하기를 적극적으로 원했으며, 소련은 최소한 자국에 우호적인 국가가 등장하기를 바라는 소극성을 드러냈다. 이 당시 잠정 합의된 신탁통치 구상은 전승국으로서의 패권주의적 성격을 띠는 동시에 어느 일국에 의해 좌우될 수 없는 국제협조주의적인 측면이 내재된 것이었다.

일본의 포츠담선언 수락, 곧 패전 결정을 확인하자마자 미국측은 38도선을 경계로 한 미국과 소련의 군사적 분할 점령안을 제안하였고, 소련측은 이를 받아들였다. 8월 14일 38선 획정이 포함된 연합국 일반명령 제1호가 완성되었으며 다음날 연합국에 통보되었다. 그에 따라 해방은 분단, 곧 38도선의 획정으로 이어지고 말았다.

8 · 15에 이르게 된 국제적 힘의 작용과는 별개로, 기대에 찬 한국인들은 미군의 상륙(9.8) 전에 자체적으로 건국사업을 추진하기 시작하였다. 한국인들은 해방과 동시에 우선 조선건국준비위원회(약칭 '건준', 위원장: 여운형)를 만들었다. 이미 일제말 건국동맹을 조직하여 비밀리에 항일운동을 전개해온 여운형은 8월 15일 엔도 조선총독부 정무총감과의 회동을 통해 치안유지와 건국사업에 대한 의사를 명확히 하였고, 그들로부터 정치범 석방과 식량확보 등을 약속받았다. 건준은 좌우 정치세력을 포괄하였으며 불과 보름 만에 145개의 지부를 조직하는 등 전국 대부분의 군 단위까지 영향력을 행사할 정도였다. 건준은 통일독립국가를 수립하기 위한 임시적 성격의 조직이었다. 그러나 미군의 진주를 앞두고 좌우 갈등이 시작되면서 우익계가 탈퇴하여 자기 사명을 다하기 어렵게 되었다.

9월 6일 조선공산당은 좌파들을 중심으로 건준을 개편하여 조선인민공화국(약칭 '인공')을 선포하였다. 이틀 뒤의 미군 진주를 의식한 무모하고도 성급한 시도였다. 이는 우파의 충칭 임시정부 추대 움직임에 대한 적극적 견제책이기도 하였다. 이에 따라 건준 중앙조직은 무너졌으며, 지방조직은 군 단위 인민위원회 조직으로 바뀌어나갔다.

미 군정의 수립과 역할

9월 8일 인천을 통해 상륙한 미군은 미 태평양방면군 제24군단장 하지(John R. Hodge) 중장이 이끄는 부대였으며, 이들은 다음날 서울로 입성해 조선총독부로부터 모든 권한을 넘겨받았다. 조선총독부에서 열린 일본의 항복 조인식은 패전국의 식민지 관리 책임자인 아베 총독과 전승국의 점령군 책임자인 하지 사령관 사이에 맺어졌다. 그 직후 조선총독부 건물에는 일장기 대신 성조기가 걸렸다. 이로써 3년간의 미군정 시대가 열리게 되었다.

내려가는 일장기 서울에 진주한 미 24군은 조선총독부 청사를 인수하고 일장기 대신 성조기를 달았다.

미 태평양방면군 최고사령관 맥아더는 하지 중장을 통해 포고문을 발표하고 '점령군에 반항하는 자를 엄벌에 처할 것'이라고 경고하면서 강력한 군정 통치를 예고하였다. 아놀드 소장의 군정상관 취임(9.12)과 함께 각 국장에 미군 장교들을 임명하면서 미군정은 골격을 갖추어 나가기 시작하였다. 9월 19일 '재조선 미육군사령부 군정청'이라는 명칭의 미군정이 정식으로 수립되었다.

군정 당국은 국내 정치세력 그 누구와도 권력을 나누려 하지 않았으며, 38도선 이남의 모든 행정, 치안 등의 권한을 직접 장악하는 접근자세를 취하였다. 또한 조선총독부 일본인 관리들을 상당 기간 그대로 근무하게 하였으며, 식민지 경찰 등을 비롯한 일제 통치기구도 대부분 잔존시켰다.(〈표〉 참조)

〈표〉 1946년 현재 국립경찰에 재직 중인 식민경찰 출신자

직위	1946년 총수	식민경찰 출신	비율(%)
치안감	1	1	100
청 장	8	5	63
국 장	10	8	80
총 경	30	25	83
경 감	139	104	75
경 위	969	806	83

출처: 1946년 11월 1일에 윌리암 맥린이 한미회의에서 행한 보고, XXIV Corps Historical File 참조 (브루스 커밍스, 『한국전쟁의 기원』 일월서각, 1986. 222쪽에서 재인용).

이같은 현상유지정책은 일제 조선총독부를 대신한 권력체로서 미군정이 등장했다는 사실을 확인시켜 주었다. 미군정이 식민지 시절의 관리들을 유임시킴으로써 그들에게 계속 지배권을 행사하도록 한 것은 한국인들에게는 이해하기 어려운 조치였다.

미군정은 자신들의 직접 통치를 위협하는 모든 정치세력과 엄격한 관계를 유지하고자 하였다. 특히 좌익계 정치세력과는 공존이 아닌 대결과 무력화를 추구해나갔다. 좌파들이 급조한 조선인민공화국을 인정조차 하지 않았음은 물론이고 지방 인민위원회의 활동 또한 적극적으로 제어하고 차단했다. 11월 뒤늦게 귀국한 대한민국 임시정부 김구 주석 등에게도 '정부를 참칭하는' 어떠한 활동도 하지 말 것을 통고하였다. 미군정은 '38선 남측의 유일무이한 통치권력은 미군정 뿐'이라는 점에 대해서 어떠한 타협도 하지 않으려 했다. 다만 미군정은 한국민주당(이하 '한민당') 등 우익 정치세력에게는 관대하였으며 이들을 적극 지원하고 비호하였다. 미군정은 우익 세력의 육성을 위해서 시간이 필요하다고 생각했다.

국내 정치세력의 형성과 활동

미군정의 좌익 견제와 우익 육성정책에 따라 국내 정치세력은 요동치기 시작하였고 제각각 조직화를 서둘러나갔다. 우익계는 9월 16일 한민당을 결성하여 우익 진영의 결속력을 강화해나갔으며 미군정의 호의 속에 여당화를 추구하였다. 초기에는 양심적인 민족주의 인사들도 가세하였으나 점차 송진우, 김성수 등 지주 출신의 기득권층인 우익보수집단이 주도해갔다. 게다가 다수의 친일파들이 한민당의 요직을 차지하였기 때문에 여타 정치세력들로부터 '친일파 정당'이라는 비난 공세를 들어야 했다. 이들은 탄탄한 경제력을 갖추고 있었을 뿐만 아니라 정보력과 행정력까지 장악해나갔다. 미군정 고문, 지방 관리, 치안 경찰 등 중앙과 지방의 각종 요직은 대부분 한민당 관계자들이 독점하였다.

오랫동안 미주에서 활동해온 이승만이 해외운동가로서는 처음으로 10월 16일에 귀국하였다. 이승만은 맥아더와의 친분을 활용하여 도쿄에서 그가 제공한 전용 비행기를 타고 귀국하였다. 반공 반소적인 동시에 친미적인 성향의 이승만은 미군정의 적극적인 지원에 힘입어 독립촉성중앙협의회(약칭 '독촉')를 조직하였다. 독촉은 초기에 좌우세력을 망라하는 모습이었으나 급속히 한민당, 친일파세력에 기울어지면서 이승만을 위한 정치조직으로 축소되고 말았다.

이승만과 맥아더 1948년 10월 정부 수립 직후, 도쿄의 맥아더 사령부를 방문한 이승만 대통령.

11월 23일이 되어서야 김구를 중심으로 한 충칭 임시정부 요인들이 환국함으로써 우익세력은 또 하나의 거점을 마련하게 되었다. 그러나 이들은 미군정의 요구에 따라 임시정부의 '요인'으로서가 아니라 '개인' 자격으로 입국하였다. 이들은 좌우연합을 추구하기도 하였으나 임정의 정통성, 즉 법통성法統性을 지나치게 강조하고 배타적인 태도를 취함으로써 광범위한 정치적 결합체를 만들어내지 못하였다. 이들은 미군정의 권유에 따라 한국독립당(약칭 '한독당')을 조직하였다. 이 밖에 우익 정당으로서는 9월 말 조직된 국민당이 있었다. 건준의 좌경화에 거부반응을 보이며 부위원장직에서 탈퇴한 안재홍이 이끌던 정당으로서 중도 우파의 성향을 띠었으며, 일제시기 비타협적 민족주의자들이 중심이었다.

해방 직후 좌익계 정당을 대표하며 강력한 결집력과 대중 동원력을 드러낸 조선공산당(이하 '조공')은 9월 11일 박헌영을 중심으로 조직되었다. 조공 세력은 연말까지 노동자, 농민, 청년, 여성 등 각계각층의 전국적 대중조직을 차례로 결성해나가면서 대중적 영향력을 형성해 나갔다. 하지만 이들은 볼셰비키적인 전위당을 지향하는 정치노선을 취하여 대중적인 기반을 넓히는 데에 한계를 드러냈다. 또 우파쪽에 대해 지나치게 강경하고 비타협적인 태도를 취하여 정국을 주도하지 못하였다.

건준 위원장이었던 여운형은 11월 12일에 이르러 중도 성향의 좌파정당으로서 조선인민당(약칭 '인민당')을 결성하였다. 인민당은 여운형 개인의 특출한 대중적 인기에 기

♣ 해설 | 소 군정 수립과 김일성의 등장

소련군 환영 인민대회장(1945.10. 평양)
경비중인 소련군과 조선자치대원들.

소련은 종전을 일주일 앞둔 1945년 8월 8일 대일 선전포고를 하였다. 소련군은 한반도 북부지역으로부터 일본 관동군과 전투를 치르며 웅기와 원산을 통해 평양에 입성하였고, 8월 말에는 38도선 이북 전역을 장악하였다. 이들은 이북의 사회주의세력과 민족주의세력이 참여하는 정권의 수립을 구상하였다. 미국과의 합의에 따라 38도선 이북을 점령한 소련군은 인민위원회에 행정권을 맡기는 대신 소련군 사령부 내에 민정부(소 군정)를 설치하여 실질적인 영향력을 행사하였다.

1930년대부터 만주에서 항일무장투쟁을 벌이다 해방 직전 소련 영내로 이동했던 김일성부대는 조선공작위원회를 결성하고 해방을 준비하였다. 이들 중 일부는 해방 직전 소련군과 함께 전투를 벌이며 국내 진공작전에 참여하였으며, 김일성은 1945년 9월 국내로 들어와 소련군사령부의 지원과 그 자신의 명성에 힘입어 빠르게 지도적 인물로 부상하였다. 김일성은 평양에 조선공산당 북조선 분국을 설치하여 사실상 독자적인 활동을 개시하였다. 중국 화북지역에서 활동하던 조선의용군을 모체로 한 조선독립동맹은 뒤늦게 국내로 들어와 북조선 신민당을 결성하였다. 원산 · 함흥 등 공단지역을 중심으로 노동운동을 벌이던 국내 사회주의자들은 건준 지부와 인민위원회에서 활동하였다.

조만식을 중심으로 하는 기독교세력은 우익 정당으로서 조선민주당을 결성했으며, 초기에는 인민위원회에 참여하여 활동하였다. 그러나 신의주 학생사건(1945.11) 이후 좌익과의 갈등 국면이 이어지고, 삼상회의 결정에 대한 반탁운동을 펼치면서 소련군의 탄압을 받고 급속히 약화되었다. 결국 1946년 2월 8일 조직된 북조선임시인민위원회에서 조만식 등이 밀려나고 김일성이 위원장이 되었다. 북조선임시인민위원회는 일제 잔재 청산, 무상몰수 · 무상분배의 토지개혁 등 '20개 정강'을 발표하였다. 1946년 3월 토지개혁을 전격적으로 단행하였으며, 그 결과 지주계급을 소멸시키고 농민층의 절대적 지지를 확보하였다. 또 법령을 공포하여 일본인과 친일파들이 소유한 공장 · 회사와 주요 산업을 국유화하였다. 이와 같은 개혁을 마무리한 뒤 북조선임시인민위원회는 1947년 2월 북조선인민위원회(위원장: 김일성)로 개편되었으며, 이후 북한 정권 수립의 실질적인 기반을 이루어나갔다.

초해 당세의 확장을 시도하며 좌우연합과 민족역량의 총단합노선을 제시하였다. 1946년 2월말 출현한 남조선신민당(약칭 '신민당') 또한 좌파계열의 정당이다. 일제시기 중국 옌안에서 활동하던 조선독립동맹이 그 전신으로서, 산하의 경성특별위원회가 신민당 결성으로 이어졌다. 중국 공산당의 영향을 받은 최창익과 연합성 신민주주의론을 주장한 백남운 등이 중심으로서 지식인 중심의 중도 좌파적 성향을 띠었다. 이후 조공,

인민당, 신민당 등 좌익계 세 정당은 1946년 11월 남조선노동당(약칭 '남로당')이라는 대중정당으로 합당하였다.

2. 모스크바 삼상결정과 미소공위

삼상결정과 미소의 구상

연합국은 1945년 말 한반도문제를 본격적으로 논의하였다. 12월 16~28일 모스크바에서 열린 미 · 영 · 소 3개국 외상회의에서 코리아문제 해결을 위한 구체적인 논의 끝에 중요한 결정사항이 채택되었다. 신탁통치안을 골자로 한 미국측의 안에 대하여 임시민주정부 수립을 중심으로 한 소련측의 수정안이 제시되면서 최종적으로 다음과 같은 내용의 합의사항에 이르렀다. (1) 2주 내로 미소공동위원회의 개최, (2) 공위와 한국인 정당 · 사회단체의 협의, (3) 조선임시정부의 수립, (3) 공위와 조선임시민주정부 협의 하에 미 · 영 · 중 · 소 4개국에 의한 5년 이내의 신탁통치 방안 결정.

한반도문제의 실질적인 해결주체였던 미국과 소련의 합의에 따라 마련된 위와 같은 결정을 '모스크바 삼상회의 결정(이하 '삼상결정')'이라고 한다. 소련측 안을 기본으로 한 삼상결정에서 조선임시정부 수립이 일차적 과제로 제시됨에 따라 국내 정당, 사회단체들의 참여는 자연히 보장되었다. 또한 이를 실현하기 위한 미국과 소련의 논의 기구인 미소공위의 주도적 역할이 무엇보다 중요한 요소로 제시되었다. 합의 전 미국의 안은 한국인을 단지 고문 정도로 활용한다는 구상으로서, 미국은 한국인에 의한 주체적 해결을 이차적 과제로 돌리는 대신 미국과 소련의 힘이 한반도에서 가능한 오랫동안 공존하기를 원하는 입장이었다. 이같은 미국의 입장이 4개국 신탁통치 실시로 반영되었다. 미소 양측의 구상이 달랐음에도 불구하고 합의가 이루어진 까닭은 이때까지만 해도 연합진영의 국제협조주의가 기본적으로 작용했기 때문이다. 합의안에는 미국의 신탁통치안과 소련의 조선임시정부안이 적절히 결합되어 있었다.

삼상결정은 긍정성과 한계를 동시에 내포하고 있었다. 군사점령 당사국들인 미국과 소련의 한반도문제를 해결하기 위한 구체적이고도 유일한 합의안이라는 점에서 삼상결정은 한국의 통일독립정부 수립과정을 명시한 매우 중요한 결정이었다. 또 미소공위는 조선인들의 정당·사회단체와의 협의에 의해 임시정부를 조직하고, 또 임시정부와의 협의에 의해 신탁통치 방안을 결정하도록 되어 있었다. 즉 독립으로 가는 과정에서 조선인들의 의사가 반영될 수 있는 여지는 어느 정도 열어두고 있었다. 그러나 만약 미소 양측이 한반도에서의 주도권 문제를 둘러싸고 대립하면서 그들 간의 합의를 이루기 어려울 경우, 이에 대한 제어장치가 없다는 점이 한계이자 최대의 난점이었다.

삼상결정 지지냐 반탁이냐

해방의 감격을 뒤로 하고 새로운 국가 건설에 대한 기대와 흥분으로 들떠있던 1945년 연말에 전해진 삼상결정 소식은 이후 국내 정국을 엄청난 소용돌이 속으로 몰아넣었다. 무엇보다 삼상결정에 대한 국내 여론의 첫 반응은 매우 차가웠다. 그 이유는 삼상결정을 '신탁통치 결정'으로 보도한 12월 27일자 〈동아일보〉의 영향 때문이다. 이 기사에 따르면 소련이 신탁통치를 주장하였고 미국은 즉시 독립을 주장했다는 것이다. 곧 한민당과 국민당은 신탁통치 실시의 반대 즉, '반탁'을 결정하였고, 대중들에게 삼상결정의 첫 인상은 매우 부정적으로 작용하기 시작하였다. 그러나 이 보도는 심각한 왜곡보도였다. 삼상결정이 공식 발표된 시

THE DONG-A ILBO (Orient Daily News)

東亞日報

蘇聯은信託統治主張

蘇聯의口實은三八線分割占領

米國은即時獨立主張

外相會議에論議된朝鮮獨立問題

朝鮮의分占은不當

美輿論에續出하는三八線

1945년 12월 27일자 『동아일보』 1면 기사
해방 정국을 격랑 속으로 몰아넣은 모스크바 삼상결정에 관한 최초 보도였던 이 기사는 심각하고 결정적인 오보였다.

점은 28일이었으며, 그나마 합의사항 전체에 관한 보도가 아니라 특정부분을 아무 연관관계에 따른 설명 없이 부각시킴으로써 결정사항에 대한 부정적 인식을 유도하는 결과를 초래했다. 며칠 뒤 공식발표 내용이 언론에 소개되었지만 이미 우익과 이를 따르는 대중들의 감정은 격앙될 대로 격앙된 상태였다.

12월 28일 김구의 임정측은 삼상결정을 '신탁통치 결정'으로 규정하고 '반탁'운동을 선포하였다. 이들에 의한 반탁운동은 임정 추대운동과 병진되었다. 이승만과 한민당도 적극적인 반탁운동에 나섰다. 이들은 반탁운동을 활용해 좌파들에 대응한 반소반공전선을 강화하였고 나아가 남측만의 단독정부 수립을 추구하였다. 국제정치 속에서 갖는 삼상결정의 의미를 고려했던 한민당 당수 송진우가 30일 극우세력에 의해 피살당하면서 정국은 더욱 경색되어갔다. 12월 31일 임정은 미군정에 대한 불복종 운동을 시도하려 할 정도로 극도의 흥분상태를 띠기까지 하였다. 한민당의 친일파들은 오히려 반탁운동의 국면을 활용해 애국자를 자처하면서 친일파의 오명을 씻을 정치적 계기로 활용하려는 인상이 짙었다. 이들은 '반탁=반소=반공=친미=애국'이라는 등식을 설정하며 친일파가 아닌 우익 정치인으로의 변신을 꾀하였다.

반면 좌익정치세력은 삼상결정에 대한 '총체적 지지'를 선언하였다. 삼상결정의 어느 한 부분을 과장해서는 곤란하며 그것은 삼상결정을 왜곡시키는 결과는 초래하기 때문에 결정사항 전체를 있는 그대로 받아들여야 한다는 주장이었다. 이들의 인식은 삼상결정이야말로 조선의 독립을 지원하기 위한 연합국의 합의이며, 독립과 신탁통치는 대립되는 것이 아니라는 판단이었다.

반탁운동은 우익세력을 결집시키는 효과를 낳았고 그 결과 이들은 '비상국민회의(1946.2)'를 결성하였다. 비상국민회의는 향후에 수립될 과도정부의 내각에 해당될 최고정무위원회 설치를 결정했고, 이들 위원들은 남조선대한국민대표민주의원(약칭 '민주의원')이 되어 하지 사령관의 자문기관 역할을 하였다. 삼상결정 지지운동에 나선 좌익세력은 '민주주의민족전선(약칭 '민전', 1946.2)'을 조직하였다. 민전에는 조선공산당 등 좌익계 정당들뿐만 아니라 대규모 대중단체들과 김원봉 등 임정 탈퇴 요인들도 가세하였으며, 이들 역시 과도적 임시정부의 역할을 자임하였다.

삼상결정 국면에서 좌우익은 각각 자파세력의 확장을 위한 선전과 조직 활동을 전개함으로써 정국은 극심한 좌우대결이라는 양상에 돌입하였다. 해방 직후 일제잔재의 청산과 통일독립국가를 건설하기 위해 단결해야 할 시기에 국내 정치세력은 삼상회의 결정에 대한 찬반을 둘러싸고 '좌우 대결'이라는 구도를 형성함으로써 민족의 앞날에 어두운 그림자를 드리웠다.

미소공위의 전개와 결렬

삼상결정에 따른 극심한 좌우 갈등 속에서 1946년 3월 제1차 미소공위가 열렸다. 그러나 미소공위에 함께 참여할 정당과 사회단체를 선정하는 문제로 미·소 양측은 대립하기 시작하였다. 소련은 반탁운동을 벌여 온 정당과 단체는 삼상회의 결정에 반대하는 것이므로 참가자격이 없다고 주장했다. 미국은 '표현의 자유'가 있으므로 이들도 참여할 수 있다고 맞섰다. 오랜 논의 끝에 미국과 소련은 '공동성명 5호'에 합의하여, 지금부터라도 삼상회의 결정 지지서명을 한다면 과거의 반탁단체도 협의대상으로 받아들이겠다고 발표하였다. 그러나 김구 등 강경파가 타협안마저도 거부하자, 미군정 사령관 하지는 이 선언에 서명한다고 해서 신탁을 찬성하는 것은 아니라는 성명을 발표함으로써 우익의 참가를 유도하였다. 소련측은 하지의 성명이 공동성명 5호의 합의

좌파 세력의 삼상결정 지지 시위(1946.1.3, 서울운동장)

우파 세력의 반탁 시위(1945.12.31, 서울운동장)

내용을 벗어난다며 이를 문제 삼았다. 미국은 반탁을 고집하는 우익세력을 감싸려고 했지만 소련은 이를 용납하지 않았다. 양측은 끝내 이견을 좁히지 못했고, 결국 미소공위는 결렬되었다(1946.5.6).

공위 결렬 직후 미군정은 소련측과의 합의를 통해 한반도문제를 해결하려는 기본 전제 하에 남한 정국의 안정화를 위한 좌우합작노선을 가동해 나갔다. 신망 있고 개혁적인 김규식, 여운형 등 중도파 정치인들은 1946년 5월 말경부터 좌우합작 모임을 통해 합작노선의 정당성을 확보해 나가고자 하였다. 중간파는 삼상결정에 대해서도 신중한 입장을 취하였다. 이들은 삼상결정의 유효성을 인정하고 총체적인 지지를 표방하였지만 신탁통치문제에 대해서는 단호한 입장을 보였다. 동시에 삼상결정을 신탁통치 결정으로 규정하거나 이 문제를 쟁점화 하는 것 자체에 불순한 정치적 의도가 담긴 것이라는 날카로운 문제의식을 지니고 있었다.

그러나 극좌와 극우는 자파세력의 강화를 위해 더욱 강경한 태도로 나왔다. 우익측에서는 공위 실패를 소련 탓으로 돌리며 반소반공의 분위기를 형성하였다. 이러한 가운데 이승만은 정읍에서 남쪽만의 단독정부 수립 의도를 공개적으로 밝혀(1946.6.3) 물의를 일으켰다. 이 발언에 대해 좌익은 물론 한독당도 반대성명을 냈다.

미소공위 휴회 후 미국측은 좌익에 대한 탄압을 강화해나갔다. 미군정은 조선공산

미소공위 미국측 대표인
브라운 소장과 악수하는 몽양 여운형.
가운데는 소련측 대표인
스티코프 사령관(1946.5).

당의 기관지 〈해방일보〉의 인쇄소인 정판사에서 남한경제를 혼란에 빠뜨리기 위해 위조지폐를 찍어냈다고 발표하였다. 조공측은 결백을 주장했으나 미군정은 조공의 간부들을 대거 구속하고 〈해방일보〉의 발행도 금지시켰다. 조공 당수인 박헌영에 대한 체포령이 내려지자 그는 월북하고 말았다. 미군정의 탄압에 직면한 조공은 '정당방위의 역공세'를 주장하며 전국적으로 25만여 명이 참여한 총파업(1946. 9)으로 맞섰다. 이 사건은 대구 10·1사건으로 이어지며 격렬한 좌파 주도의 대중 저항과 미군정 및 우익 폭력단체들의 진압이 맞서는 대충돌을 야기하였다.

미군정과 좌익간의 대결 양상은 좌우합작을 추구하던 여운형의 입지를 더욱 어렵게 만들었다. 그 사이 미군정은 남한 최초의 입법기구인 남조선과도입법의원(약칭 '입법의원')을 발족시켰다(1946.12.12). 입법의원의 절반은 미군정이 지명하였고 나머지는 간접선거에 의해 극우 성향의 인물들로 채워졌다. 좌익은 참여를 거부하였다.

1947년 5월 21일, 제2차 미소공위가 속개되었다. 미소공위 양측 대표단은 협의대상으로 참여키로 한 각 정당·사회단체 대표자들과 한 자리에 모이기까지 하여 한때 회담 전망을 밝게 했으나 결국 반탁운동 주도세력의 처리 문제로 난관에 봉착하였다. 미소 합의는 점점 힘들게 되었다. 게다가 7월 19일 좌우합작의 지도자 여운형이 극우주의자에게 암살당하는 사건까지 발생하였다. 여운형의 암살은 미소대립과 좌우갈등이 빚은 비극적 사건이었다.

3. 분단정부의 수립

한반도문제의 유엔 이관

제2차 미소공위의 실패로 미국과 소련은 더 이상 대화와 타협의 길로 가지 못하고 제각각의 방식대로 한반도문제를 해결하고자 하였다. 이 시기 국제적인 상황 역시 갈

1948년 1월 서울을 방문한 유엔한국임시위원단 관계자들과 함께 한 백범 김구. 그의 오른쪽이 메논의장, 왼쪽은 호세택 사무국장.

등국면으로 진입하고 있었다. 1947년 3월 트루먼 미 대통령은 강경한 대공산정책을 표방하는 '트루먼독트린'을 선포하였다. 세계대전 직후의 미소 타협주의는 곳곳에서 양국의 이해관계가 충돌함에 따라 서서히 사라져갔고 대신 '냉전'의 그늘이 드리워지기 시작하였다. 유럽에서 미소는 잦은 충돌을 일으켰고 미국은 강력한 대소 봉쇄전략을 구사해나갔다. 이같은 국제적 환경의 변화 속에서 한반도문제 역시 대결의 방향으로 나아가고 있었다.

미국은 8월말 미 · 소 · 영 · 중 4개국 회의를 제안하고 나왔다. 미소간의 해결이 어려우니 4개국 회의를 통해 논의하자는 것이었다. 소련으로서는 자국에게 불리하기 짝이 없는 4개국 회의를 수용하기 어려웠다. 미국은 한반도문제를 유엔으로 이관移管하였으며, 9월 23일 유엔총회는 한국문제를 다루기로 결정하였다. 그러자 소련은 미소 양군의 한반도 동시 철수를 제안하고 나왔다. 한국문제를 한국인 스스로에게 맡기자는 전격적인 제안이었다. 소련측은 양국이 동시에 한반도에서 발을 뺄 경우, 소련측에 유리하다고 보았다. 한반도 전체에서 아직 좌파 세력이 더 강하다고 보았기 때문이다.

미국과 소련의 새로운 제안은 상호간에 부정되었고, 마침내 11월 14일 유엔총회는 소련이 불참한 가운데 표결을 강행하여 '유엔 감시 하의 남북 총선거안'을 가결하였다. 이에 따라 총선거 실시를 보장하기 위해 8개국 대표로 유엔한국임시위원단(약칭 '유엔한위', UNTCOK)을 구성하였다.

유엔총회의 결정 이후 국내 정치세력들은 이합집산의 양상을 보였다. 이승만과 김구 세력은 우익세력의 단합에 동의하였으나 12월 초 갑자기 발생한 한민당 정치부장 장덕수 암살사건으로 균열되었다. 좌파세력은 유엔총회의 결정을 반대하며 체계적인 저항을 준비해나갔다. 반면 중간파 민족주의자들은 미소공위의 결렬과 여운형의 암살을 계기로 오히려 단결을 추구하였다. 홍명희 등은 10월 20일 민주독립당(약칭 '민독당')을 결성하였다. 12월 20일에는 민독당 등 정당 15개와 사회단체 25개 및 개인을 망라한 중간파 정치세력의 결집체로서 민족자주연맹(약칭 '민련', 위원장 김규식)을 조직하기에 이르렀다. 이들은 남북 분단정부 수립의 위기를 느끼고 이를 막기 위한 남북협상을 제기하였다.

1948년 1월 초, 유엔한위 관계자들이 입국하여 유엔 감시 하의 선거를 치를 계획을 구체화해 나갔다. 이때 김구는 유엔 관계자들에게 남북협상에 의한 통일정부 수립방안을 제기하였고, 이후부터 본격적인 남북합작의 길을 걷기 시작하였다. 이승만, 한민당과의 결별과 동시에 민련세력과 똑같은 정치노선을 천명하였다. 민련의 위원장 김규식은 김구와 함께 북의 김일성, 김두봉에게 비상시국에 대해 논의하자며 남북 4김 요인회담을 전격 제안하였다.

국내 정치세력의 분화와 새로운 모색에도 불구하고 유엔은 2월 26일, 유엔 감시 하의 선거실시가 가능한 지역에서 선거를 실시하기로 최종 결정하였다. 그것은 곧 미군정 관할 하의 제한된 지역에서 선거를 치르자는, 곧 남한만의 단독선거를 의미하는 것이었다. 이에 따라 미 사령관 하지는 5월 10일로 총선거 일정을 제시하였다.

남북협상의 길

한반도의 운명은 기로에 섰다. 남한만의 단독정부 수립이 현실화 되느냐, 아니면 남북협상운동에 의해 새로운 국면이 열릴 것인가 하는 중대한 상황에 직면하게 되었다. 김구, 김규식 등의 남북요인회담 제안에 대한 북의 반응은 3월 25일 공개리에 나왔다. 김일성, 김두봉은 남북협상에 동의하면서 북조선노동당을 비롯한 9개 정당, 사회단체의 이름으로 남쪽의 모든 정당, 사회단체에게 '전조선 정당 사회단체 대표자 연

남북연석회의(1948.4)에 참가하여 김일성의 안내에 따라 대회장으로 이동하는 백범(위)

대회장에서 연설하고 있는 백범(왼쪽 위).

연석회의 참가후,
귀국하여 경교장에 모인 한독당 관계자들(왼쪽 아래)

석회의' 개최를 평양에서 열자고 수정 제의하였다.

북측의 초청에 따라 남측의 좌파, 중간파 및 임정세력 등은 북행길에 올랐다. 1948년 4월 19일 평양의 모란봉극장에서는 남북의 56개 정당 및 사회단체의 대표자들이 참석한 가운데 '남북 제정당 사회단체 연석회의(약칭 '연석회의')'가 열렸다. 총 695명의 참가자 중 남측에서 온 인사들은 240명이었다.

연석회의는 23일까지 진행되어 단독선거 반대, 미소 양군철수 등을 요구하는 '조선정치정세에 대한 결정서'를 채택하였다. 뒤늦게 대회에 합류한 김구, 김규식은 김일성, 김두봉 등과 26일부터 30일 사이에 남북 4김 요인회담을 열었으며, 또 김규식·김일성 간의 양김회담, 15인 지도자협의회 등을 잇달아 열었다. 4월 30일 '전조선 정당 사회단체 지도자협의회'라는 이름으로 공동성명이 발표되었다. 성명은 남한 단독선거 반대, 외국군대의 즉시 철수, 외군 철수 후 내전 발생 부인, 전조선정치회의 소집→총선거 실시 및 임시정부 수립→입법기관의 탄생과 헌법제정→통일정부 수립 등의 정치일정을 제시하였다.

남한만의 단독선거 일정을 코앞에 둔 시점에서 열린 남북협상은 남측 내에서 첨예한 남남갈등을 야기하였다. 남북협상에 적극 참가한 좌파, 중간파 및 한독당계를 비롯한 민족세력은 연석회의를 통해 5·10단독선거의 위험성과 남북통일정부 수립의 정당성을 적극 주장하였다. 그러나 미군정과 한민당 등은 이들을 힐난하였다. 하지 사령관의 경우, 특별성명을 준비해 김구, 김규식 등에 대해 "공산당의 모략에 빠졌다"고 비난할 정도였다. 한민당과 친일파는 남북협상의 상징인 김구를 위협함으로써 북측과의 협상을 반역으로 치부하였다. 분단정부 수립의 위기 앞에서 시도된 남북협상은 한국민족의 통일정부 수립 의지를 만천하에 보여주려 한 것이었다. 그러나 단독정부 수립론자들은 이에 대해 '철없는 망동'에 불과하다고 비판했다.

대한민국 정부의 수립과 북한 정권의 등장

유엔 소총회의 결의에 따라 1948년 5월 10일, 미군정은 자신들의 책임하에 제헌의원 선거인 총선거를 실시하였다. 전체 200개 선거구 가운데 제주의 2개 선거구를 제외

대한민국 정부수립 기념식(1948.8.15)

한 지역에서 선거가 실시되었다. 선거 결과는 이승만 계열이 29%, 한민당이 14.5%, 무소속이 42.5%, 이청천과 이범석 계열 등이 각각 6%와 3%를 차지하였다. 이승만, 한민당 세력이 국회 의석의 절반가량을 차지했지만 김구, 김규식을 지지하는 무소속계열 또한 만만치 않았다. 연석회의 참가세력과 일부 민족계열이 선거에 참여하지 않은 상태에서 나온 결과였다.

5월 31일 제헌의원들은 국회를 소집하여 '대한민국'으로 국호를 정하고 대통령중심제를 선택하였으며, 7월 17일에는 자유민주주의를 바탕으로 한 제헌헌법을 공포하였다. 국회는 초대 대통령으로 이승만, 부통령으로 이시영을 선출하였고, 해방 3주년이 되는 8월 15일을 맞아 대한민국 정부 수립을 정식으로 선포하였다. 제헌헌법 전문에서는 맨 첫 구절에 "유구한 역사와 전통에 빛나는 우리들 대한국민은 기미 삼일운동으로 대한민국을 건립하여 세계에 선포한 위대한 독립정신을 계승하여 이제 민주독립국가를 재건함에 있어서 (…)" 라고 함으로써 대한민국 정부가 1919년 수립된 임시정부를 계승한 국가의 재건임을 명백히 표명하였다.

반면 좌파세력은 정부 수립 이후에도 대한민국을 부정하였으며 저항을 늦추지 않았다. 이미 5·10선거 직전에 벌어진 제주 4·3사건으로 정국은 뒤숭숭한 상태였다. 4·3사건은 단독선거에 대한 제주도민들의 저항과정에서 불거진 유혈 참극이었다. 정부 수립 후인 10월에 발생한 여순사건 또한 좌파의 저항과정에서 발생하였다. 여수 주둔 국군 14연대 병력 일부가 반란을 일으켜 이 지역을 장악하여 군경과 정면 대결하는 양상을 띠었던 것이다. 이들 사건 이후 군경에 의한 양민학살이 도처에서 감행되었으

김일성 등 북한 초대 내각의 주요 인물들
1948년 8월 15일 대한민국 정부 수립에 이어 9월 9일 북한 정권인 조선민주주의 인민공화국이 수립되었다.

며, 서북청년단 등 월남 반공청년단체에 의한 잔인한 테러와 폭력은 좌우세력간 '피의 보복'이라는 악순환을 낳았다. 여순사건을 야기한 일부 반란군은 지리산으로 피해 빨치산 활동을 벌이기도 하였다. 대한민국 정부는 군 반란사건이라는 위기를 겪은 후 곧 대대적인 숙군작업을 벌였고, 한편으로는 국가보안법을 제정해 반공체제를 확립해 나갔다.

북한도 독자적인 정권 수립과정을 밟기 시작하였다. 이미 1947년 말부터 헌법 제정을 준비해왔고, 1948년에 들어서 전조선인민위원회대회를 구상하고 인민군을 창건하는 등 독자 권력을 향한 준비를 마친 상태였다. 이를 바탕으로 1948년 6월말 제2차 남북제정당사회단체 대표자 연석회의가 평양에서 열렸다. 이는 북한정권 수립의 정통성을 확보하기 위한 절차로 기능하였다. 남한의 좌익세력은 '지하선거'를 통해 뽑힌 대의원들을 모아 8월 21일 해주에서 인민대표자대회를 열어 남북 최고인민회의에 참여할 남측 대의원 360명을 선출하였다. 이어서 8월 25일에는 북측 최고인민회의 대의원 212명을 선출하는 선거가 실시되었다. 9월 2일 평양에서는 최고인민회의를 열어 헌법을 제정하였으며, 수상에 김일성, 부수상에 박헌영 · 홍명희 · 김책 등을 선출하였다. 이같은 과정을 거쳐 9월 9일 조선민주주의인민공화국 수립을 선포하였다. 이로써 한반도에는 두 개의 분단 정부가 수립되었다.

남과 북은 서로 자신을 한반도 유일의 정통국가로 강조하였고 동시에 상대방을 '괴뢰'로 몰아세웠다. 대한민국은 1948년 12월 12일 유엔의 결의에 의거하여 유엔 감시 하의 선거가 실시된 지역에서 수립된 유일 합법정부로서의 자기 위상을 강조해 나간 반면, 북한은 정권 수립과정에 남과 북의 인사들이 함께 참여했다는 형식적인 대표성을 강조하며 정통성을 주장하였다. 남북 두 정부의 수립은 한반도 정세의 안정에 기여하지 못하였고 오히려 대립과 갈등을 야기하였으며, 급기야 2년이 채 못 되어 비극적인 전면 전쟁으로 이어지고 말았다.

● 읽기자료

(1) 북조선에서 소련군과 현지 정권기관 및 주민과의 상호관계에 대한 소련 극동사령관 및 제25군에 내린 소련군 최고사령관의 지령 (스탈린, 1945.9.20.)

1. 북한영토 내에 소비에트나 소비에트정권의 다른 기관을 수립하거나 소비에트제도를 도입하지 말 것.

2. 반일적인 민주주의 정당단체의 광범한 동맹에 기초하여 북한에 부르주아민주주의 권력을 수립하는데 협력할 것.

3. 적군赤軍이 점령한 조선 지역에서 반일적인 민주단체와 민주정당의 결성을 방해하지 않으며 그 활동을 원조할 것.

4. 현지 주민에게 아래의 사실을 설명할 것.

ㄱ. 적군은 일본 정복자를 분쇄하기 위하여 북한에 들어온 것이며, 조선에 소비에트식의 체제를 도입하려거나 또는 조선의 영토를 획득하려고 하는 목적을 추구하지 않는다.

ㄴ. 북한 주민의 사유재산과 공유재산은 소련 당국의 보호 하에 있다.

5. 현지 주민에게 평화적 노동을 계속하고 공업과 상업기업 그리고 그 외 사업들의 정상적인 작업을 확보하고 소련군 당국의 요구와 명령을 이행하며 공공질서의 유지에 관하여 군 당국을 돕도록 호소할 것.

6. 북한에 있는 군대에게 규율을 엄격히 지키고 주민들에게 피해를 주지 않으며 예의바르게 행동하도록 지시할 것.

7. 북한의 민간행정에 대한 지도는 연해주군관구 군사평의회에서 수행할 것.

(2) 한국의 미군 점령지역 내 민간 행정업무에 대하여 태평양방면 미군 최고사령관에게 보내는 최초 기본훈령 (1945.10.13. 승인)

a. 정치활동

b. 귀하(맥아더를 지칭: 편집자)는 우편, 무선통신, 방송, 전화, 유무선 전보, 영화 및 신문을 포함한 민간 언론기관에 대하여 군사적 안보와 본 훈령에 서술된 목표 달성이라는 우리의 이익에 필요한 정도의 최소한의 통제 및 검열을 실시해야 할 것이다. (중략)

c. 귀하는 현존하는 모든 정당, 단체 및 정치적 결사를 귀하의 통제 하에 두어야 할 것이다. 그 활동이 군사점령의 목표 및 요구와 일치하는 단체는 장려되어야 한다. 그 활동이 군

사점령의 목표 및 요구와 일치하지 않는 것들은 폐지되어야 한다. 점령군의 안보유지라는 필요에 준하여 결사의 권리 및 공개 토론권을 가지는 민주적 정당의 구성 및 그 활동은 장려될 것이다. (중략)

g. 귀하는 어떠한 자칭 한국임시정부 혹은 유사한 정치적 조직에 대해서도, 비록 상기 a항에 의거하여 그 존립, 조직 및 활동은 허용할지라도 이를 공식적으로 인정한다든가 정치적 목적에 이용해서는 안될 것이다. 귀하는 바람직하다고 생각되는 경우에 그 조직에 대해 어떠한 언질도 주지 않은 채 그러한 조직의 성원을 개인 자격으로서 활용할 수는 있을 것이다.

(3) 브라운 소장의 미-소공위 재개 성명 (제2차 성명. 1947.5)

모스크바 협정에 있어서는 아래와 같은 조치를 강구하게 된다. 그리하여 여기에서 이를 명백히 하기 위하야 대개 몇 가지 단계로 나누었다.

첫째, 임시정부의 수립

제1단계 : 공동위원회는 조선임시정부의 형식과 조직에 관하야 조선의 각 정당 및 사회단체의 지도자들이 의견을 청취하고자 이들과 회합하게 될 것이며 또 조선의 경제적 발전에 관한 의견도 청취하게 될 것이다.

제2단계 : 공동위원회는 해 조선인 지도자들의 의견을 충분히 고려하며 임시정부의 형성과 조직에 대한 동 위원회의 제안을 기초하게 될 것이다.

제3단계 : 그 후 임시정부의 수립 계획안은 미국과 소련 양국이 이를 최후로 결정하기 전에 미-소-영-중 4대국에 제출하게 될 것이다.

제4단계 : 조선임시정부는 여기에 성립될 것이며, 따라서 조선정부가 건전한 발달을 하고 조선의 독립이 약속될 것을 보증하기 위한 연합국의 일시적 지도를 받아 통일된 조선을 통치하는 데 대한 책임을 지게 될 것이다.

둘째, 조선의 독립완수에 대한 제 방법의 공식

제1단계 : 공동위원회는 임시조선민주주의 정부 및 조선민주주의 제 단체와 같이 조선국민의 정치적, 경제적, 사회적 민주주의 자주정부의 발전, 조선독립국가의 수립 등에 대하야 이를 원조 및 후원(신탁)하는 방법의 세칙을 안출하게 될 것이다.

제2단계 : 공동위원회에서 결정된 제의안은 조선을 최고 5개년 간 4개국이 신탁통치하는 데 관한 동의를 얻기 위하야 미-소-영-중 각 정부에 제출한다는 것이다. 일부의 조선 사람들이 이의를 제시하고 있는 점은 해 협정의 제2항인데 그것은 단순히 협정 원문에 '신탁'이라는 어구가 있는 까닭으로 그 중에 포함된 원조와 보호라는 성질에 대해서는 아무 고려를 하여보지 않은 까닭이다.

셋째, 조선독립

제2항에서 결정된 4개국 협정의 궁극의 목적은 조선의 완전한 자주독립이다. 그러나 그것은 한갓 개념적 윤곽에 지나지 않으므로 나는 이 성명에서 여러분과 같이 이상 열거한 제 단계의 내용을 차례로 검토하여 보라고 하는 바이며, 또 그렇게 함으로써 조선국민은 조선독립을 위한 모스크바 협정의 조항을 이해할 수 있으리라고 확신하는 바이다.

(4) 이승만, 정읍 환영 강연회에서 단정수립 필요성 주장 (1946.6.3.)

"이제 우리는 무기 휴회된 공위가 재개될 기색도 보이지 않으며 통일정부를 고대하나 여의케 되지 않으니 우리는 남방만이라도 임시정부 혹은 위원회 같은 것을 조직하여 38이북에서 소련이 철퇴하도록 세계 공론에 호소하여야 될 것이니 여러분도 결심하여야 될 것이다. 그리고 민족통일기관 설치에 대하여 노력하여 왔으나 이번에는 우리 민족의 대표적 통일기관을 귀경한 후 즉시 설치하게 되었으니 각 지방에 있어서도 중앙의 지시에 순응하여 조직적으로 활동하여 주기 바란다."

(5) 3천만 동포에게 읍고함 (김구, 1948.2.10)

친애하는 3천만 자매 형제여!

우리를 싸고 움직이는 국내외 정세는 위기에 임하였다. (…)

우리가 기다리던 해방은 우리 국토를 양분하였으며 앞으로는 그것을 영원히 양국의 영토로 만들 위험성을 내포하고 있다. 이로써 한국의 해방이란 사전상에 새 해석을 올리지 아니하면 아니되게 되었다. (…)

미군 주둔 연장을 자기네의 생명 연장으로 인식하는 무지몰각한 도배들은 국가민족의 이익을 염두에 두지도 아니하고 '박테리아'가 태양을 싫어함이나 다름이 없이 통일정부 수립을 두려워하는 것이다. (…)

한국이 있고야 한국 사람이 있고, 한국 사람이 있고야 민주주의도 공산주의도 또 무슨 단체도 있을 수 있는 것이다.

그러면 우리의 자주독립적 통일정부를 수립하려 하는 이때에 있어서 어찌 개인이나 자기의 집단의 사리사욕을 탐하여 국가민족의 백년대계를 그르칠 자가 있으랴. (…)

마음 속의 38선이 무너지고야 땅 위의 38선도 철폐될 수 있다. 내가 불초하나 일생을 독립운동에 희생하였다. 나의 연령이 이제 칠십유삼인바 나에게 남은 것은 금일금일하는 여생이 있을 뿐이다. 이제 새삼스럽게 재물을 탐내며 명예를 탐낼 것이랴! 더구나 외국 군정하에 있는 정권을 탐낼 것이랴! 내가 대한민국 임시정부를 주지하는 것도 한독당을 주지하는 것도 일체가 다 조국의 독립과 민족의 해방을 위하는 것뿐이다. (…)

이 육신을 조국이 수요한다면 당장에라도 제단에 바치겠다.

나는 통일된 조국을 건설하려다가 38선을 베고 쓰러질지언정 일신에 구차한 안일을 취하여 단독정부를 세우는 데는 협력하지 아니하겠다. 나는 내 생전에 38이북에 가고 싶다. 그쪽 동포들도 제 집을 찾아가는 것을 보고서 죽고 싶다. 궂은 날을 당할 때마다 38선을 싸고도는 원귀의 곡성이 내 귀에 들리는 것도 같았다. 고요한 밤에 홀로 앉으면 남북에서 헐벗고 굶주리는 동포들의 원망스러운 용모가 내 앞에 나타나는 것도 같았다.

3천만 동포 자매형제여! 붓이 이에 이르매 가슴이 억색하고 눈물이 앞을 가리어 말을 더 이루지 못하겠다. 바라건대 나의 애달픈 고충을 명찰하고 명일의 건전한 조국을 위하여 한 번 더 심사하라.

(6) 제3차 UN총회의 대한민국 정부 승인안 (1948.12.12)

UN한국임시위원단이 총선거 감시와 협의를 실시할 수 있었던 남한지역에서 효과적으로 통제 및 사법권을 보유한 합법정부가 수립되었으며 (…) 이 정부는 선거가 가능했던 한반도 내에서 유일한 합법정부임을 승인한다. (…)

7개국 한국임시위원단은 한국 인민의 자유로 표현된 의사에 기초하여 장차의 대의정부 발전에 유용한 감시와 협의를 수행할 것이며 (…) 한국 전역에서 여행, 협의 및 감시의 권한이 부여될 것이다.

● 참고문헌

김성보, 2000, 『남북한 경제구조의 기원과 전개』, 역사비평사

정용욱, 2003, 『해방 전후 미국의 대한정책』, 서울대학교 출판부

김수자, 2005, 『이승만의 집권 초기 권력기반 연구』, 경인문화사

정병준, 2005, 『우남 이승만 연구』, 역사비평사

A. 기토비차 · B. 볼소프, 2006, 『1946년 북조선의 가을: 우리는 북조선을 다녀왔다』, 글누림
박찬표, 2007, 『한국의 국가 형성과 민주주의』, 후마니타스
양정심, 2008, 『제주 4 · 3항쟁: 저항과 아픔의 역사』, 선인
김득중, 2009, 『'빨갱이'의 탄생: 여순사건과 반공 국가의 형성』, 선인
윤덕영, 2010, 『일제하~해방직후 동아일보계열의 민족운동과 국가건설운동』, 연세대 사학과 박사학위논문
안진, 2012, 『미군정기 억압기구 연구』, 새길 아카데미
정근식 · 이병천 엮음, 2012, 『식민지 유산, 국가 형성, 한국 민주주의』 1-2, 책세상
이임하, 2015, 『해방공간, 일상을 바꾼 여성들의 역사』, 철수와 영희
허은 엮음, 2016, 『냉전분단시대 한반도의 역사읽기: 분단국가의 수립과 국제관계 1』, 선인
김상숙, 2016, 『10월 항쟁: 1946년 10월 대구, 봉인된 시간 속으로』, 돌베개

제16장 한국전쟁

오호, 여기 줄지어 누웠는 넋들은
눈도 감지 못하였겠구나.
(…)
이곳서 나와 너희의 넋들이
돌아가야 할 고향땅은 삼십 리면
가로막히고
무주공산의 적막만이
천만 근 나의 가슴을 억누르는데
살아서는 너희가 나와
미움으로 맺혔건만
이제는 오히려 너희의
풀지 못한 원한이
나의 바람 속에 깃들여 있도다.

— 구상, 「초토의 시-적군 묘지 앞에서」 중

〈연표〉

1948.	12.	소련군 철수
1949.	6.	미군 철수
	5~8.	38선 충돌
1950.	6.	한국전쟁 발발(6.25)
	9.	인천상륙작전(9.16)
	10.	국군, 38선 북진(10.1)
	11.	중국군 참전
1951.	7.	휴전회담 개시
1953.	6.	반공포로 석방(6.18)
	7.	휴전협정 체결(7.27)

1. 전쟁의 원인과 배경

전쟁 직전의 남북한 상황과 주변정세

한국전쟁 직전 한반도는 미국과 소련 간 냉전의 한 가운데 있었다. 1947년 미국의 트루먼 독트린 선언 이후, 1949년 중국의 공산화, 미국의 일본 재건 지원, 그리고 남북한의 분단정권 수립 등으로 동아시아에서 미소간의 긴장이 고조되었다. 따라서 어떤 계기만 주어진다면 이는 전쟁으로 발전할 가능성을 지니고 있었다.

정부 수립 이후 대한민국의 정국은 대단히 불안정했다. 1949년 말~1950년 초의 동계토벌로 좌익 무장유격대는 궤멸되고 남조선노동당 서울지도부도 파괴되는 등 좌익 세력은 결정적으로 약화되었다. 그럼에도 불구하고 이승만 정권은 정치 · 경제적 위기를 겪고 있었다. 경제적으로는 38선에서의 남북 충돌과 남한 내 유격대 토벌, 군사력 강화 등으로 인해 국방비와 치안유지비가 과다하게 지출되었고, 이에 따른 재정적자를 해소하기 위해 통화량 증발 조치를 취하자 인플레가 발생하였다. 또 1950년 5 · 30 선거 결과 국회 내에 반이승만 세력이 강화되는 등 정치적 대립도 심각해져 갔다. 게

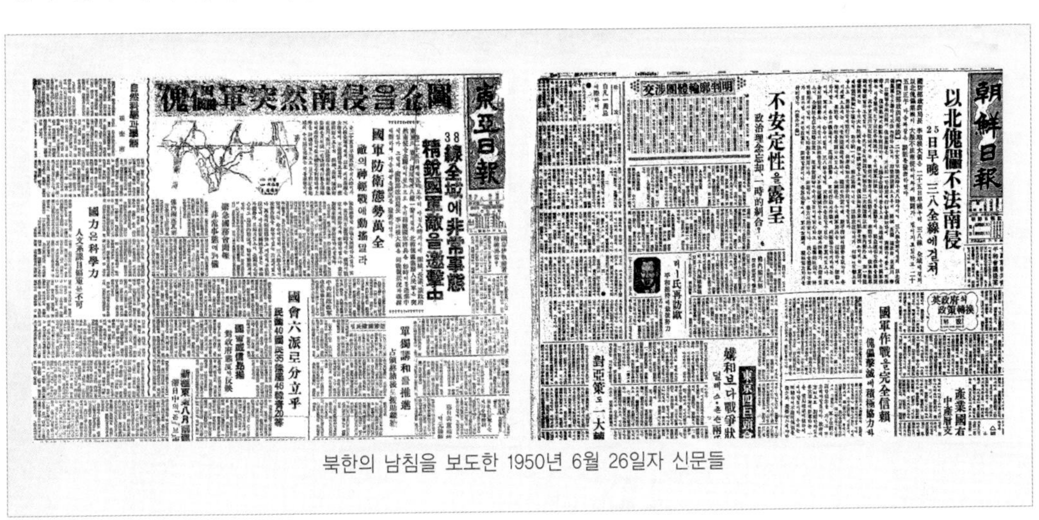
東亞日報
傀儡軍突然南侵을企圖
38線全域에非常事態
精銳國軍敵을邀擊中
國軍防衛態勢萬全
國會六派로分立乎

朝鮮日報
以北傀儡不法南侵
25日早曉三八全線에결쳐
不安定性을露呈
國軍作戰을完全信賴

북한의 남침을 보도한 1950년 6월 26일자 신문들

다가 미국은 한국에 대한 군사지원을 최소화하면서 이승만과 일정한 거리를 유지하고자 했다.

한편 북한은 조국통일민주주의전선을 결성하여 남한에 대해 통일공세를 강화하였다. 북한은 조국전선을 통해 남한에 세 차례에 걸쳐 통일방안을 제안하였다. 북한이 제안한 통일방안은 이승만 정권을 타도하고 정치자유가 보장된 상황에서 남북총선거 실시로 전조선 최고 입법기관을 구성한 다음, 헌법을 채택하여 통일정부를 수립하자는 것이었다.

1949년 한반도의 작은 전쟁 : 38선 분쟁

남북한에 따로 정부가 수립된 이후 미 · 소 양군이 철수하였다. 소련군은 1948년 9월부터 12월까지 철수를 완료하였고, 미군은 군사고문단 500명을 잔류시키고 1949년 6월 철수하였다. 이와 같은 정세 하에서 이승만 정권은 반공 체제를 한층 강화하였다. 좌익세력의 무장투쟁을 강력히 진압하면서, 여순사건 이후 좌익세력을 축출하기 위한 대대적인 숙군을 진행하였고, 1949년 12월에는 국가보안법을 제정하였다. 국회 내에서 남북협상을 주장하던 반이승만 세력은 '국회프락치사건'으로 제거당했다.

한편 북한은 남한의 무장유격투쟁을 지원하기 위해 남쪽의 오대산지구를 인민유격대 제1병단으로, 지리산지구를 제2병단으로, 태백산지구를 제3병단으로 편성하고, 강동정치학원 출신 유격대원들을 11차례에 걸쳐 오대산과 태백산 지구로 내려 보냈다. 그러나 유격투쟁 지원은 1950년 봄 실패로 끝났다.

남북한은 서로 체제를 강화하면서 상대방을 타도해야 할 꼭두각시 정권으로 비난하였고, 1949년 38선에서는 874회의 크고 작은 전투가 있었다.

북한의 전쟁 준비

북한은 1949년 3월 17일 소련과 경제문화협정을 맺어 모든 분야에서 긴밀한 협조관계를 유지하였다. 중국과도 군사비밀협정을 맺어 1949년 중반부터 1950년 전쟁 직전까지 4만 명 가량의 조선의용군을 인민군에 편입시켰다.

1949년 3월 김일성은 스탈린을 만나 '남침' 의사를 밝혔다. 스탈린은 '남침'이 불가하다면서, 그 이유로서 "첫째, 북조선 인민군은 남조선군에 대해 확실한 우위를 점하지 못하고 있다. 둘째, 남조선에는 아직 미군이 있다. 셋째, 38도선 분할협정이 유효함을 기억해야 한다. 우리가 이를 위반하면 미국이 개입하는 것을 막을 명분이 없다"는 것 등을 들었다. 이후에도 김일성은 여전히 남침에 미련을 버리지 않고 이를 준비하고 있었다. 1949년 9월 북한 주재 소련 대사 스티코프가 스탈린에 "김일성과 박헌영은 현 정세 하에서는 평화통일이 불가능하다고 생각하고 있으며, 북이 남한정부를 무력 공격하면 남북 양쪽의 인민들이 이를 지지할 것이라고 믿고 있다"고 보고하였다.

1950년 3월, 김일성은 다시 모스크바에 가서 스탈린을 만났다. 이때 스탈린과 김일성은 전쟁 개시에 어느 정도 합의를 보았다. 스탈린은 김일성에게 국제환경과 국내 정세가 모두 조선의 통일에 유리하게 바뀌었다고 말하였다. 국제환경의 변화란 중국공산당의 승리를 가리킨다. 스탈린은 김일성에게 '완벽한 전쟁 준비'를 당부하였으며, 김일성은 미국은 개입하지 않을 것이라는 의견을 말하였다. 그는 그 이유로서 미국이 스스로 대규모 전쟁을 벌이지 않으려 할 것이기 때문이라고 설명하였다. 또 김일성은 3일이면 전쟁에 승리할 수 있다고 주장하였다. 또 남한 내 빨치산운동이 강화되어 대규모 폭동이 일어날 것이라고 말하였으며, 박헌영도 남한 내 20만 남로당원이 대규모 폭동을 주도할 것이라고 장담하였다. 스탈린은 김과 박에게 마오쩌둥과의 협의를 통해 최종 결론을 내릴 것을 권고하였다.

1950년 5월 김일성과 박헌영은 베이징을 방문하여 마오쩌둥을 만났다. 마오는 "만일 미군이 참전한다면 우리가 병력을 파견하여 돕겠다"고 하였다. 1950년 5월 29일 김일성은 스티코프 대사에게 6월 말에 전투를 시작하겠다고 전달하였다. 7월 이후에는 장마가 시작되고, 정보가 누설될 우려가 있었기 때문이다.

2. 전쟁의 군사적 전개과정

북한군의 남진과 미군의 참전(1950년 6월 25일~인천상륙작전)

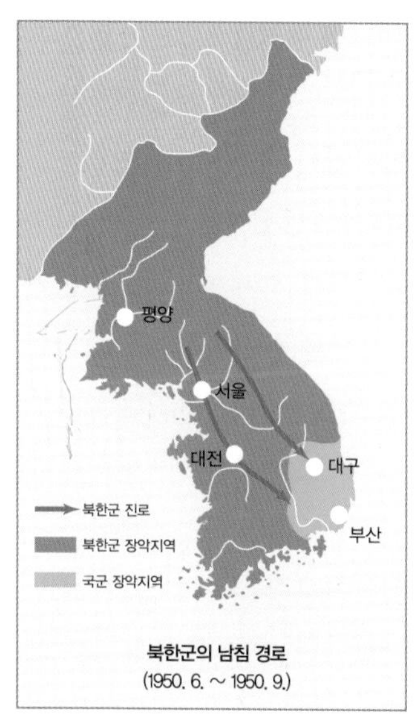

북한군의 남침 경로
(1950. 6. ~ 1950. 9.)

1950년 6월 25일, 38도선 전역에서 진공을 개시한 북한군은 3일 만인 28일 서울을 점령하였다. 이승만 정부는 한강교를 폭파하고 후퇴하여 한강 이남에서 군을 재정비하였다. 전쟁이 발발하자 미국은 즉각 참전을 결정하였다. 미국의 주도하에 유엔은 북한을 침략자로 규정하고 38선 이북으로 북한군의 철수를 요구하는 한편 남한에 대한 군사적 원조를 단행하였다.

7월 8일 유엔은 맥아더를 유엔군 총사령관으로 임명하였고, 7월 14일 이승만은 한국군 작전권한을 유엔군 총사령관에게 넘겼다. 7월 말에서 8월 초까지 북한군은 낙동강 계선까지 남진하였으며, 일진일퇴의 격전이 이어졌다. 유엔군은 해·공군력의 압도적 우위를 바탕으로 제공권과 제해권을 장악해 나갔으며, 특히 전략폭격으로 북한군에 막대한 피해를 입혔다. 남한을 점령한 북한은 점령지역에서 곧 바로 인민위원회의 복구와 선거 및 토지개혁을 실시하는 한편 의용군을 모집했다.

유엔군의 북진과 중국군 참전(1950년 9월 중순~11월 말)

1950년 9월 15일 맥아더의 미 10군단 7만 5천여 병력이 인천상륙작전을 감행하였다. 인천상륙작전의 성공으로 전세는 역전되었다. 인민군은 전면적 퇴각을 결정하였고, 9월 28일 유엔군은 서울을 탈환하였다(9.28 수복). 유엔군이 38도선 이북으로 진격하면 참전할 것이라는 중국측의 경고가 있었음에도 불구하고, 유엔군은 38선을 넘어 북진하기 시작했다. 10월 1일 한국군이 먼저 38선을 넘었으며, 10월 7일 미군도 38선을 넘어 북진하였다. 이날 유엔총회에서는 '통일한국안'을 승인하여 유엔군의 북진을 사후 승인하였다.

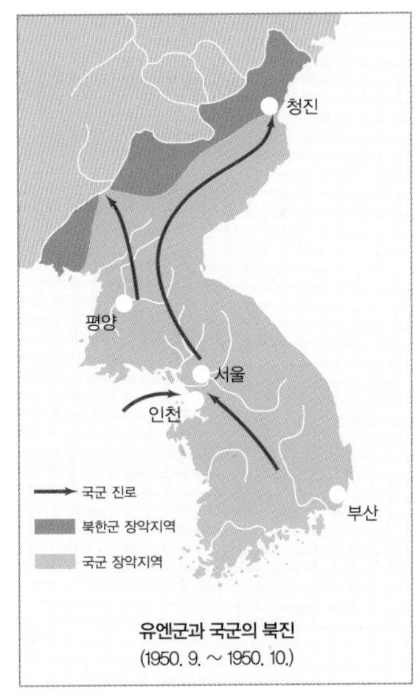

유엔군과 국군의 북진
(1950. 9. ~ 1950. 10.)

이로써 전쟁은 새로운 국면으로 접어들었다. 이전의 전쟁이 전쟁 전 원상회복을 추구한 '봉쇄를 위한 전쟁'이라면, 38선 이북으로의 북진은 북한지역으로의 확전이라는 '롤백(roll back)을 위한 전쟁'의 시작을 의미했다. 유엔군과 국군은 10월 19일 평양을 점령한 데 이어 중국과의 국경지대까지 북진하였다. 북한지역을 점령한 유엔군은 공산당 관계자와 부역자 처벌 등을 통해 공산주의 통치체제를 해체하는 한편, 우익 조직을 강화하고자 했다. 38선 이북지역에 대한 통치권을 둘러싸고 대한민국 정부와 유엔군은 대립적 견해를 보였지만, 유엔군의 주도 하에 대한민국 정부가 종속적인 지위를 갖고 점령정책을 공동 수행하는 방식으로 이루어졌다.

이때 북한은 유엔군 후방에 제2전선을 조직하고 중국 동북지방에서 전열을 재정비하는 한편, 중국에 도움을 요청하였다. 중국은 유엔군이 38선을 넘은 다음날인 10월 2일 참전을 결정하였다. 소련이 중국군에 대한 공중지원과 전쟁물자를 지원한다는 조건하의 결정이었다. 소련이 지원을 연기했지만, 중국은 참전 결정을 번복하지 않았다. 소련은 1950년 말에 가서야 공군을 지원하였다. 10월 19일 중국인민지원군은 압록강을 건너기 시작하였다. 중국은 '순망치한脣亡齒寒'을 내세워 참전을 결정하였다. 참전의 일차적 목적은 미국의 공격을 북한에

중국군 참전을 비난하는 유엔군 선전삐라

서 막아내기 위한 것이었고, 한편으로는 중국 국공내전 과정에서 공산측에 참여하여 싸운 조선인들에 대한 보답의 의미도 있었다.

중국군의 참전으로 전쟁은 미국과 중국의 직접 대결로 변모하였다. 중국군 참전의 의미를 과소평가한 맥아더는 전쟁을 끝내기 위한 '크리스마스 공세'를 펼쳤지만, 치명적인 타격을 입고 전면 후퇴하기에 이르렀다. 전세는 또 다시 역전되었으며, 미국은 유엔을 통한 정치적 해결을 모색하기 시작했다.

유엔군의 후퇴와 전선의 교착(1950년 11월 말~1951년 6월)

북한군 부대 및 제2전선 유격대의 협공으로 12월 6일 공산측은 평양을 장악하였으며, 곧이어 원산을 점령했다. 유엔군은 대규모의 흥남철수 작전을 통해 후퇴하였다. 공산측은 12월 25일경 38도선 이북 대부분 지역을 회복하였고 12월 31일 공세로 38선을 넘어 남진하기 시작했다. 1월 4일 또다시 서울이 공산측 수중에 들어갔고(1·4후퇴), 1월 초 공산측은 37도선까지 남진했다가 중순 이후 방어체제로 돌아섰다. 중국에 대한 미

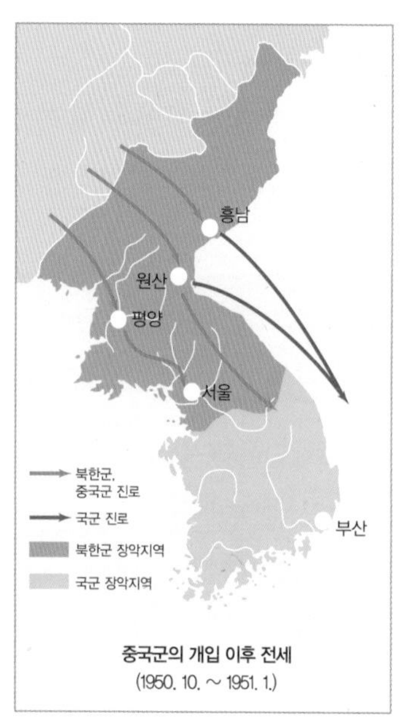

중국군의 개입 이후 전세
(1950. 10. ~ 1951. 1.)

파괴된 대동강 철교를 통해 남하하는 피난민들 (1950.12.4)

국의 직접 공격 가능성과 병참 문제, 전쟁 초기 패배의 경험에서 나온 결정이었다.

이때 미국 내에서는 국무부와 맥아더 중심의 군부 사이에서 확전논쟁이 불붙었다. 맥아더는 중국군 참전 이후 원자탄 사용을 주장하였으며, 미국도 이를 심각하게 고려했지만 영국의 강력한 반발로 포기할 수밖에 없었다. 결국 미국은 4월 11일 맥아더를 해임하고 국무부의 입장에 따라 전쟁을 제한하고 정치적 휴전을 모색하기 시작하였다. 맥아더의 후임으로 유엔군 총사령관직을 맡은 릿지웨이는 적극적인 반격작전을 펼쳐 전선을 위로 밀어 올리는데 성공하였으나, 전선은 38도선 부근에서 교착되기 시작하였다.

휴전협상 시기 갈등과 소모전(1951년 6월 말~1953년 7월)

휴전을 모색하는 움직임은 개전 초기부터 유엔에서 나왔지만, 어느 한 편이 일방적으로 유리한 전세에서는 힘을 얻기 어려웠다. 양측이 일진일퇴의 공방전을 펼친 후 38선 부근에서 전선이 형성된 시점에서 휴전 논의가 본격화하였다. 어느 쪽도 군사적 승리를 담보하기 어려운 상황에서 전쟁의 정치적 해결, 곧 휴전협상을 모색하였던 것이다. 미국측의 기본 입장은 군사적 완전승리가 불가능한 상황에서 '명예로운 해결'을 통

거제도 포로수용소(1951.9)

하여 정치적 · 심리적 승리를 추구하는 것이었다. 공산 3국의 의견 조율을 거쳐 휴전협상을 받아들인 공산측은 휴전협상을 한반도 통일문제와 결부시켰다. 유엔군측은 휴전회담을 전투중지라는 순수 군사문제로 국한하고자 한 반면, 공산군측은 외국군 철수와 통일문제 등의 정치문제를 포함시키고자 하였다. 이승만 정부는 북진통일을 주장하며 일관되게 휴전을 반대하였지만, 미국의 휴전 전략에 따르지 않을 수 없었다.

회담이 난항을 거듭하는 2년여 기간 동안 정치적 협상과 군사적 압력이 교대로 이어지면서 전쟁 피해를 증대시켰다. 미국은 협상을 유리하게 하기 위해 군사적 압력을 강화하였다. 북한지역에 대한 전략폭격으로 수풍댐 등 주요 댐과 발전소, 그리고 평양 등 주요 도시가 파괴되었다. 공산측 역시 지상작전을 강화하고 공군력을 증강하는 한편 미국의 세균전, 포로수용소 문제 등을 제기하며 국제적인 선전전으로 대응하였다. 1952년 중반, 회담이 결렬되고 휴전 논의가 유엔으로 옮겨지자 군사적 대결은 격화되었다. 양측의 팽팽한 대립은 1953년 한국전쟁 종전을 공약으로 내건 아이젠하워 미 대통령의 취임과 한국전쟁에서 공산측의 실질적 결정권자였던 스탈린의 갑작스런 사망에 따라 휴전협상은 타결국면로 이어지게 되었다. 비록 1953년 6월 이승만의 일방적인 반공포로 석방이 걸림돌이 되기는 했지만, 1953년 7월 27일 유엔군과 공산측 간에 휴전협정이 체결됨으로써 3년여의 전쟁은 끝나고 말았다.

3. 끝나지 않은 전쟁 : 휴전

휴전회담

1951년 7월부터 시작된 휴전회담은 2년 이상 지속되었다. 의제설정과 군사분계선, 휴전감시 방법과 기구, 포로송환, 정치회담 문제 등의 다섯 가지 의제 중에서 포로 문제를 제외한 나머지 쟁점들은 1952년 4월까지 모두 타결되었다. 포로문제는 휴전회담의 '뜨거운 감자'였다. 유엔군측이 보유한 포로수가 공산측이 보유한 포로수에 비해 무려 10배 가까이 많았기 때문이었다. 포로의 자동송환(강제송환)을 주장하는 공산측에 반대하여 유엔군측은 자유송환(자원송환)을 내세웠다. 미국이 내세운 포로의 자유송환원칙은 휴전협상을 이념전이자 심리전으로 전화시켰으며, 이후 협상의 가장 큰 걸림돌이 되었다.

공산측의 반미 · 반이승만 선전삐라

1952년 7월 시점에서 북한은 송환될 포로보다 미군 폭격으로 인한 인적 손실이 더 컸기에 휴전을 원했지만 결정 권한이 없었다. 스탈린은 미군을 한반도에 묶어 둠으로써 동유럽의 안정을 얻고 미국의 군사력을 소모시킬 수 있다는 점에서, 마오쩌둥은 소련의 군사원조를 획득하고 전장에서 이를 시험함으로써 중국군의 현대화를 도모하려는 목적에서 각각 휴전에 적극적인 성향을 띠지 않았다. 미국은 이 문제를 유엔으로 넘겨 처리하고자 했고, 이 때문에 회담은 이후 6개월간 중단되었다. 1953년 들어 휴전협상은 급진전되었고, 부상병 포로교환에 이어 포로문제가 타결되면서 마침내 휴전협정이 체결되었다.

남한의 휴전반대와 반공포로석방

이승만 정부는 휴전회담의 시작부터 일관되게 휴전 반대와 북진통일을 주장했다. 한국 정부가 배제된 채 진행되던 휴전회담을 방해할 수 있는 지렛대는 작전지휘권을 환수해 북진하겠다는 위협과 반공포로 석방이었다. 후방에서 정부 주도의 휴전반대 시위가 끊이지 않았으며, 협상 타결이 임박한 1953년 6월 18일에는 일방적으로 반공포로를 석방하였다. 미국은 한국군의 작전지휘권을 유엔군에 그대로 두는 조건으로 한미상호방위조약 협상에 동의했다. 한국군의 지휘권은 유엔군사령관에게 주어졌고, 법

1951년 8월 '정전반대 국토통일 국민총궐기대회'
이승만 정부의 강력한 휴전반대 입장에 따라
야기된 휴전반대 관제 데모의 한 장면.

률적 근거를 마련하기 위해 1954년 한미합의의사록에 작전통제권이란 명칭이 첨부되었다. 한국은 휴전협정을 묵인하는 대신 미국 측으로부터 한미상호방위조약의 체결을 비롯해 20개 사단 규모의 군대 확보, 이를 유지할 수 있는 군사 · 경제원조를 확보했다. 휴전협정의 후속조치로 한반도 평화 정착과 통일을 위한 제네바정치회담이 1954년에 개최되었지만, 아무런 성과를 거두지 못했다.

4. 전쟁의 성격 및 결과

전쟁의 성격

한국전쟁은 남북한 간의 내전이자 국제전이었다. 1950년 6월부터 1953년 7월까지 만 37개월간 남 · 북 · 미 · 중 등 20여 개 국가가 참전하였다. 전쟁의 발발과 전개과정, 휴

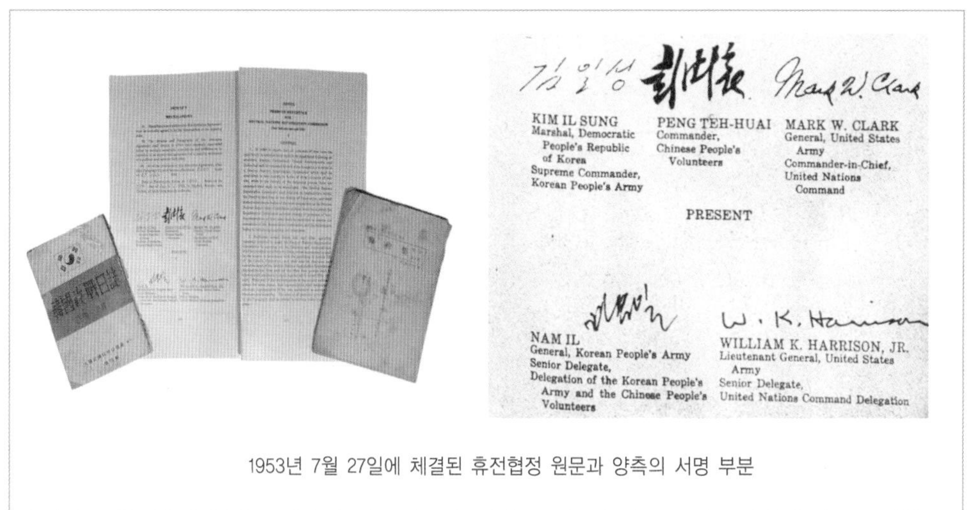

1953년 7월 27일에 체결된 휴전협정 원문과 양측의 서명 부분

전협상의 전 과정을 통해 전쟁의 성격을 파악할 필요가 있다. 전쟁의 발발은 명백히 북한의 전면공격으로 비롯되었지만, 전쟁의 결정은 중국과 소련의 영향력하에 이루어졌다. 북한이 수립한 공격작전계획은 스탈린의 군사참모들에 의한 것이었고, 개전 시점에서 스탈린은 최종 결정권자이자 최고 책임자였다. 전쟁의 전개과정에서도 남북한은 결정권이 없었다. 1950년 11월 중국인민지원군의 개입 이후 북한군은 펑더화이(彭德懷)가 지휘하는 조중연합사령부의 지휘하에 놓여졌다. 한국군 역시 대전 서한(1950.7)으로 유엔군사령관에게 한국군 지휘권을 이관하면서, 미군의 직접 지휘하에 전쟁을 수행했다. 휴전회담의 과정에서도 남북한은 결정권이 없었다. 공산측의 휴전회담 지휘체계는 중국의 주도하에 이루어졌으며, 최종 결정권은 소련의 스탈린에게 있었다. 미국측은 휴전회담에서 한국 정부는 물론 유엔 참전국까지 배제하고 워싱턴에서 직접 회담을 이끌어 나갔다. 이 때문에 휴전회담의 진행 과정 속에서 한국 측은 한국 정부의 대표가 아닌 유엔군사령관이 임명한 옵저버로 참관했다.

전쟁의 결과

전쟁 시기에 수많은 민간인들이 희생당하였다. 보도연맹원 처형, 토벌작전, 미군 폭

전쟁으로 폐허가 된 서울(1952.5)

격 등에 의한 희생이었다. 개전 초기 30만에 달하던 국민보도연맹원들 중 상당수가 처형되었고, 빨치산 토벌작전 등의 명목으로 수많은 민간인들이 학살되었다. 영동 등지에서는 미군이 민간인을 학살하기도 했다. 한편 전쟁동원을 명목으로 징집된 100만 명의 국민방위군 중 조직적 부정 · 부패에 의해 5만 명 이상이 추위와 굶주림 및 질병으로 죽었다. 전쟁으로 인한 사상자는 남북한 약 300만 명 정도로 추산된다. 월북 · 납북 약 30만 명, 월남 45~100만 명 등 민족의 대 이산과 가족 해체가 동반되었다. 유엔군 사상자는 15만 7천여 명, 중국군 사상자수는 92만여 명에 달하였다. 남한의 경우, 민간인과 군인의 사상자가 대략 100만 명 정도로 비슷한데 비해, 북한의 민간인 사상자수는 268만여 명으로 북한군 사상자 61만여 명에 비해서도 엄청나게 많았다. 이는 북한지역 피해의 대부분이 미군의 무차별 공중폭격에 의한 것이었기 때문이었다.

인적 손실만이 아니라 물적 손실 또한 엄청났다. 도로 · 교통시설 · 주택 · 철도 · 항만 등은 거의 대부분 흔적만 남은 상태였다. 북한지역은 거의 모든 도시가 파괴되었다. 전쟁의 물적 피해는 남한 제조업의 경우 1949년 대비 42% 파괴, 북한은 1949년 대비 공업 60% · 광업 20% · 농업 78%가 파괴된 것으로 추정되었다.

전쟁의 영향

한국전쟁은 남북한은 물론이고 참전국과 주변 나라들에 막대한 영향을 미쳤다. 남북한의 적대적 대립구조가 확립되는 한편 집권세력의 권력을 강화하는 결과를 가져왔다. 북한은 반대파 숙청을 통해 김일성 유일지도체제가 강화되었으며, 군사력을 최우선시하는 병영국가가 되었고, 전후 복구를 거쳐 본격적인 사회주의 경제체제로 돌입하게 되었다. 남한도 이승만 반공독재체제가 강화되었다. 한국군은 전쟁 전 정규군 10만 규모에서 60만 이상으로 강화되었고, 사회 전반에 군이 막강한 영향을 끼치게 되었다. 또한 전후 미국의 잉여농산물과 소비재 원조에 의존하는 대외종속적 성격이 강화되면서, 빠른 속도로 세계자본주의체제에 편입되었다.

한국전쟁은 장기 소모전이었기 때문에 전쟁특수를 유발하였다. 그 과정에서 미국은 일본 경제의 전후 부흥을 의도적으로 유도했다. 이것은 전후 미국의 대공산 봉쇄전략의 일환이었다. 미국은 동북아지역에 대한 '지역통합전략'을 통해, 동북아지역의 거점인 일본의 경제부흥을 뒷받침하고 남한과 동남아지역을 배후지로 설정하였다. 이 때문에 미국은 한일관계의 급속한 정상화를 필요로 했다. 또한 미국은 동북아지역에서 봉쇄정책의 일환으로 집단방위체제를 형성, 강화시켜 나갔다. 미국은 개별 국가와 군사동맹을 체결하고 이것을 지역적으로 확대하여 집단방위체제를 형성 강화시

1953년 10월 한미상호방위조약에 정식 서명하는 양국 대표들

키는 한편, 한미상호방위조약의 체결을 통해 한국의 대미 정치 · 군사적 종속화를 야기하였다.

한편 공산측에서는 소련과 중국 및 북한 3자 사이에 갈등이 나타나기 시작했다. 한국전쟁에 직접 개입을 회피하면서 자국의 이익을 추구했던 소련의 행태로 인해 북한과 중국은 이후 '자력갱생'의 노선을 추구하게 되었으며 이것이 중 · 소 분쟁에 하나의 실마리가 되었다. 북한과 중국은 전쟁의 대가로 유엔에 의해 '침략자'로 규정되었으며 이후 국제적인 고립에 시달렸다. 그러나 미국과 상대하여 전쟁을 무승부로 마무리하였다는 점에서 사회주의 국가들 내에서 그 위상이 강화되었고, 북한은 전시동원체제를 통해 내부의 반발을 무마하면서 단기간에 사회주의체제로 이행하는 데 성공할 수 있었다.

● 읽기자료

1. 유엔안전보장이사회 결의문 (1950.6.25.)

안전보장이사회는 1949년 10월 21일자 총회 결의가 대한민국 정부는 합법적으로 수립된 정부로서 유엔한국임시위원단이 감시하고 협의할 수 있었고 또한 한국민의 대다수가 거주하고 있는 그 지역에 대하여 실질적인 지배력과 주권을 보유한다는 것과 또한 이 정부는 그 지역내 선거민의 정당한 자유의사의 표현으로서 유엔임시위원단의 감시하에 행해진 선거에 의하여 수립되었다는 사실과 그러나 이 정부는 한국에 있어서의 유일한 그러한 정부임을 단정한 것을 상기하고, 1948년 12월 12일 및 1949년 10월 21일자 제 결의에 표현된 바 회원 각국이 한국의 완전독립과 통일을 위한 유엔의 제반 노력의 결과를 훼손하는 행위를 자제하지 않는 한 발생할 우려가 있는 모든 결과에 대한 총회의 관심과 유엔한국위원단의 보고서에 기술된 사태는 대한민국 및 한국인민의 안전과 복지를 위태롭게 하며 그 지역에 공공연한 군사적 분쟁을 야기할 우려가 있다는 총회의 관심을 유의하고 북한군의 대한민국에 대한 군사공격을 중대관심으로 주목하여 다음과 같이 결의한다.

이 행위는 평화의 파괴를 구성하는 것으로,

一, 분쟁의 즉시 중지를 요구하며 북한 당국에 대하여 그 군대를 38선까지 철퇴할 것을 요구한다.

二, 유엔한국위원회에 대하여는 다음과 같이 요청한다.

ㄱ. 해당 사태에 관하여 가능한 한 조속히 충분히 고려한 건의를 전달할 것.

ㄴ. 북한군의 38선에의 철퇴를 감시할 것.

ㄷ. 이 결의의 실시에 관하여 안보리에 대하여 상시 보고할 것.

三. 전 회원국은 이 결의의 실시에 있어서 유엔에 모든 원조를 부여하며 북한 당국에 대하여는 원조를 행하지 말 것을 요청한다.

2. 대전 서한 : 한국군의 작전권 이양에 관한 이승만 대통령이 맥아더 원수에게 보낸 서한 (1950.7.14.)

대한민국을 위한 국제연합의 군사적인 공동노력으로 말미암아 귀하가 유엔군 총사령관으로 임명되어 대한민국과 그 인접지역에서 싸우고 있는 모든 국제연합군이 귀하의 작전지휘권 하에 편입되게 된 사실에 비추어, 본인은 현재의 전쟁상태가 지속되는 동안 대한민국을 귀하에게 이양함에 있어, 직접 귀하 자신이나 대한민국 내 또는 그 인접지역에서 동 작전지휘권 행사에 관하여 귀하에게서 권한을 받은 특정 또는 각급 지휘관들이 동 지휘권을 행사할 수 있도록 이를 이양하게 된 것을 다행으로 생각하는 바입니다.

대한민국 국민은 귀하의 작전지휘 하에서 그 임무를 수행하게 된 것을 자랑스럽게 생각할 것이며, 대한민국 국민과 정부도 또한 우리들의 공동의 전투노력에 대한 전반적인 지침을 우리들이 자랑하는 조국의 독립과 통일에 대한 공산주의자들의 가증스러운 침략에 저항하기 위해, 힘을 뭉친 국제연합에서 위임된 군사지휘권을 장악하고 잇는 고명하고 탁월한 무인에게서 받게 된 사실에 대해 긍지와 고무를 받게 된 것입니다. ……

3. 저우언라이周恩來총리의 중국 주재 인도대사 파니카와의 담화 : 미군이 만약 38도선을 넘어 북진한다면 우리는 관여할 것이다 (1950.10.3.)

(……) 저우언라이 : 미국의 군대는 지금 38선을 넘어 전쟁을 확대하려고 기도하고 있습니다. 미국의 군대가 진짜로 이와 같은 행동을 한다면 우리는 좌시하고 있을 수만은 없고 우리는 이 사태에 대하여 관여하게 될 것입니다. 이점을 귀국의 총리께 보고하여 주시기를 청합니다. ……

파니카 : 조선 사건의 지방화는 현재 두 개 방면의 문제를 포함하고 있습니다. 첫째는 미군이 38선을 넘어 북진하고 있으므로 이미 38선을 월경한 미군들이 즉각 원 위치로 철군하는 것을 가리킬 수 있습니다. 둘째로는 조선 사건은 반드시 평화적으로 해결되어야 하는데 관련이 있는 각국 즉, 중국이나 소련 등이 반드시 이 일에 참여하여 토론하여야 한다는 것을 가리킬 수 있는 것입니다. 본인이 네루 총리에게 보고할 때에 이 문제를 보다 명확하게 하기 위해서입니다만 중국이 접수할 수 있는 건의는 도대체 어느 쪽의 함의를 가리키는 것인지 알려주시기 바랍니다.

저우언라이 : 이것은 두 개의 문제입니다. 첫 번째로 미군이 38선을 월경하여 전쟁을 확대하려고 기도한다면 우리는 반드시 이 문제에 관여할 것입니다. 이것은 미국 정부가 고의로 조성한 엄중한 상황입니다. 두 번째로 우리가 조선 문제는 반드시 평화적으로 해결되어야 한다고 주장하는 것은 조선에서의 전투행위가 즉각 중지되고 조선을 침략한 외국 군대가 즉시 철병해야 할 뿐만 아니라 관련 국가들이 반드시 국제연합에 모여서 평화적으로 해결하는 방안을 협상하여야 한다는 것입니다(……)

4. 이승만 담화 : 반공포로 석방에 대하여 (1953.6.18.)

'제네바'협정과 인권정신에 의하여 반공한인 포로는 벌써 다 석방시켰어야 할 터인데 유엔당국들과 또 이 포로를 석방하는 것이 옳은 것으로 우리의 설명을 들은 분들은 동정상으로나, 원칙상으로나 동감을 가진 것으로 내가 믿는 바이다. 그러나 국제상 관련으로 해서 불공평하게도 이 사람들을 너무 오래 구속했던 것이다. 지금와서는 유엔이 공산측과 협의한 조건이 국제적 관련을 더욱 복잡하게 해서 필경은 우리 원수에게 만족을 주고 우리 민족에게 오해를 주는 흠상을 일으킬 염려가 있게 되었다. 그러므로 이 흠상한 결과를 피하기 위해서 내가 책임을 지고 반공한인 포로를 오늘 6월 18일로 석방하라고 명령했다. 유엔사령관과 또 다른 관계당국들과 충분한 협의가 없이 이렇게 행한 이유는 설명치 않아도 다 알 것이다. 각 도지사와 경찰관사들에게 지시해서 이 석방된 포로들을 아무쪼록 잘 지도 보호케 한 것이니, 다 그 직책을 행할 것을 믿는 바이다. 우리 모든 민중이나 친구들이 다 협조해서 어디서든지 불필요한 오해가 생기지 않도록 해 줄 것을 믿는 바이다.

5. 대한민국과 미합중국 간의 상호방위조약 (1953.10.1.)

본 조약의 당사국은 모든 국민과 모든 정부와 평화적으로 생활하고자 하는 희망을 재확인하며 또한 태평양지역에 있어서의 평화기구를 공고히 할 것을 희망하고, 당사국 중 어느 1국이 태평양지역에 있어서 고립하여 있다는 환각을 어떠한 잠재적 침략자도 가지지 않도록 외부로부터의 무력공격에 대하여 그들 자신을 방위하고자 하는 공통의 결의를 공공연히 또한 공식으로 선언할 것을 희망하고, 또한 태평양지역에 있어서 더욱 포괄적이고 효과적인 지역적 안전보장조직이 발달될 때까지 평화와 안전을 유지하고자 집단적 방위를 위한 노력을 공고히 할 것을 희망하여 다음과 같이 동의한다.

제1조. 당사국은 관련될 지도 모르는 어떠한 국제적 분쟁이라도 국제적 평화와 안전과 정의를 위태롭게 하지 않는 방법으로 평화적 수단에 의하여 해결하고 또한 국제관계에 있어서 국제연합의 목적이나 당사국이 국제연합에 대하여 부담한 의무에 배치되는 방법으로 무력의 협위脅威나 무력의 행사를 삼갈 것을 약속한다.

제2조. 당사국 중 어느 1국의 정치적 독립 또는 안전이 외부로부터의 무력공격에 의하여 위협을 받고 있다고 어느 당사국이든지 인정할 때에는 언제든지 당사국은 서로 협의한다. 당사국은 단독적으로나 공동으로나 자조와 상호원조에 의하여 무력공격을 방지하기 위한 적절한 수단을 지속하며 강화시킬 것이며 본 조약을 실행하고 그 목적을 추진할 적절한 조치와 협의와 합의하에 취할 것이다.

제3조. 각 당사국은 타 당사국의 행정지배 하에 있는 영토와 각 당사국이 타 당사국의 행정지배하에 합법적으로 들어갔다고 인정하는 금후의 영토에 있어서 타 당사국에 대한 태평양지역에 있어서의 무력공격을 자국의 평화와 안전을 위태롭게 하는 것이라고 인정하고 공통한 위험에 대처하기 위하여 각자의 헌법상의 수속에 따라 행동할 것을 선언한다.

제4조. 상호적 합의에 의하여 미합중국의 육군, 해군과 공군을 대한민국의 영토 내와 그 부근에 배치하는 권리를 대한민국은 이를 허여하고 미합중국은 이를 수락한다.

제5조. 본 조약은 대한민국과 미합중국에 의하여 각자의 헌법상의 수속에 따라 비준되어야 하며 그 비준서가 양국에 의하여 '워싱턴'에서 교환되었을 때에 효력을 발생한다.

제6조. 본 조약은 무기한으로 유효하다. 어느 당사국이든지 타 당사국에 통고한 후 1년이 지나야 본 조약을 종지시킬 수 있다.

이상의 증거로서 하기 전권위원은 본 조약에 서명한다.

본 조약은 1953년 10월 1일 '워싱턴'에서 한국문과 영문으로 두 벌로 작성됨.

대한민국을 위해서 변영태
미합중국을 위해서 존 포스터 덜레스

● 참고문헌

정병준, 2006, 『한국전쟁 : 38선 충돌과 전쟁의 형성』, 돌베개
양영조, 2007, 『한국전쟁과 동북아 국가정책』, 선인
박찬승, 2010, 『마을로 간 한국전쟁』, 돌베개
조성훈, 2010, 『한국전쟁과 포로』, 선인
한국역사연구회 현대사분과 편, 2010, 『역사학의 시선으로 읽는 한국전쟁』, 휴머니스트
서중석 외, 2010, 『전장과 사람들』, 선인
서중석 외, 2011, 『전쟁 속의 또다른 전쟁』, 선인
이임하, 2012, 『적을 삐라로 묻어라-한국전쟁기 미국의 심리전』, 철수와 영희
김태우, 2013, 『폭격 : 미공군의 공중폭격 기록으로 읽는 한국전쟁』, 창비
정병준 외, 2014, 『한국전쟁기 남 · 북한의 점령정책과 전쟁의 유산』, 선인

김학재, 2015, 『판문점 체제의 기원–한국전쟁과 자유주의 평화기획』, 후마니타스
박동찬, 2016, 『주한미군사고문단』, 한양대학교 출판부
김보영, 2016, 『전쟁과 휴전–휴전회담 기록으로 읽는 한국전쟁』, 한양대학교 출판부

제17장 이승만 정권과 4·19혁명

푸른 하늘을 제압하는 / 노고지리가 자유로왔다고
부러워하던 / 어느 시인의 말은 수정되어야 한다.

자유를 위해서 / 비상하여 본 일이 있는
사람이면 알지

노고지리가 / 무엇을 보고
노래하는가를 / 어째서 자유에는
피의 냄새가 섞여 있는가를

혁명은 / 왜 고독한 것인가를
혁명은 / 왜 고독해야 하는 것인가를

—김수영, 「푸른 하늘을」

〈연표〉

1949.	4.	국회프락치사건
	6.	반민특위 습격 사건
	6.	김구 피격, 서거(6.26)
1952.	7.	부산정치파동
1954.	9.	'사사오입' 개헌
1958.	1.	진보당사건
	8.	국가보안법 파동
1960.	4.	'4 · 19혁명'과 4 · 26 이승만 하야
	7.	장면 정부 출범
1961.	5.	남북학생회담 제안

1. 원조경제와 전후 사회

원조경제

1950년대 한국 경제는 미국의 원조에 의존하던 원조경제체제였다. 미국은 한반도에서 대미 의존구조를 확립하여 미국 주도의 세계체제에 한반도를 편입시키려는 방편으로써 원조계획을 활용했다. 미국의 원조는 반공국가 건설을 위한 군사원조와 한국경제에 대한 통제수단이라는 두 가지 성격을 가졌다. 미국의 한국경제 복구계획에 따른 원조는 한편에서는 이승만 정권을 유지하고 지원하는 자금원이 되었지만, 다른 한편에서는 한국을 미국의 잉여농산물 처리장으로, 미국 군수산업의 무기 시장으로, 대 공산권 방어기지로 만들었다. 한국정부는 원조물자를 판매하여 그 대금을 대충자금對充資金으로 적립한 뒤, 미국이 결정권을 갖고 있었던 한미합동경제위원회의 철저한 통제를 거쳐 지출하였다. 당시 정부의 전체 예산에서 대충자금이 차지하는 비중이 69.1%에 달했던 만큼, 정부 재정도 한미합동경제위원회의 통제를 받지 않을 수 없었다. 1954년에서 1960년까지 대충자금의 34.8%가 국방비로 사용되었다.

1948년 12월 '한미경제원조협정'이 체결된 이후 1960년대 초반까지 미국은 한국에 약 100억 달러에 달하는 원조를 제공하였다. 그 중 약 70% 이상은 직접적 군사원조로서 주한미군과 한국군의 군사력을 강화하기 위한 무기 · 탄약 · 함선 · 기타 군수용 기자재로 제공되었거나 군사비로 전액 소비되었다. 경제원조로 배당된 약 30억 달러 역시 거의 전적으로 한국 군사력의 유지비와 군사활동의 여러 조건들을 조성하는 데 필요한 군사수송 · 동력 및 군수품의 생산과 수리 등에 사용되었다. 구체적인 원조 방식은 방위지원 원조, 개발증여, 잉여농산물 원조와 개발차관 등으로 군사 혹은 준군사 원조가 80% 이상을 차지하였다.

1950년대 한국경제는 미국의 원조에 전적으로 의존하여 자본을 축적하였다. 재정 · 금융 · 산업에서 원조물자의 배분과 판매, 그리고 그 판매대금인 대충자금을 근간으로

1950년대의 대한제분 공장

한 재정투자와 기업에 대한 금융혜택이 한국경제를 움직였다. 당시 시중환율보다 훨씬 낮은 공정환율로 원조물자를 배당받은 것만으로도 엄청난 이득을 볼 수 있었으므로 정경유착이 체질화되었으며, 이 과정에서 불법적인 정치자금과 뇌물 헌납 등이 이루어졌다.

대한민국 정부는 시설재와 원자재 등을 미국에 의존해야 하는 몇 가지 공업분야를 집중 육성했다. 그것은 면방직, 설탕업, 밀가루제조업 즉 '삼백산업'이었다. 값싼 원조물자를 독점적으로 배정받아 가공 판매할 수 있었던 소수의 자본가들은 순식간에 시장을 독점하고 재벌로 등장하였다. 1950년대 공업화의 주력 산업이었던 삼백산업의 원료는 값싼 잉여농산물로 충당되어 국내의 밀·면화 생산을 도태시켰고, 특히 1956년부터 들어온 PL 480호(미 공법)에 따른 미국의 잉여농산물 도입으로 한국농업은 큰 타격을 입었다. 결국 원조경제를 통해 미국에 대한 의존도가 높아졌을 뿐만 아니라 식량자급률이 저하되었으며, 광범한 이농현상을 가져왔다.

다른 한편 미국은 교육원조를 통해 미국에 우호적인 인맥을 형성하는 데 주력하였다. 미국의 교육원조의 상당 부분은 한미간 인적교류에 투입되었고, 미국형 관료엘리트의 인맥이 형성되었다. 1948년 8월 이후 1962년까지 4차에 걸쳐 실시된 미국 교육사

절단 파견은 한국의 교육 전반에 영향을 미쳤다.

1956년 이후 한국경제는 전쟁 직전 수준으로 회복되었지만, 이후 미국의 경제원조가 1958년을 기점으로 삭감되어 차관으로 전환되기 시작하였고 미국은 더 적극적으로 한일관계 개선을 요구하였다. 그러나 이승만의 반일적인 태도는 미국의 구상에 걸림돌이 되었으며, 결국 4 · 19 이후 이승만의 하야로 이어지는 계기로 작용하였다.

1950년대 사회와 문화

1953년 1월 정부 발표에 의하면, 당시 대한민국 농가 호수 220만 호의 절반인 110만 호가 '절량농가絕糧農家'였다. 가을에 추수한 식량이 다 떨어져 보리가 수확되기 전까지 굶주려야 하는 춘궁기인 '보릿고개'를 견디지 못한 농민들은 농촌을 떠나 도시의 빈민촌으로 이동하였다. 도시민들은 극심한 인플레이션에 시달렸다. 전후의 잿더미에서 더욱 고통스러운 사람들은 상이군인과 고아들이었다. 상이군인은 1953년 8월 현재 통

미망인 정착촌
1950년대 말
서울 대방동에
건립되었다.

계로 6만 4천여 명, 1959년 현재 당국에 의해 파악된 군경 원호대상자 수는 163만 명에 달했다. 전쟁고아는 5만 9천여 명, 보호시설에 수용된 인원이 4만 9천여 명이었다. 전쟁 미망인 수는 1957년 10월 말 현재 55만여 명에 달했고, 이들의 부양가족 수는 91만여 명이 넘었다.

전후 한국사회에 서구 문물과 외래 사조가 급속히 도입되면서, 한국사회는 문화적 정체성의 혼란을 겪게 되었다. 전쟁과 전후 복구에서 미국에 절대적으로 의존하고 있던 상황 때문에 사회 전반적으로 '친미親美'를 넘어 '숭미崇美'주의로 표현될 만큼 미국적인 것을 동경하는 분위기가 팽배했다. 온 사회에 팽배한 미국 지향성은 대중가요에도 반영되었다. '샌프란시스코', '아리조나 카우보이', '내 고향으로 마차는 간다' 등의 노랫말에는 미국의 물질적 풍요와 향락에 대한 대중적 동경이 담겼다.

비공식 뒷거래를 의미하는 '사바사바'라는 말이 널리 쓰일 만큼 일상의 부정부패가 극심했다. 일부 부정한 군 장교들의 사치, 향락, 타락, 부패가 사회문제화 되기도 했다. 군 장성들이 사병들의 부식비를 착복하거나 미군 원조 물자를 빼돌리는 일이 비일비재했다. 1956년 원면原綿 부정사건이 대표적이다. 이런 부정부패는 정치자금 조달용으로 활용되었고, 대통령과 자유당 정권의 비호를 받아 그 누구도 건드릴 수 없는 권력형 부정부패로 연결되었다.

2. 이승만정권기의 정치와 이데올로기

1948년 대한민국 정부 수립 이후 1960년 4·19혁명까지의 12년간은 제1공화국 시기 혹은 이승만 정권기에 해당된다. 이승만 정권의 기반은 이데올로기면에서 반공과 반일, 물리적 기반으로서 경찰·군부와 청년단체, 자유당 등이었다. 이승만 정권은 표면적으로는 자유민주주의를 내세웠지만 실제로는 반공과 반일 이데올로기를 통치에 활용하였다.

이승만 집권초기 극우반공체제 형성

이승만 정권의 극우반공체제는 1949년 반민특위 습격테러사건, 국회 프락치사건, 김구 암살, 국민보도연맹 창설 등을 통해 구축되고, 한국전쟁을 전후한 시기의 민간인 학살을 통해 극점에 이르렀다.

이승만 정권의 반민특위 활동에 대한 탄압은 친일파 청산이라는 시대적 과제와 국민적 염원을 담보할 수 없었던 이승만 정권의 성격을 그대로 드러낸 사건이었다. 정부수립 직후인 1948년 9월 7일 제헌의회 소장파 의원들이 주축이 되어 추진한 '반민족행위처벌법(반민법)'이 국회에서 통과되었다. 반민법은 일제강점기 일제에 적극 협력하였거나 독립운동가를 살상 · 박해한 반민족 행위자 처벌을 목적으로 하였다. 이 법에 따라 국회 내에 반민족행위 특별조사위원회(반민특위 : 위원장 김상덕, 부위원장 김상돈, 위원 8명)가 구성되었고, 법원과 검찰에는 반민족행위 특별재판부(특별재판관 15명), 반민족행위 특별검찰부(특별검찰관 9명) 등이 설치되었다. 반민특위와 특별재판부 구성 인물들은 대부분 3 · 1운동이나 신간회, 임시정부에 참여한 독립운동가들이었다. 1949년 1월 8일 일제에 비행기를 헌납하는 등 친일행위를 한 화신재벌 총수 박흥식에 대한 검거에 이어 이종형 · 최린 · 노덕술 · 박중양 · 김연수 · 최남선 · 이광수 · 배정자 등이 체포

극우 테러에 숨진 백범 김구의 국민장(1949년 7월 5일 거행)

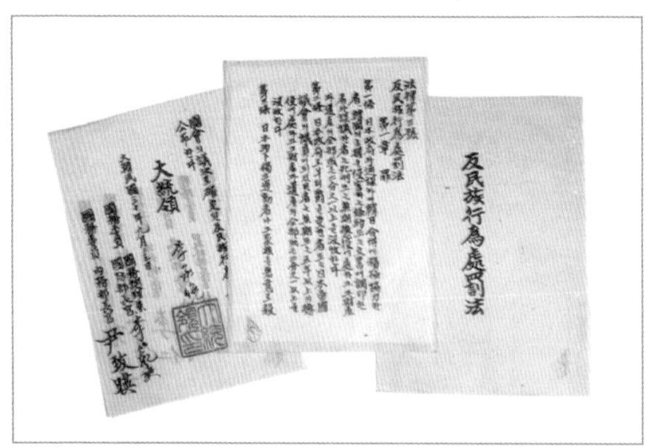
反民族行爲處罰法

1948년 9월 22일 제정된 반민족행위처벌법

되었다. 반민특위는 국민들의 뜨거운 지지를 받았으나, 이승만 정부와 대부분 일제 경찰 출신인 경찰 간부들의 방해로 실질적인 성과를 거두지 못했다. 특히 반민법 제정 자체를 반대했던 이승만 대통령은 반민특위 활동에 제동을 걸었으며, 반민특위 활동에 열성적이었던 국회 소장파 의원들을 국회프락치사건으로 탄압하여 무력화시켰다. 반민특위가 시경 사찰과장 최운하를 체포하자 경찰은 내무부 차관 장경근과 김태선 시경국장의 지시로 반민특위 사무실을 습격하는 이른바 '6 · 6 반민특위습격테러 사건'을 일으켰다. 이 사건을 계기로 반민특위는 사실상 와해되었다. 경찰에 의해 무장력을 완전히 해제당했고, 특위 위원들도 감시 · 감금되었다. 더욱이 원래 1950년 6월 20일까지로 되어 있던 반민법 공소시효를 1949년 8월 31일로 앞당긴 한민당의 제안이 국회에서 통과됨으로써 반민특위 활동은 실질적 성과를 거두지 못하고 끝나고 말았다. 반민특위는 8개월 동안 682건의 친일행위를 조사하여 영장발부 408건, 송치 559건, 기소 221건을 기록했다. 하지만 이들 대부분이 풀려나고 재판이 종결된 것은 38건에 불과했다. 실형을 받은 사람은 7명에 지나지 않았고, 그들 역시 형 집행정지 등으로 곧 석방되었다. 이후 친일파 및 친일잔재 처리 문제는 계속 미루어지다가 2005년에 이르러서야 새로이 발족한 '친일반민족행위진상규명위원회'의 활동으로 이어졌다.

이승만 정권의 물리적 기반 : 경찰·군부·청년단체

경찰과 군부, 청년단체는 이승만의 권력 유지에 핵심적 역할을 담당했다. 경찰은 전국적인 영향력을 가진 가장 광범위하고 체계적인 조직으로서, 일반 국민에게 두려움의 대상이었고, 정당이나 여론과는 분리된 정부를 뒷받침하였다. 관료조직과 함께

1954년 4월 학도호국단 창설 제5주년 기념식
이승만 정권은 학도호국단을 조직하는 등 학원을 병영화함으로써 반공규율체제의 한 거점으로 삼았다.

경찰은 1952년 정부통령 선거 및 1960년 3 · 15부정선거에서도 핵심적 역할을 했다. 또 경찰은 청년단체를 앞세워 지방에서 강제로 정치자금을 모금하기도 했다.

군부는 일본군과 만주군 출신 및 미국에 의해 설치된 군사영어학교 출신을 중심으로 형성되었으며, 가장 미국화된 세력이었다. 미국의 군사원조에 의존하고 있던 한국군은 국방예산 편성과 집행에 대한 미국의 감독을 받아야 했다. 군의 훈련과 동원 역시 미국의 통제를 받았다. 이러한 군부를 장악하기 위해 이승만은 군대 내 주요 파벌 지도자 간의 경쟁을 자극하여 통제권을 행사하는 한편 헌병사령부와 특무대 등 친위

♣ 해설 | **국회 프락치사건**

1949년 4월, 이른바 남로당 프락치(공작원)로 제헌국회에 침투, 첩보공작을 한 혐의로 김약수 등 13명의 의원이 체포되었다. 당시 국회 부의장이던 김약수를 비롯하여 노일환 · 이문원 등 진보적 소장파 의원들이 외국군의 완전철수, 남북정당 · 사회단체 대표로 구성된 남북정치회의 개최를 주요 내용으로 하는 '평화통일방안' 7원칙을 제시하자, 이들을 남로당 공작원과 접촉, 정국을 혼란시키려 했다는 혐의로 검거한 것이다.

소장파 의원들은 반민특위 구성과 철저한 친일파 청산에 적극적이었으며, 토지문제를 두고도 지주들의 주장을 대변하는 한민당과 대립하여 농민들의 주장을 반영하였다. 그리고 친일파를 청산하기 위한 반민특위 활동은 이승만 정부의 근간을 위협하는 것으로 받아들여졌다. 구속된 의원들은 정치 조작이라고 주장하였지만, 불구하고 최고 10년에서 3년까지 실형을 선고받았다.

세력을 활용하였다. 군부는 막대한 군사원조 물자를 팔아서 축재한 돈의 일부를 이승만의 정치자금으로 제공하였다.

국민들을 완전히 통제하기 위해서는 경찰과 군부를 보조하는 힘이 필요했고, 청년단체는 군경의 보조적인 억압기구로서 활동했다. 이승만은 미군정시기부터 막강한 위력을 발휘해오던 우익 청년단체를 정부 수립 후 대한청년단으로 통합하였다. 이들 청년단체는 1951년 자유당 출범 시 핵심적인 기간단체가 되어 이승만 정권에 주요한 인적 기반이 되었다. 이들은 경찰과 함께 대규모 모금운동을 벌여 국민들에게 탈법적인 세금을 거둬들여 이승만 정권에 막대한 정치자금을 제공했다.

반공 이데올로기

한국전쟁을 계기로 물리적, 법적, 심리적 기반을 획득한 반공 이데올로기는 국가권력의 자의적 행사를 뒷받침해주는 정당성의 원천이자, 전후 적대적 분단체제를 이끄는 힘이었다. 1950년대 반공이데올로기는 친일세력에 의한, 민족주의에 대한 대항이데올로기로서의 성격을 지니고 있었다. 또한 이승만 정권이 지속적으로 주장했던 북진통일론 역시 반공 이데올로기의 외피를 쓴 내부통제용 이데올로기에 불과했다.

비록 형식적으로 자유민주주의를 내세웠지만, 그것은 미국의 지원으로 권력을 장악하였고 유지하였기 때문에 수용할 수밖에 없는 것이었다. 자유민주주의는 반공 이데올로기에 종속되어 단지 이데올로기적 상징 조작으로만 작동될 뿐이었다.

또한 일본에 대한 감정적인 '반일주의'는 반공 이데올로기에 체제통합적인 요소를 제공하는 역할을 담당했다. 이승만 정권은 민중의 반일적 감정을 정권 유지의 도구로써 이용하고자 하였다. 이승만의 반일은 정권의 지지기반이 주로 친일파로 구성되었다는 점에서 모순된 것이었다. 이승만은 친일파를 중용했다. 이승만 정권 시기 장·차관, 도지사 이상 행정관료 가운데 독립운동가는 7%에 불과했고, 일제시기 관료 출신이 45%, 법조인 출신이 15%였다. 이승만 정권은 한국전쟁을 계기로 형성된 국민들의 철저한 반공의식과 권력 및 폭력에 대한 두려움을 통치수단으로 활용하였다. 반일감정을 부추겨 대중을 수많은 반일 궐기대회에 동원하였지만, 그것은 일종의 상징조작이었다. 다른 한편 이승만 정권의 격렬한 반일은 결과적으로 미국이 추구하는 한·미·일 삼각체제 구축에 걸림돌이 되었고, 이 때문에 미국은 1960년 4·19 이후 이승만의 하야를 촉구 또는 방관하는 태도를 취하였다.

불완전한 보수 양당구조

이승만 정권기 의회의 기능은 발췌개헌안과 사사오입개헌안의 통과, 반공이데올로기를 통한 억압, 정당조직의 취약성 등으로 상당한 제약을 받았다. 국회 내에서 지지기반이 약화되어 재선 가능성이 희박해지자 이승만 대통령은 1951년 재선을 위한 정치적 수단으로서 자유당을 창당하였다. 이승만 대통령은 자유당을 중심으로 대통령직선제 개헌안을 통과시켰으며 점차 국회를 장악하면서 자신의 권력기반을 강화시켜 나갔다. 자유당은 1954년 초까지 이범석의 민족청년단계가 제거되고 이승만 단독체제로 일원화되었다. 자유당이 이기붕 중심으로 개편되면서 일제하 식민지배에 협력한 지식인들이 대거 기용되었다. 이렇게 형성된 자유당은 이승만 개인의 정당이자, '명사 중심의 인물정당'이라 할만 했다. 이승만 대통령의 요청으로 만들어진 자유당은 철저히 이승만의 종신 일인독재체제 구축에 도구로 활용되었으며, 행정부의 독단과 전횡을 국회에서 뒤치다꺼리하는 거수기에 불과했다.

이승만 대통령은 전쟁 중 임시수도 부산에서 집권연장을 위한 이른바 '부산정치파동'을 일으켰다. 국회에서 대통령을 선출하는 방식으로는 재집권이 어렵다고 판단한 이승만 대통령은 대통령직선제 개헌을 주도하였다. 이승만 대통령은 당시 임시수도였던 부산 등지에 계엄령을 선포하고, 대중단체와 폭력조직을 동원하여 국회 해산을 요구하도록 했다. 이어서 야당 국회의원 50여 명을 국제공산당의 자금을 받았다는 혐의를 씌워 헌병대로 연행하였다. 또한 대통령직선제와 국회 양원제를 주요 내용으로 하는 발췌개헌안을 통과시킬 것을 요구하면서 만일 국회가 이를 거부하면 해산하겠다고 협박했다. 이런 공포분위기 속에 대통령직선제를 골자로 하는 발췌개헌안이 경찰의 삼엄한 포위 속에서 기립표결로 통과되었고(1952.7.4.), 이승만은 2대 대통령에 당선되어 정권을 유지하였다. 이 사건은 이승만 장기독재의 출발점이자, 경찰과 폭력단·우익청년단 등을 동원한 국가권력의 직접적인 정치폭력이었다는 점에서 정치사에 길이 남을 폭거였다.

1954년 9월 자유당은 종신 집권을 보장받기 위해 이른바 '사사오입개헌'을 주도하였다. 종신 연임을 가능하게 하고 대통령 중심제의 권력구조를 보장하는 것을 골자로 하는 개헌안을 국회에 제출한 이승만 대통령은, 개헌 반대운동을 제압하고 개헌 반대여론을 잠재우기 위해 '뉴델리 밀담설'을 조작하여 야당인 민국당을 용공으로 몰아가는 등 개헌안 통과를 위해 수단과 방법을 가리지 않았다. 뉴델리 밀담설은 신익희 민국당 위원장이 1953년 6월 2일 인도의 뉴델리 공항에서 한국전쟁 때 납북된 조소앙과 밀담하고 비공산 · 비자본주의 제3세력을 규합, 남북협상을 추진하여 한국의 중립화를 도모했다는 것이다.

11월 27일 국회 표결 결과 재적의원 203명 가운데 찬성 135표, 반대 66표, 기권 7표로 개헌 정족수인 136표에 한 표가 모자라 부결되었다. 다음날 자유당은 "재적의원 203명의 3분의 2는 135.333…인데 자연인을 정수가 아닌 소수점 이하까지 나눌 수 없다. 사사오입의 수학적 원리에 의해 가장 근사치의 정수는 135명이므로 개헌안은 가결된 것"이라는 억지를 부려 일단 부결 선언된 개헌안을 가결된 것으로 번복 선포하였다. 사사오입 개헌은 절차상으로도 정족수에 미달한 위헌적인 개헌이었을 뿐만 아니라

진보당사건 관련자에 대한 유죄선고 장면 1958년 10월 25일 고등법원에서 열렸다. 맨 왼쪽이 당수였던 조봉암이다.

1인의 종신집권을 보장한 개헌이었다는 점에서 헌정사에 치욕적인 일이었다. 이러한 개헌으로 이승만은 3대 대통령에 재당선되었다.

이른바 '사사오입 개헌'으로 민심이 자유당을 외면하게 되자 야당인 민국당은 호헌동지회를 결성하고, 반이승만세력을 결집하여 1955년 9월 18일 범야 보수연합체인 민주당을 발족하였다. 민주당은 신익희 · 조병옥의 민국당계와 장면 · 정일형의 흥사단계, 현석호 등의 자유당 탈당계, 무소속구락부가 연합한 한국 최초의 통합 야당이었다. 이 과정에서 조봉암과 이범석 · 장택상은 배제되었다. 이로써 여당인 자유당과 통합야당인 민주당이라는 불완전한 보수 양당구조가 형성되었다. 자유당과 민주당은 공히 반공주의와 자유민주주의를 토대로 했지만, 자유당이 이승만의 사당私黨적 성격을 띠었던 반면, 민주당은 파벌의 갈등에 기초한 집단지도체제로 나타났다.

진보당의 등장은 자유당과 민주당의 불완전한 보수 양당체제에 대한 하나의 도전이었다. 평화통일론을 주장하던 진보당의 조봉암은 3대 대통령 선거에서 이승만과 대결하여 대중적 지지를 획득하고 강력한 경쟁자로 등장하였다. 이에 위협을 느낀 이승만은 조봉암을 간첩사건에 연루시켜 사형시키고 진보당 등록을 취소시켰다. 북진통일론만이 유일한 통일론으로 횡행했던 당시 상황에서 평화통일 주장은 반공극우체제에 대한 명백한 도전이자 위험요소였다. 진보당 사건과 조봉암의 사형은 이승만 정권의 '사법살인'이자 평화통일론을 잠재우기 위한 것이었다.

♣해설 I **진보당과 조봉암**

1955년 야당 통합과정에서 보수세력들의 배척으로 통합 야당에 참가하지 못하자 조봉암은 독자적으로 진보당을 결성하여 혁신세력의 결집과 확산에 주력하였다. 1956년 조봉암은 서상일 · 박기출 · 신숙 등과 함께 '진보정당추진위원회'를 결성하였고, 1956년 정 · 부통령 선거에 대통령 후보로 나섰다. 조봉암은 216만 3천 308표를 얻었다. 1956년 11월 진보당이 정식 출범했다. 책임있는 혁신정치, 수탈없는 계획경제, 민주적 평화통일의 3대 정강을 채택하고 위원장에 조봉암, 간사장에 윤길중을 선출하였다.

진보당은 평화통일론을 주장했고 사회민주주의적 경향을 지녔다. 그러나 이승만의 극우반공체제가 구축된 1950년대의 정치풍토에서 진보당이라는 혁신정당은 생존 불가능했다. 1958년 1월 12일 '진보당사건'이 일어났다. 진보당의 평화통일 주장이 북한의 주장과 같아 그들과 내통한 혐의가 있다는 이유로 모든 간부가 검거되었고, 진보당의 등록은 취소되었다. 구속된 조봉암은 1958년 7월 2일 재판에서 징역 5년을 언도 받았지만, 평화통일론이나 간첩혐의는 모두 무죄였다. 판결 뒤 법원청사에 반공청년을 자처하는 괴청년 수백 명이 몰려들어 "친공판사 유병진을 타도하라", "조봉암을 간첩혐의로 사형하라"고 외치며 난동을 부렸다. 이 소동을 겪은 뒤 결국 조봉암은 1959년 2월 27일 대법원의 사형 확정 판결을 받고, 7월 31일 처형되었다.

1956년 정·부통령 선거와 보안법 파동

불완전한 보수 양당구조와 진보당의 출범 준비 과정에서 1956년 정 · 부통령 선거가 치러졌다. 1956년 선거에서 자유당은 대통령 후보에 이승만, 부통령 후보에 이기붕을 추대하고, 민주당에서는 신익희와 장면이, 진보당에서는 조봉암 · 박기출이 나온 가운데 3파전의 양상을 띠었다. 민주당의 선거구호 '못살겠다 갈아보자'는 선풍적인 인기를 끌었다. 그러나 신익희가 선거 유세 기간에 급서하자 민주당은 '신익희 추모표'를 던져 달라고 유세하였다. 선거 결과 자유당의 이승만이 56% 득표로 당선되고 부통령에는 민주당의 장면이 당선되었다.

소속 정당이 다른 정 · 부통령 간의 반목은 장기 집권을 꾀하는 자유당과 이에 대항하는 야당과의 마찰을 더욱 악화시켰다. 이 때문에 자유당은 1960년 정 · 부통령 선거를 위한 본격적인 사전작업을 1958년부터 준비했다. 연로한 이승만(당시 85세) 유고시 승계권이 있는 부통령에 이기붕을 반드시 당선시키고자 했기 때문이었다. 자유당은 야당과 언론의 비판에 대처하기 위해 언론에 강력한 통제를 가할 수 있는 제도적 장치가 필요했다. 1958년 8월 5일 자유당은 보안법 개정안을 제출하였다. 그 전 단계로서 1958년 1월 1일 통과된 선거법에서는 '허위보도를 엄벌한다'는 언론조항을 집어넣었다.

1956년 제3대 정 · 부통령 선거 벽보

국가보안법 개정안의 골자는, 보안법 적용대상 및 이적행위 개념의 확대와 허위사실 유포 등에 대한 처벌 조항 등이었다. 국가보안법 개정안은 국회 법사위를 3분 만에 변칙으로 통과해 본 회의에 회부되었다. 게다가 반대하던 야당 의원들이 무술경관에게 구타, 감금 당한 채 통과됨으로써 표결과정에 결정적인 문제가 있었다. 이에 대해 민주당은 '국가보안법 통과는 무효'라는 성명을 내고 원내외에서 강력하게 반대투쟁을 벌였지만, 1959년 1월 15일자로 신국가보안법이 발효되었다. 정부는 신국가보안법을 근거로 당시 정부에 비판적이었던 경향신문을 폐간시켰다. 자유당 정권기 최대의 언론탄압사건이었다.

이와 같은 사전 정지작업 이후 치러진 1960년 3월 15일의 정 · 부통령 선거는 자유당과 내각, 경찰과 관료, 반공청년단과 정부 외곽단체가 총동원된 그야말로 사상 초유의 부정선거였다. 그러나 3 · 15부정선거는 거꾸로 이승만 정권의 지배에 종지부를 찍는 계기가 되었다. 선거 당일 마산에서 시작된 시위는 4월 19일에 대규모 항쟁으로 발전하였고, 이승만은 4월 26일 하야성명을 발표하였다.

3. 4 · 19혁명과 장면 정부

1960년 제4대 정 · 부통령 선거가 최소한의 형식적 절차마저 무시하는 부정선거로 치러지자 이에 항의하는 시위가 격화되었다. 그 결과 이승만 독재정권은 종말을 고했다. 4 · 19혁명은 단순히 부정선거에 대한 반발이라기보다 이승만 독재체제에 대한 총체적 불만의 표출이었다. 4 · 19혁명의 직접적 원인은 이승만의 3 · 15 부정선거에서 연유하지만, 근본적인 이유는 1950년대 사회 경제적 요인에서 찾을 수 있다. 미국의 원조 감소에 따른 실업률 증가와 물가상승이 주요인이었다. 당시 총 실업률은 34.2%에 달했다.

또한 이 시기 한미관계에 대한 미국의 정책 변화는 지배체제의 재편을 요구했다. 기존 냉전체제는 과거의 군사적 대치에서 경제적 경쟁 위주로 전화하였다. 미국은 한국을 비롯한 제3세계의 경제개발을 추동하였고, 일본을 중심으로 한 지역통합전략을 본격적으로 실행하고자 하였다. 그런데 이승만의 반일주의가 한일관계 정상화에 걸림돌이 되었다. 미국으로서는 동북아지역의 안정을 위하여 통제 가능한 친미정권의 지속적인 창출이 필요했다. 그러나 이승만 정권의 반일적인 태도와 파행적 정치가 친미정권의 안정적 재창출이라는 미국의 이해와 배치되었고, 그 때문에 미국은 4 · 19 이후 이승만의 하야를 촉구하는 쪽으로 방향전환을 하였던 것이다.

이승만 대통령의 하야와 장면 정부

1960년 3 · 15부정선거를 규탄하는 마산 시민들의 시위는 경찰의 폭력진압 과정에서 죽음을 당한 김주열의 시체가 실종 17일 만에 마산 앞바다에 떠오르면서 격화되었다. 시위는 전국적인 양상을 띠며 빠르게 확산되어 나갔다. '피의 화요일'이라 불리는 4월 19일, 서울 시내 대학교와 고등학교 학생들은 경찰의 저지선을 뚫고 대거 시내 각처로 진출하였다. 경찰의 발포로 수많은 인명이 죽거나 다쳤고, 이날 오후 계엄령이 선포되었다. 결국 4월 26일 이승만의 하야로 이승만 정권은 막을 내렸으며, 외무장관 허정이 7 · 29 총선거로 장면 정권이 탄생하기까지 과도정부를 이끌었다.

4 · 19시위 장면 1960년 4월 19일 거리로 뛰쳐나온 학생들(우측 위 · 아래사진)과 이승만 하야의 결정타가 된 4월 25일 대학교수단의 시위 모습(왼쪽 사진).

허정 과도내각은 4 · 19로 조성된 '혁명적 상황'을 '비혁명적인 방법'으로 해결하고자 하였다. 과도정부의 당면한 해결과제는 부정선거 관련자 처벌과 부정축재자 처리, 기존 정당의 개헌안에 따른 새로운 정부 수립이었다. 그러나 허정 과도정부는 체제 내의 소규모 개편을 통해 이러한 요구를 흡수하는 한편 그 파급효과를 최소한으로 억제하였다. 허정 과도내각이 자유당 시대의 관료조직을 그대로 물려받은 조직이었기 때문에 당연한 결과였다. 이들은 오히려 더 나아가 한국사회의 급격한 변화를 막고, 고조된 국민의 혁명정신을 냉각시키는 데 충실하였다. 허정 과도정부는 내각책임제 개헌안을 의결하고 7월에 총선거를 실시하였다.

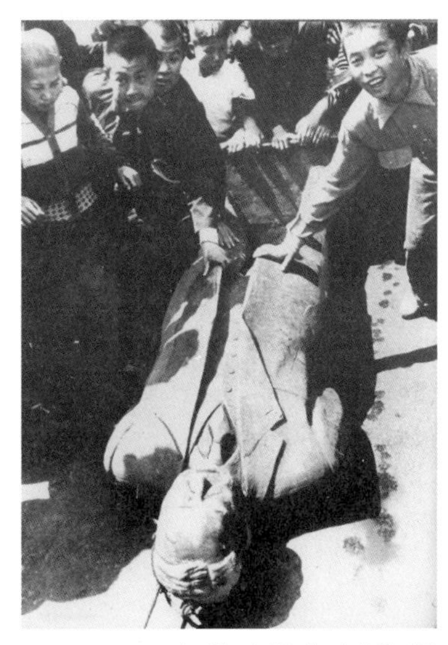
1960년 7월 시민들에 의해 철거된 이승만 동상

7 · 29 총선에서는 민주당이 220개의 선거구 가운데 160석을 차지하며 압승하였다. 윤보선이 대통령으로, 장면이 헌법상 행정의 실질적인 권한을 가진 국무총리로 취임함으로써 제2공화국 시대를 열었다. 그러나 민주당과 장면 정권은 4 · 19혁명의 주체가 아니었으며, 국가 발전이나 민주정치의 정착을 꾀하려는 의욕도 약했다. 장면 정권과 이승만 정권의 정치경제적 기반은 본질상 같았다. 게다가 장면 정권은 민주당마저 장악하지 못했고, 신 · 구파의 분열과 대립으로 권력기반이 취약하였다. 장면 정권은 미국과의 군사동맹 강화와 경제적 대미의존을 표방하였으며 부정축재자와 반민주행위자의 처벌에 대해서도 소극적인 태도로 일관하였다. 그럼에도 불구하고 4 · 19혁명의 결과물인 장면 정권은 자유민주주의 원칙의 실현을 정치적 정통성의 근거로 삼을 수밖에 없었고, 그 결과 각계각층에서 다양한 정치 사회적 요구가 집단행동으로 표출되었다. 그러나 장면 정권은 반공법과 데모규제법이라는 2대 악법을 제정하여 통제를 강화하고자 했으며, 악법 철폐를 외치며 들고 일어난 혁신계의 3월 22일 횃불시위를 폭력적으로 탄압하였다.

사회운동의 성장과 통일운동

4 · 19혁명 직후 민족통일 · 반제국주의 · 반매판反買辦과 같은 근본적인 사회변혁 요구가 나타났다. 민주노조와 교원노조 등이 새롭게 등장하면서 노동운동이 폭발적으로 고양되었고, 청년 학생단체들이 통일운동을 선도했다. 한국전쟁 전후의 민간인 학살 사건의 희생자 가족들이 피학살자유족회를 각지에서 결성하였다. 7.29 총선거 이후 노동자 · 농민 등 기층 대중운동이 비약적으로 성장하였다. 학생운동도 초기의 계몽운동 · 학원민주화운동 차원에서 벗어나 1960년 11월 서울대 민족통일연맹의 창립을 계기로 통일문제 등 한국사회의 구조적인 문제를 제기하는 방향으로 나아갔다. 이러한 운동은 비조직적이고 자연발생적이었던 초기 민주항쟁의 한계를 극복하고, 4 · 19를 진정한 의미의 혁명으로 발전시키기 위한 시도였다.

특히 이승만 정권의 몰락과 더불어 중요한 의식상의 변화는 금기시되었던 통일논의의 활성화였다. 이 시기 통일논의의 특징은 다양한 형태로 수준 높은 논의가 이루어졌다는 점, 이승만의 북진통일론이 공식 폐기되자마자 학생세력과 혁신계를 중심으로 논의단계를 넘어 구체적인 실천단계인 통일운동으로 이어졌다는 점이다. 이즈음 냉전적 세계질서는 공존의 정착으로 나아가고 있었으며, 제3세계 민족주의의 대두, 북한의 평화통일 공세에 따라 통일문제가 강하게 터져나왔다. 또한 당시의 경제적 어려움을 극복하기 위한 한 방편으로 남북교류와 통일을 요구했던 측면도 있었다. 혁신계를 중심으로 중립화통일론과 남북협상론, 자주통일론 등이 제기되었으며, 1960년 9월에는 통일운동의 구심체로서 '민족자주통일중앙협의회(민자통)'이 결성되었다. 1961년 5월 3일 서울대 민족통일연맹은 남북학생회담을 북에 제안하는 등 대중적 통일운동의 열기가 그 어느 때보다 고조되었다.

4 · 19혁명의 성격과 의의

4 · 19혁명은 민중의 힘으로 정권을 무너뜨린 첫 승리의 기록이었다. 이 시기 표출된 자주 · 민주 · 통일 지향은 이후 한국 사회변혁운동의 원류로 자리잡았다. 4 · 19혁

명은 다양한 용어로 지칭된다. 4 · 19혁명 당시에는 주로 '4월혁명'이라고 불렸으며, 모든 공식문서에도 그렇게 표현되었다. 그러나 5 · 16 군사쿠데타 직후 쿠데타세력은 5 · 16을 '군사혁명'으로 규정하면서 4 · 19혁명을 '의거'라는 용어로 격하시켰다. 이로 말미암아 4 · 19가 혁명이냐 의거냐하는 논쟁도 이어졌다. 용어문제의 쟁점은 이를 '혁명'으로 규정할 것인가 아니면 '항쟁'이나 '운동'으로 표현할 것이냐의 문제이다. 혁명이라는 용어는 사회체제의 근본적 변화가 있을 때 사용된다. 4 · 19는 이승만 정권의 몰락을 가져왔지만 이를 사회체제의 변화라 보기는 어렵다. 그러나 사회변혁 요구가 등장하였다는 점에서 '미완의 혁명'이라는 용어를 사용하기도 하지만, 일부에서는 4 · 19는 진정한 사회체제의 변혁을 가져온 것이 아니기 때문에 민중의 적극적인 저항이라는 의미를 살려 '항쟁'이라는 용어를 사용하기도 한다.

이처럼 4 · 19에 대한 평가는, 반독재투쟁의 연장선에서 학생 중심의 민주화운동이라는 인식에서부터 점차 민족민주운동, 민족통일운동으로 새롭게 조명하는 방식으로 발전해왔다. 근대화론에 근거하여 4 · 19를 근대화를 추구하는 시민혁명으로 규정하기도 하였고, 민족주의적 관점에서 통일운동과 한미경제협정 반대운동 등 민족주의의 고양이라는 측면에 주목하기도 하였다. 변혁운동의 관점에서는 4 · 19를 민족문제와 계급문제, 분단문제를 해결하기 위한 항쟁이었다고 보기도 한다. 이러한 관점들을 종합해 볼 때, 4 · 19는 이승만 독재정권에 항거한 민주항쟁이면서, 동시에 분단문제를 해결하기 위한 통일운동의 새로운 출발점으로서 의의를 갖고 있었다고 볼 수 있다.

● 읽기자료

1. 진보당 발기취지문 (요지)

우리 민족의 자주독립과 민주주의 쟁취의 역사적 성업인 3 · 1운동의 숭고한 정신을 다시금 환기 계승하여 우리가 당면한 민주수호와 조국통일의 양대 과업을 수행할 수 있는 혁신적 정당을 조직하고자 이에 분연히 일어섰다.

우리는 진정한 혁신은 오로지 피해를 받고 있는 대중 자신의 자각과 단결 위에서만 실현될 수 있다는 것을 깊이 인식하고 관료적 특권정치, 자본가적 특권경제를 쇄신하여 진정한 민주책임정치와 대중 본위의 균형있는 경제체제를 확립할 것을 기약하고 국민대중의 토대 위에 선 신당을 발기하고자 한다.

강 령

1. 공산독재는 물론 자본가와 부패분자의 독재도 이를 배격하고 민주주의 체제를 확립하여 책임있는 혁신정치의 실현
2. 생산분배의 합리적 통제로 민족자본의 육성
3. 민주우방과 제휴하여 민주세력이 결정적 승리를 얻을 수 있는 조국통일의 실현
4. 교육체제를 혁신하여 국가보장제를 수립

단기 4288년 12월 22일

2. 이승만 담화 : 친일 친공분자를 엄계하라, 일의 침략적 근성은 가증 (1954.5.13.)

지나간 사십년 동안 왜정 밑에서 한국 독립을 잊어버리고 다 일인의 노예가 되어 살자하며 비밀리에 탐정 하다가 동족의 죄상을 얽어서 민족성을 다 말살시키던 주구走狗들의 죄상은 다 탕척蕩滌해 버리고 친일이라는 문제는 다 삭제하고 말았던 것이다.

이와 같이한 이유는 첫째 우리가 싸워서 일인日人을 몰아내지 못하고 미국이 싸워서 일인을 이겨낸 이후에 한국의 독립을 회복하고 일인들을 다 돌려보낸 결과로 일인의 죄도 용서하며 한인의 죄도 용서해오던 중에서 우리가 어떻게 할 수 없어서 이와 같이 된 것이다.

그러나 우리가 40년 동안 수욕受辱과 고통을 당하며 또 우리 민족이 무한한 살상을 당한것은 우리 뼈에 사무쳐서 잊혀지기 어려운 것을 불계하고 일인들이 저의 죄를 회개해서 우리와 평화롭게 살자하며 친일하는 한인의 남녀들을 시켜서 다 한국에 충성하는 백성이 되도록 힘쓰게만 한다면 아무리 아프고 쓰린 것도 차차 잊어버리고 양국이 평화로이 지내

기를 도모하기로 하고 이 뜻을 공포해서 일인들도 다 알만치 만들어준 것인데, 그동안 지낸 경과를 보면 일인들은 여전히 한국을 병합倂合할 목적을 변치 않고 공개적으로 혹은 비밀적으로 모든 행동과 선전하는 것을 볼때 한국을 무시하고 한인들을 모욕하는 것이 전만 못지않는 것이 사실이다.

첫째로 우리가 일본과 회담을 열 적에 먼저 제출한 것은 소위 5조약 7조약을 삭제하라는 것이었는데 일인들은 한국 독립을 승인한 것이 다 그 속에 포함되었으니 그것을 삭제할 수 없는 것이라 한다. 우리의 입장으로는 일본이 한국 독립을 승인하고 안하는데 달린 것이 아니므로 우리 이전 정부가 강제로 서명당한 약조라는 것을 다 없애야 한다는 것을 일본이 응종치 않는 것을 보게 된 것이오.

둘째는 대한반도에 있는 모든 재산중 85%가 일본의 소유라 하며 이번 공산전쟁에 파괴된 것의 배상을 겸해서 물라는 것과

셋째로는 우리가 40년 동안 우리나라에 손해 끼친 배상을 받을 만한 것을 요구하면 상당한 금액이 될 것이나 이것을 탕척蕩滌할 터이니, 일본은 한국과 평화로이 살기를 원하는 목적으로라도 우리나라에서 조건없이 가져간 고적 서책과 미술적 국보와, 또 우리나라에서 화폐기본으로 저축한 황금을 가져간 것을 돌려보내라는 것인데, 이것은 하나도 돌려보낼 의도를 보이지 아니하며

넷째는 지나간 40년 동안에 우리 해면에서 일본 어업자들이 어장을 독점해서 우리 어민들은 굶어 죽어가며 오던 것인데 지금부터는 일인에게 이것을 허락하지 않으려고 하는데 일인들이 전 모양으로 저의 것처럼 독점하려하면 양국에 충돌이 생겨서 동양평화에 위험한 것이니, 중간에 공평한 줄을 그어서 각각 자기편에서만 어업을 행하자하고 이것을 평화선이라고 부르자고 하여 누차 회담에 제출하여 왔는데 여러가지 핑계로 협의하지 않고 위협으로 침범하여 온것을 우리가 막아서 금지하고 있으나 일인들은 없는 말을 조작해서 각 방면으로 선전하고 있어서 양국 간의 충돌을 고취하고 있으며

다섯째는 일인들이 물건物件을 제조해다가 거대한 액을 잠매潛賣로 수입시켜서 그 재정을 총선거 비용으로 친일자를 내세워서 정권을 도모하려 하고 있는데 그 물건에는 저의 후지산을 그려서 한편에는 일본섬과 한편에는 한국반도를 그려서 이것이 다 저희 것이라고 표시하고 있으며

여섯째로는 모든 친일분자들을 일본에 모아다 보호해 놓고 이 분자들을 통해서 우리나라 국권 요란搖亂을 선동하기를 마치 이전 이조 말년에 망명객들을 모아다 놓고 남의 국모國母를 암살하며 침략하던 악습을 행하고 있으니, 일인들의 야심을 우리가 더 말할 것

없이 보고 앉은 것이다.

또 일본해군의 1함대 사령관이 공포하기를 자기정부가 허락만하면 일본해군을 보내어 한국을 정복하겠다고 하였으며, 또 일본수상이 큐슈지방에서 공개로 말하기를 일본의 병력이 확장한 후에야 한일문제를 다 해결한다고 공언한 사실을 보더라도 이것을 알고 앉은 우리로서는 그저 모른체 할 수 없는 것이오 우리가 지금부터라도 국방할 준비가 있어야 될 것이다.

임진왜란 때에 일인들이 외교친선이라는 명의를 빙자하고 불도를 배워간다고 많은 사람을 보내어 틈틈이 끼어 놓았다가 내왕하며 정탐 해다가 난리가 벌어질 때는 그들이 다 앞잡이로 나서서 싸웠던 것이다.

더구나 지금은 소련이 우리를 먹으려고 한인들을 꼬여다가 내란을 붙이고 있으며 중공군을 불러다 싸움을 시키고 있는 중, 또 한편으로는 일인들은 저의가 먹겠다 해서 한국 국군을 확장시키면 동양평화가 위태롭게 된다고 친일하는 미국인들에게 선동하고 있는 이때에 우리들은 총애하는 청년들이 전선에서 목숨을 버리고 귀한 피를 뿌리고 있는 이때에 이런 야심가진 침략자들에게 뒷문을 열어놓고는 우리가 자유를 보존 못할 것이오. 나라를 잃어버리고는 살아갈 수 없는 것을 기왕 40년 경험으로 다 알고 있으니, 공산당과 친일 반역분자는 다 분간해서 후환을 막아야만 될 것이다.

그런즉 누가 친일하는 자이냐 하고 물을 적에

첫째는 이전에 친일 하던 자들로 지금에 일인의 야심을 알고도 친선을 주장하는 자들

둘째는 지금 일본에 가 있어서 국권을 손상하며 정부를 비방 방해하는 자들과 또 그 자들과 연락해서 민국의 안위를 불계하고 사사 이익을 도모하는 자들

셋째는 일본물건을 잠수입 해다가 국내에 퍼뜨려서 재력을 늘려가고, 또 이 재력으로 정치 선동 운동을 꾀하는 자들

넷째는 일인이 일후에 다시 한국을 점령할 것을 믿고 언론이나 행동으로 친일 사상을 고치지 못하는 자들

다섯째는 일본이 동양의 한 부강한 나라이므로 한국의 빈약한 힘으로 경쟁할 수 없다는 사상을 가진 자들

여섯째는 가족과 재산을 일본에 갖다 두어서 언어와 행동과 생활범절을 일인 모양으로 꾸미고 친일을 꾀하는 자들이다.

이러한 친일분자들을 일정한 법률로 방한하기는 어려우나 일반 민간 공론에 부쳐서 애국남녀 국민들이었던 자가 친일이다 하는 것을 정해서 나라를 보존하자는 것으로 각오가

되게하며 정부는 이 민간공론을 따라서 협동으로 진행해야 될 것이다.

3. 4·19혁명 선언문

상아의 진리탑을 박차고 거리에 나선 우리는 질풍과 같은 역사의 조류에 자신을 참여시킴으로써 이성과 진리, 그리고 자유의 대학정신을 현실의 참담한 박토薄土에 뿌리려하는 바이다.

오늘의 우리는 자신들의 지성과 양심의 엄숙한 명령으로 하여 사악과 잔학殘虐의 현상을 규탄, 광정匡正하려는 주체적 판단과 사명감의 발로임을 떳떳이 선명宣明하는 바이다.

우리의 지성은 암담한 이 거리의 현상이 민주와 자유를 위장한 전제주의의 표독한 전횡에 기인한 것임을 단정한다.

무릇 모든 민주주의의 정치사는 자유의 투쟁사다. 그것은 또한 여하한 형태의 전제專制로 민중 앞에 군림하든 "종이로 만든 호랑이"같이 헤슬픈 것임을 교시敎示한다.

한국의 일천한 대학사大學史가 적색전제赤色專制에의 과감한 투쟁의 거획巨劃을 장掌하고 있는데 크나큰 자부를 느끼는 것과 꼭 같은 논리의 연역演繹에서, 민주주의를 위장한 백색전제白色專制에의 항의를 가장 높은 영광으로 우리는 자부한다.

근대적 민주주의의 근간은 자유다.

우리에게서 자유는 상실되어 가고 있다는 것을, 아니 송두리째 박탈되고 있다는 것을 우리는 이성의 혜안으로 직시한다.

이제 막 자유의 전장戰場엔 불이 붙기 시작했다. 정당히 가져야 할 권리를 탈환하기 위한 자유의 투쟁은 요원의 불길처럼 번져가고 있다. 자유의 전역戰域은 바야흐로 풍성해 가고 있는 것이다.

민주주의와 민중의 공복이며 중립적 권력체인 관료와 경찰은 민주를 위장한 가부장적 전제권력의 하수인으로 발 벗었다.

민주주의 이념의 최저의 공리인 선거권마저 권력의 마수 앞에 농단壟斷되었다.

언론, 출판, 집회, 결사 및 사상의 자유의 불빛은 무식한 전제권력의 악랄한 발악으로 하여 깜박이던 빛조차 사라졌다.

긴 칠흑같은 밤의 계속이다.

나이 어린 학생 김주열의 참시慘屍를 보라! 그것은 가식없는 전제주의 전횡의 발가벗은 나상裸像밖에 아무 것도 아니다.

저들을 보라! 비굴하게도 위하와 폭력으로써 우리들을 대하려 한다. 우리는 백보를 양보하고라도 인간적으로 부르짖어야 할 같은 학구學究의 양심을 강렬히 느낀다.

보라! 우리는 기쁨에 넘쳐 자유의 횃불을 올린다.

보라! 우리는 캄캄한 밤의 침묵에 자유의 종을 난타하는 타수打手의 일익一翼임을 자랑한다. 일제의 철퇴아래 미칠듯 자유를 환호한 나의 아버지, 나의 형兄들과 같이 ……

양심은 부끄럽지 않다. 외롭지도 않다. 영원한 민주주의의 사수파는 영광스럽기만 하다.

보라! 현실의 뒷골목에서 용기없는 자학을 되씹는 자까지 우리의 대열을 따른다. 나가자! 자유의 비밀은 용기일 뿐이다.

우리의 대열은 이성과 양심과 평화, 그리고 자유에의 열렬한 사랑의 대열이다. 모든 법은 우리를 보장한다.

단기 4293년 (서기 1960년) 4월 19일

서울대학교 문리과대학 학생 일동

● 참고문헌

서중석, 1999, 『조봉암과 1950년대』, 역사비평사

한국역사연구회 4월민중항쟁연구반, 2000, 『4 · 19와 남북관계』, 민연

도널드 스턴 맥도날드 지음, 한국역사연구회 1950년대반 옮김, 2001, 『한미관계 20년사(1945~1965년) 해방에서 자립까지』, 한울아카데미

홍석률, 2001, 『통일문제와 정치 · 사회적 갈등 : 1953~1961』, 서울대학교 출판부

김수자, 2005, 『이승만의 집권초기 권력기반 연구』, 경인문화사

서중석, 2007, 『이승만과 제1공화국』 역사비평사

김득중 외, 2007, 『죽엄으로써 나라를 지키자-1950년대, 반공 · 동원 · 감시의 시대』, 선인

박진희, 2008, 『한일회담-제1공화국의 대일정책과 한일회담 전개과정』, 선안

허은, 2008, 『미국의 헤게모니와 한국 민족주의』, 고려대학교 민족문화연구원

이현진, 2009, 『미국의 대한경제원조정책 1948~1960』, 혜안

정병준, 2010, 『독도1947』, 돌베개

제18장 박정희 정권기 경제개발과 독재

우리는 자유와 평화와 정의를 사랑하고
압제와 불의를 거부하는 민주국민이다.
우리는 독재를 반대하며 정보정치를 배격한다.
우리는 민주주의에 역행하는
모든 법적 제도적 장치를 거부하며
그 타파를 위하여 투쟁한다.

— 1975년 민주회복국민회의가 발표한 「민주국민헌장」 중에서

〈연표〉

1961.	5.	5·16 군사쿠데타 발생
	7.	경제기획원 설립
1962.	3.	정치활동정화법 공포
1963.	10.	제5대 대통령선거
1964.	6.	한일회담 반대운동(6·3항쟁)
1965.	6.	한일협정 체결
1967.	5.	제6대 대통령선거
1969.	10.	3선 개헌안 국민투표
1970.	7.	경부고속도로 개통
1971.	4.	제7대 대통령선거
1971.	12.	국가비상사태 선포
1972.	7.	7·4 남북공동성명 발표
	10.	유신선언, 비상계엄령
1973.	8.	김대중 납치사건
	12.	개헌 청원 100만인 서명운동
1974.	1.	긴급조치 1~9호 선포(75년 5월까지)
1977.	12.	수출 100억불 달성
1978.	7.	제9대 대통령선거
1979.	10.	박정희 대통령 저격사건

1. 5 · 16쿠데타와 군사정권의 수립

쿠데타의 발발

1961년 5월 16일, 제2군 부사령관 박정희 소장 등은 군사쿠데타를 감행하였다. 3,500여 명 남짓한 쿠데타군은 군사혁명위원회 장도영 육군중장 명의로 된 성명을 발표함으로써 군사쿠데타의 성공을 알렸으며, 비상계엄을 선포하였다. 쿠데타는 박정희를 중심으로 한 육사 5기와 8기 및 만군 출신 등 정치성향이 강한 군인들이 주도하였다.

휴전 이후 군부는 양적인 성장과 함께 영향력 있는 사회집단으로 성장하였다. 이같은 배경을 바탕으로 일찍이 군 일부는 1950년대부터 정치개입을 시도한 바 있다. 이승만 정권의 앞장에서 민주, 민권 탄압의 도구를 자처하기도 하였고, 기성 정치세력의 대안세력으로 직접 정권을 장악하려는 흐름도 있었다. 1960년 4 · 19항쟁으로 민주당 집권 하의 제2공화국이 들어서자 육사 8기를 중심으로 한 정치군인들은 정군整軍 운동을 주도하였으나 좌절을 경험하였고, 직접 권력을 장악하기 위한 쿠데타를 모의하기 시작하였다. 이들은 1961년 4~5월 몇 차례의 쿠데타를 계획하였으나 미수에 그쳤고, 5월 16일 이를 실행에 옮긴 것이다.

국가재건최고회의 1961년 5월 20일 내각을 발표한 후 한 자리에 모였다.

쿠데타가 일어나자 내각 수반 장면 총리는 자취를 감추었으며, 내각책임제 하의 윤보선 대통령은 사태해결을 회피함으로써 쿠데타의 성공을 방조하는 결과를 빚었다. 그러나 결정적으로 한국군의 작전 지휘권을 행사하고 있던 미국의 미온적인 자세가 쿠데타 성공의 또 다른 요인이었다. 매그루더 미8군 사령관과 그린 주한미국 대리대사는 쿠데타에 부정적이었지만 적극적인 대책을 강구하지 않았으며, 미 케네디 정부는 군사쿠데타의 진압을 명령하지 않았다.

쿠데타 발발 직후인 5월 19일, 군사혁명위원회는 육군 참모총장 장도영을 의장, 박정희를 부의장으로 한 군사혁명위원 28명과 두 명의 고문 명단을 발표함으로써 쿠데타 권력을 확고히 하였다. 이들은 곧 국가재건최고회의(이하 최고회의)로 명칭을 바꾸고, 군인들로 채워진 군사혁명 내각을 발표하여 쿠데타의 연착륙에 성공하였다.

군정기 정책과 '민정 이양'

최고회의 의장 장도영은 내각수반을 맡았으며, 각 부서 책임자 역시 모두 쿠데타 주도세력들이 차지하였다. 도지사, 시장, 군수, 읍·면장에 이르기까지 대부분을 군인으로 임명하였다. 5월 22일 최고회의는 23일을 기해 모든 정당, 사회단체의 해체를 선언하였고, 6월 6일에는 국가비상조치법을 공포하였다. 그러나 같은 날 장도영은 쿠데타 실세들에 의해 해임되고 말았으며, 한 달 후 '반혁명분자'로 구속되었다. 대신 실세였던 박정희 장군이 7월 3일 최고회의 의장이 되었고, 내각 수반에는 송요찬이 임명되었다.

미국을 방문하여 케네디 대통령을 만난 박정희(1961.11)

쿠데타 주도세력은 군정 수립과 동시에 중앙정보부를 창설하여 정보정치를 시작하였다. 이때 조직된 중앙정보부는 박정희 체제 18년의 버팀목이 되었다. 또 군정은 반공법을 제정하고, 국가보안법을 개정하여 반공태세를 강화함으로써 반공 분단체제를 강화해 나갔다.

군정연장안 제안
1963년 3월 16일 박정희 최고회의 의장의 4년간 군정연장안 국민투표 제안은 큰 반발을 불러일으켰다.

쿠데타 세력은 '혁명재판'을 통해 혁신계 정당 · 사회단체, 교원노조, 피학살자유족회, 민자통, 학생운동가 등 반대세력을 제거하고자 했다. 부정축재처리법 등을 통해 경제계는 영남재벌 중심으로 재편되기 시작하였고, 쿠데타세력이 붕괴시킨 제2공화국 장면 내각총리 등은 '반혁명사건'으로 구속되었다. 군부세력 내부 역시 쿠데타 주도세력에 의해 새롭게 재편되었으며 배제된 세력은 '반혁명사건' 등으로 단죄되었다. 1962년 정치활동정화법을 제정하여 구 정치인들을 '부패 정치인'으로 규정하여 이들 269명에게 향후 6년 동안 정치활동 금지를 강제하기도 하였다.

군정 권력은 사회정화작업의 명목으로 불량배들을 잡아들이고, 재건국민운동이라는 관제 주도형 사회운동을 실시하였다. 언론기관의 대대적인 통폐합도 강제적으로 이루어졌다. 군정기 경제정책은 혼란의 연속이었다. 최고회의가 농어촌고리채정리법을 공포하였으나 농촌 현실을 외면한 형식적 조치로 끝나고 말았으며, 화폐개혁은 물가 앙등으로 귀결되었다. 특히 '민정 이양民政 移讓'을 앞두고 쿠데타세력이 민주공화당을 사전에 조직하는 과정에서 정치자금을 조달하기 위한 '4대 의혹사건'이 드러나 군사정권의 도덕성을 심각하게 훼손하였다.

박정희는 쿠데타 직후, 1963년 여름을 정권 이양 시점으로 공언하였다. 쿠데타 주역 박정희와 김종필 등은 때가 다가오자 군복을 벗고 출마하겠다는 의사표현을 하였으나, 군 내부의 완강한 저항에 부닥쳤다. 박정희 는 2 · 18 민정 불참선언을 함으로써 정권의 민간 이양이 이루어지는 듯 하였으나 곧 이를 번복, 군정의 4년 연장을 국민투표에 부치겠다는 성명을 발표하여 큰 혼란을 야기하였다. 다시 이를 보류하면서 쿠데타 세력이 사전에 창당한 공화당의 대통령 후보를 수락함으로써 10월 15일 대통령선거전에 참여하였다. 박정희 후보는 야당 단일후보격인 윤보선을 상대로 힘겨운 선거전을 치러야 했으며, 결국 15만 표라는 근소한 차이로 대통령에 당선되었다.

2. 한일협정과 경제개발계획

한일국교 정상화와 베트남 파병

박정희 정권은 집권 후 한일 간의 국교 정상화를 서둘러 추진하였다. 미국의 한미일 안보체제 구축과 지역통합전략이라는 관점에서 볼 때, 미국의 호의 속에 권력을 안착시킨 박정희 정권으로서는 한일관계 정상화야말로 시급히 해결해야 할 우선과제였다. 뿐만 아니라 내적으로 경제개발을 위해서 일본으로부터 자금을 동원할 필요도 있었다. 그에 따라 박정희 정권은 한일회담에 집착하였고, 그 결과 일본으로부터 무상원조 3억 달러, 유상원조(해외경제협력기금) 2억 달러 및 수출입은행 차관 1억 달러 등을 받는 조건으로 한일 국교정상화를 타결지었다.

양국이 1965년 6월 도쿄에서 한일기본조약과 4개의 부속협정 등에 서명함으로써 해방 이후 비공식적인 관계였던 한일관계는 '국가 간의 관계'로 재정립되었다. 그러나 박정희 정권의 한일회담 과정과 그 결과는 엄청난 비판에 직면하였다. 과거 식민지 지배의 피해국과 가해국으로서의 한일관계가 정상화되기 위해서는 무엇보다도 일본의 사죄와 배상 조치가 전제되어야 했지만 한일기본조약에는 이같은 사안이 전혀 반영되지 않았기 때문이었다.

1966년 8월 베트남 파병부대인
백마부대의 환송식
박정희 정권은 경제적 · 안보적 · 군사적 등 여러
이유로 베트남 참전에 적극적이었다.

한편 박정희는 쿠데타 직후인 1961년 11월 미국 방문 시 케네디 대통령과의 회담에서 한국군의 베트남 파병을 먼저 제안하는 등 베트남전 참전에 능동적으로 대처하는 기민함을 보였다. 그 이유는 주한미군의 베트남 차출을 막고, 전쟁 특수特需로 경제개발 자금을 마련하기 위해서였다. 한국군은 1964년부터 1973년까지 약 5만여 명의 병력을 베트남전장에 파견하였으며 그 가운데 약 5천여 명의 사상자가 발생하였다. 미국은 '브라운각서'에 따라 한국군 파병에 대한 대가로 국군의 현대화를 추진하였으며, 베트남전에서 소요되는 일부의 군수물자를 한국에서 구매하였고, 한국 기업의 베트남 진출과 한국 상품의 수출을 지원하였다.

한미 간의 합의와 필요에 따른 한국군의 베트남 참전은 적잖은 경제적 이익을 가져왔지만 국제적으로 많은 비난을 감수하지 않으면 안 되었다. 한국은 미국의 종속국가라는 이미지가 형성되었으며, 한국군이 관련된 양민학살 문제, 용병 논란, 참전 병사들의 고엽제 후유증, 라이 따이한 문제 등 심각한 후유증 남겼다.

미국의 대 한반도정책과 근대화 경제개발전략

1960~1970년대 미국의 한반도 정책은 기본적으로 제2차 세계대전 종결 이후 형성된 국제적 냉전체제의 일환으로 모색되었다. 한국의 쿠데타권력에 대한 신속한 승인과 지원조치 역시 이같은 안보논리 차원에서 이해할 필요가 있다. 1961년 1월 취임한 케네디 대통령이 쿠데타 후 6개월 만에 최고회의 의장 자격으로 미국을 방문한 박정희를 만난 것도 이 때문이다.

미국은 한국전쟁을 전후로 한 시기부터 한국, 일본, 대만 등 아시아 반공국가들의 통합을 추구하였으며, 1950년대 후반을 경과하며 좀 더 본격적인 노력을 기울이기 시작하였다. 이때부터 미국은 아시아 반공블록으로서의 지역통합을 위해 한국과 일본의 국교 정상화를 적극 추진하였으며, 그에 따라 1965년 한일협정이 강행되었고, 한미일 삼각동맹체제의 완성을 실현하였다. 1966년 주한미군의 배치 및 세부절차를 규정한 한미행정협정(SOFA) 체결을 통해 주한미군의 법적 지위를 합의 결정한 것도 이 때였다. 이 과정은 미국 주도 하의 근대화 경제개발노선 속에서 추진된 한일 간의 경제협력 및 통합 추구의 노력과 밀접하게 연결되었다.

박정희 군사정권은 쿠데타의 명분으로 경제개발을 매우 강조하였으며 경제 제일주

1964년 12월 5일에 열린
제1회 수출의 날 기념식

의를 적극 표방하였다. 전쟁 이후 원조경제로 지탱하던 국가경제를 발전시켜 국민들의 생존권문제를 해결해야 했으며, 이를 통해 군사쿠데타의 정당성을 확보하고자 하였다.

군사정부는 장면 정부가 시행하던 '국토건설단'과 시행 예정이던 '경제개발계획'을 차용하여 경제발전전략을 세웠다. 이는 미국이 한국전쟁 이후 대한 경제지원 방식이었던 '원조' 대신 1950년대 말부터 '차관'을 제공하기 시작하자 불가피하게 선택한 노선이라는 측면도 있다. 따라서 한일관계를 정상화하여 일본으로부터 자금을 제공받는 동시에 이를 발판으로 경제개발을 추진하고자 하였다. 이를 위해 경제개발 계획, 집행 등을 총괄하는 경제기획원을 설립하고 국가 주도형 개발정책을 본격화하였다.

1962년부터 시행된 제1차 경제개발계획에 따라 군사정권은 자금확보에 주력하기 시작하였다. 애초에 대부분의 재원을 내부자본으로 계획했으나 이를 위한 화폐개혁에 실패하자, 미국이 적극적으로 개입하기 시작하였다. 미국측은 기간산업의 육성보다는 노동집약적인 소비재 중심의 경공업 발달과 외국 자본의 유치, 수출 위주의 산업화 전략으로 경제개발계획을 바꿀 것을 권고하였다. 이는 당시 미국의 제3세계 전략이라고 할 수 있는 '경제근대화론'에 따라 한국 역시 미국이 주도하는 국제적 수직분업체계 안으로 들어올 것을 요구한 것이었다. 다른 대안이 없었던 박정희 정권은 이를 그대로 수용하였고, 이후 한국 경제는 노동집약적, 외자의존적, 수출지향적인 구조로 나아가게 되었다.

민주화운동의 성장

쿠데타 직후부터 군사정권의 무리한 한일회담에 문제의식을 느낀 대학생들은 1964년 봄부터 집중적인 반대운동에 나섰다. 1964년 3월 24일, 서울대 등 대학생 약 4천여 명이 한국측 회담대표 김종필의 즉시 귀국을 요구하며 시위를 벌이기 시작하였다. 4월에는 경찰의 대학생 프락치조직인 YTP사건이 터지면서 한일협정 반대운동이 더욱 고양되었으며, 5월 20일 서울대 문리대에서는 '한일굴욕회담반대 학생총연합회' 명의로 '민족적 민주주의' 장례식 행사를 치르며 열기를 고조시켜 나갔다. 6월 3일 서울 시

1964년 대학생들의
6·3 한일 국교 정상화 반대시위

내의 대학생들이 가두시위를 전개하며 격렬히 저항하자 박정희는 계엄령을 선포하였다. 그 직후 당국은 인혁당사건과 민족주의비교연구회사건 등을 발표하며 반대세력을 억압하였다.

학생들을 비롯한 반대 여론에도 불구하고 박정희 정권이 1965년 2월 한일 기본조약의 가조인 조치에 나서자, 3월부터 학생들은 집중적인 성토대회를 개최하였다. 굴욕외교 반대투쟁이 전국적으로 확산되면서 "굴욕외교 반대", "독재정권 해산" 등의 구호가 주류를 이루었으며, "양키여 침묵하라"는 등의 반미 구호까지 등장하였다. 학생들의 저항에도 불구하고 한일 양국은 6월 22일 도쿄에서 조인식을 강행하였다. 전날 14개 대학과 서울 58개 고교의 휴학조치로 학생들의 집결을 차단하면서까지 무리하게 추진한 것이다. 그러자 국회 비준 반대운동이 격렬하게 전개되기 시작하였다. 이때부터 8월 14일 국회에서 비준절차를 밟기 전후까지 한일협정 비준반대운동이 거세게 일어났다. 반대시위가 격화되자 8월 26일 박정희 정권은 대학에 군인들을 투입하고 위수령을 발동하여 한일협정 반대시위를 막았다.

1960년대 중반 한일협정 반대운동세력인 학생, 지식인 등은 1967년 총선 부정선거 무효투쟁을 통해서 민주화 전열을 가다듬어 나갔다. 한일협정 반대운동을 거치면서, 그동안 난립했던 야당세력 또한 신민당으로 통합(1967.2.)되었다. 여당인 민주공화당이 박정희 대통령의 3선을 위해 개헌을 추진하자 야당, 재야, 학생으로 이루어진 민주화 운동 세력은 반박정희, 반독재 연대를 형성하기 시작하였다. 그러나 박정희 정권은 1968년 북한군 특수부대의 청와대 습격미수사건, 미 프에블로호 나포사건 등 심각한 안보환경 발생을 전후해서 동베를린사건, 통일혁명당사건 등 북한과 연루된 공안사건들을 발표하며 반공이데올로기를 활용하여 반독재민주화운동을 제어하고자 하였다.

3. 유신체제와 중화학공업화

유신체제의 형성과 반유신 민주화운동

1970년대에 접어들면서 미국은 새로운 세계질서의 구축을 모색하였으며 그것을 '닉슨 독트린'으로 구체화하였다. 미 · 중, 미 · 소 간의 데탕트는 20여 년 이상 지속된 세계적 냉전체제를 일시적으로 허물고 현저한 긴장이완을 불러왔으며, 동아시아에도 큰 영향을 미쳤다. 미국은 데탕트(Detente) 국면에서 주한미군을 철수시키고 남북한 화해를 추진하여 한반도의 긴장을 완화하고자 하는 동시에 '두 개의 한국' 정책을 통해 한반도의 현상유지와 '남북 교차승인'을 통한 안정화 전략을 추구하였다. 박정희 정권은 이와 같은 국제정세의 변화를 안보논리의 강화로 연결시켜 정권 안정을 꾀하는 방식으로 대응했다.

통일주체국민회의의 대통령 선출 장면
어용 대통령 선출기구인 통일주체국민회의가 1972년 12월 23일 제8대 대통령으로 박정희를 선출하고 있다.

박정희 대통령은 1971년 대선 직후인 10월 서울시에 위수령을 선포하였으며 12

월 국가 비상사태에 이어서, 1972년 10월 17일 특별선언을 통해 "유신으로의 일대 개혁"을 내세워 비상계엄을 선포하고 국회를 일방적으로 해산하였으며 모든 정당 및 사회단체의 정치활동을 금지하였다. 11월 유신헌법에 대한 국민투표를 강행하여 확정하였으며, 유신체제를 받쳐줄 어용御用적 대의기구인 통일주체국민회의 선거를 실시하여 이들에 의한 간접선거로 새 대통령에 취임하였다. 유신체제는 의회민주주의를 유린하고 3권 분립을 무시함으로써 대통령 1인 중심의 비정상적 독재체제를 확립하였다. 박정희 대통령은 급변하는 세계정세와 7 · 4공동성명 이후의 남북대화를 위해 불가피하게도 특수체제를 선택할 수밖에 없다는 논리로 유신체제를 강변하였다. 그러나 1970년대에 접어들면서 발생하기 시작한 심각한 사회적 저항과 1971년 대선에서 김대중 후보에 맞서 힘겨운 승리를 거두게 되자 권력 연장을 위한 특단의 조치를 취한 것으로 볼 수 있다.

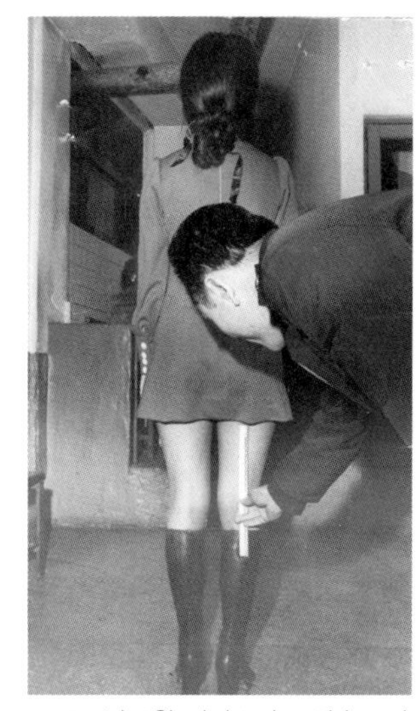

1973년 3월 미니스커트 단속 모습
유신체제는 정치적 통제뿐 아니라 사회, 문화, 사상 등 사회의 모든 영역을 통제하고자 하였다.

박정희 정권의 유신체제 선포는 민주화운동세력의 일시 위축과 긴장을 초래하였으나 이듬해 10월 야당 지도자 김대중 납치사건이 발생함으로써 야당, 학생, 지식인, 종교인, 언론인 등에 의한 광범위한 반박정희 반유신운동이 본격화하였다. 1973년 말에는 각계의 개헌청원 100만인 서명운동으로 이어졌다. 그러자 정권은 이듬해 대통령 긴급조치권을 발동하여 민주화운동을 탄

♣ 해설 I **긴급조치의 시대**

유신시대는 '긴급조치의 시대'라고도 할 수 있다. '긴급조치'란 제4공화국 유신헌법에 의한 대통령의 긴급조치권을 의미한다. 본래 국가의 안전과 공공의 질서가 위협 받을 때 대통령이 현안에 대해 특별한 조치를 취할 수 있는 권리를 뜻하지만 유신시대 박정희 대통령에 의한 정권 유지를 위한 강압적 조치들을 가리키는 말로 쓰인다. 유신헌법 이전의 긴급명령, 긴급재정처분이나 계엄선포권 보다도 강력한 대통령의 권한이며 이후 제5공화국의 비상조치권으로 이어졌다.

긴급조치는 1974년부터 시작되어 유신체제가 몰락하기까지 모두 아홉 차례 발표되었다. 특히 1975년 5월 선포된 긴급조치 9호는 가장 반민주적인 폭압책이라고 할 만 하다. 유신헌법을 부정 · 반대 또는 개정을 요구하거나 이를 보도하면 영장 없이 체포할 수 있는 조치였다. 유신체제에 대한 어떠한 비판도 허용하지 않겠다는 것이다. 따라서 긴급조치 9호로 인해 학생, 지식인, 야당 정치인, 기자 등 수많은 유신체제 반대 인사들이 구속 당하였다.

압하였다. 특히 이러한 폭압적 분위기 속에서 같은 해 4월, 인혁당사건 관련자 8명을 사형 집행함으로써 안보를 내세운 공안정국을 조성하여 반유신 민주화운동을 제어하고자 하였다.

1970년대 학생들의 반유신 민주화운동은 조직적인 성격을 띠면서 전개되었다. 1974년 전국민주청년학생연맹(민청학련)의 결성은 당시 대학생들의 의식적이며 조직적인 운동수준을 반영하는 것이다. 이들은 민족자립경제의 확립과 민중의 생존권 보장 등을 주장하였으며 이후 학생운동은 민중 지원투쟁 뿐만 아니라 직접 노동현장에 투신하는 경향마저 띠게 되었다. 학생운동 외에도 재야운동 세력이 반유신 민주화운동의 또 다른 중심축이었다. 재야세력은 껍데기만 남게 된 의회 정치로부터 배제된 채 거리에서 민주화 투쟁을 해온 야당 정치인, 교수, 언론인, 예술인, 성직자 등의 다양한 인사들을 의미한다. 이들은 개헌 청원 서명운동과 3.1민주구국선언의 발표(1976, 1978년) 등 반유신운동의 기폭제 역할을 하였다. 재야 민주화세력은 이미 1967년 총선 무효 투쟁, 1969년 3선 개헌 반대운동 등을 전개해나가는 과정에서 그 모체가 형성된 것으로 볼 수 있으며, 이후 이들에 의해 1971년 민주수호국민협의회, 유신체제 형성 이후인 1974년 민주회복국민회의 등의 조직으로 이어지면서 학생, 야당, 언론세력들과의 연대가 이루어졌다. 나아가 유신 말기인 1978년에는 민주주의국민연합, 이듬해에는 '민주주의와 민족통일을 위한 국민연합'이라는 투쟁조직 등을 결성하였다.

노동 및 농민운동을 비롯한 민중운동 또한 1970년대에 접어들면서 활발해지기 시작하였다. 1970년대 초 가톨릭농민회의 결성으로 시작된 농민운동은 농협민주화운동, 함평 고구마사건투쟁, 저농산물 가격 반대투쟁 등을 통해 농민들의 권익을 추구해 나갔다. 노동운동의 경우, 1970년 전태일의 분신항거 이후 노동자들은 생존권 투쟁과 더불어 어용 노조를 타파하고 민주노조를 세우기 위한 운동을 전개해 나갔다. 원풍모방, 동일방직, 청계피복 등 노동자들을 중심으로 한 노조 민주화운동이 활발하였다. 특히 동일방직 투쟁은 노동운동을 크게 진전시켰으며, 유신 말기 YH 여성노동자들의 투쟁은 부마항쟁과 더불어 유신체제 붕괴의 한 원인이 되었다.

중화학공업의 육성과 성장제일주의의 한계

1970년대 한국경제는 '국민소득 1천 달러 및 수출 100억 달러' 등을 목표로 여전히 수출주도형의 성장정책을 강화해 나갔다. 동시에 1973년 박정희는 중화학공업 육성을 선언하며 이 부문에 집중투자하기 시작하였다. 산업 전반에서 중화학공업이 차지하는 비중이 크게 늘면서 1970년대 후반에 이르면 중화학공업구조가 전통적인 경공업구조를 추월하기에 이르렀다.

1970년대 미국의 보호무역주의 경향과 1973년 제1차 오일쇼크 등의 위기가 있었지만 중동건설 붐 등을 통해 위기를 극복하여, 1972~79년 동안 경제성장률은 연평균 9.6%에 이르렀다.

박정희 정부의 강력한 개입정책하에 한국경제는 비약적인 양적 성장을 이루었다. 연평균 10%에 달하는 성장률을 보였으며 1인당 국민총소득은 1962년 239달러에서 1971년 437달러로 성장하였다. 1977년에는 1천 달러 국민소득을 달성하였으며, 1979년에는 1인당 국민소득이 1,640달러로 크게 증가하였다. 그러나 고도성장을 거듭하던 한국경제는 1960년대 말 경제위기에 몰린 미국의 경공업제품 수입규제 조치에 의한 일시적 난관에 봉착하였다. 이같은 위기는 대외의존적인 성장 위주의 수출주도형 경제정책의 한계를 드러내는 것이었다. 또한 차관이 늘수록 경제구조의 대외의존적인 성격도 더해갔다. 원료와 중간재를 수입하여 단순조립, 가공을 통한 수출드라이브 정책은 수출이 늘수록 더 많은 원료를 수입해야 하는 종속적 성향의 악순환 구조를 낳았다. 양적 경제성장 노선이 가져온 폐해라고 할 수 있다.

1970년 11월 20일 전태일의 영정을 앞세우고 추모행진에 나선 학생들
1970년 11월 13일 분신한 노동자 전태일의 죽음은 노동자들의 처지와 권리에 무관심하던 한국사회에 큰 충격을 주었다.

수출 위주의 경제정책은 또 다른

1960년대 건설된 울산 석유화학단지(1990년 촬영)

문제를 불러왔다. 농촌의 잠재적인 실업인구가 도시의 공업 노동자로 흡수되면서 도시인구의 발달을 가져왔으나, 농촌인구는 점차 줄어들었으며 전통적인 농촌사회의 해체를 가속화했기 때문이다. 도시인구의 급격한 증가는 제조업을 중심으로 한 노동자의 저임금 구조와 노동조건의 악화로 나타났다. 저임금 · 저곡가 정책을 기조로 한 박정희 정권의 경제정책에 따라 노동자, 농민의 생활수준과 근로여건은 별반 나아지지 않았다. 도시로 집중된 인구는 대부분 도시빈민층을 형성하였으며, 주택 · 교육 · 교통 등의 문제를 불러왔다. 1970년 전태일 분신사건, 1971년 광주 대단지사건, KAL빌딩 난입사건 등은 이같은 편파적 성장에 따른 사회적 결과라고 할 수 있다. 하지만 사회적 불만과 저항의식은 박정희 정권이 내세운 근대화 이데올로기와 경제개발정책에 가려 제대로 표출되기 어려웠다.

한국경제는 1970년대 중화학공업 육성을 통해 외형 성장은 이루었지만, 자립 경제 구조와 산업의 균형 발전은 이루지 못하였다. 산업부문 간의 불균형 발전은 농업과 중소기업의 몰락을 가져왔으며, 과잉 중복투자로 인해 설비의 과포화현상과 경영부실을 초래하였고, 독점재벌로의 집중현상 등 여러 문제점을 낳았다. 무역수지 적자폭의 증대는 무역 의존도의 상승 및 외자 도입의 급증과 함께 원리금 상환 부담으로 이어져 대외 의존성의 심화를 불러왔으며 자립적 경제기반의 확립과 멀어져갔다. 특히 수출 주도형의 경제정책은 '선성장 후분배' 논리를 확산시킴에 따라 부의 편중과 불균형을 초래함으로써 국민경제의 건강한 성장에 장애를 형성하였다. 따라서 박정희 집권기 한국경제는 세계의 이목을 끌만한 초고속 성장을 보였음에도 불구하고 여러 구조적 문제를 야기시킨 이중적 성격을 갖고 있었다.

유신체제의 몰락

유신체제 후반기에 해당하는 1975년 전후로 유신정권과 반유신 민주화운동 세력의 대립은 점차 뚜렷해졌다. 남베트남 패망을 계기로, 유신정권은 전국적인 안보 궐기대회를 여는 등 반공과 안보를 내세워 공안정국 조성에 몰두하였으며 이같은 분위기에 편승하여 유신체제에 대한 저항을 원천봉쇄하는 긴급조치 9호를 반포하였으나, 반유신 저항운동은 오히려 고조되어 나갔다. 1976년 3·1민주구국선언 발표로 반유신 세력의 저항 의지가 본격적으로 표출된 후 이듬해부터 도시산업선교회, 천주교정의구현사제단 등의 목사, 신부들이 연달아 구속되고 대학생들의 반유신 데모가 가두시위 형태로 발전하기 시작하면서 정국은 점차 대충돌 국면으로 나아가기 시작하였다.

박정희 정권은 1978년 대통령 선거와 국회의원 총선거를 통해 유신체제를 더욱 공고히 하고자 하였다. 7월, 대통령 선출을 위한 거수기 역할에 충실했던 제2대 통일주체국민회의는 99.9%의 찬성으로 임기 6년의 대통령으로서 또 다시 박정희를 뽑았다. 그러나 12월 치러진 총선에서 야당인 신민당이 여당인 공화당의 득표율은 앞지르는 현상이 나타났다. 대규모의 관권, 금권 선거가 횡행한 총선에서 비록 1%이지만 야당의 득표율이 앞섰다는 사실은 유신체제에 대한 국민의 지지가 점차 사그라들기 시작했다는 반증이었다. 이같은 현상은 반박정희 반유신 저항운동을 더욱 촉발시켰으나 유신정권은 저항세력에 대한 대대적인 구속과 탄압 조치를 취하였다. 1979년 한 해 동안 국가보안법, 집회 및 시위에 관한 법, 긴급조치 등의 법률 위반으로 구속된 양심수는 무려 1,239명에 달했다.

박정희 유신정권의 붕괴를 촉발한 직접적인 계기는 YH무역 여성 노동자들의 신민당사 점거사건과 김영삼 총재의 의원직을 박탈한 국회의 제명조치였다. 회사측의 위장폐업에 항의하여 신민당사를 점거하던 여공 200여 명이 경찰에 의해 강제 해산 당하는 과정에서 끔찍한 폭력이 자행되었고 급기야 김경숙 양이 추락사하는 사건이 발생하였다. 정부와 야당의 대립은 고조되어 나갔으며 중앙정보부는 야당을 상대로 정치 공작을 벌여 김영삼의 신민당 총재직 박탈을 사주하였다. 김영삼은 '박정권 타도'를 선언하며 미 카터 행정부에 '독재자 박정희 지지 철회'를 요청하며 압박하자 유신권력은 여당을 동원하여 김영삼의 의원직 제명 결의안을 통과시켰다. 1970년대 후반기 '코리아 게이트' 등의 사건으로 불편한 상태에 놓였던 한미관계를 고려할 때, 박정희 권력은 미국의 견제와 국제 여론의 압박을 돌파하기 위해서 상대적으로 국내 정국의 안정화를 위해 폭력의 유혹을 뿌리치지 못하였고 오히려 더욱 사태를 악화시켜 나갔다.

사흘 뒤인 1979년 10월 16일, 7만여 부산 시민들이 항의 시위에 나섰으며 이어 마산에서도 대규모 시위가 전개되었다. 박정희 유신정권을 결정적으로 무너뜨린 계기인 부마항쟁이 일어난 것이다. 박정희는 비상계엄을 선포하고 공수부대를 투입하여 진압하였으나 같은 시기, 유신정권은 이미 내부로부터 심각한 균열을 보이고 있었다. 부마항쟁이 강제 진압된 일주일 뒤인 10월 26일 밤, 서울 궁정동의 중앙정보부 관할 안가에서 김재규 중앙정보부장이 박정희를 권총으로 살해함으로써 유신정권은 몰락하고 말았다. 유신권력 내부에서 상대적으로 시국에 대한 온건한 대응을 주장하던 김재규는 '유신의 심장'을 쏨으로써 유신정권 해체에 결정적인 역할을 하였으나 이후 정국을 주도하지 못하고 결국 전두환 등 신군부에 의해 제거당하였다.

● 읽기자료

1. 군사혁명위원회의 성명 (1961.5.16.)

친애하는 애국동포 여러분!

은인자중하던 군부는 드디어 금조今朝 미명未明을 기해서 일제히 행동을 개시하여 국가의 행정, 입법, 사법의 3권을 완전히 장악하고 이어 군사혁명위원회를 조직하였습니다. 군부가 궐기한 것은 부패하고 무능한 현 정권과 기성 정치인들에게 이 이상 더 국가와 민족의 운명을 맡겨 둘 수 없다고 단정하고 백척간두에서 방황하는 조국의 위기를 극복하기 위한 것입니다. 군사혁명위원회는

1. 반공을 국시國是의 제일의第一義로 삼고 지금까지 구호에만 그친 반공태세를 재정비 강화할 것입니다.
2. "유엔" 헌장을 준수하고 국제협약을 충실히 이행할 것이며 미국을 위시한 자유우방과의 유대를 더욱 견고히 할 것입니다.
3. 이 나라 사회의 모든 부패와 구악을 일소하고 퇴폐한 국민도의와 민족정기를 바로 잡기 위하여 청신한 기풍을 진작할 것입니다.
4. 절망과 기아선상에서 허덕이는 민생고를 시급히 해결하고 국가 자주경제 재건에 총력을 경주할 것입니다.
5. 민족적 숙원인 국토통일을 위하여 공산주의와 대결할 수 있는 실력의 배양에 전력을 집중할 것입니다.
6. 이와 같은 우리의 과업이 성취되면 참신하고도 양심적인 정치인들에게 정권을 이양하고 우리들 본연의 임무에 복귀할 준비를 갖추겠습니다.……

1961년 5월 16일 군사혁명위원회 의장 육군중장 장도영

2. 박정희, 제7회 '수출의 날' 치사 (1970.11.13.)

영예의 수상자, 내외 귀빈, 그리고 국민 여러분.

…… 지난 60년에 3천 200만 불에 불과했던 우리의 수출은 64년에 1억 불 선을 돌파한 후 계속 늘어나, 작년에 7억 불 선을 넘어 금년에는 10억 불 목표를 향해 전진하고 있습니다. 수출상품도 60년도에는 불과 100개에도 미달했지만 69년에는 800개 이상으로 늘어났고, 이것을 구조적인 면에서 보면 지난날 1차 산품에 편중되었던 우리의 수출은 공산품 위주로 크게 바뀌었습니다. 즉, 60년에는 총수출액의 22%에 지나지 않았던 우리의 공산품은

70년에 와서는 83.8%로 늘어나 수출 증대의 대종을 이루고 있는 것입니다. 이것은 우리나라가 후진의 굴레를 급속히 벗어나, 신흥공업국가로서 세계무대에 등장하고 있음을 보여주는 고무적인 증좌라고 하겠습니다. 또 우리의 수출시장도 60년대 초에는 아시아와 구미지역의 일부에 국한되어 있었지만, 지금은 오대양 육대주에 걸쳐 100여 나라에 우리의 상품이 뻗어나고 있습니다.

오늘날 세계은행을 비롯한 여러 국제기구나 우방들은 우리 한국이 고도의 경제성장을 이룩했다고 평가하고 있는데, 그 사람들이 가장 주목하고 있는 것은 바로 연간 40% 신장률을 지속하고 있는 우리의 수출증대 실적인 것입니다. 우리의 이러한 높은 신장률은 지난 10년간 세계 각국의 수출신장률 8.3%에 비하면 거의 5배나 되는 것입니다. ……

현재의 추세로 보아 금년도 수출목표인 10억 불 돌파는 무난할 것으로 보입니다. 우리가 수출을 더욱더 증대시킬 수 있느냐, 없느냐를 판가름하게 될 하나의 고비라고 생각했던 10억 불 선을 넘어서게 됨으로써, 우리는 수출증대에 역점을 둘 제3차 5개년계획이 대충 끝날 70년대 중반에는 적어도 30억 불대의 수출고를 올려야겠다고 생각하고 있습니다. 우리가 이러한 목표를 달성하는 데 있어서 여러 가지 여건은 매양 우리가 바라는 대로 전개되지는 않을 것입니다. 세계의 모든 나라들이 선진국은 선진국대로, 개발도상국가는 그 나름대로 앞을 다투어 수출 증대에 발분하고 있고 국내산업 보호에 열을 올리고 있기 때문에, 경쟁이 더욱 치열해질 것은 뻔한 일입니다. 이러한 경쟁이 어렵다, 힘겹다고 해서 손을 든다면 우리의 수출은 현 수준에서 답보상태에 빠지거나 그렇지 않으면 현 수준 이하로 위축되고 말 것입니다. 그러나 생산업자와 수출업자, 기술자와 근로자, 공무원과 일반국민 할 것 없이 우리 모두가 수출입국의 일념으로 한데 뭉쳐 남 보다 5배, 10배 노력하기만 한다면, 수출의 전도가 아무리 험난하다 하더라도 능히 뚫고 나갈 수 있는 것이며, 앞으로 몇 년간은 계속해서 현재의 신장률을 지속시켜 나갈 수 있다고 믿습니다. ……

끝으로 금년도 수출목표 10억 불 달성을 거듭 강조하면서, 수출 증대를 위하여 보다 더 분발해나갈 것을 거듭 다짐하는 바입니다.

3. 전태일의 일기문 : 대통령에게 보내는 편지 (1969.11.)

존경하는 대통령 각하

…… 저는 서울특별시 성북구 쌍문동 208번지 2통 5반에 거주하는 22살 된 청년입니다. 직업은 의류계통의 재단사로서 5년의 경력을 가지고 있습니다. 저의 직장은 시내 동대문구 평화시장으로서 (……) 저희들은 근로기준법의 혜택을 조금도 못 받으며 더구나 2만 여

명을 넘는 종업원의 90% 이상이 평균 연령 18세의 여성입니다. 기준법이 없다고 하더라도 인간으로서 어떻게 여자에게 하루 15시간의 작업을 강요합니까? 미싱사의 노동이라면 모든 노동 중에서 제일 힘든(정신적으로, 육체적으로) 노동으로 여성들은 견뎌내지 못합니다. 또한 2만여 명 중 40%를 차지하는 시다공들은 평균 연령 15세의 어린이들로써 육체적으로 정신적으로 성장기에 있는 이들은 회복할 수 없는 결정적이고 치명적인 타격인 것을 부인할 수 없습니다. 전부가 다 영세민의 자녀들로서 굶주림과 어려운 현실을 이기려고 하루에 90원 내지 100원의 급료를 받으며 하루 16시간의 작업을 합니다. 사회는 이 착하고 깨끗한 동심에게 너무나 모질고 메마른 면만을 보입니다. 저는 여기에서 각하께 간구 하지 않을 수 없습니다. ……

저는 피 끓는 청년으로서 이런 현실에 종사하는 재단사로서 도저히 참혹한 현실을 정신적으로 받아들이지 못합니다. 저의 좁은 생각 끝에 이런 사실을 고치기 위하여 보호기관인 노동청과 시청 내에 있는 근로감독관을 찾아가 구두로써 감독을 요구했습니다. 노동청에서 실태조사도 왔었습니다만 아무런 대책이 없습니다. 1개월에 첫 주와 삼 주 2일을 쉽니다. 이런 휴식으로썬 아무리 강철 같은 육체라도 곧 쇠퇴해 버립니다. 일반 공무원의 평균 근무시간 일주 45시간에 비해 15세의 어린 시다공들은 일주 98시간의 고된 작업에 시달립니다. 또한 평균 20세의 숙련 여공들은 6년 전후의 경력자로서 대부분이 햇빛을 보지 못한 안질과 신경통, 신경성 위장병 환자입니다. 호흡기관 장애로 또는 폐결핵으로 많은 숙련 여공들은 생활의 보람을 못 느끼는 것입니다. 응당 기준법에 의하여 기업주는 건강진단을 시켜야 함에도 불구하고 법을 기만합니다. 한 공장의 30여명 직공 중에서 겨우 2명이나 3명 정도를 평화시장주식회사가 지정하는 병원에서 형식상의 진단을 마칩니다. X레이 촬영 시에는 필름도 없는 촬영을 하며 아무런 사후 지시나 대책이 없습니다. 1인당 3백 원의 진단료를 기업주가 부담하기 때문입니까? 아니면 전부가 건강하기 때문입니까? 나라의 경제 발전을 위해서는 어쩔 수 없는 실태입니까? 하루 속히 신체적으로 정신적으로 약한 여공들을 보호하십시오. ……

저희들의 요구는

1일 14시간의 작업시간을 단축하십시오.

1일 10시간 – 12시간으로,

1개월 휴일 2일을 일요일마다 휴일로 쉬기를 희망합니다.

건강진단을 정확하게 하여 주십시오.

시다공의 수당 현 70원 내지 100원을 50% 이상 인상하십시오.

절대로 무리한 요구가 아님을 맹세합니다.

인간으로서의 최소한의 요구입니다.

기업주 측에서도 충분히 지킬 수 있는 사항입니다.

4. 대통령특별선언 : 유신선언 (1972.10.17.)

친애하는 국민 여러분!

…… 우리는 지금 국제정세의 거센 도전을 이겨내면서 또한 남북대화를 더욱 적극적으로 과감하게 추진해나가야 할 중대한 시점에 처해 있습니다. 이같은 시점에서 우리에게 가장 긴요한 것은 줄기찬 예지와 불퇴전의 용기, 그리고 철통같은 단결이며 이를 활력소로 삼아 어렵고도 귀중한 남북대화를 굳게 뒷받침할 수 있는 모든 체제의 시급한 정비라고 믿습니다.

우리 헌법과 각종 법령 그리고 현체제는 동서 양극 체제하의 냉전시대에 만들어졌고, 하물며 남북의 대화 같은 것은 전연 예상치 못했던 시기에 제정된 것이기 때문에 오늘과 같은 국면에 처해서는 마땅히 이에 적응할 수 있는 새로운 체제로의 일대 유신적 개혁이 있어야 하겠습니다.

국민 여러분!

이제 일대 개혁의 불가피성을 염두에 두고 우리의 정치현실을 직시할 때 나는 정상적인 방법으로는 도저히 이 같은 개혁이 이루어질 수 없다는 판단을 내리게 되었습니다. 오히려 정상적인 방법으로 개혁을 시도한다면 혼란만 더욱 심해질뿐더러 남북대화를 뒷받침하고 급변하는 주변정세에 대응해나가는 데 아무런 도움이 될 수 없다고 믿었기 때문입니다. 따라서 나는 국민적 정당성을 대표하는 대통령으로서 나에게 부여된 역사적 사명에 충실하기 위해 부득이 정상적 방법이 아닌 비상조치로서 남북대화의 적극적인 전개와 주변정세의 급변하는 사태에 대처하기 위한 우리 실정에 가장 알맞은 체제개혁을 단행해야 하겠다는 결심을 하기에 이르렀습니다.

나는 오늘 이 같은 결심을 국민여러분에게 솔직히 알리면서 나의 충정에 대하여 깊은 이해를 구하고자 하는 것입니다.

이번 비상조치는 결코 한낱 정권의 입장에서가 아니라 국권을 수호하고 사상과 이념을 초월한 성실한 대화를 통해 전쟁재발의 위험을 미연에 막고 나아가서는 5천만 민족의 영광스러운 통일과 중흥을 이룩하려는 실로 우리 민족의 운명과도 직결되는 불가피한 조치라고 확신합니다.

이에 나는 평화통일이라는 민족의 대염원을 구현하기 위하여 우리 민족진영의 대동단결을 촉구하면서 오늘의 이 역사적 과업을 강력히 뒷받침해주는 일대 민족 주체세력의 형성을 촉진하는 대전기를 마련하기 위해 다음과 같은 약 2개월간의 헌법 일부 조항의 효력을 중지시키는 비상조치를 앞에 선포하는 바입니다.

1. 1972년 10월 17일 19시를 기하여 국회를 해산하고 정당 및 정치활동의 중지 등 현행헌법의 일부조항 효력을 정지시킨다.
2. 일부 효력이 정지된 헌법조항의 기능은 비상국무회의에 의하여 수행되며 비상국무회의의 기능은 현행 헌법의 국무회의가 수행한다.
3. 비상국무회의는 1972년 10월 27일까지 조국의 평화통일을 지향하는 헌법개정안을 공고하며 이를 공고한 날로부터 1개월 이내에 국민투표에 부쳐 확정한다.
4. 헌법개정안이 확정되면 개정된 헌법절차에 따라 늦어도 금년 연말 이전에 헌정질서를 정상화시킨다.

친애하는 국민여러분!

…… 그러나 만일 국민여러분이 헌법 개정안에 찬성치 않는다면 나는 이것을 남북대화를 원치 않는다는 국민의 의사표시로 받아들이고 조국통일에 대한 새로운 방안을 모색할 것임을 아울러 밝혀 두는 바입니다. ……

5. 전국민주청년학생총연맹 선언문: 승리를 위한 민중 민족 민주선언 (1974.4.3.)

바야흐로 민권 승리의 새 날이 밝아오고 있다. 공포와 착취, 결핍과 빈곤에서 허덕이던 민중은 이제 절망과 압제의 쇠사슬을 끊고 또 다시 거리로 나섰다.

작년의 역사적인 10월 투쟁에 대한 저들 권력배들의 응답은 오로지 기만식 회유와 폭압정치의 증대뿐이었다. 이로써 그들이 살찌워지는 부패 특권체제를 추호도 포기할 뜻이 없음을 명백히 하였고 착취, 빈부, 차별, 방탕의 씻을 수 없는 죄악을 회개할 의사가 조금도 없음을 노골적으로 표현한 것이다. ……

5년 전의 3선 개헌으로부터 노골화된 영구집권의 야욕은 국민의 기본권을 유린하는 한편 이에 항의하는 학생, 지식인, 종교인 등 수많은 애국인사를 체포, 구금, 고문, 투옥하는 만행을 서슴치 않고 있다. 소위 유신이란 해괴한 쿠데타, 국가비상사태와 1·8조치 등으로 폭압체제를 완비하여 언론을 탄압하고 학원과 교회에 대한 억압을 더욱 가중시킴으로써 비판을 원천적으로 봉쇄하고 있다. 비판할 수 없는 정치, 이것이 과연 한국적 민주주의인가? (……)

(결의문)

오늘 우리의 궐기는 학생과 민중과 민족의 의사를 대변하고 이 땅에 진정한 자유와 평등을 실현하기 위한 민중적, 민족적, 민주적 운동임을 밝히면서 아래와 같이 결의한다.

1. 부패 특권족벌의 치부를 위한 경제정책을 시정하고 부정부패 특권의 원흉을 즉각 처단하라.
2. 서민의 세금을 대폭 감면하고 국민경제의 밑받침인 근로대중의 최저생활을 보장하라.
3. 모든 노동악법을 철폐함으로써 노동운동의 자유를 보장하라.
4. 국가비상사태, 1 · 8조치 등으로 구속된 모든 애국인사들을 즉각 석방하고 유신체제를 폐기하여 진정한 민주주의 체제를 확립하라.
5. 모든 정보 폭압정치의 원천인 중앙정보부를 즉각 해체하라.
6. 반민족적 대외 의존경제를 청산하고 자립 경제체제를 확립하라.

이상 우리의 주장을 관철시키기 위하여 최후의 1인까지 투쟁할 것을 역사와 민족 앞에 엄숙히 선언한다. 서울 시내 전 학생과 시민은 금일 하오 2시에 시청앞 광장과 청계천 5가 네거리에 집결한다.

● 참고문헌

이병천 엮음, 2003,『개발독재와 박정희시대, 창작과 비평사
노영기 외, 2004, 『1960년대 한국의 근대화와 지식인』, 선인
안병욱 외, 2005, 『유신과 반유신』, 민주화운동기념사업회
정성화 편, 2005, 『박정희시대 연구의 쟁점과 과제』, 선인
김보현, 2006, 『박정희정권기 경제개발: 민족주의와 발전』, 갈무리
김용서 외, 2006, 『박정희시대의 재조명』, 전통과 현대
전인권, 2006, 『박정희 평전』, 이학사
조희연, 2007, 『박정희와 개발독재시대』, 역사비평사
민주화운동기념사업회 엮음, 2008~2009, 『한국민주화운동사 1~2』, 돌베개
김수행 · 박승호, 2013, 『박정희체제의 성립과 전개 및 몰락: 국제적 국내적 계급관계적 관점』, 서울대학교 출판문화원

이만열 외, 2013, 『유신을 말하다』, 나름북스
강정인, 2014, 『한국 현대 정치사상과 박정희』, 아카넷
오유석 엮음, 2014, 『박정희시대의 새마을운동: 근대화 전통 그리고 주체』, 한울아카데미
한상범, 2015, 『박정희와 한일협정』, 21세기사
이동준, 2016, 『불편한 회고, 외교사료로 보는 한일관계 70년』, 삼인

제19장 1980년대 이후 민주화와 사회변화

사랑도 명예도 이름도 남김없이
한 평생 나가자던 뜨거운 맹세
싸움은 용감했어도 깃발은 찢어져
세월은 흘러가도
구비치는 강물은 안다

벗이여 새날이 올때까지 흔들리지 말라
갈대마저 일어나 소리치는 끝없는 함성
일어나라 일어나라
소리치는 피맺힌 함성
앞서서 나가니
산자여 따르라 산자여 따르라

— 백기완, 「묏비나리」 중에서

* 널리 알려진 민중가요 '임을 위한 행진곡'의 노랫말은 이 시구를 고쳐 만들어졌다.

〈연표〉

1982.	3.	부산 미문화원 방화사건
1987.	6.	6월민주항쟁
	7~9.	노동자대투쟁
1988.	9~10.	서울 올림픽 개최
1991.	9.	남북한 유엔 동시가입
1995.	12.	전두환 · 노태우 전 대통령 구속
1997.	12.	IMF에 긴급구제금융 요청
2000.	6.	남북정상회담(제1차)
2002.	5~6.	한 · 일 월드컵 개최
2004.	3.	노무현 대통령 탄핵, 헌법재판소 탄핵 기각(5. 14)
2007.	10.	남북정상회담(제2차)

1. 신군부의 등장과 5 · 18 민주화운동

신군부 등장과 짧은 '서울의 봄'

박정희 대통령 사후 10월 27일을 기해 제주도를 제외한 전국에 비상계엄령이 선포되었다. 대통령 권한대행에 취임한 최규하는 기존 헌법에 따라 대통령선거를 실시하되 빠른 시일 내에 헌법을 개정하여 정치질서를 정상화할 것이라고 약속했다. 그는 12월 6일 통일주체국민회의에서 제10대 대통령에 선출되었다. 군부의 심상치 않은 움직임에도 불구하고, 외형적으로는 민주화 일정이 실현되는 것처럼 보였다.

박정희 대통령 사후 정국 수습을 둘러싸고 군부에는 두 가지 흐름이 있었다. 계엄사령관인 정승화 육군참모총장 등 상층부는 민간으로의 권력 이양과 정치적 중립을 추진한 반면, 전두환 등 '하나회'를 주축으로 한 신군부 세력은 유신체제의 유지와 군부의 정치적 영향력 확대를 꾀했다. 전두환 일파는 정승화 총장을 박정희 살해에 개입되었다는 혐의로 체포하고 군권을 장악했다. 소위 '12 · 12사태'라고 불리는 신군부의

東亞日報

舍北邑占據 나흘만에 秩序되찾아

賃金小幅引上 「御用勞組」에 불만

鑛夫 700여명 流血亂動

警官1명死亡 40여명負傷

一般人통행-警察접근안해

올림픽 不參 방침

30일까지 出席시키기로

鑛夫들 要求條件 最大限 들어줄터

오늘중 解決

사북탄광 노동자 파업을 다룬 당시 신문기사(1980.4.24)
쿠데타 권력은 언론검열을 통해 '파괴'와 '혼란'이라는 측면을 강조했다.

쿠데타였다. 4월 14일 전두환 장군은 중앙정보부장서리를 겸하면서 모든 국가 정보기관을 장악해 권력의 최고 실권자로 떠올랐다.

♣해설 | **하나회**

전두환 · 노태우 등 육군사관학교 11기생들의 주도로 결성된 군내 사조직. 1963년 '오성회'를 모태로 주로 경상도 출신 장교들을 흡수해 박정희 집권기에 군내 요직을 차지하며 강력한 집단으로 성장했다. 12 · 12쿠데타와 광주민주화운동 진압을 통해 권력을 장악한 이들은 이후 군내 요직과 장관 · 국회의원 등을 지내며 전두환 정권기 막강한 권세를 누렸다. 노태우 정권까지 세력을 유지하고 있던 하나회는 1993년 김영삼 대통령의 지시로 해체되었다.

신군부의 부상과 민주화 요구가 교차하는 가운데 한 치 앞을 내다볼 수 없는 '안개정국'이 이어졌다. 1980년에 접어들면서 민주화를 요구하는 목소리가 공장과 학원 등 곳곳에서 터져 나왔다. 노동자들은 임금인상과 노동조건 개선, 노동조합의 민주화 등을 요구했다. 특히, 어용노조에 항의해 4일간 사북지역을 점령한 동원탄좌 광부들의 투쟁(사북사태)은 탄광노동자들의 열악한 노동조건을 드러내며 사회에 큰 충격을 주었다.

10 · 26 이후 학원민주화 투쟁에 집중하던 학생운동 진영은 4월 이후 본격적인 정치투쟁에 나섰다. 학생운동 진영은 5월 13일부터 대규모 가두시위를 전개했다. 시위는 15일에 절정에 달했다. 이날 서울역 광장에는 학생과 시민 10만여 명이 모여 계엄해제와 조기개헌을 요구했다. 서울역 집회 후 학생운동 지도부는 사태를 관망하기로 하고 자진 해산하였다. 이른바 '서울역 회군'이다. 이튿날 전국총학생회장단은 군부의 개입을 우려해 시위를 일단 중단할 것을 결의했다.

학생들이 시위 중단을 결정한 사이, 신군부는 5월 17일 24시를 기해 비상계엄을 전국으로 확대하고, 김대중 등 재야인사와 학생운동 지도부 등 주요 민주화 인사를 체포했다. 민주화의 열기로 넘쳤던 1980년 '서울의 봄'은 그렇게 끝났다. 실패의 가장 큰 이유는 전두환 등 신군부 일파의 권력욕이었으나, 야당, 재야, 학생운동 세력 또한 신군부의 쿠데타를 저지할 수 있는 역량을 구축하지 못했다. '서울의 봄'이 상징하듯이 1980년 봄의 민주화 운동은 서울지역을 중심으로 전개되었고, 그 참여층도 야당과 재야 등 정치권과 대학생 이상을 벗어나지 못했다.

5·18 광주민주화운동

비상계엄 전국 확대로 민주화를 요구하던 전국의 대학과 거리는 일시에 침묵에 빠졌다. 그러나 광주의 양상은 달랐다. 광주에서는 5월 18일부터 27일까지 10일 동안 계엄군에 의해 완전히 고립된 가운데 민중항쟁이 전개되었다.

5월 18일 오전 전남대 앞 시위를 시작으로 시내 곳곳에서 산발적 시위가 전개되었다. 계엄군은 처음부터 무차별적 폭력으로 대응했다. 이 무자비한 진압은 시민들의 분노를 불러일으켜 시위는 더욱 확산되었다. 20일을 경과하면서 시위방식도 차량을 동원한 위력적 방식으로 한 단계 발전했다. 21일 오전 10시에 정부의 공식 반응이 나왔

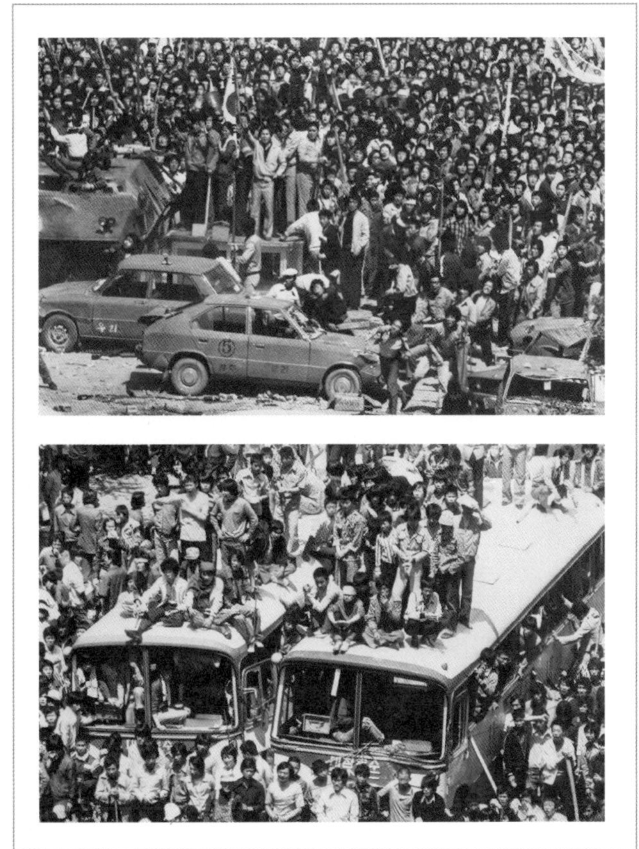

5·18 당시 시위장면
1980년 5월
광주시내에 몰려나온
시민들이 계엄해제와
민주화를 외치며
10일간의 대항쟁을
이끌었다.

다. 정부는 광주지역의 시위를 '불순분자의 책동'으로 규정하고 시위진압을 위해 자위권을 발동할 수 있음을 경고했다. 그리고 이날 오후 1시경 군은 일제히 시위 군중을 향해 발포했다.

집단발포를 계기로 시민들은 무장하기 시작했다. '시민군'이 출현하자 군 병력은 전략상 광주 외곽으로 퇴각했다. 항쟁 4일 만에 광주는 군의 학살로부터 해방되었다. 광주는 참혹한 죽음 앞에서 하나의 공동체를 형성했다. 시민들은 매일 궐기대회를 열어 결의를 모아냈다. 광주의 유지들은 사태 해결을 위해 '5 · 18 수습대책위원회'를 구성하여 계엄군과 접촉했다. 광주시민들의 평화적 사태해결 노력에도 불구하고, 계엄군은 무기반납과 무조건 투항만을 요구했다. 26일 계엄사령부는 최후통첩을 보냈으나, 윤상원 등이 이끄는 시민군은 끝까지 저항하였다. 27일 새벽, 계엄군의 전면 공격이 시작되었고, 시민군의 최후 거점인 도청은 계엄군에 의해 진압되었다.

광주민주화운동은 1980년 '민주화의 봄'의 연장선상에서 일어난 것이다. 그러나 다른 지역이 침묵한 가운데 유독 광주지역만이 신군부에 대한 항쟁을 지속할 수 있었던 것은 박정희 정권기의 호남 차별에 대한 불만, 민청학련과 교육지표 사건 등과 같은 1970년대 이 지역의 반유신 민주화운동의 역사를 배경으로 하고 있다. 또한 신군부가 이 지역출신 정치인 김대중을 체포한 것도 큰 영향을 미쳤다. 그러나 이러한 역사적 · 구조적 배경을 민중항쟁으로 끌어낸 것은 계엄군의 폭력적인 진압과 학살에 있었다.

신군부의 정치적 정당성을 근본적으로 부정한 광주민주화운동은 이후 신군부에게는 망각과 금기의 대상이었지만, 학생과 민중에게는 신군부의 실체를 분명히 깨닫게 만들어 군부정권을 부정하는 민주화운동의 강력한 토대가 되었다. 나아가 1980년 봄의 민주화운동에 대한 평가와 반성 속에서 민주화운동 진영의 인식은 새로운 단계로 나아갈 수 있었다. 또한 신군부 출현과 광주 진압을 묵인했던 미국에 대한 책임론이 제기되면서 1982년 부산 미문화원 방화사건과 같은 반미운동이 출현하여 국내외에 큰 충격을 주었다.

2. 전두환 정권과 6월 항쟁

전두환 정권의 등장

신군부는 1980년 5월 31일 국가보위비상대책위원회(국보위)를 설치하여 본격적인 정권 장악에 나섰다. 국보위는 정치안정, 경제안정, 안보태세 강화, 사회악 일소를 내세우며, 공무원에 대한 숙정을 시작으로 언론인 해직, 삼청교육 등 공포분위기를 조성했다. 폭력범과 사회문란사범을 '순화'한다는 발상에서 운영된 '삼청교육대'는 입영교육과정에서 수많은 인권침해와 희생자를 낳았다. 야당과 재야의 정치활동도 제한되었다. 신군부는 야당 정치인 김대중을 내란음모 혐의로 구속하고, 김영삼은 가택연금했다. 8월 16일 최규하 대통령이 사임을 발표하면서 신군부의 권력장악을 위한 사전정지 작업은 마무리되었다.

어용대의기구인 통일주체국민회의에서 11대 대통령으로 선출된 전두환은 초헌법적인 국가보위입법회의를 발족시켰다. 국가보위입법회의는 구 정치인의 정치활동 금지, 집회 · 시위에 대한 제한, 노동관계법 개악, 국가보안법 강화 등 각종 법률을 제 · 개정하고, 언론기관 통폐합, 대학 졸업정원제 실시 등을 통해 사회 각 부분을 통제하고 장악했다. 헌법 개정 등 제5공화국 수립을 위한 법적, 제도적 장치가 마련된 후 신군부는 민주정의당(민정당)을 창당하는 한편 민주한국당(민한당), 한국국민당(국민당) 등 야당의 창당을 허용했다. 제도정치의 복원이라는 외형을 갖춘 후 전두환은 1981년 2월 25일 새 헌법에 따라 임기 7년

삼청교육대 '순화'교육이라는 이름으로 행해진 신군부의 삼청교육대는 전 사회를 병영화함으로써 국민의 인권을 유린한 국가적 폭력도구였다.

의 제12대 대통령이 되었다.

레이건 미 대통령은 1981년 1월 전두환을 미국으로 초청해 전두환 정권에 대한 전폭 지지를 밝혔고, 1983년 한국을 방문하여 변함없는 지지를 과시했다. 대소 강경노선을 추구했던 레이건 행정부는 반소블록으로서 한·미·일 삼각군사동맹체제를 지속적으로 강화했다. 나카소네 일본 수상은 1983년 한국을 방문하여 '안보경협'이라는 명목으로 40억 달러를 제공하며 전두환 정권에 대한 지지와 함께 동맹체제 강화를 꾀했다. 군사동맹체제의 강화와 함께, 외국기업에 대한 투자 개방과 수입자유화 확대조치 등 미·일과의 경제협력·시장개방의 확대 등이 이어졌다.

전두환 정권은 통치체제가 어느 정도 안정되자 1982~1983년에 야간통행금지 전면해제, 중·고교생 두발 자유화, 교복 자유화 등의 조치를 폈다. 또한 1983년 해직교수타 대학 복직허용, 제적학생 복교 허용, 1984년 정치활동 규제 추가해제, 대학 투입 경찰병력 철수 등 유화조치를 단행했다. 이 일련의 유화조치는 강력한 집권체제를 구축한 전두환 정권의 자신감을 반영한 동시에, 사회적 자율을 확대하고 민주화 요구를 부분적으로 수용해 정권에 대한 지지를 넓히려는 것이었다. 그러나 유화조치를 실시한 의도와는 달리 전두환 정권은 학생운동 등 대중운동의 성장과 신한민주당(신민당)의 약진 등 강력한 도전에 직면하였다.

민주화운동의 고양과 6월항쟁

전두환 대통령의 강권통치 아래서 역량을 기르고 있었던 민주화운동진영은 유화국면을 계기로 조직적인 반독재운동을 전개했다. 학생운동 진영은 1984년부터 총학생회 부활에 따라 공개적인 활동을 전개하며 영향력을 확대했다. 각 부문에서 운동 단체들이 조직되기 시작했고, 1985년 말에는 거의 모든 부문운동 단체들이 조직되었다. 이 흐름은 1985년 민주통일민중운동연합(민통련) 결성으로 모아졌다.

1984년 5월 민주화추진협의회를 결성한 구 정치인들은 기존 야당을 대신해 신한민주당을 창당했다. 신민당은 1985년 2·12총선에서 제1야당으로 부상했다. 신민당은 1986년 직선제 개헌을 위한 1천만 명 서명운동을 전개하며 개헌운동을 본격화했다. 야당과 민주화운동세력의 개헌운동이 열기를 더해가자, 전두환은 "여야가 합의해서 건의하면 재임기간 중이라도 개헌할 용의가 있다"는 입장을 발표했다. 전두환 정권은 '개헌 용의'를 천명하며 야당과 개헌문제를 둘러싼 협상을 진행하는 한편, 학생 · 노동계 등의 민주화 요구에 대해서는 용공조작과 철저한 탄압으로 일관했다.

이런 가운데 정권의 도덕성을 뒤흔드는 사건이 발생했다. 1986년 7월 부천경찰서에서 위장취업 여성 노동자를 심문하면서 성고문을 자행한 사실이 폭로되었다. 이 위기상황을 전두환 정권은 전국반외세반독재애국학생투쟁연합 강경진압(건대사태), 북한 금강산댐 수공水攻위협 등 공안탄압과 안보위기 조성으로 돌파하려 했다. 이듬해 1월에는 서울대생 박종철이 경찰의 물고문으로 사망했다. 고문사실을 은폐하려 했던 정부는 사건의 진상이 하나둘 드러나자 사건을 축소조작하려 했다. 민주화운동진영은 박종철을 추모하기 위한 2월 7일 추도집회, 3월 3일 '고문추방국민대행진'을 통해 진상규명과 정권규탄을 이어나갔다.

6월 항쟁의 기폭제가 되었던 명동성당 농성
1987년 6월 10일 전국 동시다발로 열릴 예정이었던 '박종철군 고문치사 조작 · 은폐 규탄 및 호헌철폐 국민대회'는 경찰의 봉쇄 속에 전국 곳곳에서 대규모 시위로 이어졌다. 이날 서울의 일부 시위대가 경찰에 쫓겨 명동성당으로 밀려들어가면서 5박 6일 동안 진행된 명동성당 농성은 6월 항쟁을 범국민적 투쟁으로 확신시키는 계기가 되었다.

전두환 대통령은 4월 13일 기존 헌법에 따라 차기 대통령을 선출한다는 이른바 '호헌조치'를 천명했다. 호헌조치에 대한 저항이 확산되는 가운데, 5월 18일 천주교 정의구현사제단은 박종철 고문치사사건의 은폐 · 조작사실을 폭로했다. 이 사건을 계기로 야당과 재야 등 민주화운동진영은 '민주헌법쟁취 국민운동본부'를 결성하고 호헌철폐와 민주화를 주장했다. 6월 10일 국민운동본부의 집회를 시작으로 민주화 시위는 전 지역 · 계층으로 확산되었다. 결국 전두환 정권은 직선제 개헌의 수용을 주요 내용으로 하는 6 · 29선언을 발표했다.

16년 만에 직선제로 치러진 12월 제13대 대통령선거에서는 민정당의 노태우 후보가 당선되었다. 유력한 야당 정치인이었던 김영삼과 김대중이 각자 출마한 까닭에 군부 출신의 정치인이 다시 당선되는 결과를 낳았다.

1980년대 경제와 사회의 변화

1970년 말부터 한국경제는 중화학공업에 대한 과잉 · 중복투자, 1979년 제2차 석유파동 등으로 인해 1980년에 마이너스 성장을 기록할 정도로 심각한 위기상황이었다. 전두환 정권은 노동통제 강화, 과잉 · 중복 자본의 재편성, 산업합리화정책 등 '안정화정책'을 통해 위기를 벗어나려 했다. 정부는 중화학공업 투자조정을 위해 과잉 · 중복투자 부분의 강제합병과 업종별 생산영역 지정 등의 조치를 취했다. 투자조정조치 이후 정부는 '공업발전법', '조세감면규제법' 등을 마련해 산업합리화정책을 실시하고, 1985~1988년까지 78개 부실기업을 합리화 대상 지정 혹은 3자 인수방식으로 정리했다. 부실기업을 인수하는 기업에게는 금융 · 세제 상의 특혜가 주어졌는데, 대부분 재벌기업이 혜택을 입었다. 이런 특혜를 통해 재벌들의 시장독점과 경제력 집중은 더욱 커졌다. 1980년대 초 · 중반 자본축적체제의 재편성을 통해 안정성을 획득한 한국경제는 1986년 이후 이른바 저금리 · 저유가 · 저달러의 '3저 호황'을 맞아 비약적으로 성장했다.

1987년 7~9월 노동자대투쟁

노동력의 산업별 구성에서 중화학공업을 비롯한 제조업 노동자들의 비중이 크게 늘어났다.

하지만 노동자들의 임금상승률은 노동생산성 상승률에 미치지 못하였고, 월간 노동시간은 1980년 230.6시간에서 1986년 237.7시간으로 오히려 늘어났다. 1983년 유화국면 이후 민주노조가 조직되고 1985년 구로동맹파업 등 노동운동이 점차 활성화되었다.

노동자들의 요구는 1987년 7~9월의 '노동자대투쟁'을 통해 전면적으로 분출되었다. 울산의 현대엔진 노동조합 결성을 시작으로 노동조합 결성 움직임은 전국으로 퍼져나갔다. 노동자대투쟁 시기 노동쟁의 건수는 총 3천 회를 훌쩍 넘겼다. 이 수치는 1986년 평균쟁의 건수보다 58배 증가한 것이다. 1987년의 노동자대투쟁은 자연발생적으로 발생한 것이지만, 투쟁을 거치면서 노동자의 투쟁력, 연대의식, 조직력 등은 현저히 발전했으며 노동조건도 향상되었다. 1987년 노동자대투쟁은 광범한 노동자대중을 주체로 하는 노동운동의 전개라는 새로운 역사적 전기가 되었다.

한국경제의 성장과 함께 농업의 비중은 날로 감소했다. 1980년 총인구 가운데 28.4%를 차지하던 농업인구는 1987년 18.3%로 줄어들었다. 정부는 개방농정과 복합영농시책을 농업정책으로 제시했으나, 그 결과는 농축산물 수입에 따른 농산물 가격 하락과 농가부채의 증가로 이어졌다. 농민들은 농가부채 탕감, 농축산물 수입반대, 농협조합장 직선제 등을 요구하며 농민운동조직을 만들었다.

사회경제적 변화와 함께 대중문화도 변화했다. 이 변화는 정권의 문화정책에 기인한 바가 컸다. 컬러텔레비전 방송 실시, 프로스포츠의 도입과 국제 스포츠대회 개최 등이 그것이다. 스포츠 분야에 대한 정부의 관심과 지원이 특히 두드러졌다. 프로야구와 프로축구가 각각 1982년, 1983년에 출범했다. 정부는 86아시안게임과 88올림픽 등 국제 스포츠대회 유치를 통해 국민의 관심을 집중시키고 취약한 정통성을 만회하려고 함으로써 이를 정치에 이용했다는 비난을 받기도 하였다.

군부독재에 저항하는 문화예술운동도 활발히 전개되었다. 문학, 음악, 미술, 연극 등 각 분야의 문화예술인들은 창작활동과 실천활동을 통해 군부독재를 고발하고 저항하였다.

3. 군부정권에서 민간정부로

노태우 정권과 김영삼 정권

전두환 정권과 같은 뿌리에서 자라난 노태우 정권은 정통성 시비를 차단하기 위해 5공화국과 단절하고 보수대연합, 부분적인 민주화 조치, 남북관계 개선 등을 통해 통치체제를 안정화하려 했다. 먼저 노태우 정권은 '광주 및 5공 청문회'를 통해 광주민주화운동에 대한 진상규명과 5공 비리에 대한 청산을 시도하며 전두환 정권의 흔적을 지우려 했다.

1989년 문익환 목사 방북을 계기로 정부는 공안정국을 조성하며 저항세력에 대한 강력한 탄압을 개시했다. 동시에 취약한 지지기반을 지역주의에 기초한 보수대연합을 통해 만회하려 하였다. 그 결과 '내각제 개헌'을 매개로 1990년 민주정의당, 통일민주당, 신민주공화당이 합당해 민주자유당(민자당)이라는 인위적인 거대 여당이 탄생했다. 1991년에는 지방자치제가 부활돼 기초 및 광역의원 선거가 실시되었다.

1980년대 후반 사회주의권의 붕괴과정에서 노태우 정권은 '북방외교'를 표방하며 1989년 헝가리를 시작으로 1990년 소련, 1992년 중국 등 사회주의 국가들과 외교관계를

12 · 12와 5 · 18 관련
1심 법정(1996.8.26)에 선
전두환 · 노태우 전직 대통령

수립했다. 또한 1989년 7 · 7선언을 통해 북한을 '선의의 동반자'로 인정한다고 선언하고 북한과의 관계 개선에 나섰다. 이같은 흐름 속에서 남북은 1990년 유엔에 동시 가입하였고, 1991년 '남북 사이의 화해와 불가침 및 교류 · 협력에 관한 합의서' 체결이라는 성과를 남겼다. 노태우 정권의 공세적인 북방외교 및 남북관계 개선은 학생과 재야 세력의 통일운동을 희석하는 한편, 시장 확대를 노린 자본의 강력한 이해가 반영된 결과였다.

1992년 대통령선거에서 김영삼 후보가 당선되었다. 김영삼은 민자당의 후보로 당선되었으나, '문민정부'를 내세우며 군부정권이 아닌 민주적인 민간정권임을 강조했다. 문민정부는 1993년에 공직자 재산등록과 금융실명제를 실시해 부정부패 척결에 노력했으며, 1995년에는 지방자치단체장 선거를 실시해 전면적인 지방자치 시대를 개막했다.

또한 '역사 바로세우기'라는 이름으로 과거 군사정부의 불행한 역사를 청산하고자 했다. 1993년 군내 '하나회' 제거로 시작한 '역사 바로세우기'는 12 · 12와 5 · 18에 대한 책임을 물어 전두환 · 노태우 전 대통령을 구속하면서 절정에 달했다. 더불어 '5 · 18 특별법'을 제정해 5 · 18광주민중항쟁을 '민주화운동'으로 인정하였다.

그러나 김영삼 정권 아래서 남북 갈등은 고조되었다. 김영삼은 집권 초기 남북관계 개선에 노력을 기울였다. 분단 후 처음으로 1994년 7월 남북정상회담 개최가 합의되었으나, 김일성 주석의 갑작스런 사망으로 실현되지 못했다. 조문을 둘러싼 논란과정에서 김영삼 정부는 조문을 불허하였고, 남북관계는 다시 경색되었다.

개방화 · 국제화와 경제위기

한국은 1980년대 초반부터 수입자유화와 자본자유화 정책을 통해 상품시장과 금융부분에 대한 대외개방을 확대하였다. 3저 호황과 1986년 '관세 및 무역에 관한 일반 협정(GATT)'의 제8차 다자간 무역협상(우루과이라운드, UR) 이후 한국에 대한 개방압력은 더욱 높아졌고, 1990년대에 이르러 대외개방은 급속히 확대되었다.

1993년 12월 UR협상이 타결되고, 1995년에 세계무역기구(WTO)가 출범했다. UR협상이 타결되면서 한국은 쌀시장를 비롯한 기초농산물 시장, 지적재산권과 서비스 분야를 개방했다. 시장개방의 결과 1997년 수입자유화율은 99.9%로 높아졌고, 농축산물 수입자유화율도 그에 근접했다. 1996년 12월 김영삼 정권은 경제협력개발기구(OECD)에 가입서를 제출해 29번째 회원국이 되었다.

1996년 말 정부는 노동시장 유연화를 목적으로 노동법을 국회에서 변칙 통과시켰으나 노동계의 강력한 저항을 불러와 재개정할 수밖에 없었다. 곧이어 한보철강의 정·관계 로비, 대통령 차남의 이권개입 등이 드러나면서 김영삼 정권은 걷잡을 수 없이 추락했다. 1997년 초부터 한보철강 부도를 시작으로 그해에만 모두 12개의 대기업이 부도를 맞았고, 대기업 부도는 금융기관의 경영위기, 증권시장의 붕괴로 이어졌다. 11월 21일 정부는 국제통화기금(IMF)에 200억 달러의 구제금융신청을 공식발표했다. 'IMF 외환위기'의 시작이었다.

외환위기를 가져온 근본적 원인은 대기업의 방만한 차입경영과 그로 인한 금융권의 부실화였다. 외환위기 당시 재벌기업의 평균부채비율은 자기자본의 5배를 넘었다. 1997년 말 30대 대기업의 평균부채비율은 518.9%에 달했다. 여기에 외환정책 실패, 금융감독 실패 등 정부의 정책실패는 또 다른 원인이었다. 1997년 과도한 시장개방도 한 원인이었다. 정부는 OECD 가입을 위해 서비스시장과 자본시장 개방 등 시장개방을 더욱 가속화했다. 특히 자본시장 개방의 충격이 컸다. 자본시장 개방에 따른 준비가 제대로 돼 있지 않은 상태에서 자본시장을 개방했기 때문에 한국은 투기성 초국적 자본의 공격에 효과적으로 대응할 수단을 갖고 있지 못했다.

시민·사회운동의 발전과 생활의 변화

1987년 6월항쟁 이후 사회운동은 폭발적으로 성장했다. 1989년에는 4·19혁명 이후 처음으로 교사들이 '전국교직원노동조합'을 결성했다. 정부는 교원노조를 불허하고 1,500여 명의 교사를 해고했다. 업종별·지역별 조직을 통해 상급조직 결성을 위해 노력하던 민주노조 진영은 1990년 제조업 부분을 중심으로 한 '전국노동조합협의회'와 비제조업 부문을 기반으로 한 '전국업종노동조합회의'를 각각 조직했다. 두 단체는 1995년 민주노동조합총연맹(민주노총)을 출범시켜 제2노총 시대를 열었다. 농축산물 수입저지, 수세폐지 투쟁 등을 통해 역량을 구축한 농민운동은 1990년 전국농민회총연맹을 결성했다. 철거민과 노점상 등도 각각 조직을 건설했다. 학생운동 다수파는 '전국대학생대표자협의회'를 결성했고, 1989년 평양축전에 학생대표를 파견하는 등 통일운동을 주도했다.

분출하는 각 부분의 민주화 요구에 노태우 정권은 공안정국을 조성해 정국의 반전을 꾀했다. 정권의 강력한 탄압은 1991년 명지대생 강경대 폭행치사 등 많은 희생자를 낳았고, 1991년 5~6월의 강력한 대중시위를 촉발했다. 문민정부를 표방한 김영삼 정권이었지만 사회운동 세력과의 첨예한 갈등은 계속되었다. 김영삼 정권은 1994년 김일성 주석 사후 조문파동을 계기로 신공안정국을 조성해 학생운동을 비롯한 체제비판적인 운동진영에 대한 대대적인 탄압에 나섰다. 1996년 말에는 노동법 개정안을 변칙통과시켜 한국노총과 민주노총의 총파업 등 커다란 저항을 불러일으켰다.

1980년대 후반 이후 새로운 시민운동이 등장해 급격히 영향력을 확대하기 시작했다. 공해추방운동의 형태로 1980년대 초반에 등장한 환경운동은 1990년 핵폐기장 반대운동, 1991년 낙동강 페놀오염 사건 등을 통해 핵 · 환경문제를 이슈화하며 크게 성장했다. 환경운동연합, 녹색연합 등 환경단체 외에도 경제정의실천연합, 참여연대 등의 시민단체들이 출범해 권력에 대한 감시와 견제활동을 폭넓게 펼쳤다.

여성운동 진영에서는 성폭력과 일본군 '위안부' 문제를 크게 주목하였다. 1990년대

1988년 서울올림픽 개막식 행사 (1988.9.17)

초반에 성폭력 가해자 살해사건이 연이어 발생하고 서울대와 롯데호텔 등에서 성희롱 사건 등이 쟁점화하면서 1993년 성폭력특별법이 제정되었다.

1990년 일본군 '위안부' 문제 해결을 위해 한국정신대문제대책협의회(정대협)가 결성되었다. 1991년 김학순 할머니가 국내 처음으로 일본군 '위안부'의 실상을 실명으로 증언하였다. 당사자들의 증언이 이어지면서 일본군 '위안부' 문제는 새로운 전기를 맞이하였다. 이후 정대협을 중심으로 정기 수요시위, 일본군 성노예 전범 국제법정, 생존자 지원 등의 활동이 전개되었다.

3저 호황을 거치면서 1980년대 후반 한국사회는 대중소비사회로 접어들었다. 1988년 서울올림픽 이후 대외개방이 가속화되면서 외국문화의 수용이 전면화되었고, 1989년 해외여행이 자유화되면서 이 경향은 더욱 증폭되었다. 1990년 1인당 국민소득이 5천 달러를 넘어서는 등 소득수준의 향상에 따라 생활의 변화도 더욱 빨라졌다.

자동차의 보급도 늘어났다. 1989년 전체 자동차 중 자가용 승용차 비중이 52.8%로 절반을 넘어서고 1992년에는 60%에 달해, '마이카'시대가 열렸다. 주거문화에서는 아파트의 보급이 두드러졌다. 노태우 정권의 '주택 200만호 건설' 등으로 인해 전국에 대단위 아파트가 급속도로 늘어났기 때문이었다. 단기간에 이루어진 주택 200만호 건설은 건축자재 품귀, 지가폭등, 부실시공 등 숱한 문제를 낳았다. 또한 분당과 일산 등 이후에도 계속된 수도권 신도시개발은 수도권 인구 과밀화의 주요 요인 중의 하나로 작용하였다.

위안부 피해 할머니(2001년) 일본의 역사왜곡 전시회에 걸린 자신의 사진 앞에서 감회에 젖어 있다.

4. 민주화의 진전과 위기

김대중 정권과 노무현 정권

1997년 12월 제15대 대통령 선거 결과 새정치국민회의의 김대중 후보가 당선되었다. 한국 정치사상 첫 여야간 정권교체였다. 김대중 정부는 '국민의 정부'를 자처하며 '민주주의와 시장경제의 병행발전'을 내세웠다.

IMF 구제금융체제 하에서 출범한 김대중 정권은 경제위기 극복을 가장 우선적인 과제로 내세웠다. 이를 위해 금융·재벌·노동·공공부문 구조조정과 대외 개방 정책이 추진되었다. 김대중 정권하에서 한국경제는 빠르게 회복돼, 한국은 2001년 구제금융을 상환하고 IMF 관리체제의 조기 졸업을 선언했다.

경제분야와 함께 남북관계 개선은 김대중 정권이 가장 많은 노력을 기울인 분야다. 김대중 대통령은 남북 화해협력정책인 '햇볕정책'을 주창했다. 남북관계는 북한의 잠수정 침투, 핵 개발 및 미사일 발사, 서해 교전 등 여러 악재에도 불구하고 지속적으로 개선되었다. 2000년 6월 남북 정상회담 결과 남북관계의 획기적 개선을 담은 '6·15공동선언'이 발표되었다. 과거 권위주의 정치시대의 제도와 관행에

2004년 봄 노무현 대통령 탄핵 반대 촛불집회
야당이 다수당을 이룬 국회에서 대통령 탄핵안이 가결되자 이를 반대하는 시민들이 거대한 촛불행렬을 이루며 반대에 나섰다.

대한 개혁도 김대중 정부의 업적이었다. 국가인권위원회의 출범, 민주화운동 관련자 명예회복, 의문사 진상규명 등 인권보장과 과거 권위주의 정치시대의 불행한 과거사에 대한 청산작업이 이루어졌다.

2002년 12월 16대 대통령 선거에서 김대중 정권을 계승한 민주당의 노무현 후보가 당선되었다. 노무현 대통령은 새 정부를 '국민참여정부'로 선언하고, 국가권력기관의 독립, 낡은 정치 청산, 권력과 재벌 · 언론과의 유착 청산 등을 강조하며 변화와 개혁을 내세웠다.

노무현 대통령은 정치와 행정에서 탈권위주의적인 리더십을 구축하기 위해 노력했다. 국가정보원 · 검찰 · 국세청 등 권력기관의 독립성을 강화했고, 당정黨政분리 원칙에 따라 대통령의 제왕적 정당 지배를 포기했다. 행정수도 이전, 지방 혁신도시 건설 등 지방분권에도 힘을 쏟았으나 이를 위한 '신행정수도특별법'은 헌법재판소의 위헌판결에 따라 행정복합도시 건설로 축소되었다. 친일반민족행위진상규명위원회, 진실 · 화해위원회 개설 등 과거사 청산을 위한 노력도 계속하였다.

북한과의 관계 개선을 위한 대북 포용정책도 이어졌다. 2007년 10월에는 제2차 남북정상회담이 이루어져 '남북관계 발전과 평화번영을 위한 선언'이 발표되었다. 대외관계에서는 한국군의 이라크 파병과 한 · 미 자유무역협정(FTA) 추진이 많은 논란을 불러일으켰다. 부동산정책과 사회 양극화에 대한 비판과 우려의 목소리도 높았다.

경제적 변화와 양극화의 심화

김대중 정부는 IMF 구제금융체제의 조속한 극복을 위해 금융 · 재벌 · 노동 · 공공부분 구조조정과 대외개방을 중심으로 한 경제정책을 운용했다. 강력한 구조조정의 결과 1998년 마이너스 성장을 기록했던 경제성장률은 2001년 2.1%, 2002년 6.2% 수준으로 회복되었다.

외환 확충, 경기 회복, IMF 구제금융 조기졸업이라는 성과에도 불구하고 김대중 정권의 경제개혁에 대한 비판의 목소리도 높았다. 부실기업 · 금융기관의 퇴출 및 정리, 부채비율 축소, 기업지배구조 개선 등의 조치가 이루어졌으나, 재벌 및 금융기관의 기본적인 경영구조는 크게 개선되지 않았다. 또한 외환 · 무역 · 자본 자유화 강화 등 대외개방정책의 결과 한국경제에 대한 외국 자본의 영향력이 심화되었다는 비판도 제기되었다. 노동부문에서는 민주노총과 교원노조의 합법화, 노조의 정치활동 허용 등 친노동적인 개혁조치가 취해지는 한편, 정리해고제 · 파견근로제 등의 도입으로 노동시장의 유동성이 증대되었다. 외환위기 극복에도 불구하고 비정규 노동의 확산, 청년실업의 증가 등 고용구조는 악화되었고, 사회 양극화도 심화되었다. 김대중 정권 후반기에 소비진작을 위해 내놓은 신용카드활성화 대책은 신용카드 발급 남발로 신용불량자 양산, 가계부채 증가 등 심각한 부작용을 낳기도 했다.

노무현 정부의 경제정책에서 가장 논란거리가 된 것은 부동산정책과 한미 FTA 체결문제였다. 정부는 부동산 가격 안정과 투기근절을 위해 2005년 종합부동산세 도입 등 일련의 정책을 시행했지만 부동산 시장을 안정화시킬 수 없었다. 한 · 미 양국 정부는 2007년 자유무역협정에 합의했다. 이 협정에 대해 한국경제에 새로운 성장 동력을 제공해 한국경제가 한 단계 도약할 계기가 될 것이라고 찬성하는 입장과 성급한 자유무역협정 추진에 따른 위험성과 산업별 피해와 주권 침해를 우려하는 반대측 주장이 대립했다. 노동문제에서는 비정규직 문제를 둘러싼 노 · 사 · 정 간의 갈등이 많았다. 2007년에는 '비정규직 보호법안'이 제정되었다. 정부와 여당은 이 법안이 차별시정으로 비정규직의 처우가 개선될 것이라고 주장했지만, 노동계에서는 도리어 비정규 노동자들을 양산하는 법이라고 비판했다.

외환위기 후 빈곤과 고용불안의 증대, 사회양극화 심화 등에 대응해서 김대중 · 노무현 정부는 사회보장제도를 확충했다. 김대중 · 노무현 정부는 기초생활보장, 일자리 창출, 사회보험제도 내실화, 노인복지 강화, 장애인 차별 금지 등을 도모했다. 김대중 정부에서는 최저생계비 이하 생활자들의 생활보장을 위해 '기초생활보장법'이 제정되고, 실업보험과 산업재해보험의 전 사업장 확대, 전국민연금제 보장, 직장 · 지역 의료보험의 통합 등 4대 보험의 개혁이 이루어졌다. 노무현 정부에서는 '기초노령연금법', '노인장기요양보험법', '장애인차별금지법' 등 노인 및 장애인 복지 관련 법률이 제정되었다. OECD 국가의 평균에도 못 미치는 수준이기는 하지만, 재정에서 차지하는 복지예산의 비중은 2002년 19.9%에서 2006년 29.9%로 지속적으로 늘어났다.

그러나 이러한 노력에도 불구하고, 사회 양극화 문제는 계속 심화되었다. 계층간의 소득격차를 보여주는 지니계수는 1996년 0.272에서 2007년 0.324, 2008년 0.325를 기록해 시간이 지날수록 더욱 악화되었다. 1인당 국민소득이 2008년에는 2만 달러에 육박했지만, 소득이 늘어난 동시에 사회적 양극화는 도리어 심화되었던 것이다. 사회적 양극화를 보여주는 또 다른 지표는 비정규직의 증가이다. 정부 통계에 따르면 2002년 8월 27.4%이던 비정규직은 2007년 33.8%로 증가했다. 노동계의 통계는 이보다 훨씬 높은 수치를 보여주는데, 2008년 현재 52.1%로 나타난다. 한국사회의 양극화는 단순한 소득과 고용부분에 그치는 것이 아니라, 거시경제, 산업, 지역, 소비, 의료, 주택, 문화 부분 등 사회의 전 부분에서 나타나고 있다. 사회 양극화의 심화는 사회적 갈등을 유발할 뿐만 아니라 사회통합과 안정을 저해하고 있다는 점에서 1980년대 이후 형성된 민주주의의 기반을 위협하는 심각한 현상이다.

시민사회의 성장과 생활문화의 변화

김대중 · 노무현 정권을 거치면서 시민운동의 사회적 영향력과 발언권은 더욱 커졌다. 정부와 시민운동과의 협력도 활성화되었지만, 정책 방향을 둘러싼 첨예한 갈등도 여러 곳에서 나타났다.

2000년 제16대 총선에서 시민단체들은 총선시민연대를 구성해 부적격 후보에 대한 공천반대와 낙선운동을 전개했다. 당시 총선연대 낙선대상 후보 86명 가운데 59명이 낙선할 정도로 총선시민연대의 영향력은 거셌다.

여성의 지위향상과 사회적 영향력도 확대되었다. 김대중 정권기에 '남녀차별 금지법' 제정, 남녀고용평등법 내에 '직장내 성희롱 및 간접차별 금지' 조항 신설, 여성부 출범 등 관련 법률의 제 · 개정과 행정 부서가 신설되었다. 노무현 정권기에는 '성매매 알선행위 처벌', '성매매 방지 및 피해자 보호' 등을 담은 '성매매특별법'이 제정되었다. 2005년에는 여성계의 오랜 숙원이던 호주제가 폐지되고, '가족관계의 등록에 관한 법률'이 제정되었다. 같은 해 대법원 판결로 여성에게 종중원宗中員 자격이 부여돼 여성이 재산분배를 비롯한 종중의 결정사항에 참여할 수 있는 길이 열렸다.

환경문제를 둘러싸고 정부와 환경단체는 여러 차례 첨예하게 대립했다. 새만금사업이 대표적이었다. 정부의 간척지 조성사업에 대해 환경단체는 갯벌보존을 주장하며 간척지 조성을 반대했으나, 2006년 새만금방조제의 물막이공사가 마무리되었다. 핵폐기장 부지선정 문제를 둘러싼 갈등도 심각했다. 2004년 전북 부안에서는 핵폐기장 부지선정 반대 운동이 거세게 벌어졌다. 2007년 말에는 태안 앞바다에서 최악의 원유 유출 사고가 발생했다. 기름 제거를 위해 약 100만 명의 자원봉사자 행렬이 이어져 환경문제에 대한 높은 관심을 보여주었다.

평화운동도 활발히 전개되었다. 2002년에는 미군 장갑차에 의한 여중생(효순 · 미선) 2명이 사망하는 사건이 발생해 큰 사회문제가 되었다. 이 사건에 항의하기 위해 '촛불시위'라는 시위 형태가 등장해 이후 탄핵반대시위를 거치면서 새로운 문화로 자리잡았다. 2003년 이라크 파병과 2004년 추가파병에 반대하는 목소리도 높았다. 이라크의 이슬람무장단체가 한국군 철수를 요구하며 한국인 김선일 씨를 살해하는 충격적인 사건이 발생하기도 했다. 2003년 이후 평택 미군기지 확장반대운동도 거세게 벌어졌다.

2002 한 · 일 월드컵 거리 응원 한국인들의 축제열정과 애국주의, 집단주의 등이 어우러져 폭발적인 양상을 띠며 전개된 거리 응원.

사회경제적 변화에 따라 생활문화에서도 다양한 변화가 나타났다. 이동전화 · 인터넷의 광범위한 보급으로 한국은 세계 최고 수준의 정보통신국가로 부상했다. 2004년 한국고속철도(KTX)가 개통해 이동속도를 크게 단축했다. 1992년 우리별 1호를 발사한 이래로 통신 · 방송, 기상 · 지구 관측 등을 목적으로 한 다양한 인공위성이 발사되었다. 생명공학분야에서는 생명복제 기술과 관련한 논문조작 사건이 벌어져 생명윤리문제와 함께 연구윤리 문제를 사회에 환기시켰다.

대중문화에서도 새로운 현상들이 나타났다. 2002년 아시아에서 최초로 한국과 일본이 월드컵을 공동개최했다. 이 대회에서 한국은 4강에 오르며 '거리응원'이라는 새로운 응원문화를 낳았다. 1990년대 이후 영화산업의 발전도 두드러졌는데, 1993년 영화 '서편제'가 한국영화사상 100만 관객을 돌파한 후 2000년대에 접어들어 1천만 관객을 돌파한 영화들이 여러 편 나타났다. 영화산업이 발전하면서 부산국제영화제를 비롯한 많은 영화제가 신설되었다. 한국영화와 가요 등 한국대중문화가 일본과 중국, 동남아시아 일대에서 인기를 얻으면서 '한류韓流'라는 현상이 등장하였다.

● 읽기자료

1. 광주시민궐기문 : 왜 우리는 총을 들 수밖에 없었는가? (1980.5.25.)

… 우리는 왜 총을 들 수밖에 없었는가? 그 대답은 너무나 간단합니다. 너무나 무자비한 만행을 더 이상 보고 있을 수만 없어서 너도 나도 총을 들고 나섰던 것입니다. 본인이 알기로는 우리 학생들과 시민들은 과도정부의 중대발표와 또 자제하고 관망하라는 말을 듣고 학생들은 17일부터 학업에, 시민들은 생업에 종사하고 있었습니다.

그러나 정부당국에서는 17일 야간에 계엄령을 확대 선포하고 일부 학생과 민주인사, 정치인을 도무지 믿을 수 없는 구실로 불법 연행했습니다. 이에 우리 시민 모두는 의아해 했습니다. 또한 18일 아침에 각 학교에 공수부대를 투입하고 이에 반발하는 학생들에게 대검을 꽂고 “돌격 앞으로”를 감행하였고, 이에 우리 학생들은 다시 거리로 뛰쳐나와 정부당국의 불법처사를 규탄하였던 것입니다.

그러나, 아! 이럴 수가 있단 말입니까? 계엄당국은 18일 오후부터 공수부대를 대량투입하여 시내 곳곳에서 학생, 젊은이들에게 무차별 살상을 자행하였으니! 아! 설마, 설마! 설마했던 일들이 벌어졌으니, 우리의 부모형제들이 무참히 대검에 찔리고, 귀를 잘리고, 연약한 아녀자들이 젖가슴을 잘리우고 차마 입으로 말할 수 없는 무자비하고도 잔인한 만행이 저질러졌습니다. …

시민 여러분!

너무나 경악스런 또 하나의 사실은 20일 밤부터 계엄당국은 발포명령을 내려 무차별 발포를 시작했다는 것입니다. 이 고장을 지키고자 이 자리에 모이신 민주시민 여러분! 그런 상황에서 우리가 할 수 있는 일이 무엇이겠습니까? 우리가 어떻게 해야 되겠습니까? 묻고 싶습니다. 그래서 우리는 이 고장을 지키고 우리 부모형제를 지키고자 손에 손에 총을 들었던 것입니다. 그런데도 정부와 언론에서는 계속 불순배, 폭도로 몰고 있습니다.

여러분!

잔인무도한 만행을 일삼았던 계엄군이 폭돕니까? 이 고장을 지키겠다고 나선 우리 시민군이 폭돕니까? 아닙니다. 그런데도 당국에서는 계속 허위날조, 유포하는 데 혈안이 되어 있습니다.

시민 여러분!

우리 시민군은 온갖 방해에도 불구하고 여러분의 안전을 끝까지 지킬 것입니다. 또한 협상이 올바른 방향대로 진행되면 우리는 즉각 총을 놓겠습니다. 일부에서는 우리 시민군에 대해 오해가 많은 것 같습니다.

민주시민 여러분!

우리 시민군을 절대 믿어 주시고 적극 협조해 주시기 바랍니다. 감사합니다.

2. 6·10 대회 선언문 : 국민의 합의를 배신한 4·13호헌조치는 무효임을 전 국민의 이름으로 선언한다 (1987.6.10.)

오늘 우리는 전세계 이목이 우리를 주시하는 가운데 40년 독재정치를 청산하고 희망찬 민주국가를 건설하기 위한 거보를 전국민과 함께 내딛는다. 국가의 미래요 소망인 꽃다운 젊은이를 야만적인 고문으로 죽여 놓고 그것도 모자라서 뻔뻔스럽게 국민을 속이려 했던 현 정권에게 국민의 분노가 무엇인지 분명히 보여주고, 국민적 여망인 개헌을 일방적으로 파기한 4·13폭거를 철회시키기 위한 민주장정을 시작한다. …

무엇보다도 우리는 이른바 4·13 대통령의 특별조치를 국민의 이름으로 무효임을 선언한다. 이 나라는 전제국가가 아니다. 이 나라의 엄연한 주인은 국민이요, 국민이 국가권력의 주체이다. … 그러므로 국민적 의사를 전적으로 무시한 4·13폭거는 시대적 대세인 민주화를 거스르려는 음모요 국가권력의 주인인 국민을 향한 도전장이 아닐 수 없다. …

이 민주화라는 과제가 88올림픽을 이유로 연기될 수 없다. 인류평화의 제전이요 민족의 축제가 되어야 할 88올림픽이 민주화를 늦추고 현행 헌법대로 독재정권을 연장시키는 데 악용되어서는 안된다. …

이제 우리 국민은 그 어떠한 이유나 명분으로도 더 이상 민주화의 실현이 지연되어서는 안된다고 요구하고 있다. 분단을 이유로, 경제개발을 이유로, 그리고 지금은 올림픽을 이유로 민주화를 유보하자는 역대 독재정권의 거짓 논리에서 이제는 깨어나고 있다.

오늘 고 박종철 군을 고문살인하고 은폐조작한 거짓정권을 규탄하고 국민의 여망을 배신한 4·13폭거가 무효임을 선언하는 우리 국민들의 행진은 이제 거스를 수 없는 역사의 대세가 되었다. 세계의 양심과 이성이 우리를 격려하고 민주제단에 피뿌린 민주영령들이 우리를 향도하며 민주화 의지로 사기 충천한 온 국민의 민주화 결의가 큰 강줄기를 형성하니 무엇이 두려운가. 자! 이제 우리의 자리를 박차고 일어나 찬연한 민주새벽의 그날을 앞당기자. 민주, 민권 승리의 확신과 필승의 의지를 가지고 오늘 우리 모두에게 맡겨진 민족의 과제 앞에 힘차게 전진하자.

3. 국제통화기금(IMF) 양해각서 (1997.12.3.)

△ IMF 대기성 차관자금 지원요청 배경

– 최근 한국경제는 성장 물가 국제수지 등 기초경제여건이 건실함에도 불구하고 경제의 구조정과정에서 발생한 대기업 연쇄부도에 따른 금융기관의 거액 부실채권 발생, 동남아 국가의 통화위기에 따른 세계 금융시장의 불안으로 인하여 대외신인도가 하락함 …

– 그러나 최근 금융기관의 외화차입이 날로 어려워져 유동성 부족 문제가 우려되고 있으며 외환시장 안정을 위해 조기에 IMF에 지원요청을 하여야 한다는 우방국의 권고도 있어 11월 21일 IMF에 대기성 차관자금을 지원해 줄 것을 요청

△ IMF합의단과의 합의내용 … 나. 합의내용. IMF는 극히 예외적으로 양측간에 합의된 정책운용 방향에 관한 기본합의서(양해각서) 내용만을 바탕으로 이사회에 자금지원 요청안을 상정하기로 하고 이사회 결정이 이뤄지는 즉시 자금을 공급하기로 합의.

– 자금 지원 규모. 국제금융시장에서의 신뢰를 확보할 수 있는 충분하고 적절한 규모로 함

– 자금지원 기관. IMF · 국제부흥개발은행(IBRD · 세계은행) · 아시아개발은행(ADB)과 미국 · 일본 등 주요 교역국가(추후확정)

– 분야별 제시과제(IMF와의 양해각서 참조). 금번에 IMF와 합의한 정책 프로그램은 긴축을 통해 국제수지를 개선하고 물가를 안정시키는데 주안점을 두고 있으며 금융 구조조정에 필요한 비용은 재정에서 부담하도록 하고 세입확대 또는 지출축소 등을 통해 흑자재정을 강화토록 함 …

– 금융구조조정. 금융개혁관련법(안)의 연내 국회통과 및 부실금융기관의 정리를 위한 퇴출기준의 정립과 부실채권정리 노력의 가속화

– 무역 자본시장 개방. 기존 개방계획의 틀 안에서 당초 일정보다 앞당기는 방안 추진

– 기업지배구조. 기업경영의 투명성 확보를 위한 정보공개와 연결재무제표 작성

– 부실기업 정리를 위한 재정자금의 지원 억제. 기업의 재무구조 개선 및 상호보증 감축을 통한 경영위험 감소

– 노동시장 유연성 확보 및 외환 관련 정보의 투명한 공개 …

4. 호주제의 헌법불합치에 대한 헌법재판소 전원재판부 선고 결정문 (2005.2.3.)

… 호주제란 민법 제4편 제2장 '호주와 가족', 동편 제8장 '호주승계'를 중심으로 일정한 법률조항들을 묶어, 이러한 법률조항들의 연결망을 형성하는 법적 상태를 지칭하는 말이

나, 민법의 개별조항들이 담고 있는 내용들을 종합하여 보면 결국 '호주제'란"호주를 정점으로 하는 가家라는 관념적 집합체를 구성 · 유지하고, 이러한 가를 원칙적으로 직계비속남자에게 승계시키는 제도"라고 집약하여 정리할 수 있고, 이를 달리 말하여 보면 남계혈통을 중심으로 가족집단을 구성하고 이를 대대로 영속시키는데 필요한 여러 법적 장치라고도 할 수 있다. … 이상 살펴본 봐와 같이 호주제는 헌법 제36조 제1항에 위배된다. 심판대상인 … 법률조항들은 혹은 독자적으로 혹은 서로 결부하여, 혹은 다른 호주제 관련조항들과의 체계적 연관을 통하여 호주제를 존속시키며 구체적으로 실현시키고 있으므로 위에서 본 바와 같은 호주제가 지닌 위헌성을 심판대상 조항들은 고스란히 지니고 있다. 결론적으로, 민법 제778조는 당사자의 의사와 자결권을 외면한 채 법률로 호주의 지위를 강요한다는 점에서 개인의 존엄에 반할 뿐만 아니라 호주 지위의 획득에 있어 남녀를 차별하고 있으며 민법 제781조 제1항 본문 후단 및 민법 제826조 제3항 본문은 당사자의 의사와 자율적 선택권을 무시한 채 혼인 및 자녀에 관한 신분관계를 일방적으로 형성한다는 점에서 개인의 존엄에 반하고 나아가 정당한 이유없이 남녀를 차별한다. 이상과 같은 이유에서 심판대상조항들은 헌법에 위반된다.

● 참고문헌

최장집, 2005, 『민주화 이후의 민주주의』, 후마니타스

최영태 외, 2008, 『5 · 18 그리고 역사 : 그들의 나라에서 우리 모두의 나라로』, 길

은수미, 2009, 『IMF 위기』, 책세상

김종엽 엮음, 2009, 『87년 체제론』, 창비

한홍구, 2010, 『지금 이 순간의 역사』, 한겨레출판

서중석, 2011, 『6월 항쟁』, 돌베개

김원, 2011, 『잊혀진 것들에 대한 기억 : 1980년대 대학의 하위문화와 대중정치』, 이매진

유경순, 2015, 『1980년대, 변혁의 시간 전환의 기록』 1~2, 봄날의박씨

김정한 외, 2016, 『한국현대 생활문화사 : 1980년대, 스포츠공화국과 양념통닭』, 창비

김석 외, 2016, 『학생운동, 1980 : 10 · 28 건대항쟁을 중심으로』, 오월의봄

제 20 장 현대 북한사회의 이해

우리는 주관적 인식이나 편견, 감정에서 벗어나 북한을 객관적으로 이해할 필요가 있다.
이를 위해서는 북한사회의 정치적 특성에 대한 기본적 분석과 함께
구체적인 경제·사회·문화적인 측면까지 포괄한 다면적 접근이 필요하다.
그런 의미에서 북한을 제대로 이해하기 위해서는 다음과 같은 점에 유의할 필요가 있다.
첫째, 북한에 대한 균형적인 인식이 필요하다.
냉전시대에 우리는 북한을 동족으로 생각하기 보다는
생사를 걸고 대립하고 있는 적대집단 혹은 경쟁체제라고 인식하고 있었으나,
탈냉전 이후에는 남북협력의 필요성에 따라 북한이 공존의 대상이라는
인식이 확산되기 시작하였다. — 통일부 통일교육원, 『북한 이해 2009』 중에서

〈연표〉

1945.	10.	조선공산당 북부조선분국(조선노동당 전신) 결성
1946.	2.	북조선임시인민위원회(위원장 : 김일성) 수립
	11.	도 · 시 · 군 인민위원회 위원 선거 실시
1948.	2.	조선인민군 창설
	9.	조선민주주의인민공화국 수립
1949.	6.	조국통일민주주의전선 결성
1956.	4.	조선노동당 제3차 대회
1964.	6.	김정일, 당 중앙위원회 사업 시작
1972.	12.	〈사회주의헌법〉 채택
1974.	2.	김정일 후계체제 확립
1980.	10.	조선노동당 제6차 대회
1993.	6.	북한-미국 첫 공동성명
1994.	7.	김일성 주석 사망
1998.	8.	광명성 1호 발사
2002.	7.	경제관리 개선조치
2006.	10.	북한 핵 실험

1. 북한은 '이상한 나라'?

대한민국에서 사는 사람들은 '북한'하면 무엇이 먼저 떠오를까?

김일성과 김정일, 사회주의, 핵무기, 미사일, 굶주림, 독재, 부자세습, 벼랑 끝 외교, 개인숭배, 탈북자, 테러 지원국, 인권 유린 …. 근대국가의 보편적 이미지와는 거리가 있다.

한국의 대학생들에게 북한이 외교관계를 맺고 있는 국가가 몇 나라인지를 질문하면, 대체로 50개 나라 이하로 답한다. 심지어 10여 개 이하로 답하는 학생들도 많다. 북한이 150여 나라와 수교관계를 맺고 있다면 깜짝 놀라거나, 무반응이다. 학생들은 대한민국과 수교한 대부분의 나라가 북한을 '보통국가'로 인정한다는 사실에 혼란을 느낄 것이다. 북한을 세계에서 가장 고립되고 폐쇄적인 '불량국가'로 배웠기 때문이다. 우리는 북한을 잘 알고 있을 것 같지만, 따져보면 제대로 아는 것도 별반 없다.

지금까지 많은 연구자들은 냉전적 적대감과 안보 패러다임 속에서 북한체제 그 자체를 북한문제의 핵심으로 부각시켜 왔다. 그 결과 북한에 대한 객관적 이해보다는 '저들은 왜 저렇게 밖에 못해' 하는 혐오감이 우선하였고, 빨리 해체돼야 할 '이상한', '잘못된' 객체로 취급하였다.

물론 북한에 대한 전혀 상반된 이해도 있다. 재일본조선인총연합회 기관지인 『조선신보』가 2008년 북한의 10대 사건으로 뽑은 사항들은 한국인의 일반적 인식과 크게 다르다(432쪽 상자글 참조). 『조선신보』는 2008년 북한의 10대 사건에 대외관계를 6개나 포함시키며 북한의 외부세계와의 연관성을 크게 다루었다. 위의 내용들만 보면, 북한은 결코 혼자 고립되어 살지 않으며, 현재 상황도 어느 하루에 급조된 것이 아닌 이미 약 60여 년 동안 만들어져 왔다는 사실을 확인할 수 있다.

지금의 '북한'은 1945년 8월에 소련과 미국이 한반도를 38도선으로 나누면서 생겨났다. 공산주의자들은 그곳에 소련의 지원을 받아 '인민정권'을 구축하였다. 1950년부터 1953년까지 북한 주민도 미국과 중국이 통제하는 전쟁의 참화를 겪었다. 이후 지금까

1. "건국 60돌 경축행사와 9월 5일 김정일 위원장의 「조선민주주의인민공화국은 불패의 위력을 지닌 주체의 사회주의 국가이다」 담화"
2. "뉴욕교향악단 평양 공연, 울려 퍼진 친선의 선율"
3. "대동강 강안정리공사 등 평양시 개건 현대화"
4. "베이징 올림픽 성화 이어달리기"
5. "4월 10일부터 18일까지 태양절 기념 전국예술축전, 국내외 예술인들의 화려한 무대"
6. "3월 시진핑 부주석의 북한 방문, 북 · 중관계의 강화 발전을 상징"
7. "집단체조 「번영하라 조국이여」, 지난 60년을 예술적 화폭으로 형상"
8. "한반도와 유럽 연결 국제철도수송로 창설 첫 단계로 나진-하산 철도 및 나진항 개건 착공"
9. "10월 11일, 테러 지원국 명단 삭제, 북 · 미 신뢰 조성의 역사적 첫걸음"
10. "'12 · 1 조치' 단행으로 전면 차단의 기로에 선 남북관계" (「조선신보」 2008.12.24.)

지 북한은 대한민국의 최고 동맹국인 미국의 가장 오랜 적대국으로서 "서울이 군사분계선으로부터 불과 50Km 안팎에 있다는 것을 순간도 잊지 말아야 한다"고 위협하는 상대이다. 다른 한편으로 북한은 세계에서 군사적으로 가장 위험한 지역에 개성공단을 설치하여 대한민국 경제의 새로운 활로 모색에 협력하고 있는 동반자이기도 하다.

북한의 공식명칭은 "조선민주주의인민공화국(Democratic People's Republic of Korea)"이다. 한반도 북쪽 38도선(1953년 이후 군사분계선) 이북지역을 범위로 1948년 9월 9일에 정부 수립을 선포하였다. 면적은 한반도 전체의 약 55퍼센트인 12만 2천 762㎢이며, 2008년 말 현재 인구는 약 2천 4백만이다. 행정구역은 2직할시(평양 · 나선), 9도, 25시, 147군, 267노동자구이다.

북한의 현 행정구역 지도

분단의 세월이 길어지면서, 북한은 대한민국과 많이 달라졌다. 남북한은 경제력과 인권을 포함한 민주주의의 신장에서 격차가 크다. 사람들의 사회적 결합 또는 행동 방식이나, 문화에서도 서로 이해하기 어려운 차이가 생겨났다. 하지만 같은 민족으로서 공통점도 많다.

북한은 대한민국과 비교하여 무엇이 어떻게 다른 나라이며, 왜 달라졌을까? 우리가 한국의 근현대사 특히 1945년 이후 북한이 직면했던 현실과 대외관계 등을 제대로 알 수 있다면, 우리와 '다른' 또는 '이상한' 요소들이 무엇인지를 이해할 수 있을 것이다.

2. 북한사회 시기구분과 흐름

현대 북한을 이해하기 위해서는 몇 가지 역사적 전제를 확인할 필요가 있다. 1) 한국 공산주의운동의 역사와 그 가운데 김일성 유격대 중심의 항일무장투쟁의 위상, 2) 항일 유격대의 중국공산당 및 소련과의 연대 형성, 3) 소련의 북한지역 점령과 내정 개입이다. 이 세 가지는 1945년을 전후로 북한현대사에 연속과 단절을 가져온 최대 변수였다.

분단 60여 년이 지난 현재의 시점에서 되돌아 볼 때, 북한의 역사는 1974년 2월, 당시 김정일 비서의 '유일지도체제' 구축과 '온 사회의 주체사상화 강령' 선포를 분기점으로 전기와 후기로 크게 나눌 수 있다. 전기는 신 국가 건설, 한국전쟁, 전쟁 복구, 사

평양시 외곽의 대성산 혁명열사릉
김일성 항일 빨치산 대원들의 흉상을 세워 놓았다.

회주의 기초건설로 소시기 구분이 가능할 것이다. 후기 또한 1994년 김일성 주석 사망, 2002년 경제관리 개선, 2006년 핵실험 등을 앞뒤로 끊어서 볼 수 있을 것이다.

건당建黨·건국建國·건군建軍(1945년 8월~1950년 6월)

한반도가 남과 북의 두 지역으로 분할된 상황에서 공산주의자들과 그들을 지지하는 주민들은 인민위원회에 바탕을 둔 인민정권을 수립해 나갔다. 1945년 10월 10일에는 조선공산당 북부조선분국(북조선공산당 중앙조직위원회)를 만들었다. 1946년 2월 8일에는 북한지역 중앙정권기관으로 북조선임시인민위원회를 선포하고 김일성을 위원장으로 선출하였다. 김일성과 항일유격대집단이 권력을 장악한 과정은 합법적이지도, 대의제에 기초한 것도 아니었다. 북조선임시인민위원회는 정당성을 확보하기 위하여 토지개혁과 산업국유화 등 '민주개혁'을 추진하였다. 한국 역사상 최초의 보통선거를 통해 1947년 3월에 북조선인민위원회를 출범시켰고, 1948년 2월에는 조선인민군을 창설하였다. 주민 토의를 거쳐 헌법을 마련한 후, 최고인민회의 대의원선거를 통해 1948년 9월 9일 '조선민주주의인민공화국' 수립을 선언하였다. 정권 수립 후에는 '민주기지론'과 '국토완정론'에 근거하여 대한민국 정부를 위협하였다.

1982년 평양시 모란봉 구역에 세워진 개선문
해방 후 김일성 부대가 이 길을 따라 평양에 진입한 사실을 기념해 지어졌다.

〈북한 사회주의헌법〉(1948. 9)의 주요 내용

〈제1조〉 조선민주주의인민공화국(이하 공화국으로 줄임)은 전체 조선인민의 이익을 대표하는 자주적인 사회주의 국가이다.

〈제3조〉 공화국은 사람중심의 세계관이며 인민대중의 자주성을 실현하기 위한 혁명사상인 주체사상을 자기 활동의 지도적 지침으로 삼는다.

〈제9조〉 공화국은 북반부에서 인민정권을 강화하고 사상, 기술, 문화의 3대혁명을 힘 있게 벌려 사회주의의 완전한 승리를 이룩하며 자주, 평화통일, 민족대단결의 원칙에서 조국통일을 실현하기 위하여 투쟁한다.

〈제11조〉 공화국은 조선노동당의 영도 밑에 모든 활동을 진행한다.

〈제19조〉 공화국은 사회주의적 생산관계와 자립적 민족경제의 토대에 의거한다.

〈제34조〉 공화국의 인민경제는 계획경제이다.

〈제63조〉 공화국에서 공민의 권리의 의무는 "하나는 전체를 위하여, 전체는 하나를 위하여"라는 집단주의 원칙에 기초한다.

〈제68조〉 공민은 신앙의 자유를 가진다. 이 권리는 종교건물을 짓거나 종교의식 같은 것을 허용하는 것으로 보장된다. 종교를 외세를 끌어들이거나 국가사회질서를 해치는데 이용할 수 없다.

〈제87조〉 최고인민회의는 공화국의 최고주권기관이다.

〈제166조〉 공화국의 수도는 평양이다.

한국전쟁, 전후 복구와 사회주의 기초 건설(1950~1961년)

북한은 자신들이 일으킨 한국전쟁에서 승리하였다고 주장하지만, 엄청난 희생도 치렀다. 약 30만의 군인과 40만의 민간인이 사망하였으며, 3백만 명의 주민이 월남하였고, 도시와 농촌 모두 불태워졌다. 한국전쟁은 북한에게 최악의 재앙이었던 것이다. 북한 주민은 피해 복구를 위하여 사회주의국가들의 원조를 받았지만, 북한을 자기방식으로 이끌려는 소련과 중국의 압력도 그만큼 컸다. 북한은 소비에트 발전모델을 북한사회에 그대로 적용하지 않았으며, 중국인민지원군도 북한 땅에서 물러가게 했다. 대신에 북한이 처한 현실과 과거로부터 물려받은 전통에서 해답을 찾았다. 김일성 수상과 조선노동당은 "천리마를 탄 기세로 달리자!"며 각지의 공장과 기업소 등을 찾아 노동자 · 농민을 사회주의 건설의 주체로 내세웠다. '고난의 행군' 속에 어려웠지만 자주성을 되찾은 시기였다.

북한의 협동농장
북한은 농업 역시 사회주의화 하여 협동농장을 기반으로 하는 공동생산, 공동분배 체제를 지속해 오고 있다.

사회주의의 전면적 건설과 수령제 정치체제의 수립(1961~1974년)

북한은 1970년대까지 사회주의 생산방식을 갖추며, 어느 정도 자급자족도 이루었다. 또한 공작기계분야 등에서 기대 이상의 성과를 냈고, 경제 형편이 어려운 아프리카 국가들에 수백만 달러의 원조금도 제공하였다. 1967년 조선노동당 제4기 15차 전원회의를 계기로 '유일사상체계'를 세웠으며, 사상 · 기술 · 문화의 3대 혁명을 적극 추진해 나갔다. 1972년에는 「사회주의헌법」을 제정하여 국가사회제도를 더욱 공고화하였으나, 권력이 지나치게 개인에게 집중되는 현상을 피할 수 없었다.

김정일의 후계자 추대와 전당의 주체사상화(1974~1980년)

김정일은 1964년부터 조선노동당 중앙위원회에서 지도원, 과장, 부장 등의 직책으로 일하였다. 그는 1974년 조선노동당 제5기 8차 전원회의에서 '당중앙'으로 추대되었다. 조선노동당은 후계문제를 해결한 후, 주체사상을 김일성혁명사상으로 정식화하여 당의 최고 강령으로 공포하였다. 국제무대에서도 주체사상을 보급하기 위하여 적극 노력하였다. 김정일 비서는 당과 군대, 정부에서 유일지도체제를 내세우며 자신을 중심으로 권력을 재편하였다. 더불어 사람들의 사상개조까지 포함하는 대중운동으로서

'3대 혁명 붉은기 쟁취운동'을 추진하였다.

온 사회의 주체사상화 추진(1980~1989년)

북한은 1980년 조선노동당 제6차 대회를 계기로 '온 사회의 주체사상화'를 당면 목표로 내세웠다. 그것은 사회의 모든 구성원들을 혁명화, 노동계급화, 인텔리화하여 경제건설을 강화하고 인민경제를 주체화, 과학화, 현대화한다는 과제였다. 이 시기 북한의 연평균 공업생산 성장률은 12%로, 제3세계 비동맹국가들 사이에 모범사례의 하나이기도 하였다. 1980년대 말에는 '과학기술발전 3개년계획'을 수립하여 전자공학과 생물학, 열공학 분야에서 새로운 성과를 거두기도 하였다.

우리식 사회주의 고수(1990~1994년)

북한은 1980년대 말부터 1990년대 전반기까지 외부로부터 심각한 도전을 받았다. 소련과 동유럽 사회주의 국가들의 좌절을 목격하면서 북한 당국은 '우리식 사회주의'를 끝까지 지켜 나가기 위하여 필사적으로 매달렸다. 김정일 비서는 1991년에 인민군 최고사령관의 지위에 올랐다. 북한은 1993년 '북한 핵 위기'와 관련하여 준전시상태에

대집단체조와 예술공연 '아리랑'의 한 장면

들어갔다. 단군릉의 개건 등 '노동당시대의 기념비적 건축사업'을 통해 주민을 새롭게 통합시키려고도 하였다. 그러나 1994년 남북정상회담을 준비하던 김일성 주석이 갑자기 사망하면서 북한 주민은 전례 없는 난관과 시련에 부닥쳤다.

'고난의 행군', 선군정치 시대(1995년~현재)

1994년 7월 이후, 세계 여론은 북한이 김일성 주석의 공백을 어떻게 메우며, 어떤 방향으로 나아갈 지 주시하였다. 혹심한 자연재해까지 연이어 당하면서 북한 당국은 김일성 주석의 '유훈'을 내세우며 '고난의 행군' 속에서 그럭저럭 버텨 나갔다. 김정일 국방위원장은 총체적 위기를 '선군先軍정치' 방식으로 관리하였다. 북한은 2000년 신년 공동사설에서 사상 중시, 총대(군사) 중시, 과학기술 중시를 제시하였다. 이후 경제적 어려움으로 북한 땅을 벗어나는 주민이 늘고 있는 조건 속에서도 로켓을 발사하고, 핵무기 보유를 선언하며 대결과 협상을 반복하는 외교를 펼쳤으며, 집단체조와 예술공연을 결합시킨 '아리랑' 공연 등을 통해 '북한식 사회주의'를 내세워 나갔다. 또한 「금강산관광지구법」, 「개성공업지구법」 제정 등을 통해 변화를 보여주기도 하였다. 현재 북한은 "가는 길 험난해도 웃으며 가자"며 주민을 설득하는 한편으로, "오늘을 위한 오늘이 아니라, 내일을 위한 오늘을 살자"며 '사회주의 강성대국强盛大國' 구호를 내걸고 군대에 의거하여 체제 유지에 온 힘을 쏟고 있다.

3. 통치이념과 정치체제

북한의 통치이념은 주체사상과 선군정치이다. 북한학계의 설명에 따르면, 주체사상은 "사람 중심의 세계관이고 인민대중의 자주성을 실현하기 위한 혁명사상"이다. 1950년대 중반까지 조선노동당의 지도이념은 마르크스-레닌주의였으나, 1970년대 전반기에 주체사상이 '김일성주의'로 천명되면서 통치이념으로 자리 잡았다.

주체사상 확립과정에 대한 논의와 관련하여, 항일무장투쟁시기부터 그 기원을 찾을 수도 있다. 하지만 1950년대 중반, 사회주의 국가들 사이에서 큰 나라가 작은 나라들을 통합 · 예속하려는 움직임에 대응하면서 '주체' 개념이 등장하고, 대외관계에서 '자주성'을 확보 · 강화해 왔다고 볼 수 있다.

북한은 식민지를 경험한 저발전국가였으며, 지도자들은 민족적 · 유토피아적 지향이 강했다. 소련이 신생국 북한을 사회주의블록에 편입시키려고 강제하자, 북한 지도부는 동유럽 사회주의국가들과는 다르게 '자력갱생'의 길을 택하였다. 한 세대에 두 개의 강대국과 전쟁을 치룬 경험, 안보위기의 상존, 유토피아 민족공동체 건설에 대한 남다른 의지 등이 북한을 '물질'보다 '사상'을, '동맹'보다 '전통'을 선택하도록 만들었을 것이다. 1955년 '사상사업에서 주체' 바로잡기를 분수령으로, 1956년 '경제에서의 자립', 1957년 '정치에서의 자주', 1962년 '국방에서의 자위' 등을 거치며 주체사상은 1966년 '당의 사상'으로 내세워졌다.

북한 정치체제 또한 계속 변화하였지만, 외부에서 북한에 대한 '이름 붙이기'를 시작한 후 지금까지 그것을 일컫는 표현들은 '위성국가', '전체주의', '김일성왕조' 등으로 거의 바뀌지 않았다. 많은 학자들이 지적하듯이 북한 정치체제의 구조와 운영방식은 다른 사회주의 국가들의 경험과는 다른 독특한 특징을 보여 준다. 북한 정치체제에서 가장 핵심적인 요소는 모든 것이 수령으로부터 비롯되고 집중되는 '수령론', 수령에 대한 절대 충성을 보장하는 '수령관', 혁명위업과 혁명전통의 계승을 매개로 한 '후계자론' 등이다. 그 밖에 철저한 중앙집권적 유일지도체계와 유일사상체계 등을 다른 나라와 견주면 서로 다르다. 자유주의국가와 비교하여 틀리거나, 잘못된 것이 아니라 크게 다르다. 따라서 북한 정치체제를 설명하기 위한 논리와 방법도 다르게 찾아야 할 것이다.

북한 정치체제 형성과 관련하여 연구자들은 북한이 처했던 역사적 환경과 함께 김일성 · 김정일 개인의 능력에 주목하기도 한다. 이들에 따르면, 정권 출범 직후부터 북한 내부의 정파政派 사이에는 대립과 갈등이 지속되었고, 1950년대 발전노선을 둘러싼 투쟁의 결과 강력한 지도력이 창출되었으며, 그것이 주체 확립과 지도자에 대한 충성이라는 형태로 귀결하였다고 설명한다. 실제, 김일성은 '8월종파'의 주역들이 겪은 공

북한 체제를 옹호하는 평양 시민들의 시가 행진 (2000.10.10)

포를 당 내부로 끌고 들어와 '분파'의 형성과 활동을 '반혁명행위'와 동등한 범죄로 다뤘다. 이 같은 체제에 대하여 연구자들은 나름대로 '신 전체주의', '사회주의적 조합주의', '수령제 사회주의' 등 다양하게 규정하였다. 어떤 이는 북한이라는 대상에서 전체주의체제의 일탈된 모습을 발견하고, 다른 사람은 동심원적 사회구조에 주목하거나, 사회주의와 유교문화전통의 공명에 초점을 맞췄다. 하지만 북한에서 과연 노선투쟁으로 볼만한 갈등이 있었는지에 대해 의문을 제기하는 견해도 있다.

1970년대 북한 사회는 흐트러진 사회조직을 재정비하였다. 정치구조에서 '주석제'를 신설하고, 당-행정부-군대에 수령의 유일적 영도체계를 구축하고자 했으며, 수령에 대한 절대 충성을 최고의 가치관으로 설정하였다. 북한 당국은 새로운 변화를 1972년에 채택한 「사회주의헌법」으로 법제화하였다. 북한의 헌법은 1948년 9월 최고인민회의 제1기 1차 회의에서 「조선민주주의인민공화국 헌법」이라는 명칭으로 처음 제정된 후 2009년 4월 현재 9차례 개정하였다.

김일성 주석은 옳고 그름의 절대적인 기준을 믿었으며, 자신이 해야 할 일들에 대하여 확신을 지녔다. 그는 개인주의를 욕하며 집체성을 뿌리내리고자 노력하였다. 북한 주민은 김일성의 '계몽'을 받아들였다. 이제 북한식 '사회주의 대가정'의 구성원들은 자신의 운명을 집단과 결부시켜야만 했으며, 자신들의 지도자 · 사상 · 제도에 어떠한 의문도 품지 않고, 무조건 적응해야만 살아가기 편했다.

'수령-당-대중의 통일 단결체'를 하나의 유기체로 엮어 낸 '수령제' 정치체제가 자리를 잡으면서, 북한은 외형적으로 강한 집체적 결속력을 갖추었다. 하지만 시간이 흐르면서 수령제 정치체제 선택에 대한 처음의 문제의식을 잃어갔고, 권력의 독재화는 피할 수 없었다. 그 결과 개인의 창발성은 제약을 받았고, 사회적 약자에 대한 배려까지 무뎌져 갔다. 이전과 달리 인문사회과학의 연구 성과들이 북한 이외 지역에서 별반 관심을 얻지 못하였고, 여성들의 삶도 가족공동체에 묶이며 고단해졌다. 김일성 주석의 사망은 북한사회 위기의 또 다른 분기점이 되었다. 당시는 미국과 핵 · 미사일문제로 전쟁 발발 직전까지 갔고, 최악의 식량난 · 에너지난 속에서 굶어죽거나 방랑하는 사람들까지 발생하였다. 북한 당국이 위기에서 벗어나고자 선택한 것은 고난의 공유와 분배의 투명성 등이었다.

김정일 국방위원장은 1990년대 중반, 심각한 현안들을 풀기 위한 열쇠로 '선군 정치'를 내세웠다. 선군정치는 사회의 어느 집단보다 군대를 먼저 강화하고 그를 본보기로 하여 선도적 역할을 높여 체제를 지켜내며, 사회주의 건설의 돌파구를 열어 나가겠다는 정치방식이다.

북한은 점차 나라의 정치경제체제를 선군체제로 바꿔나갔다. 1998년 9월에 열린 최고인민회의 제10기 제1차 회의에서는 김정일을 국방위원회 위원장의 직함으로 국가의 최고 직책에 추대하였으며, 「사회주의헌법」을 수정하여 국방위원회를 "최고군사지도기관이며 전반적 국방관리기관"으로 지위와 권한을 크게 높여 규정하였다. 조선노동당 전당대회를 아직 열지 못하는 상황에서 국방위원회의 권능을 더욱 강화하였던 것이다. 현재 국방위원회는 국방부문에서의 상설적인 최고 주권기관인 동시에 행정기관으로서 공화국 안의 모든 기관 · 기업소 · 단체들에서 집행하여야 할 명령 · 결정을 낸다.

김정일 국방위원장은 김일성 주석 사후, '사회정치적 생명체론'의 "육체적 생명은 유한하지만, 사회정치적 생명은 무한하다"는 내용을 실천적으로 보여주는 '유훈통치' 개념을 제창하였다. 그는 김일성 주석을 '영원한 수령'으로 받들며, 김일성 주석의 출생일인 4월 15일을 '태양절'로, 나아가 북한 주민을 '김일성민족'으로까지 불렀다. 이는 '수령-당-인민대중의 혼연일체'를 바탕으로 수령 중심의 '강성대국' 건설을 지향하겠다는 의지의 표현이었다. 김정일 국방위원장은 현재 자신에게 주어진 모든 정치 · 사상적 역량을 국방위원회에 집중시켜 선군사상을 지도이념으로 '강성대국'을 실현하고자 내적 통합력과 응집력의 강화를 꾀하고 있다. 그 결과 북한은 외부 세계의 논란에도 불구하고 국가 요구에 부응한 군중동원이 항시 가능한 안정된 체제를 유지할 수 있었다. 하지만 체제에 대한 개인의 자발적 동의의 깊이와 폭은 21세기 들어오면서 눈에 띄게 엷어지고 있다. 이는 수령제 정치체제가 요구하는 유일성, 통일단결 대對 개인 다양성 간의 괴리, 즉 북한 사회의 구조적 모순이다.

4. 경제제도와 경제상황

북한은 생산수단을 국가와 협동단체가 소유하는 사회주의적 소유제도와 '개방형 민족경제건설노선'을 표방하는 중앙집권적 계획경제제도를 채택하고 있다. 물론 북한에서도 제한적이지만 개인소유를 인정하며, 상속도 가능하다.

북한은 한국전쟁 이후 '전후 복구 3개년 계획' 등을 통해 중공업을 우선으로, 경공업과 농업을 동시에 발전시킨다는 발전전략을 추진하였다. 중공업 육성에 중점을 둔 이유는 내포적 자립경제를 갖겠다는 목적과 함께 군사적 필요 때문이었다. 당시 북한은 소련 원조가 급감하고, 중국으로부터도 지원을 받기 어려운 상황에서 '자력갱생' 이외에 다른 선택의 여지가 없었다. 북한 스스로 자기 체제를 지켜나가기 위하여 중공업 건설은 필수적이었다.

개성공단 입주기업의 작업모습

1950년대 추진한 '천리마운동'은 자원이 부족했던 북한에서 사회주의사회로의 이행을 재촉하기 위한 주민의 노력 동원이었다. 또한 개인보다 집단을 중시하는 가치관을 사회에 폭넓게 펼치기 위한 사상교양이었다. 북한 지도자들은 사상을 물질보다 중시하였다. 국방을 소홀히 하여 남의 나라에 먹힌다면, 경제발전과 생활문제가 성립조차 되지 않는다고 판단하였기 때문이다. 그 결과 북한은 경제규모에 견주어 과다한 국방비를 지출할 수밖에 없었고, 전체 인구 가운데 6%를 군인으로 유지하였다.

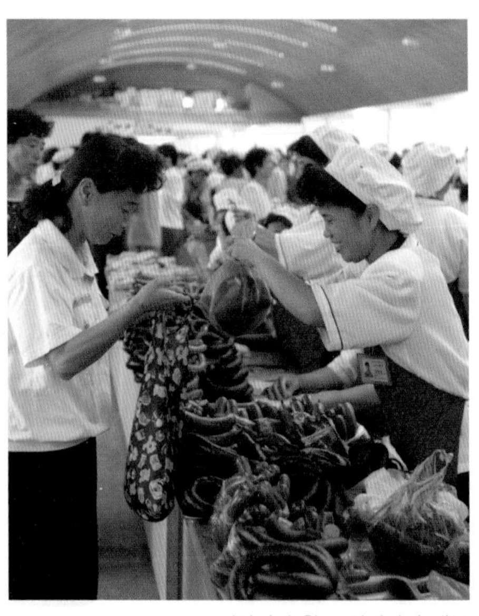

평양시내 한 공설시장의 내부
2002년 경제관리 개선 조치 이후 현대적으로 꾸며졌다.

북한 지도자들은 자신들의 경제정책이 '과학적'이라고 믿었다. 그러나 북한 관료들은 경제계획을 어떻게 짜야 할지에 대한 준비가 부족하였고, 비효율을 줄여나갈 수단도 막연했다. 엄청난 통계자료들을 생산했지만, 그것은 상품 생산량과 별개였다.

북한 당국은 경제의 어려움을 풀고자 경제관리방식을 계속 바꿔 나갔다. 1960년대 초에 추진한 '청산리 정신과 방법', '대안의 사업체계'는 집단운영 관리체계로 바꿔서 경제건설 속도를 높이고자 기획한 것이었다. 1984년에 시작한 '8 · 3 인민소비품 창조운동'의 내용은 시장경제의 맹아 형태를 담았다. 시장 성격이 짙은 메커니즘의 도입은 대외경제부문에서도 시도되었다. 1984년에 다른 국가가 북한에 직접 투자할 수 있는 「합영법」을 도입하였으며, 1991년에는 중국 · 러시아와 국경을 접한 나진 · 선봉지역에 '자유경제무역지대'를 설치하였다. 그러나 기대한 만큼의 성과는 없었고, 북한의 대외신인도는 계속 떨어졌다. 1990년대 중반 연속된 자연재해를 당하면서 1990년대에 연평균 마이너스 3.8%의 경제성장을 겪은 결과 식량난 · 에너지난 · 원자재난 등 심각한 경제위기를 겪으며 산업시설은 가동을 줄여야 했다. 또한 사회주의체제의 해체로 인하여 해외시장도 잃었다. 새로운 돌파구로서 북한의 정책 입안자들은 2002년 '경제관리개선조치'를 통해 분권화 · 자율화 · 물질적 인센티브를 강화하였고, 「개성공업지구법」을 제정하여 남한 자본에 개성 주민과 땅을 내주기까지 하였다.

북한경제는 1999년 이후 플러스 경제성장으로 돌아섰다. 그렇지만 아직 '빈곤의 함정'에서 빠져나오지 못하고 있다. 최근 북한 경제정책의 기본노선은 실리 · 실적 · 실력을 강조하는 '실리 사회주의'이다. 시장이 확대되고, 상품-화폐관계가 강화되었지만, 외부 관찰자들에게 그것은 아직 '그럭저럭 버티기'(Muddling Through)로 비칠 뿐이다. 북한은 남한의 경제성장 성공모델에 견줄만한 그 어떤 것도 보여주지 못했기 때문이다.

지금도 북한 당국은 국방공업을 우선 발전시키면서 경공업과 농업을 동시에 발전시키고자 하지만, 산업간 불균형 및 식량 문제를 여전히 해결하지 못하고 있다. 북한은 경제의 분권화 · 화폐화 · 시장화를 의도하는 체제내적 경제개혁 조치를 추진하며, 계획 : 시장, 통제 : 자율, 체제수호 : 개혁 등에서 균형과 배합의 황금비율을 찾고 있는 중이다.

5. 사회와 문화

북한의 역사는 제국주의와 외세에 대한 분노의 감정으로 채워졌다. 북한 학계는 북한 정권 수립의 뿌리를 일본제국주의에 대한 무장투쟁에서 찾았으며, 1945년 이후 북한 주민은 한반도 분단, 한국전쟁, 외국군의 남한 주둔, 북한 봉쇄 등의 원흉으로 미국을 적대시해 왔다. 그들에게 일본과 미국은 '철천지 원쑤'이다. 최근에 겪은 전쟁 위기와 경제적 어려움도 북한의 사회 · 문화에 심대한 영향을 끼쳤다.

분단 60여 년을 거치면서 북한 사회와 문화는 대한민국과는 다른 점이 많아졌다. 북한 사회는 전통 생활양식과 충효사상을 유지하면서, 다른 한편으로 집단주의 생활양식을 정착시켜 왔기 때문이다. 북한 주민은 태어나서 죽을 때까지 조직생활이 일상화

김일성 종합대학 전경

되어 있다. 소학교 2학년에 소년단 가입으로부터 시작하는 조직생활은 김일성사회주의청년동맹을 거쳐, 성인이 된 이후에도 조선노동당 · 조선직업총동맹 · 조선농업근로자동맹 등에 가입하여 활동하며, 전업주부의 경우에도 조선여성동맹 활동을 한다. 또한 북한의 모든 지역에는 가까이 사는 수십 세대의 가정을 묶은 '인민반'이 있다. 인민반은 조선노동당과 정부의 정책으로 주민을 의식화, 조직화하는 역할을 한다. 또한 가정과 마을의 청소와 질서 유지 등을 맡기도 한다. 때문에 인민반장은 매 가정의 형편을 구체적인 살림살이에 이르기까지 훤히 알고 있다. 각 가정에서는 아침식사를 하면서도 주파수가 맞춰진 방송을 무조건 들어야 한다.

북한의 교육제도는 사회의 모든 구성원을 김정일 국방위원장의 '충직한 전위투사'로 키우기 위한 11년제 의무교육이다. 각종 사회교육과 성인교육도 정부 부담으로 실시한다. 북한의 교육체계는 유치원-4년제 초등학교-6년제 중등교육-3년제 전문학교 · 4년제 대학-박사원으로 짜여 있다. 그 외에 일하면서 배우는 공장전문학교, 공장대학, 통신 및 야간교육망이 있으며, 사회교육을 위해 학생소년궁전, 학생소년회관, 인민대학습당, 도서관 등이 있다. 북한의 학교들은 정치사상교육과 함께 국어 · 영어 · 수학과 정보기술교육을 중시한다.

북한에서 학술연구는 김일성 주석과 김정일 국방위원장의 활동을 찬양하고, 조선노동당의 사상과 정책을 옹호하는 것을 기본으로 한다. 북한 학계는 '주체사회과학'을 형성하여 제3세계를 비롯한 여러나라에 수출해 왔다. 그러나 1970년대~1980년대에 영향력을 높여 나가다가 지금은 그 영향력이 예전에 비하여 상당히 축소되었다.

문학예술도 '사회주의문화건설노선'을 관철시켜 대중에게 공산주의사상을 가르치기 위한 수단으로써 활용해 왔다. 문학 작품으로는 "당과 수령에게 충직한 인간"을 그려낸 총서 『불멸의 역사』와 『불멸의 향도』가 대표적이다. 영화는 북한에서 "당원

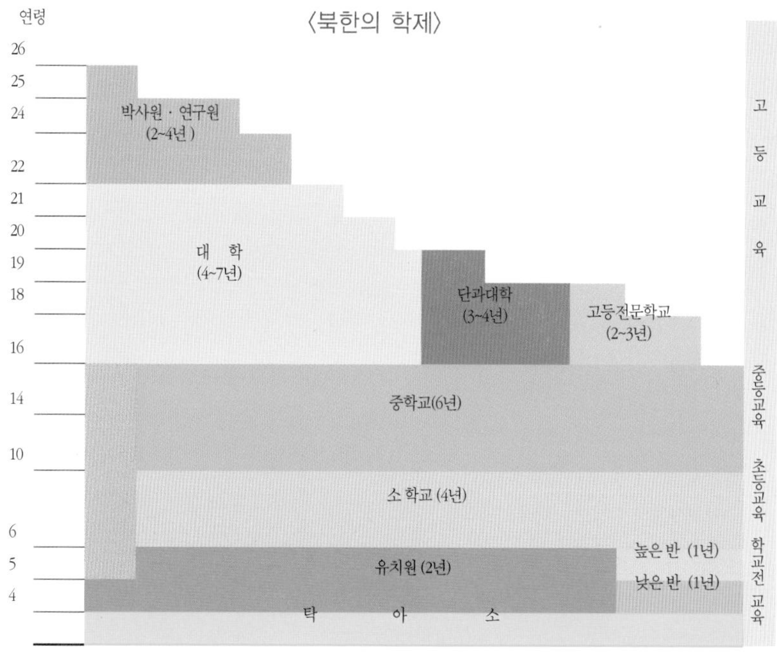

들과 근로자들의 생활에 없어서는 안 될 투쟁의 무기, 생활의 교과서"로 취급된다. 기록영화, 예술영화, 과학영화, 아동영화 등을 매년 여러 편 창작한다. 음악, 무용, 연극 등 무대예술은 "조선노동당의 사상전선을 지켜선 초병" 역할이라고 규정한다. 최근의 대표작은 대집단체조와 예술공연을 결합한 '아리랑'이다.

현재 북한에서 살고 있는 세대를 구분하면, 크게 네 부분으로 나눌 수 있다. 1세대는 일제시기에 태어난 건국세대이다. 2세대는 1950~60년대 전후 복구와 천리마운동에 참여하며 성장하였다. 3세대는 1970~80년대에 김정일이 이끈 3대혁명소조운동 속에서 자라난 세대이다. 4세대는 1990년대 '고난의 행군' 시기를 겪으며 성장한 새 세대이다.

북한의 미래는 새 세대가 자신들의 앞 세대로부터 무엇을 계승 또는 단절하고, 어떤 것을 새롭게 창조하느냐에 달려 있다. 북한 주민이 '강성대국'의 희망을 안고 역사상 가장 자주적인 시대를 살고 있다는 긍지 속에서 '조선식 사회주의혁명' 실험을 계속해 나갈 수 있을지 아니면 외부의 압력으로 해체 당하거나 내부로부터 자체 폭발할 것인지를 결정할 열쇠는 그들이 쥐고 있다. 그러나 한반도의 미래는 남과 북이 함께 만들어 갈 과제이다. 북한에서의 변화는 북한지역에서 끝나지 않고, 대한민국의 향후 발전에 힘을 보탤 수도 있고, 발목을 잡을 수도 있기 때문이다. 따라서 우리는 북한 역사를 민족사의 한 부분으로 함께 만들어 나가야 할 것이다.

〈북한의 교과목별 중등교육 수업시간〉

번호	교과명	학년별 주당 수업시간수					
		1학년	2학년	3학년	4학년	5학년	6학년
1	위대한 수령 김일성 대원수님 혁명활동	1	1	1			
2	위대한 수령 김일성동지 혁명력사				2	2	2
3	경애하는 령도자 김정일 장군님 혁명활동	1	1	1			
4	경애하는 령도자 김정일 동지 혁명력사				2	2	2
5	공산주의 혁명투사 김정숙 어머니 혁명력사					1	
6	공산주의 도덕	1	1	1	1	1	1
7	현행 당 정책				1주	1주	1주
8	국 어	5	5	4			
9	문 학				4	3	2
10	한 문	2	2	1	1	1	1
11	외 국 어	4	3	3	3	3	3
12	력 사	1	1	2	2	2	2
13	지 리	2	2	2	2	2	
14	수 학	7	7	6	6	6	6
15	물 리		2	3	4	4	4
16	화 학			2	3	3	4
17	생 물		2	2	2	3	3
18	체 육	2	2	2	1	1	1
19	음 악	1	1	1	1		
20	미 술	1	1				
21	제 도				1	1	
22	컴 퓨 터				2	2	2
23	실습(남 · 녀)	1주	1주	1주	1주	1주	1주

♣ 북한의 주요 행사 및 공휴일

1월 1일 양력 설(공휴일)
1월 15일 훈민정음 창제일(565주년)
1월 26일 설 명절(민속명절, 3일 휴무)
2월 9일 정월대보름(민속명절, 공휴일)
2월 16일 김정일 생일(공휴일)
2월 20일 기계절
3월 1일 3 · 1 인민봉기기념일(90주년)
3월 2일 식수절
3월 5일 농업근로자절
(토지개혁법령 공포일)
3월 8일 국제부녀절(공휴일)
3월 22일 어부절
4월 5일 보건절
4월 8일 체신절
4월 15일 김일성 생일(2일 휴무)
4월 24일 탄부절
4월 25일 조선인민군 창건일
(77주년, 공휴일)
5월 1일 국제노동자절(5 · 1절, 공휴일)
5월 11일 철도절
5월 15일 지질탐사절
5월 21일 건설자절
5월 23일 무산지구전투승리 기념일
(70주년)
6월 1일 국제아동절
6월 5일 해군절
6월 7일 지방공업절
6월 20일 포병절
6월 23일 선박공업절
6월 25일 조국해방전쟁 발발일
(미제반대투쟁의 날 59주년)
7월 1일 광부절
7월 8일 김일성 사망일(15주기)
7월 24일 육 · 해군절
7월 27일 조국해방전쟁 승리의 날
(56주년, 공휴일)
8월 10일 임업노동자절
8월 15일 해방기념일(공휴일)
8월 20일 공군절 '72.5.20 제정
8월 28일 청년절
(조선공산주의청년동맹 결성일)
9월 5일 교육절
(사회주의교육에 관한 테제 발표일)
9월 9일 정권 창건일(공휴일)
9월 15일 상업절
9월 20일 피복공업절
9월 24일 전기절
10월 3일 추석(민속명절, 공휴일)
10월 9일 금속노동자절
10월 10일 조선노동당 창당일
(64주년, 공휴일)
10월 14일 방송절
10월 15일 방직공업절
10월 23일 국토환경보호절
11월 1일 출판절(『노동신문』 창간일)
12월 6일 화학공업절
12월 27일 사회주의헌법절
(37주년, 공휴일)

※ 2009년 기준

● 읽기자료―용어해설

1. "온 사회의 주체사상화"

"조선노동계급과 근로인민의 혁명적 전위부대인 우리 당은 오늘 온 사회를 우리 당의 혁명사상, 주체사상으로 일색화할 데 대한 전투적 강령을 내세우고 그 실현을 위하여 투쟁하고 있습니다."

북한에서 '주체'라는 용어를 공식적으로 사용하기는 1950년대 중반부터이며, 이른바 주체사상으로 이론적 체계를 갖추게 된 시기는 1970년대 초반이다. 주체사상의 형성은 이식된 소련문화와의 분리, 각종 사상교양사업의 전개와 함께 이뤄졌다. 최근에는 김정일 국방위원장이 주체사상을 '김일성주의'로 정식화하고 그 체계와 원리 · 방법을 발전시켰다고 주장한다. 그리고 "온 사회의 주체사상화", "혁명의 총적 임무"라고 강조하고 있다.

온 사회를 주체사상화한다는 것은 "사회주의 위업 수행에서 주체사상을 확고한 지도지침으로 삼고 주체사상을 철저히 구현하며 인민대중의 자주성이 완전히 실현된 사회를 건설하고 완성해 나간다. 사회의 모든 성원들을 주체형의 혁명적 인간으로 만들고 사회생활의 모든 분야를 주체사상의 요구대로 개조하여 인민대중의 자주성을 완전히 실현하는 위대한 사회적 변혁이라는 데 온 사회의 주체사상화의 혁명적 본질이 있다"는 것이다.

북한에서는 김일성 주석이 창시하였다는 주체사상이 정치 · 외교 · 경제 · 사회 · 문화 · 군사 등 모든 분야에서 유일한 지도이념이다. 김일성 사후에 발표된 세 편의 김정일 논문에서도 주체사상에 기초한 북한식 사회주의 건설을 강조하고 있는 것으로 보아 앞으로도 주체사상은 북한정권의 유일적 지도이념으로서 계속 그 위치를 지켜갈 것이다. 북한의 조선로동당 전문에는 "조선노동당은 오직 위대한 수령 김일성동지의 주체사상, 혁명사상에 의해 지도된다"고 되어 있으며, 1992년 4월 개정된 사회주의헌법 제3조에는 북한정권이 "조선노동당의 주체사상을 자기 활동의 지도적 지침으로 삼는다"라고 규정하고 있다.

주체사상은 당과 국가활동, 혁명과 건설의 지도원칙으로 표방되고 있으나, 이는 대내적으로 그들 체제를 정당화하는 사상적 무기로서 기능하고 있다. 그리고 대외면에서는 자주노선의 추구라는 명분하에 체제를 합리화하는 준거로서 이용되고 있다.

2. "사회주의 강성대국 건설"

"우리가 말하는 강성대국이란 사회주의 강성대국입니다. 국력이 강하고 모든 것이 흥하며 인민들이 세상에 부럼 없이 사는 나라가 사회주의강성대국입니다."

'사회주의 강성대국론'은 1998년에 등장한 이념이다. 북한당국은 1998년 초 김정일의 자강도 현지지도를 전후하여 '강성대국'이라는 용어를 처음 사용하였다. 같은 해 8월 22일에 『노동신문』 정론 '강성대국'이 실렸고, 8월 31일 '광명성 1호'를 발사하면서 이를 강성대국으로 진입하는 신호탄인 것처럼 의미부여하며 대대적으로 선전하였다. 북한이 주장하는 강성대국 건설론은 3가지 측면으로 제시된다. 첫째는 사상의 강국, 정치의 강국 건설이고, 둘째는 군사의 강국 건설이며, 셋째는 경제의 강국 건설이다. 그리고 이 3자간의 우선 순위는 사상의 강국→군사의 강국→경제의 강국 순이다.

북한은 사상의 강국이란 "주체사상에 기초한 당과 혁명대오의 공고한 사상의지적 통일단결이 이룩된 나라"를 말하며, 군사의 강국은 "강력한 공격수단과 방어수단을 다 갖춘 무적필승의 강군, 전민 무장화, 전국 요새화가 빛나게 실현되어 그 어떤 원쑤도 범접할 수 없는 난공불락의 보루"를 뜻하고, 경제의 강국이란 "사회주의 건설을 다그쳐 경제를 활성화하고 자립경제의 위력을 높이 발양시키면 우리 조국은 모든 면에서 강대한 나라로 빛을 뿌리게 된다"는 의미라고 설명하고 있다.

북한이 강성대국론을 내놓은 배경에는 대내적으로 김정일 시대의 출범에 즈음하여 주민들에게 희망을 줄 수 있는 새로운 정치적 구호가 필요하고, 대외적으로는 북한이 붕괴되어 가고 있다는 국제적 인식을 불식하고 북한 정권이 건재함을 과시해야 할 필요성이 있다는 점 등이 작용했던 것으로 보인다.

3. "조선민족제일주의"

"내가 우리 민족 제일주의를 주장하는 것은 자기 민족을 가장 귀중히 여기는 정신과 높은 민족적 자부심을 가지고 혁명과 건설을 자주적으로 해나가야 한다는 것입니다."

김정일 국방위원장은 체제 유지를 위한 통치이념으로 "우리식 사회주의"와 함께 "조선민족제일주의"를 내세우면서 북한체제의 우월성 선전에 활용하고 있다. 조선민족제일주의는 1986년 7월 당중앙위원회 책임일꾼들과 행한 김정일의 담화 「주체사상교양에서 제기되는 몇가지 문제에 대하여」에서 처음 등장하였다. 이후 1989년 12월 당중앙위원회 책임일꾼들에게 행한 김정일 연설 「조선민족제일주의 정신을 높이 발양시키자」에서 거듭 강조되었으며 1990년대 들어서는 북한 주민들에게 집중적인 교육을 실시하고 있다.

북한은 조선민족제일주의의 원천력이 1) 김일성과 김정일이라는 지도자, 2) 주체사상, 3) 혁명전통, 4) 북한식 사회주의, 5) 민족의 고유한 역사에서 나온다고 주장하고 있다. 이처럼 조선민족제일주의는 북한체제의 우월성을 강조하는 데에 역점이 두어져 있으며, 또한 '전승' 40주년을 앞두고 1993년 5월 11일 발표된 "우리 수령, 우리 당이 제일이고 주체사상과 우리식 사회주의가 제일이라는 조선민족제일주의 정신을 높이 발양하자"라는 당중앙위원회 구호에서도 잘 나타나 있다.

북한의 조선민족제일주의는 '민족적 자부심' '민족적 우월성'을 내세우면서 붕괴된 여타 사회주의국가와의 차별성을 부각시킴으로써 주민들의 사상적 동요를 막고 체제 결속을 도모하려는 것이다.

4. "선군정치"

"우리 당의 선군혁명영도, 선군정치는 군사를 제일국사로 내세우고 인민군대의 혁명적 기질과 전투력에 의거하여 조국과 혁명, 사회주의를 보위하고 전반적 사회주의 건설을 힘 있게 다그쳐 나가는 혁명영도방식이며 사회주의 정치방식입니다."

'선군정치'는 김일성 주석 사망 이후 김정일 국방위원장 체제로 이행하던 1995년 초에 처음 나왔으며, 1998년 이후 북한의 핵심적 통치기치로 자리 잡았다. 북한에서 선군정치는 "단순히 군사를 앞세우는 데만 본질이 있는 것이 아니라, 군대를 불패의 혁명무력으로 강화하고 군대를 기둥으로 하여 혁명의 주체를 백방으로 강화하며 군대를 주력군으로 하여 전반적 사회주의 건설"을 추진하는 정치방식이다.

북한에서 선군정치를 내건 배경은 지속되는 경제난 속에서 체제의 생존을 위해 권력의 근간을 당보다는 군에 의존하게 된 점과 대외적 안보위협에 대한 북한당국의 불안감 증폭에 있다. 따라서 경제적 어려움과 군사적 피포위의식이 해소되어 체제 안정화가 이루어질 때까지 북한은 선군정치를 전략적 노선으로 유지할 것으로 보인다.

● 참고문헌

이종석, 2000, 『새로 쓴 현대북한의 이해』, 역사비평사

김연철 · 박순성 편, 2002, 『북한 경제개혁연구』, 후마니타스

김광운, 2003, 『북한정치사연구 1』, 선인

김성보 · 기광서 · 이신철, 2004, 『북한현대사』, 웅진지식하우스

정영철, 2004, 『북한의 개혁 개방』, 선인

서동만, 2005, 『북조선 사회주의체제 성립사』, 선인
정창현, 2005, 『변화하는 북한, 변하지 않는 북한』, 선인
현성일, 2007, 『북한의 국가전략과 파워엘리트』, 선인
이주철, 2008, 『조선로동당 당원조직 연구』, 선인
통일부 통일교육원, 2008, 『북한 이해 2008』

제21장 남북관계와 통일운동

어느날 당신과 내가 / 날과 씨로 만나서
하나의 꿈을 엮을 수만 있다면 / 우리들의 꿈이 만나
한 폭의 비단이 된다면 / 나는 기다리리 추운 길목에서
오랜 침묵과 외로움 끝에 / 한 슬픔이 다른 슬픔에게 손을 주고
한 그리움이 다른 그리움의 / 그윽한 눈을 들여다 볼 때
어느 겨울인들 / 우리들의 사랑을 춥게 하리
외롭고 긴 기다림 끝에 / 어느날 당신과 내가 만나
하나의 꿈을 엮을 수만 있다면

—정희성, 「한 그리움이 다른 그리움에게」

〈연표〉

1948.	4.	남북협상
1950.	6.	한국전쟁 반발
1960.	8.	북, 남북연방제 제안
1972.	7.	남북공동성명 발표
1989.	3.	문익환 목사 평양 방문
	6.	전대협 대표 임수경 평양 방문
1990.	9.	제1차 남북고위급 회담
1991.	9.	남북 유엔 동시가입
	12.	남북기본합의서 채택
1998.	11.	금강산관광 시작
2000.	6.	제1차 남북정상회담 및 6 · 15공동선언
2007.	10.	제2차 남북정상회담 및 10 · 4공동선언

1. 분단정부 수립과 남북협상

해방 직후 미국과 소련은 모스크바 3상 결정을 통해 한반도문제 해결을 추구하였으나 합의에 이르지 못하였다. 새로운 자주적 통일독립국가를 갈망하던 한민족은 사태가 분단으로 치닫는 양상을 보이자 적극 저항하였다. 특히 1948년 초부터 유엔의 결정에 따라 유엔한국임시위원단(UNTCOK)이 방한해 선거 실사작업을 시작하자, 이를 분단정부 수립과정으로 규정하고 통일정부 수립운동을 벌여나갔다. 우익정치세력의 거두 김구와 김규식 등은 '남북협상'에 의한 통일정부수립을 적극 시도하였다.

이들은 1948년 2월 당시 북측을 대표하는 김일성, 김두봉 등 두 정치지도자들에게 서한을 보내어 민족 공동의 힘으로 분단을 막자고 호소하였다. 북측의 답변은 3월 말 평양방송을 통해 공개리에 전해졌다. 북측의 북조선민주주의민족전선(민전)은 답신을 통해 유엔을 배제한 자주적 통일을 주장하며 4월에 평양에서 '남북 제정당사회단체 연석회의'를 열자고 제안하였다.

미군정과 우익세력의 우려와 위협 속에 좌익 및 중간파 정치세력과 김구, 김규식 등 민족주의계열의 인사들은 38도선을 넘어 평양으로 향하였다. 4월 19일 평양의 모란봉 극장에서는 남북의 정당, 사회단체 소속 대표자 총 695명(남측은 240명)이 참가해 23일까지 회의를 열었다. 또한 26~30일에는 남북의 4인 회담 및 15인 요인회담(남북지도자회의)이 별도로 열렸다. 남북연석회의와 요인회담을 통해 참가자들은 미 · 소 외국군의 철수, 내전 방지의 약속, 전국 총선에 의한 통일정부 수립과 남한만의 단독선거에 반대하기로 합의하였다.

단독선거를 코앞에 두고 열린 남북협상에 남과 북의 모든 정치세력이 참여한 것은 아니었다. 따라서 남측의 미군정과 이승만 정치세력 등은 이 회동을 비난하였으며 북측에 이용당했다고 비난하였다. 그러나 분단정부 수립이라는 위기에 직면하여 남과 북이 정치적 이념을 넘어 함께 모여 자주적 통일정부 수립의지를 확인했다는 점에서 다른 평가가 가능하다.

남북연석회의 당시의 야외 회의장과 이를 기념하기 위한 통일전선탑
북한은 1990년 8월, 남북연석회의(지도자협의회)가 열렸던 대동강 쑥섬을 '쑥섬 혁명사적지'로 조성해 내외 관광객에게 공개하고 있다.

1948년 5월 10일 유엔 감시하의 남북총선거는 결국 남측만의 제한적인 단독선거로 치러졌고 그에 따라 8월 15일 대한민국 정부가 수립되었으며, 곧이어 9월 9일 북측은 조선민주주의인민공화국 정부를 세움으로써 한반도에는 남과 북, 두 정부가 등장하였다.

2. 냉전기 남북관계와 통일논의

1950년대 북진통일론과 평화통일론

남과 북은 1950~1953년 처절한 동족상쟁의 비극으로 원한과 증오를 증폭시키며 대립을 강화하였고, 한반도 및 동아시아 냉전체제는 더욱 확고해졌다. 이승만 정부는 전쟁 초기에 한국군 작전지휘 권한을 유엔군에 넘김으로써 한미간 군의 일원화를 이루었으며, 전쟁 직후인 1953년 10월 한미 상호방위조약을 체결함으로써 안보동맹체제를 구축하였다.

이승만 정부는 북한을 '반국가단체'로 규정하고 대내적으로 철두철미한 반공, 반북 정책을 추구해나갔다. 대북정책은 '유엔 감시 하 북한지역만의 총선거'였으며, 북진통일론을 통해 대결을 강화하였다. 전쟁 후 남북의 통일정책은 1954년 제네바회담을 통해 잘 나타났다. 이때 남한은 '북한지역만의 자유총선'을 주장하며 '남북 대표들로 구성된 전조선위원회 구성과 전조선 선거를 통한 통일'을 주장하는 북한과의 입장 차이를 확인하였다. 이후 변영태 외무부장관은 주변국들의 권유를 받아들여 '유엔 감시 하 남북한 총선거안'으로 통일방안을 수정하였다. 그러나 북한 체제를 전혀 인정하지 않았으며 남측에 유리한 인구비례에 의한 선거방식을 고수하였다.

1950년대 이승만 정권의 북진통일론과 뚜렷하게 대비되는 통일논의는 진보당의 '평화통일론'이라고 할 수 있다. 진보당은 정강정책을 통해 "유엔을 통한 민주적이고 평화적인 조국통일"을 제시하여 평화통일론을 크게 부각시켰다. 남북간의 전쟁을 치른 지 몇 년 지나지 않은 시점에서 터져 나온 평화통일 주장은 크게 주목받았다. 1952년에 이어 1956년 대통령선거에도 출마한 진보당의 조봉암 후보는 무력통일론에 반대하고 평화통일론을 적극 펼쳐 216만 표를 획득함으로써 500만 표를 얻은 이승만 대통령을 위협하였다. 그러자 이승만 정권은 1958년 10월 '진보당사건'을 일으키며 국가보안법에 의해 진보당을 강제해산시키고 당수인 조봉암을 사형에 처함으로써 평화통일론을 억압하였다.

4·19혁명 시기의 통일논의

1960년 4·19혁명은 부패한 이승만 독재정권을 무너뜨렸다. 이후 한국사회는 그동안 억눌렸던 다양한 욕구를 분출하였으며, 통일논의 또한 활발해졌다. 제2공화국을 형성한 민주당은 신·구파 갈등 후 분당하여 구파 중심의 신민당을 창당하였다. 신민당은 유엔 감시하 총선거안을 통일정책으로 제시하면서 제한적이나마 '남북교류안'을 주장하였다. 서신교환과 비정치적 인사의 교류, 스포츠 교류, 남북 예술인회담 등과 같은 구상을 밝히기도 하였다.

民族日報

1961年 2月13日 創刊號

經濟自立性을 冒瀆·侵害

政局의關心 經協 對政府實證戰에

批准同意與否의 판가리

張內閣運命건 重大한外交論爭

創刊辭

우리마음속에 空白있다

革命課業完遂에 우물쭈물 말라

『민족일보』 창간호(1961.2.13)
『민족일보』는 4 · 19 직후 혁신세력의 대변지로 기능했다.

4 · 19직후 시기 통일논의는 '혁신세력'이 주도하였다. 사회대중당은 '유엔협조 하의 평화적 · 민주적 통일'을 통일정책으로 제시하였으며, 남북교역과 통신을 주장하였다. 한국사회당, 통일사회당, 혁신동지총연맹, 사회혁신당 등도 진보적인 통일논의를 이끌어 나갔다. 1961년 2월 구성된 '민족자주통일중앙협의회(민자통)'는 여러 혁신 정치세력과 사회단체들의 통합체였다. 민자통은 '외세의존세력을 배격하고 민족주체세력의 단합'을 통해 '남북교류' 수준을 넘어 '남북간 협상'에 의한 자주적 통일을 주장함으로써 진일보한 입장을 드러냈다. 혁신계 통일논의를 주도한 또 하나의 단체는 '중립화조국통일총연맹(중통련)'이었다. 중통련은 국제역량에 의한 영세 중립화 통일을 주장하였다. 이들 혁신세력은 1961년 2월에 창간된 진보적 매체인 『민족일보』 등을 통해 적극적인 통일논의를 전개해 나갔다.

대학생들과 청년단체들의 통일논의 또한 매우 활발하였다. 이 시기 학생운동은 혁신계와 간접적으로 호응하면서 심포지엄을 여는 등 통일문제를 이슈화하는 데 기여하였다. 진보적 학생들은 각 대학별로 '민족통일연맹(민통련)'을 결성하여 조직적으로 활동해나갔다. 이들은 1961년 5월 전국 18개 대학이 참여한 '민족통일 전국 학생연맹(민통학련)' 결성 준비대회를 열고, 서울대 민통련의 제의를 발전시켜 '5월 이내에 판문점에서 남북간 학생회담을 열자'는 내용의 결의문과 공동선언문을 채택하여 큰 파장을 일으켰다. 민주당 정부와 신민당 등은 반대하였으나 혁신세력은 적극 찬성하여 갈등을 빚었다. 그러나 곧 닥쳐온 5 · 16군사쿠데타로 이같은 통일 노력과 논의는 말살되었으며, 특히 혁신계 통일세력은 쿠데타세력에 의한 '혁명재판'을 통해 철저히 무너졌다.

군사정권기의 남북관계

박정희 등 군부세력은 1961년 5월 16일 '반공'을 앞세워 군사쿠데타를 일으킨 후 적대적인 대북정책을 표명하였다. 이들은 혁명공약 제5항을 통해 경제개발로 국력을 키워 북한을 압도하고자 하는 '실력양성'을 대북 전략으로 제시하였다. 반면 북한은 1961년 9월 조선노동당 제4차 대회에서 '남조선 민족해방혁명 전략'을 채택하고, 이듬해에는 '4대 군사노선'을 표방하며 군사력 증강을 본격화하였다.

1960년대 중반 박정희 정부는 한일국교 정상화에 이어 베트남 파병을 단행하였다. 북한 역시 북베트남을 지원하였는데, 미국의 베트남전 개입이 한계에 봉착하는 상황에서 북한의 대남 무력도발은 강화되어 나갔다. 특히 1968년 1월 청와대 습격사건과 미 프에블로호 나포사건, 11월 울진삼척 침투사건과 이듬해 미 EC-121기 격추사건 등 충격적인 사건들이 발생하면서 한반도 정세는 초긴장 상태가 지속되었다.

박정희 정권기 남북관계가 갈등과 대결로 일관된 것만은 아니었다. 1964년 도쿄올림픽을 앞두고 단일팀을 구성하기 위한 남북간 체육회담이 스위스에서 열렸으나 합의에 이르지는 못하였다. 특히 1970년대 초 국제적인 데탕트 국면을 맞이하여 남북은

♣해설 | **북한의 '조국통일 3대 헌장'이란?**

북한에서는 1972년 7 · 4남북공동성명의 '조국통일 3대 원칙', 1980년 10월 조선노동당 제6차 대회 때 결의한 '고려민주연방공화국 창립방안', 1993년 4월 최고인민회의 제9기 제5차 대회에서 발표한 '전민족대단결 10대 강령' 등을 일컬어 '조국통일 3대 헌장'이라고 칭한다. 이같은 규정은 김정일 국방위원장이 1997년 8월 발표한 「위대한 수령 김일성 동지의 조국통일 유훈을 철저히 관철하자」는 글에서 위의 세 가지를 묶어 '조국통일 3대 헌장'이라고 처음 지칭함으로써 시작되었다. 이후 이를 기념하기 위해 1999년 8월 평양에 '조국통일 3대 헌장 기념탑'을 착공하기 시작하여 2001년 8월 완공하였다. 평양의 관문인 락랑구역 통일거리 입구에 세워진 이 탑의 높이는 30미터, 가로 길이는 6 · 15공동선언을 기념하는 의미에서 61.5미터로 제작되었다.

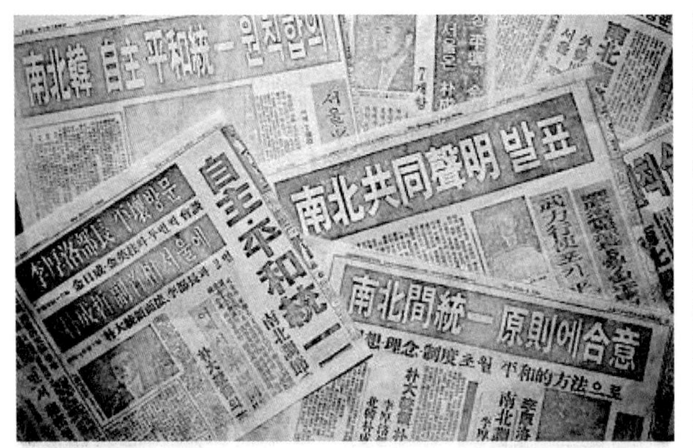
南北韓 自主 平和統一 원칙합의

南北共同聲明 발표

南北間統一原則에合意

自主·平和統一

1972년 7월 4일 남북 공동성명 발표 사실을 보도한 신문들

남북조절위원회 양측 대표들 이후락(중앙정보부장/오른편)과 박성철(제2부수상/왼편)

1971년 적십자회담을 통해 정치적 접촉을 시도하였으며, 1972년 7월 4일 역사적인 남북공동성명을 발표하였다. 이 성명에서 남과 북은 통일의 원칙으로서 자주, 평화, 민족대단결에 합의하였으며, 남북조절위원회를 구성하여 평양과 서울을 오가며 대화를 이어나갔다.

전두환 대통령 등 신군부는 1981년 '남북 당국 최고책임자 회의' 제안과 이듬해 '민족화합 민주통일방안'을 제시하며 남북관계의 국면 전환을 시도했다. 그러나 국제적 신냉전 조류 속에서 1983년 소련의 KAL기 격추사건과 버마 아웅산 테러사건 등으로 남북관계는 심각한 대립상황에 빠져 들었다.

1980년대 중반 남북관계는 일시적 회복현상을 보이기도 하였다. 1984년 남측이 물난리를 겪자 북측의 수해물자가 제공되었고, 이에 따라 적십자회담이 열리게 되었다. 또한 이산가족 상봉까지 성사되며 양측 예술단의 교환공연이 열리는 등 남북간의 대화 및 교류가 급진전을 이루었다. 이와 같은 분위기 속에서 1985년 전두환 대통령의 남북 최고당국자회담 제안이 나왔고 남북간의 비밀 접촉과 상호 방문을 통해 남북정상회담을 합의하는 상황에까지 이르렀으나 결국 불발에 그치고 말았다.

군사정권기 남북 당국간의 대화와는 별도로 남측 내부의 민간 통일논의와 통일운동 역시 지속적으로 전개되었다. 1964년 인민혁명당(인혁당) 사건, 1974년 제2차 인혁당

사건 및 민청학련사건, 1979년의 남민전 사건 등을 통해 비공개적인 운동세력에 의한 통일논의와 운동이 꾸준히 시도되어왔다. 정부 당국의 통일논의 독점에도 불구하고 1971년 대선 시기 야당의 김대중 후보에 의한 '3단계 평화통일론' 주장과 7·4남북공동성명 등을 계기로 재야세력의 통일논의가 활발하였다.

1980년 광주민주화운동을 겪으면서 사회운동세력은 통일논의와 통일운동의 대중화를 시도하면서 1985년 민주통일민중운동연합(민통련)을 결성하였다. 1987년 6월항쟁을 전후로 한 시기에는 학생들에 의한 '북한 바로알기운동'의 전개와 1988~89년 남북학생회담 및 남북 공동올림픽 개최 등 파격적인 주장으로 통일운동이 고조되었다. 특히 1989년 문익환 목사의 방북과 학생운동 조직체인 전대협 대표 임수경의 평양축전 파견 등은 '자주적 평화통일운동'의 고조기에 출현한 일대 사건들이었다. 문익환 목사와 북한 조국평화통일위원회(조평통)의 공동성명은 통일방안 등을 둘러싼 논의에 커다란 자극을 주었다. 또한 1986년 기독교계의 스위스 글리온회의에 남북 개신교 대표가 동석해 통일문제를 논의하는 등 천주교, 불교 등 종교계의 통일논의와 통일운동 또한 1980년대 대중적인 통일노력에 크게 기여하였다.

3. 탈냉전기 남북관계의 재정립

남북고위급회담과 남북기본합의서

1980년대 말 시작된 사회주의권의 붕괴와 변화는 동서냉전의 종식과 새로운 세계질서의 형성을 알리는 역사적 사건이었다. 1988년 출범한 노태우 정권은 '7·7선언'을 통해 적극적인 북방정책을 추구하였고, 그에 따라 소련·중국 및 동구권 사회주의국가들과 수교를 빠르게 이루어나갔다. 또한 1989년 9월 '한민족공동체 통일방안'을 발표함으로써 1980년 발표된 북한의 '고려민주연방공화국 창립방안'에 대한 남측의 통일방

북한을 방문한 문익환 목사 일행
1989년 3월 북한을 전격 방북하여 김일성 주석과 만남으로써 국내외에 큰 파문을 불러 일으켰다.

안을 공식 선포하였다.

세기적 탈냉전과 북방정책이 얽혀 있던 시기에 남과 북은 적극 대화를 시도하였다. 1988년 12월 남측의 대화 제의에 따라 2년여 가까이 예비회담을 벌인 후, '남북 간의 정치 군사적 대결상태를 해소하고 다각적인 교류 협력을 실시하는 문제'를 의제로 하는 남북고위급회담 개최에 합의하였다. 1990년 9월부터 양측 총리를 회담 수석대표들로 한 가운데 남북고위급회담이 열려 1991년 12월 '남북기본합의서' 및 '한반도 비핵화 공동선언' 등을 채택하였다. 남북기본합의서를 통해 남북 양측은 '남북관계'에 대하여 "통일로 가는 과정에서 불가피하게 형성된 잠정적인 특수관계"로 명백히 규정함으로써 남북관계가 '국가 대 국가'의 관계가 아닌 민족 구성 내부의 특수하고도 비정상적인 일시적 대립상태라는 것을 분명히 하였다. 남북고위급회담은 1992년 9월 제8차 회담까지 지속되었다.

민간 통일운동의 전개

탈냉전이라는 세계적 변화와 노태우 정부의 남북대화 추구라는 흐름은 정치권과 재야 및 사회운동세력 전반에 걸친 통일논의과 통일운동을 자극하였다. 1991년 평화민주당의 김대중 총재는 공화국연합제(1단계 각각 독립정부, 2단계 연방정부, 3단계 완전통일)를

소 떼 방북
1998년 10월 정주영 현대그룹 명예 회장이 소 떼를 끌고 방북함으로써 남북관계 개선에 크게 기여하였다.

통일방안으로 제시하였으며, 통일민주당의 김영삼 총재, 신민주공화당의 김종필 총재 등도 각각 통일방안을 발표하였다. 통일민주당의 경우 포괄적 접근이 특징인 반면, 신민주공화당은 현상유지적 측면이 강하였다.

1987년 6월항쟁 이후 각계각층의 대중운동이 폭발적인 양상을 띠는 과정에서 사회운동세력은 통일운동을 조직적으로 전개하기 시작하였다. 1988년 9월 민통련 등 21개 단체가 범민족대회의 개최를 촉구하였고, 북한의 조국평화통일위원회가 호응하면서 예비접촉을 추진해 나갔다. 당국의 불허로 본격적인 접촉은 시도하지 못하였으나 결국 1990년 베를린에서 범민련 해외본부가 결성됨으로써 남과 북, 해외라는 3자 주도 방식의 새로운 통일운동 흐름이 조성되는 계기가 되었다. 또한 1988년 서울올림픽 개최를 앞두고 남북 공동올림픽 개최를 이슈화해 나갔다. 특히 대학생들은 남북학생회담의 판문점 개최를 위해 당국과 정면충돌하는 양상을 띠면서 동시에 '북한 바로알기 운동' 등을 통해 통일논의를 주도하였다. 이들은 6월 15일과 8월 15일에 회담 개최를 주장하며 대정부투쟁을 적극 전개함으로써 통일운동의 확산을 꾀하였다.

이 시기 학생들에 의한 통일운동은 사회 여러 분야로 확산되어 나갔다. 종교계 인사들의 방북과 남북 종교인들의 만남이 시도되었고, 1990년에는 서울과 평양에서 통일음악회가 열렸으며, 남북해외 여성들의 토론회도 이어졌다. 1989년 1월 정주영 현대그룹 회장이 북측과 금강산 개발 의정서를 채택한 것도 이 때였다. 이같은 흐름 속에서 정부는 1990년 '남북교류협력에 관한 법률'을 제정 공포함으로써 남북교류의 제도적, 법적 장치를 마련하기에 이르렀다.

4. 남북정상회담과 남북관계의 진퇴

1990년대 전반기 남북관계를 둘러싼 한반도 정세는 온탕과 냉탕을 오가는 극한적인 양상을 띠었다. 1991년 남북기본합의서 채택으로 남북관계의 전향적인 국면이 펼쳐졌으나 노태우 정권 말기부터 불거진 '북핵문제'가 남북관계의 진전을 가로막았다. 1993년 2월에 등장한 김영삼 정부는 남북관계와 북핵문제를 연계시키는 전략으로 남북관계를 급속히 악화시켜 나갔으며, 북미관계는 전쟁 일보직전까지 치닫는 위기국면을 조성하였다.

1994년 6월 카터 미 전직 대통령이 평양을 방문하여 김일성 주석과 회동함으로써 타협의 실마리를 찾은 북미 양국은 10월 제네바합의를 통해 북핵문제 해결을 시도해 나갔다. 상황의 반전은 남북관계의 회복을 가져왔고 남북 정상회담의 합의까지 성사되는 등 남북관계의 해빙국면으로 이어졌다. 그러나 1994년 7월 김일성 주석의 급서 소식에 이은 남쪽 사회 내부의 '조문파동'은 남북관계를 극한 대치국면으로 치닫게 하였다.

김일성 주석의 사망 이후 북한사회는 심각한 위기상황에 직면하였다. 사회주의권의 붕괴와 유례없는 자연재해까지 연이어 겹치면서 식량, 에너지, 외화난이라는 3중고에 시달리게 되자 이를 '고난의 행군'으로 극복하고자 하였다. 이같은 위기는 2000년 노동당 55주년을 맞아 고난의 행군기 공식마감 선언에 이를 때까지 지속되었으며 이후 김정일 체제의 공고화로 이어졌다.

조문파동으로 인한 남북관계의 갈등 양상을 극복하기 위해 김영삼 정부는 북측에 식량을 제공하고자 하였으며 이를 위해 남북간 접촉을 시도하였다. 그러나 1995년 식량 전달과정에서 발생한 '인공기 사건'과 이듬해 북한의 강릉 잠수정 침투사건 등으로

2000년 제1차 남북정상회담
2000년 6월 13일 남북정상회담을 위해 평양 순안공항에 도착한 김대중 대통령이 김정일 국방위원장과 악수를 하고 있다.

남북철도 연결구간
열차시범운행(2007.5.17)

남북 갈등은 더욱 골이 깊어졌다. 반면 시민단체들의 대북 지원활동은 본격화되었다. 종교계와 여성계가 북한동포 돕기 범국민운동을 전개하면서 기업의 대북 투자와 교류도 활발해져 갔으나 1998년 대한민국 경제의 금융위기로 남북간 교역은 급격히 위축되었다.

1998년 취임한 김대중 대통령은 '햇볕정책'이라는 이름으로 적극적인 대북 포용정책을 구사하기 시작함으로써 남북관계의 새로운 국면을 조성하였다. 1998년 8월 북한의 미사일(위성) 발사와 이듬해 금창리 핵시설 의혹 및 서해교전사건 등이 불거지면서 북미간 또는 남북간의 긴장이 고조될 때 김대중 정부는 포괄적 해결을 위한 접근을 시도

2007년 제2차 남북정상회담
노무현 대통령은 이때 평양을
방문하기 위해 군사분계선을
직접 걸어서 건너감으로써
세계의 이목을 집중시켰다.

하면서 남북관계를 조절하고자 하였다. 이같은 입장은 클린턴 미 행정부의 대북정책 구상이 담긴 '페리 보고서'에 직접 영향을 주었으며 1999년 9월 북미간 미사일 합의가 이루어지는 등 급격한 관계개선 국면으로 이어졌다. 그 결과 2000년 6월 김대중-김정일의 역사적인 남북정상회담이 열려 세계의 이목을 집중시켰다. 남북의 두 지도자는 6 · 15공동선언에 담긴 5개 합의사항을 통해 전면적인 남북화해와 교류협력의 시대를 확약하는 등 분단 이후 반세기 만에 남북관계가 최고조에 이르게 되었다.

6 · 15공동선언은 북미 간의 관계 정상화를 위한 움직임에도 결정적인 영향을 미쳤다. 2000년 10월 북한의 김정일 특사로서 조명록 국방위원회 부위원장과 올브라이트 미 국무부장관이 각각 워싱턴과 평양을 상호 방문함으로써 북미 공동코뮈니케를 공식 발표하는 등 북미관계 역시 국교 정상화를 향해 바싹 다가선 모습이었다. 그러나 2000년말 미 대선에서 공화당의 부시 후보가 당선됨으로써 북미관계는 또다시 시련을 거듭하였다.

6 · 15공동선언 이후 남북관계는 전향적으로 개선되기 시작하였다. 남북 장관급회담, 군사회담, 경제회담 등 뿐만 아니라 남북간의 이산가족 상봉을 이루어냈으며, 민간 차원의 교류와 협력사업도 활성화되었다. 특히 남북간 철도 · 도로 연결사업, 개성

공단 건설사업, 금강산 관광사업 등 '3대 경협사업'은 남북간 교류협력의 새로운 시대를 연 동시에 미래지향적인 민족 공동번영을 위한 초석이라 할 만하다.

김대중 정부의 뒤를 이은 노무현 정부 또한 대북 포용정책을 지속적으로 추구하였으며, 2007년 10월 제2차 남북정상회담을 통해 더욱 적극적이며 진취적인 남북화해와 교류협력을 추진하였다. 남북 정상은 8개항의 합의를 통해 '남북관계의 발전과 평화번영을 위한 선언'을 공식 발표하고, 남북관계를 더욱 확대 발전시켜 나가기로 합의하였다. 구체적으로, 6 · 15 공동선언의 고수와 적극 구현, 상호 존중과 신뢰관계로 확고히 전환, 군사적 적대관계의 종식, 냉전체제의 종식과 평화체제의 구축, 경제협력 사업의 확대 발전, 사회문화 분야의 교류와 협력 발전, 이산가족 상봉 등 인도주의 협력사업 적극 추진, 국제무대에서 협력 강화 등에 합의하였다. 이 가운데 특히 남북이 정전체제의 종식과 항구적인 평화제체 구축의 필요성에 대해 공감하고, 한반도 분단에 직접적으로 관련된 3자 혹은 4자 정상들이 한반도 지역 내에서 만나 종전을 선언하는 문제를 협력하여 추진하기로 합의한 점은 6 · 15 공동선언을 더욱 진전시킨 남북 화해협력적 조치라고 할 수 있다. 그러나 2007년 대선에서 한나라당 이명박 후보가 당선됨으로써 과거 10년간의 대북정책은 변화를 맞이하게 되었다.

이명박 정부는 '비핵 · 개방 · 3000'이라는 대북 프로젝트 구상을 통해 강한 대북 압박을 구사하면서 남북관계의 근본적인 재조정을 시도함으로써 남북관계는 새로운 상황에 직면하였다.

우선적으로 한반도의 평화와 안정을 위한 북한의 비핵화를 목표로 국제사회와 긴밀한 협조 속에 추진하는 한편, 북한의 공세에 단호히 대응하는 방식의 정책적 노력을 기울였다. 이같은 대북 강경 대응 정책은 북한의 제2차 핵실험(2009. 5), 천안함 사건(2010. 3), 연평도 포격사건(2010. 11), 제3차 핵실험(2013. 2) 강행 등을 매개로 한 남북 긴장국면 속에서 줄곧 지속되었다. 특히 2008년 7월 금강산 관광객 총격 사망 사건과 이듬해 개성공단 남측 근로자 억류사건 등이 연달아 발생하면서 남북관계는 심각한 경색 국면에 접어들었다. 천안함 사건 직후 이명박 정부는 북한 잠수정의 어뢰 공격으로 천안함이 폭침된 것으로 규정하고 북측의 사과와 관련자 처벌을 요구하는 동시에 남북간 교역과 교류의 전면 중단과 북한 선박의 남측 영해 항행 금지 등을 내용으로 하는 '5 · 24 조치'를 발표하였다. 그럼에도 불구하고 북한은 연평도를 포격하는 군사적 도발을 감행하였을 뿐만 아니라 이명박 정부 임기 말에 또다시 핵실험을 강행하는 등 더욱 강경한 자세로 대응하였다. 이명박 정부의 시종일관한 대북 강경책은 2011년 12월 김정일의 급작스러운 사망과 김정은 3세 체제로의 승계 등 북한의 권력 재조정 국면 진입에 따라 끝내 새로운 전환점을 형성하지 못하고 말았다. 이전 김대중 정부, 노무현 정부와 달리 이명박 정부는 남북대화를 안정적으로 관리하지 못하였으며 임기 내 남북대화를 재개하지 못함으로써 남북관계의 단절을 초래하였다.

2013년 2월 박근혜 정부는 출범과 동시에 남북간 상호 신뢰 구축의 필요성을 강조하는 '한반도 신뢰 프로세스'를 내세웠다. 그러나 북한은 5 · 24 조치의 변화가 보이지 않자 4월에 개성공단의 북측 노동자들을 철수시키고 공단의 잠정 중단을 선언하였다. 이후 개성공단 재개를 위한 남북간 대화가 시도되면서 남북 적십자간 접촉, 인천아시안게임 북측 참가를 위한 실무 접촉 등이 간헐적으로 이루어지기도 하였다. 2015년 8월 비무장지대(DMZ) 남측 지역에서 발생한 지뢰 도발사건으로 경색 국면이 형성되었으나, '8.25 합의'에 따라 남북은 실무 접촉을 갖고 같은 해 10월 금강산에서 이산가족 상봉 행사를 재개하였으며, 연이어 개성공단에서 제1차 남북 당국회담을 개최하기에 이르렀다. 이때 남측은 관계 개선을 위한 추진과제들을 포괄적으로 논의하고자 한 반면 북측은 금강산관광 재개 문제를 집중적으로 제기함에 따라 합의에 이르지 못하였다. 한편 박근혜 정부는 평화통일의 기반 구축을 국정 기조의 하나로 설정하고 실질적인 통일 준비의 중요성을 강조하였다. 이에 따라 2014년 7월 대통령 직속의 '통일준비위원회'를 출범시켜 민관 협력 거버넌스의 구축을 통해 통일의 청사진을 제공하고 국민적 공감대를 확산시키고자 하였다. 그러나 2016년 10월, 대통령의 비선 실세 최순실에 의한 국정 농단사건이 전면화되고 이를 규탄하는 촛불 시위가 확산되면서 마침내 12월 9일 국회에서 박근혜 대통령 탄핵안이 가결됨으로써 임기 내 남북대화의 재개 및 관계 전환은 불가능한 상태가 되었다. 이명박 정부와 박근혜 정부는 이전 정부들의 산물인 3대 경협 사업을 비롯한 여러 분야의 남북 협력사업을 지속하지 못하였을 뿐만 아니라 당국간 또는 민간 차원의 남북교류를 차단함으로써 남북관계의 안정적 관리 능력을 보여주는 데 실패하였다.

● 읽기자료

1. 남북 조선 제 정당 · 사회단체 공동성명 (1948)

남조선 단독선거를 반대하는 조선 정당 · 사회단체 대표자 연석회의를 뒤이어 평양시에서 4월 30일에 남북조선 제 정당 · 사회단체 지도자들의 협의가 진행되었다.

이 협의회에서는 전 조선정당 · 사회단체 대표자 연석회의의 남조선 단독선거를 파탄시키는 문제와 함께 채택된 양국 군대 철퇴문제와 그 철퇴 실시 후 당면하는 제문제에 대하여 토론하였다.

이 협의회에서는 상정된 제 문제를 충분히 토론한 결과 지도자 사이에 다음과 같은 제 문제에 대하야 협의가 성립되었다.

一. 쏘련이 제의한 바와 같이 우리 강토로부터 외국 군대를 즉시 · 동시에 철거하는 것은 우리 조국에 조성된 현하 정세에서 조선문제를 해결하는 가장 정당하고 유일한 방법이다. 미국은 정당한 제의를 수락하야 자기 군대를 남조선으로부터 철퇴시킴으로써 조선 독립을 실제로 허여하여야 할 것이다. 민주조선의 통일을 원하는 일체 애국인사들은 반다시 양군 철퇴안을 지지하여야 할 것이다.

일제가 우리 조국 강토에서 구축된 이후 우리 조선인민들은 자력으로 외국의 간섭이 없이 우리 문제를 능히 해결할 수 있도록 장성되었으며, 우리 조국에서는 이를 해결할 수 있는 준비된 간부들이 다수히 있다.

二. 남북 제정당 · 사회단체 지도자들은 우리 강토에서 외국 군대가 철거한 이후에 내전이 발생될 수 없다는 것을 확인하며 또한 그들은 통일에 대한 조선 인민의 지망에 배치되는 어떠한 무질서의 발생도 용허하지 않을 것이다. 민주통일을 달성하려는 인민들의 불굴불요한 지망과 남북조선의 제정당 · 사회단체들 간에 성취된 약속은 우리 조국이 완전한 질서를 수립하는 튼튼한 담보이다.

三. 외국 군대가 철거한 이후에 하기 제정당들의 공동 명의로 전조선정치회의를 소집하야 조선인민의 각계각층을 대표하는 민주주의임시정부가 즉시 수립될 것이며, 국가의 일체 정당과 정치 · 경제 · 문화생활의 일체 책임을 가지게 될 것이다.

이 정부는 그 첫 과업으로서 일반적 · 직접적 · 평등적 · 비밀투표에 의하여 통일적 조선 입법기관 선거를 실시할 것이며, 선거된 입법기관은 조선 헌법을 제정하며 통일적 민주정부를 수립할 것이다.

四. 천만여 명 이상을 망라한 남조선 제정당 · 사회단체들이 남조선 단독선거를 반대하느니 만큼 유권자수의 절대 다수가 반대하는 남조선 단독선거는 설사 실시된다 하여도 절대로 우리 민족의 의사를 표현하지 못할 것이며 다만 기만에 불과한 선거로 될 뿐이다.

현하 남조선 단독선거가 극히 가혹한 탄압과 테로의 환경 하에서 준비되고 있는 것은 우연한 사실이 아니다. 상기 사실에 의거하여 본 성명서에 서명한 정당 · 사회단체들은 남조선 단독선거의 결과를 결코 승인하지 않을 것이며, 또 이러한 선거로 수립하려는 단독정부를 결코 인정하지 않을 것이며, 지지하지 않을 것이다.

1948년 4월 30일

북조선노동당, 북조선민주당, 북조선천도교청우당, 북조선직업총동맹, 북조선농민동맹, 북조선민주청년동맹, 북조선민주여성동맹, 북조선문학예술총동맹, 북조선공업기술연맹, 북조선농림수산기술총연맹, 북조선기독교도연맹, 북조선불교도연합회, 북조선보건연맹, 북조선적십자사, 북조선애국투사원호회, 남조선노동당, 한국독립당, 조선인민공화당, 민족자주연맹, 근로인민당, 신진당, 사회민주당, 남조선청우당, 근로대중당, 민주한국당, 조선농민당, 민주독립당, 민중동맹, 조선노동조합전국협의회, 전국농민총연맹, 한국민주애국청년동맹, 남조선민주여성동맹, 남조선문화단체총연맹, 기독교민주동맹, 전국불교연맹, 자주여성, 조선민족대동회, 건민회, 조선산업재건협회, 귀환동포협회, 삼균주의청년동맹, 남조선기자단, 학병거부자동맹

2. 7 · 4 남북공동성명 주요 내용 (1972)

1. 통일원칙
   첫째, 통일은 외세에 의존하거나 외세의 간섭을 받음이 없이 자주적으로 해결
   둘째, 통일은 무력행사에 의거하지 않고 평화적 방법으로 실현
   셋째, 사상과 이념 · 제도의 차이를 초월해 민족적 대단결 도모
2. 긴장상태를 완화하고 신뢰의 분위기를 조성하기 위하여 상대방에 대한 중상비방 중지, 무장도발 중지, 군사충돌사건을 방지하기 위해 적극적 조치를 추진
3. 남북 사이의 다방면적인 교류를 실시
4. 남북적십자회담 추진 적극 협조
5. 서울과 평양 사이에 상설 직통전화 설치

6. 이후락 부장과 김영주 부장을 공동위원장으로 하는 남북조절위원회를 구성 · 운영
7. 합의사항을 성실히 이행할 것을 온 민족 앞에 엄숙히 약속

3. 남북 사이의 화해와 불가침 및 교류협력에 관한 합의서(남북기본합의서) 주요내용 (1991)

남과 북은 분단된 조국의 평화적 통일을 염원하는 온 겨레의 뜻에 따라, 7 · 4남북공동성명에서 천명된 조국통일 3대원칙을 재확인하고, 정치 · 군사적 대결상태를 해소하여 민족적 화해를 이룩한다. 또한 무력에 의한 침략과 충돌을 막고 긴장완화와 평화를 보장하며 다각적인 교류 · 협력을 실현하여 민족공동의 이익과 번영을 도모한다. 쌍방 사이의 관계가 나라와 나라 사이의 관계가 아닌 통일을 지향하는 과정에서 잠정적으로 형성된 특수관계라는 것을 인정하고 평화통일을 성취하기 위한 공동의 노력을 경주할 것을 다짐하면서 다음과 같이 합의하였다.

▷ 제1장 남북화해

상대방 체제의 인정과 존중 / 상대방 내부문제 불간섭 / 상대방 비방과 중상 중지 / 상대방 파괴와 전복행위 금지 / 현 정전상태를 공고한 평화상태로 전환 / 국제무대에서의 대결과 경쟁 중지 / 판문점에 남북연락사무소 설치 및 운영 / 남북정치분과위원회 구성

▷ 제2장 남북화해

상대방에 대해 무력 불사용과 무력침략 포기 / 의견대립과 분쟁문제의 평화적 해결 / 불가침의 경계선과 구역의 명시 / 남북군사분과위원회 구성 / 쌍방 군사 당국자 사이에 직통 전화 설치 및 운영

▷ 제3장 남북 교류 · 협력

자원의 공동개발, 물자교류, 합작투자 등 경제교류 및 협력 / 과학 · 기술, 교육, 문화 · 예술, 체육, 출판 · 보도 등 다양한 교류 및 협력 / 자유로운 왕래의 접촉 실현 / 이산가족 서신왕래, 상봉, 재결합 실현 / 철도와 도로의 연결 및 해로와 항로 개설 / 우편과 전기통신 교류에 필요한 시설의 설치와 연결 / 국제무대에서 경제 · 문화 등 상호협력 / 남북교류협력분과위원회 구성

4. 6 · 15 남북공동선언 (2000년 제1차 남북정상회담 합의문 주요 내용)

1. 남과 북은 나라의 통일문제를 그 주인인 우리 민족끼리 서로 힘을 합쳐 자주적으로 해결해 나가기로 하였다.
2. 남과 북은 나라의 통일을 위한 남측의 연합제 안과 북측의 낮은 단계의 연방제 안이

서로 공통성이 있다고 인정하고 앞으로 이 방향에서 통일을 지향시켜 나가기로 하였다.

3. 남과 북은 올해 8 · 15에 즈음하여 흩어진 가족, 친척 방문단을 교환하며 비전향장기수 문제를 해결하는 등 인도적 문제를 조속히 풀어나가기로 하였다.
4. 남과 북은 경제협력을 통하여 민족경제를 균형적으로 발전시키고 사회 · 문화 · 체육 · 보건 · 환경 등 제반 분야의 협력과 교류를 활성화하여 서로의 신뢰를 다져 나가기로 하였다.
5. 남과 북은 이상과 같은 합의사항을 조속히 실천에 옮기기 위하여 빠른 시일 안에 당국 사이의 대화를 개최하기로 하였다.

5. 10 · 4선언 (2007년 제2차 남북정상회담 합의문 주요 내용)

1. 남과 북은 6.15공동선언을 고수하고 적극 구현해 나간다.
2. 남과 북은 사상과 제도의 차이를 초월하여 남북관계를 상호존중과 신뢰관계로 확고히 전환시켜 나가기로 하였다.
3. 남과 북은 군사적 대결관계를 종식시키고 한반도에서 긴장완화와 평화를 보장하기 위해 긴밀히 협력하기로 하였다.
4. 남과 북은 현 정정체제를 종식시키고 항구적인 평화체제를 구축해 나가야 한다는데 인식을 같이하고 직접 관련된 3자 또는 4자 정상들이 한반도지역에서 만나 종전을 선언하는 문제를 추진하기 위해 협력해 나가기로 하였다.
5. 남과 북은 민족경제의 균형적 발전과 공동의 번영을 위해 경제협력사업을 공리공영과 유무상통의 원칙에서 적극 활성화하고 지속적으로 확대 발전시켜 나가기로 하였다.
6. 남과 북은 민족의 유구한 역사와 우수한 문화를 빛내기 위해 역사, 언어, 교육, 과학기술, 문화예술, 체육 등 사회문화 분야의 교류와 협력을 발전시켜 나가기로 하였다.
7. 남과 북은 인도주의 협력사업을 적극 추진해 나가기로 하였다.
8. 남과 북은 국제무대에서 민족의 이익과 해외동포들의 권리와 이익을 위한 협력을 강화해 나가기로 하였다.

참고문헌

노중선, 2000, 『남북대화 백서-남북교류의 갈등과 성과』, 사계절
한국역사연구회 4월민중항쟁연구반, 2000, 『4 · 19와 남북관계』, 민연
홍석률, 2001, 『통일문제와 정치 · 사회적 갈등』, 서울대 출판부
강만길, 2003, 『우리 통일, 어떻게 할까요』, 당대
강인덕 외, 2004, 『남북회담: 7.4에서 6.15까지』, 극동문제연구소
경남대 북한대학원 엮음, 2005, 『남북한관계론』, 한울아카데미
발간위원회, 2005, 『하늘길 땅길 바닷길 열어 통일로』, 통일부
김지형, 2008, 『데탕트와 남북관계』, 선인
이화여자대학교 통일학연구원 편, 2009, 『남북관계사: 갈등과 화해의 60년』, 이화여대 출판부
김형기, 2010, 『남북관계 변천사』, 연세대 출판부
홍석률, 2012, 『분단의 히스테리: 공개문서로 보는 미중관계와 한반도』, 창비
김만복 외, 2013, 『한반도 평화의 길: 10.4 정상선언 주역들이 말한다』, 늘품플러스
김윤규 외, 2014, 『개성공단: 남북경협과 평화의 보루』, 한겨레신문사
경남대 극동문제 연구소 편, 2016, 『분단 70년의 남북관계』, 선인
통일부 통일교육원, 2016, 『통일문제 이해』, 통일부

주요 인물 약력

(총 92인, 가나다 순)

가츠라 타로(桂太郎, 1848~1913)

일본 야마구치현 출생. 1870년 독일에 유학. 귀국 후 육군차관에 임명됨. 청일전쟁 때 나고야의 제3사단장으로 출정, 대만총독을 거쳐 육군대신 역임. 1901년 이후 제11·13·15대 내각총리대신 역임. 1900년 다쿠쇼쿠대학의 전신인 대만협회학교 창립.

고종(1852~1919, 재위: 1863~1907)

흥선대원군 이하응의 둘째 아들. 익종의 대통을 계승하여 1863년 즉위. 1873년 친정親政선포. 1897년 국호를 '대한제국'으로 바꾼 뒤 황제 즉위, 광무개혁 실시. 1907년 헤이그 만국평화회의에 밀사 파견, 이 사건으로 일제에 의해 폐위됨.

권오설(1897~1930)

경북 안동 출생. 1920년 안동에서 농민운동·청년운동. 1923년 화성회 참여. 1924년 조선노농총동맹 집행위원. 1925년 고려공산청년회 집행위원, 제2대 책임비서. 6·10만세운동 준비 주도. 1926년 2차 조선공산당사건으로 체포. 1930년 고문 후유증으로 옥사.

김구(1876~1949)

황해도 해주 출생. 1919년 대한민국임시정부 경무국장. 1940년 임시정부 주석. 광복군 설치. 1945년 귀국. 1946년 신탁통치 반대운동 주도. 1948년 유엔한국위원단의 남한 단독선거 반대, 남북협상 참여. 1949년 서울 경교장에서 안두희에게 피격.

김규식(1881~1950)

미국 유학. 프린스턴대학원 석사. 1905년 귀국, 경성청년회 총무. 1913년 중국 망명. 1919년 파리강화회의에 신한청년당 대표로 참석. 대한민국임시정부 외무총장. 1935년 민족혁명당 참여. 1940년 임시정부 부주석. 1945년 귀국. 1947년 민족자주연맹 위원장, 입법의원 의장. 1948년 남북협상 참여. 한국전쟁 중 납북·사망.

김대중(1926~2009)

전남 신안 출생. 1961년 민의원 당선. 6·7·8·13·14대 국회의원. 1971년 대통령선거 신민당 후보. 1973년 중앙정보부에 의해 납치·살해위협. 1980년 내란음모 혐의로 사형선고. 1982년 미국 망명. 1985년 민주화추진협의회

공동의장. 1987~1997년 평민당 · 신민당 · 민주당 · 새정치국민회의 총재 · 대표. 제15대 대통령. 2000년 제1차 남북정상회담. 노벨평화상 수상.

김두봉(1890~1961)

부산 출생. 1919년 대한민국임시정부 의정원 의원. 1935년 조선민족혁명당 중앙집행위원. 1942년 조선독립동맹 주석. 1945년 조선신민당 조직. 1946년 북조선노동당 위원장. 1947년 북조선인민회의 의장. 1948년 김일성대학 총장. 1989년 최고인민회의 상임위원장. 1958년 연안파사건으로 조선노동당에서 제명.

김영삼(1927~2015)

경남 거제 출생. 1954년 민의원 당선. 국회의원 9선. 1974 · 1979년 신민당 총재. 1985년 민주화추진협의회 공동의장, 신민당 창당 주도. 1987년 통일민주당 총재. 1990년 민자당 창당. 1993년 2월~1998년 2월 제14대 대통령.

김옥균(1851~1894)

1870년 전후 박규수에게 사사, 개화사상을 배우고 발전시킴. 1872년 알성문과에 장원급제. 1874년 홍문관교리. 이후 이조참의 · 호조참판 · 외아문협판 역임. 1884년 갑신정변 단행, 정변 실패로 일본 망명. 1894년 상해에서 홍종우에게 피살.

김원봉(1898~1958)

경남 밀양 출생. 1919년 의열단 조직. 1935년 조선민족혁명당 당수, 조선의용대 편성. 1942년 광복군 부사령관. 1944년 대한민국임시정부 국무위원 및 군무부장. 1948년 민주주의민족전선 의장, 남북협상 때 월북. 1957년 북한 최고인민회의 상임위원회 부위원장. 1958년 실각 후 사망.

김윤식(1835~1922)

1874년 문과 급제. 1881년 영선사로 청에 파견됨. 1984년 임오군란 당시 청에 파병 요청. 강화부유수로 진무영 설치, 신식군대 양성. 1894년 갑오내각 외무대신. 흥사단 · 대동학회 · 기호학회 참여. 대종교총회 총장 역임. 일제로부터 자작 작위 받음. 중추원 부의장 역임. 3 · 1운동 당시 독립청원, 작위 박탈 당함.

김일성(1912~1994)

평남 대동 출생. 1930년 반일유격대 조직, 1936년 조국광복회 참여. 1937년 함남 보천보전투 지휘. 1945년 조선공산당 북부조선분국 책임비서. 1946년 북조선임시인민위원회 위원장. 1948년 내각 수상. 1972년 국가주석. 1992년 '대원수' 칭호.

김재봉(1890~1944)

경북 안동 출생. 1921년 조선독립단 사건으로 옥고. 1922년 이르크츠크 공산당 참여. 1923년 귀국, 화요회 결성. 1925년 조선공산당 초대 책임비서. 그해 12월 체포되어 6년간 옥고. 1944년 병사.

김정일(1942~2011)

1964년 조선노동당 조직지도부 지도원. 1972년 당 중앙위원회 위원. 1980년 당 정치국 상무위원, 비서국 비서, 당 중앙군사위원회 위원. 1990년 국방위원회 제1부위원장. 1991년 인민군 최고사령관. 1992년 원수. 1993년 국방위원장. 1997년 당 총비서.

김종필(1926~)

충남 부여 출신. 육사 8기 졸업. 5.16군사쿠데타 주도. 중앙정보부 초대 부장, 국무총리 등 역임. 1980년 신군부 집권기 정치활동 정지 후 1987년 정계복귀. 1990년 민자당, 1995년 자민련 등 창당. 1998년 DJP연합으로 김대중과 공동집권. 2004년 정계 은퇴.

김홍집(1842~1896)

1880년 제2차 수신사로 일본 방문. 황쭌셴의 『사의조선책략』을 가지고 들어와 개화정책 추진. 청일전쟁 때에 총리교섭통상사무에 임명됨. 군국기무처가 설치되자 영의정 겸 총재관으로 내정개혁 추진. 2·3차 갑오개혁을 주도. 아관파천 후 군중에게 피살.

나운규(1902~1937)

함북 회령 출생. 1921년 독립운동 혐의로 1년 6개월 복역. 1924년 조선키네마가 제작한 〈운영전〉에 단역으로 첫 출연. 이후 〈농중조〉에 출연하면서 배우로서 명성 얻음. 1926년 각본·주연·감독한 영화 〈아리랑〉 제작. 1927년 영화사 나운규프로덕션 설립. 1937년 요절.

나혜석(1896~1948)

경기 수원 출생. 1910년 진명여학교 졸업. 1913년 도쿄 여자미술학교 입학, 한국여성 최초로 서양미술(유화) 전공. 1919년 3·1운동 참여·투옥. 1921년 첫 개인전. 조선전람회 특선 등 여러 차례 입선. 가부장적 통념을 해체하고 여성의 인권을 옹호하는 다수의 글 발표. 행려병자로 생을 마감.

노무현(1946~2009)

경남 김해 출생. 1980년대 인권변호사 활동. 1988년 국회의원 당선. 3당 합당에 반대. 지역주의 극복을 내세우며 부산에서 시장·국회의원에 출마·낙선. 2000년 해양수산부 장관. 2003년 2월~2008년 2월 제16대 대통령. 2007년 제2차 남북정상회담.

데라우치 마사타케(寺內正毅, 1852~1919)

일본 야마구치현 출생. 1898년 육군 교육총감. 이후 참모부 차장, 육군대학 총장 역임. 1901년 제1차 가츠라 내각 육군대신. 1910년 제3대 조선통감 겸임. 1910년 8월 제1대 조선총독. 1916년 10월 내각총리대신. 1918년 총리대신 사임.

리훙장(李鴻章, 1823~1901)

청말의 정치가. 청말 주요 외교문제 장악. 양무운동 주도. 청일전쟁 패전 후 전권대사로서 1895년 시모노세키조약 조인. 1896년 청·러밀약, 1900년 의화단사건 후 베이징조약에서 외교적 수완 발휘. 1882년 조선에 위안스카이를 파견해 일본의 진출을 견제하고 조선의 내정·외교에 깊이 관여.

마오쩌둥(毛澤東, 1893~1976)

항일 빨치산 전투와 국공내전을 이끈 중국 공산당 지도자. 1949년 10월 1일 중앙인민정부 수립 후 국가주석 겸 인민혁명군사위 주석, 한국전쟁 참전 결정. 1956년 9월 제8기 중앙위 주석, 중앙정치국위원 역임.

맥아더(Douglas MacArthur, 1880~1964)

제1차 세계대전 시 최연소 사단장. 최연소 미 육군참모총장. 2차대전시 태평양지역 미군 총사령관으로 일본 점령. 1950년 7월~1951년 4월 미 극동군총사령관, 유엔군총사령관으로 한국전쟁 지휘. 1950년 9월 인천상륙작전 성공. 중국 본토 공격 등 확전을 주장하다가 1951년 4월 해임됨.

문익환(1918~1994)

만주 간도 출생. 한국신학대학, 미 프린스턴신학대학 졸업. 1968~1967년 신구교 성서 공동번역 구약 책임자. 1976년 민주구국선언. 1978년 민주주의국민연합 중앙상임위원장. 1984년 민주통일국민회의 의장. 1985년 민주통일민중운동연합 의장. 1989년 평양 방문.

미나미 지로(南次郎, 1874~1955)

일본 오이타현 출생. 일본육사·육군대학 졸업. 이후 중국파견군사령관·육군참모차장 역임. 1929년 조선군사령관. 1931년 육군대신. 1934년 관동군사령관. 1936~1941년 조선총독. 1945년 전범으로 국제군사재판에서 종신금고형 선고받음. 1954년 병보석 석방.

미즈노 렌타로(水野錬太郎, 1868~1949)

일본 아키타현 출생. 아키타 중학교, 제일고등중학교, 도쿄제국대학 법학부 졸업. 내무성 근무. 조선총독부 정무총감 역임.

민영환(1861~1905)

1878년 문과급제 후 예조·병조·형조 판서 등 역임. 1896년 특명전권공사 자격으로 러시아 황제 니콜라이 2세 대관식 참석. 귀국 후 의정부찬정·군부대신 역임. 1897년 6개국 특명전권대사로 외유. 독립협회 지원. 1905년 을사조약에 항의해 자결.

민원식(1886~1921)

1906년 내부 위생과장. 1907년 위생신문 발행. 1908년 친일파 이지용과 대한실업협회 설립. 1910년 정우회 조직. 1919년 중추원 부찬의. 1920년 국민협회 창립, 기관지 시사신문을 창간해 친일여론 조성 및 참정권 청원. 1921년 일본 도쿄에서 양근환에게 피살.

박규수(1807~1877)

서울 출생. 연암 박지원의 손자. 1866년 평안 감사로 제너럴셔먼호에 방화 명령. 은퇴 후 김옥균, 박영효, 유길준 등 후학 양성. 개화사상의 원류로 평가받음. 서양 사정에 밝아 신문물의 수입과 문호개방 주장.

박성철(1913~2008)

경북 경주 출생. 항일유격대 출신. 1967년 북한 내각 부수상 겸 외무상. 1970년 노동당 정치위원. 1972년 극비리에 서울 방문, 박정희 면담. 남북조절위원회 북측 대표. 1976년 정무원 총리. 1977년 국가부주석. 1991년 조국통일민주주의전선 의장.

박영효(1861~1939)

경기 수원 출생. 1870년대 후반 김옥균 등과 개화당 조직. 1882년 특명전권대신 겸 제3차 수신사로 일본 방문. 1884년 갑신정변 실패, 일본 망명. 1895년 총리서리가 되어 을미개혁 단행, 왕비시해음모 혐의로 2차 망명. 1910년 이후 일제로부터 후작 작위 받음. 이후 중추원 고문·부의장 역임.

박은식(1859~1925)

황해도 해주 출생. 서우학회·서북학회 회장. 1909년 대동교 창건. 1911년 만주 망명. 1912년 상하이에서 동제사 조직. 『한국통사』 『한국독립운동지혈사』 집필. 1919년 대한민국임시정부 참여. 『독립신문』 사장. 1925년 임시정부 제2대 대통령. 상해에서 사망.

박정희(1917~1979)

경북 선산 출신. 대구사범학교, 만주군관학교 졸업. 관동군 복무. 해방 후 군사영어학교 졸업. 여순사건 후 공산주의자 혐의로 군법회의 회부. 한국전쟁기 육본 정보과장. 1961년 5.16 군사쿠데타 주도. 1963~1979년 제5·6·7·8·9대 대통령. 대통령 재직 시 한일협정 체결, 월남파병, 경제개발계획 수립·추진, 새마을운동 시작, 10월 유신 선포, 긴급조치 1~9호 선포. 1979년 10.26사건으로 사망.

박헌영(1900~1956)

충남 예산 출생. 1924년 동아일보·조선일보 기자. 1925년 조선공산당 창립 참여. 1939년 경성콩그룹 결성. 1945년 조선공산당 재건. 1946년 남조선노동당 창당. 1948년 민주주의민족전선 의장. 1950년 조선노동당 부위원장. 1956년 북한에서 '반혁명사건'으로 처형됨.

백남운(1895~1974)

1925~1938년 연희전문 경제학 교수 재직. 『조선사회경제사』 집필. 1938년 연구회사건으로 검거·투옥. 1945년 학술원·민족문화연구소 조직, 남조선신민당 위원장, 민주주의민족전선 의장 역임. 1947년 근로인민당 부위원장. 월

북 후 1969년 최고인민회의 의장. 1974년 조국통일민주주의전선 의장.

사이토 마코토(齋藤實, 1858~1936)

일본 이와테현 출생. 1879년 일본 해군병학교 졸업. 1884년 미국 유학. 1906~1914년 해군대신. 1912년 해군대장. 1919~1927년 조선총독. 1927년 제네바군축회의 전권위원. 1929~1931년 조선총독. 1932년 일본 내각총리대신. 1936년 암살됨.

서재필(1864~1951)

전남 보성 출생. 1884년 갑신정변 참여. 1885년 미국 망명. 1896년 독립신문 창간 및 독립협회 창립 주도. 1898년 미국으로 돌아간 후 1947년 미군정청 최고정무관으로 귀국. 1948년 미국으로 돌아가 사망.

손병희(1861~1922)

충북 청원 출생. 1882년 동학에 입교, 최시형의 수제자가 됨. 1894년 북접 동학군을 이끌고 농민봉기 참여. 1901년 일본에 건너감. 1905년 12월 동학을 천도교로 개칭. 1906년 귀국, 천도교 교주에 취임. 1919년 3·1운동 주도, 3년형 선고 받음. 1920년 10월 병보석 출감, 요양 중 사망.

손화중(1861~1895)

전북 정읍 출생. 이름은 정식正植, 자는 화중(華仲·和中·化中), 호는 초산楚山. 동학농민전쟁의 3대 지도자 중 한 사람. 무장에 동학 포교소를 설치한 후 이곳을 근거로 세력 확대. 전봉준과 함께 무장에서 기포한 후 제1·2차 농민전쟁 지도. 1894년 11월 3일 체포되어, 1895년 전봉준과 함께 처형됨.

송진우(1890~1945)

전남 담양 출생. 1916년 중앙학교 교장. 1921년 동아일보 사장. 1945년 한국민주당 수석총무. 속간된 동아일보 사장에 취임. 신탁통치안에 신중한 의견을 표명하다 암살됨.

스티코프(Terenti Fomitch Stykov, 1907~1964)

1929년 소련공산당 레닌그라드시당 제2서기 역임. 2차 세계대전 후 연해주군관구 군사회의 위원으로 북한·만주 통치 책임. 1948년 초대 북한 주재 소련대사.

스탈린(Iosif Vissarionovich Stalin, 1879~1 953)

1912년 볼셰비키당 중앙위원. 1922년 러시아 공산당 서기장. 1941년 인민위원회 의장. 1945년 이후 소련 수상으로서 국방회의 의장, 적군 최고사령관 직책 수행. 한국전쟁 당시 중국·북한의 배후에서 최종 결정권 행사.

신익희(1894~1956)

경기 광주 출생. 1919년 3.1운동 당시 해외 연락임무 담당. 상하이로 망명하여 대한민국임시정부 참여. 1945년 정치공작대 조직. 남조선과도입법의원 의장 · 대한국민당 대표최고위원 · 제헌국회의장 · 제2대 국회의장 역임. 1949년 민주국민당 결성. 1955년 민국당 대표최고위원. 1956년 민주당 대통령 후보로 유세 도중 급서.

신채호(1880~1936)

충남 대덕 출생. 대한매일신보 주필. 1907년 신민회 · 국채보상운동 참여. 1910년 중국 망명. 1915년 신한청년회 참여. 1919년 대한민국임시정부 참여. 1927년 신간회 발기인, 무정부주의 동방동맹 가입. 1928년 체포. 뤼순감옥에서 옥사.

신헌(1810~1888)

철종 · 고종대의 무신 · 외교가. 형조 · 병조 · 공조 판서 역임. 1866년 병인양요 때 총융사로 강화의 염창 수비. 중추부판사로서 전권대관이 되어 1876년 일본의 전권변리대신 쿠로다와 강화도조약 체결. 1882년 슈펠트와 조미수호통상조약 체결.

안재홍(1891~1965)

경기도 평택 출생. 1919년 대한민국청년외교단 사건으로 복역. 1920년대 조선일보사 주필 및 사장 역임. 1942년 조선어학회사건으로 투옥. 1945년 조선건국준비위원회 부위원장, 사직 후 국민당 조직. 1946년 한성신문사 사장. 1947년 과도정부 초대 민정장관, 민족자주연맹 위원. 1950년 제2대 민의원. 한국전쟁 중 납북.

안중근(1879~1910)

함경도 해주 출생. 1906년 삼흥학교 설립, 교육운동 전개. 1907년 국채보상운동 참가, 강원도 · 블라디보스토크에서 의병활동. 1908년 특파독립대장으로 국내진공작전. 1909년 단지회 결성. 10월 26일 이토 히로부미 사살. 1910년 3월 26일 뤼순감옥에서 사형당함.

안창호(1878~1938)

평남 강서 출생. 1902년 미국 유학. 1906년 귀국. 1907년 신민회 조직. 평양에 대성학교 설립. 청년학우회 조직. 1910년 미국 망명, 대한인국민회 조직. 1913년 흥사단 조직. 1919년 상하이로 가서 대한민국임시정부 국무총리대리. 1932년 일본경찰에 체포, 2년 6개월 옥고. 가출옥 뒤 동우회 사건으로 재투옥. 1938년 병보석으로 석방, 휴양 중 사망.

야마가타 아리토모(山縣有朋, 1838~1922)

일본 야마구치현 출생. 메이지 신정부에서 일본 육군의 기초를 확립. 3 · 9대 내각총리대신 역임. 1890년 교육칙어 반포. 청일전쟁 때에는 제1군사령관으로, 러일전쟁 때에는 참모총장으로 전쟁 지휘. 이토 히로부미 사후 군 · 정계에서 막강한 영향력 행사.

여운형(1885~1947)

경기도 양평 출생. 1918년 상하이에서 신한청년당 조직. 1919년 대한민국임시정부 참여. 1929년 일제 경찰에 체포, 3년간 복역. 1933년 조선중앙일보사 사장. 1944년 조선건국동맹 조직. 1945년 조선건국준비위원회 위원장. 인민당 조직. 1946년 민주주의민족전선 의장. 1947년 근로인민당 당수. 1947년 암살당함.

오긍선(1879~1963)

충남 공주 출생. 1902년 미국 유학. 1907년 의학박사학위 취득. 1909년 귀국. 1912년 한국인 최초로 세브란스의학전문학교 조교수·의사로 임용. 1916년 도쿄제대 의학부에서 1년간 피부과 연구. 1917년 세브란스의전 피부과 과장. 1934년 세브란스의전 첫 한국인 교장.

오쿠라 다케노스케(小倉武之助, 1870~1964)

1904년 한국 경부철도 경리주임. 부동산업에 진출, 지주·실업가로 변신. 남선합동전기회사 경영. 1921년부터 골동품 수집 시작. 수집한 엄청난 양의 한국 고고유물을 일본으로 반출. 현재 도쿄국립박물관에 그가 모은 1,030점의 한국문화재가 소장되어 있음.

우가키 카즈시게(宇垣一成, 1868~1956)

일본 오카야마현 출생. 제국육군사관학교·육군대학 졸업. 1919년 육군대학 교장. 1924~1927년 육군대신. 1929년 육군대신. 1931~1936년 조선총독으로 재임하면서 농촌진흥운동 등 추진. 1938년 외무상 겸 척무상. 1953년 참의원 선거 당선.

위안스카이(袁世凱, 1859~1916)

중국 허난성 출신. 1882년 임오군란 진압을 위해 조선 파견됨. 1885년 조선 주재 총리교섭통상사의總理交涉通商事宜에 임명됨. 1901년 직예성直隷省 총독에 임명됨. 후에 내각 총리대신으로서 중국 근대화와 국방계획에 결정적인 역할. 1912~1916년 중화민국 초대 대총통.

유길준(1856~1914)

서울 출생. 박규수 문하에서 사숙. 1881년 조사시찰단 수원隨員으로 일본에 가서, 게이오의숙에 입학. 보빙사의 수원으로 미국 시찰 후 유학생활. 1885년 귀국. 1895년『서유견문』간행. 1894년 갑오개혁 주도. 1895년 명성황후시해사건 후 내부대신. 아관파천으로 일본에 망명. 흥사단 조직. 병합 이후 일제의 작위 거절.

유인석(1842~1915)

강원도 춘천 출생. 이항로 문하에서 수학. 을미의병 참가, 관군에 패해 만주로 망명. 1909년 블라디보스토크에서 13도의군도총재에 추대되어 국내 침공 기도. 펑톈성(奉天省) 관뎬현(寬甸縣)에서 병사.

윤봉길(1908~1932)

충남 예산 출생. 1920년대에 농촌계몽운동 전개. 1930년 중국으로 망명. 1931년 한인애국단에 입단, 독립운동 전개. 1932년 상하이 홍커우공원에서 폭탄 투척. 1932년 12월 19일 일본 가나자와 형무소에서 사형당함.

윤상원(1950~1980)

전남 광산 출생. 1978년 전남대학교 졸업. 1979년 광주에서 들불야학 활동 시작. 1980년 전국민주노동자연맹 광주전남지역 중앙위원. 광주민주화운동 기간 시민학생투쟁위원회 대변인. 5월 27일 최후 항전지 전남도청에서 희생.

윤치호(1865~1945)

충남 아산 출생. 1881년 이후 일본 · 중국 · 미국에서 유학하며 근대서구사상 수용. 1897년 독립협회에 참여해 민권운동 주도. 1906년 대한자강회, 신민회, YMCA 등에 참여하며 계몽활동전개. 105인 사건으로 복역. 1937년 중일전쟁 이후 적극적으로 일제에 협력.

이광수(1892~1950)

평북 정주 출생. 1910년 메이지학원 중학교 졸업. 1917년 매일신보에 최초의 근대 장편소설 『무정』 연재. 1919년 2 · 8독립선언서 기초, 상하이로 망명, 대한민국임시정부 독립신문 주간. 1921년 귀국. 1922년 '민족개조론' 발표. 1937년 수양동우회 사건으로 투옥. 일제 말기에 친일행위. 한국전쟁 중 납북.

이노우에 가오루(井上馨, 1835~1915)

일본 야마구치현 출생. 1876년 강화조약체결 때 부대사 역임. 1884년 갑신정변 때 특파대사로 파견돼 한성조약 강요. 1894년 청일전쟁 중 조선공사로 부임해 내정개혁 요구. 이후 일본 정 · 관 · 재계의 원로로 절대적인 영향력 가짐.

이동휘(1873~1935)

함남 단천 출생. 1899년 서울의 육군무관학교 졸업, 육군참령 지냄. 1907년 신민회 참여. 1911년 105인사건으로 투옥, 석방된 뒤 망명. 1918년 하바로프스크에서 한인사회당 조직. 1919년 대한국민의회 주도. 대한민국임시정부 국무총리에 취임. 1921년 국무총리직 사퇴.

이상재(1850~1927)

충남 서천 출생. 1896년 독립협회 참여, 부회장 역임. 1905년 황성기독교청년회(YMCA) 가입, 종교부 총무, 조선기독교청년회연합회 총무 역임. 1921년 조선교육협회 회장. 1923년 소년연합척후대(보이스카우트) 초대 총재. 1924년 조선일보사 사장. 1927년 신간회 회장.

이승만(1875~1965)

황해도 평산 출생. 한말에 독립협회 참여, 6년간 옥고. 미국 프린스턴대학에서 박사수여. 1914년 하와이에서 동지회 결성. 1919년 9월~1925년 3월 대한민국임시정부 대통령. 1948년 초대 국회의장. 제1 · 2 · 3대 대통령. 1960년 4 · 19혁명으로 대통령직 사퇴, 하와이에 망명 중 운명.

이승훈(1864~1930)

평북 정주 출생. 1907년 신민회 참여. 1911년 안악사건으로 제주도 유배, 105인사건으로 4년 2개월 복역. 1915년 오산학교 교장. 1919년 서북지방 기독교계의 3 · 1운동 주도. 3년형 선고

받고 복역 중 가출옥. 1924년 동아일보사 사장. 1926년 오산학교 이사장 취임.

이용익(1854~1907)

함북 명천 출생. 1897년 이후 전환국장, 내장원경 등을 맡아 고종의 측근이 되어 왕실재정 강화에 노력. 1901년 지계아문총관으로 지계양전사업 등 근대화정책 추진. 1905년 보성학원 설립. 을사조약 후 대한제국의 독립을 확보하기 위한 외교활동 전개. 블라디보스토크에서 병사.

이재유(1905~1944)

함남 삼수 출생. 1925년 송도고등보통학교에서 동맹휴학을 주도하여 퇴학. 1926년 일본으로 건너가 노동·사상단체에서 활동. 1928년 조선공산당 관계자로 검거되어 1932년 만기 출옥. 이후 경성트로이카, 경성재건그룹, 조공재건경성준비그룹 등 결성. 1936년 체포되어 1944년 옥사.

이토 히로부미(伊藤博文, 1841~1909)

일본 야마구치현 출생. 초대 추밀원의장으로 대일본제국헌법 기초에 중심 역할. 1885년 근대적 내각제도를 창설해 초대·5·7·10대 내각총리대신 역임. 1900년 입헌정우회 창립, 초대 총재. 1905년 통감부 초대통감. 1909 추밀원의장 복귀. 하얼빈에서 안중근에 피살.

이효재(1924~)

경남 마산 출생. 컬럼비아대학 사회학 석사. 1957년 이화여대에 교수. 1980년 해직, 1985년 복직. 여성운동가로서 여성평우회, 여성한국사연구회, 여성민우회, 한국여성단체연합 등의 회장과 한국정신대문제대책협의회 공동대표 등 역임.

이후락(1924~2009)

경남 울산 출생. 5.16군사쿠데타 후 국가재건최고회의 공보실장. 1963~1969년 대통령비서실장. 1970~1973년 중앙정보부장. 1972년 7·4남북공동성명 발표 전후 남북대화 주도.

장면(1989~1966)

인천 출생. 1947년 남조선과도입법위원회 의원. 1948년 제헌국회의원, 주한미국 대사. 1950년 11월~1952년 4월 제2대 국무총리. 1956~1960년 제4대 부통령. 1960년 8월~1961년 5월 제7대 국무총리로 민주당정권 주도. 1961년 5·16군사쿠데타 후 총리직 사퇴.

장재성(1908~1950)

전남 광주 출생. 1926년 광주고보 재학 중 비밀결사 성진회 조직. 1927년 일본 유학. 1928년 광주에서 동맹휴학이 발생하자 귀국해 지도. 조선공산청년회 가입. 1929년 11월 광주학생운동 당시 시위 주도로 검거. 1934년 만기 출옥. 해방 후 조선건국준비위원회·민주주의민족전선 참가. 한국전쟁 당시 복역 중 피살.

장준하(1918~1975)

평북 의주 출신. 1944년 일본 유학 중 학도병 입대, 탈영 후 광복군 가담. 1945년 귀국 후 김구 비서. 1953년 사상계 창간. 1967년 국회의원 당선. 1973년 민주통일당 참여, 최고위원. 유신 후 반박정희 민주화운동에 참여. 1975년 포천 약사봉에서 의문사.

장지연(1864~1921)

경북 상주 출생. 1898년 만민공동회 총무위원. 1899년 시사총보 주필. 1902년 황성신문 주필·사장. 1905년 사설 '시일야방성대곡' 게재. 1906년 대한자강회 참여. 1908년 블라디보스토크 망명, 해조신문 주필. 1909년 귀국, 경남일보 주필. 매일신보 기고로 최근 친일논란에 휩싸임.

전봉준(1855~1895)

전북 고창 출생. 자 혹은 초명은 명숙明淑, 호는 해몽海夢. 몸이 왜소하여 '녹두綠豆'라 불렸고, 뒷날 녹두장군이란 별명이 생김. 동학농민전쟁의 최고 지도자. 1890년경 동학에 입도. 1894년 고부봉기 주도 및 제1·2차 농민전쟁 지도. 1894년 12월 2일 체포되어, 다음해 3월 처형됨.

전태일(1948~1970)

경북 대구 출신. 가난한 가정에서 태어나 1954년 서울 상경, 청계천 평화시장에서 재단사로 근무. 바보회·삼동친목회 등을 조직해 노동환경 개선을 위해 애쓰다가 1970년 11월 13일 '근로기준법을 지켜라'고 외치며 분신자살.

정칠성(1908~?)

경북 대구 출신. 1924년 여성동우회 결성 주도, 집행위원. 1925년 일본 도쿄여자기예학교 입학. 여성사상단체 삼월회 결성. 1927년 근우회 참여, 중앙집행위원장 역임. 1945년 조선공산당 경북도당 부녀부장, 조선부녀총동맹 중앙위원. 1947년 월북. 이후 조선민주여성동맹 부위원장, 최고인민회의 평북대의원 등 역임.

조봉암(1899~1959)

강화 출생. 1919년 3·1운동에 참가, 1년 복역. 일제시기 공산주의 활동으로 7년간 복역. 해방 후 조선공산당 탈당. 제헌국회의원·초대 농림부장관·제2대 민의원·국회부의장 역임. 제2·3대 대통령선거 출마. 1956년 진보당 창당. 1958년 국가보안법 위반혐의로 사형당함.

조소앙(1887~1958)

경기도 파주 출생. 1913년 상하이에서 동제사 참여. 1919년 대한민국임시정부 참여. 1930년 한국독립당 결성. 1940년 한국독립당·한국국민당·조선혁명당 통합. 1945년 귀국. 1946년 비상국민회의 의장. 1948년 사회당 창당. 1950년 제2대 국회의원 당선. 한국전쟁 중 납북.

주시경(1876~1914)

황해도 봉산 출생. 배재학당 보통과 졸업. 독립신문·제국신문 등 근무. 배재학당협성회·독립협회·서우학회·대한협회 등에 참여. 각종 단체·학교에서 교육활동 및 국어교육 전개. 국어연구회·국문연구소 등에 참여해 국어연구. 국어 문법 정립 및 보급에 힘씀.

최남선(1850~1957)

서울 출생. 1904년 와세다 대학 입학. 1908년 신문관 설립. 1909년 잡지 '소년' 발행. 1910년 조선광문회 설립. 1919년 3·1운동 독립선언문 기초. 1925년 조선총독부 조선사편수회 촉탁, 1928년 편수위원. 1938년 중추원 참의. 1939년 만주국 건국대학 교수. 해방이후 반민족행위자로 체포됨.

최린(1878~1958)

함남 함흥 출신. 1904년 도쿄부립 제일중학 입학. 1909년 메이지대학 법과 졸업. 1911년 천도교 입교, 보성학교 교장. 1919년 3·1운동 민족대표로 서명. 1920년대 천도교 신파를 이끎. 1933년 대동방주의 표방. 1934년 조선총독부 중추원 참의. 한국전쟁 중 납북.

최시형(1827~1898)

경북 경주 출생. 동학의 제2대 교주. 초명은 경상慶翔. 호는 해월海月. 동학 경전을 간행하고 교리를 확립하였으며, 동학 교단 조직을 강화하여 동학교단의 지도체계를 정비함. 1892년 교조신원운동 전개. 1897년 손병희에게 도통을 전수. 1898년 원주에서 체포되어 서울로 압송, 교수형에 처해짐.

최제우(1824~1864)

경북 경주 출생. 초명은 복술福述·제선濟宣. 호는 수운水雲·수운재水雲齋. 1860년 경주 구미산龜尾山 용담정龍潭亭에서 동학 창도. 1861년부터 본격적으로 포교활동 개시. 1863년 최시형을 제2대 교주로 임명. 1864년 '좌도혹민左道惑民'의 죄목으로 대구에서 처형됨. 저서『동경대전』,『용담유사』등을 남김.

펑더화이(彭德懷, 1898~1974)

1928년 4월 모택동과 함께 중국 공산당 입당. 1946년 서북인민해방군 사령관. 1949년 제1야전군 및 서북군구사령관. 1950년 10월 중국인민지원군 총사령관, 한국전쟁에 참전해 조중연합사령부 지휘. 1954년 9월 국방위 부주석, 국무원 부총리 국방부장. 1955년 원수.

하세가와 요시미치(長谷川好道, 1850~1924)

일본 야마구치현 출생. 1871년 육군대위. 1894년 청일전쟁 참여. 1904년 러일전쟁에 참여해 대장 진급. 1904년 조선주둔군사령관. 1906년 임시 통감대리 겸임. 1912년 참모총장. 1914년 원수로 승진. 1915년~1919년 조선총독. 1919년 3·1운동 진압.

하지(John Reed Hodge, 1893~1963)

1917년 일리노이대학 건축학 전공. 1917~1953년까지 군 복무. 1944년 태평양지역 미육군 사령부 배속, 새로 편성된 제24군단 사령관. 1945~1948년 미군정기 남한 주둔 미점령군사령관 겸 군정 최고 책임자.

한규설(1848~1930)

서울 출생. 무과에 급제하여 포도대장 · 의정부 찬성 지냄. 1905년 의정부 참정대신으로 내각 조직. 을사조약 체결에 끝까지 반대. 한일병합 이후 남작 작위 수여 거부. 1920년 조선교육회를 창립하여 민립대학기성회로 발전시킴.

한용운(1978~1944)

1905년 인제 백담사에서 승려가 됨. 1913년 불교학원에서 교편. 1919년 3 · 1운동 때 독립선언서에 서명, 체포되어 3년형 선고받고 복역. 1926년 시집 『님의 침묵』 출판. 1927년 신간회 가입, 중앙집행위원 · 경성지회장 역임. 1937년 불교계 항일단체인 만당사건의 배후자로 검거됨.

홍영식(1855~1884)

박규수의 문하에서 개화사상에 눈을 뜸. 1873년 식년문과에 병과로 급제. 1881년에 조사시찰단에 선발되어 일본 시찰. 1883년 보빙사 전권부대신으로 미국 방문 후 개화당 활동 적극 참여. 1884년 갑신정변 참여, 정변시 국왕을 호위하다 청군에 피살.

후쿠자와 유키치(福澤諭吉, 1835~1901)

1858년 에도에 난학숙蘭學塾 설립. 1860년 이후 바쿠후 견외사절로 해외여행, 새로운 문물 접함. 1868년 학숙을 게이오기주쿠(慶應義塾)로 개칭. 1873년 메이로쿠사(明六社) 창설. 저서 『서양사정』(1866), 『학문의 권유』(1872), 『문명론의 개략』(1875), 후쿠자와 3부작 등 남김.

흥선대원군(1820~1898)

이름 이하응李昰應. 고종의 아버지. 1843년 흥선군, 1863년 대원군에 봉해짐. 고종을 대신해 섭정했으나, 1873년 최익현의 탄핵으로 은퇴. 임오군란과 갑오개혁기에 잠시 복귀했으나 명성황후시해사건 후 은퇴. 1907년 대원왕大院王에 추봉追封.

찾아보기

ㅇ

ㅈ

찾아보기

사 진 출 처

제1부와 제2부에 수록된 사진의 출처
※ 서명 뒤의 숫자는 이 책에 수록된 페이지를 말함.

- 윤병석 지음, 2004, 『증보 3.1운동사』, 국학자료원 - 216, 221(이하 쪽)
- 여성사 연구모임 길밖세상, 2004, 『20세기 여성 사건사』, 여성신문사 - 284
- 조선일보사편, 1986, 『격동의 구한말 역사의 현장』, 조선일보사 - 85, 86, 126, 133
- 독립기념관 편, 2008,『근대 한국인의 삶과 독립운동』, 독립기념관 - 102 상, 107, 147 하, 150, 230, 251
- 조재곤, 2005, 『그래서 나는 김옥균을 쏘았다』, 푸른역사 - 36
- 한시준 지음, 2009, 『대한민국의 기원 대한민국 임시정부』, 국가보훈처 - 219, 265
- 동학혁명기념관, 1996, 『동학혁명자료 · 사진전-이종학 동학관계 자료전』 - 60, 61, 63, 66, 67, 69 상, 73, 76
- 김태웅, 2003, 『뿌리깊은 한국사 샘이 깊은 이야기』, 솔 - 88, 103, 157
- 역사문제연구소 지음, 1993, 『사진과 그림으로 보는 한국의 역사3』, 웅진출판 - 158, 301
- 권혁희 지음, 2005, 『조선에서 온 사진엽서』, 민음사 - 180
- 이규헌 해설, 1987, 『사진으로 보는 독립운동 상』, 서문당 - 100 상, 132 상, 136 하, 137, 178, 216
- 이규헌 해설, 1987, 『사진으로 보는 독립운동 하』, 서문당 - 197, 236, 312 하
- 조풍연 해설, 1987, 『사진으로 보는 조선시대 속』, 서문당 - 48
- 강명숙 외, 2009, 『침탈 그리고 전쟁』, 청년사 - 20 좌 · 우, 23~25, 27 좌 · 우, 52, 83, 84, 93, 101, 125
- 박현순 외, 2009, 『코리안의 일상』, 청년사 - 111
- 홍순민 외, 2009, 『서울 풍광』, 청년사 - 91, 105 좌 · 우, 114
- 서울특별시사편찬위, 2002, 『개항 이후 서울의 근대화와 그 시련』, - 41, 154, 159 하
- 서울특별시사편찬위, 2002, 『일제침략 아래서의 서울』 - 305
- 김장춘 엮음, 2008, 『세밀한 일러스트와 희귀사진으로 본 근대조선』, 살림 - 156 하 좌 · 우
- 서원대학교 한국교육자료박물관, 2005, 『식민지 교육의 풍경 1910~1945』 - 199
- 민족문제연구소 편, 2004, 『식민지 조선과 전쟁미술』 - 182, 198, 201, 305

* 한국교원대학교 역사교육과, 2004, 『아틀라스 한국사』, 사계절 - 171, 276
* 도산안창호선생기념사업회 · 도산학회, 2005, 『미주 국민회 자료집(총목차)』, 경인문화사- 214
* 이이화, 2004, 『이이화의 한국사 이야기』 21, 한길사 - 287
* 이이화, 2004, 『이이화의 한국사 이야기』 22, 한길사 - 309, 311 좌 · 우, 312 상
* 염인호, 2003, 『조선의용군의 독립운동』, 나남출판 - 264
* 노형석, 2006, 『한국 근대사의 풍경』, 생각의나무 - 159, 160 상, 175, 194, 196
* 『한국사』 편찬위원회, 1995, 『한국사』 11, 한길사 - 130
* 『한국사』 편찬위원회, 1995, 『한국사』 12, 한길사 - 38, 152
* 『한국사』 편찬위원회, 1995, 『한국사』 14, 한길사 - 202 좌 · 우, 203 좌 · 우
* 『한국사』 편찬위원회, 1995, 『한국사』 15, 한길사 - 211
* 『한국사』 편찬위원회, 1995, 『한국사』 16, 한길사 - 233, 234, 261
* 윤병석, 1984, 『이상설전』, 일조각 - 132 좌 · 우

* 제3부에 수록된 사진의 출처 – 대부분 국사편찬위원회의 『대한민국사 연표』(2008)에 실린 사진들을 게재하였음.

편자 및 저자 약력

(가나다 순)

박찬승(편자) 한양대학교 사학과 교수, 주요저서로 『한국근대정치사상사연구』, 『민족주의의 시대』, 『한국독립운동사』, 『마을로 간 한국전쟁』 등이 있다.

김광운 국사편찬위원회 편사연구관, 주요저서로 『북한정치사연구』 1, 『통일 독립의 현대사』, 『북한의 역사만들기』(공저), 『해방전후사 사료 연구』 2(공저) 등이 있다.

김민석 한양대학교 강사, 주요 논저로 「독립신문의 독립론과 민권론」, 「유길준의 문명관과 군민공치론」 등이 있다.

김보영 서울대학교 규장각한국문화연구원 연구교수, 주요 논저로 『4・19와 남북관계』(공저), 『전쟁과 휴전』, 「1960년대 군사정전위원회와 '정전체제'」 등이 있다.

김지형 서원대 역사교육과 교수. 주요저서로 『데탕트와 남북관계』, 『남북을 잇는 현대사 산책』 등이 있다.

소현숙 한양대 비교역사문화연구소 HK연구교수, 주요 논저로 『일상사로 보는 한국근현대사』(공저), 『성스러운 국민』 등이 있다.

양동숙 오사카대학 외국인 초빙연구원, 주요 논문으로 「해방 후 우익여성단체의 조직과 활동 연구(1945~50)」, 「해방 후 공창제 폐지과정 연구」, 번역서로 『히로시마만의 군사화와 성폭력』, 『나의 히로시마』 등이 있다.

이동헌 국사편찬위원회 편사연구사, 주요 논저로 『기억과 전쟁—미화와 추모 사이에서』(공저) 「1950년대 국민화 담론 연구—'道義' 교육을 중심으로」 등이 있다.

이승일 강릉원주대학교 사학과 교수, 주요저서로 『조선총독부 법제 정책』, 『조선총독부 공문서』, 『기록의 역사』 등이 있다.

최혜주 한양대 비교역사문화연구소 HK교수, 주요 저서로 『창강 김택영의 한국사론』, 『근현대 한일관계와 국제사회』(공저), 『근대 재조선 일본인의 한국사 왜곡과 식민통치론』 등이 있다.

한국 근현대사를 읽는다

초판 1쇄 발행 | 2010년 2월 25일
초판 9쇄 발행 | 2022년 1월 20일

편저자 | 박찬승 외
발행인 | 한정희
발행처 | 경인문화사
등록번호 | 제10-18호(1973년 11월 8일)
주 소 | 경기도 파주시 회동길 445-1 경인빌딩 B동 4층
전 화 | 031-955-9300 · 팩 스 | 031-955-9310
홈페이지 | http://kyungin.mkstudy.com
이메일 | kyungin@kyunginp.co.kr

ISBN 978-89-499-0694-2 93910
값 22,000원